汽车维修速查手册丛书

新款欧美进口轿车正时速查手册

夏雪松　刘兴成　张雅成　主编

電子工業出版社
Publishing House of Electronics Industry
北京·BEIJING

内 容 提 要

本书根据近年来我国欧美进口轿车的保有量，有针对性地搜集整理了100多种新款畅销车型（2010—2014年款）的正时皮带和正时链条的拆装步骤与正时校准方法。本书内容新颖、插图丰富、编排合理、查找方便，是汽车维修工作中极具参考价值的维修资料，可供维修人员在实际工作中参考使用。

图书在版编目（CIP）数据

新款欧美进口轿车正时速查手册/夏雪松，刘兴成，张雅成主编. —北京：电子工业出版社，2016.6
（汽车维修速查手册丛书）

ISBN 978-7-121-29093-0

Ⅰ. ①新… Ⅱ. ①夏… ②刘… ③张… Ⅲ. ①轿车-发动机-车辆修理-技术手册 Ⅳ. ①U469.110.7-62

中国版本图书馆CIP数据核字（2016）第134160号

责任编辑：夏平飞
印　　刷：三河市鑫金马印装有限公司
装　　订：三河市鑫金马印装有限公司
出版发行：电子工业出版社
　　　　　北京市海淀区万寿路173信箱　邮编 100036
开　　本：787×980　1/16　印张：28.25　字数：635千字
版　　次：2016年6月第1版
印　　次：2016年6月第1次印刷
定　　价：79.00元

凡所购买电子工业出版社图书有缺损问题，请向购买书店调换。若书店售缺，请与本社发行部联系，联系及邮购电话：（010）88254888，88258888。
质量投诉请发邮件至 zlts@phei.com.cn，盗版侵权举报请发邮件至 dbqq@phei.com.cn。
本书咨询联系方式：xpf@phei.com.cn。

前　　言

近年来，我国的汽车保有量和车型急剧增多，面对层出不穷和极具高科技含量的新款车型，作为售后服务的汽车维修技术，高技能、高水平的维修质量是客户永恒的要求，汽车维修行业必将引发越来越激烈的竞争。维修企业只有首先增强自己的技术实力，才能使整个行业的服务水平得以提高。对于各维修企业来说，企业的人员素质、管理水平、设备以及信息等因素决定企业的核心竞争力。过去凭着“一技之长”的修车经验已很难适应当前汽车维修技术发展的需要，而详实的汽车维修资料作为最重要的技术信息，起着不可替代的作用。

汽车在使用过程中要根据行驶里程间隔对发动机的正时皮带或正时链条进行检查、更换和正时校准操作。由于我国欧美进口轿车的种类繁多，造成正时皮带和正时链条的拆装方法和校准方法各不相同，因此本书根据近年来我国进口欧美轿车的保有量，有针对性地搜集整理了100多种畅销车型（2010—2014年款）的正时皮带和正时链条的拆装步骤与正时校准方法，汇编成书，并配有近千幅插图加以辅助说明。可供汽车维修人员在维修中查阅参考。

本书由夏雪松、刘兴成、张雅成主编。刘兴成编写了第一章和第二十五章，其他参加编写的人员有徐志军、李洁清、曲文龙、王剑峰、刘玲、崔秀平、田建宇、李文惠、贾瑞敏、陈雅林、张国华、李刚、王斌、赵彩英、任征宇、常丽娟、李云娟、耿福利、尚秀娟、白健豪、陈豪、胡铭、马培宾、陈少杰、安亚娟、李多多、刘刚、李建明。在此向他们表示衷心的感谢。

编　者

E-mail：auto605@126. com

目　录

第一章 AUDI（奥迪）车系

第一节 Q7 轿车

一、Q7 轿车 3.6L BHK 发动机正时链条部件识别（图 1-1-1）

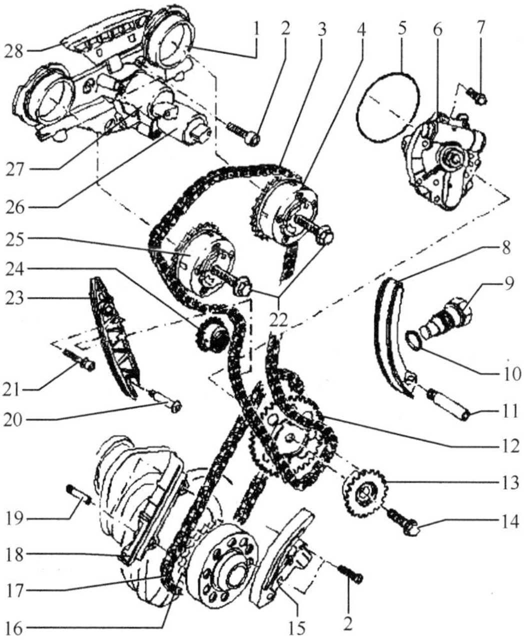

图 1-1-1 Q7 轿车 3.6L BHK 发动机正时链条部件识别

Q7 轿车 3.6L BHK 发动机正时链条部件说明如表 1-1-1 所示。

表 1-1-1 Q7 轿车 3.6L BHK 发动机正时链条部件说明

编号	部件名称	说明
1	正时齿轮箱	检查滤网是否有污染。安装前要在油封接触面上涂抹机油
2	螺栓	拆卸后要换用新螺栓。紧固力矩为 8N·m
3	凸轮轴正时链条	安装前要标记出转动方向
4	排气凸轮轴调节装置	标有“32A”

续表

编　　号	部件名称	说　　明
5	O形密封环	拆卸后要换用新的O形密封环
6	机油泵	
7	螺栓	
8	正时链条张紧器轨	拆卸和安装时要把正时链条上部和下部盖罩拆下
9	正时链条张紧器	紧固力矩为40N·m
10	密封环	损坏或泄漏后要换用新密封环
11	正时链条张紧器固定螺栓	紧固力矩为18N·m
12	正时控制机构驱动链链轮	
13	凸轮轴正时链链轮	
14	螺栓	松开和紧固时要用夹具T10069固定减振轮
15	带有张紧轨的正时链条张紧器	
16	驱动链轮	
17	正时控制机构驱动链	拆卸前要标记出转动方向
18	正时控制机构驱动链导轨	
19	正时控制机构驱动链导轨固定螺栓	紧固力矩为10N·m
20	凸轮轴正时链导轨固定螺栓	紧固力矩为10N·m
21	螺栓	紧固力矩为23N·m
22	螺栓	松开和紧固时要用扳手固定住凸轮轴的六角部位。 安装时要换用新螺栓。紧固力矩：60N·m+90°
23	凸轮轴正时链滑轨	
24	高压泵驱动链轮	
25	进气凸轮轴调节装置	标有“24E”
26	排气凸轮轴调节阀1（N318）	
27	进气凸轮轴调节阀1（N205）	
28	凸轮轴正时链条导轨	固定在正时齿轮箱上

注意： 正时链条拆下后如果要重新安装使用，要按照图1-1-2所示标出正时链条的转动方向。

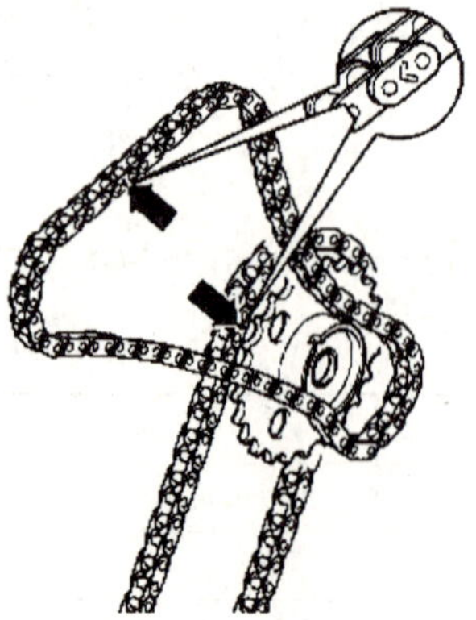

图1-1-2　标出正时链条转动方向

二、Q7轿车3.6L BHK发动机凸轮轴正时链条拆卸

1. 拆下进气管。

2. 拆卸气缸盖罩。

3. 拆卸正时链条上部盖罩。

4. 沿发动机转动方向转动曲轴减振轮，使曲轴位于上止点位置。减振轮的标记要对准密封法兰上的标记，如图1-1-3所示。凸轮轴导板T10068A必须能插入两个

轴槽内，如图 1-1-4 所示。

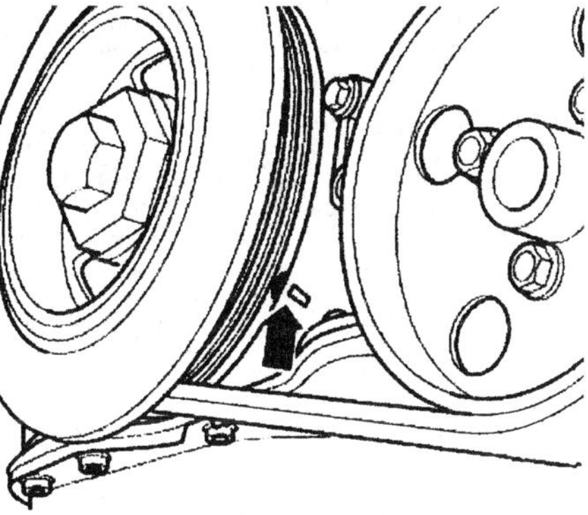

图 1-1-3 减振轮的标记对准密封法兰上的标记

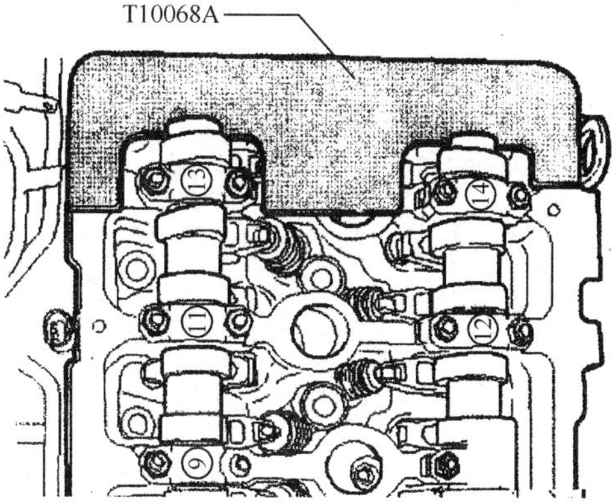

图 1-1-4 凸轮轴导板插入轴槽

5. 如果操作时发现凸轮轴导板 T10068A 不能插入轴槽，则将曲轴沿发动机转动方向旋转一周。

6. 按照图 1-1-5 所示，拆卸正时链条张紧器。

7. 按照图 1-1-6 所示，旋出滑轨螺栓。

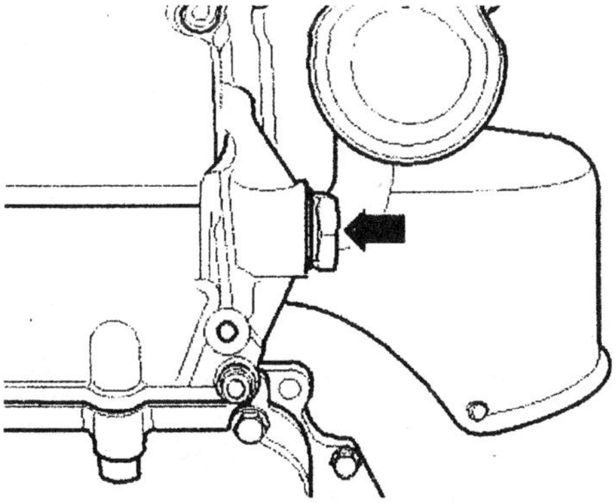

图 1-1-5 正时链条张紧器安装位置识别

图 1-1-6 滑轨螺栓识别

8. 取下凸轮轴导板 T10068A。注意，当松开或紧固凸轮轴调整装置螺栓时，不要安装凸轮轴导板 T10068A。

9. 用扳手固定住排气凸轮轴六角部位，旋出排气凸轮轴调整装置的螺栓，如图 1-1-7 所示。

10. 拆卸排气凸轮轴调整装置。

11. 按照图 1-1-8 所示，用扳手固定住进气凸轮轴六角部位，旋出进气凸轮轴调整装置的螺栓。

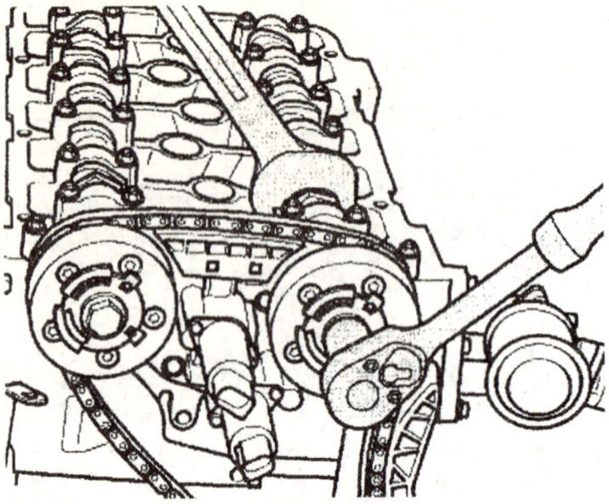

图 1-1-7　固定排气凸轮轴并旋出排气凸轮轴调整装置的螺栓

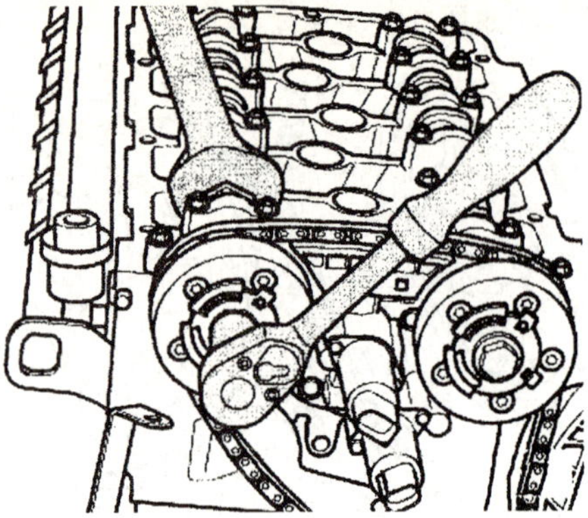

图 1-1-8　固定进气凸轮轴并旋出进气凸轮轴调整装置的螺栓

12. 拆卸进气凸轮轴调整装置。

13. 把凸轮轴正时链放置在滑轨上方。

三、Q7 轿车 3.6L BHK 发动机凸轮轴正时链条安装

1. 检查曲轴是否处于上止点位置，曲轴减振轮和密封法兰的标记必须对齐，如图 1-1-3所示。

2. 检查凸轮轴是否处于上止点位置，凸轮轴导板 T10068A 必须能插入两个轴槽内，如图 1-1-4 所示。

3. 安装固定调整工具 T10332 的导套（图 1-1-9 中的 1，图中的 2、3 和箭头不必理会）。

4. 高压泵驱动链轮的位置用调整工具 T10332 固定，如图 1-1-10 所示。

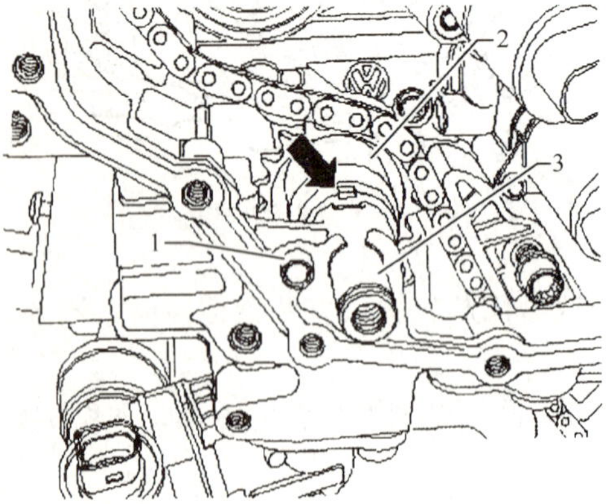

图 1-1-9　导套识别

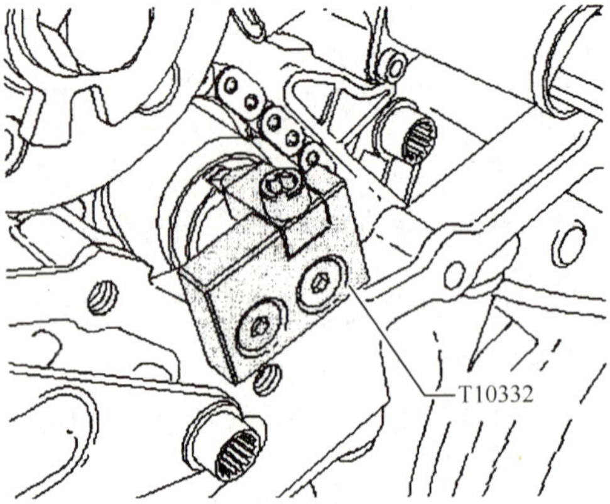

图 1-1-10　固定高压泵驱动链轮

5. 把凸轮轴正时链绷紧放到驱动链轮上。注意：由于有导销（图 1-1-11 中箭头所示），因此两个凸轮轴位置调整装置只能在凸轮轴前端的一个位置上用螺栓紧固。

6. 安装进气凸轮轴调整装置，此时应将凸轮轴调整装置中的脉冲信号轮转到极限位置并固定，如图 1-1-12 所示。

图 1-1-11 导销识别

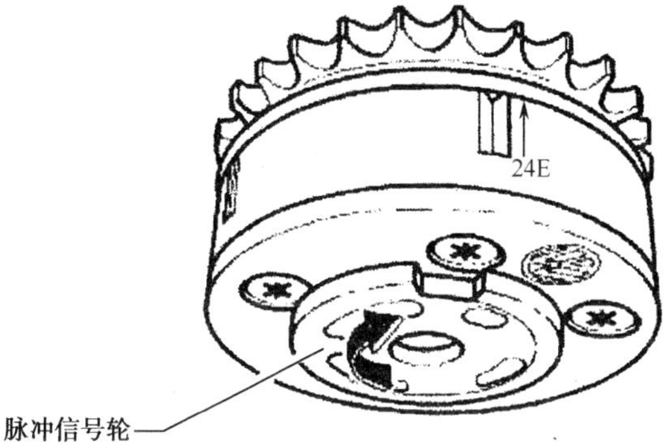

图 1-1-12 转动脉冲信号轮

7. 把进气凸轮轴调整装置连同装上的凸轮轴正时链一起安装到凸轮轴上，凸轮轴调整装置上的箭头必须对准正时齿轮箱上的刻槽，如图 1-1-13 所示。

8. 把凸轮轴调整装置螺栓拧入进气凸轮轴中。

9. 从进气凸轮轴调整装置的标记 24E 开始，在正时链上沿排气侧数 16 个链节，如图 1-1-14 所示。

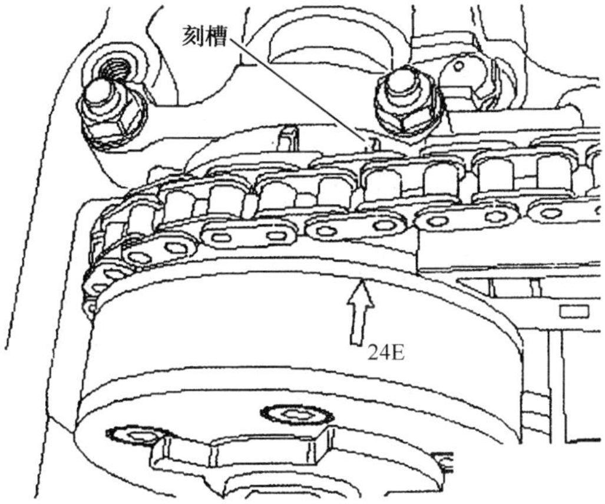

图 1-1-13 箭头对准刻槽

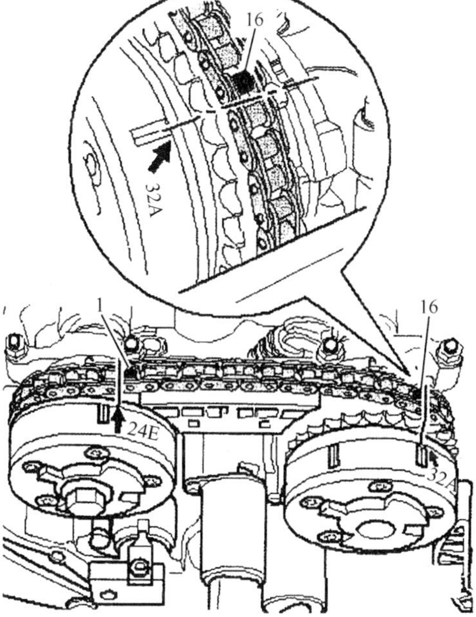

图 1-1-14 数出 16 个链节

10. 将排气凸轮轴调整装置标记 32A 处的齿准确地安装到正时链的 16 个链节之后。

11. 把排气凸轮轴调整装置（标有 32A）连同装上的凸轮轴正时链套到排气凸轮上。凸轮轴调整装置上的标记（图 1-1-15 中的 1）必须对准正时齿轮箱上的刻槽（图 1-1-15 中的 2），如图 1-1-15 所示。

12. 把凸轮轴调整装置螺栓拧入排气凸轮轴中。

13. 拆卸工具 T10332。

14. 安装正时链条滑轨螺栓。

15. 安装正时链条张紧器。

16. 拆下凸轮轴导板 T10068A。

17. 用扳手固定住进气凸轮轴的六角部位，将进气凸轮轴调整装置螺栓拧紧，如图 1-1-16所示。

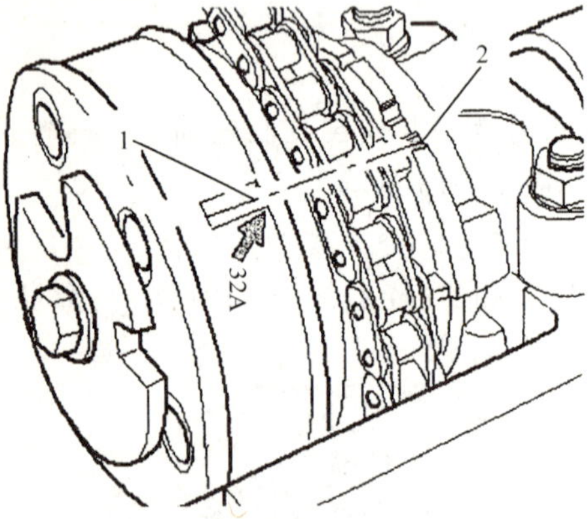

图 1-1-15　标记对准刻槽

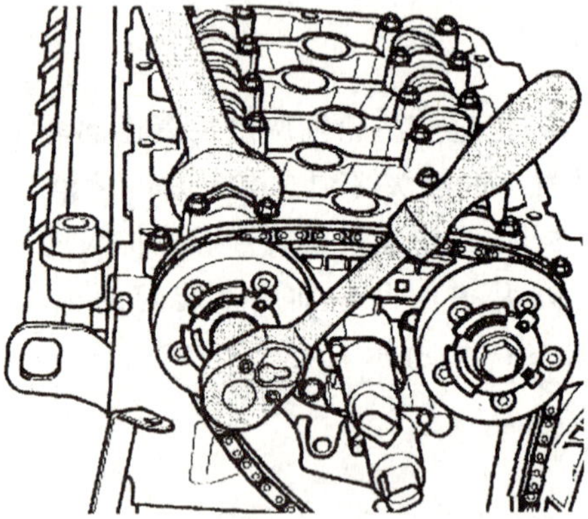
图 1-1-16　紧固进气凸轮轴调整装置螺栓

18. 用扳手固定住排气凸轮轴的六角部位，将排气凸轮轴调整装置螺栓拧紧，如图 1-1-17 所示。

19. 转动曲轴减振轮螺栓，使曲轴沿发动机转动方向旋转 2 周，位于上止点位置。此时减振轮上的标记与密封法兰上的标记必须对齐，如图 1-1-3 所示。

20. 换装新的正时链上部盖罩中的密封环。

21. 安装正时链条上部盖罩。

22. 安装气缸盖罩。

23. 安装进气管。

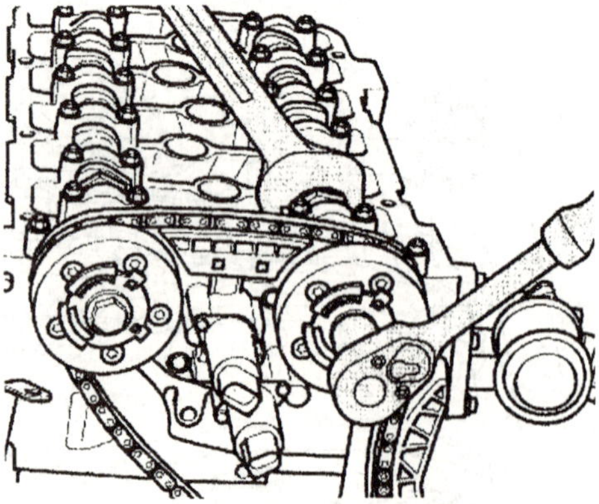
图 1-1-17　紧固排气凸轮轴调整装置螺栓

四、奥迪 Q7 轿车 4. 2L BAR 发动机正时链条校准步骤

奥迪 Q7 轿车 4. 2L BAR 发动机正时链条部件识别如图 1-1-18 所示，其校准操作步骤如表 1-1-2 所示。

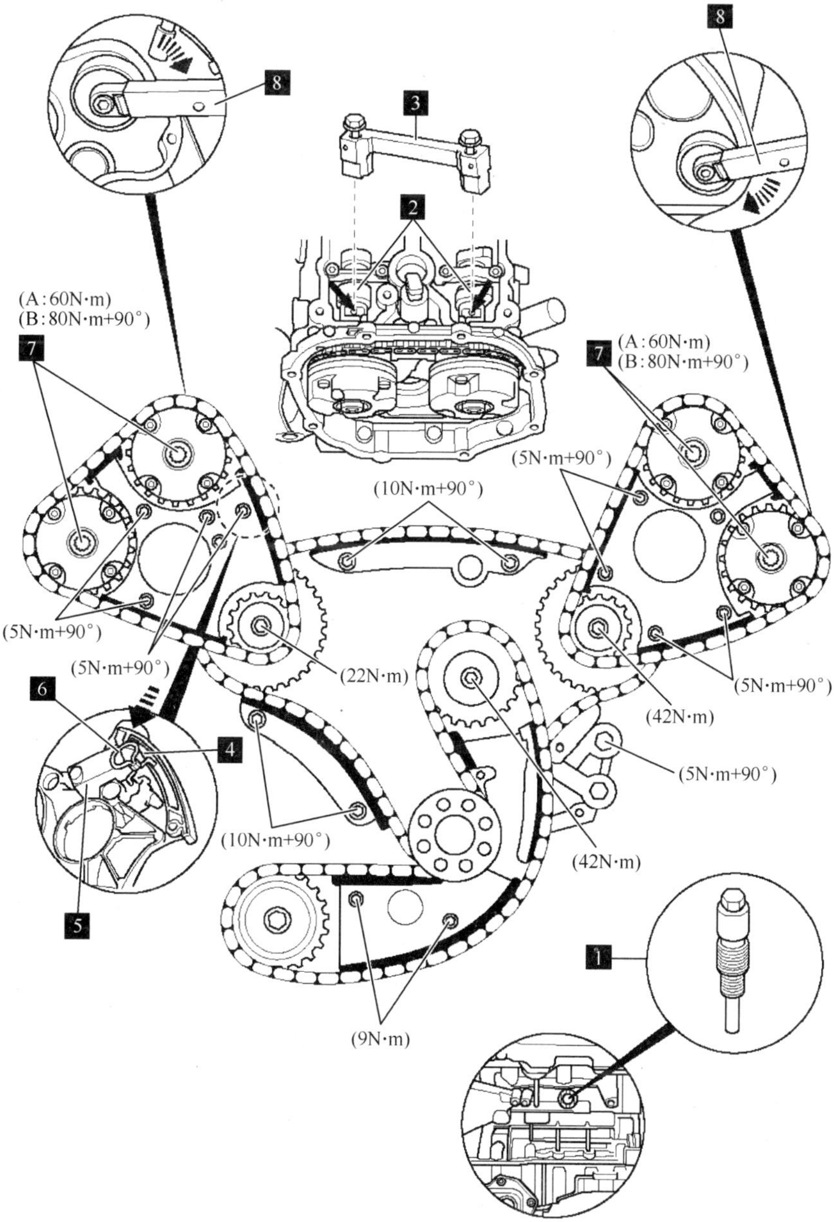

图 1-1-18　奥迪 Q7 轿车 4. 2L BAR 发动机正时链条部件识别

注意：在图 1-1-18 中凡是标有角度紧固力矩的螺栓，拆卸后必须废弃，然后换装新的螺栓。

表 1-1-2　奥迪 Q7 轿车 4. 2L BAR 发动机正时链条校对步骤

步　骤	操 作 方 法
1	拆下变速器
2	拆下飞轮
3	顺时针转动曲轴带轮，直至 1 缸抵达上止点前位置
4	从气缸体上拆下堵头
5	沿顺时针方向慢慢转动曲轴带轮，直至能把曲轴锁止销（图 1-1-18 中的 1）插入曲轴
6	把插入的曲轴锁止销紧固至 20N·m
7	确保凸轮轴正确对齐（图 1-1-18 中的 2）；凸轮轴上的螺纹孔均朝上
8	安装凸轮轴锁止工具（图 1-1-18 中的 3），将其紧固到 25N·m。如果凸轮轴锁止工具安装不上，则说明气门正时不正确
9	拆下正时链条张紧器，使正时链条放松以便于拆装
10	把正时链条张紧器的柱塞（图 1-1-18 中的 4）推入张紧器壳体（图 1-1-18 中的 5），然后插入锁止销（图 1-1-18 中的 6）
11	把左侧气缸盖凸轮轴调节器的中心螺栓（图 1-1-18 中的 7）均拧松一周。 注意：拆卸正时链条前要先用油漆在正时链条链节和凸轮轴调节器上做好标记，以便正确安装
12	对齐凸轮轴
13	把凸轮轴锁止工具（图 1-1-18 中的 3）安装到左排气缸的凸轮轴上
14	安装凸轮轴锁止工具的螺栓并紧固至 25N·m
15	使用凸轮轴调节器预紧工具（图 1-1-18 中的 8）对正时链条进行预紧
16	将左侧凸轮轴调节器螺栓分 A 和 B 两个步骤拧紧；将左侧进气凸轮轴调节器的中心螺栓紧固到 60N·m（图 1-1-18 中的 A）。左侧进气凸轮轴调节器保持预紧状态。将左侧排气凸轮轴调节器的中心螺栓紧固到 60N·m（图 1-1-18 中的 A）。把凸轮轴调节器预紧工具（图 1-1-18 中的 8）从凸轮轴调节器上拆下，然后将左侧进气凸轮轴调节器的中心螺栓和左侧进气凸轮轴调节器的中心螺栓紧固到 80N·m+90°（图 1-1-18 中的 B）
17	对右排气缸的凸轮轴执行同样的操作步骤
18	正时链条校准执行完毕后把正时链条张紧器的锁止销（图 1-1-18 中的 6）拆下。 注意：凸轮轴调节器的中心螺栓是一次性使用的，拆卸后必须更换新的中心螺栓
19	拆下曲轴锁止销（图 1-1-18 中的 1）和凸轮轴锁止工具（图 1-1-18 中的 3）
20	将曲轴沿顺时针转动 2 周
21	安装曲轴锁止销（图 1-1-18 中的 1）
22	检查气门正时
23	拆下安装曲轴锁止销（图 1-1-18 中的 1）
24	重新安装气缸体堵头。 注意：如果正时链条需要重新使用，则拆卸前要标记好左侧和右侧正时链条，以便在重新安装时不发生错误

第二节 Q5 轿车

一、奥迪 Q5 轿车 3. 2L FSI 发动机正时链条部件识别

奥迪 Q5 轿车 3. 2L FSI 发动机正时链条部件识别如图 1-2-1 所示。

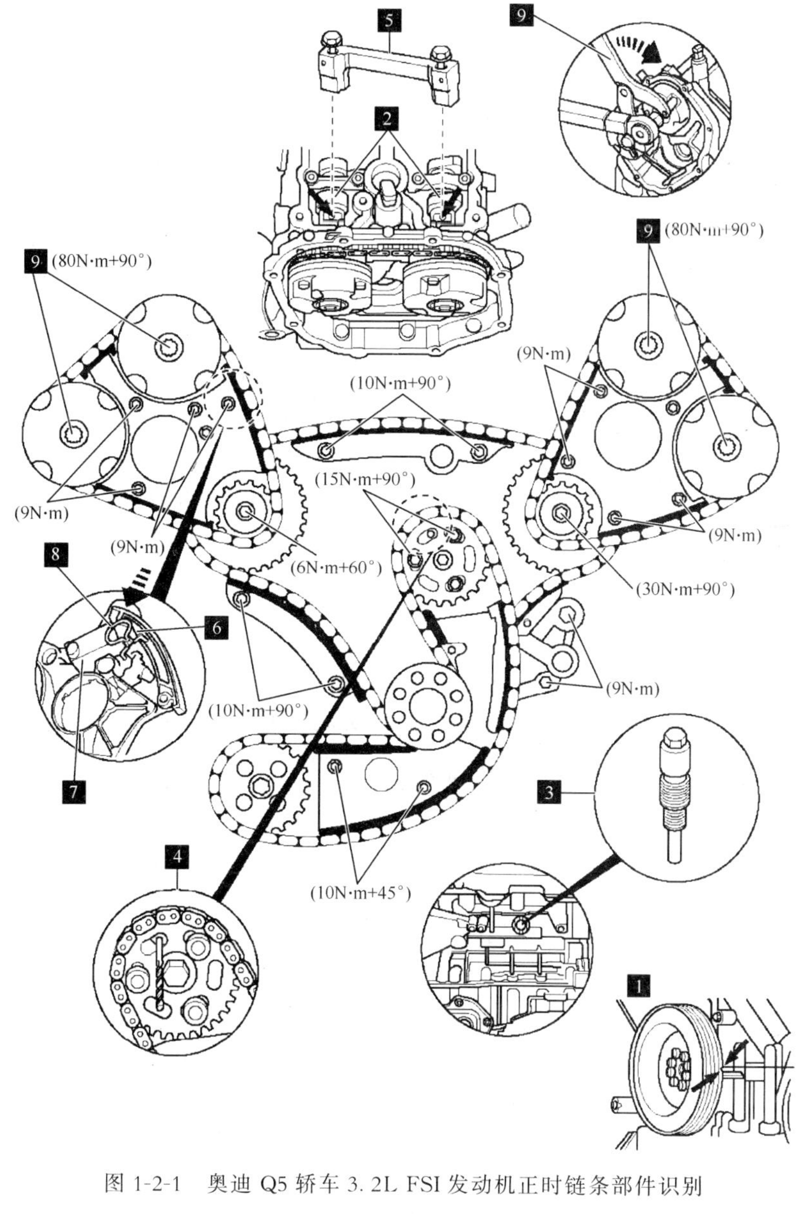

图 1-2-1　奥迪 Q5 轿车 3. 2L FSI 发动机正时链条部件识别

二、奥迪 Q5 轿车 3. 2L FSI 发动机正时校对步骤

奥迪 Q5 轿车 3. 2L FSI 发动机正时校对操作步骤如表 1-2-1 所示。

表 1-2-1　奥迪 Q5 轿车 3. 2L FSI 发动机正时校对步骤

步　骤	操作方法
1	拆下变速器
2	拆下飞轮
3	将发动机设置在 1 缸上止点位置（图 1-2-1 中的 1）
4	确保凸轮轴正确对齐（图 1-2-1 中的 2）；凸轮轴上的螺纹孔均朝上
5	从气缸体上拆下堵头
6	安装曲轴锁止销（图 1-2-1 中的 3）；将曲轴锁止销紧固至 20N・m
7	确保平衡轴固定到位（图 1-2-1 中的 4）
8	安装凸轮轴锁止工具（图 1-2-1 中的 5），将其紧固到 25N・m。如果凸轮轴锁止工具安装不上，则说明气门正时不正确
9	拆下正时链条张紧器，使正时链条放松以便于拆装
10	把正时链条张紧器的柱塞（图 1-2-1 中的 6）推入张紧器壳体（图 1-2-1 中的 7），然后插入锁止销（图 1-2-1 中的 8）。 注意：拆卸正时链条前要先用油漆在正时链条链节和凸轮轴调节器上做好标记，以便正确安装
11	把左侧气缸盖凸轮轴调节器的中心螺栓（图 1-2-1 中的 9）拧松一周
12	对齐凸轮轴
13	安装凸轮轴锁止工具（图 1-2-1 中的 5）并紧固至 25N・m
14	将凸轮轴调节器的中心螺栓紧固到 80N・m + 90°。 注意：凸轮轴调节器的中心螺栓是一次性使用的，拆卸后必须更换新的中心螺栓
15	正时链条校准执行完毕后把正时链条张紧器的锁止销（图 1-2-1 中的 8）拆下
16	拆下曲轴锁止销（图 1-2-1 中的 3）和凸轮轴锁止工具（图 1-2-1 中的 5）
17	将曲轴沿顺时针转动 2 周
18	安装曲轴锁止销（图 1-2-1 中的 3）
19	检查气门正时
20	拆下安装曲轴锁止销（图 1-2-1 中的 3）
21	重新安装气缸体堵头并紧固至 14N・m。 注意：如果正时链条需要重新使用，则拆卸前要标记好左侧和右侧正时链条，以便在重新安装时不发生错误

第三节 A8 轿车

一、奥迪 A8 轿车 6.0L BHT/BSB 发动机正时链条部件识别

奥迪 A8 轿车 6.0L BHT/BSB 发动机正时链条部件识别如图 1-3-1 所示。

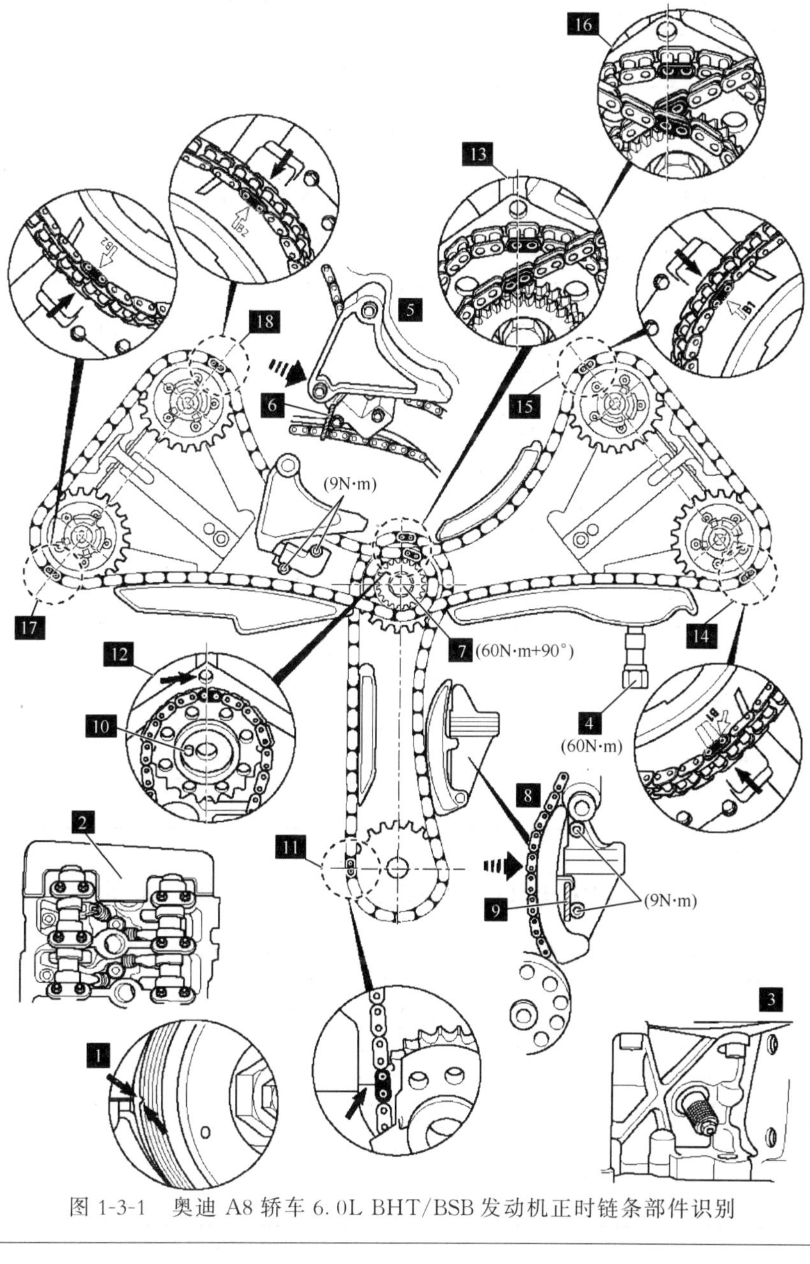

图 1-3-1 奥迪 A8 轿车 6.0L BHT/BSB 发动机正时链条部件识别

二、奥迪 A8 轿车 6.0L BHT/BSB 发动机正时链条拆卸步骤（表 1-3-1）

表 1-3-1 奥迪 A8 轿车 6.0L BHT/BSB 发动机正时链条拆卸步骤

步骤	操作方法
1	拆下发动机和变速器
2	将发动机设置在 1 缸上止点位置（图 1-3-1 中的 1）
3	把凸轮轴定位工具安装到左排和右排气缸上（图 1-3-1 中的 2）。如果凸轮轴定位工具安装不上，则将曲轴转动 360°
4	从气缸体左侧拆下堵头
5	安装曲轴正时销（图 1-3-1 中的 3）。 注意：如果正时链条拆卸后要重新安装使用，在拆卸前要做好标记，以便在安装时不发生错装
6	拆下右排气缸的次级正时链条张紧器（图 1-3-1 中的 4）
7	把左排气缸次级正时链条张紧器的柱塞沿箭头方向压入张紧器壳体内（图 1-3-1 中的 5），然后插入一根直径为 3.5mm 的销子（图 1-3-1 中的 6）使链条张紧器柱塞锁止在压缩位置
8	拆卸左排气缸次级正时链条张紧器滑轨、正时链条导向装置和正时链条
9	拆卸右排气缸次级正时链条张紧器滑轨、正时链条导向装置和正时链条
10	拆卸惰轮链轮螺栓（图 1-3-1 中的 7）
11	拆卸次级正时链条惰轮链轮。注意：惰轮链轮螺栓的螺纹是左旋的
12	把主正时链条张紧器锁止在压缩位置：把主正时链条张紧器的柱塞沿箭头方向压入张紧器壳体内（图 1-3-1 中的 8），然后插入一根直径为 3.5mm 的销子（图 1-3-1 中的 9）使链条张紧器柱塞锁止在压缩位置
13	拆卸主正时链条导向装置和主正时链条张紧器滑轨
14	拆卸惰轮链轮定位销（图 1-3-1 中的 10）
15	把主正时链条和惰轮链轮连在一起拆下

三、奥迪 A8 轿车 6.0L BHT/BSB 发动机正时链条安装步骤（表 1-3-2）

表 1-3-2 奥迪 A8 轿车 6.0L BHT/BSB 发动机正时链条安装步骤

步骤	操作方法
1	将发动机设置在 1 缸上止点位置（图 1-3-1 中的 1）
2	确保凸轮轴定位工具正确安装（图 1-3-1 中的 2）
3	确保曲轴正时销安装正确（图 1-3-1 中的 3）
4	把主正时链条和惰轮链轮连在一起安装

续表

步　骤	操作方法
5	插入惰轮链轮定位销（图 1-3-1 中的 10）
6	确保正时链条的黄铜色链节与壳体接缝处对齐（图 1-3-1 中的 11）
7	确保左排气缸次级正时链条上的黄铜色链节与正上方的螺纹孔对齐（图 1-3-1 中的 12）
8	安装主正时链条张紧器和正时链条导向装置
9	拆下主正时链条张紧器锁止销（图 1-3-1 中的 9）
10	安装惰轮链轮，换装新的惰轮链轮螺栓（图 1-3-1 中的 7），将螺栓紧固至 60N・m + 90°
11	安装右排气缸次级正时链条
12	将正时链条黄铜色链节与各个链轮上的正时标记对齐（图 1-3-1 中的 13、14 和 15）
13	安装右排气缸次级正时链条张紧器滑轨和正时链条导向装置
14	安装左排气缸次级正时链条
15	安装左排气缸次级正时链条导向装置
16	将正时链条黄铜色链节与各个链轮上的正时标记对齐（图 1-3-1 中的 16、17 和 18）
17	安装左排气缸次级正时链条张紧器滑轨
18	拆卸左排气缸次级正时链条张紧器锁止销（图 1-3-1 中的 6）
19	安装右排气缸次级正时链条张紧器（图 1-3-1 中的 4）
20	拆卸曲轴正时销（图 1-3-1 中的 3）
21	从左排气缸和右排气缸上拆下凸轮轴定位工具（图 1-3-1 中的 2）
22	顺时针转动曲轴 2 周
23	将发动机设置在 1 缸上止点位置（图 1-3-1 中的 1）
24	安装曲轴正时销（图 1-3-1 中的 3）
25	确保凸轮轴定位工具正确安装（图 1-3-1 中的 2）。 如果凸轮轴定位工具不能正确安装，可用六角扳手微调凸轮轴

四、AUDI A8 轿车 3.0L BBJ/ASN 发动机正时皮带拆卸步骤

AUDI A8 轿车 3.0L BBJ/ASN 发动机正时皮带部件识别如图 1-3-2 所示。

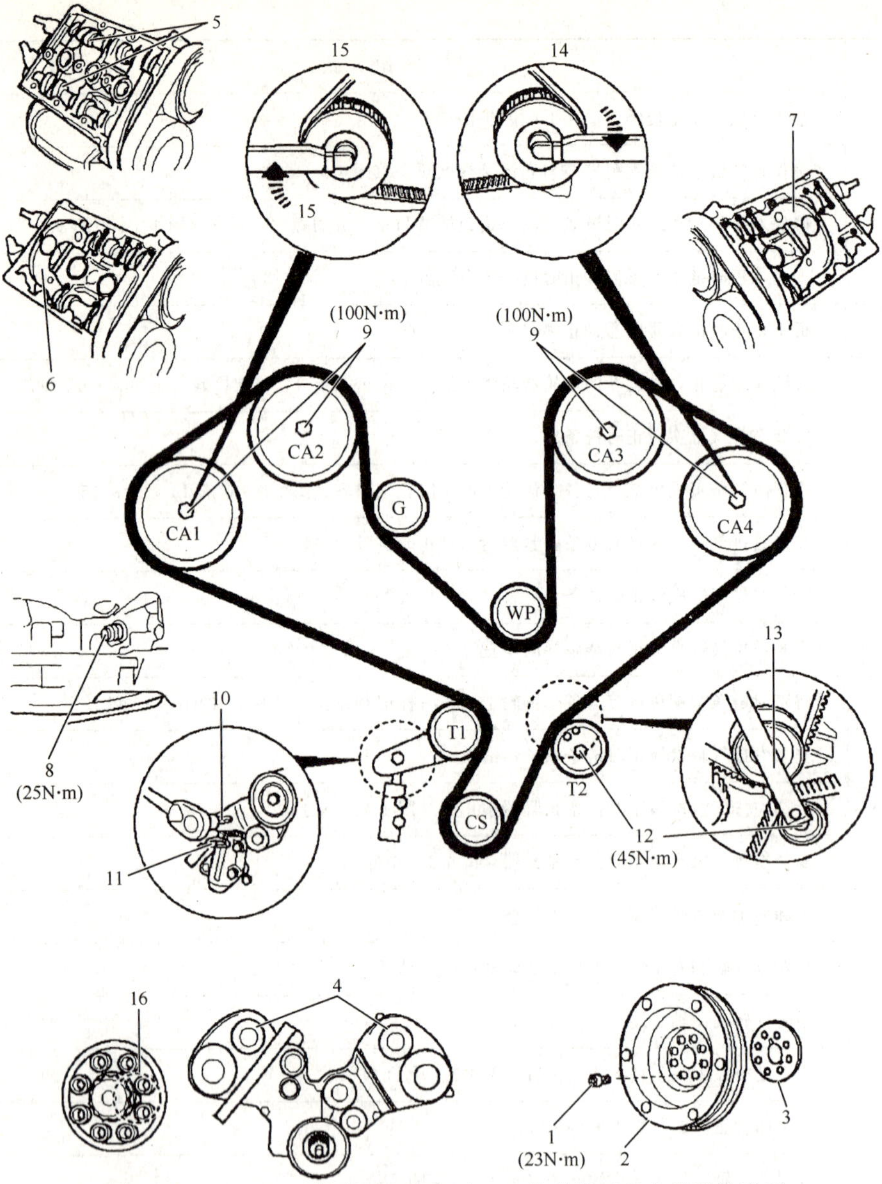

图 1-3-2　AUDI A8 轿车 3. 0L BBJ/ASN 发动机正时皮带部件识别

AUDI A8 轿车 3. 0L BBJ/ASN 发动机正时皮带拆卸步骤如表 1-3-3 所示。

表 1-3-3　AUDI A8 轿车 3. 0L BBJ/ASN 发动机正时皮带拆卸

步　骤	操作方法
1	把车身前端举升并支撑好。 注意：对于配备自适应空气悬架系统的车辆，其空气悬架系统应设置在“JACKING MODE”（举升模式）状态

续表

步 骤	操 作 方 法
2	从发动机下部挡板上拆下辅助预热装置排气管
3	拆卸发动机下部挡板、空气滤清器壳上的二次空气喷射管、发动机后罩、发动机前罩、发动机右侧分隔罩
4	顺时针转动发动机附件传动皮带张紧器
5	拆下发动机附件传动皮带
6	拆下动力转向泵皮带轮
7	顺时针转动发动机附件传动皮带张紧器
8	固定发动机附件传动皮带张紧器
9	拆下发动机附件传动皮带张紧器、曲轴皮带轮螺栓（图 1-3-2 中的 1），曲轴皮带轮（图 1-3-2 中的 2）。 注意：止推垫圈（图 1-3-2 中的 3）只能安装到曲轴皮带轮上
10	拆卸正时皮带罩（图 1-3-2 中的 4）
11	夹住并断开发动机冷却液膨胀箱的回液管
12	把发动机冷却液膨胀箱移到一旁
13	拆下空气流量传感器连接器、空气滤清器壳体和软管、机油尺和机油导管、右侧气缸盖上的空气管、点火线圈、曲轴箱后部通风软管和 2 个气缸盖罩
14	顺时针转动曲轴，直至 3 缸凸轮轴凸轮朝上（图 1-3-2 中的 5）
15	把锁止工具（图 1-3-2 中的 6）安装到 3 缸凸轮轴上
16	把锁止工具（图 1-3-2 中的 7）安装到 4 缸凸轮轴上。用不小于 10N・m 的力矩紧固锁止工具
17	从气缸体上拆下堵头（图 1-3-2 中的 8）
18	安装曲轴锁止装置
19	从各个凸轮轴皮带轮上拆下卡环和空心螺帽
20	把各个凸轮轴皮带轮螺栓（图 1-3-2 中的 9）轻轻拧松
21	使用 8mm 的六角扳手（图 1-3-2 中的 10）逆时针转动张紧器（图 1-3-2 中的 T1），直至张紧器推杆上的小孔与张紧器壳体对齐
22	把锁止销（图 1-3-2 中的 11）穿过张紧器壳体上的小孔，插入推杆的小孔中，把张紧器推杆固定住
23	拧松张紧轮（图 1-3-2 中的 T2）螺栓（图 1-3-2 中的 12）
24	拆下正时皮带。 注意：若重复使用正时皮带，则用粉笔标出旋转方向，以便在安装时参照，避免错装

五、AUDI A8 轿车 3.0L BBJ/ASN 发动机正时皮带安装步骤

AUDI A8 轿车 3.0L BBJ/ASN 发动机正时皮带安装步骤如表 1-3-4 所示。

表 1-3-4　AUDI A8 轿车 3. 0L BBJ/ASN 发动机正时皮带安装步骤

步　骤	操 作 方 法
1	轻轻拧紧每个凸轮轴皮带轮上的螺栓（图 1-3-2 中的 9）。确保凸轮轴皮带轮可以自由转动且转动时不发生偏摆
2	从曲轴皮带轮开始顺时针方向安装正时皮带。注意：检查正时皮带和皮带轮的边缘是否对齐
3	顺时针转动张紧轮（图 1-3-2 中的 T2），直到专用工具和水泵皮带轮中心对齐（图 1-3-2 中的 13）
4	固定工具并紧固张紧轮螺栓（图 1-3-2 中的 12），紧固力矩为 45N・m
5	将扭矩扳手（图 1-3-2 中的 10）安装到张紧轮（图 1-3-2 中的 T1）上
6	用 45N・m 的力矩顺时针拧紧张紧轮（图 1-3-2 中的 T1）
7	逆时针慢慢转动张紧轮（图 1-3-2 中的 T1），直到锁止销（图 1-3-2 中的 11）可以拔出拆下
8	从张紧器壳体上拆下锁止销（图 1-3-2 中的 11），以便松开张紧器推杆
9	顺时针方向拧紧正时皮带，紧固力矩为 25N・m
10	拆下扭矩扳手
11	将调整工具安装到凸轮轴皮带轮 CA4 上
12	顺时针转动凸轮轴，施加 10N・m 的扭矩（图 1-3-2 中的 14）
13	将调整工具安装到凸轮轴皮带轮 CA1 上
14	顺时针转动凸轮轴，并施加 l0N・m 的力矩（图 1-3-2 中的 15）
15	拧紧每个凸轮轴皮带轮螺栓（图 1-3-2 中的 9），紧固力矩为 100N・m
16	将空心螺帽和卡环安装到每个凸轮轴皮带轮上
17	拆下凸轮轴锁止工具（图 1-3-2 中的 6 和 7）、曲轴锁止工具
18	安装堵头。紧固力矩为 25N・m
19	安装曲轴皮带轮。注意：确保标记和曲轴皮带轮上的凸耳（图 1-3-2 中的 16）对齐
20	拧紧曲轴皮带轮螺栓（图 1-3-2 中的 1），紧固力矩为 23N・m
21	按与拆卸相反的顺序安装其他部件

六、奥迪 A8 轿车 4. 2L BFM 发动机正时皮带拆卸步骤

1. 从发动机舱前部拆下装饰罩。

2. 从空气滤清器处拆下进气管。拆下发动机顶部的装饰罩和气缸盖装饰罩。

3. 松开正时皮带罩上的弹簧卡夹，拆下正时皮带罩。

4. 拆下隔音板。

5. 使用套筒扳手，顺时针转动附件传动皮带张紧器，使皮带张力释放，拆下附件传动皮带，如图 1-3-3 所示。

6. 拆卸黏液驱动冷却风扇，拆下黏液驱动风扇护罩，用扳手固定住黏液驱动风扇的皮带轮，顺时针转动，拆下黏液驱动风扇，黏液驱动风扇为左旋螺纹，如图 1-3-4 所示。

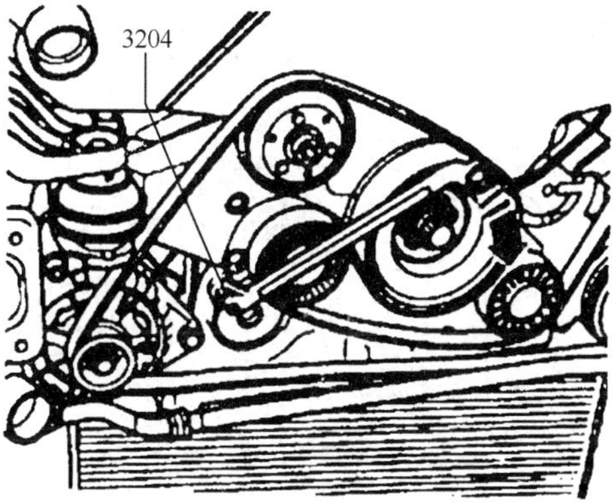

图 1-3-3 拆卸附件传动皮带

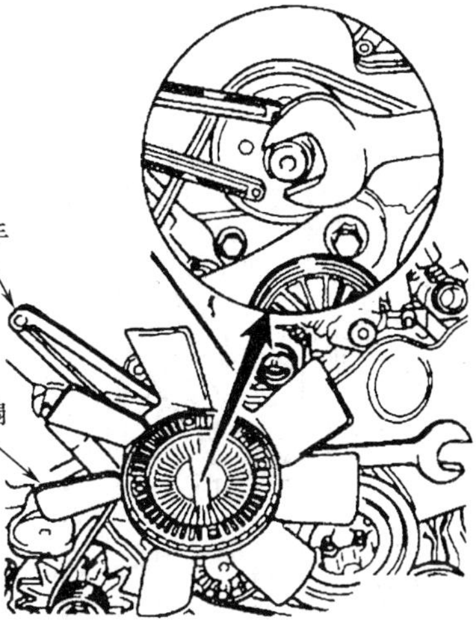

图 1-3-4 拆卸黏液驱动冷却风扇

7. 旋转曲轴至压缩行程上止点位置，确保减振器上的上止点标记与发动机上的标记对齐，如图 1-3-5 所示。

8. 检查凸轮轴位置，凸轮轴链轮安全板上的大孔必须面朝里侧并相互对齐，如图 1-3-6所示。

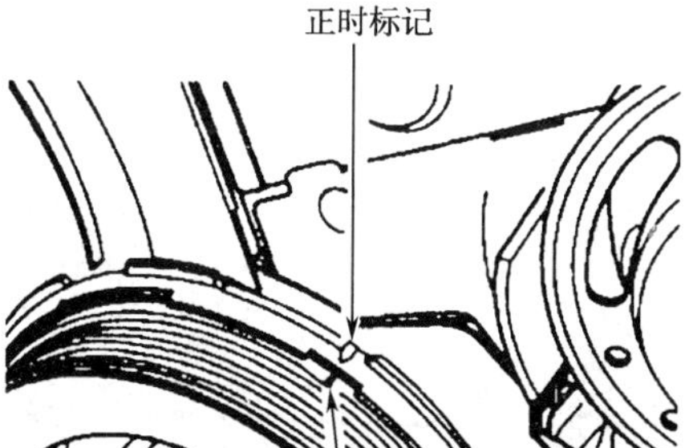

图 1-3-5 对齐曲轴皮带轮上止点标记

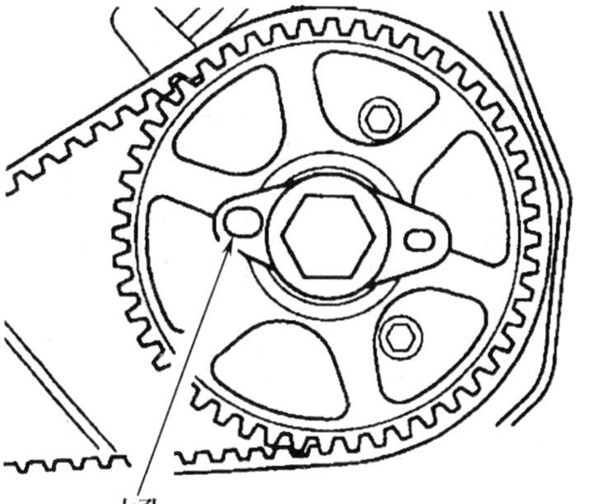

图 1-3-6 对齐凸轮轴链轮安全板上的大孔

9. 从发动机缸体左下侧拆卸密封塞，曲轴上的上止点孔必须位于密封塞孔后，在密封塞孔内拧入曲轴夹紧螺栓（3242），如图 1-3-7 所示。

10. 从发动机缸体前部拆卸附件传动皮带张紧器。拆卸减振器固定螺栓（不必拆卸中心螺栓，但是如果中心螺栓松动，则应换装新的中心螺栓），拆卸减振器。

11. 拆卸黏液驱动冷却风扇的支架，如图 1-3-8 所示。

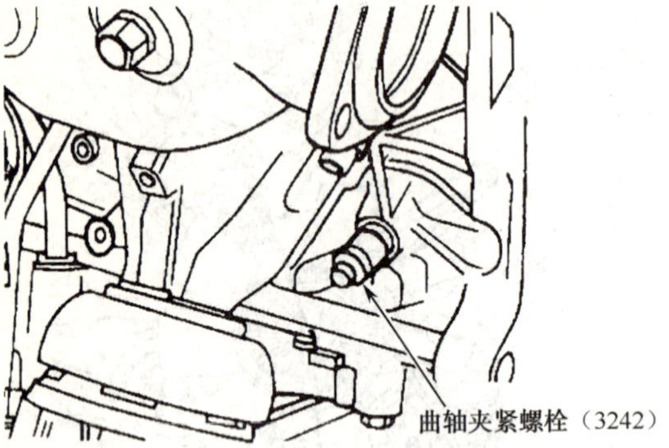

图 1-3-7　拧入曲轴夹紧螺栓

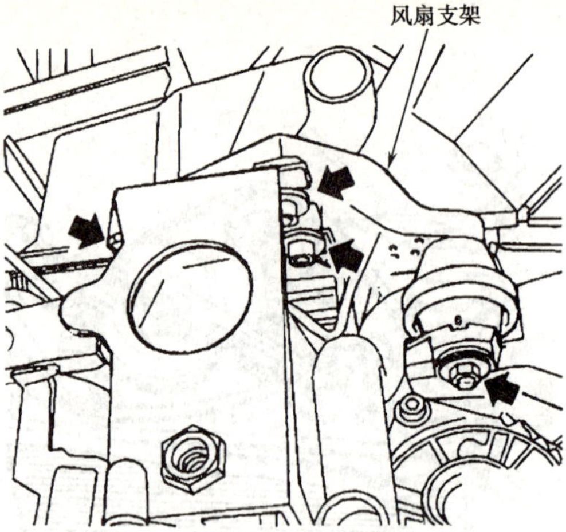

图 1-3-8　拆卸支架

12. 使用 8mm 的六角扳手，逆时针转动张紧杆，缓缓压缩正时皮带液压张紧器，在正时皮带张紧器顶部和张紧器柱塞孔中插入弹簧销（T40011），如图 1-3-9 所示。

13. 在两个凸轮轴安全板上安装凸轮轴杆（T40005），如图 1-3-10 所示。

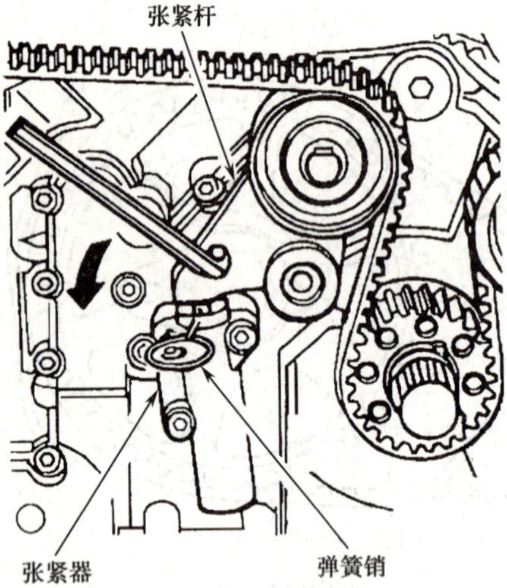

图 1-3-9　释放正时皮带张力

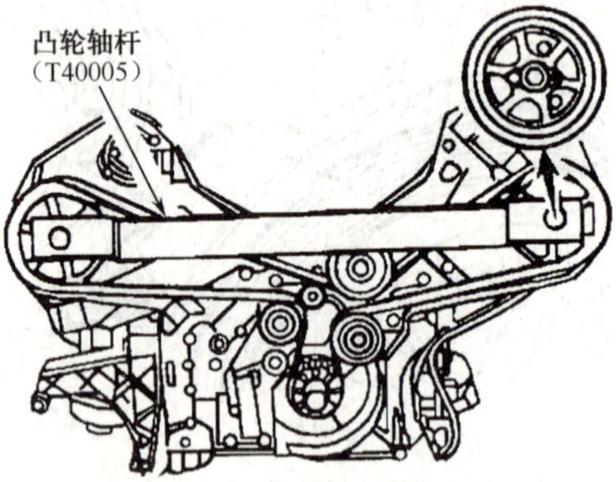

图 1-3-10　安装凸轮轴杆

14. 将两个凸轮轴皮带轮安全螺栓拧松 5 圈，拆下凸轮轴杆。然后用齿轮拔具松开凸轮轴皮带轮，使其能自由转动。

15. 松开正时皮带张紧器皮带轮中心螺栓，张紧器皮带轮位于曲轴皮带轮上方偏右位置，将正时皮带和 1～4 缸的凸轮轴皮带轮一同拆下。

七、奥迪 A8 轿车 4.2L BFM 发动机正时皮带安装步骤

1. 确保曲轴处于上止点位置，将正时皮带套上曲轴皮带轮、张紧器轮和气缸 5～8 的凸轮轴皮带轮、水泵皮带轮和减振器轮上。

2. 手动拧紧凸轮轴皮带轮固定螺栓。螺栓拧紧后，凸轮轴皮带轮可以在凸轮轴销上转动，但不会前后晃动。

3. 将凸轮轴杆（T40005）连接到凸轮轴上，在张紧杆和液压张紧器柱塞之间插入一个 5mm 的钻头。

4. 使用张紧键（T40009）、套筒连接装置（5122）和扭矩扳手设置正时皮带初始张紧度，将张紧度设置到 4N·m，如图 1-3-11 所示。将皮带张紧器保持在这个位置，将张紧器中心螺母紧固到 22N·m。拆下 5mm 钻头。

5. 使用 8mm 的六角扳手，逆时针转动正时皮带张紧杆，直至弹簧销能从液压张紧器上拆下。

6. 顺时针转动正时皮带张紧杆，直至可将一个 7mm 的钻头插入正时皮带张紧杆和液压张紧器壳体顶部之间。将凸轮轴皮带轮螺栓紧固至 55N·m。将凸轮轴杆保持在原来位置，防止凸轮轴转动。

7. 凸轮轴皮带轮螺栓紧固后，拆下凸轮轴杆。拆下 7mm 的钻头。拆下曲轴夹紧螺栓。安装密封塞。沿曲轴转动方向转动曲轴 2 周。

8. 测量正时皮带张紧杆与液压张紧器壳体之间的间隙，规范值应为 5mm。如果不符合规范值，则要重新进行调节，如图 1-3-12 所示。

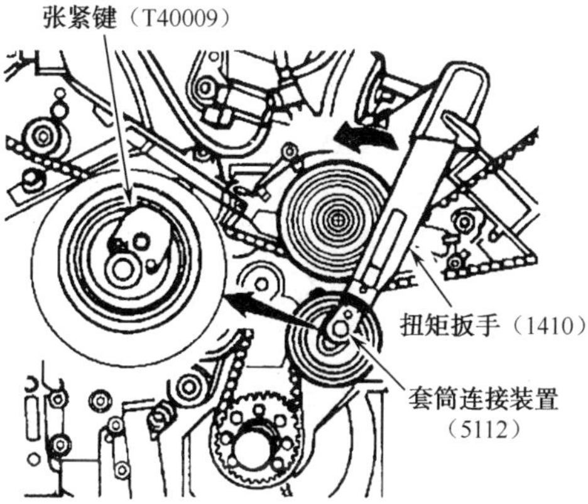

图 1-3-11　设置正时皮带初始张紧度

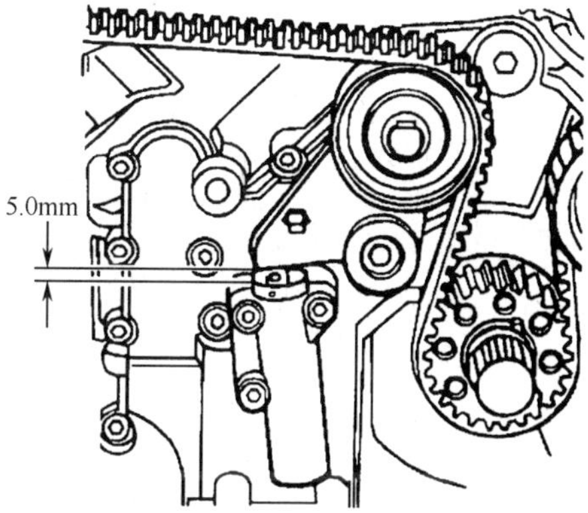

图 1-3-12　测量张紧杆与液压张紧器壳体之间的间隙

9. 测量右侧正时皮带导板与正时皮带顶部之间的间隙，规范值应为 1mm，如图 1-3-13所示。

10. 测量左侧正时皮带导板与正时皮带顶部之间的间隙，规范值应为 1mm，如图 1-3-14所示。

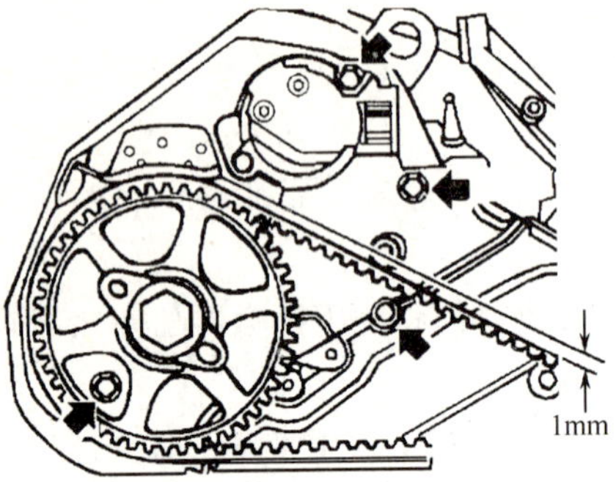

图 1-3-13 测量正时皮带顶部与右侧正时带导板之间的间隙（右气缸盖）

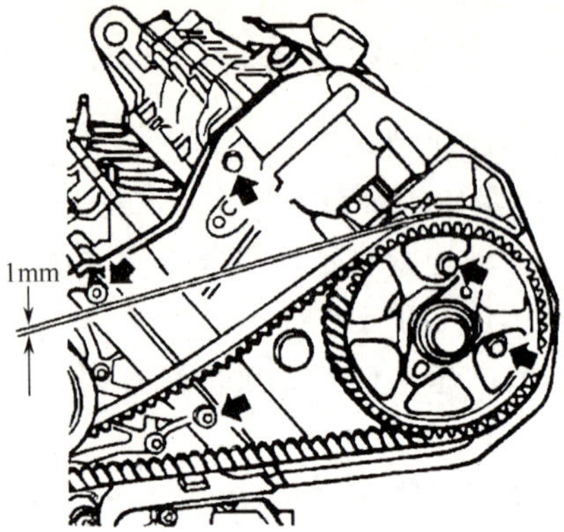

图 1-3-14 测量正时皮带顶部与左侧正时带导板之间的间隙（左气缸盖）

11. 安装减振器，将减振器上的凹槽标记与正时皮带轮上的凸出标记对齐。紧固所有螺栓。
12. 安装附件传动皮带。

八、奥迪 A8 轿车 2. 8L FSI 发动机正时校对步骤

1. 奥迪 A8 轿车 2. 8L FSI 发动机正时链条部件识别（图 1-3-15）
2. 奥迪 A8 轿车 2. 8L FSI 发动机校准操作步骤（表 1-3-5）

表 1-3-5 奥迪 A8 轿车 2. 8L FSI 发动机正时校对步骤

步 骤	操 作 方 法
1	拆下变速器
2	拆下飞轮
3	从气缸体上拆下堵头
4	将发动机设置在 1 缸上止点位置（图 1-3-15 中的 1）
5	确保凸轮轴正确对齐（图 1-3-15 中的 2）；凸轮轴上的螺纹孔均朝上
6	安装曲轴锁止销（图 1-3-15 中的 3）；将曲轴锁止销紧固至 20N・m
7	确保平衡轴固定到位（图 1-3-15 中的 4）
8	安装凸轮轴锁止工具（图 1-3-15 中的 5），将其紧固到 25N・m。如果凸轮轴锁止工具安装不上，则说明气门正时不正确
9	拆下正时链条张紧器，使正时链条放松以便于拆装
10	把正时链条张紧器的柱塞（图 1-3-15 中的 6）推入张紧器壳体（图 1-3-15 中的 7），然后插入锁止销（图 1-3-15 中的 8）。 注意：拆卸正时链条前要先用油漆在正时链条链节和凸轮轴调节器上做好标记，以便正确安装
11	把左侧气缸盖凸轮轴调节器的中心螺栓（图 1-3-15 中的 9）拧松一周
12	对齐凸轮轴
13	安装凸轮轴锁止工具（图 1-3-15 中的 5）并紧固至 25N・m
14	将凸轮轴调节器的中心螺栓紧固到 80N・m + 90°。 注意：凸轮轴调节器的中心螺栓是一次性使用的，拆卸后必须更换新的中心螺栓
15	正时链条校准执行完毕后把正时链条张紧器的锁止销（图 1-3-15 中的 8）拆下

续表

步　骤	操 作 方 法
16	拆下曲轴锁止销（图 1-3-15 中的 3）和凸轮轴锁止工具（图 1-3-15 中的 5）
17	将曲轴沿顺时针转动 2 周
18	安装曲轴锁止销（图 1-3-15 中的 3）
19	检查气门正时
20	拆下曲轴锁止销（图 1-3-15 中的 3）
21	重新安装气缸体堵头并紧固至 14N・m。 注意：如果正时链条需要重新使用，则拆卸前要标记好左侧和右侧正时链条，以便在重新安装时不发生错误

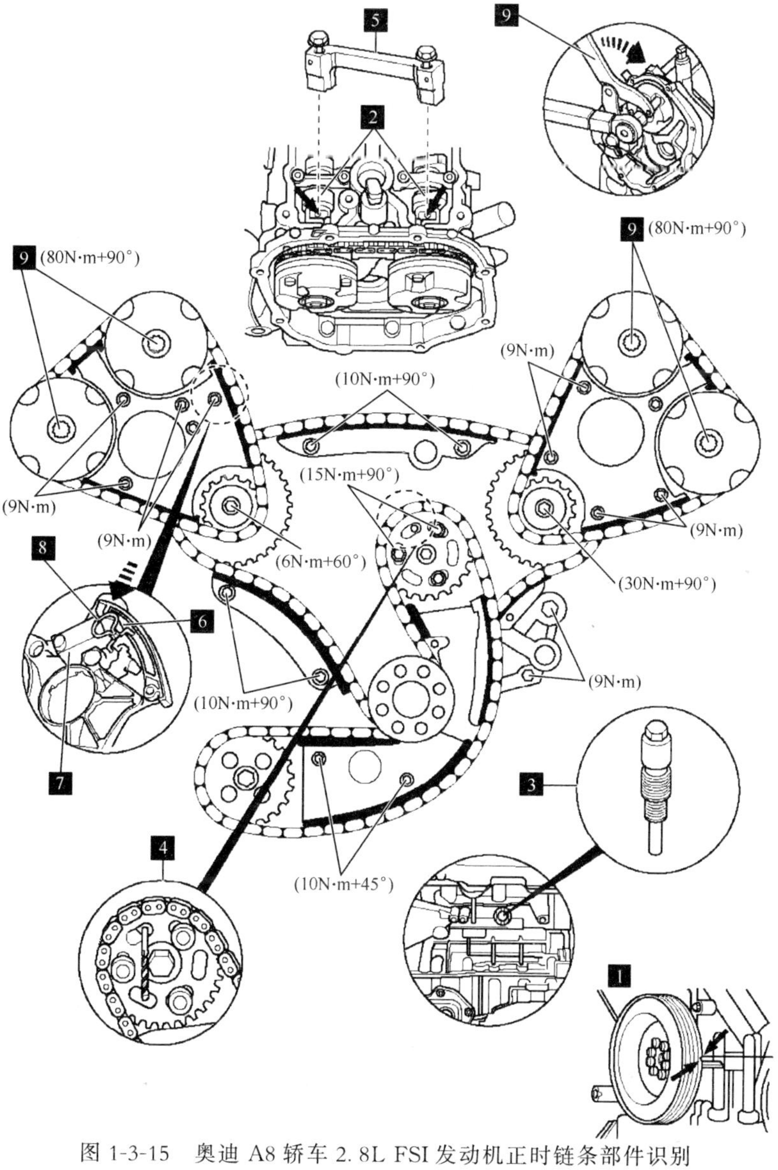

图 1-3-15　奥迪 A8 轿车 2.8L FSI 发动机正时链条部件识别

第四节　A5 轿车

奥迪 A5 轿车 3. 2L FSI 发动机正时链条部件校对步骤与 Q5 轿车 3. 2L FSI 发动机正时链条校对步骤相同，可参照 Q5 轿车 3. 2L FSI 发动机正时链条校对步骤执行操作。

第五节　A3 轿车

一、奥迪 A3 轿车 1. 4L TFSI（CAXC）发动机正时校对

1. 奥迪 A3 轿车 1. 4L TFSI（CAXC）发动机正时链条部件识别（图 1-5-1）
2. 奥迪 A3 轿车 1. 4L TFSI（CAXC）发动机正时链条校对步骤（表 1-5-1）

表 1-5-1　奥迪 A3 轿车 1. 4L TFSI（CAXC）发动机正时链条校对步骤

步　骤	操作方法
1	拆下正时链条盖
2	拆下油底壳
3	在 1 缸火花塞孔处安装千分表和支架（图 1-5-1 中的 1），确保发动机设置在 1 缸上止点位置
4	确保各个凸轮轴正时标记对齐（图 1-5-1 中的 2）。如果没有对齐，将曲轴转动 360°
5	安装凸轮轴定位工具（图 1-5-1 中的 3）。 注意：如果凸轮轴定位工具不能安装上，则说明气门正时不正确
6	安装曲轴正时销（图 1-5-1 中的 4）
7	重新安装带有垫圈的曲轴带轮螺栓，用手把螺栓拧紧。推动正时链条张紧器滑轨直至抵住正时链条张紧器。安装正时链条张紧器锁止工具（图 1-5-1 中的 5）。 注意：如果要重新使用正时链条，要标记好正时链条的转动方向，以免在安装时发生错误
8	拆下凸轮轴定位工具（图 1-5-1 中的 3）
9	将凸轮轴链轮螺栓拧松。 注意：进气凸轮轴链轮螺栓为左旋螺纹
10	拆下排气凸轮轴链轮（图 1-5-1 中的 6）和正时链条
11	使用凸轮轴定位工具（图 1-5-1 中的 3）定位凸轮轴
12	确保曲轴设置在 1 缸上止点位置：顺时针慢慢转动曲轴，直至抵到曲轴正时销（图 1-5-1 中的 4）
13	安装排气凸轮轴链轮（图 1-5-1 中的 6）和正时链条
14	将各个凸轮轴链轮螺栓换装为新螺栓，用手将螺栓拧紧
15	确保凸轮轴链轮能自由转动，且转动时不发生偏摆
16	拆下正时链条张紧器锁止工具（图 1-5-1 中的 5）
17	确保曲轴设置在 1 缸上止点位置：顺时针慢慢转动曲轴，直至抵到曲轴正时销（图 1-5-1 中的 4）
18	确保凸轮轴定位工具（图 1-5-1 中的 3）正确定位
19	暂时紧固凸轮轴链轮螺栓：进气凸轮轴链轮螺栓紧固至 40N·m；排气凸轮轴链轮螺栓紧固至 50N·m
20	拆下凸轮轴定位工具（图 1-5-1 中的 3）
21	拆下曲轴正时销（图 1-5-1 中的 4）
22	顺时针转动曲轴两周
23	用千分表（图 1-5-1 中的 1）确认发动机处于 1 缸上止点位置

续表

步　骤	操 作 方 法
24	安装曲轴正时销（图 1-5-1 中的 4）
25	确保凸轮轴定位工具（图 1-5-1 中的 3）可以安装上。如果凸轮轴定位工具不能安装上，则说明气门正时不正确
26	拆下凸轮轴定位工具（图 1-5-1 中的 3）
27	拆下曲轴正时销（图 1-5-1 中的 4）
28	将凸轮轴链轮螺栓再紧固 90°
29	顺时针转动曲轴 2 周
30	检查气门正时
31	安装曲轴带轮螺栓，将其紧固至 150N·m＋180°。 注意：曲轴带轮螺栓和凸轮轴链轮螺栓均为一次性使用，旧螺栓不能重新使用，必须换装新螺栓

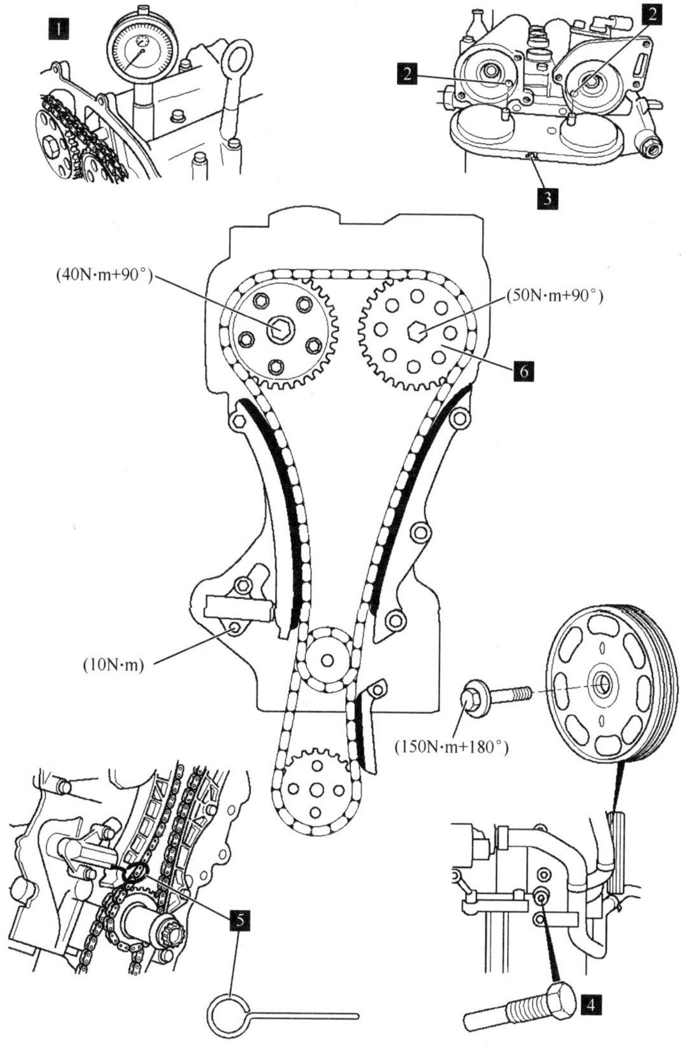

图 1-5-1　奥迪 A3 轿车 1.4L TFSI（CAXC）发动机正时链条部件识别

二、A3 轿车 2. 0TFSI（CCTA）发动机正时校对

1. A3 轿车 2. 0TFSI（CCTA）发动机正时部件识别（图 1-5-2）

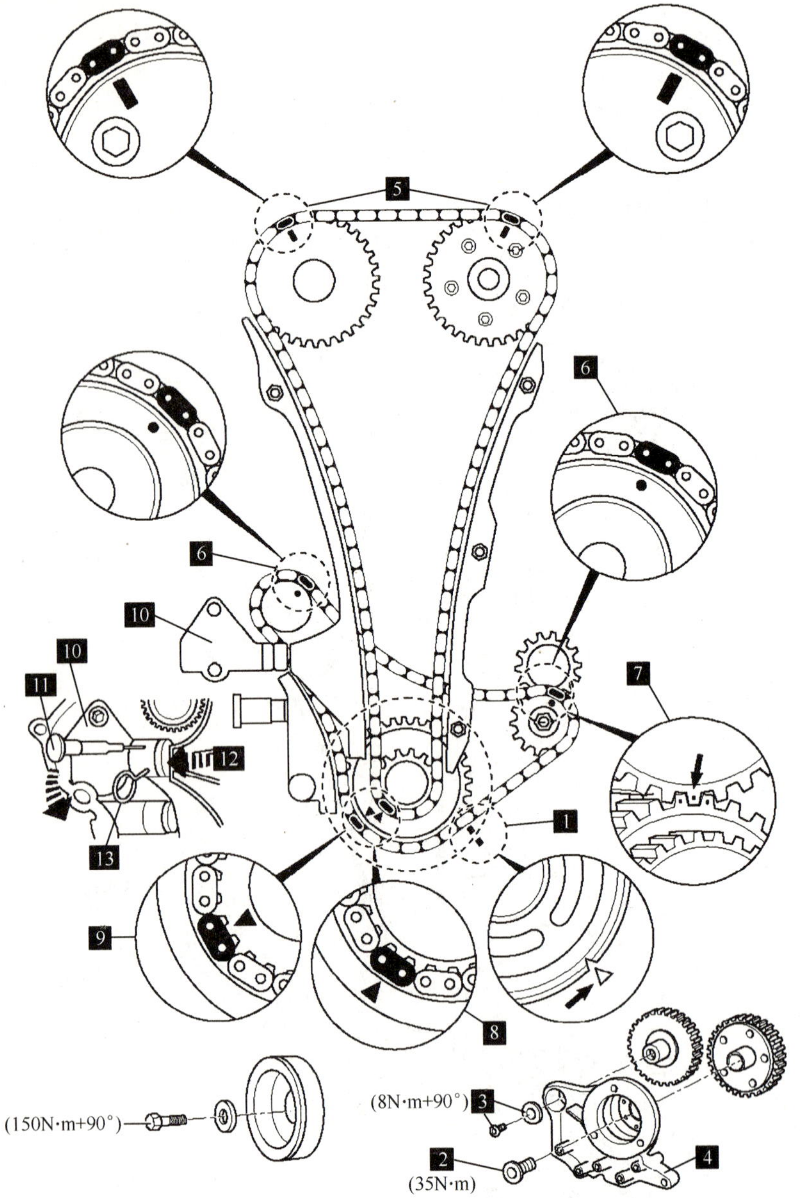

图 1-5-2　A3 轿车 2. 0TFSI（CCTA）发动机正时部件识别

2. A3 轿车 2. 0TFSI（CCTA）发动机正时校对操作步骤（表 1-5-2）

表 1-5-2　A3 轿车 2.0TFSI（CCTA）发动机正时校对操作步骤

步　骤	操作方法
1	把发动机设置在 1 缸上止点位置（图 1-5-2 中的 1）
2	把带有垫圈的曲轴带轮螺栓重新装好
3	拆下进气凸轮轴调节器控制阀（左旋螺纹，图 1-5-2 中的 2）
4	拆下排气凸轮轴链轮螺栓和垫圈（图 1-5-2 中的 3）
5	拆卸凸轮轴支架（图 1-5-2 中的 4）
6	确保正时链条上带有颜色标记的链节与各个凸轮轴链轮上的正时部件对齐（图 1-5-2 中的 5）
7	确保平衡轴正时标记对齐（图 1-5-2 中的 6）
8	确保平衡轴齿轮正时标记对齐（图 1-5-2 中的 7）
9	确保凸轮轴链轮正时标记对齐（图 1-5-2 中的 8 和 9）
10	重新设置正时链条张紧器（图 1-5-2 中的 10）。 用合适的工具松开正时链条张紧器的锁止机构（图 1-5-2 中的 11）；把正时链条张紧器的柱塞推入张紧器壳体中（图 1-5-2 中的 12）；插入张紧器锁止销（图 1-5-2 中的 13）
11	拆下张紧器锁止销（图 1-5-2 中的 13），使压入的张紧器柱塞释放
12	紧固排气凸轮轴链轮螺栓（图 1-5-2 中的 3），紧固力矩为 8N · m + 90°

第六节　S5 轿车

一、S5 轿车 4.2L FSI（CAUA）发动机正时部件识别（图 1-6-1）

二、S5 轿车 4.2L FSI（CAUA）发动机正时校对操作步骤（表 1-6-1）

表 1-6-1　S5 轿车 4.2L FSI（CAUA）发动机正时校对操作步骤

步　骤	操作方法
1	拆下变速器
2	拆下飞轮
3	顺时针转动曲轴带轮，直至 1 缸抵达上止点前位置
4	从气缸体上拆下堵头
5	沿顺时针方向慢慢转动曲轴带轮，直至能把曲轴锁止销（图 1-6-1 中的 1）插入曲轴
6	把插入的曲轴锁止销紧固至 20N · m

续表

步　骤	操作方法
7	确保凸轮轴正确对齐（图 1-6-1 中的 2）；凸轮轴上的螺纹孔均朝上
8	安装凸轮轴锁止工具（图 1-6-1 中的 3），将其紧固到 25N·m。如果凸轮轴锁止工具安装不上，则说明气门正时不正确
9	拆下正时链条张紧器，使正时链条放松以便于拆装
10	把正时链条张紧器的柱塞（图 1-6-1 中的 4）推入张紧器壳体（图 1-6-1 中的 5），然后插入锁止销（图 1-6-1 中的 6）
11	把左侧气缸盖凸轮轴调节器的中心螺栓（图 1-6-1 中的 7）均拧松一周。 注意：拆卸正时链条前要先用油漆在正时链条链节和凸轮轴调节器上做好标记，以便正确安装
12	对齐凸轮轴
13	把凸轮轴锁止工具（图 1-6-1 中的 3）安装到左排气缸的凸轮轴上
14	安装凸轮轴锁止工具的螺栓并紧固至 25N·m
15	使用凸轮轴调节器预紧工具（图 1-6-1 中的 8）对正时链条进行预紧
16	将左侧凸轮轴调节器螺栓分 A 和 B 两个步骤拧紧；将左侧进气凸轮轴调节器的中心螺栓紧固到 60N·m。左侧进气凸轮轴调节器保持预紧状态。将左侧排气凸轮轴调节器的中心螺栓紧固到 60N·m（图 1-6-1 中的 A）。把凸轮轴调节器预紧工具（图 1-6-1 中的 8）从凸轮轴调节器上拆下，然后将左侧进气凸轮轴调节器的中心螺栓和左侧进气凸轮轴调节器的中心螺栓紧固到 80N·m+90°
17	对右排气缸的凸轮轴执行同样的操作步骤
18	正时链条校准执行完毕后把正时链条张紧器的锁止销（图 1-6-1 中的 6）拆下。 注意：凸轮轴调节器的中心螺栓是一次性使用的，拆卸后必须更换新的中心螺栓
19	拆下曲轴锁止销（图 1-6-1 中的 1）和凸轮轴锁止工具（图 1-6-1 中的 3）
20	将曲轴沿顺时针转动 2 周
21	安装曲轴锁止销（图 1-6-1 中的 1）
22	检查气门正时
23	拆下安装曲轴锁止销（图 1-6-1 中的 1）
24	重新安装气缸体堵头。 注意：如果正时链条需要重新使用，则拆卸前要标记好左侧和右侧正时链条，以便在重新安装时不发生错误

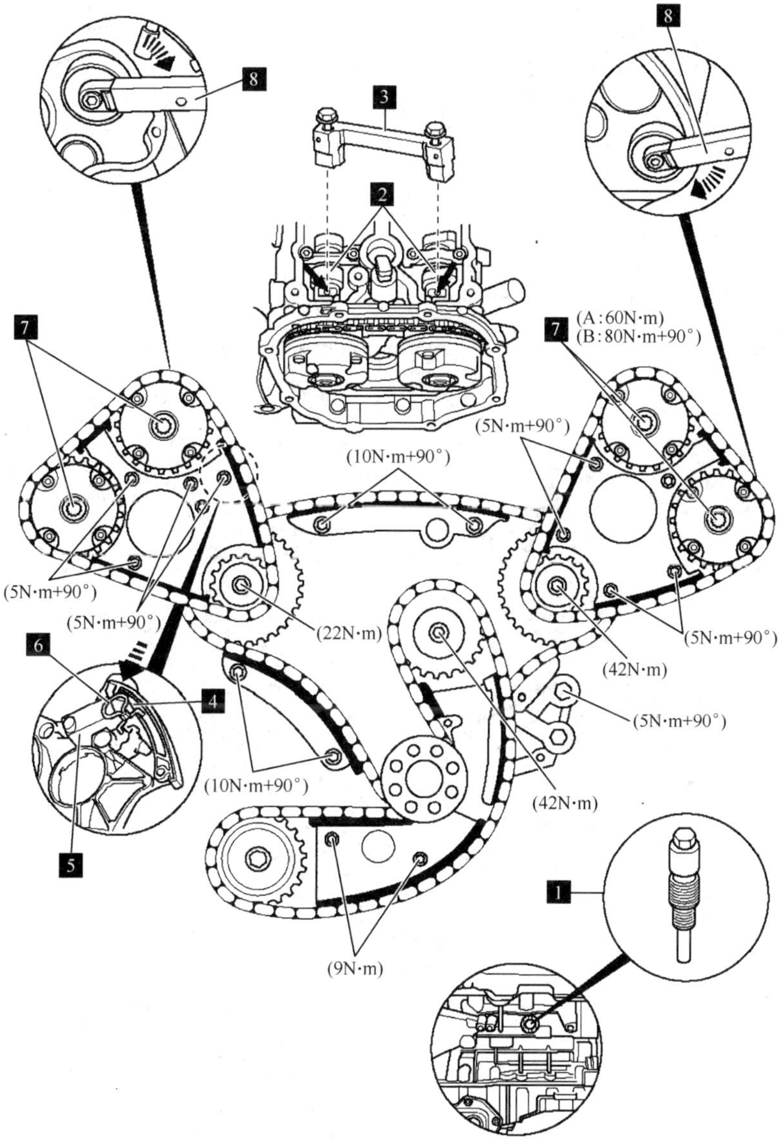

图 1-6-1　S5 轿车 4.2L FSI（CAUA）发动机正时部件识别

第七节　奥迪 S6 轿车

奥迪 S6 轿车 5.2L FSI（BXA）发动机正时校对

1. 奥迪 S6 轿车 5.2L FSI（BXA）发动机正时部件识别（图 1-7-1）

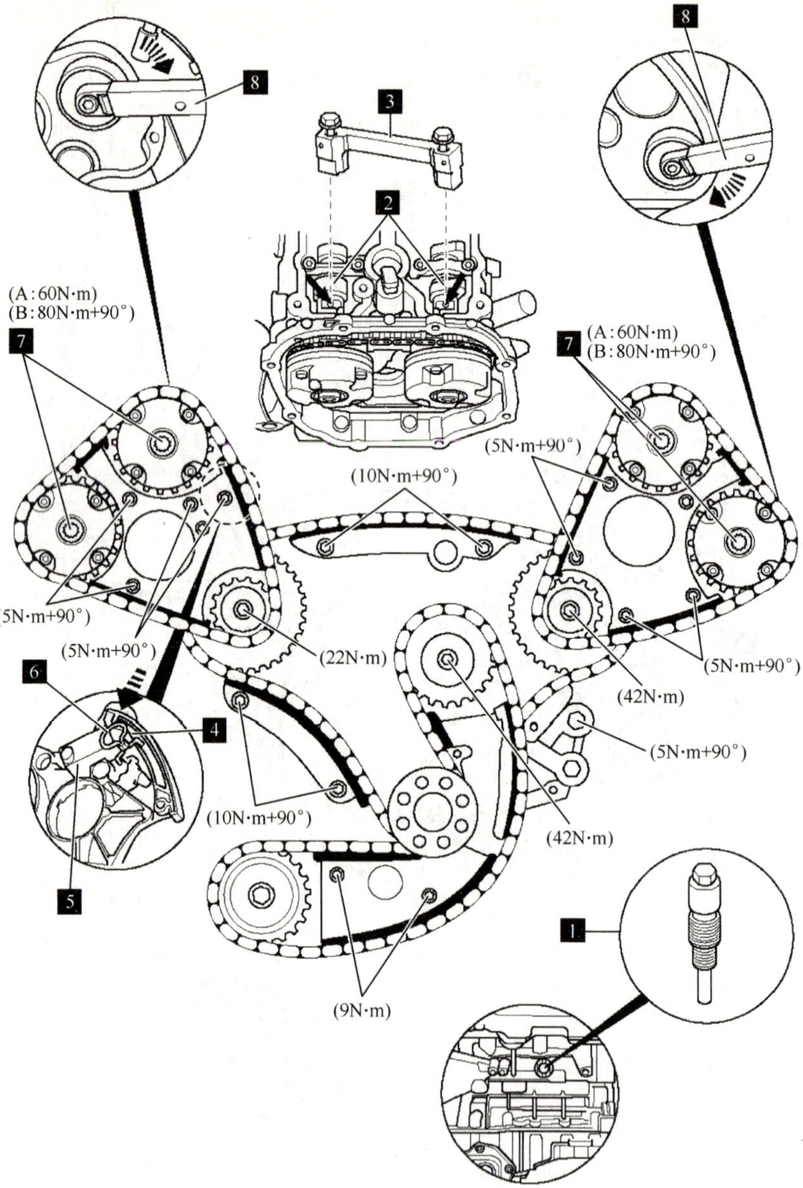

图 1-7-1 奥迪 S6 轿车 5. 2L FSI（BXA）发动机正时部件识别

2. 奥迪 S6 轿车 5. 2L FSI（BXA）发动机正时校对操作步骤（表 1-7-1）

表 1-7-1 奥迪 S6 轿车 5. 2L FSI（BXA）发动机正时校对操作步骤

步骤	操作方法
1	拆下变速器
2	拆下飞轮

步 骤	操作方法
3	顺时针转动曲轴带轮，直至 1 缸抵达上止点前位置
4	从气缸体上拆下堵头
5	沿顺时针方向慢慢转动曲轴带轮，直至能把曲轴锁止销（图 1-7-1 中的 1）插入曲轴
6	把插入的曲轴锁止销紧固至 20N·m
7	确保凸轮轴正确对齐（图 1-7-1 中的 2）；凸轮轴上的螺纹孔均朝上
8	安装凸轮轴锁止工具（图 1-7-1 中的 3），将其紧固到 25N·m。如果凸轮轴锁止工具安装不上，则说明气门正时不正确
9	拆下正时链条张紧器，使正时链条放松以便于拆装
10	把正时链条张紧器的柱塞（图 1-7-1 中的 4）推入张紧器壳体（图 1-7-1 中的 5），然后插入锁止销（图 1-7-1 中的 6）
11	把左侧气缸盖凸轮轴调节器的中心螺栓（图 1-7-1 中的 7）均拧松一周。 注意：拆卸正时链条前要先用油漆在正时链条链节和凸轮轴调节器上做好标记，以便正确安装
12	对齐凸轮轴
13	把凸轮轴锁止工具（图 1-7-1 中的 3）安装到左排气缸的凸轮轴上
14	安装凸轮轴锁止工具的螺栓并紧固至 25N·m
15	使用凸轮轴调节器预紧工具（图 1-7-1 中的 8）对正时链条进行预紧
16	将左侧凸轮轴调节器螺栓分 A 和 B 两个步骤拧紧；将左侧进气凸轮轴调节器的中心螺栓紧固到 60N·m（图 1-7-1 中的 A）。左侧进气凸轮轴调节器保持预紧状态。将左侧排气凸轮轴调节器的中心螺栓紧固到 60N·m（图 1-7-1 中的 A）。把凸轮轴调节器预紧工具（图 1-7-1 中的 8）从凸轮轴调节器上拆下，然后将左侧进气凸轮轴调节器的中心螺栓紧固到 80N·m+90°（图 1-7-1 中的 B）
17	对右排气缸的凸轮轴执行同样的操作步骤
18	正时链条校准执行完毕后把正时链条张紧器的锁止销（图 1-7-1 中的 6）拆下。 注意：凸轮轴调节器的中心螺栓是一次性使用的，拆卸后必须更换新的中心螺栓
19	拆下曲轴锁止销（图 1-7-1 中的 1）和凸轮轴锁止工具（图 1-7-1 中的 3）
20	将曲轴沿顺时针转动 2 周
21	安装曲轴锁止销（图 1-7-1 中的 1）
22	检查气门正时
23	拆下安装曲轴锁止销（图 1-7-1 中的 1）
24	重新安装气缸体堵头。 注意：如果正时链条需要重新使用，则拆卸前要标记好左侧和右侧正时链条，以便在重新安装时不发生错误

第八节 奥迪 TT 轿车

一、奥迪 TT 轿车 1.8L TFSI（CDAA）发动机正时校对

奥迪 TT 轿车 1.8L TFSI 发动机正时链条部件识别如图 1-8-1 所示。正时校对操作步骤如表 1-8-1 所示。

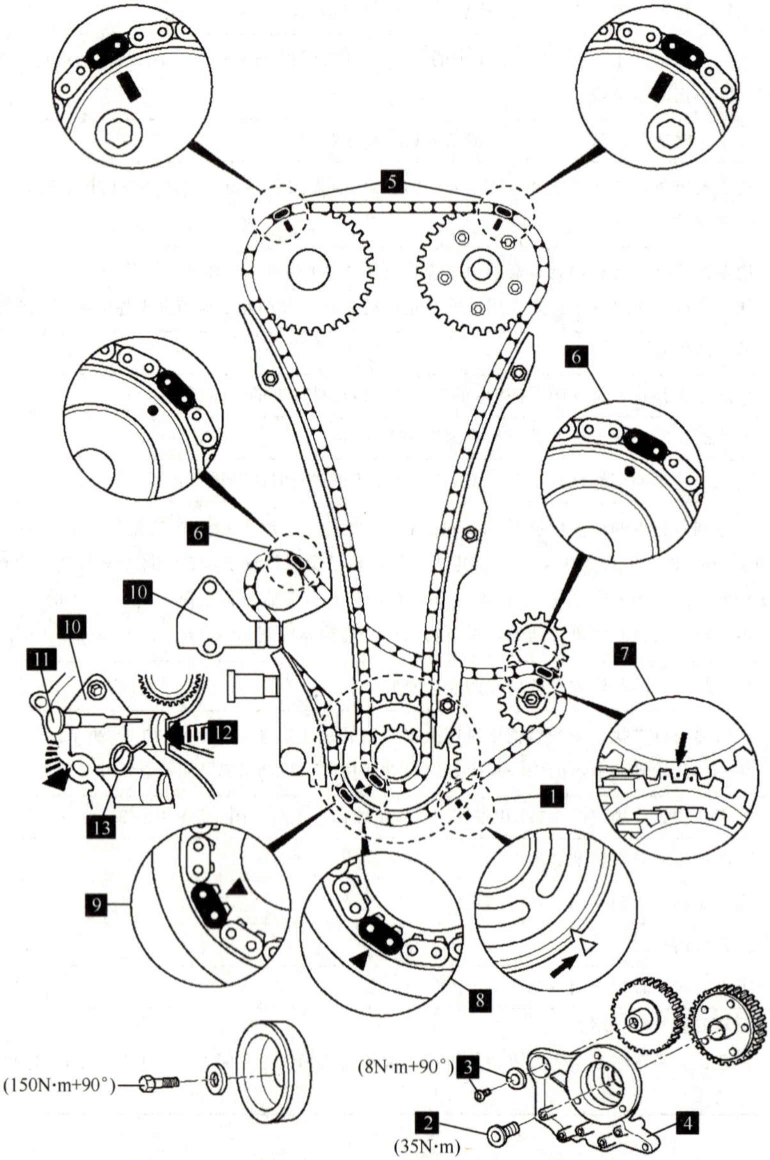

图 1-8-1 奥迪 TT 轿车 1.8L TFSI（CDAA）发动机正时链条部件识别

表 1-8-1　TT 轿车 1.8L TFSI（CDAA）发动机正时校对操作步骤

步　骤	操作方法
1	把发动机设置在 1 缸上止点位置（图 1-8-1 中的 1）
2	把带有垫圈的曲轴带轮螺栓重新装好
3	拆下进气凸轮轴调节器控制阀（左旋螺纹，图 1-8-1 中的 2）
4	拆下排气凸轮轴链轮螺栓和垫圈（图 1-8-1 中的 3）
5	拆卸凸轮轴支架（图 1-8-1 中的 4）
6	确保正时链条上带有颜色标记的链节与各个凸轮轴链轮上的正时部件对齐（图 1-8-1 中的 5）
7	确保平衡轴正时标记对齐（图 1-8-1 中的 6）
8	确保平衡轴齿轮正时标记对齐（图 1-8-1 中的 7）
9	确保凸轮轴链轮正时标记对齐（图 1-8-1 中的 8 和 9）
10	重新设置正时链条张紧器（图 1-8-1 中的 10）。 用合适的工具松开正时链条张紧器的锁止机构（图 1-8-1 中的 11）；把正时链条张紧器的柱塞推入张紧器壳体中（图 1-8-1 中的 12）；插入张紧器锁止销（图 1-8-1 中的 13）
11	拆下张紧器锁止销（图 1-8-1 中的 13），使压入的张紧器柱塞释放
12	紧固排气凸轮轴链轮螺栓（图 1-8-1 中的 3），紧固力矩为 8N·m+90°

二、奥迪 TT 1.8T 发动机正时皮带校准

（一）正时皮带拆卸步骤

1. 断开涡轮增压器空气冷却器管路，拆下中间和右侧隔音板，如图 1-8-2 和图 1-8-3 所示。

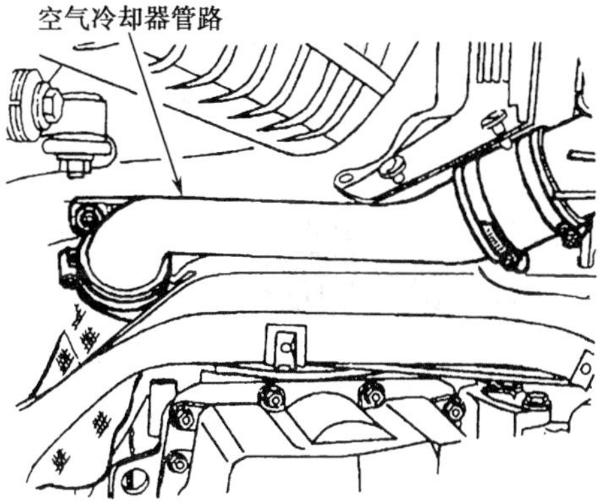

图 1-8-2　断开冷却器管路

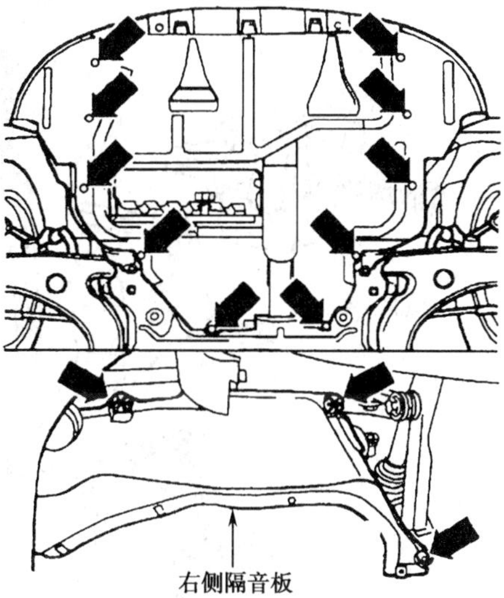

图 1-8-3　拆卸隔音板

2. 拆下附件传动皮带和张紧器，顺时针转动张紧器，释放皮带张力。拆卸时要记清楚附件传动皮带的盘绕路径，如图 1-8-4所示。

3. 拆卸发动机冷却系统膨胀箱和动力转向系统储液罐螺栓，不要断开管路，将膨胀箱和储液罐移开。

4. 拆下连接燃油蒸发炭罐到节气门体的真空管路。拔下冷却液膨胀箱和燃油蒸发炭罐上的电路接头。拆下正时皮带上罩，如图 1-8-5 所示。

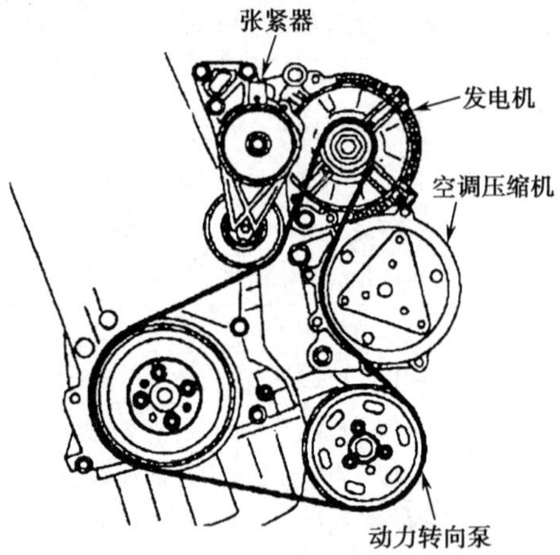

图 1-8-4　附件传动皮带盘绕路径

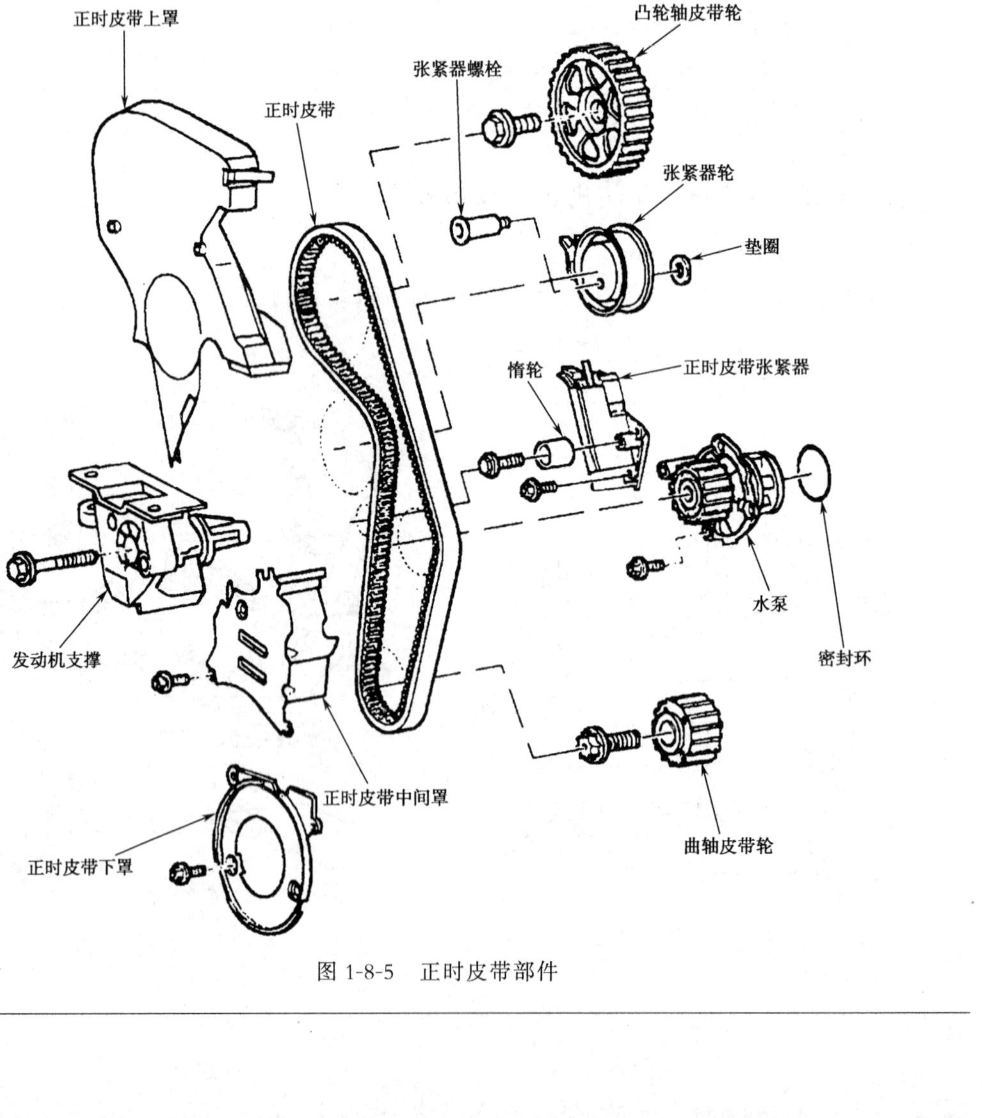

图 1-8-5　正时皮带部件

5. 用支撑架支撑发动机。

6. 转动曲轴皮带轮中心螺栓，将曲轴扭转减振器对准到 1 缸上止点位置。确保凸轮轴皮带轮的正时标记与正时皮带后罩上的标记对齐，如图 1-8-6 所示。

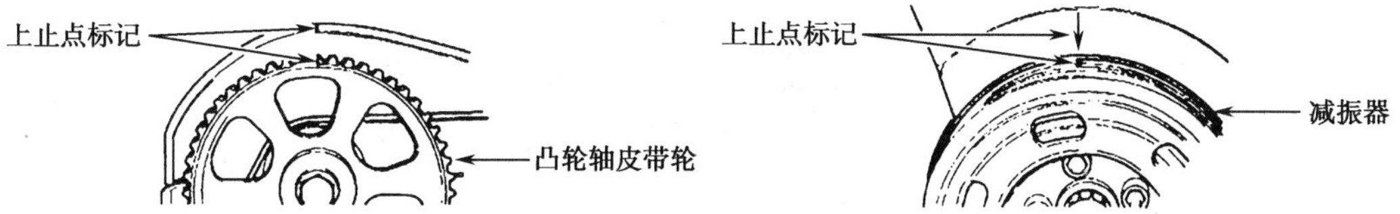

图 1-8-6　对齐正时标记

7. 举升起发动机，拆下曲轴减振器上的 4 个螺栓，拆下减振器。拆卸减振器时不要移动曲轴。

8. 拆下正时皮带中间盖罩和下盖罩。拆卸发动机支架和右侧发动机支撑臂上的螺栓。拆卸发动机支架和右侧发动机支撑臂，如图 1-8-7 所示。

9. 如图 1-8-8 所示，拆卸发动机支撑螺栓。

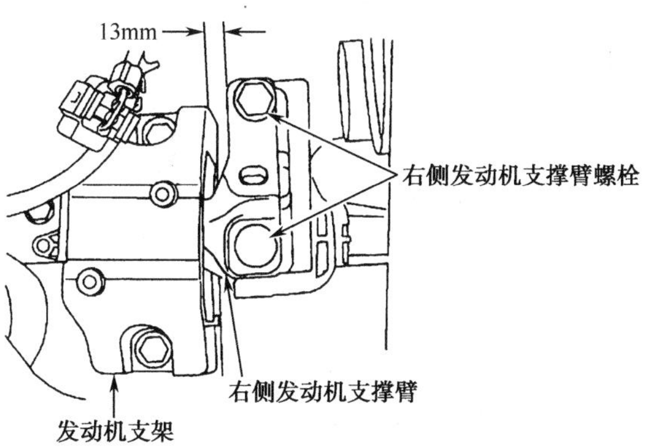

图 1-8-7　拆卸发动机支架和右侧发动机支撑臂

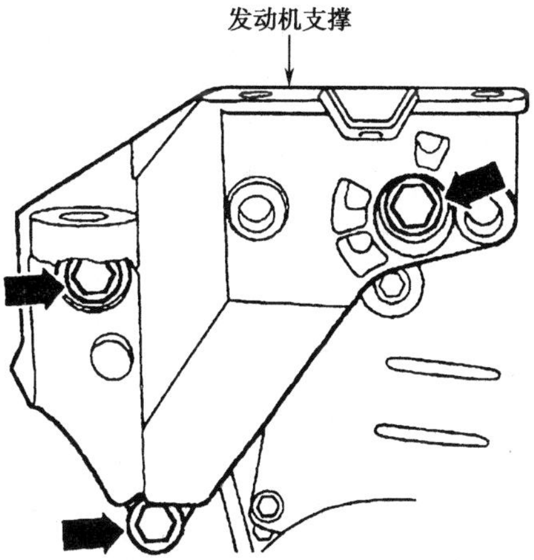

图 1-8-8　拆卸发动机支撑螺栓

10. 如图 1-8-9 所示，将一个 M5×55 的螺杆拧入正时皮带张紧器支架中，在螺杆上安装六角螺母和垫圈。

11. 慢慢转动螺杆上的六角螺母，压缩正时皮带张紧器。直至能将锁止销或钻头插入张紧器壳体内，将张紧器固定到位。

12. 拆卸正时皮带。

（二）正时皮带安装步骤

1. 将正时皮带套到曲轴皮带轮上。安装正时皮带下罩。安装曲轴减振器轮，确保减振器轮中央孔上的凹槽与曲轴皮带轮上的凸起对齐。紧固螺栓。

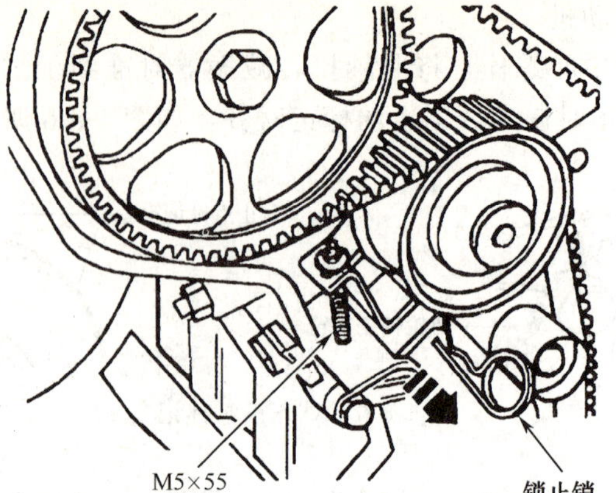

图 1-8-9 拧入螺杆

2. 确认凸轮轴和曲轴的正时标记对齐（图 1-8-6）。将正时皮带安装到水泵、张紧器轮和凸轮轴皮带轮上。

3. 从张紧器上拆卸锁止销或钻头。从张紧器支架上拆卸 M5×55 的螺杆。转动曲轴 2 周。对齐凸轮轴和曲轴的正时标记。

4. 使用新螺栓安装发动机右侧支撑臂和支架。调节发动机支架和右侧支撑臂，使间隙达到 13mm 左右的规范值。

5. 拆卸发动机支撑架。安装正时皮带中间罩和上罩。安装附件传动皮带张紧器和附件传动皮带。

6. 安装发动机冷却系统膨胀箱和动力转向系统储液罐螺栓。

7. 安装连接燃油蒸发炭罐到节气门体的真空管路。

三、奥迪 TT 轿车 3.2L（BUB）发动机正时校对

奥迪 TT 轿车 3.2L（BUB）发动机正时链条部件识别如图 1-8-10 所示。正时校对操作步骤如表 1-8-2 所示。

表 1-8-2 TT 轿车 3.2L（BUB）发动机正时校对步骤

步骤	操作方法
1	拆下发动机
2	拆下油底壳
3	将发动机设置在 1 缸上止点位置（图 1-8-10 中的 1）。 注意：曲轴链轮的齿槽要与后主轴承接合处对齐（图 1-8-10 中的 2）
4	将锁止工具安装到凸轮轴上（图 1-8-10 中的 3）
5	如果凸轮轴锁止工具安装不上，则转动曲轴 360°

续表

步　骤	操作方法
6	拆下正时链条张紧器，使正时链条松弛，以便于拆装
7	更换中间轴链轮时，确保中间轴链轮正时标记对齐（图 1-8-10 中的 4）
8	对下部的正时链条张紧器执行重新设置： 用螺丝刀释放正时链条张紧器机械锁止结构（图 1-8-10 中的 5）； 推动正时链条张紧器（图 1-8-10 中的 6）使其抵住正时链条张紧器导轨（图 1-8-10 中的 7）
9	换装新的正时链条张紧器螺栓（图 1-8-10 中的 8）并紧固，紧固力矩为 8N・m
10	换装新的中间轴链轮螺栓并紧固至 60N・m + 90°
11	设置进气凸轮轴位置传感器磁阻： 顺时针方向转动进气凸轮轴位置传感器磁阻使其达到限位位置（图 1-8-10 中的 9）； 安装进气凸轮轴位置调节器； 用手拧紧进气凸轮轴位置调节器的螺栓。 注意：进气凸轮轴调节器上标有“24E”字样
12	设置排气凸轮轴位置传感器磁阻： 顺时针方向转动排气凸轮轴位置传感器磁阻使其达到限位位置（图 1-8-10 中的 9）； 把进气凸轮轴链轮安装到链条上； 用手拧紧排气凸轮轴调节器的螺栓。 注意：排气凸轮轴调节器上标有“32A”字样
13	把正时链条的黄色链节与中间轴链轮上的正时标记对齐（图 1-8-10 中的 10）
14	确保正时链条上的铜色链节与各个凸轮轴位置调节器上的正时标记对齐（图 1-8-10 中的 11）
15	把各个凸轮轴调节器的螺栓（图 1-8-10 中的 12）紧固到 60N・m + 90°
16	用 32mm 的扳手把凸轮轴固定在图 1-8-10 中的 13 所示的位置上，使凸轮轴无法转动
17	确保凸轮轴链轮之间的齿节数量为 8 个链节（图 1-8-10 中的 14）
18	安装正时链条
19	安装正时链条张紧器
20	拆下凸轮轴锁止工具（图 1-8-10 中的 3）
21	把曲轴沿顺时针转动 2 周，使气缸设置在 1 缸上止点位置（图 1-8-10 中的 1）
22	将锁止工具安装到凸轮轴上（图 1-8-10 中的 3）
23	换装新的发动机飞轮螺栓，并将螺栓紧固到 60N・m + 90°

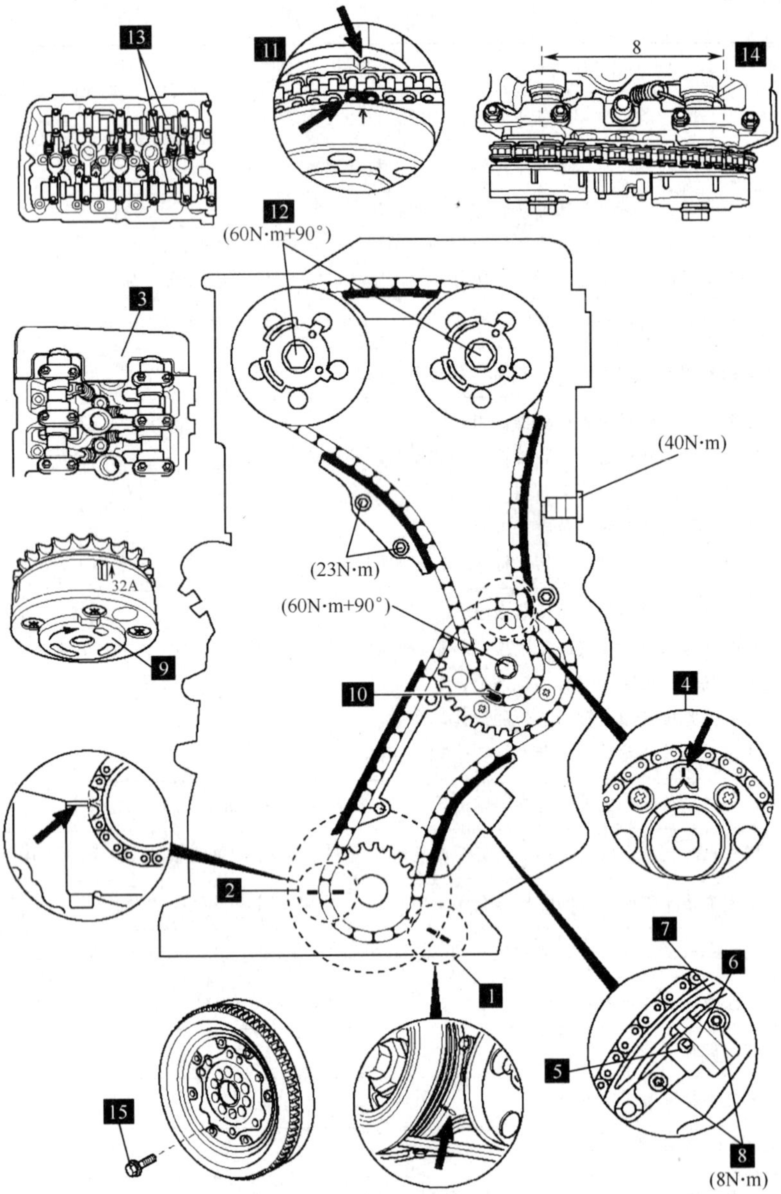

图 1-8-10　奥迪 TT 轿车 3. 2L（BUB）发动机正时链条部件识别

第二章　ALFA ROMEO（阿尔法·罗密欧）车系

第一节　GT 3.2L 轿车

一、GT 3.2L 轿车发动机正时皮带部件识别（图 2-1-1）

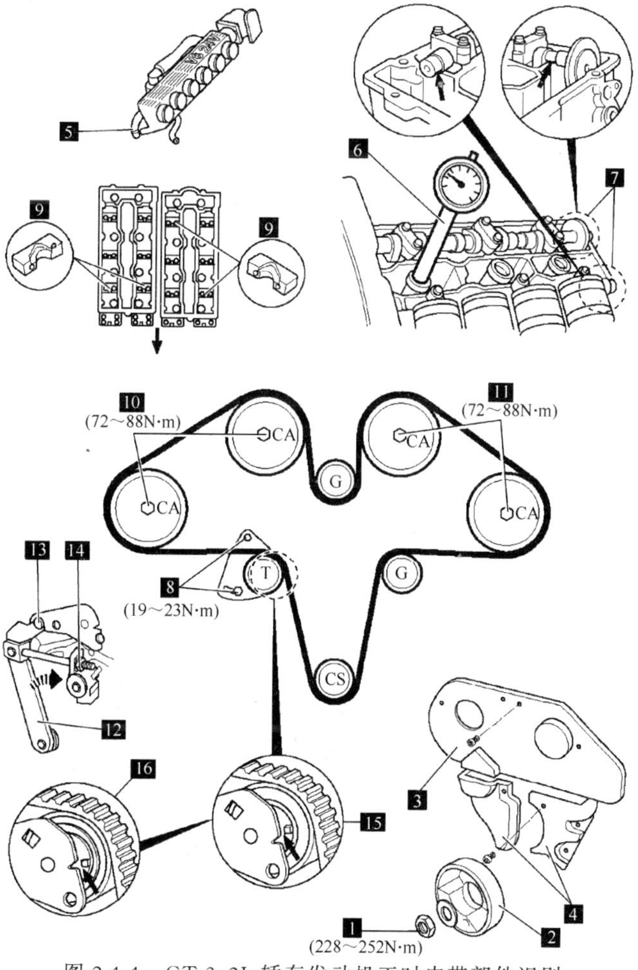

图 2-1-1　GT 3.2L 轿车发动机正时皮带部件识别

二、GT 3.2L 轿车发动机正时皮带拆卸操作步骤（表 2-1-1）

表 2-1-1 GT 3.2L 轿车发动机正时皮带拆卸操作步骤

步　骤	操作方法
1	举升并支撑车辆前部
2	拆卸右前车轮
3	拆卸内侧翼子板
4	用合适的销子固定住发动机附件传动皮带的张紧器
5	拆卸发动机附件传动皮带（拆卸时要按照图 2-1-2 所示，记清楚传动皮带的盘绕路径，以防重新安装时发生盘绕错误）
6	安装曲轴带轮锁止工具
7	松开曲轴带轮固定螺母（图 2-1-1 中的 1）
8	拆卸曲轴带轮锁止工具
9	拆卸曲轴带轮固定螺母（图 2-1-1 中的 1）
10	拆卸曲轴带轮（图 2-1-1 中的 2）
11	拆卸正时皮带上部护罩（图 2-1-1 中的 3）
12	拆卸正时皮带下部护罩（图 2-1-1 中的 4）
13	拆卸点火线圈护罩
14	拆卸点火线圈
15	拆卸发动机进气系统集气室（图 2-1-1 中的 5）
16	拆卸气缸盖罩
17	拆卸气缸 1 的火花塞
18	在气缸 1 处安装好百分表（图 2-1-1 中的 6）
19	沿顺时针方向转动曲轴，按照百分表的指示将气缸 1 设置在压缩行程上止点位置
20	确认凸轮轴正时标记与气缸盖对齐（图 2-1-1 中的 7）
21	松开正时皮带张紧器螺栓（图 2-1-1 中的 8）
22	拆卸正时皮带

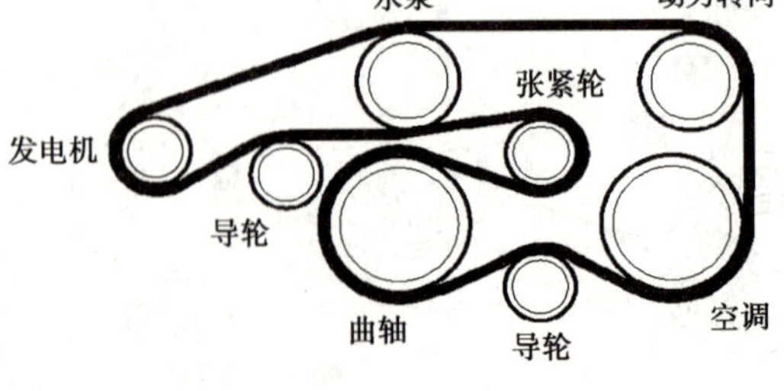

图 2-1-2 发动机附件传动皮带盘绕方法

三、GT 3.2L 轿车发动机正时皮带安装操作步骤（表 2-1-2）

表 2-1-2 GT 3.2L 轿车发动机正时皮带安装操作步骤

步　骤	操 作 方 法
1	按照百分表的指示，确认气缸 1 处于在压缩行程上止点位置
2	确认凸轮轴正时标记与气缸盖对齐（图 2-1-1 中的 7）
3	拆卸 4 个凸轮轴轴承盖，把凸轮轴锁止工具（图 2-1-1 中的 9）安装到轴承盖所处的位置上。 注意：拆卸前应做好标记，防止重新安装时发生错误
4	用凸轮轴锁止工具固定住凸轮轴带轮
5	松开各个凸轮轴带轮上的螺栓（图 2-1-1 中的 10 和 11）
6	确认凸轮轴带轮可以顺畅地自由转动
7	从曲轴带轮开始，沿逆时针方向安装正时皮带
8	拆卸位于下方的发电机螺栓和水泵螺栓
9	安装正时皮带张紧工具（图 2-1-1 中的 12）。 注意：张紧工具一定要准确就位在张紧器杆上（图 2-1-1 中的 13）
10	转动张紧工具的螺母（图 2-1-1 中的 14），直至张紧器杆上的缺口处于安装标记下方（图 2-1-1 中的 15）
11	固定住各个凸轮轴带轮
12	把各个凸轮轴带轮的固定螺栓（图 2-1-1 中的 10 和 11）紧固到 72～88N·m
13	拆卸凸轮轴锁止工具（图 2-1-1 中的 9）和百分表（图 2-1-1 中的 6）
14	对凸轮轴轴承盖进行润滑并将轴承盖放置到正确的位置上
15	将凸轮轴轴承盖固定螺栓紧固到 18～20N·m
16	沿顺时针方向转动曲轴 2 周
17	检查并确认正时皮带张紧器标记对齐（图 2-1-1 中的 16），如果检查发现标记没有对齐，则转动张紧工具的螺母（图 2-1-1 中的 14）直至标记对齐为止
18	把正时皮带张紧器固定螺栓紧固到 19～23N·m
19	拆卸张紧工具（图 2-1-1 中的 12）
20	按照与拆卸相反的次序安装其他部件
21	把曲轴带轮螺母（图 2-1-1 中的 1）紧固到 228～252N·m

第二节　156 轿车

一、156 轿车 2.0L 发动机正时皮带部件识别（图 2-2-1）

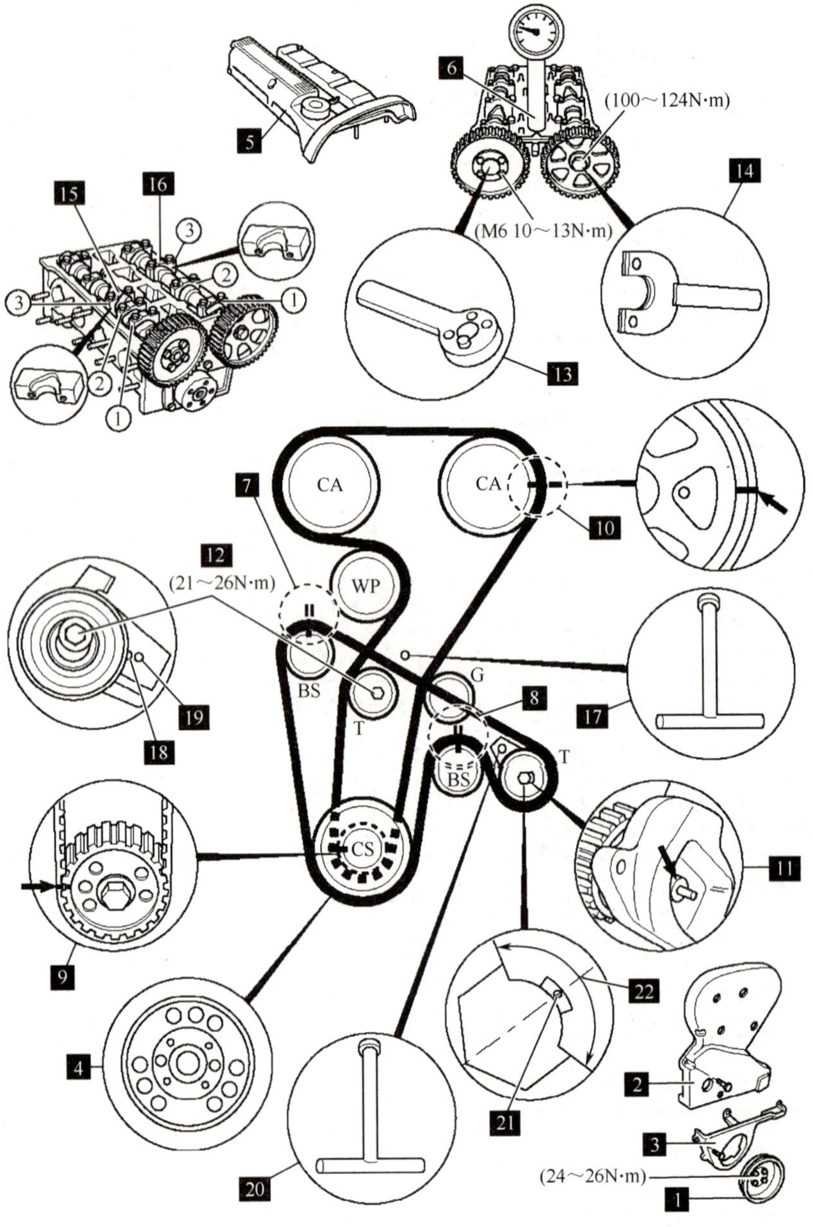

图 2-2-1　156 轿车 2.0L 发动机正时皮带部件识别

二、156 轿车 2.0L 发动机正时皮带拆卸操作步骤（表 2-2-1）

表 2-2-1　156 轿车 2.0L 发动机正时皮带拆卸操作步骤

步　骤	操作方法
1	举升并支撑车辆前部
2	拆卸右前车轮
3	拆卸发动机下部挡板和右前车轮轮拱衬板
4	拆卸发动机附件传动皮带和发动机附件传动皮带的张紧器（拆卸时要按照图 2-2-2 所示，记清楚传动皮带的盘绕路径，以防重新安装时发生盘绕错误）
5	拆卸曲轴带轮（图 2-2-1 中的 1）
6	拆卸正时皮带上部护罩（图 2-2-1 中的 2）
7	拆卸正时皮带下部护罩（图 2-2-1 中的 3）
8	拆卸点火线圈
9	拆卸气缸盖罩（图 2-2-1 中的 5）
10	拆卸气缸 1 的火花塞
11	在气缸 1 的火花塞孔中插入百分表（图 2-2-1 中的 6）
12	沿顺时针方向转动曲轴，按照百分表的指示将气缸 1 设置在压缩行程上止点位置
13	确保平衡轴正时标记（图 2-2-1 中的 7 和 8）对齐
14	确保正时皮带上的标记和带轮上的标记（图 2-2-1 中的 9 和 10）对齐
15	松开平衡轴皮带张紧器螺母（图 2-2-1 中的 11）
16	从曲轴上拆下平衡轴皮带和带轮（图 2-2-1 中的 4）
17	松开正时皮带张紧器螺母（图 2-2-1 中的 12）
18	拆卸正时皮带

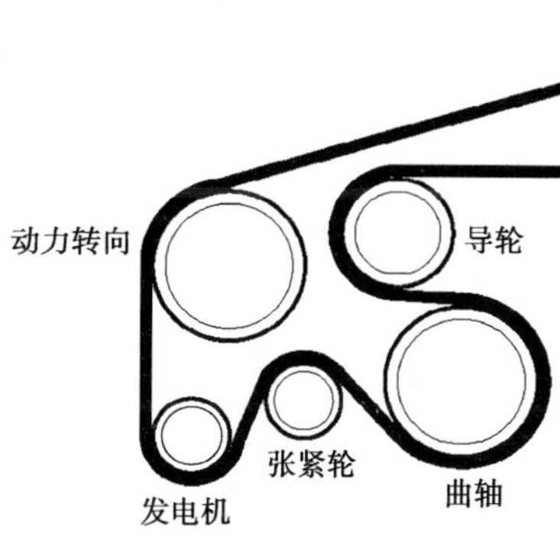

图 2-2-2　发动机附件传动皮带盘绕方法

三、156 轿车 2.0L 发动机正时皮带安装操作步骤（表 2-2-2）

表 2-2-2　156 轿车 2.0L 发动机正时皮带安装操作步骤

步　骤	操作方法
1	按照百分表（图 2-2-1 中的 6）的指示，确保曲轴处于 1 缸压缩行程上止点位置
2	用工具（图 2-2-1 中的 13 和 4）固定住凸轮轴带轮，松开各个凸轮轴带轮上的螺栓
3	拆卸各个凸轮轴上的第三个轴承盖（图 2-2-1 中的 15 和 16）。 注意：拆卸前应做好标记，防止重新安装时发生错误
4	把凸轮轴锁止工具安装到轴承盖（图 2-2-1 中的 15 和 16）所处的位置上。 注意：锁止工具应与凸轮轴的外缘对齐
5	从曲轴带轮开始，沿逆时针方向安装正时皮带
6	确保正时皮带上的标记和带轮上的标记（图 2-2-1 中的 9 和 10）对齐
7	用张紧工具（图 2-2-1 中的 17）把正时皮带张紧到最大限度
8	紧固张紧器螺母（图 2-2-1 中的 12）
9	用工具（图 2-2-1 中的 13 和 4）固定住凸轮轴带轮
10	紧固各个凸轮轴带轮上的螺栓
11	拆卸凸轮轴锁止工具（图 2-2-1 中的 15 和 16）和百分表（图 2-2-1 中的 6）
12	将轴承盖放置到正确的位置上
13	对凸轮轴轴承盖螺栓进行润滑并紧固到 13～16N·m
14	沿顺时针方向转动曲轴 2 周，使曲轴处于 1 缸上止点位置
15	安装正时皮带张紧工具（图 2-2-1 中的 17）
16	松开张紧器螺母（图 2-2-1 中的 12）
17	沿逆时针方向转动张紧器，直至指针（图 2-2-1 中的 18）与孔（图 2-2-1 中的 19）对齐
18	把正时皮带张紧器螺母紧固到 21～26N·m
19	确保曲轴处于 1 缸上止点位置
20	把平衡轴正时标记对齐（图 2-2-1 中的 7 和 8）
21	安装平衡轴皮带和张紧工具（图 2-2-1 中的 20）
22	转动张紧器，直至孔（图 2-2-1 中的 21）与张紧器中心（图 2-2-1 中的 22）对齐。紧固张紧器螺母（图 2-2-1 中的 11）
23	沿顺时针方向转动曲轴 2 周，使曲轴处于 1 缸上止点位置
24	确保各个正时标记（图 2-2-1 中的 7、8、9、10）对齐
25	按照与拆卸相反的次序安装其他部件
26	紧固曲轴带轮螺栓至 24～26N·m

第三节 166 轿车

一、166 轿车 3.0L 发动机正时皮带部件识别（图 2-3-1）

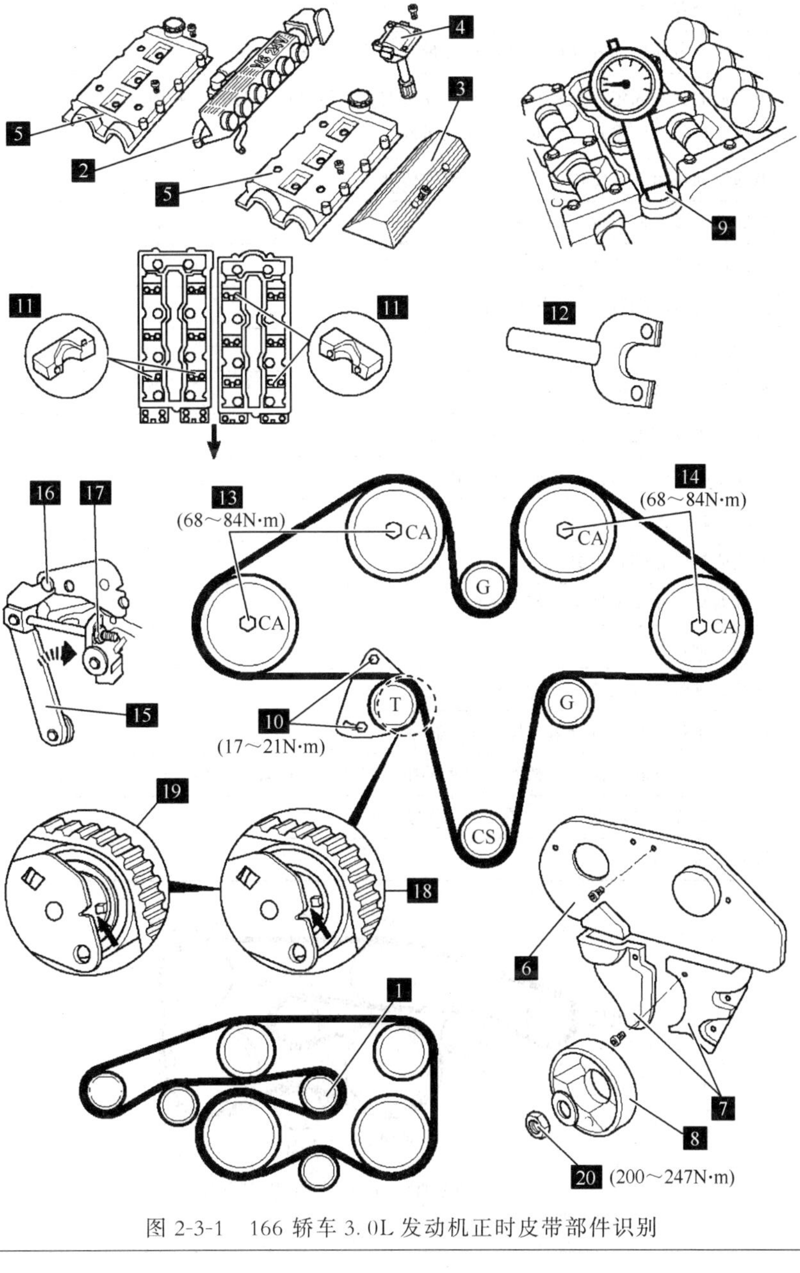

图 2-3-1 166 轿车 3.0L 发动机正时皮带部件识别

二、166 轿车 3.0L 发动机正时皮带拆卸步骤（表 2-3-1）

表 2-3-1　166 轿车 3.0L 发动机正时皮带拆卸步骤

步　骤	操作方法
1	举升并支撑车辆前部
2	拆卸发动机上部盖罩和右前车轮
3	拆卸内侧翼子板
4	沿逆时针方向转动发动机附件传动皮带张紧器（图 2-3-1 中的 1）
5	用合适的销子固定住发动机附件传动皮带的张紧器（拆卸时要按照图 2-3-2 所示，记清楚传动皮带的盘绕路径，以防重新安装时发生盘绕错误）
6	拆卸发动机附件传动皮带和发动机附件传动皮带的张紧器
7	拆卸动力转向储液罐和储液罐支架
8	拆卸进气歧管（图 2-3-1 中的 2）
9	拆卸点火线圈护罩（图 2-3-1 中的 3）
10	拆卸点火线圈（图 2-3-1 中的 4）
11	拆卸气缸盖罩（图 2-3-1 中的 5）
12	拆卸正时皮带上部护罩（图 2-3-1 中的 6）
13	拆卸正时皮带下部护罩（图 2-3-1 中的 7）
14	拆卸气缸 1 的火花塞
15	安装曲轴带轮锁止工具
16	松开曲轴带轮固定螺母（图 2-3-1 中的 20）
17	拆卸曲轴带轮锁止工具
18	拆卸曲轴带轮（图 2-3-1 中的 8）
19	在气缸 1 处安装好百分表（图 2-3-1 中的 9）
20	沿顺时针方向转动曲轴，按照百分表的指示将气缸 1 设置在压缩行程上止点位置
21	松开正时皮带张紧器螺栓（图 2-3-1 中的 10）
22	拆卸正时皮带

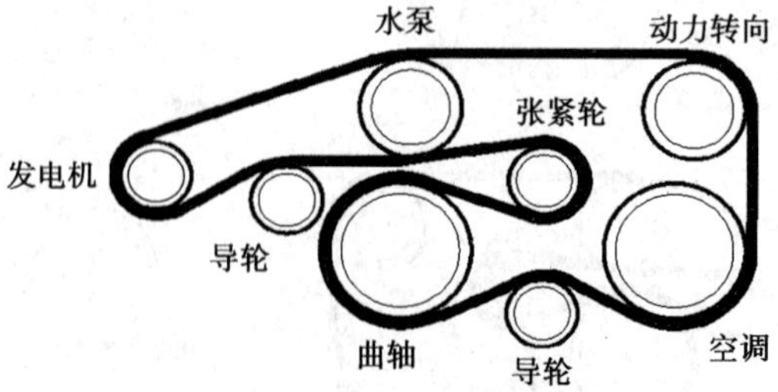

图 2-3-2　发动机附件传动皮带盘绕方法

三、166 轿车 3.0L 发动机正时皮带安装步骤（表 2-3-2）

表 2-3-2　166 轿车 3.0L 发动机正时皮带安装步骤

步　骤	操作方法
1	按照百分表（图 2-3-1 中的 9）的指示，确认气缸 1 处于在压缩行程上止点位置
2	拆卸 4 个凸轮轴轴承盖（图 2-3-1 中的 11）。 注意：拆卸前应做好标记，防止重新安装时发生错误
3	把凸轮轴锁止工具安装到轴承盖所处的位置上。 注意：锁止工具应与凸轮轴的外缘对齐
4	用锁止工具（图 2-3-1 中的 12）固定住凸轮轴带轮
5	松开各个凸轮轴带轮上的螺栓（图 2-3-1 中的 13 和 14）
6	确认凸轮轴带轮可以顺畅地自由转动
7	从曲轴带轮开始，沿逆时针方向安装正时皮带
8	拆卸位于下方的发电机螺栓和水泵螺栓
9	安装正时皮带张紧工具（图 2-3-1 中的 15）。 注意：张紧工具一定要准确就位在张紧器杆上（图 2-3-1 中的 16）
10	转动张紧工具的螺母（图 2-3-1 中的 17），直至张紧器杆上的缺口处于安装标记下方（图 2-3-1 中的 18）
11	用锁止工具（图 2-3-1 中的 12）固定住各个凸轮轴带轮
12	把各个凸轮轴带轮的固定螺栓（图 2-3-1 中的 13 和 14）紧固到 68～84N·m
13	拆卸凸轮轴锁止工具（图 2-3-1 中的 11）和百分表（图 2-3-1 中的 9）
14	对凸轮轴轴承盖进行润滑并将轴承盖放置到正确的位置上
15	将凸轮轴轴承盖固定螺栓紧固到 18～20N·m
16	沿顺时针方向转动曲轴 2 周
17	检查并确认正时皮带张紧器标记对齐（图 2-3-1 中的 19），如果检查发现标记没有对齐，则转动张紧工具的螺母（图 2-3-1 中的 17）直至标记对齐为止
18	把正时皮带张紧器固定螺栓（图 2-3-1 中的 10）紧固到 17～21N·m
19	拆卸张紧工具（图 2-3-1 中的 15）
20	按照与拆卸相反的次序安装其他部件
21	把曲轴带轮螺母（图 2-3-1 中的 20）紧固到 200～247N·m

第三章 BMW（宝马）车系和 MINI（迷你）车系

第一节 X6 轿车

一、X6 轿车 3.0L 发动机正时链条部件识别（图 3-1-1）

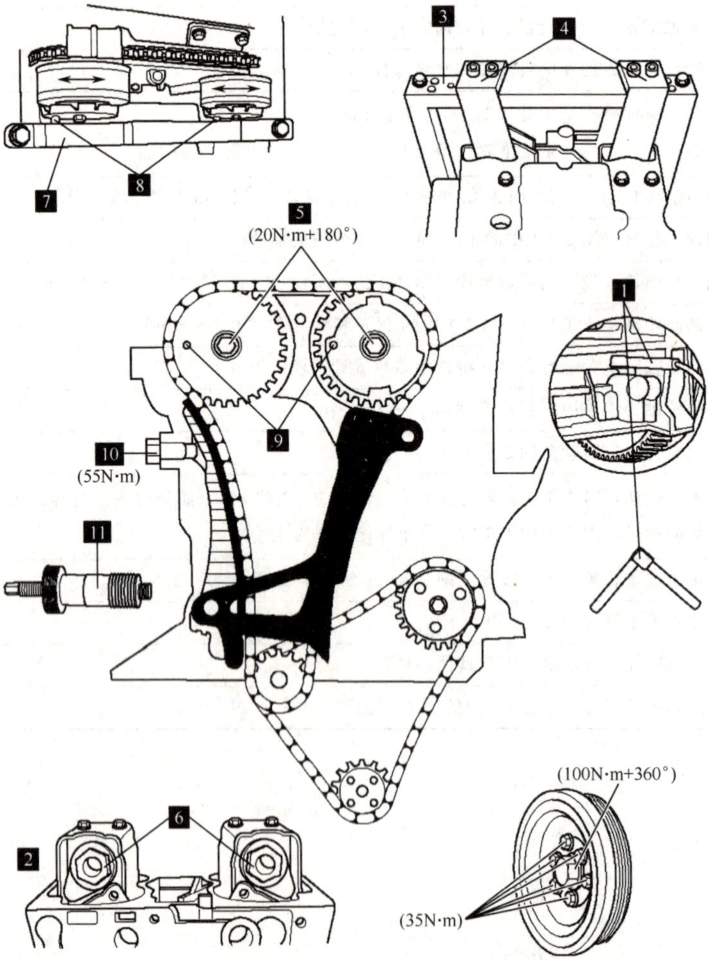

图 3-1-1 X6 轿车 3.0L 发动机正时链条部件识别

二、X6 轿车 3.0L 发动机正时链条校对步骤（表 3-1-1）

表 3-1-1　X6 轿车 3.0L 发动机正时链条校对步骤

步　骤	操作方法
1	拆下油底壳
2	发动机设置在 1 缸上止点位置
3	从气缸体上拆下堵头
4	插入飞轮/驱动盘正时销（图 3-1-1 中的 1）。正时销正确安装后，发动机应不能转动
5	确保气缸 6 的凸轮轴凸轮定位在图 3-1-1 中的 2 所示位置
6	确保凸轮轴定位工具（图 3-1-1 中的 3 和 4）可以正确安装。 如果不能安装上凸轮轴定位工具，则按照下列步骤对凸轮轴进行调节： 松开各个凸轮轴调节器（图 3-1-1 中的 5）上的中心螺栓； 用扳手固定住凸轮轴的六角部位（图 3-1-1 中的 6），转动凸轮轴使凸轮轴定位工具安装到凸轮轴上（图 3-1-1 中的 4）； 确保气缸 6 的凸轮轴凸轮定位在图 3-1-1 中的 2 所示位置； 把凸轮轴位置传感器盘设定工具安装到气缸盖上（图 3-1-1 中的 7）； 确保凸轮轴位置传感器盘设定工具的定位销（图 3-1-1 中的 8）与凸轮轴位置传感器盘定位孔（图 3-1-1 中的 9）对齐； 拆卸正时链条张紧器（图 3-1-1 中的 10）。 注意：如果要继续使用正时链条张紧器，要慢慢压缩张紧器 2 次，把张紧器的机油排除干净
7	安装正时链条张紧器预紧工具（图 3-1-1 中的 11）
8	转动调节螺钉直至螺钉碰到正时链条张紧器滑轨
9	用预紧工具（图 3-1-1 中的 11）使正时链条预紧至 0.6N·m
10	紧固凸轮轴调节器的中心螺栓，紧固力矩为 20N·m+180°。 注意：中心螺栓为一次性使用，拆卸后必须换装新螺栓
11	用扳手固定住凸轮轴的六角部位（图 3-1-1 中的 6）
12	拆下飞轮/驱动盘正时销（图 3-1-1 中的 1）
13	拆下凸轮轴位置传感器盘设定工具（图 3-1-1 中的 7）
14	拆下凸轮轴定位工具（图 3-1-1 中的 3 和 4）
15	拆下正时链条张紧器预紧工具（图 3-1-1 中的 11）
16	安装正时链条张紧器（图 3-1-1 中的 10）并紧固至 55N·m
17	顺时针转动曲轴 2 周
18	确保凸轮轴定位工具（图 3-1-1 中的 3 和 4）和飞轮/驱动盘正时销（图 3-1-1 中的 1）都能重新安装上
19	换装新的曲轴带轮螺栓并将螺栓紧固至 100N·m+360°

第二节 X5 轿车

一、X5 轿车 4. 4L/4. 8L 发动机正时链条校对

1. X5 轿车 4. 4L/4. 8L 发动机正时链条部件识别（图 3-2-1）

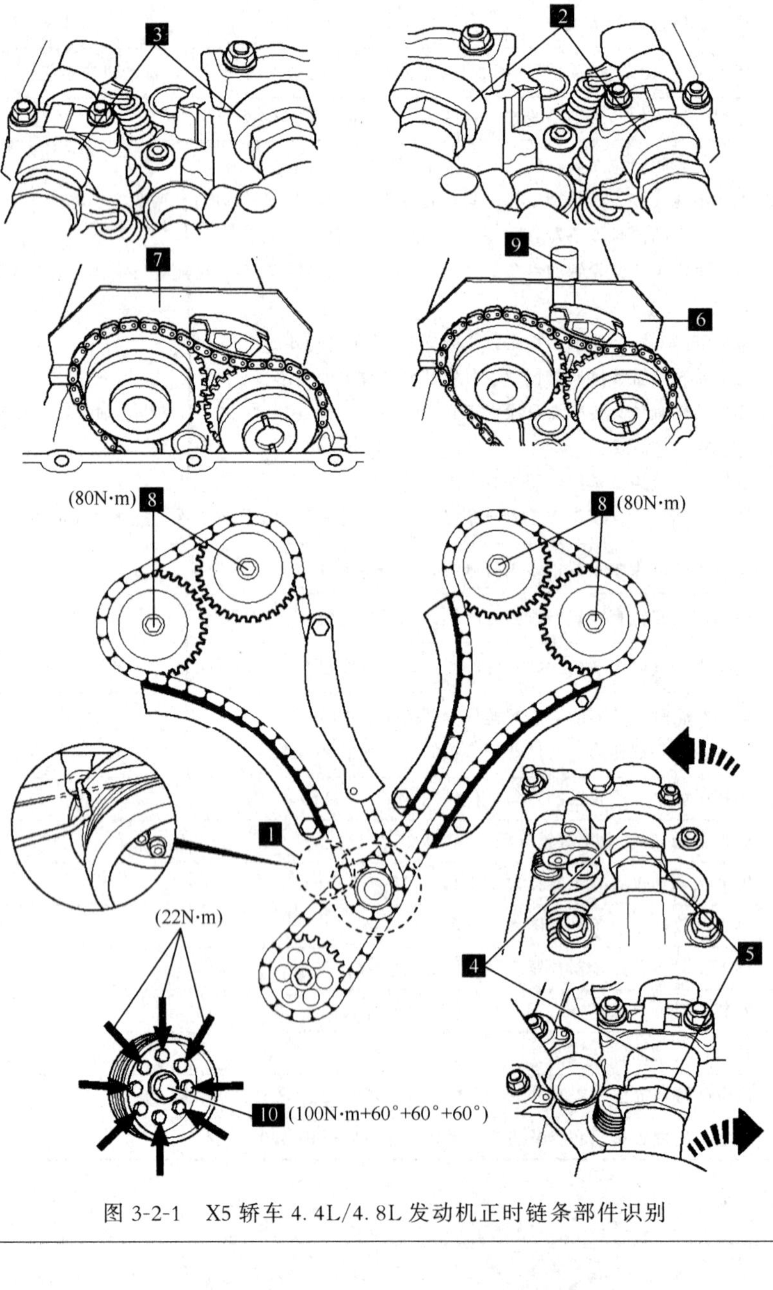

图 3-2-1 X5 轿车 4. 4L/4. 8L 发动机正时链条部件识别

2. X5 轿车 4.4L/4.8L 发动机正时校对步骤（表 3-2-1）

表 3-2-1 X5 轿车 4.4L/4.8L 发动机正时校对步骤

步骤	操作方法
1	把发动机 1 缸活塞设置在上止点位置
2	安装曲轴皮带轮定位工具（图 3-2-1 中的 1）
3	将气缸 5 的凸轮轴凸轮设置在图 3-2-1 中的 2 所示位置
4	确保 1 缸凸轮轴凸轮位于图 3-2-1 中的 3 所示位置
5	如果不符合要求，则拆下曲轴皮带轮定位工具，将曲轴转动 360°。 注意：确保把进气凸轮轴锁定在最大提前角位置，将排气凸轮轴锁定在最大滞后位置，参见图 3-2-1中的 4
6	用扳手固定住凸轮轴的六角部位（图 3-2-1 中的 5）即可转动凸轮轴
7	把凸轮轴定位工具安装到左进气凸轮轴上（图 3-2-1 中的 6）
8	当定位工具紧靠气缸盖或在排气侧最多高出 0.5mm 时，说明气门正时正确
9	把凸轮轴定位工具安装到左排气凸轮轴上（图 3-2-1 中的 7）
10	当定位工具紧靠气缸盖或在排气侧最多高出 0.5mm 时，说明气门正时正确
11	对右侧气缸盖也执行气门正时检查程序
12	调节凸轮轴： （1）松开左凸轮轴调节螺栓（图 3-2-1 中的 8），然后用手重新拧紧； （2）安装进气凸轮轴定位工具（图 3-2-1 中的 6）； （3）调节左进气凸轮轴，确保进气凸轮轴定位工具紧靠气缸盖； （4）用凸轮轴锁止工具（图 3-2-1 中的 9）把左进气凸轮轴锁止； （5）紧固左进气凸轮轴调节螺栓（图 3-2-1 中的 8）至 80N·m； （6）安装排气凸轮轴定位工具（图 3-2-1 中的 7）； （7）调节左排气凸轮轴，确保排气凸轮轴定位工具紧靠气缸盖； （8）用凸轮轴锁止工具（图 3-2-1 中的 9）把左排气凸轮轴锁止； （9）紧固左排气凸轮轴调节螺栓（图 3-2-1 中的 8）至 80N·m； （10）对于右气缸盖，重复调节操作程序
13	拆卸凸轮轴锁止工具和凸轮轴定位工具（图 3-2-1 中的 6、7、9）
14	拆卸曲轴皮带轮定位工具（图 3-2-1 中的 1）
15	将曲轴转动 2 周，检查气门正时
16	安装新的曲轴皮带轮中心螺栓（图 3-2-1 中的 10）并紧固

二、BMW X5 轿车 3.0L 306S3 发动机正时链条拆装步骤

1. BMW X5 轿车 3.0L 306S3 发动机正时链条部件识别（图 3-2-2）

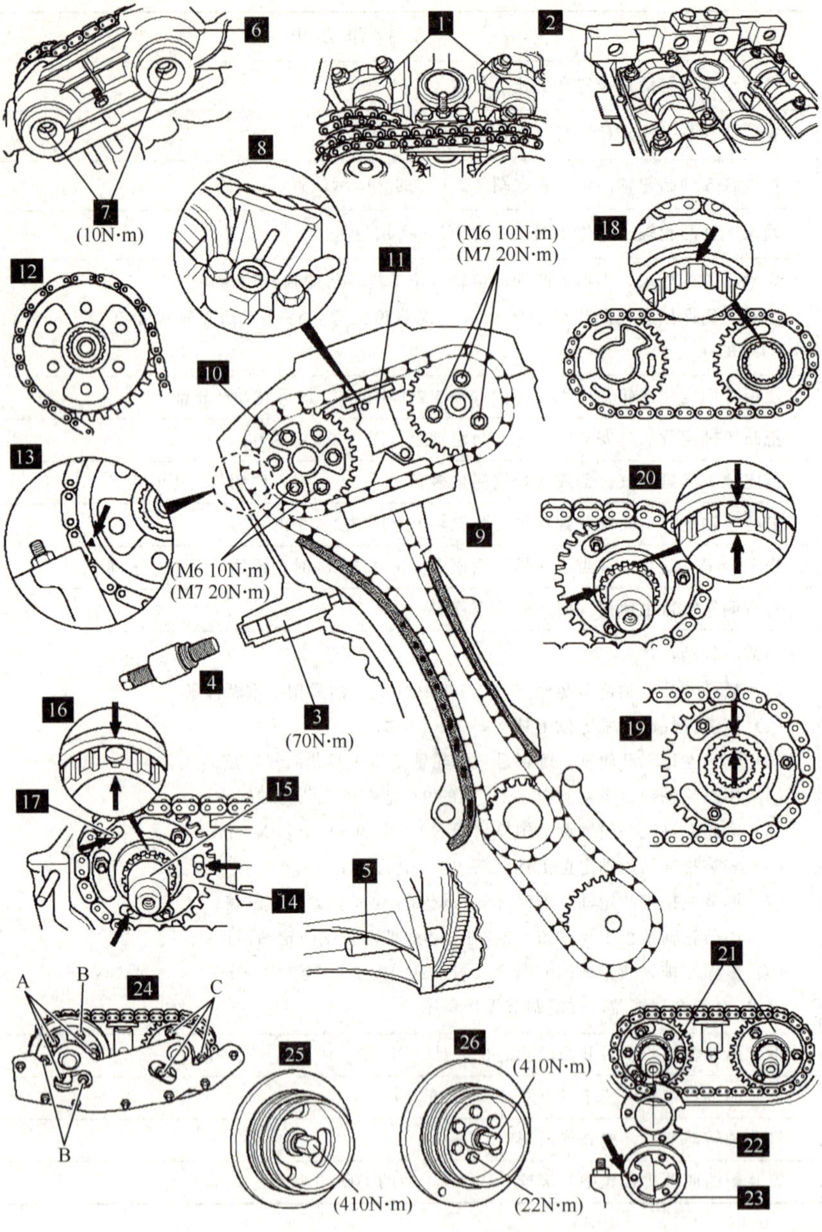

图 3-2-2 BMW X5 轿车 3. 0L 306S3 发动机正时链条部件识别

2. BMW X5 轿车 3. 0L 306S3 发动机正时链条拆卸步骤（表 3-2-2）

表 3-2-2　BMW X5 轿车 3. 0L 306S3 发动机正时链条拆卸步骤

步　骤	操作方法
1	对于配备双片式曲轴皮带轮/减振器的发动机，拆卸油底壳
2	将发动机设置在 1 缸上止点位置
3	确保凸轮轴上的凸尖（图 3-2-2 中的 1）彼此相对
4	确保凸轮轴校准工具（图 3-2-2 中的 2）能正确安装
5	如果不能安装凸轮轴校准工具，则对凸轮轴进行调节： （1）拆卸正时链条张紧器（图 3-2-2 中的 3）； （2）用工具（图 3-2-2 中的 4）将正时链条预紧至 0. 7N·m； （3）拧下 VANOS（凸轮轴正时系统）单元的机油压力管； （4）用专用工具把压缩空气（压力约 0. 2～0. 8MPa）连接到 VANOS 单元中； （5）转动曲轴 2 周，直至凸轮轴的凸尖彼此相对（图 3-2-2 中的 1）； （6）插入飞轮正时销（图 3-2-2 中的 5）； （7）确认凸轮轴校准工具（图 3-2-2 中的 2）可以正确安装
6	拆卸 VANOS 单元（图 3-2-2 中的 6）。 注意：密封盖后面的螺钉（图 3-2-2 中的 7）是左旋螺纹
7	拆下正时链条预紧工具（图 3-2-2 中的 4）
8	压下正时链条副张紧器并用工具锁止（图 3-2-2 中的 8）
9	把进气和排气凸轮轴链轮（图 3-2-2 中的 9 和 10）和副正时链条一起拆下
10	拆卸正时链条副张紧器（图 3-2-2 中的 11）
11	把正时链条（图 3-2-2 中的 12）从凸轮轴链轮上拆下

3. BMW X5 轿车 3. 0L 306S3 发动机正时链条安装步骤（表 3-2-3）

表 3-2-3　BMW X5 轿车 3. 0L 306S3 发动机正时链条安装步骤

步　骤	操作方法
1	把正时链条安装到排气凸轮轴链轮上，确保排气凸轮轴链轮上的箭头与气缸体上沿对齐（图 3-2-2 中的 13）
2	安装正时链条预紧工具（图 3-2-2 中的 4）
3	拧入调节螺钉，直至调节螺钉接触到正时链条导轨，如有必要，重新将排气凸轮轴链轮与气缸体上沿对齐（图 3-2-2 中的 13）
4	安装正时链条副张紧器（图 3-2-2 中的 11）

续表

步骤	操作方法
5	用销子（图 3-2-2 中的 15）把齿套（图 3-2-2 中的 14）和齿轮轴安装到排气凸轮轴链轮上。确保齿隙（图 3-2-2 中的 16）互相对准
6	推入齿轮轴，直至螺纹孔位于槽的中心（图 3-2-2 中的 17）
7	用专用工具，把凸轮轴链轮和副正时链按照图 3-2-2 中的 18 所示位置对准
8	在安装凸轮轴链轮时，要确保进气侧的齿隙彼此对齐（图 3-2-2 中的 19）
9	用销子把齿轮轴安装到进气凸轮轴链轮上。推入齿轮轴，直至花键露出 1mm（图 3-2-2 中的 20）为止
10	安装垫圈和螺母（图 3-2-2 中的 21），先不要拧紧
11	把标有“F”字样的片簧（图 3-2-2 中的 22）和传感器齿轮（图 3-2-2 中的 23）安装到排气凸轮轴上，先不要拧紧螺母
12	确保传感器齿轮上的箭头与气缸盖上沿对齐
13	拉出排气凸轮轴链轮上的齿轮套，直至达到极限位置
14	安装正时链条副张紧器（图 3-2-2 中的 8）并解除锁止状态
15	用专用工具（图 3-2-2 中的 4）把正时链条预紧至 0.7N·m
16	按压传感器齿轮（图 3-2-2 中的 23）预紧片簧，用手拧紧螺母
17	用专用工具设置凸轮轴正时：注意，安装专用工具 T116150 之前先拆下垫圈。 （1）分两步拧紧螺钉和螺母（图 3-2-2 中的 24），第一步：5N·m；第二步：20N·m（图 3-2-2 中的 A），10N·m（图 3-2-2 中的 B 和 C）； （2）安装正时链条张紧器（图 3-2-2 中的 3）； （3）拆卸校准工具并将曲轴转动 2 周； （4）确保发动机设置在 1 缸上止点位置； （5）拆卸凸轮轴正时设定工具（图 3-2-2 中的 24）； （6）安装 VANOS 单元（图 3-2-2 中的 6）
18	对于配备整体式曲轴皮带轮/减振器的发动机，参见图 3-2-2 中的 25；对于配备双片式曲轴皮带轮/减振器的发动机，参见图 3-2-2 中的 26
19	安装新的曲轴皮带轮中心螺栓并紧固

三、X5 轿车 N52 B30 发动机正时链条校对步骤

1. X5 轿车 N52 B30 发动机正时链条部件识别（图 3-2-3）

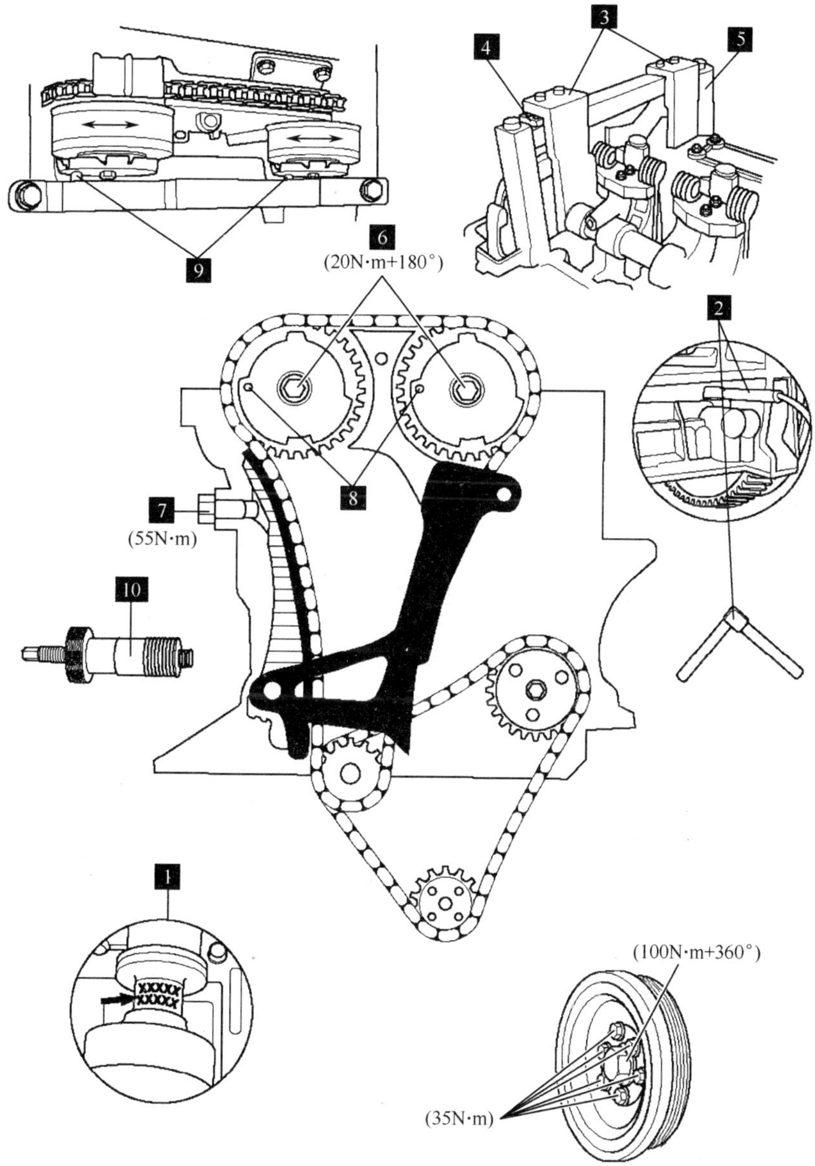

图 3-2-3　X5 轿车 N52 B30 发动机正时链条部件识别

2. X5 轿车 N52 B30 发动机校对操作步骤（表 3-2-4）

表 3-2-4　X5 轿车 N52 B30 发动机正时链条校对步骤

步　　骤	操作方法
1	拆下油底壳
2	发动机设置在 1 缸上止点位置

续表

步骤	操作方法
3	确保各个凸轮轴上的零件号码均朝向上方（图 3-2-3 中的 1）
4	从气缸体上拆下堵头
5	插入飞轮/驱动盘正时销（图 3-2-3 中的 2） 如果正时销安装正确，发动机应不能转动
6	确保凸轮轴定位工具（图 3-2-3 中的 3、4 和 5）可以正确安装。如果不能安装上凸轮轴定位工具，则按照下列步骤对凸轮轴进行调节： （1）拧松各个凸轮轴调节器的中心螺栓（图 3-2-3 中的 6）。 （2）拆下正时链条张紧器总成（图 3-2-3 中的 7）。 注意：如果要继续使用正时链条张紧器，要慢慢压缩张紧器 2 次，把张紧器的机油排除干净。 （3）确保传感器齿轮位于 9 点钟的圆孔位置（图 3-2-3 中的 8）。 （4）安装传感器齿轮定位工具（图 3-2-3 中的 9）并紧固到气缸盖上。 （5）安装正时链条预紧工具（图 3-2-3 中的 10）。 （6）拧入调节螺钉，直至接触到正时链条导轨。 （7）用正时链条预紧工具（图 3-2-3 中的 10）将正时链条预紧至 0.6N·m。 （8）换用新的凸轮轴调整器中心螺栓（图 3-2-3 中的 6）并将螺栓紧固至 20N·m + 180°
7	拆下飞轮正时销（图 3-2-3 中的 2）
8	拆下传感器齿轮定位工具（图 3-2-3 中的 9）
9	拆下凸轮轴定位工具（图 3-2-3 中的 3、4、5）
10	拆下正时链条预紧工具（图 3-2-3 中的 10）
11	安装正时链条张紧器总成（图 3-2-3 中的 7）并紧固至 55N·m
12	顺时针转动曲轴 2 周
13	确保飞轮正时销（图 3-2-3 中的 2）和定位工具（图 3-2-3 中的 3、4、5 和 9）均可以重新安装
14	安装曲轴皮带轮，换用新的曲轴皮带轮中心螺栓并紧固至 100N·m + 360°

第三节　X3 轿车

一、X3 轿车 3.0L N52 B30 发动机正时链条校对步骤

X3 轿车 3.0L N52 B30 发动机正时链条校对步骤与 X5 轿车 N52 B30 发动机正时链条校对步骤相同，可参照 X5 轿车 3.0L N52 B30 发动机正时链条校对步骤执行操作。

二、X3 轿车 2.5L N52 B25 发动机正时链条校对步骤

1. X3 轿车 2.5L N52 B25 发动机正时链条部件识别（图 3-3-1）

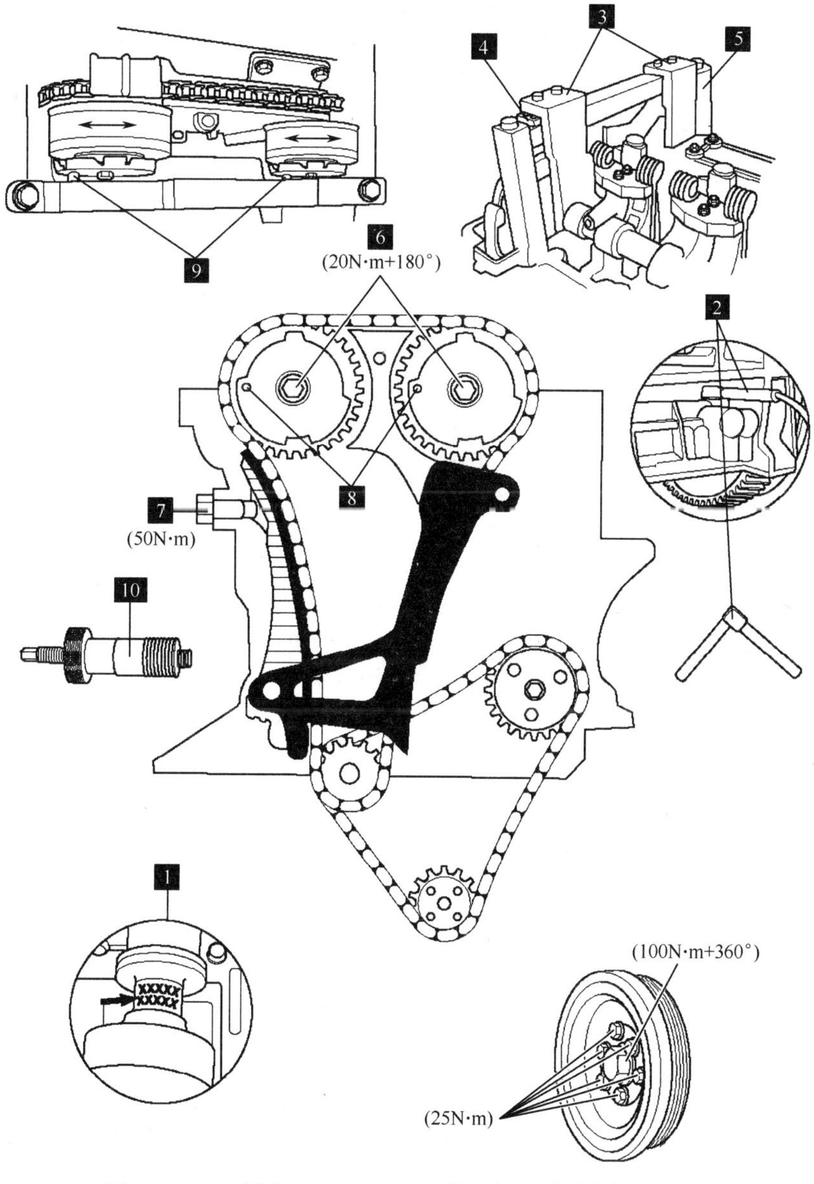

图 3-3-1 X3 轿车 2. 5L N52 B25 发动机正时链条部件识别

2. X3 轿车 2. 5L N52 B25 发动机校对操作步骤（表 3-3-1）

表 3-3-1 X3 轿车 2. 5L N52 B25 发动机正时链条校对步骤

步骤	操作方法
1	拆下油底壳
2	发动机设置在 1 缸上止点位置

续表

步　骤	操作方法
3	确保各个凸轮轴上的零件号码均朝向上方（图 3-3-1 中的 1）
4	从气缸体上拆下堵头
5	插入飞轮/驱动盘正时销（图 3-3-1 中的 2） 如果正时销安装正确，发动机应不能转动
6	确保凸轮轴定位工具（图 3-3-1 中的 3、4 和 5）可以正确安装。如果不能安装上凸轮轴定位工具，则按照下列步骤对凸轮轴进行调节： （1）拧松各个凸轮轴调节器的中心螺栓（图 3-3-1 中的 6）。 （2）拆下正时链条张紧器总成（图 3-3-1 中的 7）。 注意：如果要继续使用正时链条张紧器，要慢慢压缩张紧器 2 次，把张紧器的机油排除干净。 （3）确保传感器齿轮位于 9 点钟的圆孔位置（图 3-3-1 中的 8）。 （4）安装传感器齿轮定位工具（图 3-3-1 中的 9）并紧固到气缸盖上。 （5）安装正时链条预紧工具（图 3-3-1 中的 10）。 （6）拧入调节螺钉，直至接触到正时链条导轨。 （7）用正时链条预紧工具（图 3-3-1 中的 10）将正时链条预紧至 0. 6N・m。 （8）换用新的凸轮轴调整器中心螺栓（图 3-3-1 中的 6）并将螺栓紧固至 20N・m + 180°
7	拆下飞轮正时销（图 3-3-1 中的 2）
8	拆下传感器齿轮定位工具（图 3-3-1 中的 9）
9	拆下凸轮轴定位工具（图 3-3-1 中的 3、4、5）
10	拆卸正时链条预紧工具（图 3-3-1 中的 10）
11	安装正时链条张紧器总成（图 3-3-1 中的 7）并紧固至 50N・m
12	顺时针转动曲轴 2 周
13	确保飞轮正时销（图 3-3-1 中的 2）和定位工具（图 3-3-1 中的 3、4、5 和 9）均可以重新安装
14	安装曲轴皮带轮，换用新的曲轴皮带轮中心螺栓并紧固至 100N・m + 360°

三、X3 轿车 2. 0L N46 B20 发动机正时链条校对步骤

1. X3 轿车 2. 0L N46 B20 发动机正时链条部件识别（图 3-3-2）

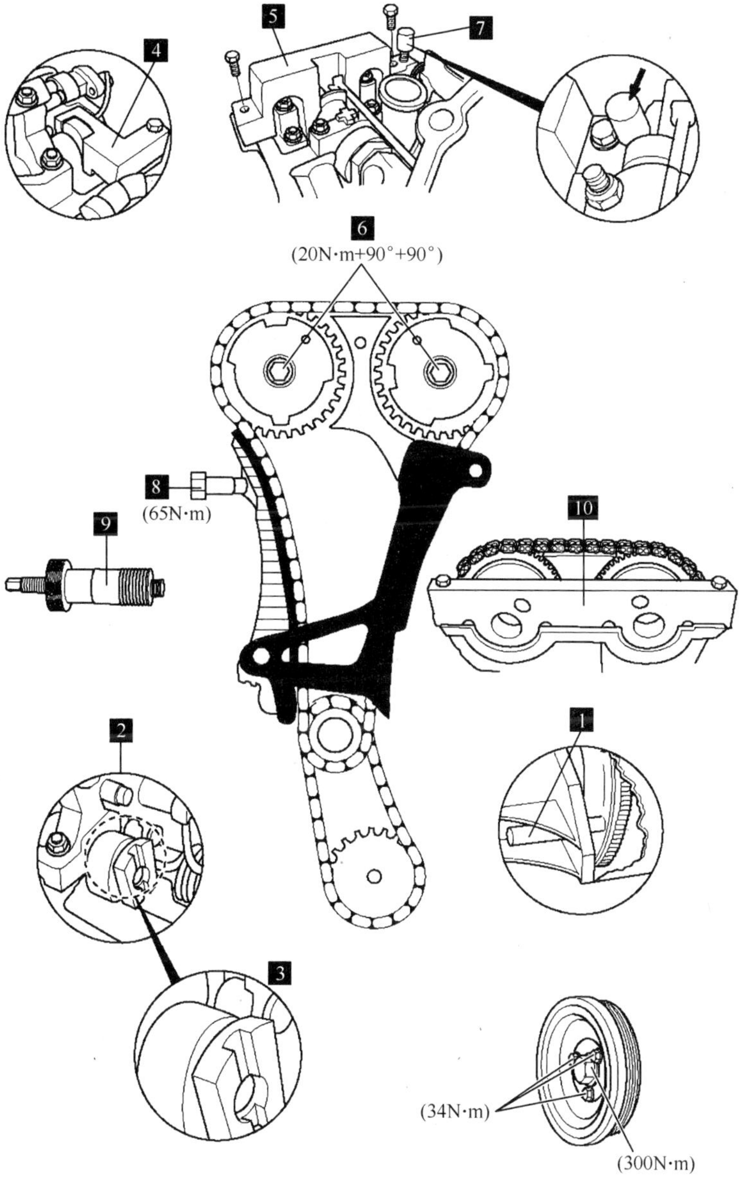

图 3-3-2　X3 轿车 2.0L N46 B20 发动机正时链条部件识别

2. X3 轿车 2.0L N46 B20 发动机正时校对步骤（表 3-3-2）

表 3-3-2　X3 轿车 2.0L N46 B20 发动机正时校对步骤

步　骤	操作方法
1	拆下油底壳
2	发动机设置在 1 缸上止点位置

续表

步 骤	操 作 方 法
3	从气缸体上拆下堵头
4	插入飞轮正时销（图 3-3-2 中的 1）
5	确保凸轮轴后面准确对正（图 3-3-2 中的 2）。 注意：凸轮轴后面的曲柄臂应向上（图 3-3-2 中的 3）
6	按照下列步骤设置各个凸轮轴调节器到安装位置： （1）安装进气凸轮轴转动工具。 （2）沿着进气凸轮轴转动方向的反方向试着慢慢转动进气凸轮轴。 （3）如果进气凸轮轴转动，则继续转动直至进气凸轮轴固定到位。 （4）沿着排气凸轮轴转动的方向试着慢慢转动排气凸轮轴。 （5）如果排气凸轮轴转动，则继续转动直至排气凸轮轴固定到位。 注意：凸轮轴调节器设置到安装位置后，凸轮轴是不能自由转动的
7	安装进气凸轮轴定位工具（图 3-3-2 中的 4）
8	安装排气凸轮轴定位工具（图 3-3-2 中的 5）
9	当进气凸轮轴定位工具紧靠气缸盖或在进气侧高出的最大值为 0.5mm 时，说明正时正确。当排气凸轮轴定位工具紧靠气缸盖或在进气侧高出的最大值为 1mm 时，说明正时正确
10	若不符合要求，则按如下方法调整凸轮轴： （1）拧松每个凸轮轴调整器的螺栓（图 3-3-2 中的 6），然后用手重新将螺栓拧紧。 （2）安装进气凸轮轴定位工具（图 3-3-2 中的 4）。 （3）调整进气凸轮轴。确保进气凸轮轴定位工具紧靠气缸盖。 （4）安装排气凸轮轴定位工具（图 3-3-2 中的 5）。 （5）将排气凸轮轴定位工具拧到气缸盖上。 （6）拧紧排气凸轮轴定位工具的螺栓直至螺栓接触到进气凸轮轴定位工具（图 3-3-2 中的 7）。 （7）把进气凸轮轴定位工具（图 3-3-2 中的 4）安装到气缸盖上
11	拆下正时链条张紧器（图 3-3-2 中的 8）。 注意：正时链条张紧器柱塞有弹力；如果要继续使用正时链条张紧器，要慢慢压缩张紧器 2 次，把张紧器的机油排除干净
12	安装正时链条预紧工具（图 3-3-2 中的 9）
13	拧紧调整螺栓，直到调整螺栓与正时链条张紧器导轨接触
14	将凸轮轴调整器的螺栓换成新螺栓（图 3-3-2 中的 6）并用手预紧
15	安装凸轮轴位置传感器齿轮定位工具（图 3-3-2 中的 10），将其固定到气缸盖上
16	把每个凸轮轴调整器的螺栓（图 3-3-2 中的 6）拧松半圈
17	用张紧工具（图 3-3-2 中的 9）把正时链条预紧至 0.6N·m
18	紧固凸轮轴调整器的螺栓（图 3-3-2 中的 6），紧固时分三次，第一次紧固到 20N·m；第二次 90°；第三次再拧 90°。 注意：凸轮轴调整器螺栓只能使用一次

续表

步骤	操作方法
19	拆下飞轮正时销（图 3-3-2 中的 1）
20	拆下凸轮轴位置传感器齿轮定位工具（图 3-3-2 中的 10）
21	拆下凸轮轴定位工具（图 3-3-2 中的 4 和 5）
22	拆下正时链条预紧工具（图 3-3-2 中的 9）
23	安装正时链条张紧器总成（图 3-3-2 中的 8）。将其紧固至 65N·m
24	顺时针转动曲轴 2 圈
25	确保飞轮正时销（图 3-3-2 中的 1）和凸轮轴定位工具（图 3-3-2 中的 4、5 和 10）可以重新装回
26	当凸轮轴定位工具（图 3-3-2 中的 4 和 5）紧靠气缸盖时，说明正时正确
27	安装曲轴皮带轮，换用新的曲轴皮带轮中心螺栓并加以紧固

第四节 Z4 轿车

一、Z4 轿车 2.0L N46 B20 发动机正时链条校对步骤

Z4 轿车 2.0L N46 B20 发动机正时链条校对步骤与 X3 轿车 2.0L N46 B20 发动机正时链条校对步骤相同，可参照 X3 轿车 2.0L N46 B20 发动机正时链条校对步骤操作。

二、Z4 轿车 2.5L N52 B25 发动机正时链条校对步骤

Z4 轿车 2.5L N52 B25 发动机正时链条校对步骤与 X3 轿车 2.5L N52 B25 发动机正时链条校对步骤相同，可参照 X3 轿车 2.5L N52 B25 发动机正时链条校对步骤操作。

三、Z4 轿车 3.0L 发动机正时链条校对步骤

Z4 轿车 3.0L 发动机正时链条校对步骤与 X3 轿车 2.5L N52 B25 发动机正时链条校对步骤相同，可参照 X3 轿车 3.0L N52 B25 发动机正时链条校对步骤操作。

第五节 BMW 1 系轿车

一、135i 轿车 3.0L 发动机正时链条校对

1. 宝马 1 系 135i 轿车 3.0L 发动机正时链条部件识别（图 3-5-1）

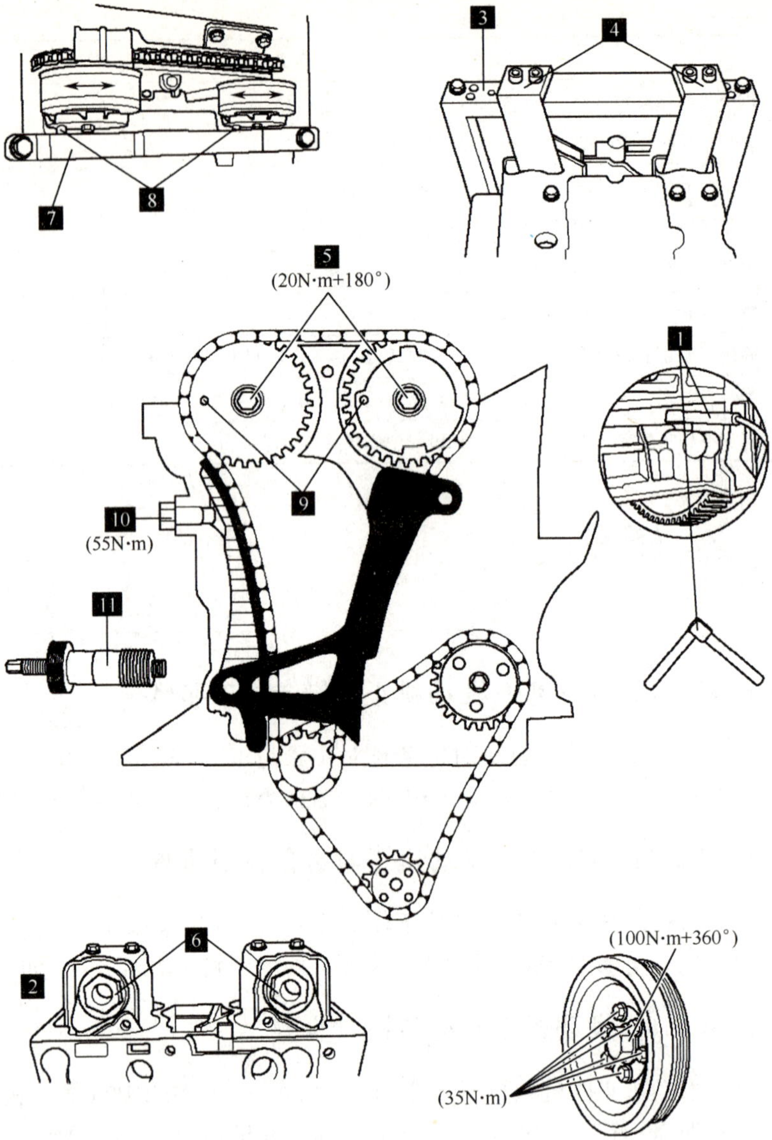

图 3-5-1 135i 轿车 3.0L 发动机正时链条部件识别

2. 宝马 1 系 135i 轿车 3.0L 发动机正时校对操作步骤（表 3-5-1）

表 3-5-1 135i 轿车 3.0L 发动机正时链条校对步骤

步骤	操作方法
1	拆下油底壳
2	发动机设置在 1 缸上止点位置
3	从气缸体上拆下堵头

续表

步　骤	操作方法
4	插入飞轮/驱动盘正时销（图 3-5-1 中的 1）。正时销正确安装后，发动机应不能转动
5	确保气缸 6 的凸轮轴凸轮定位在图 3-5-1 中的 2 所示位置
6	确保凸轮轴定位工具（图 3-5-1 中的 3 和 4）可以正确安装。 如果不能安装上凸轮轴定位工具，则按照下列步骤对凸轮轴进行调节： 松开各个凸轮轴调节器（图 3-5-1 中的 5）上的中心螺栓。 用扳手固定住凸轮轴的六角部位（图 3-5-1 中的 6），转动凸轮轴使凸轮轴定位工具安装到凸轮轴上（图 3-5-1 中的 4）。 确保气缸 6 的凸轮轴凸轮定位在图 3-5-1 中的 2 所示位置。 把凸轮轴位置传感器盘设定工具安装到气缸盖上（图 3-5-1 中的 7）。 确保凸轮轴位置传感器盘设定工具的定位销（图 3-5-1 中的 8）与凸轮轴位置传感器盘定位孔（图 3-5-1 中的 9）对齐。 拆卸正时链条张紧器（图 3-5-1 中的 10）。 注意：如果要继续使用正时链条张紧器，要慢慢压缩张紧器 2 次，把张紧器的机油排除干净
7	安装正时链条张紧器预紧工具（图 3-5-1 中的 11）
8	转动调节螺钉直至螺钉碰到正时链条张紧器滑轨
9	用预紧工具（图 3-5-1 中的 11）使正时链条预紧至 0. 6N·m
10	紧固凸轮轴调节器的中心螺栓，紧固力矩为 20N·m + 180° 注意：中心螺栓为一次性使用，拆卸后必须换装新螺栓
11	用扳手固定住凸轮轴的六角部位（图 3-5-1 中的 6）
12	拆下飞轮/驱动盘正时销（图 3-5-1 中的 1）
13	拆下凸轮轴位置传感器盘设定工具（图 3-5-1 中的 7）
14	拆下凸轮轴定位工具（图 3-5-1 中的 3 和 4）
15	拆下正时链条张紧器预紧工具（图 3-5-1 中的 11）
16	安装正时链条张紧器（图 3-5-1 中的 10）并紧固至 55N·m
17	顺时针转动曲轴 2 周
18	确保飞轮/驱动盘正时销（图 3-5-1 中的 1）和凸轮轴定位工具（图 3-5-1 中的 3 和 4）都能重新安装上
19	换装新的曲轴带轮螺栓并将螺栓紧固至 100N·m + 360°

二、130i 轿车 3. 0L 发动机正时链条校对步骤

宝马 1 系 130i 轿车 3. 0L 发动机正时链条校对步骤与 X5 轿车 N52 B30 发动机正时链条校对步骤相同，可参照 X5 轿车 N52 B30 发动机正时链条校对步骤执行操作。

三、120i 轿车 2. 0L 发动机正时链条校对步骤

1. 120i 轿车 2. 0L 发动机正时链条部件识别（图 3-5-2）

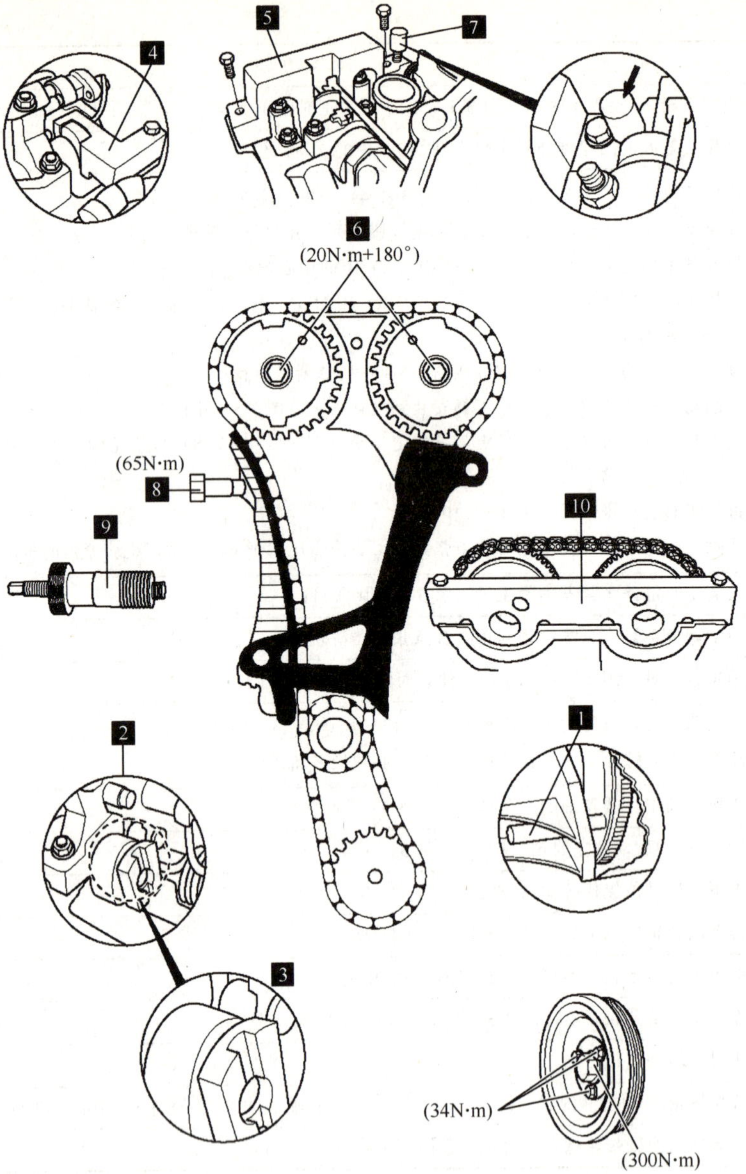

图 3-5-2　120i 轿车 2. 0L 发动机正时链条部件识别

2. 120i 轿车 2. 0L 发动机正时校对步骤（表 3-5-2）

表 3-5-2　120i 轿车 2. 0L 发动机正时校对步骤

步　骤	操作方法
1	拆下油底壳
2	发动机设置在 1 缸上止点位置

续表

步　骤	操作方法
3	从气缸体上拆下堵头
4	插入飞轮正时销（图 3-5-2 中的 1）
5	确保凸轮轴后面准确对正（图 3-5-2 中的 2）。 注意：凸轮轴后面的曲柄臂应向上（图 3-5-2 中的 3）
6	按照下列步骤设置各个凸轮轴调节器到安装位置： （1）安装进气凸轮轴转动工具。 （2）沿着进气凸轮轴转动方向的反方向试着慢慢转动进气凸轮轴。 （3）如果进气凸轮轴转动，则继续转动直至进气凸轮轴固定到位。 （4）沿着排气凸轮轴转动的方向试着慢慢转动排气凸轮轴。 （5）如果排气凸轮轴转动，则继续转动直至排气凸轮轴固定到位。 注意：凸轮轴调节器设置到安装位置后，凸轮轴是不能自由转动的
7	安装进气凸轮轴定位工具（图 3-5-2 中的 4）
8	安装排气凸轮轴定位工具（图 3-5-2 中的 5）
9	当进气凸轮轴定位工具紧靠气缸盖或在进气侧高出的最大值为 0.5mm 时，说明正时正确。当排气凸轮轴定位工具紧靠气缸盖或在进气侧高出的最大值为 1mm 时，说明正时正确
10	若不符合要求，则按如下方法调整凸轮轴： （1）拧松每个凸轮轴调整器的螺栓（图 3-5-2 中的 6），然后用手重新将螺栓拧紧。 （2）安装进气凸轮轴定位工具（图 3-5-2 中的 4）。 （3）调整进气凸轮轴。确保进气凸轮轴定位工具紧靠气缸盖。 （4）安装排气凸轮轴定位工具（图 3-5-2 中的 5）。 （5）将排气凸轮轴定位工具拧到气缸盖上。 （6）拧紧排气凸轮轴定位工具的螺栓直至螺栓接触到进气凸轮轴定位工具（图 3-5-2 中的 7）。 （7）把进气凸轮轴定位工具（图 3-5-2 中的 4）安装到气缸盖上
11	拆下正时链条张紧器（图 3-5-2 中的 8）。 注意：正时链条张紧器柱塞有弹力；如果要继续使用正时链条张紧器，要慢慢压缩张紧器 2 次，把张紧器的机油排除干净
12	安装正时链条预紧工具（图 3-5-2 中的 9）
13	拧紧调整螺栓，直到调整螺栓与正时链条张紧器导轨接触
14	将凸轮轴调整器的螺栓换成新螺栓（图 3-5-2 中的 6）并用手预紧
15	安装凸轮轴位置传感器齿轮定位工具（图 3-5-2 中的 10），将其固定到气缸盖上
16	把每个凸轮轴调整器的螺栓（图 3-5-2 中的 6）拧松半圈
17	用张紧工具（图 3-5-2 中的 9）把正时链条预紧至 0.6N·m
18	紧固凸轮轴调整器的螺栓（图 3-5-2 中的 6），紧固时分 2 次，第一次紧固到 20N·m；第二次 180°。 注意：凸轮轴调整器螺栓只能使用一次
19	拆下飞轮正时销（图 3-5-2 中的 1）
20	拆下凸轮轴位置传感器齿轮定位工具（图 3-5-2 中的 10）
21	拆下凸轮轴定位工具（图 3-5-2 中的 4 和 5）
22	拆下正时链条预紧工具（图 3-5-2 中的 9）
23	安装正时链条张紧器总成（图 3-5-2 中的 8）。将其紧固至 65N·m
24	顺时针转动曲轴 2 圈
25	确保飞轮正时销（图 3-5-2 中的 1）和凸轮轴定位工具（图 3-5-2 中的 4、5 和 10）可以重新装回
26	当凸轮轴定位工具（图 3-5-2 中的 4 和 5）紧靠气缸盖时，说明正时正确
27	安装曲轴皮带轮，换用新的曲轴皮带轮中心螺栓并加以紧固

第六节　BMW M3 轿车

一、M3 轿车 4.0L 发动机正时链条校对

1. M3 轿车 4.0L 发动机正时链条部件识别（图 3-6-1）

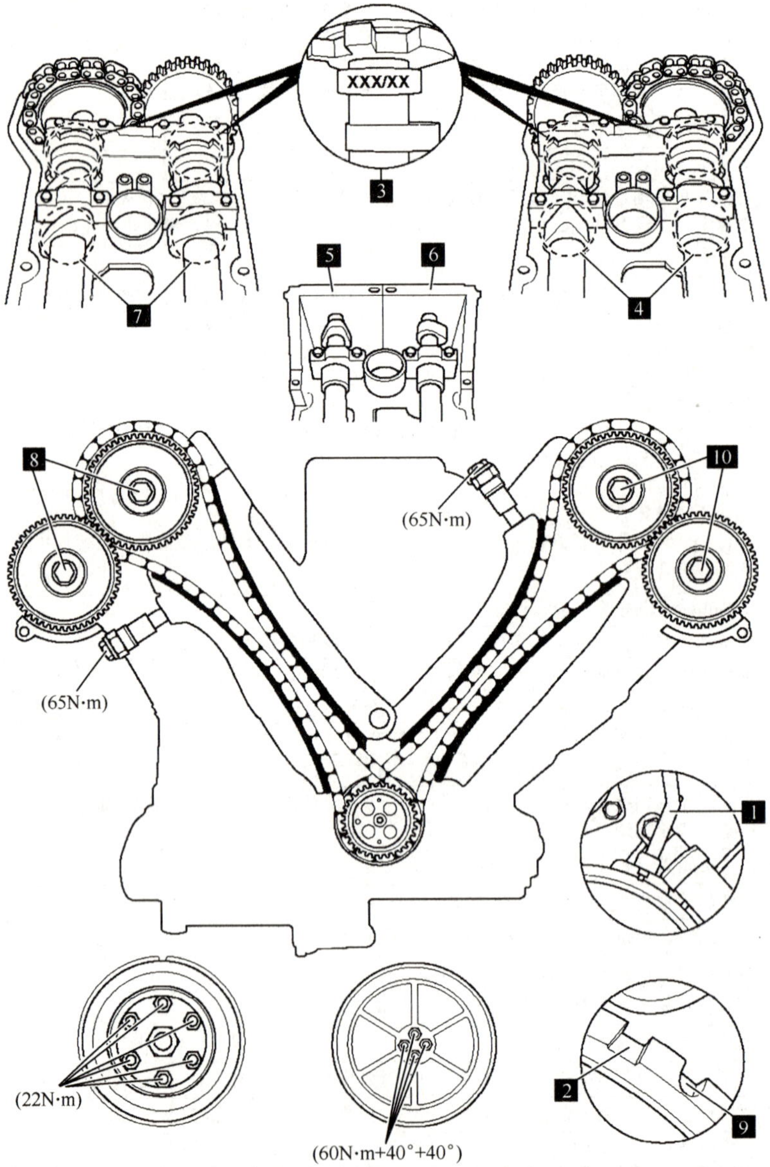

图 3-6-1　M3 轿车 4.0L 发动机正时链条部件识别

2. M3 轿车 4.0L 发动机正时校对操作步骤（表 3-6-1）

表 3-6-1　M3 轿车 4.0L 发动机正时链条校对步骤

步　骤	操作方法
1	拆下油底壳
2	拆下机油泵
3	检查左侧气缸组气门正时： （1）把发动机设置在 1 缸压缩行程上止点位置。 （2）插入曲轴正时销（图 3-6-1 中的 1）。 （3）确保曲轴正时销与曲轴带轮上止点凹槽啮合（图 3-6-1 中的 2）。 （4）确保各个凸轮轴上的零件号码均朝向上方（参见图 3-6-1 中的 3）。 （5）确保气缸 5 的凸轮轴凸轮定位在图 3-6-1 中的 4 所示位置。 （6）安装凸轮轴定位工具（参见图 3-6-1 中的 5 和 6）。 （7）当凸轮轴定位工具紧靠气缸盖或在凸轮轴定位工具侧高出的最大值为 1mm 时，说明正时正确。操作完毕后如果发现正时不正确，则调节气门正时
4	检查右侧气缸组气门正时： （1）拆下曲轴正时销和凸轮轴定位工具。 （2）顺时针转动曲轴 1 周。 （3）将发动机设置在 1 缸排气行程上止点位置。 （4）插入曲轴正时销（图 3-6-1 中的 1）。 （5）确保曲轴正时销与曲轴带轮上止点凹槽啮合（图 3-6-1 中的 2）。 （6）确保各个凸轮轴上的零件号码均朝向下方。 （7）确保气缸 1 的凸轮轴凸轮定位在图 3-6-1 中的 7 所示位置。 （8）安装凸轮轴定位工具（参见图 3-6-1 中的 5 和 6）。 （9）当凸轮轴定位工具紧靠气缸盖或在凸轮轴定位工具侧高出的最大值为 1mm 时，说明正时正确。操作完毕后如果发现正时不正确，则调节气门正时。 （10）确认气门正时正确后，拆下曲轴正时销和凸轮轴定位工具
5	左侧气缸组气门正时调节方法： （1）把发动机设置在 1 缸压缩行程上止点位置。 （2）确保各个凸轮轴上的零件号码均朝向上方（图 3-6-1 中的 3）。 （3）安装凸轮轴定位工具（图 3-6-1 中的 5）到进气凸轮轴上。 （4）用螺栓紧固凸轮轴定位工具，紧固力矩为 10N・m。 （5）安装凸轮轴定位工具（图 3-6-1 中的 6）到排气凸轮轴上。 （6）用螺栓紧固凸轮轴定位工具，紧固力矩为 10N・m。 （7）松开各个凸轮轴调节器的螺栓（图 3-6-1 中的 10），螺栓为左旋螺纹。 （8）换装新的凸轮轴调节器螺栓（图 3-6-1 中的 10）并用手拧紧。 （9）逆时针转动曲轴，使发动机设置在 1 缸上止点前 10°位置。 （10）插入曲轴正时销（图 3-6-1 中的 1）。 （11）确保曲轴正时销与曲轴带轮上止点前 10°的凹槽啮合（图 3-6-1 中的 9）。

续表

步　骤	操作方法
5	（12）把凸轮轴调节器螺栓分4步拧紧：第一步，把螺栓紧固至20N·m；第二步，将螺栓紧固至80N·m+200°；第三步，将螺栓松开360°；第四步，将螺栓紧固至10N·m，紧固螺栓时要先紧固进气凸轮轴调节器的螺栓。 （13）拆下曲轴正时销（图3-6-1中的1）。 （14）顺时针转动曲轴将发动机设置在1缸上止点位置。 （15）插入曲轴正时销（图3-6-1中的1）。 （16）确保曲轴正时销与曲轴带轮上止点凹槽啮合（图3-6-1中的2）。 （17）把凸轮轴调节器螺栓分2步拧紧：第一步，把螺栓紧固至20N·m；第二步，将螺栓紧固至80N·m+200°，紧固螺栓时要先紧固进气凸轮轴调节器的螺栓
6	右侧气缸组气门正时调节方法： （1）将发动机设置在1缸排气行程上止点位置。 （2）确保各个凸轮轴上的零件号码均朝向上方（图3-6-1中的3）。 （3）安装凸轮轴定位工具（图3-6-1中的6）到进气凸轮轴上。 （4）用扳手固定住凸轮轴的六角部位，沿逆时针方向慢慢转动凸轮轴，直至凸轮轴定位工具紧靠气缸盖。 （5）用螺栓紧固凸轮轴定位工具，紧固力矩为10N·m。 （6）安装凸轮轴定位工具（图3-6-1中的5）到排气凸轮轴上。 （7）松开各个凸轮轴调节器的螺栓（图3-6-1中的8），螺栓为左旋螺纹。 （8）换装新的凸轮轴调节器螺栓并用手拧紧。 （9）逆时针转动曲轴，使发动机设置在1缸上止点前10°位置。 （10）插入曲轴正时销（图3-6-1中的1）。 （11）确保曲轴正时销与曲轴带轮上止点前10°的凹槽啮合（图3-6-1中的9）。 （12）把凸轮轴调节器螺栓分4步拧紧：第一步，把螺栓紧固至20N·m；第二步，将螺栓紧固至80N·m+200°；第三步，将螺栓松开360°；第四步，将螺栓紧固至10N·m，紧固螺栓时要先紧固进气凸轮轴调节器的螺栓。 （13）拆下曲轴正时销（图3-6-1中的1）。 （14）顺时针转动曲轴将发动机设置在1缸上止点位置。 （15）插入曲轴正时销（图3-6-1中的1）。 （16）确保曲轴正时销与曲轴带轮上止点凹槽啮合（图3-6-1中的2）。 （17）把凸轮轴调节器螺栓分2步拧紧：第一步，把螺栓紧固至20N·m；第二步，将螺栓紧固至80N·m+200°，紧固螺栓时要先紧固进气凸轮轴调节器的螺栓

二、M3轿车3.2L发动机正时链条校对

1. M3轿车3.2L发动机正时链条部件识别（图3-6-2）

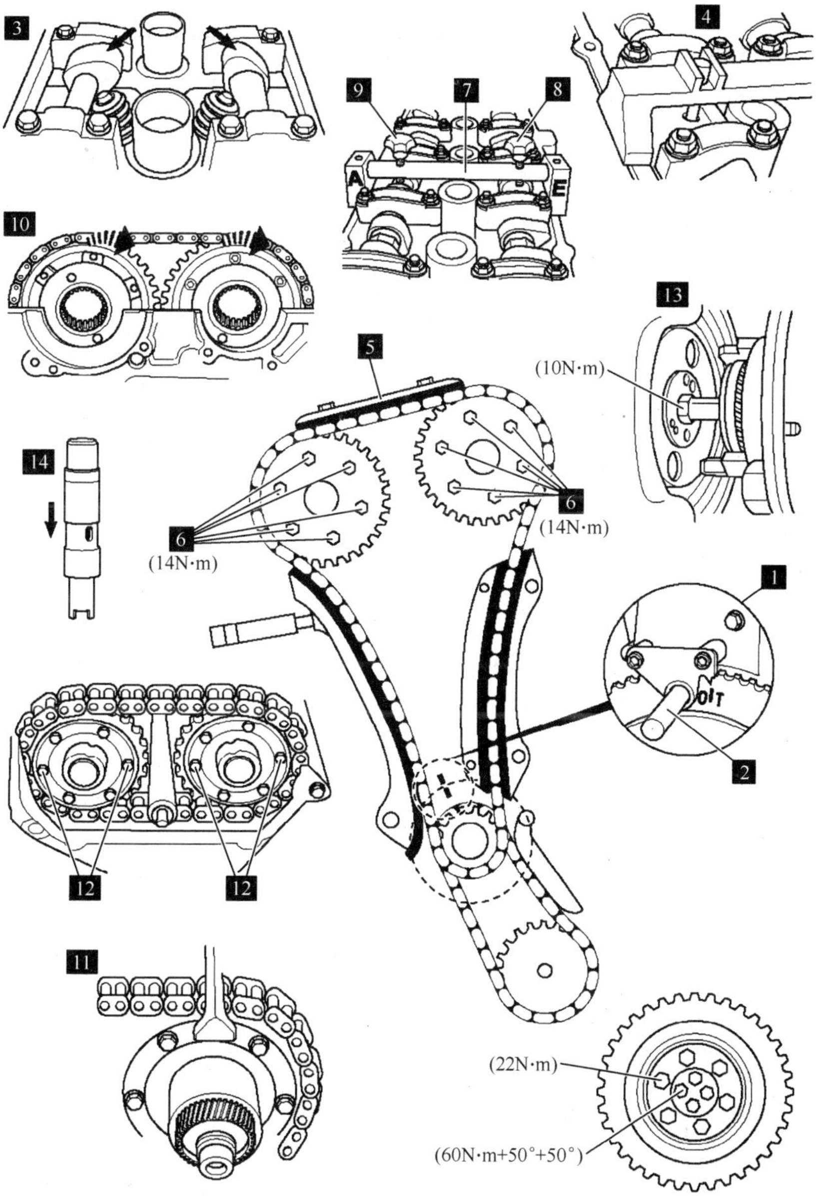

图 3-6-2 M3 轿车 3.2L 发动机正时链条部件识别

2. M3 轿车 3.2L 发动机正时校对操作步骤（表 3-6-2）

表 3-6-2 M3 轿车 3.2L 发动机正时链条校对步骤

步骤	操作方法
1	拆下油底壳
2	使用专用工具把凸轮轴固定到设定位置

续表

步　骤	操作方法
3	把凸轮轴调节器总成活塞固定到压缩位置
4	把发动机设置在 1 缸压缩行程上止点位置（图 3-6-2 中的 1）
5	插入曲轴正时销（图 3-6-2 中的 2）
6	确保气缸 1 的凸轮轴凸轮定位在图 3-6-2 中的 3 所示位置
7	在进气凸轮轴上安装凸轮轴定位工具（图 3-6-2 中的 4）
8	当凸轮轴定位工具紧靠气缸盖时，说明正时正确
9	在排气凸轮轴上安装凸轮轴定位工具（图 3-6-2 中的 4）
10	当凸轮轴定位工具紧靠气缸盖时，说明正时正确
11	如果发现正时不正确，则按照下列步骤调节凸轮轴： （1）拆下曲轴正时销（图 3-6-2 中的 2）。 （2）拆下凸轮轴定位工具（图 3-6-2 中的 4）。 （3）拆下正时链条上部导向装置（图 3-6-2 中的 5）。 （4）拆下凸轮轴调节器总成。 （5）松开各个凸轮轴链轮螺栓（图 3-6-2 中的 6），直至能拆下花键轴。 （6）安装凸轮轴定位工具（图 3-6-2 中的 7）。 （7）用扳手固定住凸轮轴的六角部位，使进气凸轮轴对正，直至凸轮轴定位销位于凸轮轴内（图 3-6-2 中的 8）。 （8）确保凸轮轴定位工具紧靠气缸盖。 （9）用扳手固定住凸轮轴的六角部位，使排气凸轮轴对正，直至凸轮轴定位销位于凸轮轴内（图 3-6-2 中的 9）。 （10）确保凸轮轴定位工具紧靠气缸盖。 （11）顺时针转动进气凸轮轴和排气凸轮轴上的花键轴套，直至转动到极限位置（图 3-6-2 中的 10）。 （12）安装花键轴。 （13）如有必要，可沿着逆时针方向轻轻转动花键轴套直至花键轴与花键轴套啮合（图 3-6-2 中的 11）。 （14）暂时拧紧凸轮轴链轮螺栓，紧固力矩为 10N·m（图 3-6-2 中的 12）。 （15）把凸轮轴链轮螺栓松开 90°（图 3-6-2 中的 12）。 （16）确保凸轮轴调节器总成活塞固定在压缩位置。 （17）安装凸轮轴调节器总成。 （18）确保排气凸轮轴花键轴套上的突出部定位在图 3-6-2 中所示的法兰槽内（图 3-6-2 中的 13）。 （19）拧紧凸轮轴链轮螺栓，紧固力矩为 14N·m（图 3-6-2 中的 12）。 （20）拆下曲轴正时销（图 3-6-2 中的 2）。 （21）拆下凸轮轴定位工具（图 3-6-2 中的 7）
12	转动曲轴 1 周，使气缸设置到 1 缸上止点位置（图 3-6-2 中的 1）
13	检查气门正时
注意：如果要继续使用正时链条张紧器，要慢慢压缩张紧器 2 次，把张紧器的机油排除干净。	

第七节 BMW 7 系轿车

一、BMW 760i 轿车 6.0L 发动机正时链条校对

1. BMW 760i 轿车 6.0L 发动机正时链条部件识别（图 3-7-1）

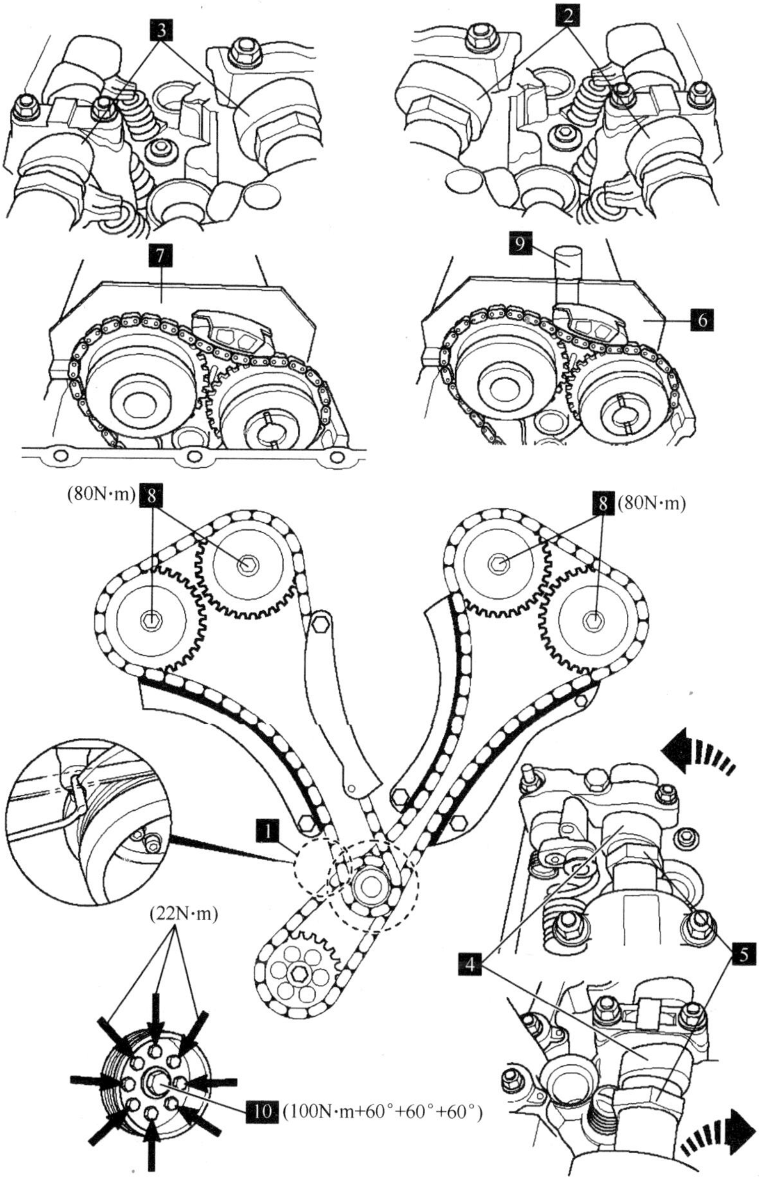

图 3-7-1 BMW 760i 轿车 6.0L 发动机正时链条部件识别

2. BMW 760i 轿车 6. 0L 发动机正时链条校对步骤（表 3-7-1）

表 3-7-1　BMW 760i 轿车 6. 0L 发动机正时链条校对步骤

步　骤	操 作 方 法
1	拆下发动机
2	拆下气缸盖
3	拆下飞轮
4	拆下油底壳
5	把发动机设置在 1 缸上止点位置
6	安装曲轴皮带轮定位工具（图 3-7-1 中的 1）
7	将气缸 7 的凸轮轴凸轮设置在图 3-7-1 中的 2 所示位置
8	确保 1 缸凸轮轴凸轮位于图 3-7-1 中的 3 所示位置
9	如果不符合要求，则拆下曲轴皮带轮定位工具，将曲轴转动 360°。 注意：确保把进气凸轮轴锁定在最大提前角位置，将排气凸轮轴锁定在最大滞后位置，参见图 3-7-1 中的 4
10	用扳手固定住凸轮轴的六角部位（图 3-7-1 中的 5）即可转动凸轮轴
11	把凸轮轴定位工具安装到左进气凸轮轴上（图 3-7-1 中的 6）
12	当定位工具紧靠气缸盖或在排气侧最多高出 0. 5mm 时，说明气门正时正确
13	把凸轮轴定位工具安装到左排气凸轮轴上（图 3-7-1 中的 7）
14	当定位工具紧靠气缸盖或在排气侧最多高出 0. 5mm 时，说明气门正时正确
15	对右侧气缸盖也执行气门正时检查程序
16	调节凸轮轴： （1）松开左凸轮轴调节螺栓（图 3-7-1 中的 8），然后用手重新拧紧。 （2）安装进气凸轮轴定位工具（图 3-7-1 中的 6）。 （3）调节左进气凸轮轴，确保进气凸轮轴定位工具紧靠气缸盖。 （4）用凸轮轴锁止工具（图 3-7-1 中的 9）把左进气凸轮轴锁止。 （5）紧固左进气凸轮轴调节螺栓（图 3-7-1 中的 8）至 80N·m （6）安装排气凸轮轴定位工具（图 3-7-1 中的 7）。 （7）调节左排气凸轮轴，确保排气凸轮轴定位工具紧靠气缸盖。 （8）用凸轮轴锁止工具（图 3-7-1 中的 9）把左排气凸轮轴锁止。 （9）紧固左排气凸轮轴调节螺栓（图 3-7-1 中的 8）至 80N·m。 （10）对于右气缸盖，重复调节操作程序
17	拆卸凸轮轴锁止工具和凸轮轴定位工具（图 3-7-1 中的 6、7、9）
18	拆卸曲轴皮带轮定位工具（图 3-7-1 中的 1）
19	沿顺时针方向将曲轴转动 2 周，检查气门正时
20	安装新的曲轴皮带轮中心螺栓（图 3-7-1 中的 10）并紧固至 100N·m + 60° + 60° + 60°

二、745i 轿车 4.4L（N62 系列发动机）/750i 轿车 4.8L（N62 系列发动机）/740i 轿车 4.0L（N62 系列发动机）正时校对

1. 发动机正时链条部件识别（图 3-7-2）

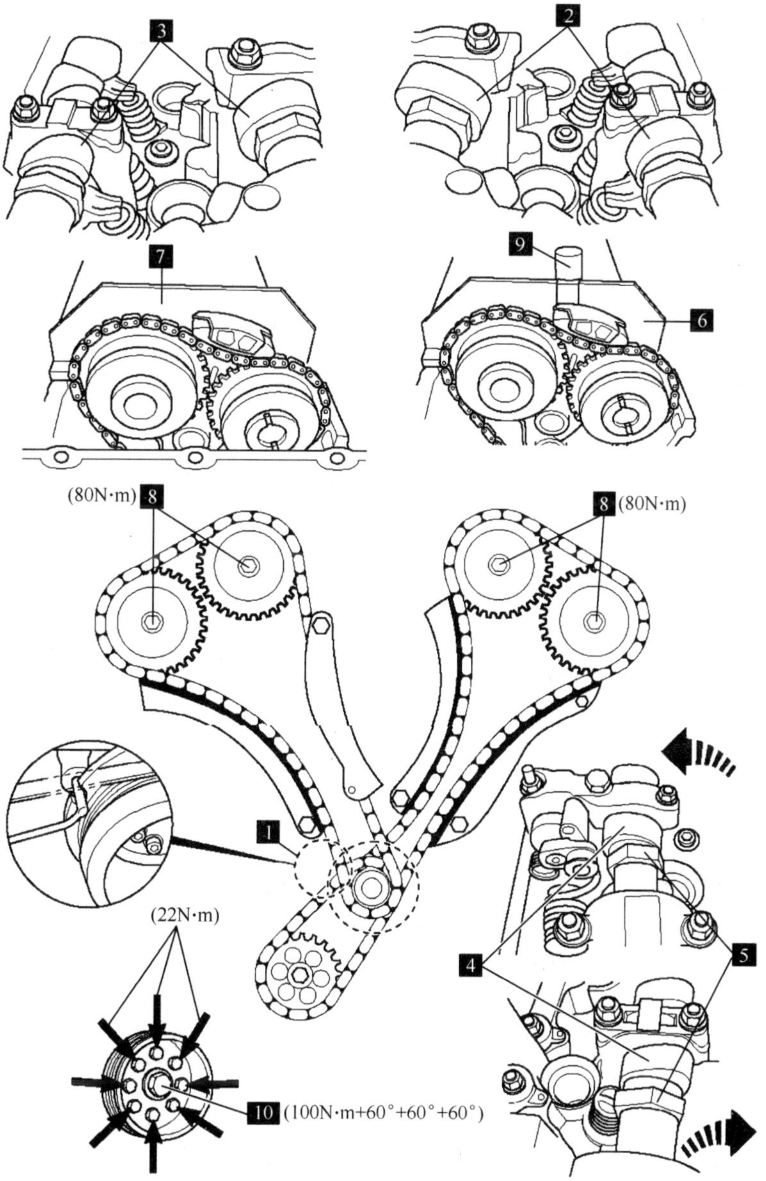

图 3-7-2 发动机正时链条部件识别

2. 发动机正时校对操作步骤（表 3-7-2）

表 3-7-2 发动机正时校对操作步骤

步 骤	操 作 方 法
1	拆下发动机
2	拆下气缸盖
3	拆下飞轮
4	拆下油底壳
5	把发动机设置在 1 缸上止点位置
6	安装曲轴皮带轮定位工具（图 3-7-2 中的 1）
7	将气缸 5 的凸轮轴凸轮设置在图 3-7-2 中的 2 所示位置
8	确保 1 缸凸轮轴凸轮位于图 3-7-2 中的 3 所示位置
9	如果不符合要求，则拆下曲轴皮带轮定位工具，将曲轴转动 360°。 注意：确保把进气凸轮轴锁定在最大提前角位置，将排气凸轮轴锁定在最大滞后位置，参见图 3-7-2 中的 4
10	用扳手固定住凸轮轴的六角部位（图 3-7-2 中的 5）即可转动凸轮轴
11	把凸轮轴定位工具安装到左进气凸轮轴上（图 3-7-2 中的 6）
12	当定位工具紧靠气缸盖或在排气侧最多高出 0.5mm 时，说明气门正时正确
13	把凸轮轴定位工具安装到左排气凸轮轴上（图 3-7-2 中的 7）
14	当定位工具紧靠气缸盖或在排气侧最多高出 0.5mm 时，说明气门正时正确
15	对右侧气缸盖也执行气门正时检查程序
16	调节凸轮轴： （1）松开左凸轮轴调节螺栓（图 3-7-2 中的 8），然后用手重新拧紧。 （2）安装进气凸轮轴定位工具（图 3-7-2 中的 6）。 （3）调节左进气凸轮轴，确保进气凸轮轴定位工具紧靠气缸盖。 （4）用凸轮轴锁止工具（图 3-7-2 中的 9）把左进气凸轮轴锁止。 （5）紧固左进气凸轮轴调节螺栓（图 3-7-2 中的 8）至 80N·m。 （6）安装排气凸轮轴定位工具（图 3-7-2 中的 7）。 （7）调节左排气凸轮轴，确保排气凸轮轴定位工具紧靠气缸盖。 （8）用凸轮轴锁止工具（图 3-7-2 中的 9）把左排气凸轮轴锁止。 （9）紧固左排气凸轮轴调节螺栓（图 3-7-2 中的 8）至 80N·m。 （10）对于右气缸盖，重复调节操作程序
17	拆卸凸轮轴定位工具和凸轮轴锁止工具（图 3-7-2 中的 6、7、9）
18	拆卸曲轴皮带轮定位工具（图 3-7-2 中的 1）
19	将曲轴转动 2 周，检查气门正时
20	安装新的曲轴皮带轮中心螺栓（图 3-7-2 中的 10）并紧固至 100N·m + 60° + 60° + 60°

三、730i 轿车 3.0L 发动机正时链条校对

1. 730i 轿车 3.0L 发动机正时链条部件识别（图 3-7-3）

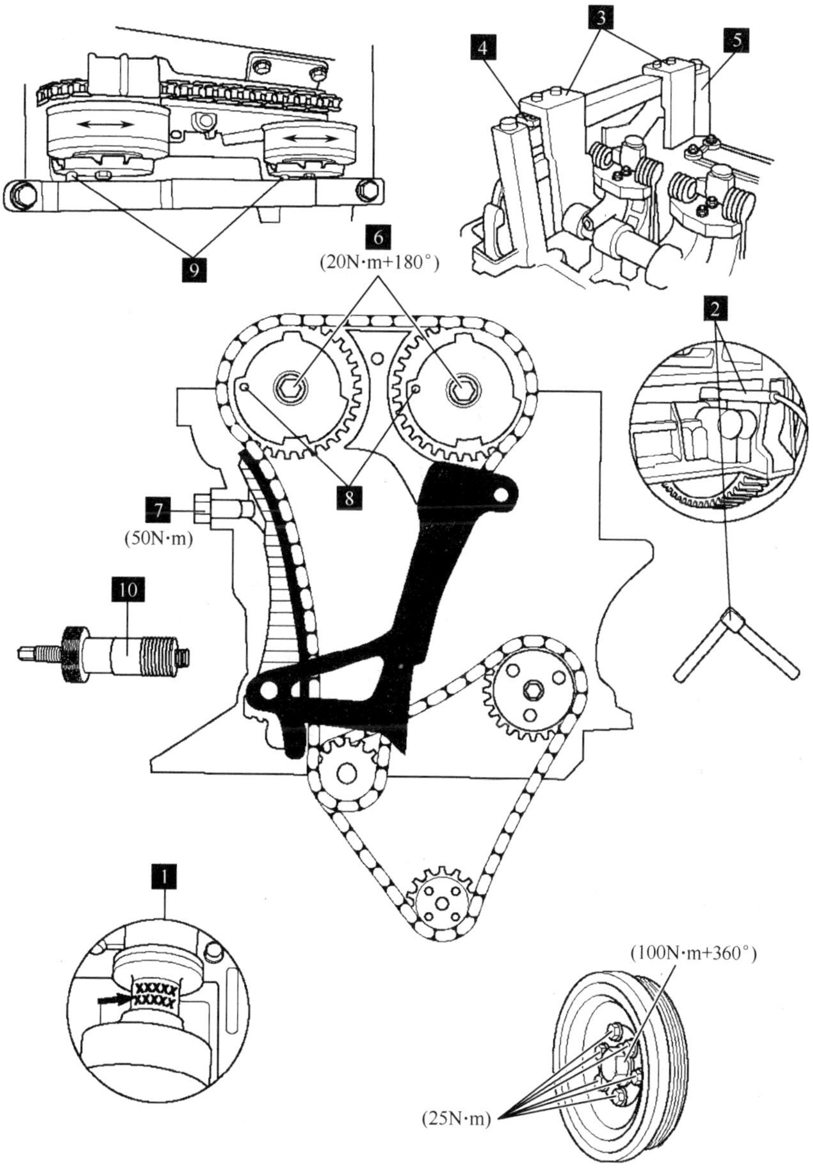

图 3-7-3　730i 轿车 3.0L 发动机正时链条部件识别

2. 730i 轿车 3.0L 发动机正时校对操作步骤（表 3-7-3）

表 3-7-3　730i 轿车 3.0L 发动机正时链条校对步骤

步　骤	操作方法
1	拆下油底壳
2	发动机设置在 1 缸上止点位置
3	确保各个凸轮轴上的零件号码均朝向上方（图 3-7-3 中的 1）

续表

步　骤	操作方法
4	从气缸体上拆下堵头
5	插入飞轮/驱动盘正时销（图 3-7-3 中的 2） 如果正时销安装正确，发动机应不能转动
6	确保凸轮轴定位工具（图 3-7-3 中的 3、4 和 5）可以正确安装 如果不能安装上凸轮轴定位工具，则按照下列步骤对凸轮轴进行调节： （1）拧松各个凸轮轴调节器的中心螺栓（图 3-7-3 中的 6）。 （2）拆下正时链条张紧器总成（图 3-7-3 中的 7）。 注意：如果要继续使用正时链条张紧器，要慢慢压缩张紧器 2 次，把张紧器的机油排除干净。 （3）确保传感器齿轮位于 9 点钟位置的圆孔位置（图 3-7-3 中的 8）。 （4）安装传感器齿轮定位工具（图 3-7-3 中的 9）并紧固到气缸盖上。 （5）安装正时链条预紧工具（图 3-7-3 中的 10）。 （6）拧入调节螺钉，直至接触到正时链条导轨。 （7）用正时链条预紧工具（图 3-7-3 中的 10）将正时链条预紧至 0.6N·m。 （8）换用新的凸轮轴调整器中心螺栓（图 3-7-3 中的 6）并将螺栓紧固至 20N·m+180°。 注意：凸轮轴调节器中心螺栓是一次性使用的，旧螺栓拆下后要废弃不用，换用新螺栓
7	拆下飞轮正时销（图 3-7-3 中的 2）
8	拆下传感器齿轮定位工具（图 3-7-3 中的 9）
9	拆下凸轮轴定位工具（图 3-7-3 中的 3、4、5）
10	拆卸正时链条预紧工具（图 3-7-3 中的 10）
11	安装正时链条张紧器总成（图 3-7-3 中的 7）并紧固至 50N·m
12	顺时针转动曲轴 2 周
13	确保飞轮正时销（图 3-7-3 中的 2）和定位工具（图 3-7-3 中的 3、4、5 和 9）均可以重新安装
14	安装曲轴皮带轮，换用新的曲轴皮带轮中心螺栓并紧固至 100N·m+360°

第八节　BMW 6 系轿车

一、630i 轿车 3.0L（N53 发动机）正时链条校对

宝马 6 系 630i 轿车 3.0L（N53 发动机）正时链条校对步骤与宝马系 135i 轿车 3.0L 发动机正时链条校对步骤相同。

二、630i 轿车 3.0L（N52 发动机）正时校对

630i 轿车 3.0L（N52 发动机）正时校对步骤与 730i 轿车 3.0L 发动机正时校对步骤相同。

三、645i 轿车 4.4L（N62 系列发动机）和 650i 轿车 4.8L（N62 系列发动机）正时校对

645i 轿车 4.4L（N62 系列发动机）和 650i 轿车 4.8L（N62 系列发动机）正时校对步骤与宝马 745i 轿车 4.4L（N62 系列发动机）/750i 轿车 4.8L（N62 系列发动机）/740i 轿车 4.0L（N62 系列发动机）正时校对操作步骤相同。

第九节 BMW 5 系轿车

一、550i 轿车 4.8L 发动机正时校对

550i 轿车 4.8L 发动机正时校对操作步骤与第八节 650i 轿车 4.8L 发动机正时校对操作相同。

二、545i 轿车 4.4L 发动机正时校对

545i 轿车 4.4L 发动机正时校对操作步骤与第八节 645i 轿车 4.4L 发动机正时校对操作相同。

三、540i 轿车 4.0L 发动机正时校对

540i 轿车 4.0L 发动机正时校对操作步骤与第八节 645i 轿车 4.4L 发动机正时校对操作相同。

四、530i 轿车 3.0L 发动机正时校对

530i 轿车 3.0L 发动机正时校对操作步骤与第七节 730i 轿车 3.0L 发动机正时校对操作相同。

五、520i 轿车 2.0L（N43 系列发动机）正时链条拆装步骤

1. 520i 轿车 2.0L（N43 系列发动机）正时链条部件识别（图 3-9-1）

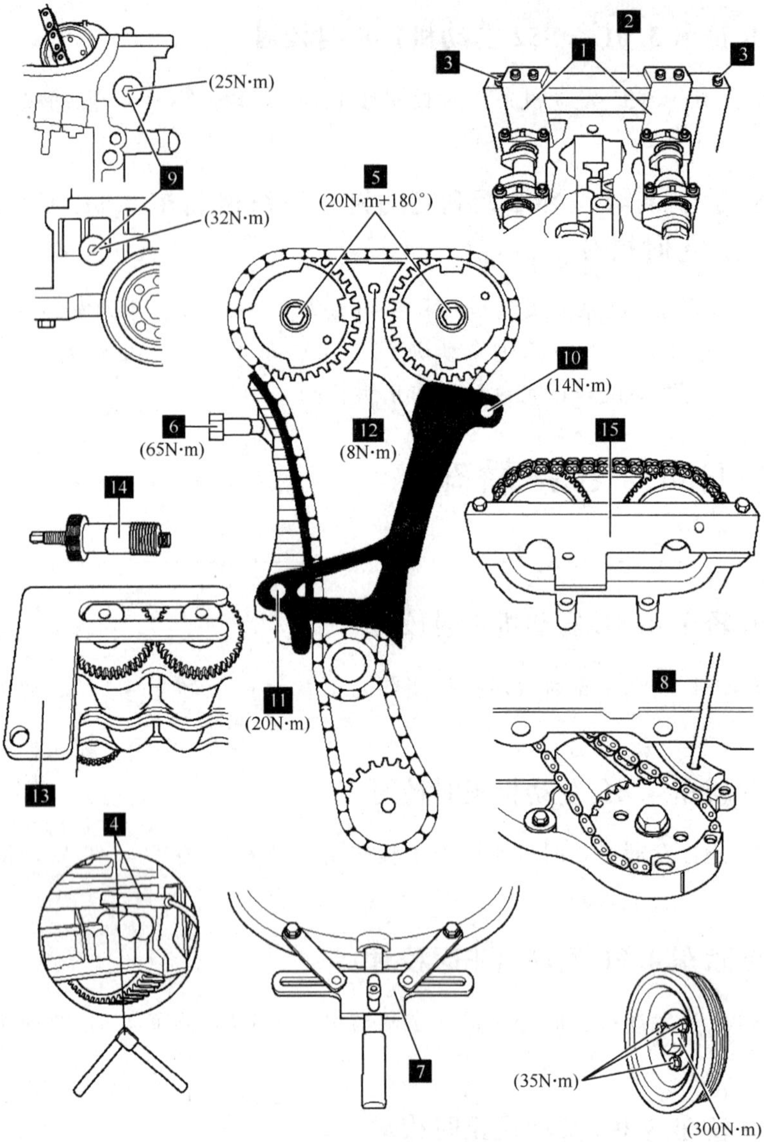

图 3-9-1　520i 轿车 2.0L（N43 系列发动机）正时链条部件识别

2. 520i 轿车 2.0L（N43 系列发动机）正时链条拆装步骤（表 3-9-1）

表 3-9-1　520i 轿车 2.0L（N43 系列发动机）正时校对步骤

拆卸步骤	
步　　骤	操作方法
1	拆下油底壳
2	发动机设置在 1 缸上止点位置

续表

步　骤	操作方法
3	安装凸轮轴定位工具（图 3-9-1 中的 1、2 和 3）
4	确保凸轮轴定位工具紧靠气缸盖
5	插入飞轮正时销（图 3-9-1 中的 4）
6	松开凸轮轴调节器的中心螺栓（图 3-9-1 中的 5）
7	拆下正时链条张紧器（图 3-9-1 中的 6）
8	拆下凸轮轴调节器的中心螺栓（图 3-9-1 中的 5）
9	拆下凸轮轴位置传感器盘
10	拆下凸轮轴调节器
11	安装飞轮锁止工具（图 3-9-1 中的 7）
12	压缩机油泵链条张紧器并安装锁止销（图 3-9-1 中的 8）
13	拆下曲轴带轮中心螺栓和轴套
14	从气缸体和气缸盖上拆下堵头（图 3-9-1 中的 9）
15	拆下正时链条导向装置固定销（图 3-9-1 中的 10 和 11）
16	拆下正时链条导向装置螺栓（图 3-9-1 中的 12）
17	将正时链条滑轨、正时链条导向装置、正时链条和曲轴链轮作为一个整体拆下
18	拆下平衡轴盖
19	安装平衡轴定位工具（图 3-9-1 中的 13）
安装步骤	
步　骤	操作方法
1	确保飞轮正时销安装到位（图 3-9-1 中的 4）
2	确保凸轮轴定位工具（图 3-9-1 中的 1、2 和 3）紧靠气缸盖
3	确保平衡轴定位工具（图 3-9-1 中的 13）安装正确
4	将正时链条滑轨、正时链条导向装置、正时链条和曲轴链轮作为一个整体安装
5	安装曲轴带轮轴套，换装新的曲轴带轮中心螺栓并用手拧紧
6	拆下机油泵链条张紧器的锁止销（图 3-9-1 中的 8）
7	紧固曲轴带轮中心螺栓，紧固力矩为 300N·m
8	拆下飞轮锁止工具（图 3-9-1 中的 7）
9	拆下平衡轴定位工具（图 3-9-1 中的 13）
10	安装凸轮轴调节器。 注意：进气凸轮轴调节器标有“EIN IN”；排气凸轮轴调节器标有“AUS EX”
11	安装凸轮轴位置传感器盘
12	换装新的凸轮轴调节器的中心螺栓（图 3-9-1 中的 5）并用手将螺栓拧紧
13	安装正时链条预紧工具（图 3-9-1 中的 14）

续表

步　骤	操作方法
14	转动预紧工具的调节螺钉直至螺钉与正时链条张紧器滑轨接触
15	安装凸轮轴位置传感器盘设定工具并固定到气缸盖上（图 3-9-1 中的 15）
16	确保定位销就位在凸轮轴位置传感器盘的孔内
17	用正时链条预紧工具（图 3-9-1 中的 14）将正时链条预紧至 0.6N·m
18	紧固凸轮轴调整器的螺栓（图 3-9-1 中的 5），紧固力矩为 20N·m + 180°
19	拆下飞轮正时销（图 3-9-1 中的 4）
20	拆下凸轮轴位置传感器盘设定工具（图 3-9-1 中的 15）
21	拆下凸轮轴定位工具（图 3-9-1 中的 1、2 和 3）
22	拆下正时链条预紧工具（图 3-9-1 中的 14）
23	安装正时链条张紧器（图 3-9-1 中的 6）并紧固至 65N·m。 注意：如果要继续使用正时链条张紧器，要慢慢压缩张紧器 2 次，把张紧器的机油排除干净
24	顺时针转动曲轴 2 周
25	确保飞轮正时销（图 3-9-1 中的 4）和凸轮轴定位工具（图 3-9-1 中的 1、2 和 3）都可以重新安装

第十节　BMW 3 系轿车

一、335i 轿车 3.0L 发动机正时链条校对

335i 轿车 3.0L 发动机正时链条校对步骤与宝马系 135i 轿车 3.0L 发动机正时校对链条校对步骤相同，可参照 135i 轿车 3.0L 发动机正时链条校对步骤执行操作。

二、320i 轿车 2.0L（N43 发动机）正时链条拆装

320i 轿车 2.0L（N43 发动机）正时链条拆装步骤与 520i 轿车 2.0L（N43 系列发动机）正时链条拆装步骤相同，可参照 520i 轿车 2.0L（N43 发动机）正时链条拆装步骤执行操作。

三、320i 轿车 2.0L（N46 发动机）正时校对

320i 轿车 2.0L（N46 发动机）正时校对步骤与第三节 X3 轿车 2.0L N46 B20 发动机正时校对步骤相同。

四、325i 轿车（2.5L N52 B25 发动机）正时校对

325i 轿车（2.5L N52 B25 发动机）正时校对步骤与第三节 X3 轿车 2.5L N52 B25 发动机正时校对步骤相同。

第十一节　MINI（迷你）轿车

一、MINI 轿车 1.6L（W10 B16 发动机）正时校对

1. MINI 轿车 1.6L（W10 B16 发动机）正时链条部件识别（图 3-11-1）

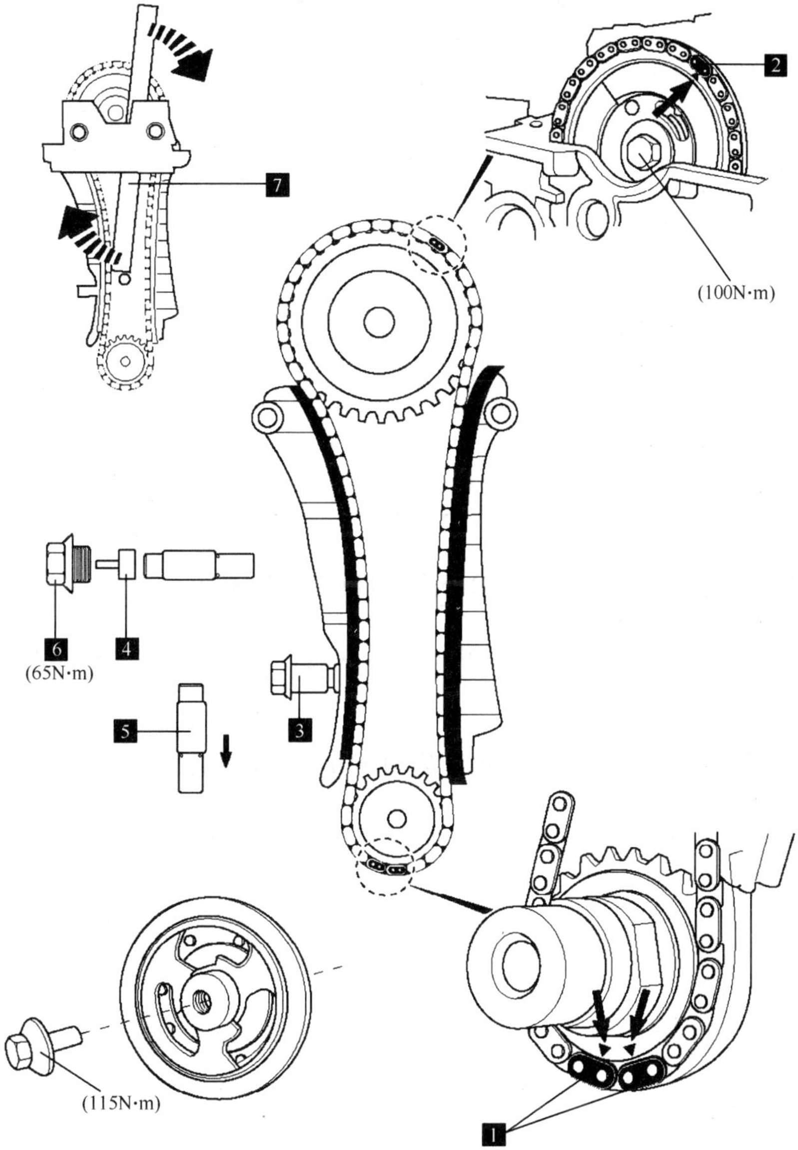

图 3-11-1　MINI 轿车 1.6L（W10 B16 发动机）正时链条部件识别

2. MINI 轿车 1. 6L（W10 B16 发动机）正时校对步骤（表 3-11-1）

表 3-11-1 正时校对步骤

步 骤	操 作 方 法
1	把发动机设置到 1 缸上止点前 40°位置
2	把正时链条上的黄铜色链节（图 3-11-1 中的 1）与曲轴链轮上的箭头对准
3	确保凸轮轴链轮上的正时链条黄铜色链节与箭头对齐（图 3-11-1 中的 2）。 注意：如果要更换正时链条，那么曲轴链轮和凸轮轴链轮也要更换成新的。如果要维修发动机，则要先把正时链条张紧器（图 3-11-1 中的 3）拆下
4	安装正时链条张紧器： （1）拆卸盖子（图 3-11-1 中的 4）。 （2）用持续稳定的力量推压正时链条张紧器的推杆（图 3-11-1 中的 5）。 （3）安装盖子（图 3-11-1 中的 4）。 （4）安装正时链条张紧器（图 3-11-1 中的 3）。 （5）把正时链条张紧器的塞子（图 3-11-1 中的 6）紧固至 65N·m。 （6）用专用工具（图 3-11-1 中的 7）压紧张紧器滑轨，使正时链条张紧器的推杆解除锁止状态
5	安装其他部件。注意曲轴带轮螺栓和凸轮轴链轮螺栓是一次性使用的部件，拆卸后必须换用新的螺栓

二、MINI 轿车 1. 6L（W11 B16 发动机）正时校对

MINI 轿车 1. 6L（W11 B16 发动机）正时校对操作步骤与 MINI 轿车 1. 6L（W10 B16 发动机）正时校对步骤相同。

三、MINI 轿车 1. 6L（N12 B16 发动机）正时校对

1. MINI 轿车 1. 6L（N12 B16 发动机）正时链条部件识别（图 3-11-2）

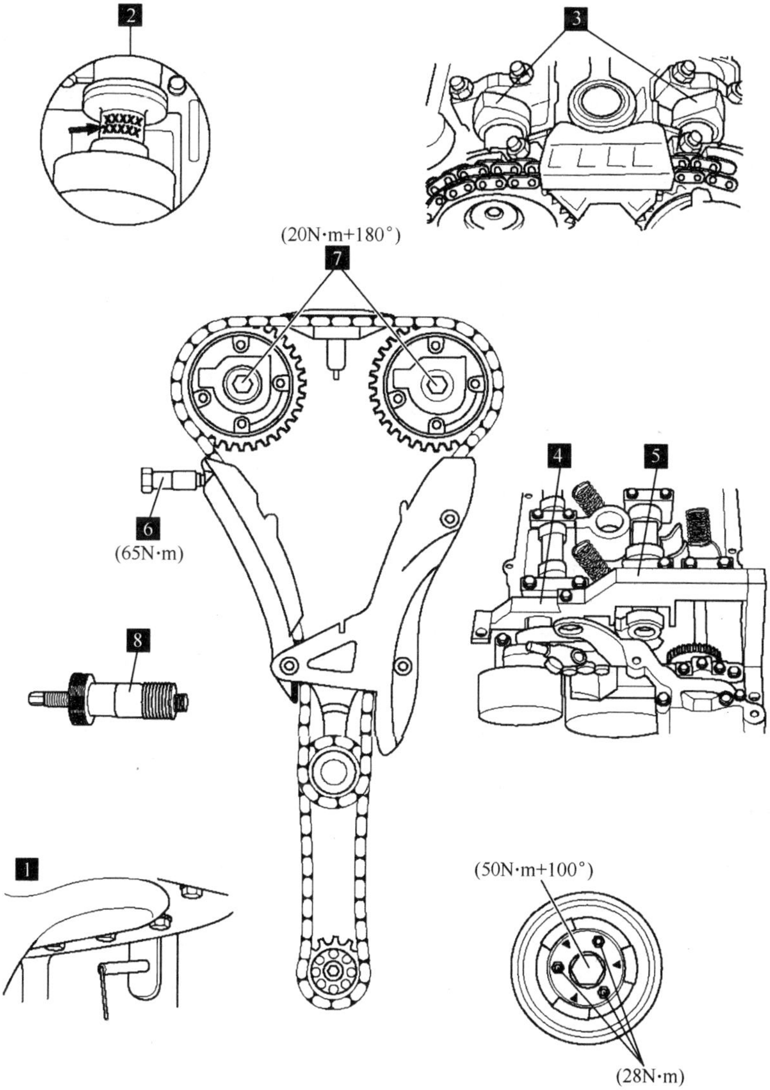

图 3-11-2　MINI 轿车 1.6L（N12 B16 发动机）正时链条部件识别

2. MINI 轿车 1.6L（N12 B16 发动机）正时校对操作步骤（表 3-11-2）

表 3-11-2　MINI 轿车 1.6L（N12 B16 发动机）正时校对操作步骤

步　骤	操作方法
1	沿发动机转动方向转动曲轴，直至能将曲轴正时销（图 3-11-2 中的 1）安装上
2	确保进气凸轮轴上的“IN”标记朝上（图 3-11-2 中的 2）
3	确保排气凸轮轴上的“EX”标记朝上（图 3-11-2 中的 2）

续表

步　骤	操 作 方 法
4	确保气缸 1 凸轮轴的凸轮位于图 3-11-2 中的 3 所示位置
5	安装排气凸轮轴定位工具（图 3-11-2 中的 4）
6	安装进气凸轮轴定位工具（图 3-11-2 中的 5）
7	如果凸轮轴定位工具安装后能紧靠气缸盖，则说明正时正确。如果正时不正确，则执行如下调节： （1）安装排气凸轮轴定位工具（图 3-11-2 中的 4）。 （2）安装进气凸轮轴定位工具（图 3-11-2 中的 5）。 （3）拆下正时链条张紧器（图 3-11-2 中的 6）。注意：如果要继续使用正时链条张紧器，要慢慢压缩张紧器 2 次，把张紧器的机油排除干净。 （4）松开凸轮轴调节器上的螺栓（图 3-11-2 中的 7）。 （5）确保进气凸轮轴上的“IN”标记朝上（图 3-11-2 中的 2）。 （6）确保排气凸轮轴上的“EX”标记朝上（图 3-11-2 中的 2）。 （7）校准排气凸轮轴，确保排气凸轮轴定位工具紧靠气缸盖。 （8）将排气凸轮轴定位工具紧固到气缸盖上。 （9）校准进气凸轮轴，确保进气凸轮轴定位工具紧靠气缸盖。 （10）拧紧进气凸轮轴定位工具上的螺栓，将进气凸轮轴定位工具紧固到气缸盖上。 （11）安装正时链条预紧工具（图 3-11-2 中的 8）。 （12）拧紧预紧工具的螺栓直至预紧工具与正时链条导轨接触，注意：不要过度拧紧螺栓。 （13）用正时链条预紧工具（图 3-11-2 中的 8）将正时链条预紧至 0. 6N·m。 （14）换装新的凸轮轴调节器螺栓（图 3-11-2 中的 7）并用手拧紧。 （15）紧固凸轮轴调节器螺栓（图 3-11-2 中的 7）至 20N·m+180°
8	拆下曲轴正时销（图 3-11-2 中的 1）
9	拆下排气凸轮轴定位工具（图 3-11-2 中的 4）和进气凸轮轴定位工具（图 3-11-2 中的 5）
10	拆下正时链条预紧工具（图 3-11-2 中的 8）
11	安装正时链条张紧器总成（图 3-11-2 中的 6）并紧固至 65N·m
12	将曲轴顺时针转动 2 周
13	确保曲轴正时销（图 3-11-2 中的 1）和凸轮轴定位工具（图 3-11-2 中的 4 和 5）能被重新安装上
14	当凸轮轴定位工具能紧靠气缸盖时，说明正时正确

四、MINI 轿车 1. 6L（N14 B16 发动机）正时校对

1. MINI 轿车 1. 6L（N14 B16 发动机）正时链条部件识别（图 3-11-3）

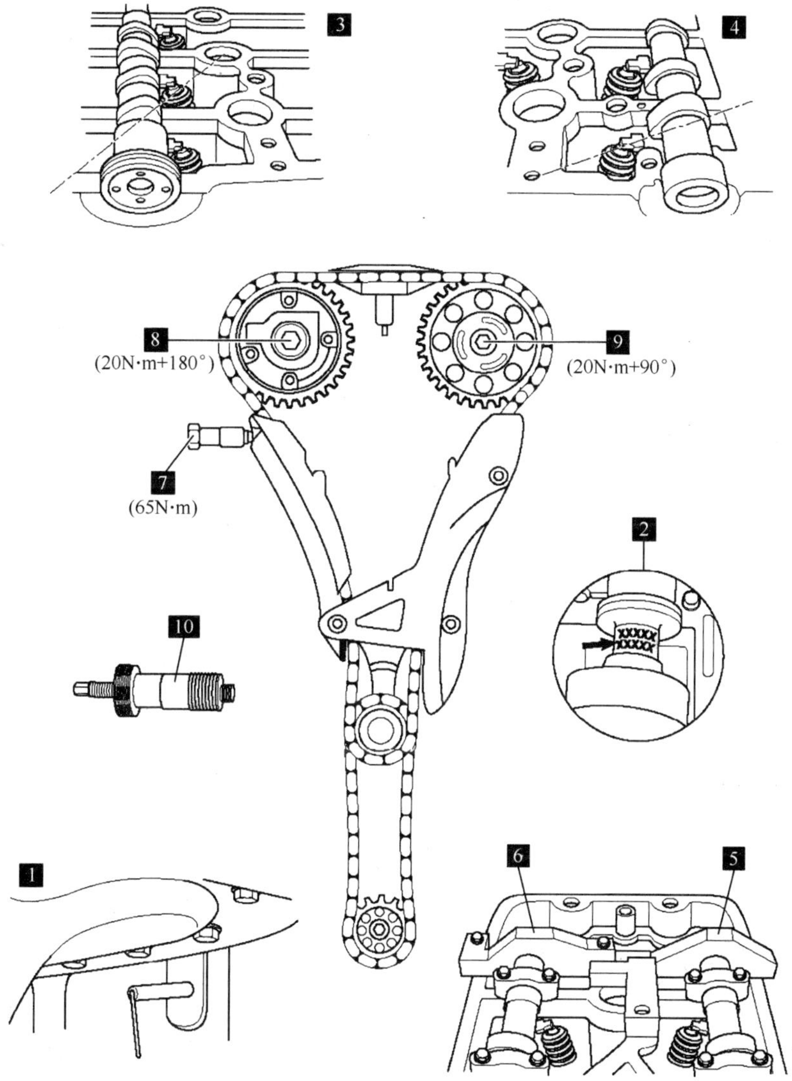

图 3-11-3 MINI 轿车 1.6L（N14 B16 发动机）正时链条部件识别

2. MINI 轿车 1.6L（N14 B16 发动机）正时校对操作步骤（表 3-11-3）

表 3-11-3 MINI 轿车 1.6L（N14 B16 发动机）正时校对操作步骤

步　骤	操作方法
1	沿发动机转动方向转动曲轴，直至能将曲轴正时销（图 3-11-3 中的 1）安装上
2	确保进气凸轮轴上的“IN”标记朝上（图 3-11-3 中的 2）
3	确保排气凸轮轴上的“EX”标记朝上（图 3-11-3 中的 2）
4	确保气缸 1 凸轮轴的凸轮位于图 3-11-3 中的 3 和 4 所示位置

续表

步骤	操作方法
5	安装排气凸轮轴定位工具（图 3-11-3 中的 5）
6	安装进气凸轮轴定位工具（图 3-11-3 中的 6）
7	如果凸轮轴定位工具安装后能紧靠气缸盖，则说明正时正确。如果正时不正确，则执行如下调节： （1）安装排气凸轮轴定位工具（图 3-11-3 中的 5）。 （2）安装进气凸轮轴定位工具（图 3-11-3 中的 6）。 （3）拆下正时链条张紧器（图 3-11-3 中的 7）。注意：如果要继续使用正时链条张紧器，要慢慢压缩张紧器 2 次，把张紧器的机油排除干净。 （4）松开凸轮轴调节器上的螺栓（图 3-11-3 中的 8 和 9）。 （5）确保进气凸轮轴上的“IN”标记朝上（图 3-11-3 中的 2）。 （6）确保排气凸轮轴上的“EX”标记朝上（图 3-11-3 中的 2）。 （7）确保气缸 1 凸轮轴的凸轮位于图 3-11-3 中的 3 和 4 所示位置。 （8）确保凸轮轴定位工具紧靠气缸盖。 （9）安装正时链条预紧工具（图 3-11-3 中的 10）。 （10）拧紧预紧工具的螺栓直至预紧工具与正时链条导轨接触。注意：不要过度拧紧螺栓。 （11）用正时链条预紧工具（图 3-11-3 中的 10）将正时链条预紧至 0.6N·m。 （12）换装新的凸轮轴调节器螺栓（图 3-11-3 中的 8 和 9）并用手拧紧。 （13）紧固排气凸轮轴调节器螺栓（图 3-11-3 中的 9）至 20N·m＋90°。 （14）紧固进气凸轮轴调节器螺栓（图 3-11-3 中的 8）至 20N·m＋180°
8	拆下曲轴正时销（图 3-11-3 中的 1）
9	拆下排气凸轮轴定位工具（图 3-11-3 中的 5）和进气凸轮轴定位工具（图 3-11-3 中的 6）
10	拆下正时链条预紧工具（图 3-11-3 中的 10）
11	安装正时链条张紧器总成（图 3-11-3 中的 7）并紧固至 65N·m
12	将曲轴顺时针转动 2 周
13	确保曲轴正时销（图 3-11-3 中的 1）和凸轮轴定位工具（图 3-11-3 中的 5 和 6）能被重新安装上
14	当凸轮轴定位工具（图 3-11-3 中的 5 和 6）能紧靠气缸盖时，说明正时正确

第四章 BUICK（别克）车系

第一节 ENCLAVE（昂科雷）轿车

一、初级凸轮轴传动链条和链轮的更换

（一）拆卸步骤

1. 拆下发动机前盖（图 4-1-1）。
2. 拆下火花塞以便于曲轴/发动机旋转（图 4-1-2）。

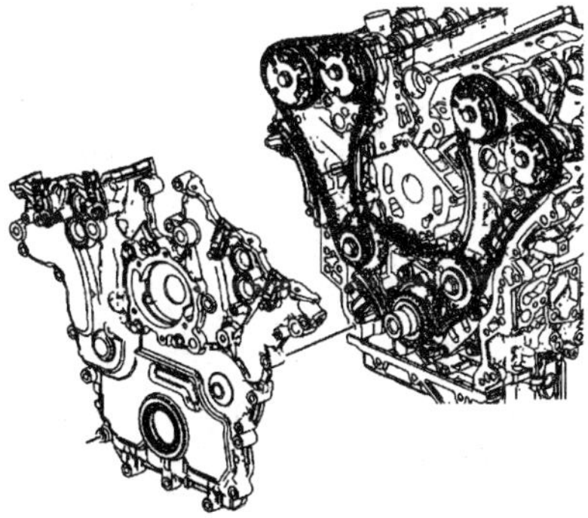

图 4-1-1 发动机前盖

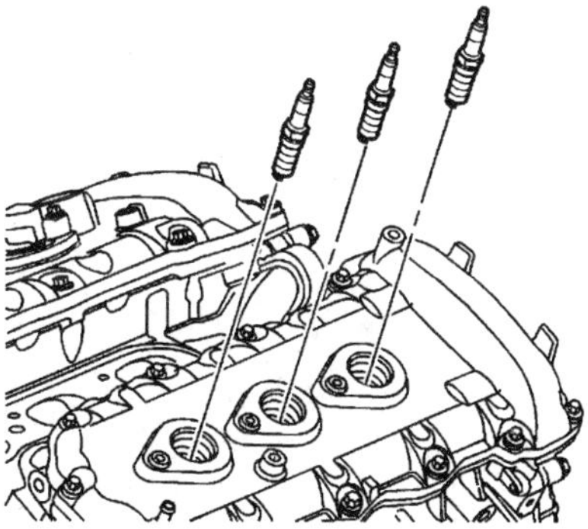

图 4-1-2 火花塞

3. 拆下右缸组次级凸轮轴传动链条张紧器（图 4-1-3）。
4. 拆下右缸组次级凸轮轴传动链条撑板（图 4-1-4）。

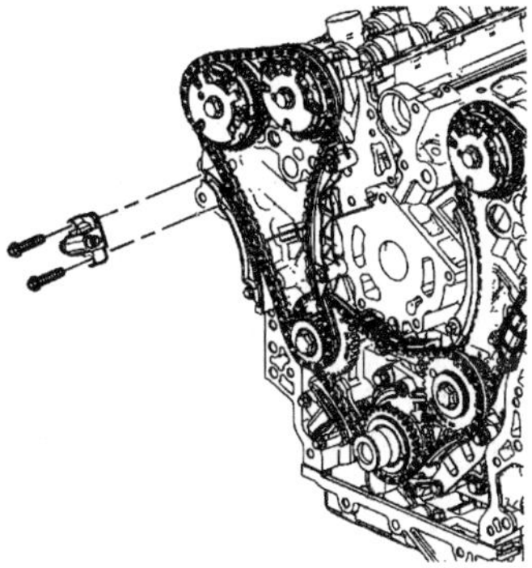

图 4-1-3 右缸组次级凸轮轴传动链条张紧器

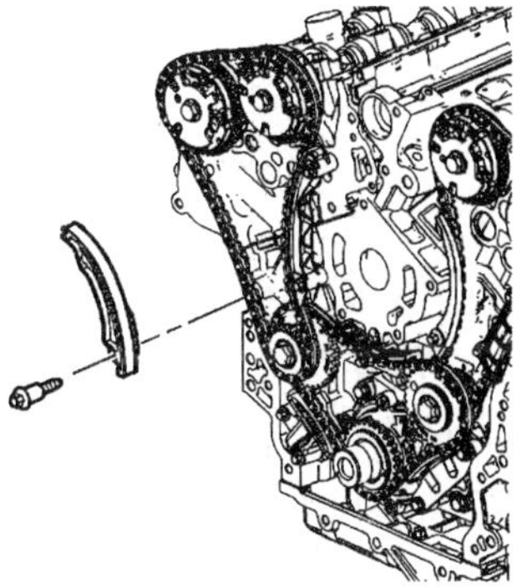

图 4-1-4 右缸组次级凸轮轴传动链条撑板

5. 拆下右缸组次级凸轮轴传动链条导板（图 4-1-5）。

6. 拆下右缸组次级凸轮轴传动链条（图 4-1-6）。

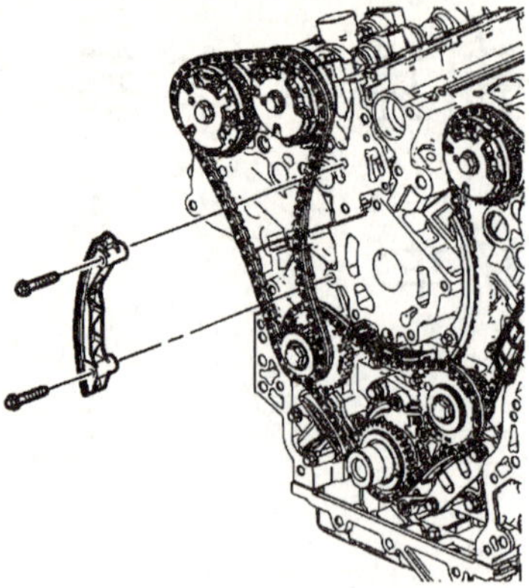

图 4-1-5　右缸组次级凸轮轴传动链条导板

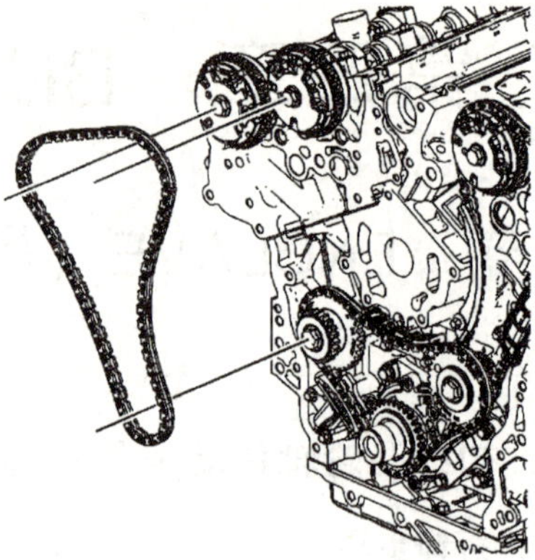

图 4-1-6　右缸组次级凸轮轴传动链条

7. 拆下初级凸轮轴传动链条张紧器（图 4-1-7）。

8. 拆下初级凸轮轴传动链条上导板（图 4-1-8）。

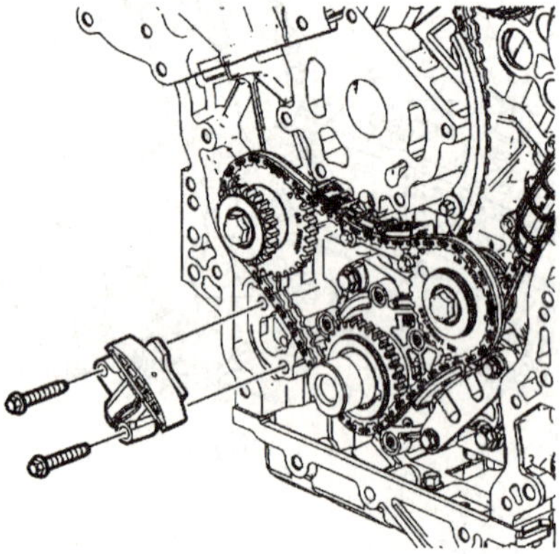

图 4-1-7　初级凸轮轴传动链条张紧器

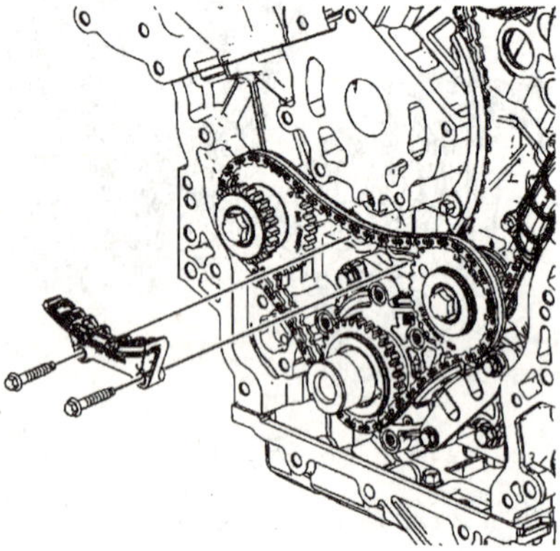

图 4-1-8　初级凸轮轴传动链条上导板

9. 拆下初级凸轮轴正时链条（图 4-1-9）。

10. 将曲轴链轮从曲轴前端拆下（图 4-1-10）。

（二）安装步骤

1. 安装带有正时标记的曲轴链轮（图 4-1-11）。

2. 将曲轴链轮安装至曲轴前端（图 4-1-10）。

3. 将曲轴链轮上的槽口对准曲轴上的销。

4. 将曲轴链轮滑至曲轴端部，直至曲轴链轮接触曲轴上的台阶。

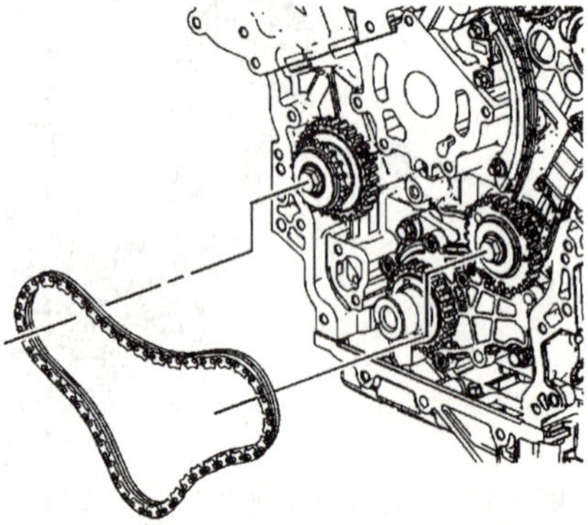

图 4-1-9　初级凸轮轴传动链条

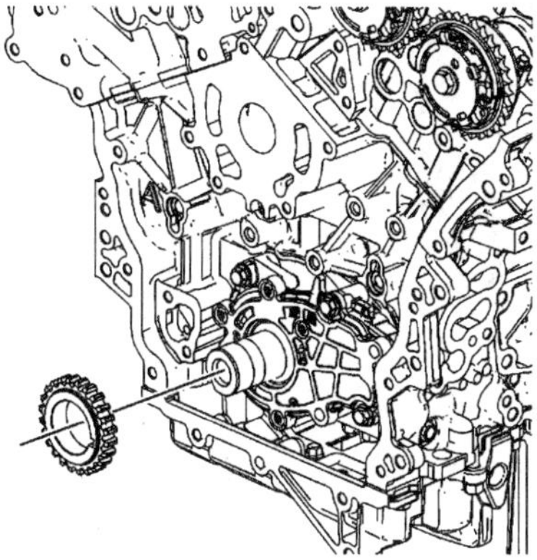

图 4-1-10 曲轴链轮

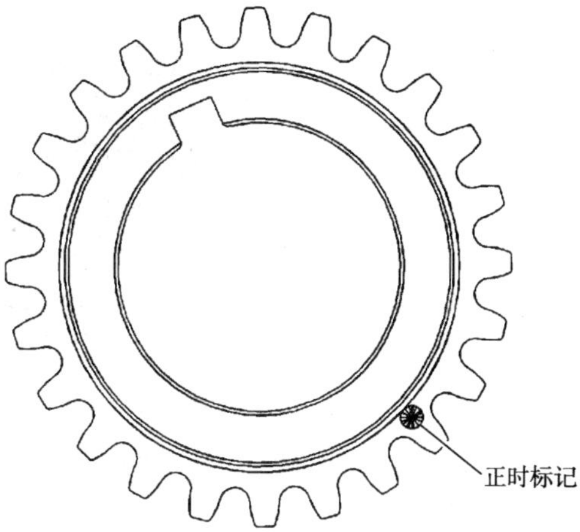

图 4-1-11 曲轴链轮正时标记

5. 使用曲轴转动扳手，确保曲轴在第一阶段正时位置（图 4-1-12）时，曲轴链轮正时标记对准机油泵盖正时标记（图 4-1-13）。

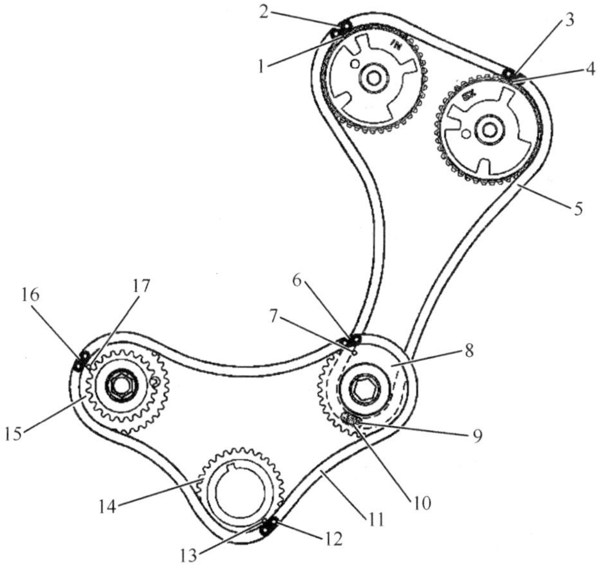

图 4-1-12 曲轴第一阶段正时位置

1-左侧进气凸轮轴位置（CMP）执行器正时标记（圆形）；2-左侧进气凸轮轴次级正时传动链条正时链节；3-左侧排气凸轮轴次级正时传动链条正时链节；4-左侧排气凸轮轴位置（CMP）执行器正时标记（圆形）；5-左侧凸轮轴次级正时传动链条；6-左侧初级凸轮轴中间传动链条链轮的初级凸轮轴传动链条正时链节；7-初级凸轮轴传动链条的左侧初级凸轮轴中间传动链条链轮正时标记；8-左侧初级凸轮轴中间传动链条链轮；9-位于链轮中的孔后的左侧初级凸轮轴中间传动链条链轮的左侧凸轮轴次级正时传动链条正时链节；10-左侧凸轮轴次级正时传动链条正时链节的左侧初级凸轮轴中间传动链条链轮正时窗；11-初级凸轮轴传动链条；12-曲轴链轮的初级凸轮轴传动链条正时链节；13-曲轴链轮正时标记；14-曲轴链轮；15-右侧初级凸轮轴中间传动链条链轮；16-右侧初级凸轮轴中间传动链条链轮的初级凸轮轴传动链条正时链节；17-右侧初级凸轮轴中间传动链条链轮正时标记

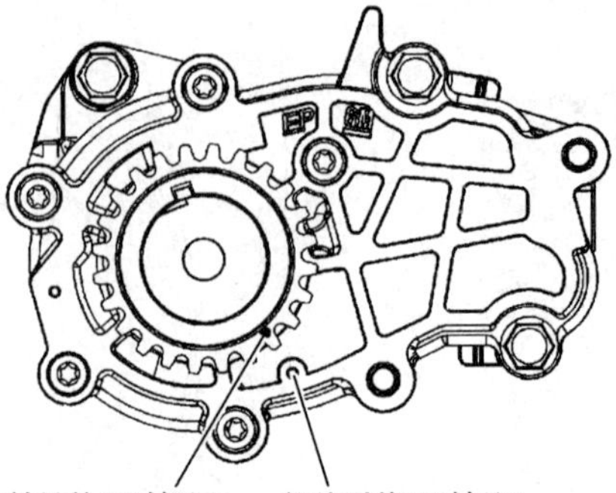

图 4-1-13　曲轴链轮正时标记和机油泵盖正时标记

6. 安装初级凸轮轴正时链条（图 4-1-9）。
7. 安装初级凸轮轴传动链条上导板（图 4-1-8）。
8. 安装初级凸轮轴传动链条张紧器（图 4-1-7）。
9. 安装右缸组次级凸轮轴传动链条（图 4-1-6）。
10. 安装右缸组次级凸轮轴传动链条导板（图 4-1-5）。
11. 安装右缸组次级凸轮轴传动链条撑板（图 4-1-4）。
12. 安装右缸组次级凸轮轴传动链条张紧器（图 4-1-3）。
13. 安装火花塞（图 4-1-2）。
14. 安装发动机前盖（图 4-1-1）。

二、左侧次级凸轮轴中间传动链条更换

（一）拆卸步骤

1. 拆下发动机前盖（图 4-1-1）。
2. 拆下右缸组次级凸轮轴传动链条张紧器（图 4-1-3）。
3. 拆下右缸组次级凸轮轴传动链条撑板（图 4-1-4）。
4. 拆下右缸组次级凸轮轴传动链条导板（图 4-1-5）。
5. 拆下右缸组次级凸轮轴传动链条（图 4-1-6）。
6. 拆下初级凸轮轴传动链条张紧器（图 4-1-7）。
7. 拆下初级凸轮轴传动链条上导板（图 4-1-8）。
8. 拆下初级凸轮轴传动链条（图 4-1-9）。
9. 拆下右缸组凸轮轴中间传动链条惰轮（图 4-1-14）。
10. 拆下左缸组次级凸轮轴传动链条张紧器（图 4-1-15）。
11. 拆下左缸组次级凸轮轴传动链条撑板（图 4-1-16）。
12. 拆下左缸组次级凸轮轴传动链条导板（图 4-1-17）。

图 4-1-14 右缸组凸轮轴中间传动链条惰轮

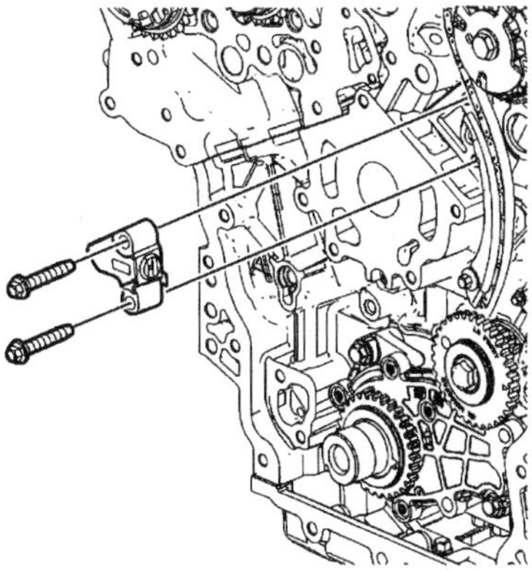

图 4-1-15 左缸组次级凸轮轴传动链条张紧器

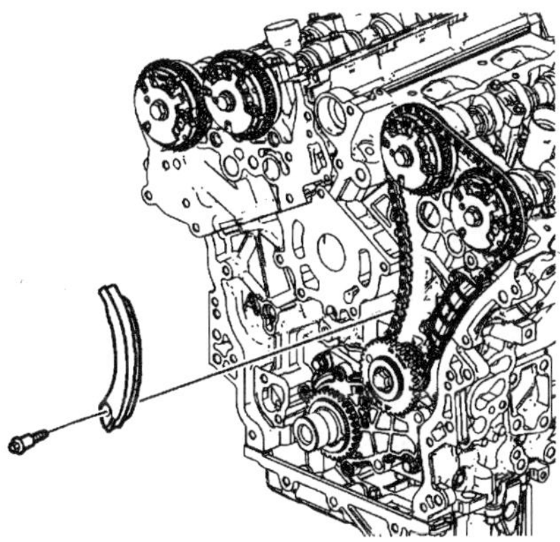

图 4-1-16 左缸组次级凸轮轴传动链条撑板

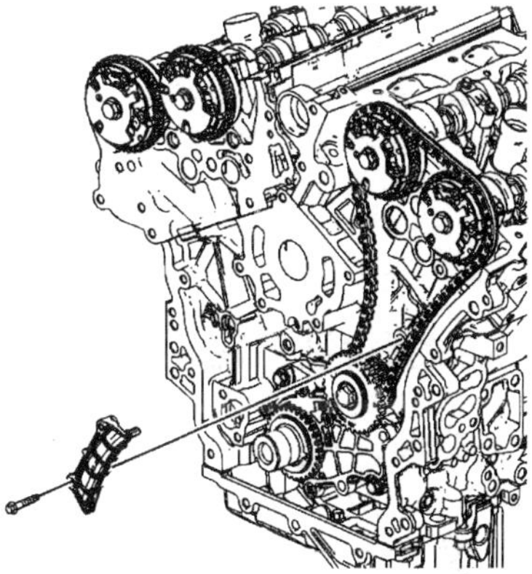

图 4-1-17 左缸组次级凸轮轴传动链条导板

13. 拆下左缸组凸轮轴中间传动链条惰轮（图 4-1-18）。
14. 拆下左缸组次级凸轮轴传动链条（图 4-1-19）。

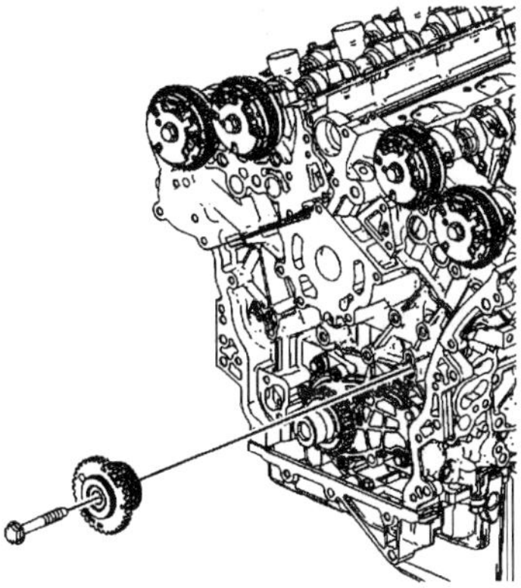

图 4-1-18 左缸组凸轮轴中间传动链条惰轮

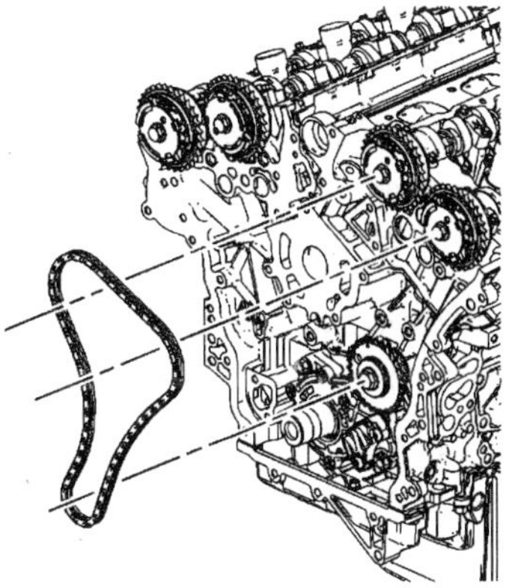

图 4-1-19 左缸组次级凸轮轴传动链条

15. 清洁并检查所有凸轮轴正时传动部件。

（二）安装步骤

1. 安装左缸组次级凸轮轴传动链条（图 4-1-19）。
2. 安装左缸组凸轮轴中间传动链条惰轮（图 4-1-18）。
3. 安装左缸组次级凸轮轴传动链条导板（图 4-1-17）。
4. 安装左缸组次级凸轮轴传动链条撑板（图 4-1-16）。
5. 安装左缸组次级凸轮轴传动链条张紧器（图 4-1-15）。
6. 安装右缸组凸轮轴中间传动链条惰轮（图 4-1-14）。
7. 安装初级凸轮轴传动链条（图 4-1-9）。
8. 安装初级凸轮轴传动链条上导板（图 4-1-8）。
9. 安装初级凸轮轴传动链条张紧器（图 4-1-7）。
10. 安装右缸组次级凸轮轴传动链条（图 4-1-6）。
11. 安装右缸组次级凸轮轴传动链条导板（图 4-1-5）。
12. 安装右缸组次级凸轮轴传动链条撑板（图 4-1-4）。
13. 安装右缸组次级凸轮轴传动链条张紧器（图 4-1-3）。
14. 安装发动机前盖（图 4-1-1）。

三、右侧次级凸轮轴中间传动链条的更换

（一）拆卸步骤

1. 拆下发动机前盖（图 4-1-1）。
2. 拆下火花塞以便于曲轴/发动机旋转（图 4-1-2）。
3. 拆下右缸组次级凸轮轴传动链条张紧器（图 4-1-3）。
4. 拆下右缸组次级凸轮轴传动链条撑板（图 4-1-4）。
5. 拆下右缸组次级凸轮轴传动链条导板（图 4-1-5）。
6. 拆下右缸组次级凸轮轴传动链条（图 4-1-6）。

（二）安装步骤

1. 确保正时准确（图 4-1-20 和图 4-1-21）。
2. 安装右缸组次级凸轮轴传动链条（图 4-1-6）。
3. 安装右缸组次级凸轮轴传动链条导板（图 4-1-5）。
4. 安装右缸组次级凸轮轴传动链条撑板（图 4-1-4）。
5. 安装右缸组次级凸轮轴传动链条张紧器（图 4-1-3）。
6. 安装火花塞（图 4-1-2）。
7. 安装发动机前盖（图 4-1-1）。

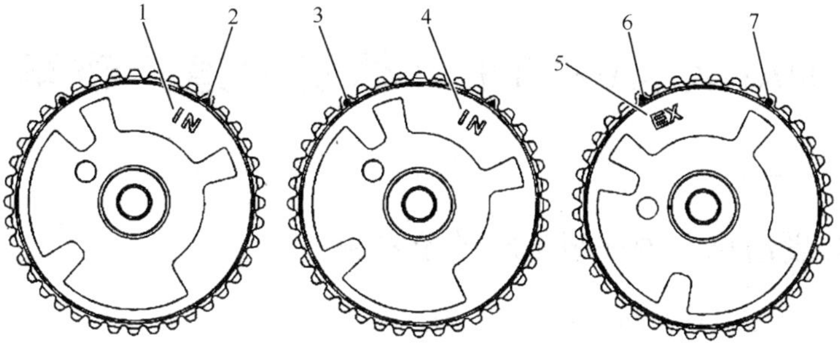

图 4-1-20　凸轮轴位置执行器正时标记识别

1-右侧进气凸轮轴位置执行器识别符；2-右侧进气凸轮轴位置执行器右侧正时标记（三角形）；3-左侧进气凸轮轴位置执行器左侧正时标记（圆形）；4-左侧进气凸轮轴位置执行器识别符；5-排气凸轮轴位置执行器识别符；6-排气凸轮轴位置执行器右侧正时标记（三角形）；7-排气凸轮轴位置执行器左侧正时标记（圆形）

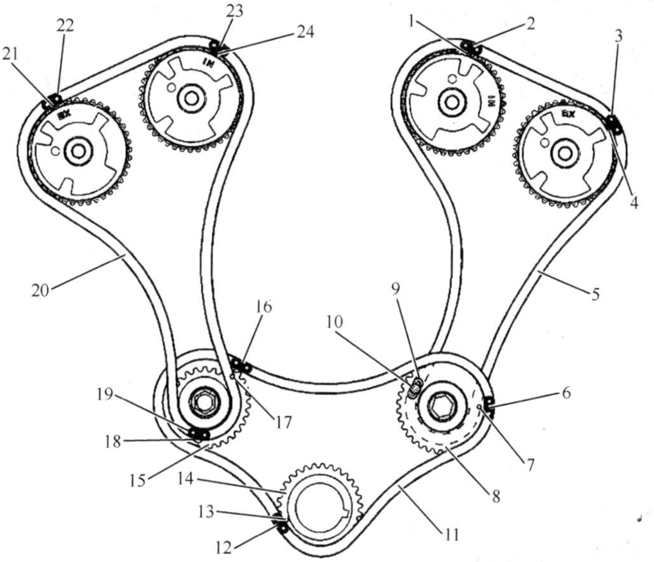

图 4-1-21　链条正时标记识别

1-左侧进气凸轮轴位置（CMP）执行器正时标记（圆形）；2-左侧进气凸轮轴次级正时传动链条正时链节；3-左侧排气凸轮轴次级正时传动链条正时链节；4-左侧排气凸轮轴位置（CMP）执行器正时标记（圆形）；5-左侧凸轮轴次级正时传动链条；6-左侧初级凸轮轴中间传动链条链轮的初级凸轮轴传动链条正时链节；7-初级凸轮轴传动链条的左侧初级凸轮轴中间传动链条链轮正时标记；8-左侧初级凸轮轴中间传动链条链轮；9-位于链轮中的孔后的左侧初级凸轮轴中间传动链条链轮的左侧凸轮轴次级正时传动链条正时链节；10-左侧初级凸轮轴中间传动链条链轮正时窗；11-初级凸轮轴传动链条；12-曲轴链轮的初级凸轮轴传动链条正时链节；13-曲轴链轮正时标记；14-曲轴链轮；15-右侧初级凸轮轴中间传动链条链轮；16-右侧初级凸轮轴中间传动链条链轮的初级凸轮轴传动链条正时链节；17-初级凸轮轴传动链条的右侧初级凸轮轴中间传动链条链轮正时标记；18-右侧凸轮轴次级正时传动链条的右侧初级凸轮轴中间传动链条链轮正时标记/窗；19-右侧初级凸轮轴中间传动链条链轮的右侧凸轮轴次级正时传动链条正时链节；20-右侧凸轮轴次级正时传动链条；21-右侧排气凸轮轴位置（CMP）执行器正时标记（三角形）；22-右侧排气凸轮轴次级正时传动链条正时链节；23-右侧进气凸轮轴次级正时传动链条正时链节；24-右侧进气凸轮轴位置（CMP）执行器正时标记（三角形）

第二节 PARK AVENUE（林荫大道）轿车

一、3.6L 发动机左侧次级正时链条安装

1. 把专用工具安装到左凸轮轴后部（图 4-2-1）。
2. 使曲轴链轮正时标记对准机油泵盖正时标记（图 4-2-2）。

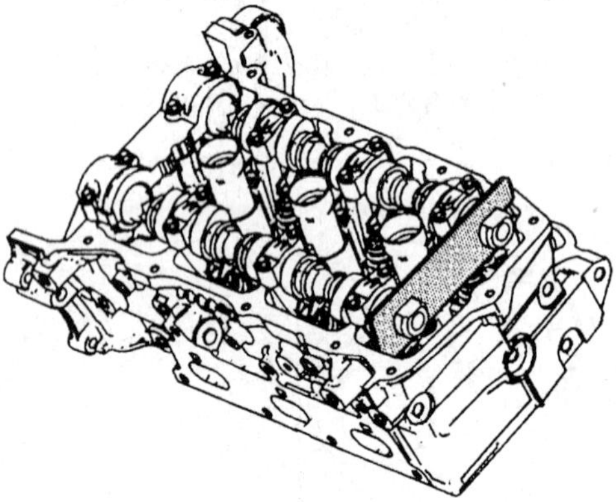

图 4-2-1 安装专用工具

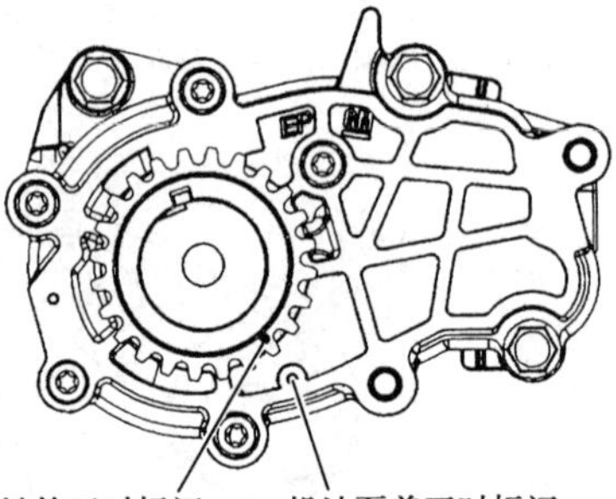

图 4-2-2 曲轴链轮正时标记对准机油泵盖正时标记

3. 安装左侧次级凸轮轴正时链条（图 4-2-3）。
4. 把左侧次级凸轮轴正时链条套在左凸轮轴中间传动链条惰轮的内侧链轮上，使正时链节对准左凸轮轴中间传动链条外侧链轮上的检修孔（图 4-2-4）。

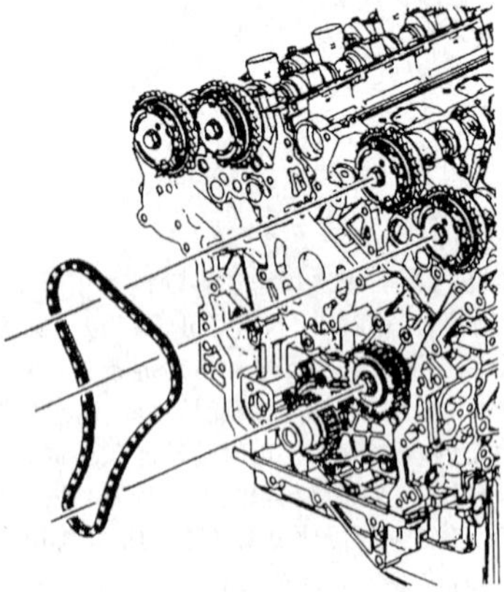

图 4-2-3 左侧次级凸轮轴正时链条

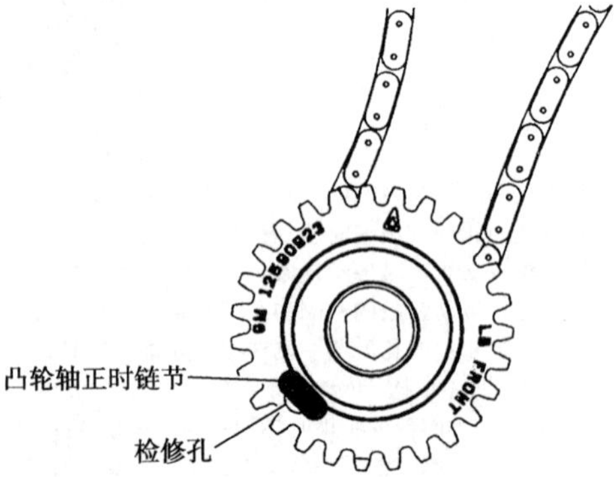

图 4-2-4 正时链节对准检修孔

5. 把次级凸轮轴正时链条套在两个左凸轮轴位置执行器链轮上。
6. 确保凸轮轴位置执行器链轮上的正时链节之间有 7 个链节（图 4-2-5）。

7. 使左排气凸轮轴位置执行器链轮上的圆形正时标记对准凸轮轴正时链条的正时链节（图 4-2-6）。

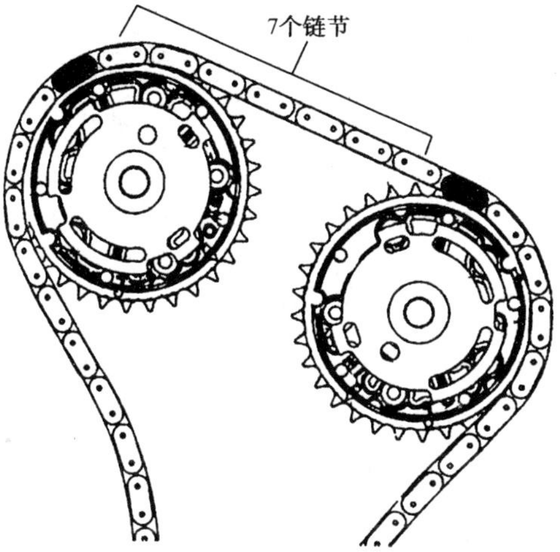

图 4-2-5 凸轮轴位置执行器链轮上的正时链节之间有 7 个链节

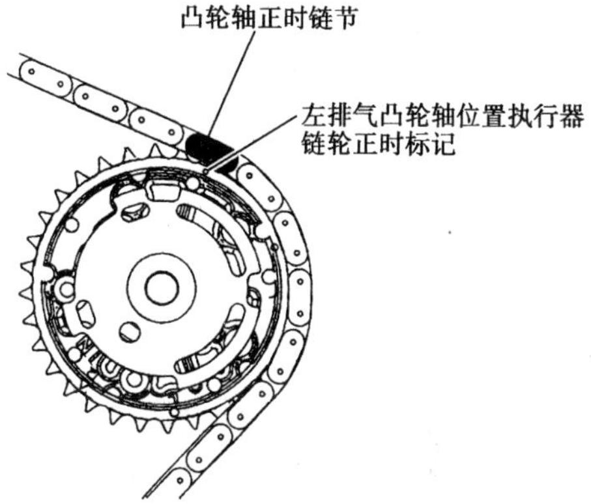

图 4-2-6 左排气凸轮轴位置执行器链轮上的圆形正时标记对准正时链节

8. 使左进气凸轮轴位置执行器链轮上的圆形正时标记对准凸轮轴正时链条的正时链节（图 4-2-7）。

9. 按照图 4-2-8 所示，检查正时链节之间是否有 18 个链节。

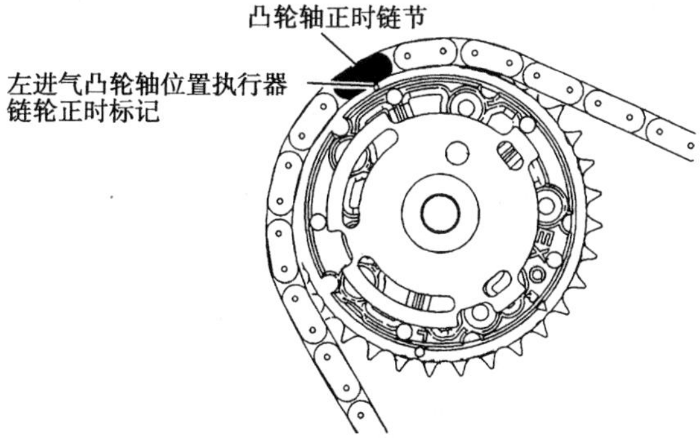

图 4-2-7 左进气凸轮轴位置执行器链轮上的圆形正时标记对准正时链节

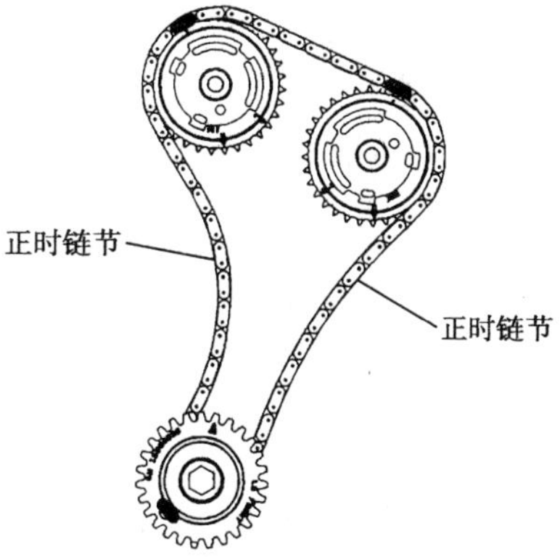

图 4-2-8 检查两个正时链节之间的链节数量

二、3.6L 发动机主正时链条安装

1. 安装主正时链条（图 4-2-9）。

2. 把主正时链条套在凸轮轴中间传动惰轮的大链轮和曲轴链轮上（图 4-2-10）。

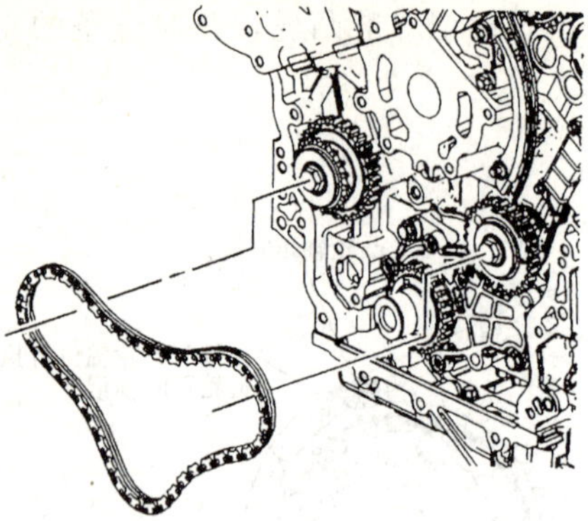

图 4-2-9　安装主正时链条

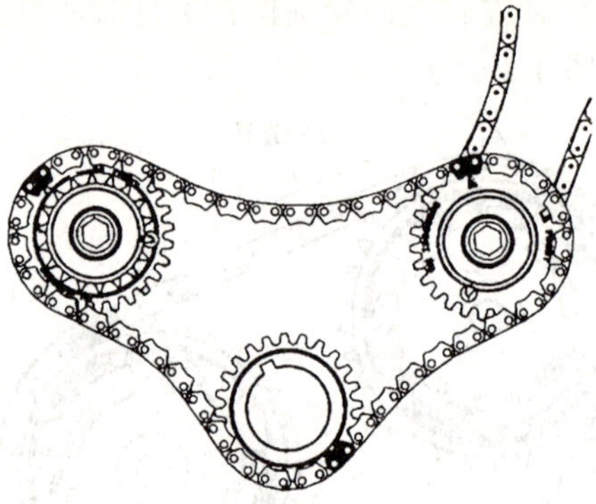

图 4-2-10　把主正时链条套在凸轮轴中间传动惰轮的大链轮和曲轴链轮上

3. 左凸轮轴中间传动链条惰轮的正时标记应对准正时链节（图 4-2-11）。

4. 右凸轮轴中间传动链条惰轮的正时标记应对准正时链节（图 4-2-12）。

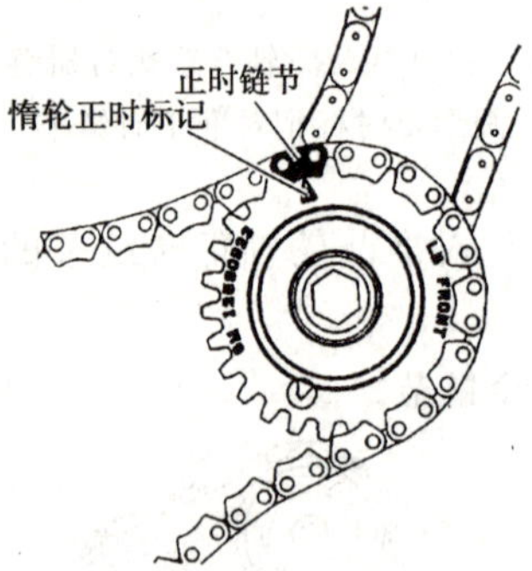

图 4-2-11　左凸轮轴中间传动链条惰轮的正时标记对准正时链节

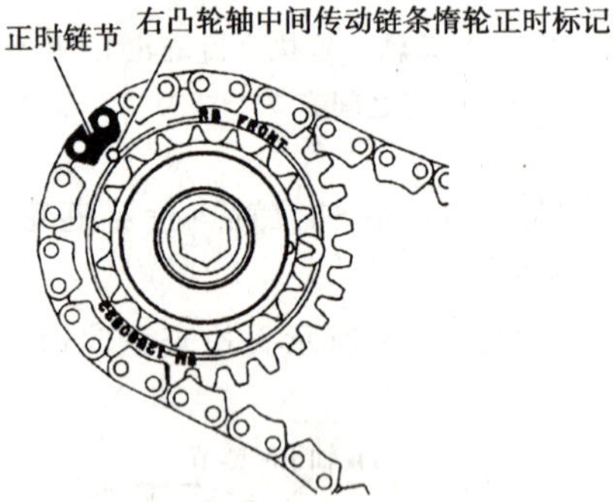

图 4-2-12　右凸轮轴中间传动链条惰轮的正时标记对准正时链节

5. 曲轴链轮正时标记应对准正时链条链节（图 4-2-13）。

6. 确保各个正时标记均与相应正时链节对准（图 4-2-14）。

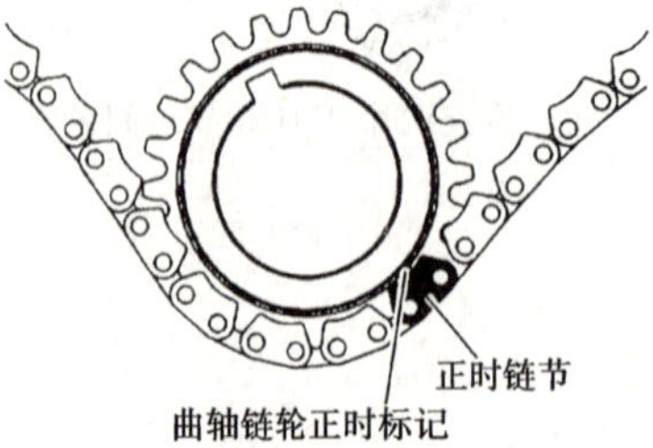

图 4-2-13　曲轴链轮正时标记对准链节

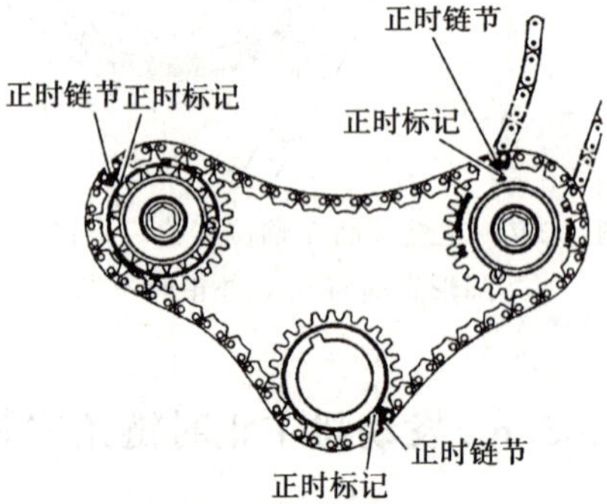

图 4-2-14　确保各个正时标记均与相应正时链节对准

三、3.6L 发动机右侧次级正时链条安装

1. 确保曲轴位于图 4-2-15 所示的位置。

2. 安装右侧次级正时链条（图 4-2-16）。

图 4-2-15　曲轴位置

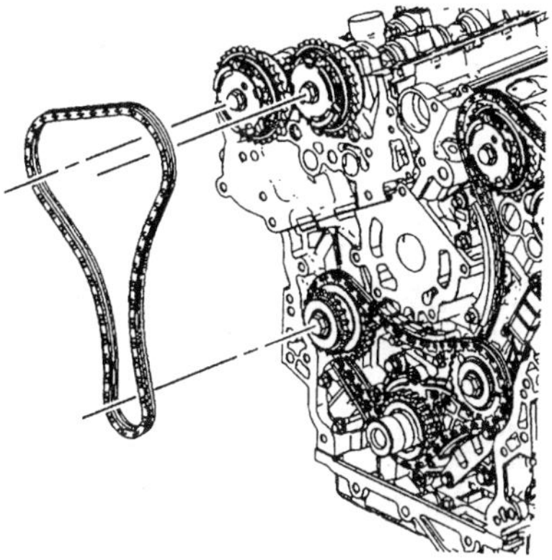

图 4-2-16　安装右侧次级正时链条

3. 把右侧次级正时链条套在右凸轮轴中间传动链条惰轮的外侧链轮上，使正时链节对准惰轮内侧链轮上的检修孔（图 4-2-17）。

4. 把右侧次级正时链条套在 2 个右侧凸轮轴位置执行器链轮上。

5. 确保两个右侧凸轮轴位置执行器链轮之间的正时链条链节之间有 7 节（图 4-2-18）。

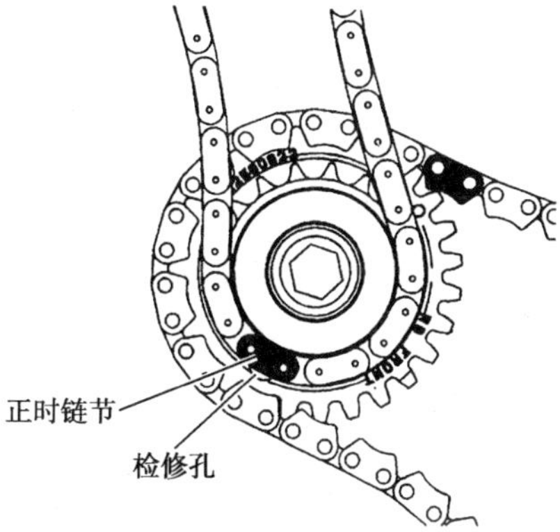

图 4-2-17　正时链节对准检修孔

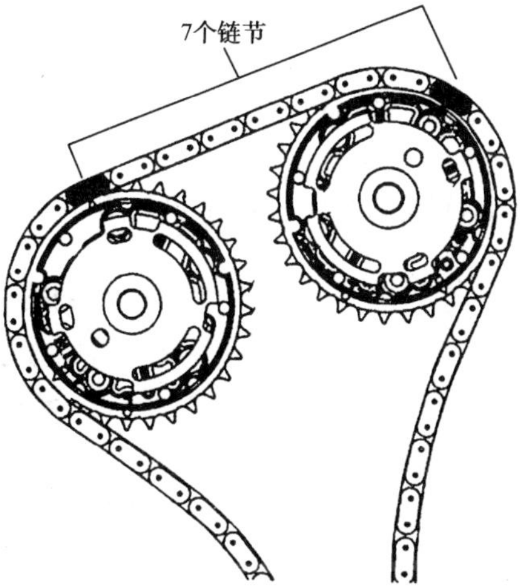

图 4-2-18　正时链节之间有 7 节链节

6. 使右排气凸轮轴位置执行器链轮上的三角形正时标记对准正时链节（图 4-2-19）。

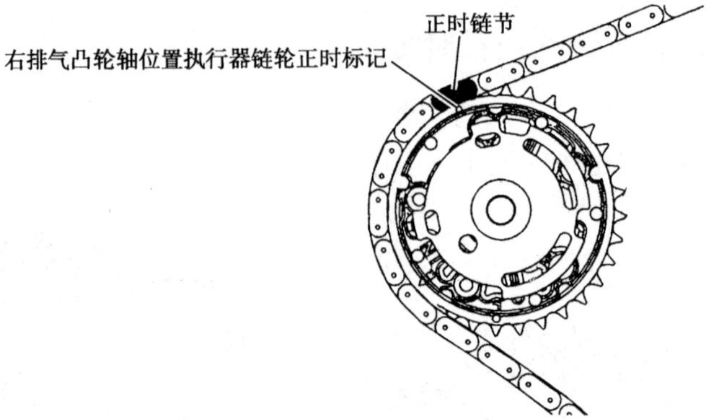

图 4-2-19　右排气凸轮轴位置执行器链轮上的三角形正时标记对准正时链节

7. 使右进气凸轮轴位置执行器链轮上的三角形正时标记对准正时链节（图 4-2-20）。

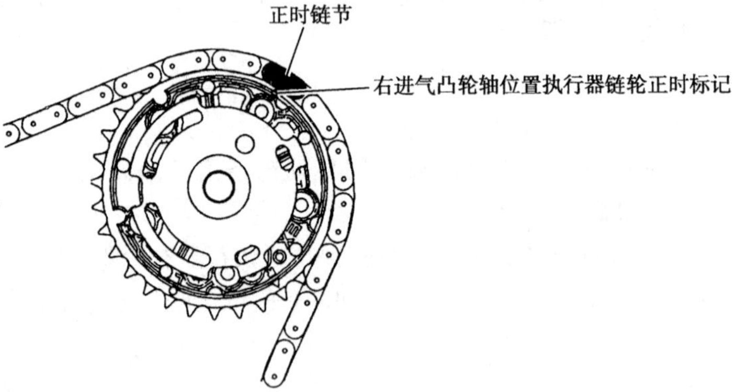

图 4-2-20　右进气凸轮轴位置执行器链轮上的三角形正时标记对准正时链节

8. 确认图 4-2-21 中两个正时链节之间应有 18 个链节。

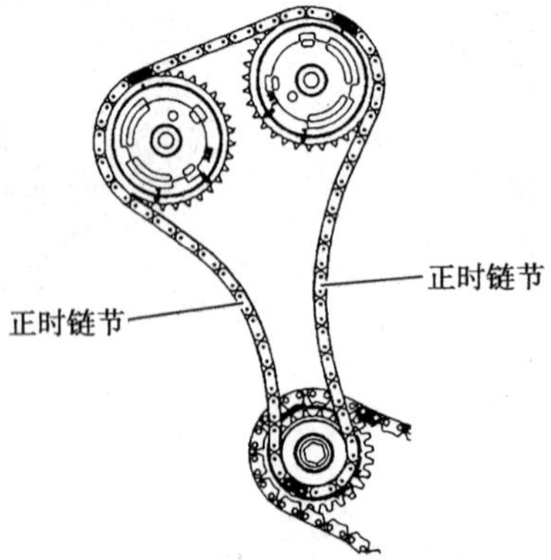

图 4-2-21　两个正时链节之间应有 18 个链节

第五章　CADILLAC（凯迪拉克）车系

第一节　SRX 轿车

一、SRX 轿车 3.6L 发动机正时链条部件识别（图 5-1-1）

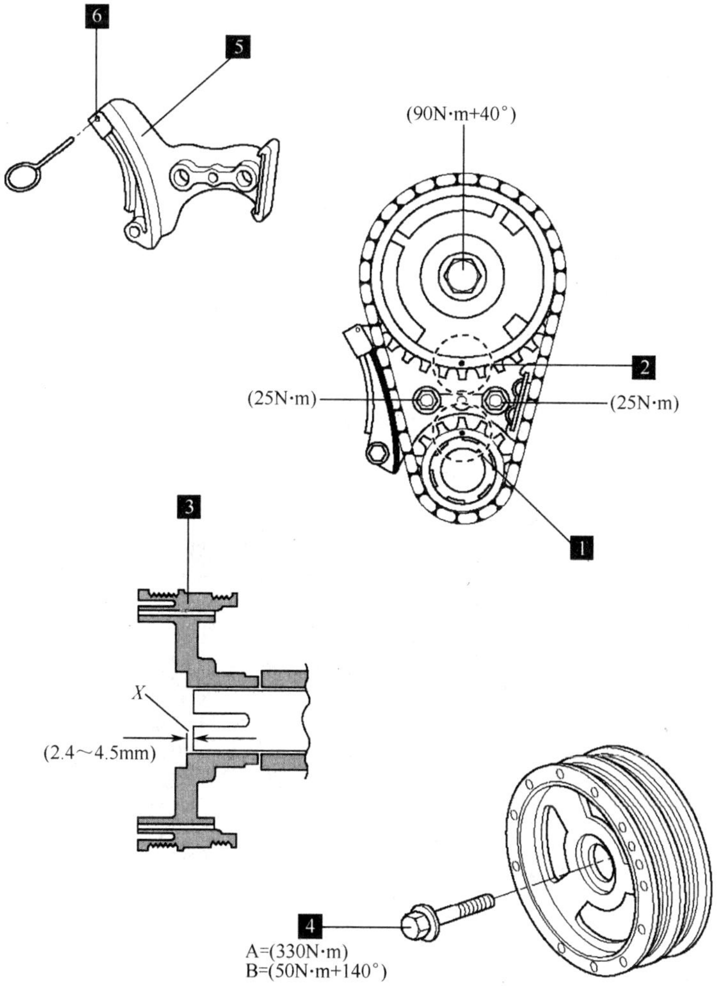

图 5-1-1　SRX 轿车 3.6L 发动机正时链条部件识别

二、SRX 轿车 3.6L 发动机正时链条校准操作要点（表 5-1-1）

表 5-1-1 SRX 轿车 3.6L 发动机正时链条校准操作要点

步骤	操作方法
1	拆卸发动机油底壳
2	拆卸启动机
3	使曲轴链轮正时标记位于 12 点钟位置（图 5-1-1 中的 1）
4	使凸轮轴链轮正时标记位于 6 点钟位置（图 5-1-1 中的 2）
5	拆卸正时链条前先锁止正时链条张紧器： （1）压下正时链条张紧器弹簧（图 5-1-1 中的 5） （2）插入锁止销（图 5-1-1 中的 6）
6	将凸轮轴链轮和正时链条一起安装到凸轮轴上
7	确保曲轴和凸轮轴上的正时标记（图 5-1-1 中的 1 和 2）彼此相对并且在同一条中心线上
8	安装曲轴减振器： （1）把曲轴减振器安装到曲轴端。 （2）把拆下的曲轴减振器螺栓（图 5-1-1 中的 A）安装到曲轴减振器上并紧固至 330 N·m。 （3）把这个螺栓拆下（图 5-1-1 中的 A）。 （4）换装新的曲轴减振器螺栓（图 5-1-1 中的 B）并紧固至 50 N·m + 140°
9	维修完毕后把插在正时链条张紧器上的锁止销（图 5-1-1 中的 6）拔出来

第二节　XTS 轿车

一、XTS（2.0T LTG 发动机）正时链条拆卸程序

1. 按照图 5-2-1 所示，拆下发动机前盖。

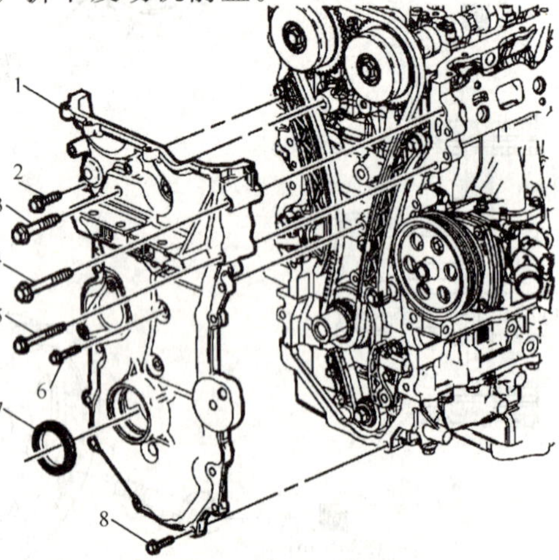

图 5-2-1　发动机前盖

1-发动机前盖；2-紧固螺栓；3-紧固螺栓；4-紧固螺栓；5-紧固螺栓；6-紧固螺栓；7-前油封；8-紧固螺栓

2. 按照图 5-2-2 所示，拆下正时链条上导板螺栓和上导板。

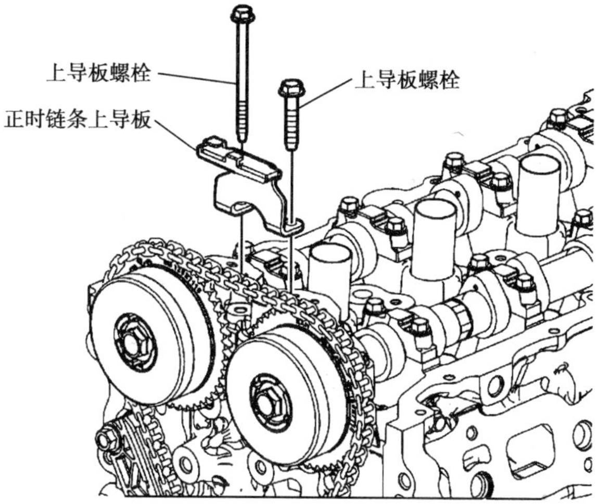

图 5-2-2 正时链条上导板

3. 按照图 5-2-3 所示，拆卸正时链条张紧器。

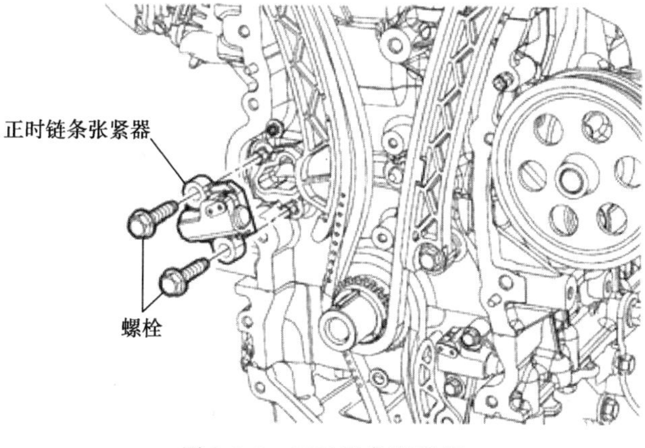

图 5-2-3 正时链条张紧器

4. 按照图 5-2-4 所示，拆卸正时链条张紧器枢轴臂。
5. 按照图 5-2-5 所示，拆卸正时链条导板。
6. 按照图 5-2-6 所示，拆卸正时链条。
7. 按照图 5-2-7 所示，拆卸正时链条机油喷嘴。

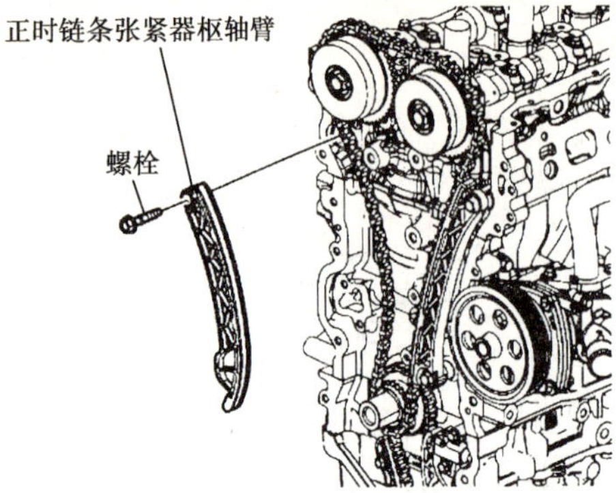

图 5-2-4　正时链条张紧器枢轴臂

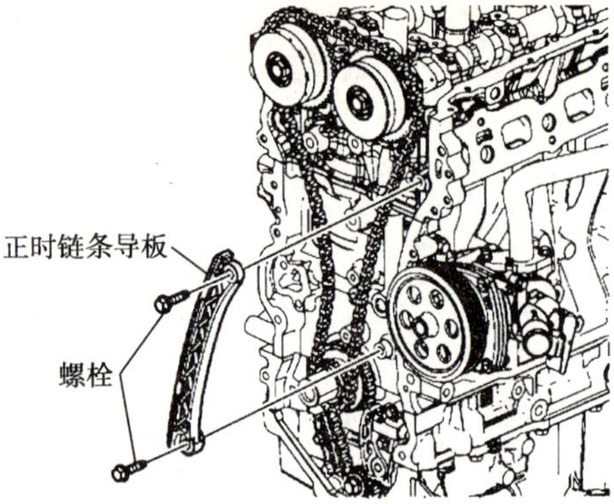

图 5-2-5　正时链条导板

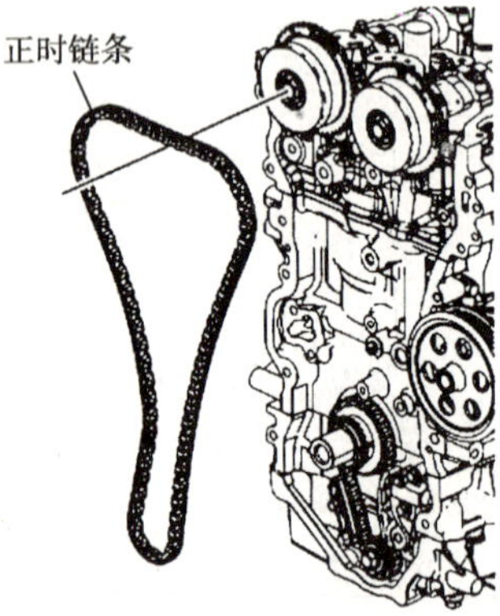

图 5-2-6　正时链条

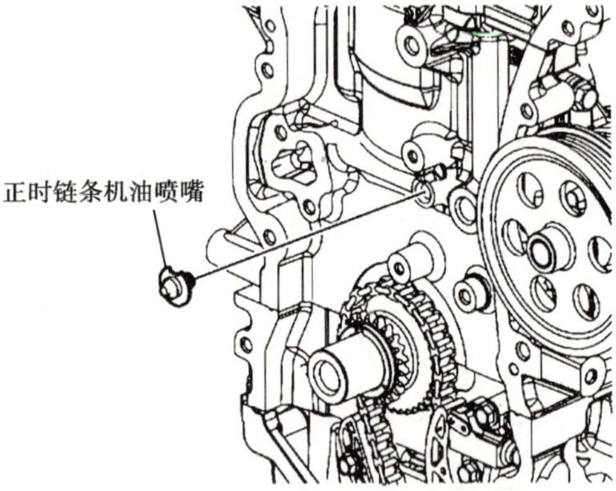

图 5-2-7　正时链条机油喷嘴

二、XTS 2.0T LTG 发动机正时链条安装程序

1. 安装正时链条机油喷嘴，确保喷嘴转动时槽口向上，喷嘴要对准气缸体上的凸舌。

2. 把正时链条绕到进气和排气凸轮轴执行器上，使唯一颜色的链节对准排气凸轮轴执行器上的正时标记，如图 5-2-8 所示。

注意： 正时链条上有 3 节彩色链节，其中 2 个链节颜色相同，第三个链节是唯一颜色的。

3. 确保曲轴键处于 12 点钟位置，把曲轴链绕到曲轴链轮上。

4. 按照图 5-2-9 所示，安装正时链条导板和螺栓，用手拧紧；安装正时链条张紧器枢轴臂。

5. 沿逆时针方向转动曲轴，使曲轴链轮正时标记对准正时链节，安装正时链条导板下部螺栓，如图 5-2-10 所示。

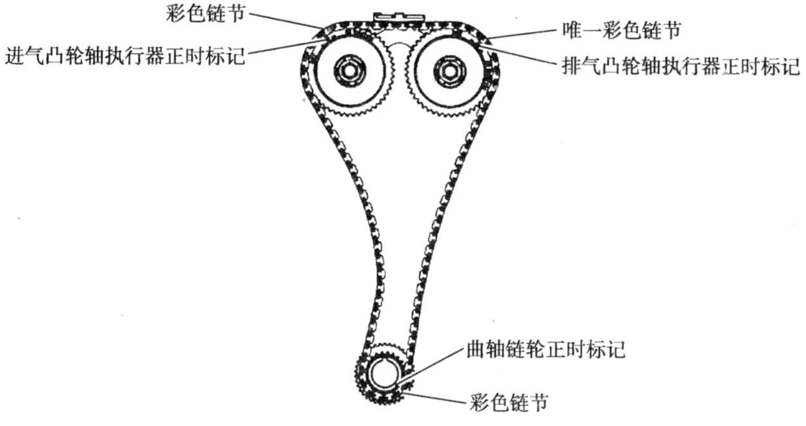

图 5-2-8　把正时链条安装到凸轮轴执行器上

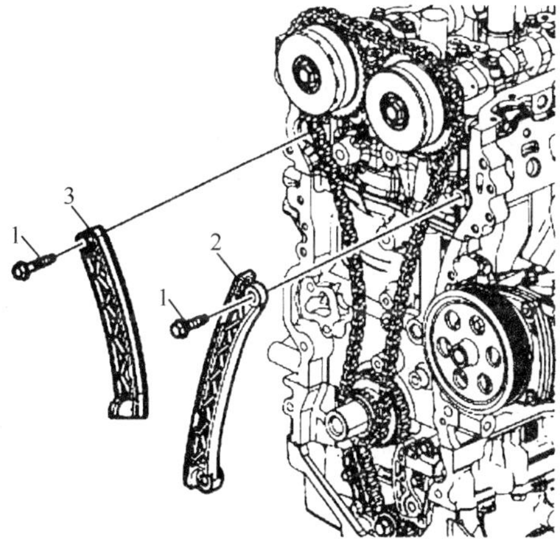

图 5-2-9　正时链条导板、螺栓和正时链条张紧器枢轴臂识别

1-螺栓；2-正时链条导板；3-正时链条张紧器枢轴臂

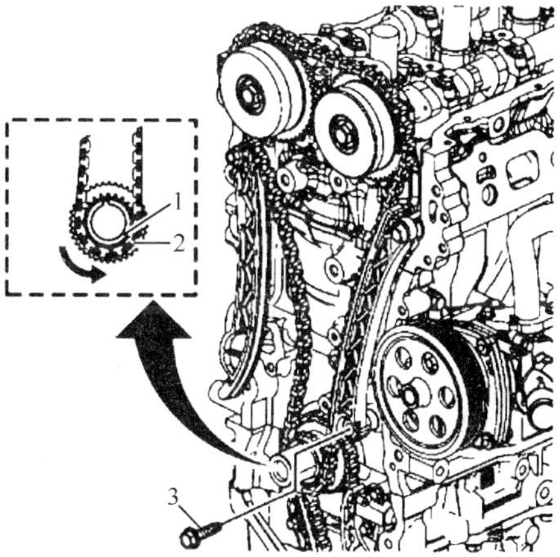

图 5-2-10　曲轴链轮正时标记、正时链节和导板下部螺栓识别

1-曲轴链轮正时标记；2-正时链节；3-导板下部螺栓

6. 把正时链条导板上部螺栓（图 5-2-9 中的 1）和下部螺栓（图 5-2-10 中的 3）紧固至 25N・m。

7. 逆时针转动进气凸轮轴，直至进气凸轮轴执行器上的正时标记对准正时链节，如图 5-2-11 所示。

8. 安装正时链条张紧器，把张紧器螺栓紧固至 25N・m，如图 5-2-3 所示。

9. 按照图 5-2-12 所示，对齐正时标记。

10. 按照图 5-2-2 所示，安装好正时链条上导板和导板螺栓。

11. 按照图 5-2-13 中所示的螺栓紧固顺序，分两次将凸轮轴前盖螺栓紧固至 10N・m。

12. 按照图 5-2-14 所示，确认正时链节与曲轴链轮和平衡轴链轮上的正时标记对准。

13. 安装发动机前盖。

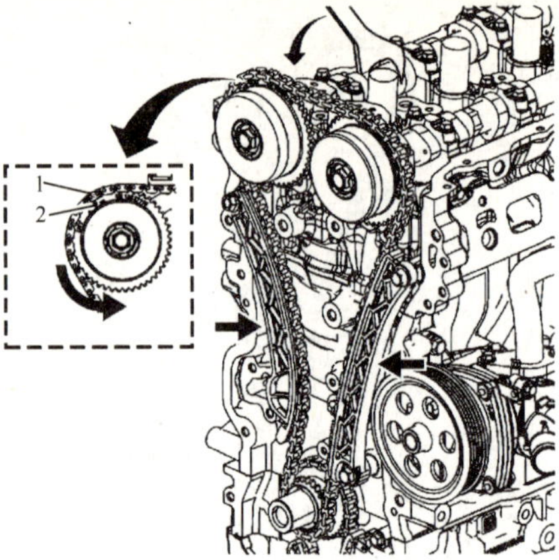

图 5-2-11　进气凸轮轴执行器正时标记和正时链节识别

1-正时链节；2-进气凸轮轴执行器正时标记

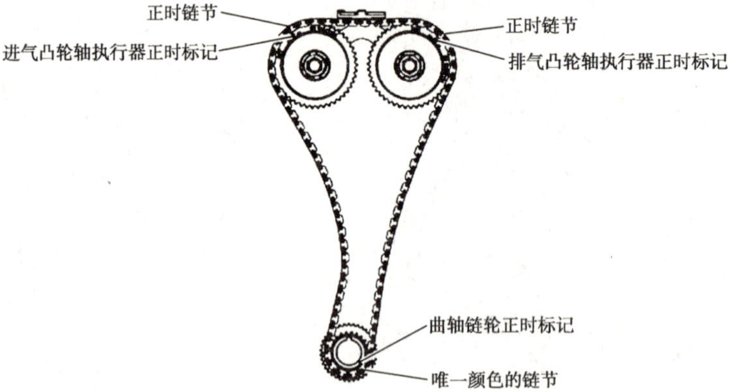

图 5-2-12　对齐正时标记

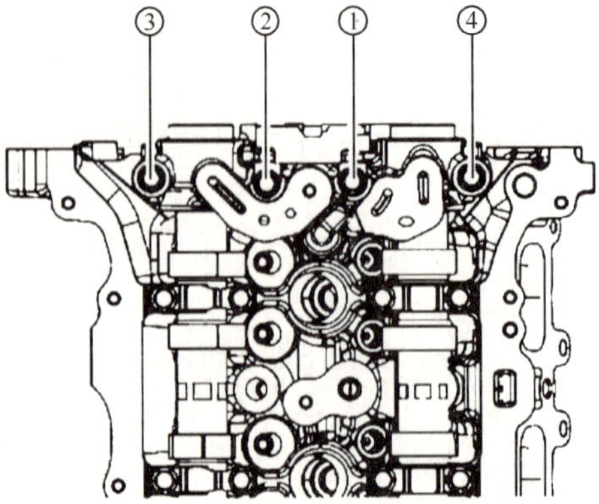

图 5-2-13　凸轮轴前盖螺栓紧固顺序

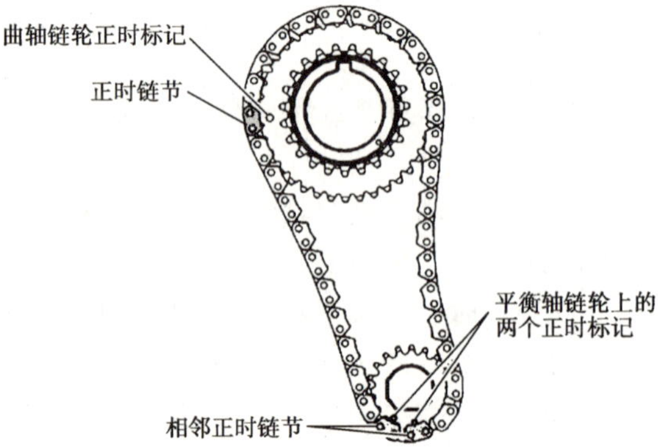

图 5-2-14　正时链节与曲轴链轮和平衡轴链轮上的正时标记对准

第三节　ESCALADE（凯雷德）轿车

一、ESCALADE 轿车 6.2L 发动机正时链条拆卸

1. 拆卸机油泵。

2. 拆下启动机电机。

3. 如图 5-3-1 所示，安装专用工具 J42386A 和螺栓，一个螺栓规格为 M10-1.5×120mm，另一个螺栓的规格为 M10-1.5×45mm，确保专用工具 J42386A 的齿与发动机飞轮齿啮合。将螺栓紧固到 50N · m。

4. 转动曲轴链轮，使凸轮轴位置执行器正时标记与曲轴链轮正时标记对齐（图 5-3-2）。

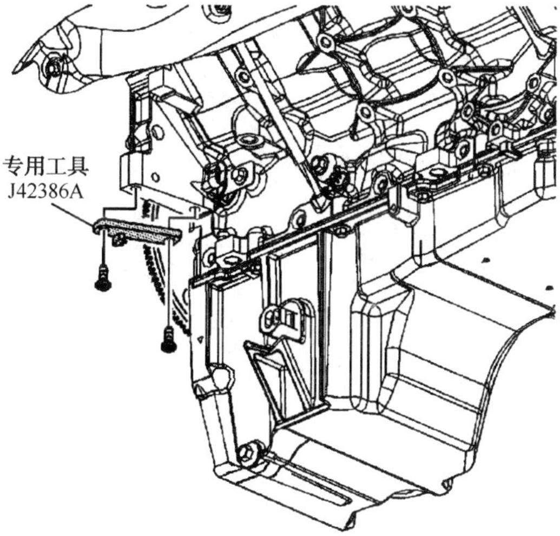

图 5-3-1　安装专用工具 J42386A

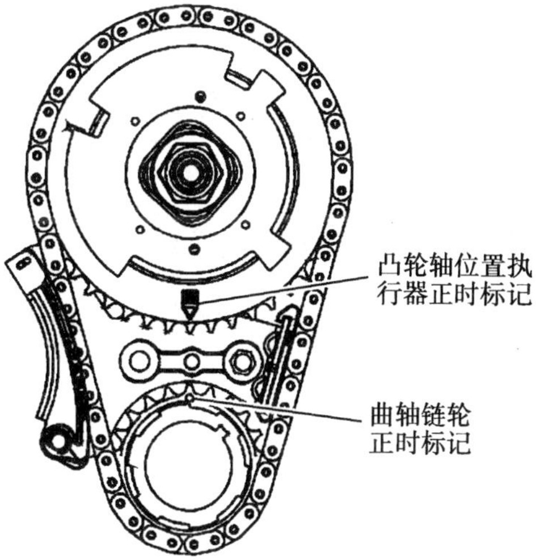

图 5-3-2　使凸轮轴位置执行器正时标记与曲轴链轮正时标记对齐

5. 拆卸并废弃凸轮轴位置执行器电磁阀（图 5-3-3）。

6. 拆下凸轮轴位置执行器和正时链条（图 5-3-4）。

7. 从凸轮轴上拆下凸轮轴位置执行器链轮（图 5-3-5）。

8. 用捆扎带把凸轮轴位置执行器固定好（图 5-3-6）。

9. 拆卸正时链条张紧器固定螺栓和张紧器（图 5-3-7）。

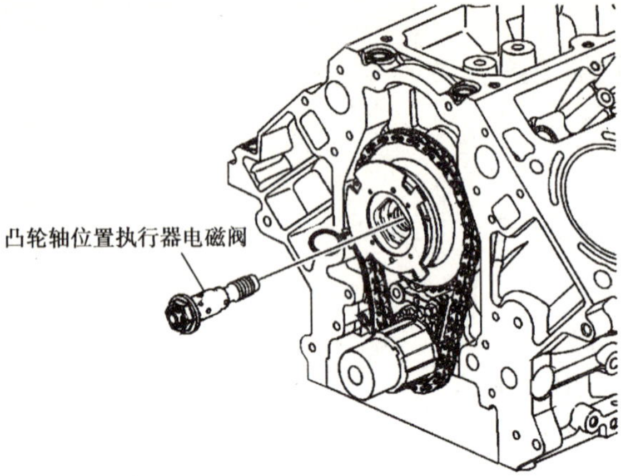

图 5-3-3　凸轮轴位置执行器电磁阀识别

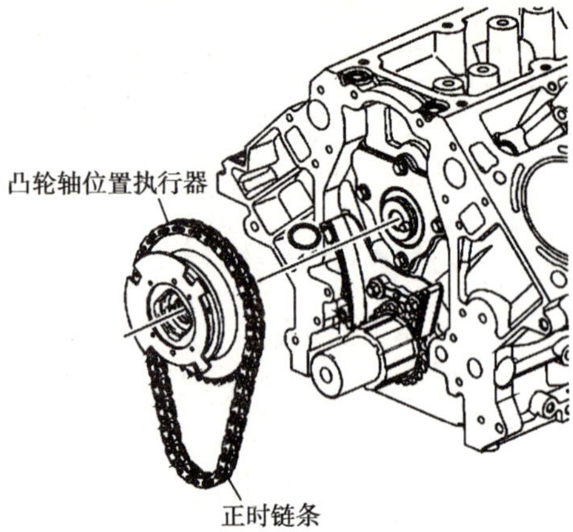

图 5-3-4　拆下凸轮轴位置执行器和正时链条

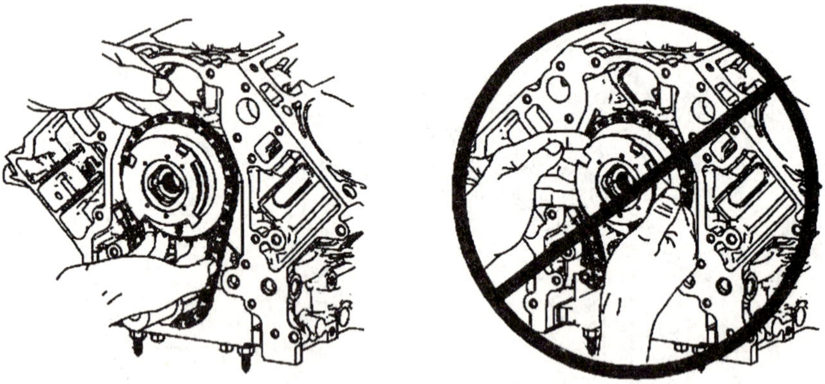

图 5-3-5　拆卸凸轮轴位置执行器链轮

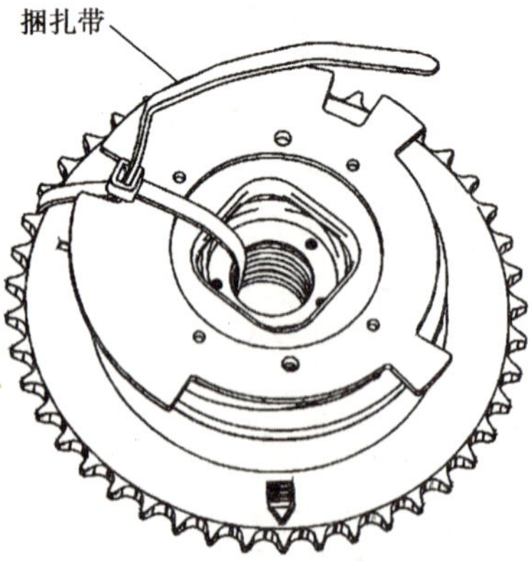

图 5-3-6　用捆扎带固定凸轮轴位置执行器

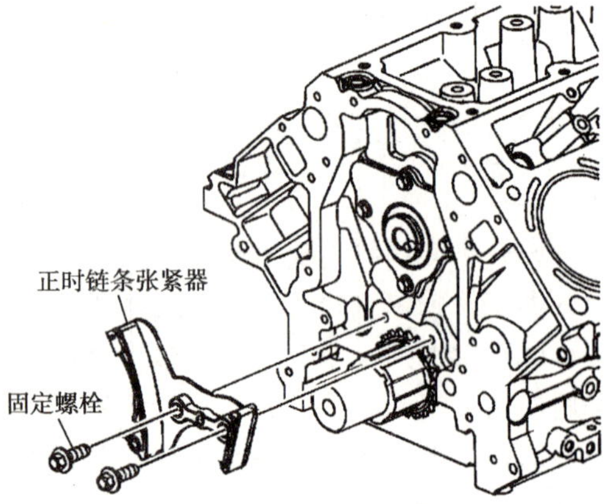

图 5-3-7　正时链条张紧器和固定螺栓识别

10. 安装专用工具，准备拆卸曲轴链轮（图 5-3-8）。

11. 拆下曲轴链轮（图 5-3-9）。

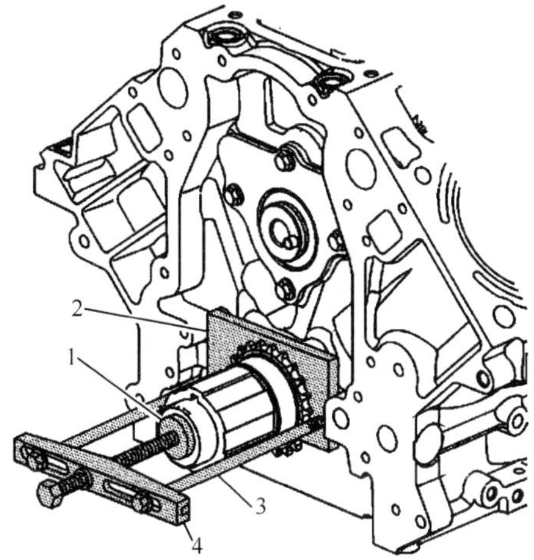

图 5-3-8 安装专用工具

1-专用工具 J41816-2；2-专用工具 J41558；
3-螺栓；4-专用工具 J8433

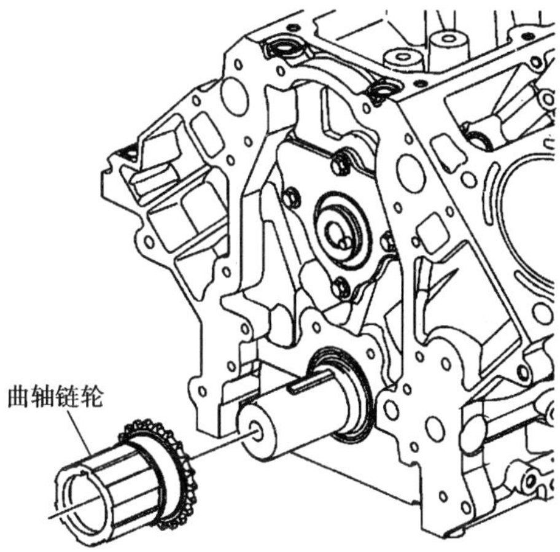

图 5-3-9 曲轴链轮识别

12. 如有需要，拆卸曲轴链轮键（图 5-3-10）。

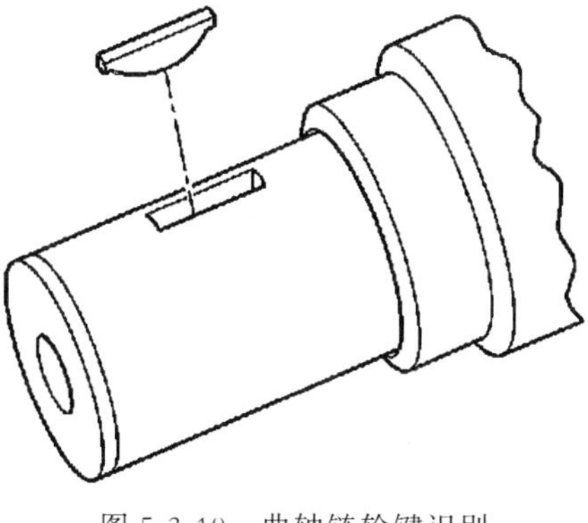

图 5-3-10 曲轴链轮键识别

二、ESCALADE（凯雷德）轿车 6. 2L 发动机正时链条安装

1. 把曲轴链轮键插入键槽中。
2. 将曲轴链轮键敲入键槽（图 5-3-11）。
3. 把曲轴链轮安装到曲轴上，使曲轴键对准曲轴链轮键槽（图 5-3-12）。

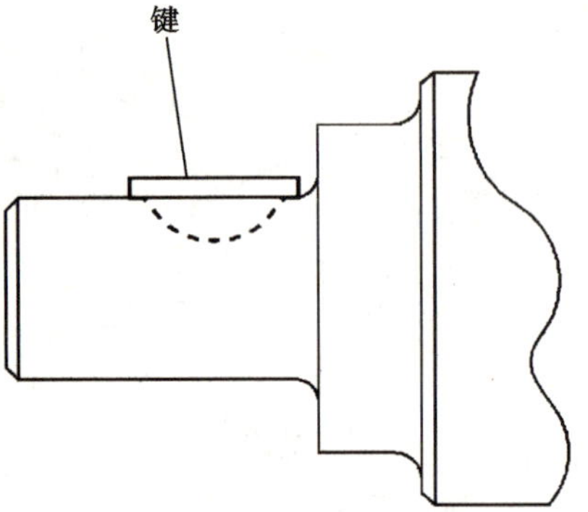

图 5-3-11　将曲轴链轮键敲入键槽

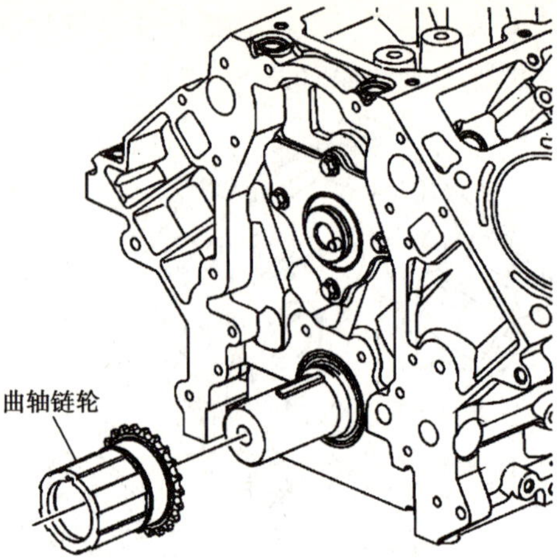

图 5-3-12　曲轴链轮识别

4. 使用专用工具安装曲轴链轮（图 5-3-13）。

5. 压缩正时链条张紧器导轨并安装限位销（图 5-3-14）。

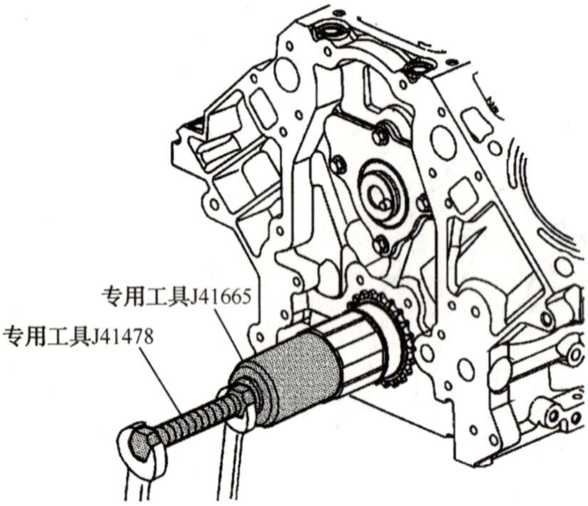

图 5-3-13　安装曲轴链轮

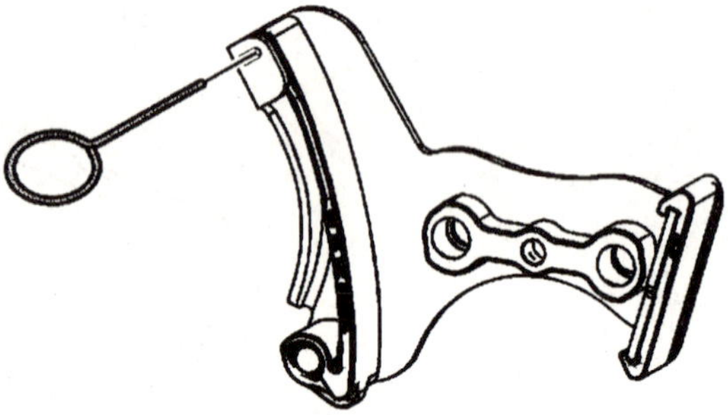

图 5-3-14　安装限位销

6. 安装正时链条张紧器和螺栓，并将螺栓紧固至 25N・m（图 5-3-15）。

7. 将凸轮轴位置执行器的正时标记调节到对准 6 点钟位置。

8. 安装凸轮轴位置执行器和正时链条，使凸轮轴位置执行器准确落座在凸轮轴销上（图 5-3-16 和图 5-3-17）。

9. 把凸轮轴位置执行器安装到凸轮轴上（图 5-3-18）。

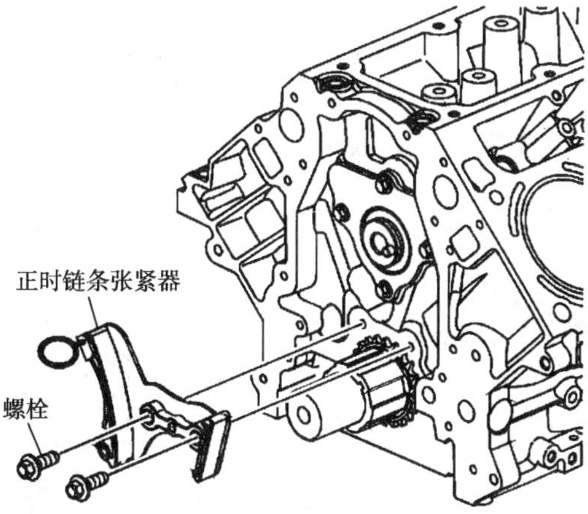

图 5-3-15 安装正时链条张紧器和螺栓

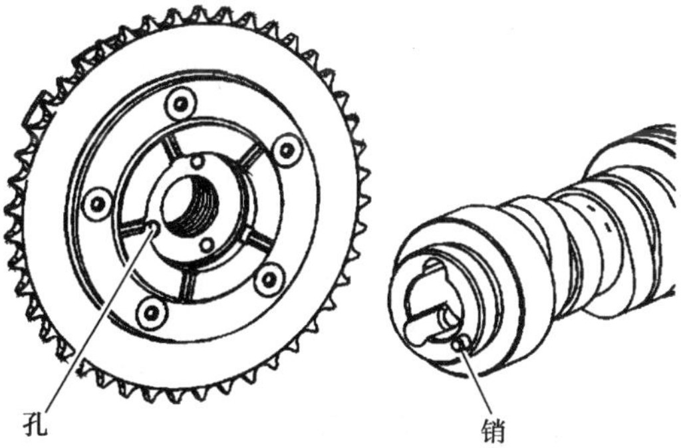

图 5-3-16 凸轮轴执行器孔对齐凸轮轴销

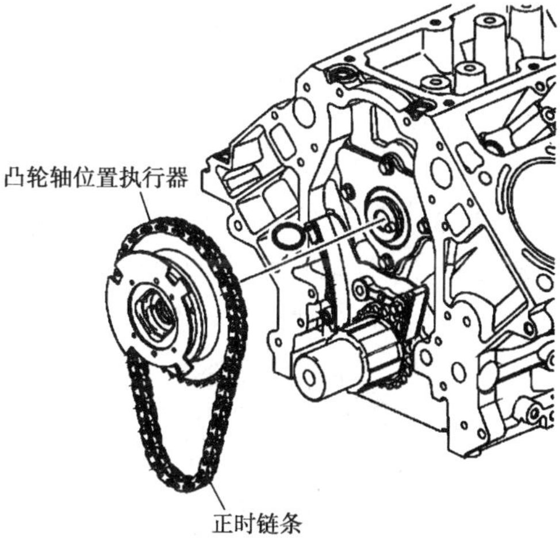

图 5-3-17 凸轮轴位置执行器和正时链条识别

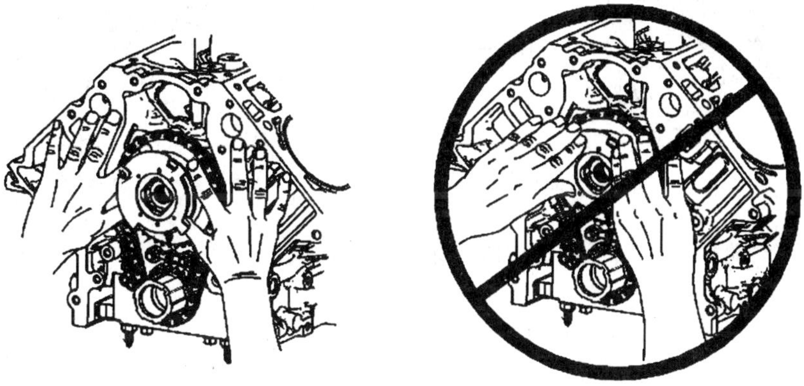

图 5-3-18 把凸轮轴位置执行器安装到凸轮轴上

10. 用一条平板检查凸轮轴位置执行器和正时链条安装是否正确，如果安装正确，则正时链条不会凸出发动机缸体前面（图 5-3-19）。

11. 安装新的凸轮轴位置执行器电磁阀（图 5-3-20）。

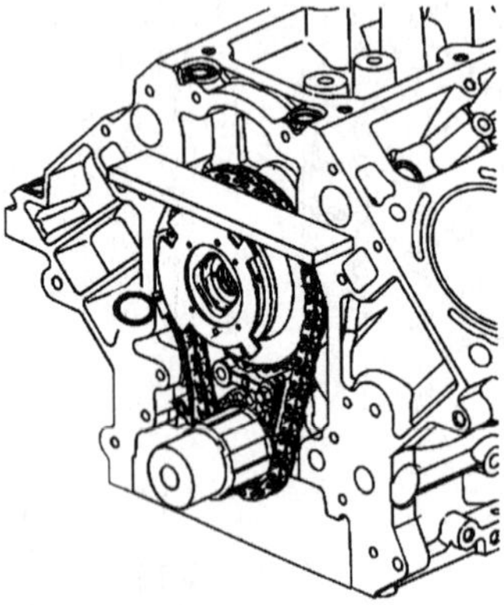

图 5-3-19 用平板检查凸轮轴位置执行器和正时链条的安装情况

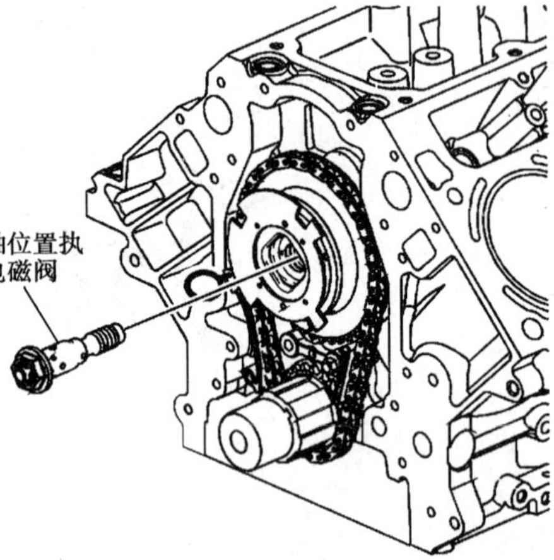

图 5-3-20 安装新的凸轮轴位置执行器电磁阀

12. 检查链轮正时标记是否对齐，凸轮轴位置执行器的正时标记应为 6 点钟位置，曲轴链轮的正时标记应为 12 点钟位置（图 5-3-21）。

13. 拆下插入的限位销（图 5-3-22）。

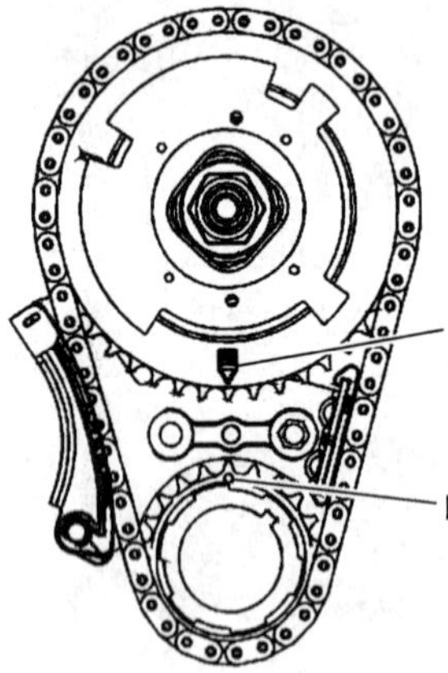

图 5-3-21 对齐正时标记

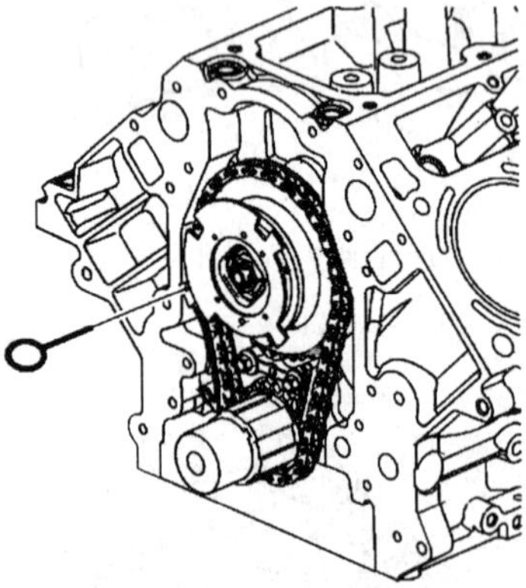

图 5-3-22 拆下限位销

14. 紧固凸轮轴位置执行器电磁阀，第一步紧固到 65N·m，然后用专用工具 J45059 再紧固 90°（图 5-3-23）。

15. 拆卸专用工具 J42386A 和螺栓（图 5-3-24）。

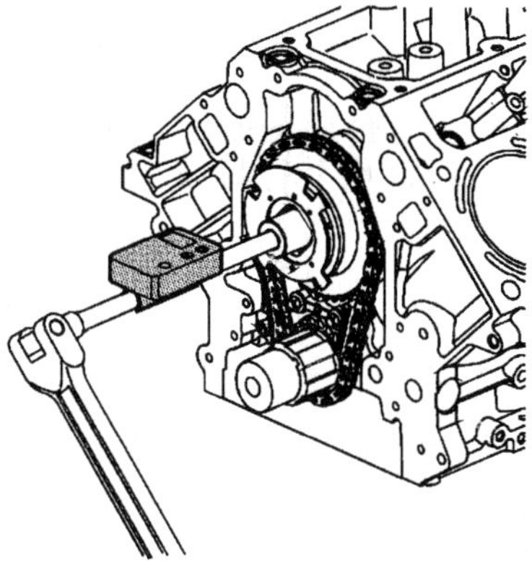

图 5-3-23　紧固凸轮轴执行器电磁阀

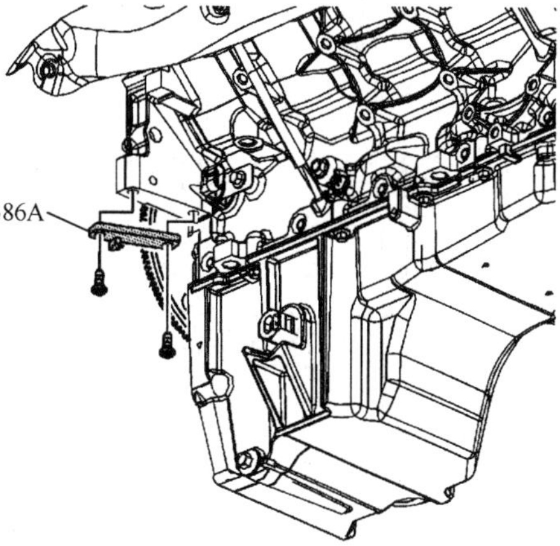

图 5-3-24　拆卸专用工具 J42386A 和螺栓

第四节　ATS 轿车

ATS（2.0T LGT 发动机）轿车正时方法与第二节 XTS（2.0T LTG 发动机）轿车正时方法相同。

第六章 CHRYSLER（克莱斯勒）车系

第一节 300C 轿车

一、300C 轿车 2.7L 发动机正时链条拆卸步骤

1. 如图 6-1-1 所示，拆卸发动机冷却液储液罐。
2. 如图 6-1-2 所示，拆卸正时链条盖。

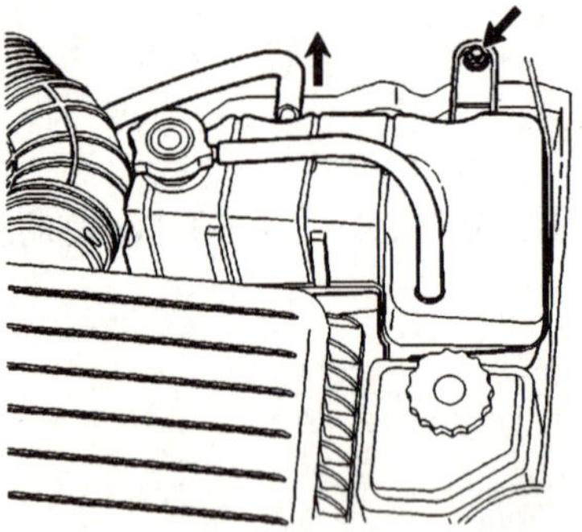
图 6-1-1 拆卸发动机冷却液储液罐

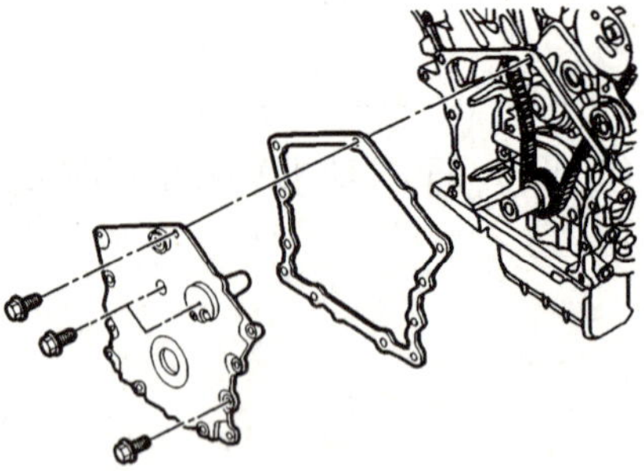
图 6-1-2 拆卸正时链条盖

3. 如图 6-1-3 所示，对齐各个正时标记。
4. 如图 6-1-4 所示，拆卸正时链条张紧器。

图 6-1-3 对齐各个正时标记

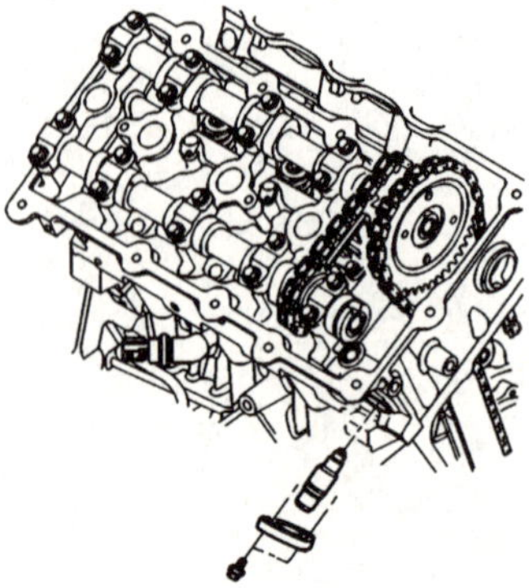
图 6-1-4 拆卸正时链条张紧器

5. 拆卸检修塞（图 6-1-5 中的 1）。
6. 拆卸凸轮轴齿轮螺栓。
7. 拆卸凸轮轴齿轮。注意，拆卸时要先拆卸右侧的凸轮轴齿轮（图 6-1-5 中的 2）
8. 拆卸底部的正时链条导向装置（图 6-1-5 中的 3）。

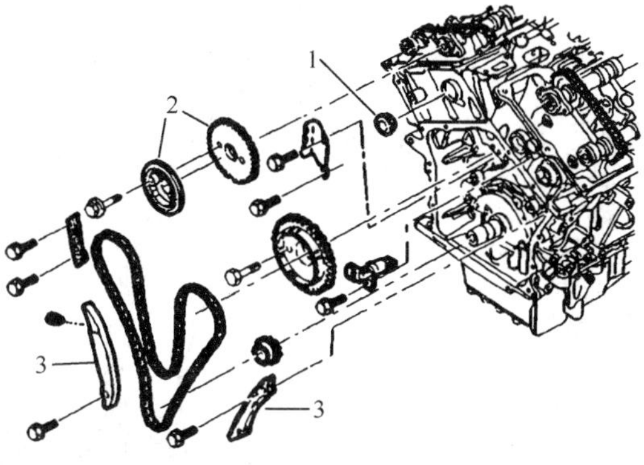

图 6-1-5 拆卸其他正时部件

1-检修塞；2-凸轮轴齿轮；3-正时链条导向装置

9. 拆卸曲轴油封并将拆下的油封废弃。
10. 拆卸正时皮带。

二、300C 轿车 2.7L 发动机正时链条安装步骤

1. 检查凸轮轴齿轮、张紧器和惰轮是否磨损或损坏。如有磨损或损坏应予以更换。
2. 如图 6-1-6 所示，将曲轴正时标记对齐。
3. 将左侧凸轮轴齿轮安装到正时链条上，安装时要确保左侧凸轮轴齿轮上的正时标记对准正时链条两个染色链节的中间，如图 6-1-7 所示。

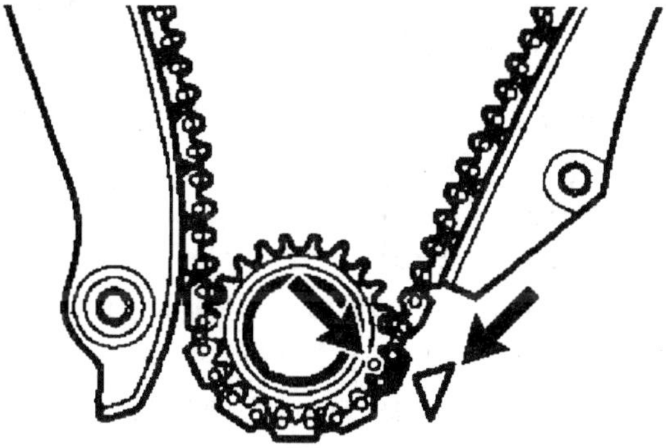

图 6-1-6 对齐曲轴正时标记

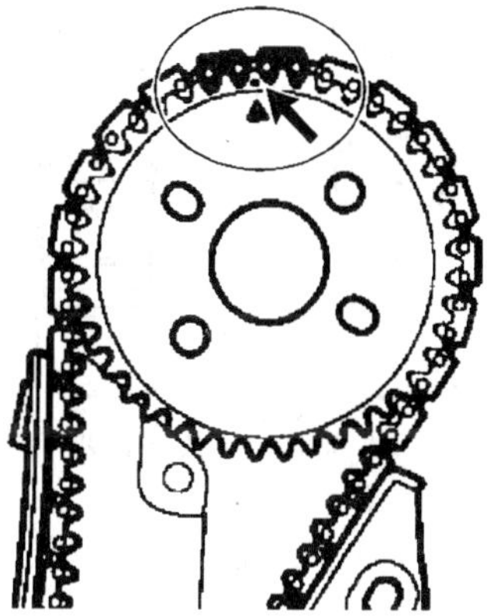

图 6-1-7 对准左侧凸轮轴齿轮正时标记

4. 把凸轮轴齿轮安装到凸轮轴轴套上。

5. 将右侧凸轮轴齿轮安装到正时链条上，安装时要确保右侧凸轮轴齿轮上的正时标记对准正时链条两个染色链节的中间，如图 6-1-8 所示。

6. 把正时链条安装到冷却液泵齿轮上。

7. 安装底部的正时链条导向装置，将固定螺栓紧固至 28N・m（图 6-1-9）。

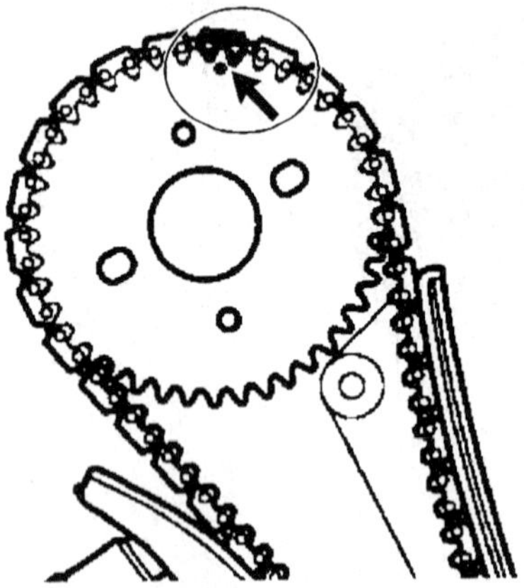
图 6-1-8　对准右侧凸轮轴齿轮正时标记

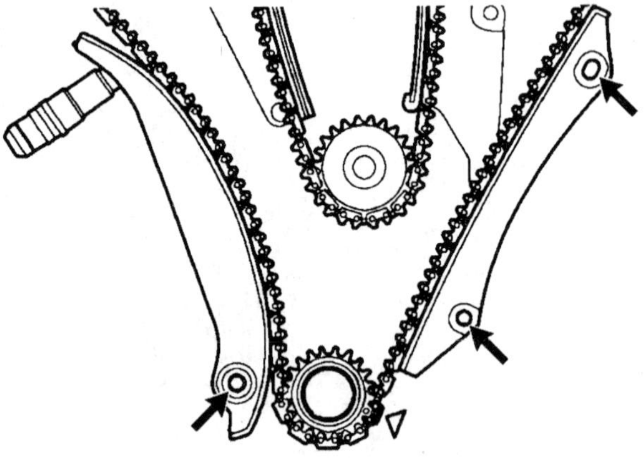
图 6-1-9　安装底部的正时链条导向装置

8. 如图 6-1-10 所示，用专用工具 8186 清除正时链条张紧器中的机油。

9. 如图 6-1-11 所示，用专用工具 8186 压缩正时链条张紧器并检查 O 形密封圈和卡环是否完好，如发现损坏，应予以更换。

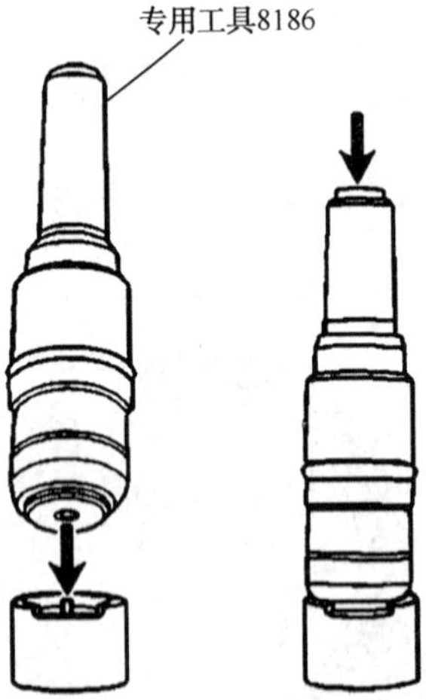

图 6-1-10　清除正时链条张紧器内的机油

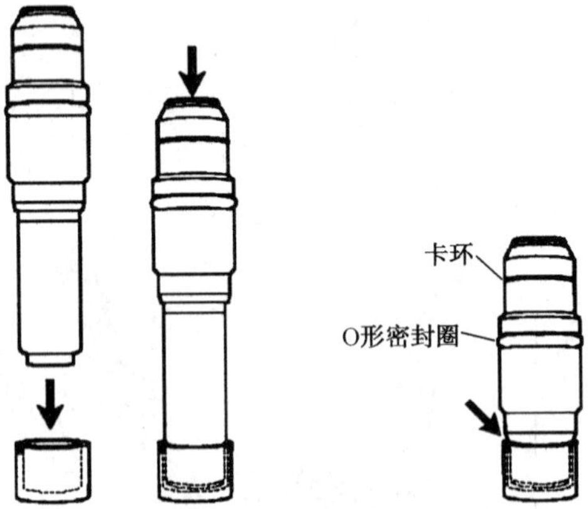

图 6-1-11　检查 O 形密封圈和卡环

10. 如图 6-1-12 所示，安装正时链条张紧器，将张紧器的固定螺栓紧固至 12N・m。

11. 转动凸轮轴，使凸轮轴轴套上的螺栓孔与凸轮轴齿轮上的孔对齐。

12. 安装凸轮轴齿轮固定螺栓并紧固至 28N・m。注意：要先安装右侧凸轮轴齿轮的固定螺栓。

13. 安装检修塞并将其紧固至 20N·m。

14. 预紧正时链条。

15. 如图 6-1-13 所示，用一字螺丝刀解除正时链条张紧器的压缩状态。

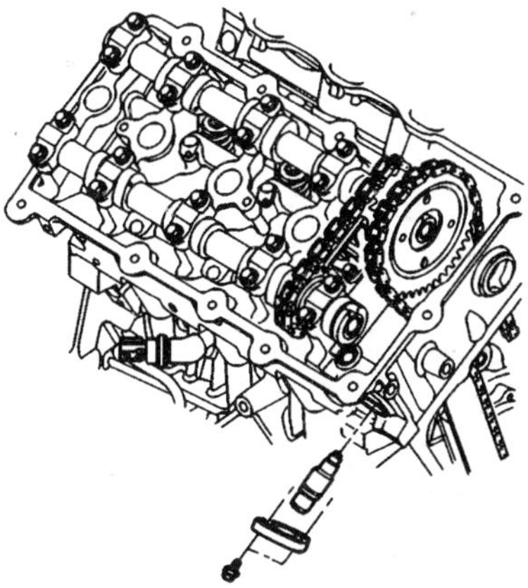

图 6-1-12　安装正时链条张紧器

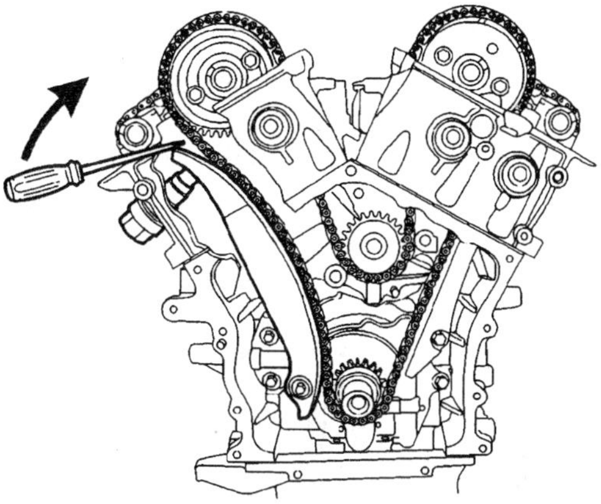

图 6-1-13　使正时链条张紧器恢复工作状态

16. 清除正时链条盖上的旧密封剂，在图 6-1-14 箭头所示部位施加新密封剂。

17. 安装正时链条盖。

18. 换装新的密封衬垫并将固定衬垫的 M6 螺栓紧固至 12N·m；M10 螺栓紧固至 54N·m。

19. 换装新的机油油封（图 6-1-15）。

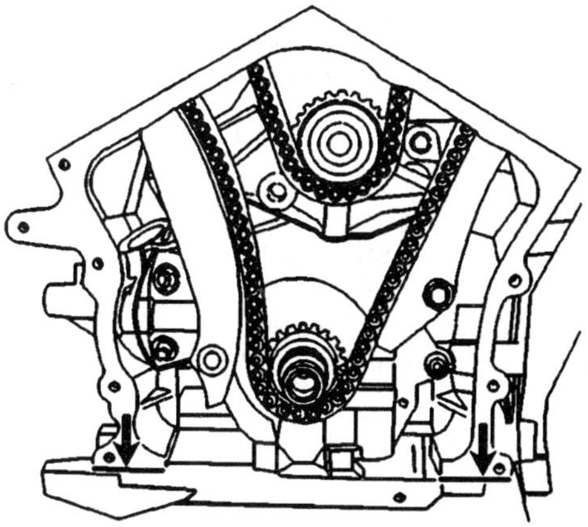

图 6-1-14　密封件涂抹位置识别

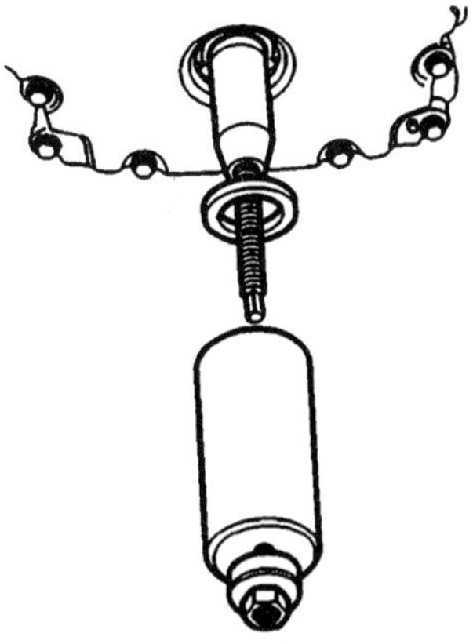

图 6-1-15　换装新的机油油封

三、300C 轿车 3.5L 发动机正时皮带拆卸步骤

1. 拔下燃油泵继电器。

2. 启动发动机直至发动机停止运行。

3. 关闭点火开关。
4. 重新安装燃油泵继电器。
5. 断开蓄电池负极电缆。
6. 如图 6-1-16 所示，断开进气温度传感器连接器和进气软管。

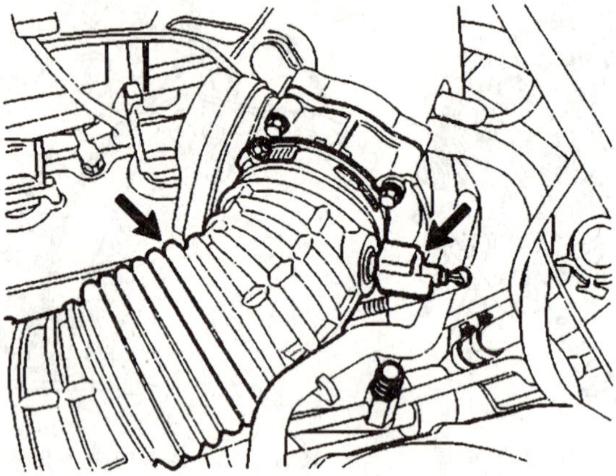

图 6-1-16 断开进气温度传感器连接器和进气软管

7. 如图 6-1-17 所示，断开进气歧管绝对压力传感器连接器。

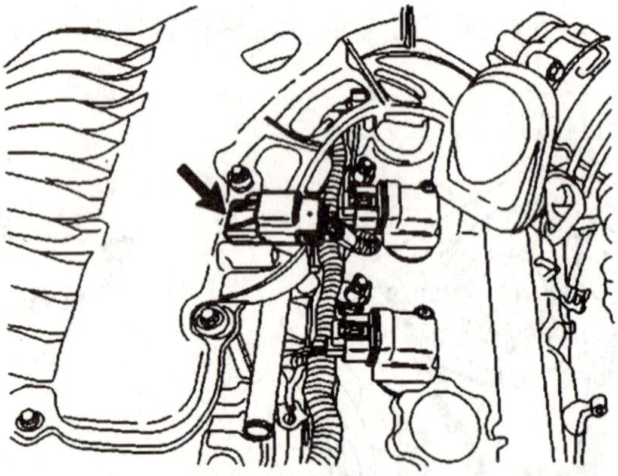

图 6-1-17 断开进气歧管绝对压力传感器连接器

8. 从进气歧管上断开所有的电路连接。
9. 断开软管（图 6-1-18 中的 1）。
10. 断开节气门体电路连接器（图 6-1-18 中的 2）。
11. 如图 6-1-19 所示，断开电气线束。

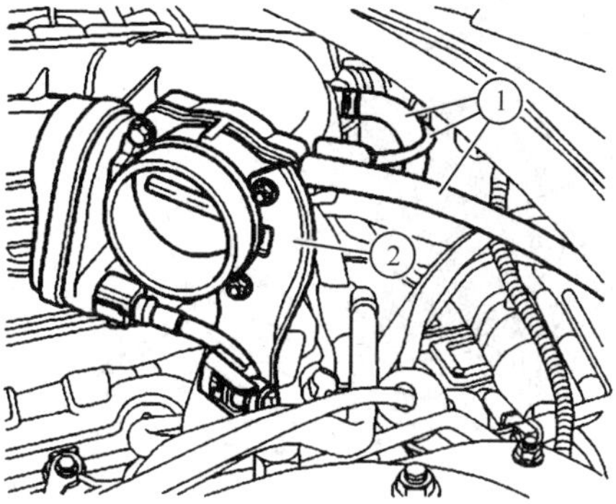

图 6-1-18　断开软管和电路连接器
1-软管；2-节气门体电路连接器

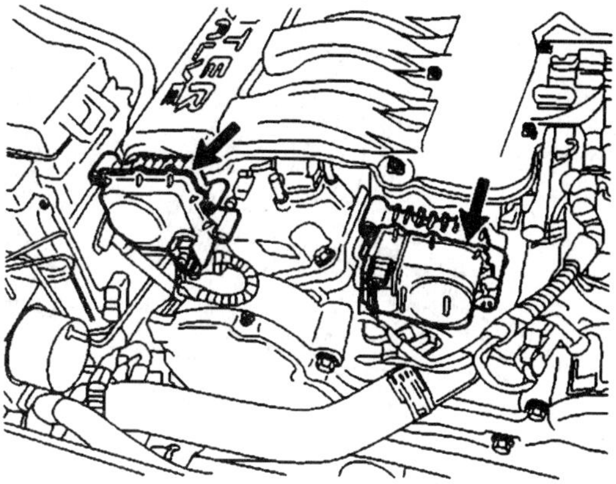
图 6-1-19　断开电气线束

12. 如图 6-1-20 所示，拆下支架。
13. 拆卸上进气歧管。
14. 拆卸点火线圈。
15. 断开蓄电池负极电缆。
16. 如图 6-1-21 所示，松开线束绝缘套。

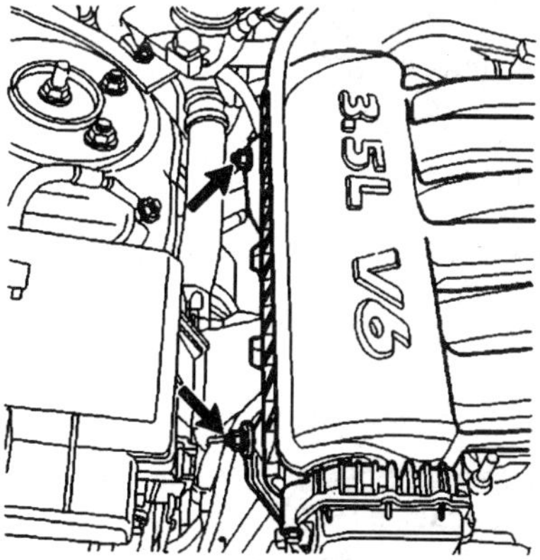

图 6-1-20　拆卸支架

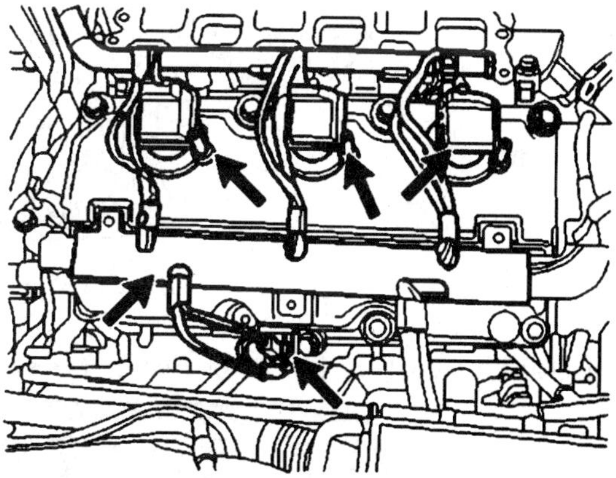
图 6-1-21　松开线束绝缘套

17. 拆卸气门摇臂罩。
18. 拆卸发动机附件传动皮带。
19. 拆卸发动机附件传动皮带张紧器。
20. 拆卸动力转向泵，但不要断开动力转向泵上的软管。
21. 如图 6-1-22 所示，用专用工具拆卸曲轴带轮中央螺栓。
22. 如图 6-1-23 所示，拆卸正时皮带罩。

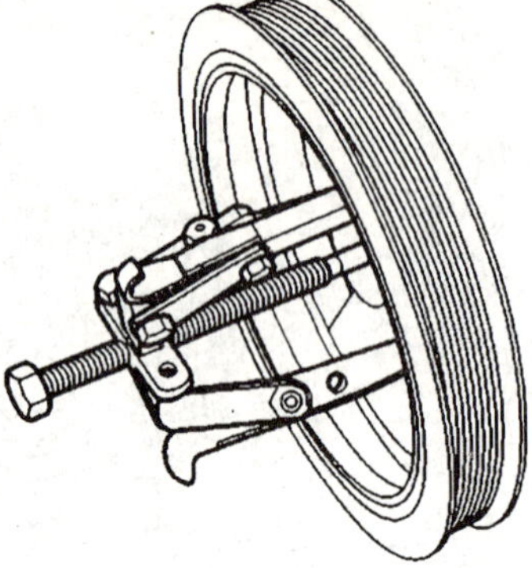

图 6-1-22　用专用工具拆卸曲轴带轮中央螺栓

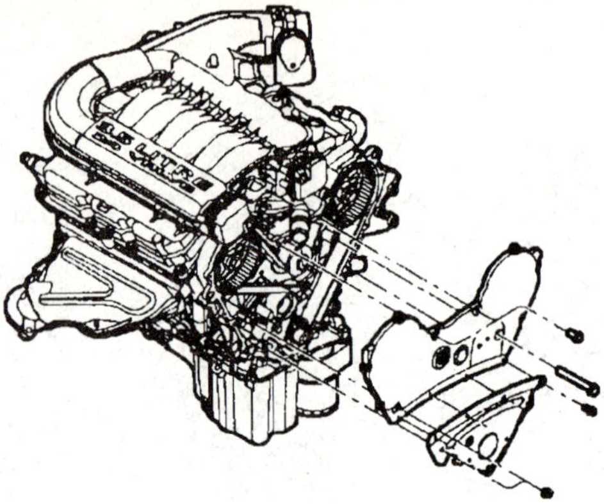

图 6-1-23　拆卸正时皮带罩

23. 如图 6-1-24 所示，对齐正时标记。

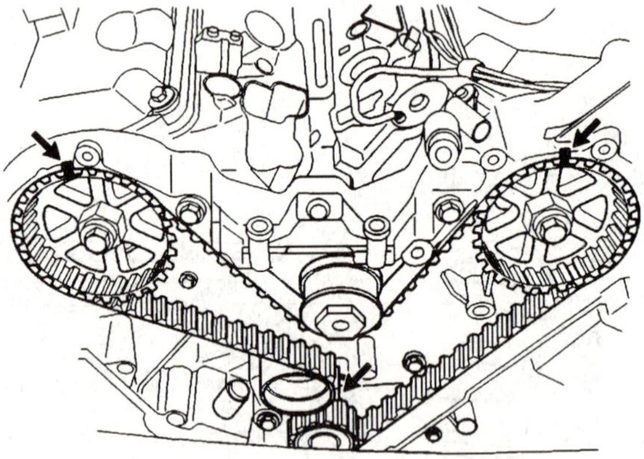

图 6-1-24　对齐正时标记

24. 按照与图 6-1-25 相反的顺序松开气门摇臂轴的保险螺栓。

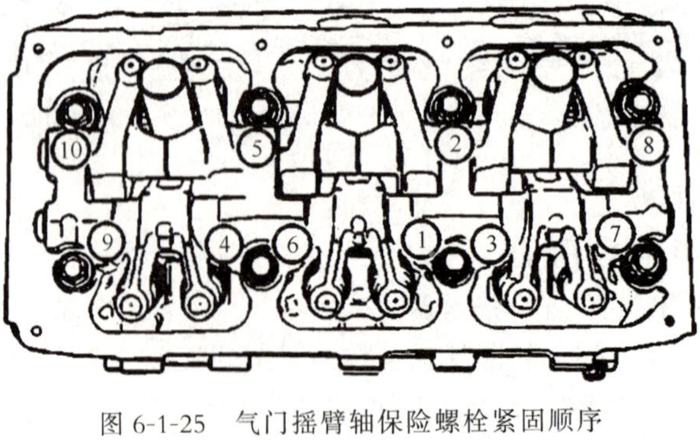

图 6-1-25　气门摇臂轴保险螺栓紧固顺序

25. 检查正时标记。

26. 拆卸正时皮带张紧器。

27. 拆卸正时皮带。

四、300C 轿车 3.5L 发动机正时皮带安装步骤

1. 检查正时皮带张紧器有无油液泄漏。

2. 如图 6-1-26 所示，检查带轮运转是否灵活自如。

3. 如图 6-1-27 所示，用虎钳慢慢压缩正时皮带张紧器，直至将正时皮带张紧器完全压缩（操作过程约持续 5min 左右），然后用锁止销插入，将正时皮带张紧器保持在压缩状态。

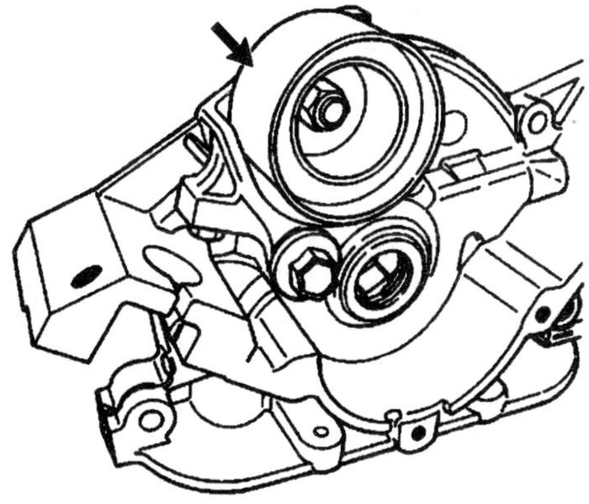

图 6-1-26　检查带轮运转

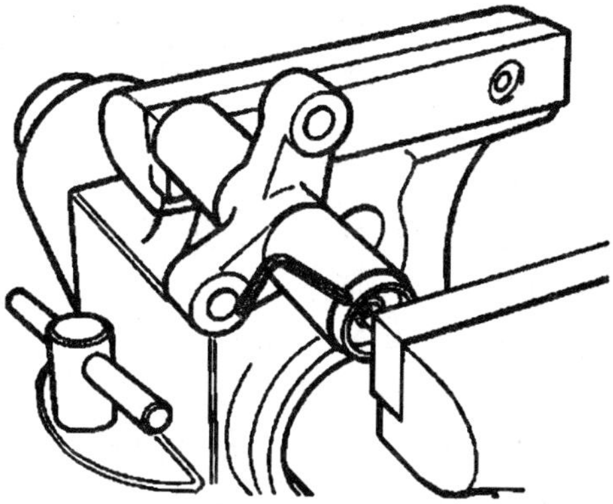

图 6-1-27　压缩正时皮带张紧器并插入锁止销

4. 再次检查正时标记，确保正时标记对齐。

5. 从曲轴轮开始，沿逆时针方向安装正时皮带。

6. 安装正时皮带张紧器，将张紧器的固定螺栓紧固至 28N · m。

7. 从正时链条张紧器上拔出插入的锁止销。

8. 检查正时标记，确保正时标记对齐。

9. 将曲轴顺时针转动 2 周。查看正时标记是否对齐，如果没有对齐，则重新安装正时皮带。

10. 安装正时皮带罩，将正时皮带罩的 M6、M8 和 M10 固定螺栓分别紧固至 12N · m、28N · m 和 54N · m。

11. 如图 6-1-28 所示，使用专用工具，安装曲轴带轮。

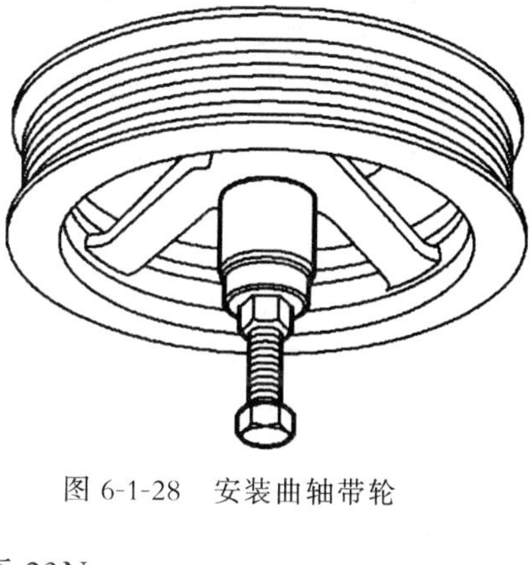

图 6-1-28　安装曲轴带轮

12. 安装曲轴带轮/减振轮中央螺栓，将螺栓紧固至 95N · m。

13. 安装动力转向泵，将动力转向泵固定螺栓紧固至 23N · m。

14. 安装发动机附件传动皮带张紧器，将张紧器固定螺栓紧固至 28N · m。

15. 安装发动机附件传动皮带。

16. 按照图 6-1-25 所示的螺栓紧固顺序，将摇臂轴保险螺栓紧固至 31N·m。

17. 用专用工具 MD-998306 为气门摇臂罩更换新的衬垫，如图 6-1-29 所示。

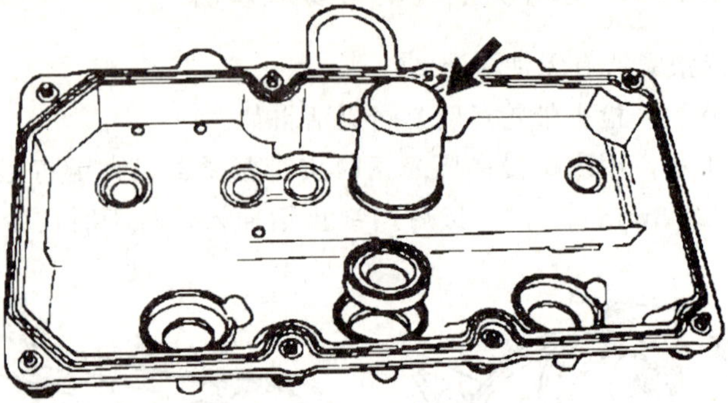

图 6-1-29 更换新的衬垫

18. 安装气门摇臂罩，并将气门摇臂罩的固定螺栓紧固至 12N·m。

19. 如图 6-1-30 所示，安装好发动机线束绝缘套。

20. 更换上进气歧管的衬垫，安装上进气歧管并将固定螺栓紧固至 12N·m。

21. 如图 6-1-31 所示，安装支架，把支架固定螺栓紧固至 12N·m。

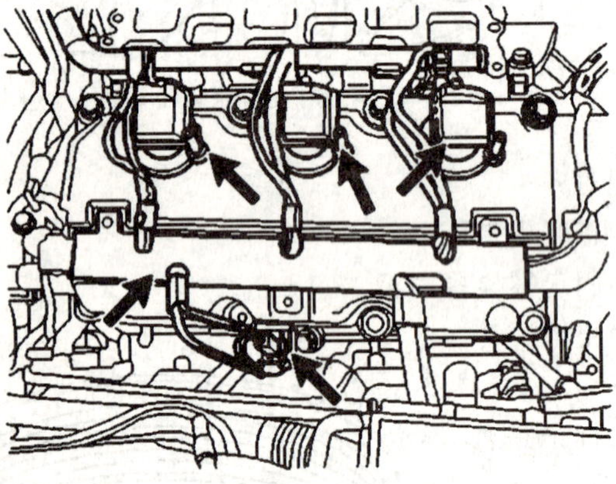

图 6-1-30 安装发动机线束绝缘套

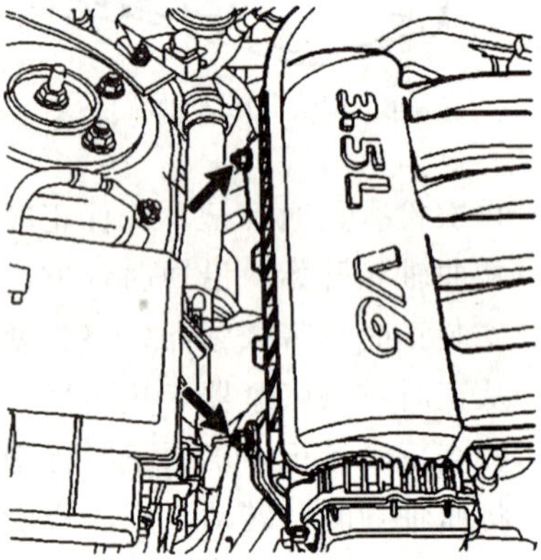

图 6-1-31 安装支架

22. 如图 6-1-32 所示，重新连接好电路线束。

23. 重新连接节气门体电路。

24. 重新连接软管（图 6-1-33 中的 1）和其他电路连接（图 6-1-33 中的 2）。

25. 如图 6-1-34 所示，重新连接进气歧管绝对压力传感器连接器。

26. 如图 6-1-35 所示，安装进气软管和进气温度传感器。

27. 安装燃油泵继电器。

28. 连接蓄电池负极电缆。

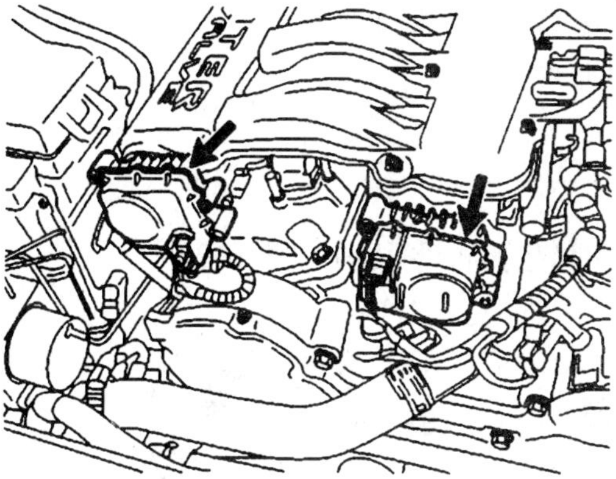

图 6-1-32　连接电路线束

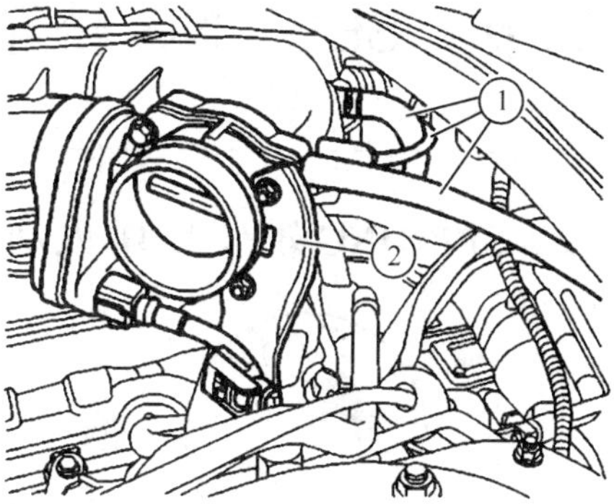

图 6-1-33　连接软管和电路

1-软管；2-节气门体电路连接器

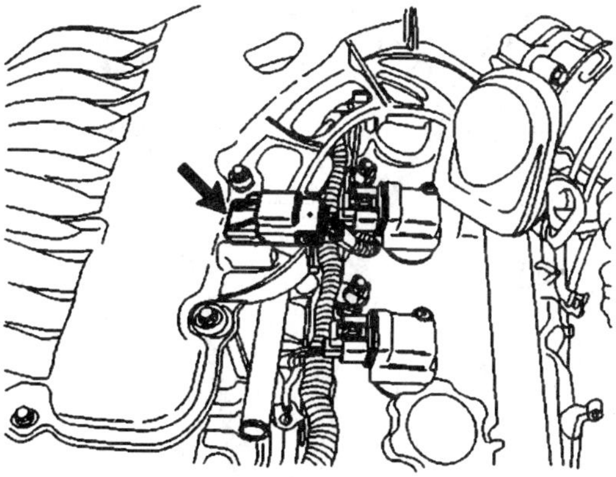

图 6-1-34　连接进气歧管绝对压力传感器连接器

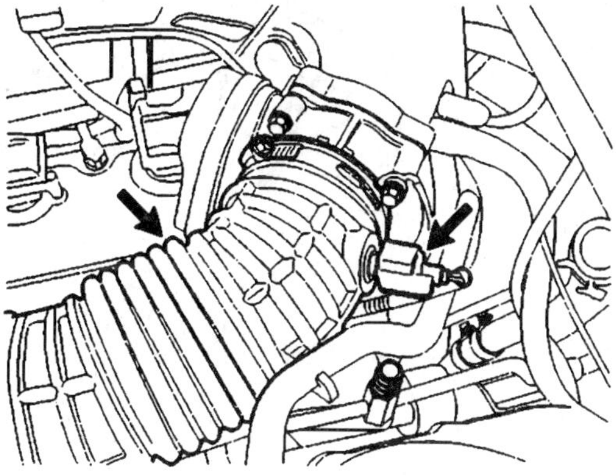

图 6-1-35　安装进气软管和进气温度传感器

第二节 SEBRING 轿车

一、SEBRING 轿车 2.4L 发动机正时链条部件识别（图 6-2-1）

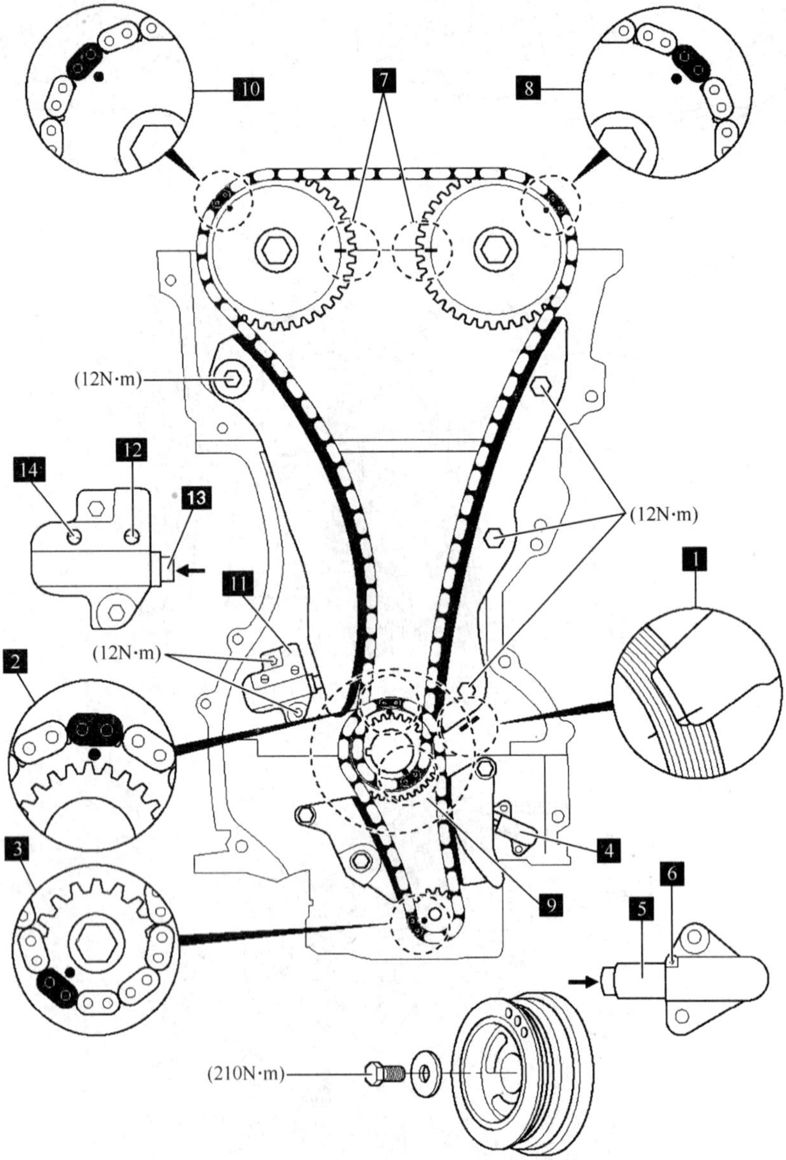

图 6-2-1 SEBRING 轿车 2.4L 发动机正时链条部件识别

二、SEBRING 轿车 2. 4L 发动机正时校对操作要点

1. 拆卸或安装正时链条时，都需要拆卸油底壳。

2. 组装时要在曲轴皮带轮螺栓上涂抹发动机机油进行润滑。

3. 如果正时链条上没有涂色链节，则要在拆卸前先用油漆把与链轮正时标记对齐的链节涂上颜色，便于重新安装时参照。

4. 把发动机设置到 1 缸上止点位置（图 6-2-1 中的 1）。

5. 确保曲轴键槽位于 9 点钟位置。

6. 安装平衡轴链条：

（1）把平衡轴链条上的涂色链节与曲轴链轮正时标记对齐（图 6-2-1 中的 2）。

（2）把平衡轴链条上的涂色链节与平衡轴链轮正时标记对齐（图 6-2-1 中的 3）。

7. 把平衡轴链条张紧器锁止：

（1）把平衡轴链条张紧器柱塞推入张紧器壳体中（图 6-2-1 中的 5）。

（2）插入固定销，将张紧器柱塞锁止固定（图 6-2-1 中的 6）。

8. 安装平衡轴链条张紧器（图 6-2-1 中的 4）。

9. 拔出插入的固定销（图 6-2-1 中的 6）。

10. 安装正时链条：

（1）确保曲轴键槽位于 9 点钟位置。

（2）确保凸轮轴正时标记对气缸盖上表面对齐（图 6-2-1 中的 7）。

（3）把正时链条上的涂色链节与凸轮轴链轮上的正时标记对齐（图 6-2-1 中的 8）。

（4）把正时链条上的涂色链节与曲轴链轮正时标记对齐（图 6-2-1 中的 9）。

（5）把正时链条上的涂色链节与凸轮轴链轮上的正时标记对齐（图 6-2-1 中的 10）。

11. 把正时链条张紧器锁止：

（1）用合适的销子插入正时链条张紧器壳体内，释放棘爪（图 6-2-1 中的 12）。

（2）沿箭头所示的方向将张紧器柱塞推入张紧器壳体中（图 6-2-1 中的 13）。

（3）插入固定销，将张紧器柱塞锁止固定（图 6-2-1 中的 14）。

12. 安装正时链条张紧器（图 6-2-1 中的 11）。

13. 拔出插入的固定销（图 6-2-1 中的 14）。

14. 沿顺时针方向转动曲轴 2 周，确保各个正时标记对齐（图 6-2-1 中的 7、8、9、10）。

第三节 GRAND CARAVAN（大捷龙）轿车

一、大捷龙轿车 3. 3L 发动机正时链条部件识别（图 6-3-1）

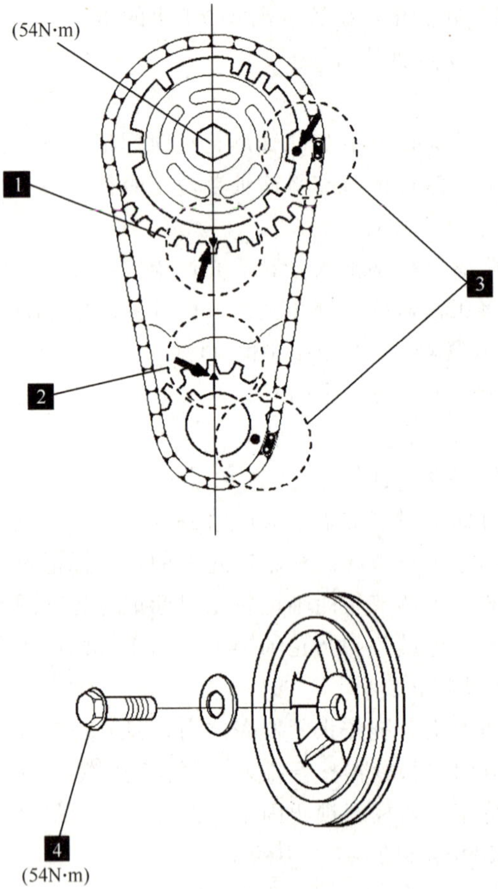

图 6-3-1 大捷龙轿车 3. 3L 发动机正时链条部件识别

二、大捷龙轿车 3. 3L 发动机正时校对操作要点

1. 拆卸或安装正时链条时，都需要拆卸油底壳。

2. 转动曲轴，使凸轮轴正时标记位于 6 点钟位置（图 6-3-1 中的 1）。

3. 确保各个正时标记均处于曲轴和凸轮轴之间的中心线上且彼此相对（图 6-3-1 中的 1 和 2）。

4. 把正时链条上的涂色链节与各个链轮上的标记对齐（图 6-3-1 中的 3）。

5. 检查正时链条移动量：

（1）固定住曲轴，使其不能转动。

（2）沿顺时针方向对凸轮轴链轮施加 41N·m 的扭矩（气缸盖安装到发动机上）或 20N·m 的扭矩（气缸盖已从发动机上拆下）。

（3）沿正时链条边缘放置好尺子，准备测量。

（4）沿逆时针方向对凸轮轴链轮施加 41N·m 的扭矩（气缸盖安装到发动机上）或 20N·m 的扭矩（气缸盖已从发动机上拆下）。

（5）观察测量结果，如果正时链条的移动量超过 3.2mm，则更换正时链条。

6. 换装新的曲轴油封。

7. 将曲轴皮带轮螺栓紧固到 54N·m。

第七章 CHEVROLET（雪佛兰）车系

第一节 CAPTIVA（科帕奇）轿车

一、CAPTIVA 轿车 2.4L 发动机正时皮带部件识别（图 7-1-1）

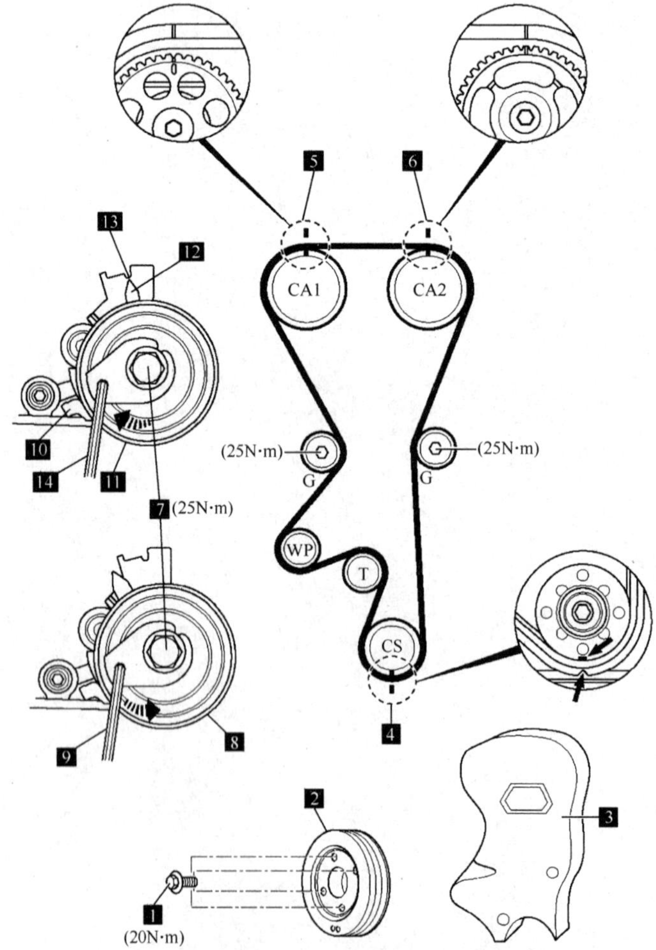

图 7-1-1 CAPTIVA 轿车 2.4L 发动机正时皮带部件识别

二、CAPTIVA 轿车 2.4L 发动机正时皮带拆卸步骤（表 7-1-1）

表 7-1-1 CAPTIVA 轿车 2.4L 发动机正时皮带拆卸步骤

步　骤	操作方法
1	升起并支撑车辆前部
2	拆卸发动机顶部盖罩
3	断开发动机进气流量传感器连接器
4	从气缸盖罩上断开曲轴箱通风软管
5	拆卸发动机空气滤清器壳体
6	拆卸发动机底部护板
7	拆卸右前车轮
8	拆卸右侧挡泥板
9	拆卸发动机附件传动皮带
10	拆卸曲轴皮带轮螺栓（图 7-1-1 中的 1）
11	拆卸曲轴皮带轮（图 7-1-1 中的 2）
12	支撑发动机
13	拆卸发动机右侧支撑
14	拆卸正时皮带罩（图 7-1-1 中的 3）
15	顺时针转动曲轴，使各个正时标记对齐（图 7-1-1 中的 4、5 和 6）
16	松开正时皮带张紧轮螺栓（图 7-1-1 中的 7）
17	使用内六角扳手（图 7-1-1 中的 7）沿逆时针方向转动正时皮带张紧轮（图 7-1-1 中的 8），将其从正时皮带上拆下
18	拆卸正时皮带

三、CAPTIVA 轿车 2.4L 发动机正时皮带安装步骤（表 7-2-1）

表 7-1-2 CAPTIVA 轿车 2.4L 发动机正时皮带安装步骤

步　骤	操作方法
1	确保各个正时标记对齐（图 7-1-1 中的 4、5 和 6）
2	确保正时皮带张紧轮的限位凸块（图 7-1-1 中的 10）正确作用
3	安装正时皮带
4	使用内六角扳手（图 7-1-1 中的 7）沿顺时针方向（图 7-1-1 中的 11）转动正时皮带张紧轮，使移动式指针（图 7-1-1 中的 12）对准槽口（图 7-1-1 中的 13）
5	将正时皮带张紧轮螺栓（图 7-1-1 中的 7）紧固至 25 N·m

续表

步　骤	操 作 方 法
6	顺时针转动曲轴 2 周
7	确保各个正时标记对齐（图 7-1-1 中的 4、5 和 6）
8	确保移动式指针（图 7-1-1 中的 12）对准槽口（图 7-1-1 中的 13）
9	按照与拆卸相反的顺序安装其他部件
10	将拆卸曲轴皮带轮螺栓（图 7-1-1 中的 1）紧固至 20 N·m

第二节　SPARK（斯帕克）轿车

一、SPARK 轿车 1.0L 发动机正时皮带部件识别（图 7-2-1）

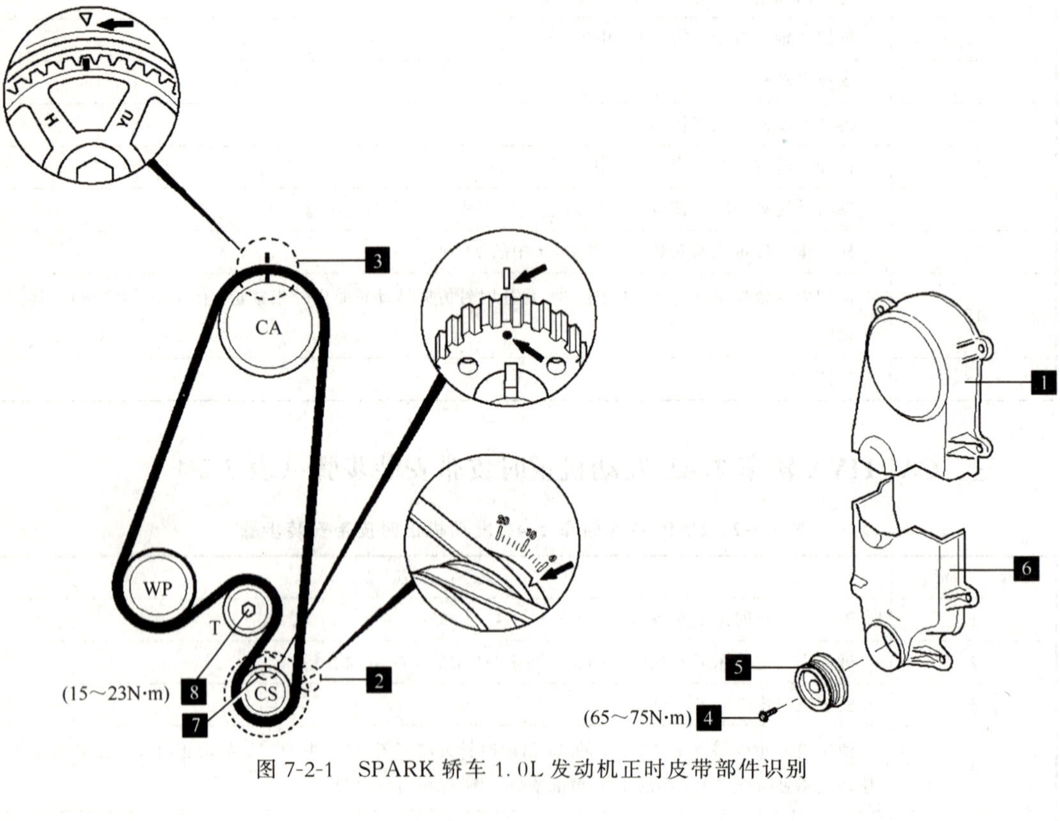

图 7-2-1　SPARK 轿车 1.0L 发动机正时皮带部件识别

二、SPARK 轿车 1.0L 发动机正时皮带拆卸步骤（表 7-2-1）

表 7-2-1 SPARK 轿车 1.0L 发动机正时皮带拆卸步骤

步骤	操作方法
1	拆卸右侧前照灯
2	拆卸发动机附件传动皮带
3	拆卸正时皮带上盖（图 7-2-1 中的 1）
4	举升并支撑车辆前部
5	拆卸右前车轮
6	顺时针转动曲轴至 1 缸上止点位置，确保各个正时标记对齐（图 7-2-1 中的 2 和 3）
7	用大号螺丝刀固定住飞轮
8	拆卸曲轴皮带轮螺栓（图 7-2-1 中的 4）
9	拆卸曲轴皮带轮（图 7-2-1 中的 5）
10	拆卸发动机机油油尺和机油油管
11	拆卸正时皮带下盖（图 7-2-1 中的 6）
12	确保正时标记对齐（图 7-2-1 中的 7）
13	松开正时皮带张紧轮螺栓（图 7-2-1 中的 8）。把张紧轮从正时皮带处挪开。轻轻拧上正时皮带张紧轮螺栓
14	拆卸正时皮带

三、SPARK 轿车 1.0L 发动机正时皮带安装步骤（表 7-2-2）

表 7-2-2 SPARK 轿车 1.0L 发动机正时皮带安装步骤

步骤	操作方法
1	确保各个正时标记对齐（图 7-2-1 中的 3 和 7）
2	从曲轴皮带轮开始，沿逆时针方向安装正时皮带。确保在非张紧侧，正时皮带是绷紧的
3	松开正时皮带张紧轮螺栓（图 7-2-1 中的 8），使张紧轮起到张紧作用
4	沿顺时针方向转动曲轴 2 周，直至达到 1 缸上止点位置
5	确保各个正时标记对齐（图 7-2-1 中的 3 和 7）
6	将正时皮带张紧轮螺栓（图 7-2-1 中的 8）紧固至 15～23N·m
7	按照与拆卸相反的顺序安装其他的部件
8	用大号螺丝刀固定住飞轮
9	将曲轴皮带轮螺栓（图 7-2-1 中的 4）紧固至 65～75N·m

第三节 VOLT（沃蓝达）轿车

一、正时链条拆卸程序

1. 拆卸发动机前盖。
2. 按照图 7-3-1 所示，将正时链条向正时链条张紧器方向推动，安装好锁止销。
3. 按照图 7-3-2 所示，拆卸正时链条上部导板上部螺栓。
4. 按照图 7-3-2 所示，拆卸正时链条上部导板。

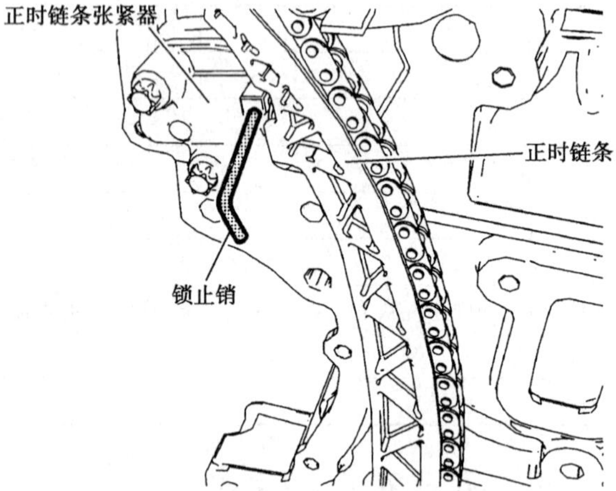

图 7-3-1 正时链条和正时链条张紧器识别

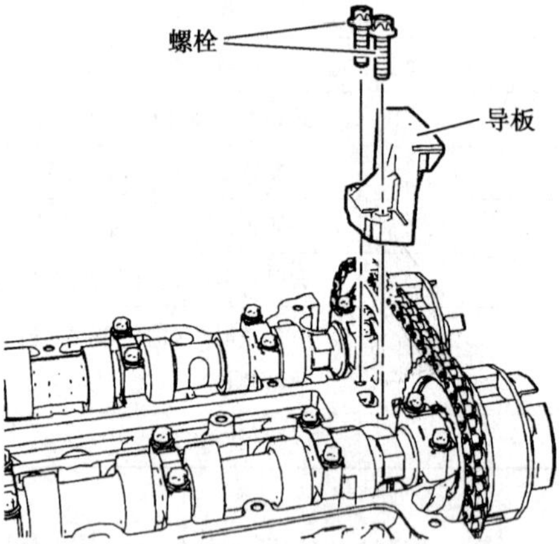

图 7-3-2 正时链条上部导板与螺栓

5. 按照图 7-3-3 所示，拆卸正时链条右导板螺栓。
6. 按照图 7-3-3 所示，拆卸正时链条右导板。

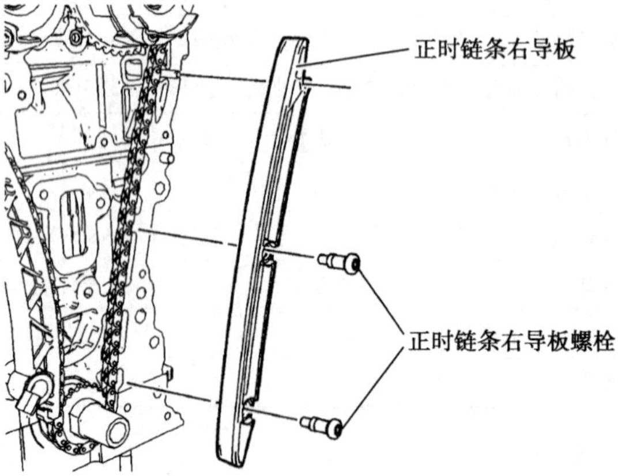

图 7-3-3 正时链条右导板和螺栓

7. 按照图 7-3-4 所示，拆卸正时链条张紧器滑板螺栓。

8. 按照图 7-3-4 所示，拆卸正时链条张紧器滑板。

9. 按照图 7-3-5 所示，把正时链条和曲轴链轮作为一个整体拆下。

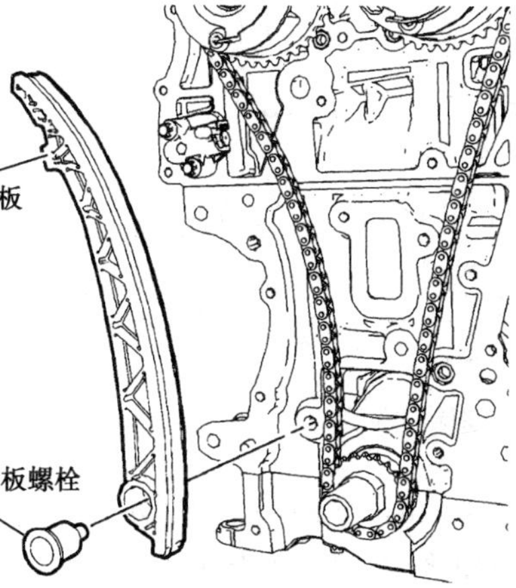

图 7-3-4 正时链条张紧器滑板和螺栓

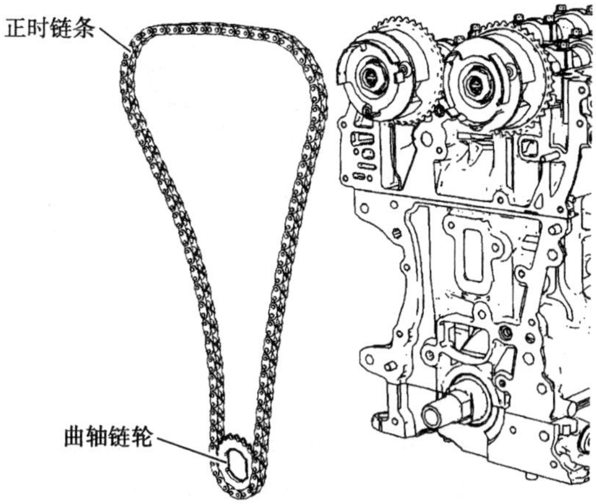

图 7-3-5 曲轴链轮和正时链条识别

10. 按照图 7-3-6 所示，拆卸发动机前盖密封垫。

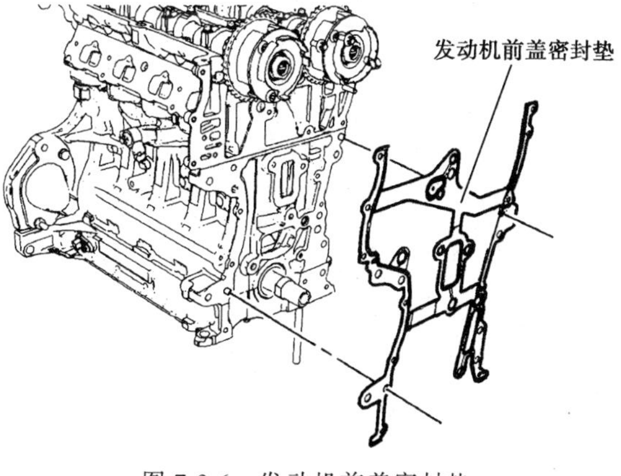

图 7-3-6 发动机前盖密封垫

二、正时链条安装程序

1. 把气缸体和气缸盖上的发动机前盖密封面清洁干净。
2. 按照图 7-3-7 所示，涂抹密封剂，涂抹的宽度和厚度保持在 2mm。
3. 安装发动机前盖密封垫，如图 7-3-6 所示。
4. 把正时链条和曲轴链轮作为一个整体安装上，如图 7-3-5 所示。
5. 安装正时链条张紧器滑板，把螺栓紧固到 20N·m，如图 7-3-4 所示。

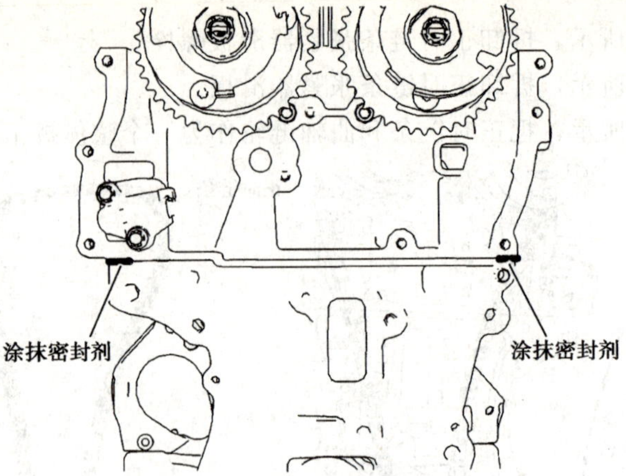

图 7-3-7　密封剂涂抹位置

6. 安装正时链条右导板，将螺栓紧固至 8N·m，如图 7-3-3 所示。

7. 按照图 7-3-1 所示，将正时链条向正时链条张紧器方向推动，把插入的锁止销拔出。

8. 安装发动机前盖。

第八章 CITROEN（雪铁龙）车系

第一节 C4 PICASSO（毕加索）轿车

一、C4 PICASSO 2. 0L（RFN）发动机正时皮带拆卸步骤（图 8-1-1）

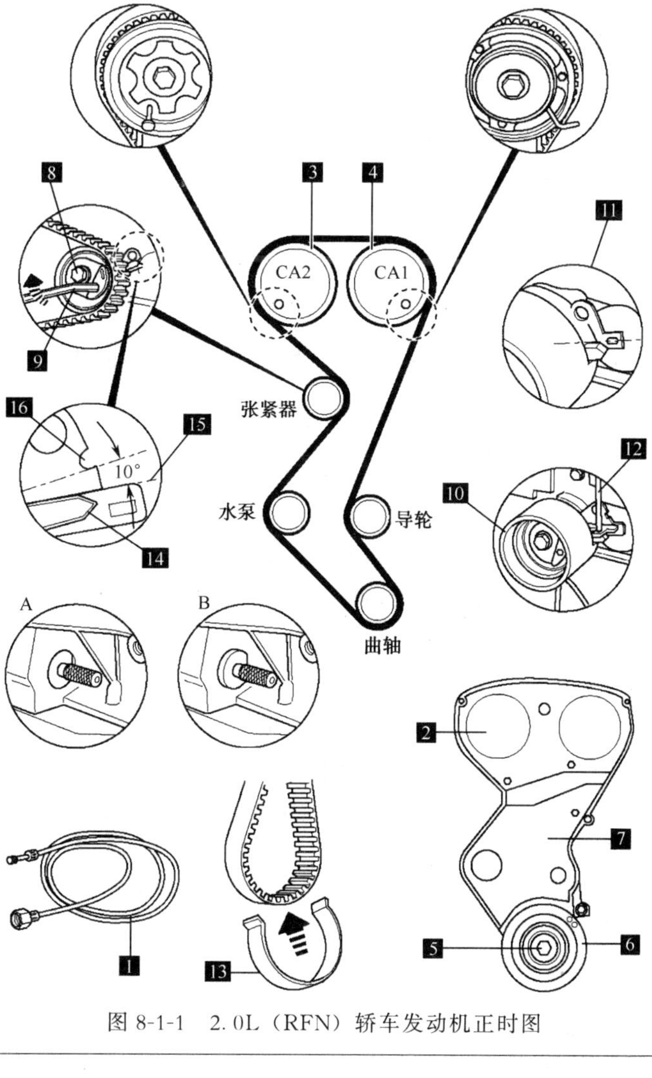

图 8-1-1 2. 0L（RFN）轿车发动机正时图

1. 升起并支撑车辆。

2. 拆卸右前轮、右侧挡泥板和发动机附件传动皮带（附件传动皮带盘绕方法见图 8-1-2）。

3. 支撑发动机。

4. 拆卸排气管后部管路。

5. 拆卸右侧发动机支架。

6. 拆卸正时皮带上盖（图 8-1-1 中的 2）。

7. 转动曲轴至 1 缸上止点位置。

8. 插入飞轮/驱动盘锁止工具（图 8-1-1 中的 A 和 B，A 适用于手动变速器车型，B 适用于自动变速器车型）。

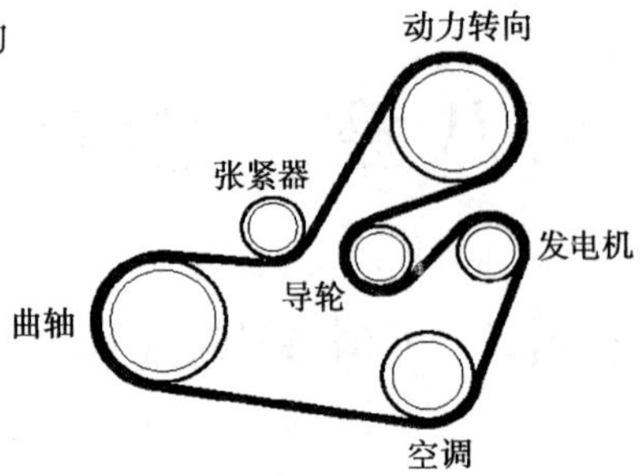

图 8-1-2　2.0L（RFN）轿车发动机附件传动皮带盘绕方法

9. 在凸轮轴皮带轮上插入正时销（图 8-1-1 中的 3 和 4）。

10. 拆卸曲轴皮带轮螺栓（图 8-1-1 中的 5）。

11. 拆卸曲轴皮带轮（图 8-1-1 中的 6）。

12. 拆卸正时皮带下盖（图 8-1-1 中的 7）。

13. 松开正时皮带张紧器螺栓（图 8-1-1 中的 8）。

14. 用内六角扳手顺时针转动正时皮带张紧器。

15. 拆卸正时皮带。

二、C4 PICASSO 2.0L（RFN）发动机正时皮带安装步骤

1. 确保飞轮锁止工具位置正确（图 8-1-1 中的 A 或 B）。

2. 确保凸轮轴皮带轮上的正时销安装正确（图 8-1-1 中的 3 和 4）。

3. 安装正时皮带张紧器轮调节工具（图 8-1-1 中的 10）。

4. 顺时针转动张紧器，直至指针通过缺口（图 8-1-1 中的 11）。

5. 把锁止工具安装到正时皮带张紧轮上（图 8-1-1 中的 12）。

6. 从正时皮带张紧器轮上拆下调节工具（图 8-1-1 中的 10）。

7. 把正时皮带安装到曲轴皮带轮上。

8. 用正时皮带固定夹（图 8-1-1 中的 13）把正时皮带固定到曲轴皮带轮上。

9. 按照逆时针的顺序，把正时皮带安装到各个皮带轮上。

10. 拆卸工具（飞轮锁止工具、正时销和正时皮带固定夹）。

11. 安装正时皮带下盖（图 8-1-1 中的 7）。

12. 安装曲轴皮带轮（图 8-1-1 中的 6）。

13. 紧固曲轴皮带轮螺栓（图 8-1-1 中的 5）。

14. 用内六角扳手（图 8-1-1 中的 9）逆时针转动正时皮带张紧器轮，直至指针（图 8-1-1 中的 14）到达位置（图 8-1-1 中的 15）。

15. 顺时针转动张紧器轮，直至指针与缺口（图 8-1-1 中的 16）对齐。
16. 将张紧器螺栓（图 8-1-1 中的 8）紧固至 19～23N·m。
17. 顺时针转动曲轴 10 周使曲轴达到 1 缸上止点位置。
18. 把正时销插入进气凸轮轴皮带轮（图 8-1-1 中的 4）。
19. 确保指针与缺口（图 8-1-1 中的 16）对齐。
20. 从进气凸轮轴皮带轮上拆下正时销。
21. 安装其余部件。

三、C4 PICASSO 轿车 1.6L（TU5JP/L4）发动机正时皮带拆卸步骤

C4 PICASSO 轿车 1.6L（TU5JP/L4）发动机正时部件识别如图 8-1-3 所示。

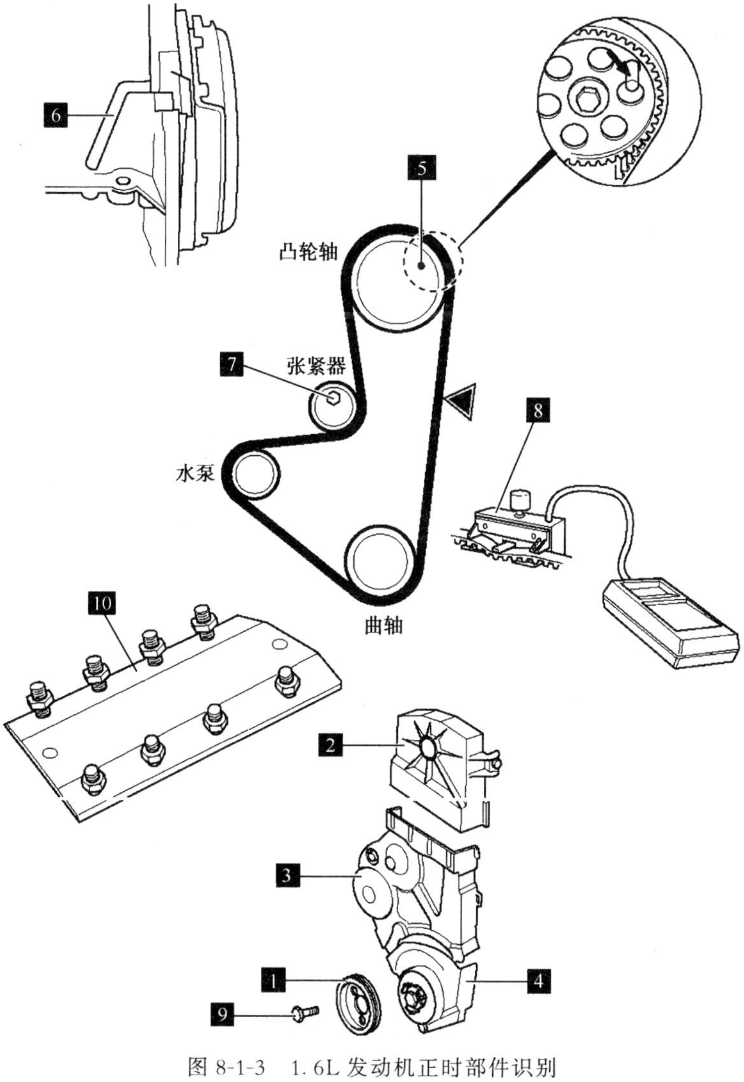

图 8-1-3　1.6L 发动机正时部件识别

1. 升起并支撑车辆。

2. 拆卸右前轮。

3. 拆卸发动机附件传动皮带，发动机附件传动皮带盘绕方法如图 8-1-4 所示。

4. 拆卸曲轴皮带轮（图 8-1-3 中的 1）。

5. 把曲轴转动到 1 缸上止点位置。

6. 把正时销插入凸轮轴皮带轮（图 8-1-3 中的 5）。

7. 把正时销（图 8-1-3 中的 6）插入飞轮。

8. 松开正时皮带张紧器螺母（图 8-1-3 中的 7），释放正时皮带上的张紧力，再将螺母轻轻拧上。

9. 拆卸正时皮带。

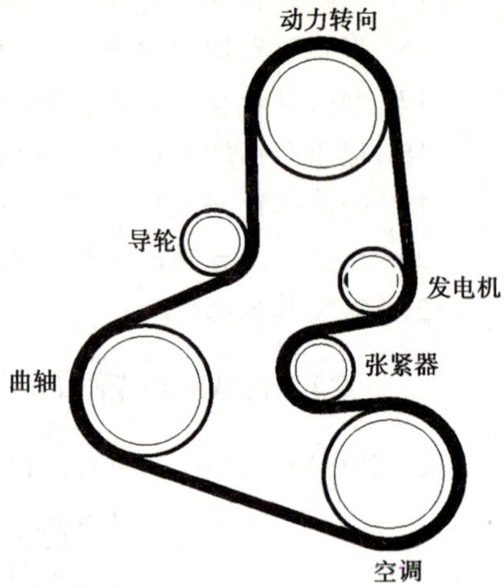

图 8-1-4　PICASSO 轿车 1.6L（TU5JP/L4）发动机附件传动皮带盘绕方法

四、C4 PICASSO 轿车 1.6L（TU5JP/L4）发动机正时皮带安装步骤

1. 确保正时销安装位置正确（图 8-1-3 中的 5 和 6）。

2. 按照曲轴皮带轮-凸轮轴皮带轮-水泵轮-张紧器轮的安装顺序安装正时皮带。

3. 松开正时皮带张紧器螺母（图 8-1-3 中的 7）。

4. 逆时针转动张紧器。

5. 拧紧张紧器螺母。

6. 拆下正时销（图 8-1-3 中的 5 和 6）。

7. 用张紧度测量表（图 8-1-3 中的 8）在图 8-1-3 中的黑色三角标记位置测量皮带张紧度。

8. 松开正时皮带张紧器螺母（图 8-1-3 中的 7）。

9. 逆时针转动张紧器，直至张紧度测量表显示“44 SEEM”为止。

10. 拧紧张紧器螺母。

11. 拆卸张紧度测量表。

12. 顺时针转动曲轴 4 周，使曲轴达到 1 缸上止点位置。

13. 插入正时销（图 8-1-3 中的 5 和 6）。

14. 拆卸气缸盖罩。

15. 安装气门弹簧压缩工具（图 8-1-3 中的 10）。

16. 用张紧度测量表（图 8-1-3 中的 8）在图 8-1-3 中的黑色三角标记位置测量皮带张紧度。

17. 松开正时皮带张紧器螺母（图 8-1-3 中的 7）。

18. 轻轻释放正时皮带张紧力。

19. 逆时针转动张紧器，直至张紧度测量表显示“29～33 SEEM”为止。

20. 拧紧张紧器螺母至 22N·m。

21. 拆卸张紧度测量表、正时销和气门压缩工具。

22. 顺时针转动曲轴 2 周，使曲轴达到 1 缸上止点位置。

23. 确保正时销（图 8-1-3 中的 5 和 6）能插入。

24. 安装其他部件。

25. 将曲轴皮带轮螺栓（图 8-1-3 中的 9）紧固至 8N・m。

第二节 C5 轿车

一、C5 轿车 3.0L（XFV）发动机正时皮带部件识别（图 8-2-1）

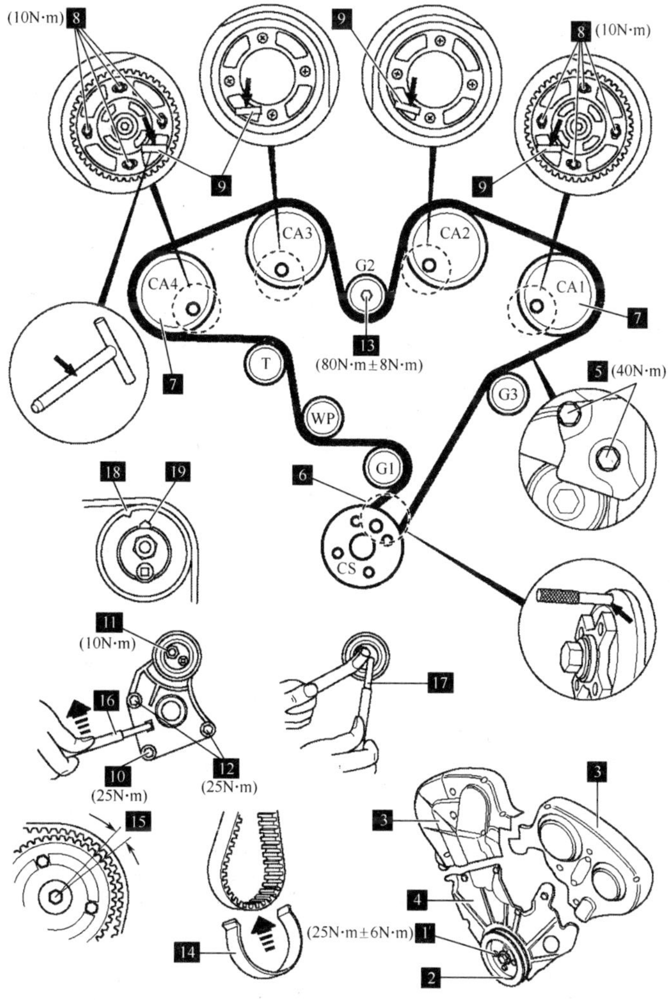

图 8-2-1 C5 轿车 3.0L（XFV）发动机正时皮带部件识别及紧固力矩

二、C5 轿车 3.0L（XFV）发动机正时皮带拆装步骤（表 8-2-1）

表 8-2-1　C5 轿车 3.0L（XFV）发动机正时皮带拆装步骤

拆　　卸	
步　　骤	操 作 方 法
1	支撑发动机
2	拆下发动机上罩
3	释放燃油压力
4	松开冷却液膨胀水箱顶部软管和燃油管的紧固卡夹
5	拆下动力转向管前面的两个支架螺栓
6	断开冷却液膨胀水箱接头
7	拆下：冷却液膨胀水箱、扭矩反力杆、右发动机座、发动机附件传动皮带（附件皮带盘绕方法参见图 8-2-2）、动力转向泵皮带轮、发动机附件传动皮带张紧器、曲轴皮带轮螺栓（图 8-2-1 中的 1）、曲轴皮带轮（图 8-2-1 中的 2）、正时皮带上罩（图 8-2-1 中的 3）、正时皮带下罩（图 8-2-1 中的 4）、螺栓和支架（图 8-2-1 中的 5）
8	顺时针转动曲轴，使曲轴位于设定位置
9	插入曲轴正时销（图 8-2-1 中的 6）
10	用力保持排气凸轮轴皮带轮（图 8-2-1 中的 7）的位置
11	拧松排气凸轮轴皮带轮上的各个螺栓（图 8-2-1 中的 8）
12	在凸轮轴皮带轮的相应位置（图 8-2-1 中的 9）插入正时销
13	拆下张紧器螺栓（图 8-2-1 中的 10）
14	拧松张紧轮螺母（图 8-2-1 中的 11）
15	拧松张紧器螺栓（图 8-2-1 中的 12）
16	转动张紧轮，使张紧轮离开皮带
17	拆下导轮 G2（图 8-2-1 中的 13）。 注意：若要重复使用正时皮带，则用粉笔标出方向
18	拆下正时皮带
安　　装	
步　　骤	操 作 方 法
1	确保曲轴正时销（图 8-2-1 中的 6）位于正确的位置
2	确保正时销安装在凸轮轴皮带轮的正确位置（图 8-2-1 中的 9）
3	确保排气凸轮轴皮带轮可以自由转动，且转动时不发生偏摆
4	在长圆孔中尽量沿顺时针方向旋转排气凸轮轴皮带轮
5	将正时皮带安装到曲轴皮带轮上

安装	
步骤	操作方法
6	安装正时皮带保持夹（图 8-2-1 中的 14）
7	按下列顺序安装正时皮带：导轮（图 8-2-1 中的 G3）、凸轮轴皮带轮（图 8-2-1 中的 CA1）、凸轮轴皮带轮（图 8-2-1 中的 CA2）
8	安装导轮（图 8-2-1 中的 13）。紧固力矩：80±8N·m
9	按顺序安装正时皮带：导轮（图 8-2-1 中的 G2）、凸轮轴皮带轮（图 8-2-1 中的 CA3）、凸轮轴皮带轮（图 8-2-1 中的 CA4）、张紧轮、水泵皮带轮、导轮（图 8-2-1 中的 G1）。 注意：观察正时皮带上的旋转方向或确保正时皮带的字母从发动机前端能清楚看到。逆时针旋转排气凸轮轴皮带轮，直到与正时皮带齿牙对齐。皮带轮的移动角度不能超过一个齿牙（图 8-2-1 中的 15）
10	使用专用工具（图 8-2-1 中的 16）将张紧器架移到正确的位置并安装螺栓（图 8-2-1 中的 10）
11	拧紧张紧器螺栓（图 8-2-1 中的 10 和 12），紧固力矩：25N·m
12	使用专用工具（8-2-1 中的 17）将张紧轮推到正时皮带上
13	拧紧张紧轮螺母（图 8-2-1 中的 11），紧固力矩：10N·m。 注意：确保排气凸轮轴皮带轮上的每个螺栓不在长圆孔底部。若有必要，则重复安装程序
14	对于每个排气凸轮轴皮带轮，至少拧紧两个螺栓（图 8-2-1 中的 8）。紧固力矩：10N·m
15	拆下正时销（图 8-2-1 中的 6 和 9）和正时皮带保持夹（图 8-2-1 中的 14）
16	顺时针慢慢转动曲轴 2 周。注意：不要使曲轴逆时针转动
17	插入曲轴正时销（图 8-2-1 中的 6）
18	在凸轮轴皮带轮相应位置（图 8-2-1 中的 9）插入正时销
19	拧松张紧轮螺母（图 8-2-1 中的 11）
20	使用专用工具调整张紧器，直到标记（图 8-2-1 中的 18 和 19）对齐，不要松开正时皮带。注意：若正时皮带松动，则重复张紧过程
21	拧紧张紧轮螺母（图 8-2-1 中的 11）。紧固力矩：10N·m
22	确保张紧轮标记（图 8-2-1 中的 18 和 19）对齐
23	拆下正时销（图 8-2-1 中的 6 和 9）
24	顺时针慢慢旋转曲轴两圈。注意：不要使曲轴逆时针转动
25	插入曲轴正时销（图 8-2-1 中的 6）
26	确保张紧轮标记（图 8-2-1 中的 18 和 19）对齐
27	将正时销插入凸轮轴皮带轮的相应位置（图 8-2-1 中的 9）
28	若正时销可以插入，则将排气凸轮轴皮带轮螺栓拧松 45°
29	若正时销不能插入，则将排气凸轮轴皮带轮螺栓拧松 45°。并且应使用专用工具使皮带轮处于正确的位置。注意：确保排气凸轮轴上的每个螺栓不在长圆孔的底部。若有必要，重复安装程序

续表

安　　装	
步　　骤	操 作 方 法
30	拧紧每个排气凸轮轴皮带轮螺栓（图 8-2-1 中 8）。紧固力矩：10N・m
31	拆下正时销（图 8-2-1 中的 6 和 9）
32	安装螺栓和支架（图 8-2-1 中的 5）。紧固力矩：40N・m
33	按与拆卸相反的顺序安装其他部件
34	拧紧曲轴皮带轮螺栓（图 8-2-1 中的 1），紧固力矩：25±6N・m

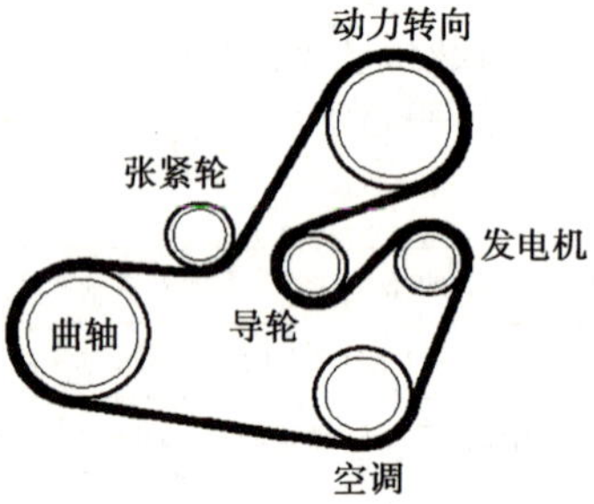

图 8-2-2　发动机附件皮带盘绕方法

第三节　C6 轿车

C6 轿车 3. 0L（ES9A）发动机正时校对

C6 轿车 3. 0L（ES9A）发动机正时校对方法与第二节 C5 轿车 3. 0L（XFV）发动机正时校对方法相同。

第九章 DODGE（道奇）车系

第一节 AVENGER（锋哲）轿车

一、锋哲轿车 2.4L 发动机正时链条部件识别（图 9-1-1）

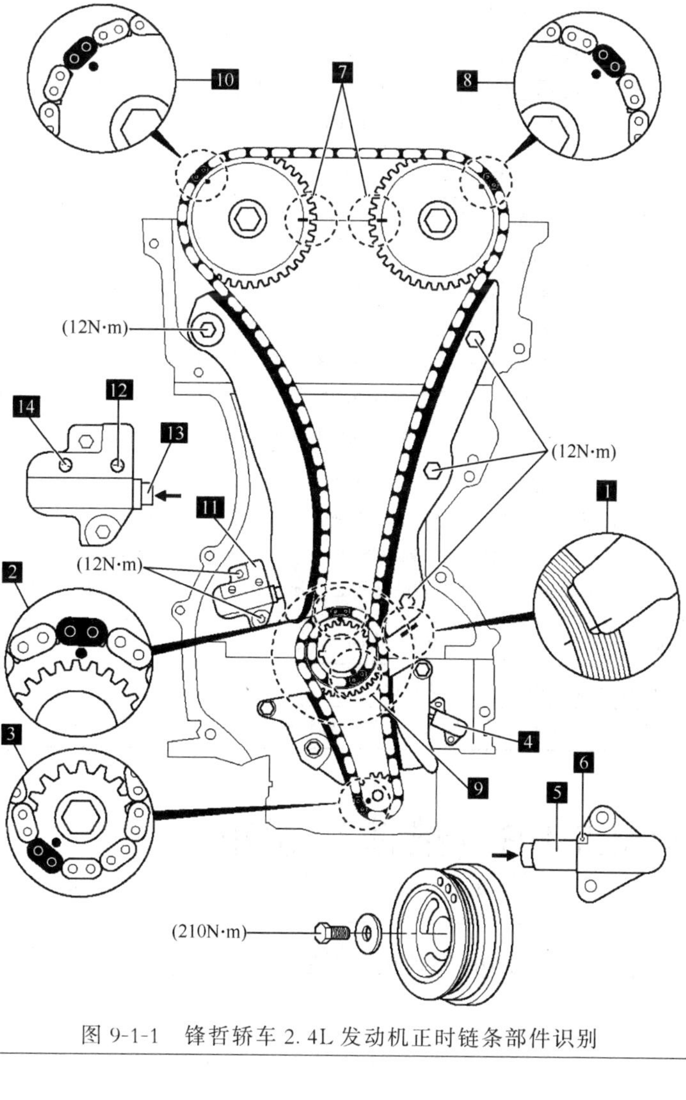

图 9-1-1 锋哲轿车 2.4L 发动机正时链条部件识别

二、锋哲轿车 2.4L 发动机正时链条校对操作要点（表 9-1-1）

表 9-1-1 锋哲轿车 2.4L 发动机正时链条校对操作要点

步骤	操作方法
1	拆卸发动机油底壳
2	将发动机设置在 1 缸压缩行程上止点位置（图 9-1-1 中的 1）。 注意：拆卸正时链条前如果看到正时链条上没有染色链节，则要在拆卸前先用油漆标记出与链轮上的正时标记对齐的链节，以便在安装时参照
3	确保曲轴链轮键槽位于 9 点钟位置
4	安装平衡轴链条时要注意： （1）将平衡轴链条上的染色链节与曲轴链轮上的正时标记对齐（图 9-1-1 中的 2） （2）将平衡轴链条上的染色链节与平衡轴链轮上的正时标记对齐（图 9-1-1 中的 3）
5	锁止平衡轴链条张紧器： （1）把平衡轴链条张紧器的柱塞压入张紧器壳体中（图 9-1-1 中的 5） （2）插入锁止销，将张紧器柱塞锁止在压缩状态（图 9-1-1 中的 6）
6	安装平衡轴链条张紧器（图 9-1-1 中的 4）
7	拔出插在平衡轴链条张紧器内的锁止销（图 9-1-1 中的 6）
8	安装正时链条时要注意： （1）确保曲轴链轮键槽位于 9 点钟位置 （2）确保凸轮轴正时标记（图 9-1-1 中的 7）与气缸盖上表面对齐 （3）确保正时链条的染色链节与凸轮轴链轮上的正时标记对齐（图 9-1-1 中的 8） （4）确保正时链条的染色链节与曲轴链轮上的正时标记对齐（图 9-1-1 中的 9） （5）确保正时链条的染色链节与凸轮轴链轮上的正时标记对齐（图 9-1-1 中的 10）
9	锁止正时链条张紧器（图 9-1-1 中的 11）： （1）在正时链条张紧器壳体上插入锁止销，释放张紧器棘爪（图 9-1-1 中的 12） （2）沿图 9-1-1 中的箭头方向（图 9-1-1 中的 13）把正时链条张紧器的柱塞压入张紧器壳体中 （3）插入锁止销，将张紧器柱塞锁止在压缩状态（图 9-1-1 中的 14）
10	安装正时链条张紧器（图 9-1-1 中的 11）
11	拆卸锁止销（图 9-1-1 中的 14）
12	顺时针转动曲轴 2 周，确保各个正时标记对齐（图 9-1-1 中的 7、8、9、10）

第二节 CALIBER（酷博）轿车

CALIBER（酷博）轿车 2.0L 发动机正时链条校对方法与锋哲轿车 2.4L 发动机正时校对方法相同。

第十章 FIAT（菲亚特）车系

第一节 菲亚特 500 轿车

一、菲亚特 500 轿车 1.4L 发动机正时皮带部件识别（图 10-1-1）

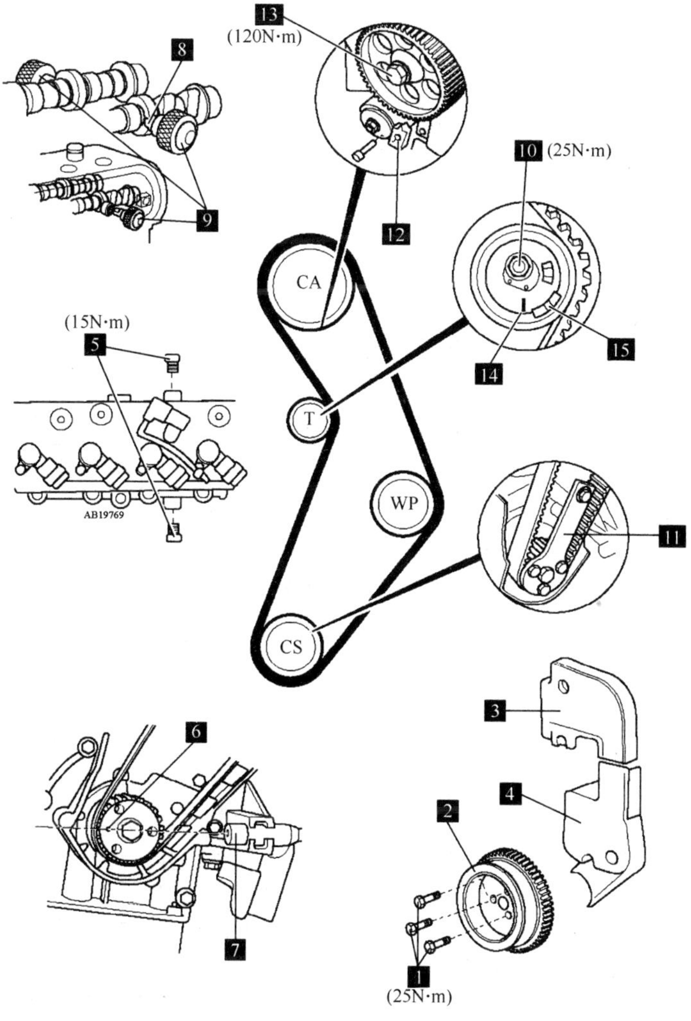

图 10-1-1 菲亚特 500 轿车 1.4L 发动机正时皮带部件识别

二、菲亚特 500 轿车 1.4L 发动机正时皮带拆装步骤（表 10-1-1）

表 10-1-1 菲亚特 500 轿车 1.4L 发动机正时皮带拆装步骤

拆　卸	
步　骤	操作方法
1	举升并支撑车辆前部
2	拆卸车身横梁与底盘之间的稳定杆
3	拆卸右前车轮
4	拆卸右前轮拱
5	拆卸发动机附件传动皮带罩
6	拆卸发动机附件传动皮带
7	把发动机冷却液膨胀箱移到一旁
8	支撑发动机
9	拆卸右侧发动机支座和支架
10	拆卸发动机空气滤清器总成
11	拆卸发动机进气管路
12	拆卸曲轴皮带轮螺栓（图 10-1-1 中的 1）
13	拆卸曲轴皮带轮（图 10-1-1 中的 2）
14	拆卸正时皮带上盖（图 10-1-1 中的 3）
15	拆卸正时皮带下盖（图 10-1-1 中的 4）
16	拆卸堵头（图 10-1-1 中的 5）
17	顺时针转动曲轴，直至定位销（图 10-1-1 中的 6）与曲轴位置传感器相对（图 10-1-1 中的 7）
18	确保凸轮轴上的槽与堵头孔（图 10-1-1 中的 8）对齐
19	在凸轮轴上安装锁止工具（图 10-1-1 中的 9）。 注意：定位销（图 10-1-1 中的 6）与曲轴位置传感器必须保持相对（图 10-1-1 中的 7）
20	松开正时皮带张紧轮螺母（图 10-1-1 中的 10）
21	用专用工具将正时皮带张紧轮从正时皮带处移开
22	拆卸正时皮带
安　装	
步　骤	操作方法
1	检查正时皮带张紧轮和水泵轮，确保它们转动顺畅
2	安装曲轴锁止工具（图 10-1-1 中的 11）。 注意：定位销（图 10-1-1 中的 6）与曲轴位置传感器必须保持相对（图 10-1-1 中的 7）
3	安装凸轮轴皮带轮锁止工具（图 10-1-1 中的 12）

续表

安　装	
步　骤	操作方法
4	松开凸轮轴皮带轮螺栓（图 10-1-1 中的 13）
5	拆卸凸轮轴皮带轮锁止工具（图 10-1-1 中的 12）。 注意：确保凸轮轴皮带轮转动顺畅
6	按照曲轴链轮（图 10-1-1 中的 CS）、水泵链轮（图 10-1-1 中的 WP）、凸轮轴皮带轮（图 10-1-1 中的 CA）和张紧轮（图 10-1-1 中的 T）的顺序将正时皮带安装上。 注意：要确保正时皮带在皮带轮之间的非张紧侧是绷紧的
7	逆时针转动正时皮带张紧轮直至槽口（图 10-1-1 中的 15）到达限位位置
8	将正时皮带张紧轮螺母（图 10-1-1 中的 10）紧固至 25N・m
9	安装凸轮轴皮带轮锁止工具（图 10-1-1 中的 12）
10	将凸轮轴皮带轮螺栓（图 10-1-1 中的 13）紧固至 120N・m
11	拆卸凸轮轴皮带轮锁止工具（图 10-1-1 中的 12）
12	拆卸凸轮轴锁止工具（图 10-1-1 中的 9）
13	拆卸曲轴锁止工具（图 10-1-1 中的 11）
14	顺时针转动曲轴 2 周到达设定位置
15	松开正时皮带张紧轮螺母（图 10-1-1 中的 10）
16	转动正时皮带张紧轮，使指针（图 10-1-1 中的 14）与槽口（图 10-1-1 中的 15）对齐
17	将正时皮带张紧轮螺母（图 10-1-1 中的 10）紧固至 25N・m
18	顺时针转动曲轴 2 周到达设定位置
19	确保凸轮轴上的槽与堵头孔（图 10-1-1 中的 8）对齐
20	确保凸轮轴锁止工具（图 10-1-1 中的 9）均能便捷地安装到凸轮轴上
21	确保曲轴锁止工具（图 10-1-1 中的 11）能安装到曲轴上
22	按照与拆卸相反的顺序安装其他部件
23	将曲轴皮带轮螺栓（图 10-1-1 中的 1）紧固到 25N・m

第二节　菲亚特 BRAVO 轿车

一、菲亚特 BRAVO 轿车 1.4L 发动机正时皮带部件识别（图 10-2-1）

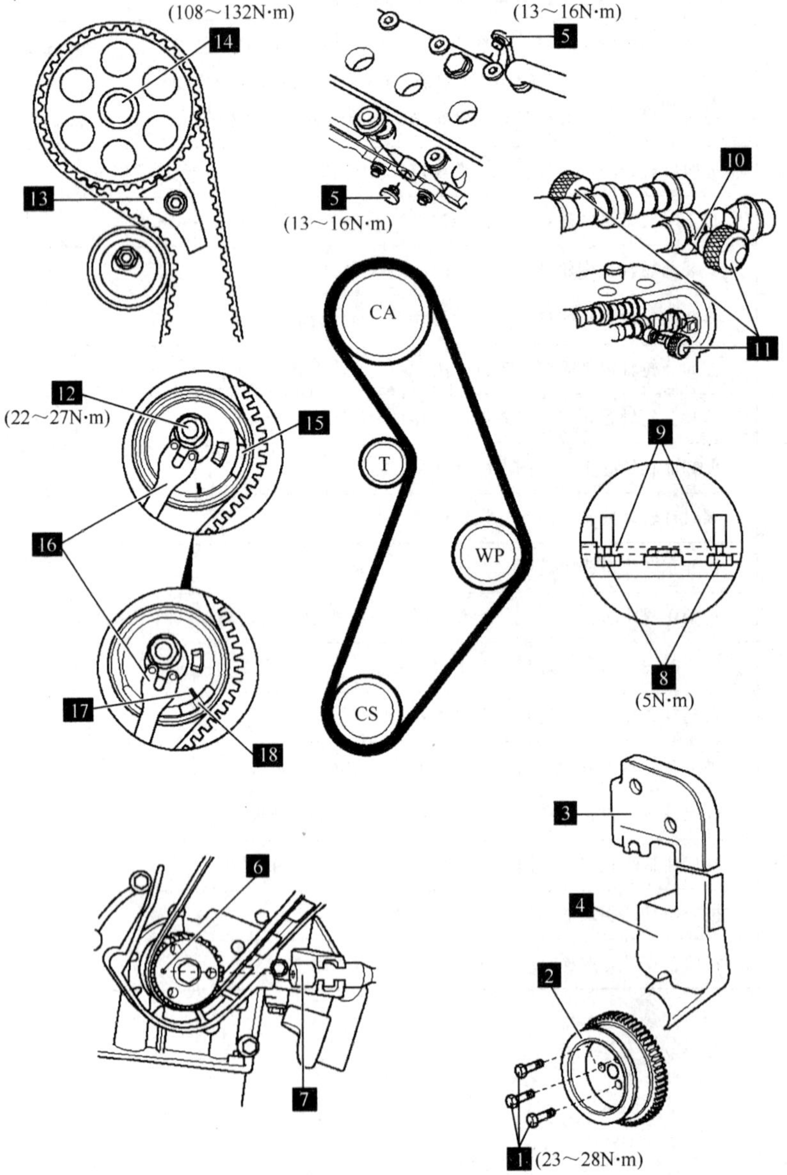

图 10-2-1　菲亚特 BRAVO 轿车 1.4L 发动机正时皮带部件识别

二、菲亚特 BRAVO 轿车 1.4L 发动机正时皮带拆装步骤（表 10-2-1）

表 10-2-1 菲亚特 BRAVO 轿车 1.4L 发动机正时皮带拆装步骤

拆卸	
步骤	操作方法
1	举升并支撑车辆前部
2	拆卸右前车轮
3	拆卸发动机下部挡板
4	拆卸右前轮拱
5	拆卸发动机空气滤清器总成
6	拆卸燃油总管和喷油器
7	拆卸发动机附件传动皮带
8	拆卸曲轴皮带轮螺栓（图 10-2-1 中的 1）
9	拆卸曲轴皮带轮（图 10-2-1 中的 2）
10	拆卸发动机冷却液膨胀箱但不要断开冷却液软管
11	支撑发动机
12	拆卸右侧发动机支座和支架
13	拆卸正时皮带上盖（图 10-2-1 中的 3）
14	拆卸正时皮带下盖（图 10-2-1 中的 4）
15	拆卸点火线圈
16	拆卸火花塞
17	拆卸堵头（图 10-2-1 中的 5）
18	顺时针转动曲轴，直至定位销（图 10-2-1 中的 6）与曲轴位置传感器彼此相对（图 10-2-1 中的 7）
19	将活塞定位工具（图 10-2-1 中的 8）装入气缸 3 和气缸 4 中，并紧固至 5N·m
20	轻微转动曲轴，使 2 个活塞定位工具的槽口与上表面对齐（图 10-2-1 中的 9）。 注意：定位销（图 10-2-1 中的 6）与曲轴位置传感器必须保持彼此相对（图 10-2-1 中的 7）
21	确保凸轮轴上的槽与堵头孔（图 10-2-1 中的 8）对齐
22	在凸轮轴上安装锁止工具（图 10-2-1 中的 11）
23	松开正时皮带张紧轮螺母（图 10-2-1 中的 12）
24	用专用工具将正时皮带张紧轮从正时皮带处移开
25	拆卸正时皮带
安装	
步骤	操作方法
1	用工具（图 10-2-1 中的 13）锁止凸轮轴皮带轮

续表

安装	
步　骤	操作方法
2	松开凸轮轴皮带轮螺栓（图 10-2-1 中的 14）
3	确保活塞定位工具（图 10-2-1 中的 8）正确安装在气缸 3 和气缸 4 中
4	确保凸轮轴锁止工具（图 10-2-1 中的 11）安装正确
5	拆卸凸轮轴皮带轮锁止工具（图 10-2-1 中的 13）
6	从曲轴皮带轮开始，沿逆时针方向安装正时皮带，确保正时皮带在皮带轮之间的非张紧侧是绷紧的
7	用专用工具（图 10-2-1 中的 16）逆时针转动张紧轮，直至张紧轮碰到止动器（图 10-2-1 中的 15）
8	将正时皮带张紧轮螺母（图 10-2-1 中的 12）紧固到 22～27N・m
9	用凸轮轴皮带轮锁止工具（图 10-2-1 中的 13）锁止凸轮轴皮带轮
10	将凸轮轴皮带轮螺栓（图 10-2-1 中的 14）紧固至 108～132N・m
11	拆卸凸轮轴皮带轮锁止工具（图 10-2-1 中的 13）
12	拆卸凸轮轴锁止工具（图 10-2-1 中的 11）
13	拆卸活塞定位工具（图 10-2-1 中的 8）
14	顺时针转动曲轴 2 周到达设定位置
15	松开正时皮带张紧轮螺母（图 10-2-1 中的 12）
16	用专用工具（图 10-2-1 中的 16）转动张紧轮直至标记对齐（图 10-2-1 中的 17 和 18）
17	将正时皮带张紧轮螺母（图 10-2-1 中的 12）紧固到 22～27N・m
18	顺时针转动曲轴 2 周到达设定位置
19	将活塞定位工具（图 10-2-1 中的 8）装入气缸 3 和气缸 4 中，并紧固至 5N・m
20	轻微转动曲轴，使 2 个活塞定位工具的槽口与上表面对齐（图 10-2-1 中的 9）
21	确保凸轮轴上的槽与堵头孔（图 10-2-1 中的 10）对齐
22	确保凸轮轴锁止工具（图 10-2-1 中的 11）均能便捷地安装到凸轮轴上
23	拆卸凸轮轴锁止工具（图 10-2-1 中的 11）
24	拆卸活塞定位工具（图 10-2-1 中的 8）
25	按照与拆卸相反的顺序安装其他部件
26	将曲轴皮带轮螺栓（图 10-2-1 中的 1）紧固到 23～28N・m

第十一章　FORD（福特）车系

第一节　EDGE（锐界）轿车

一、EDGE轿车3.5L发动机正时链条拆卸

1. 拆卸发动机前盖。

2. 顺时针转动曲轴，按照图11-1-1所示将凸轮轴可变正时总成上的正时标记对齐。

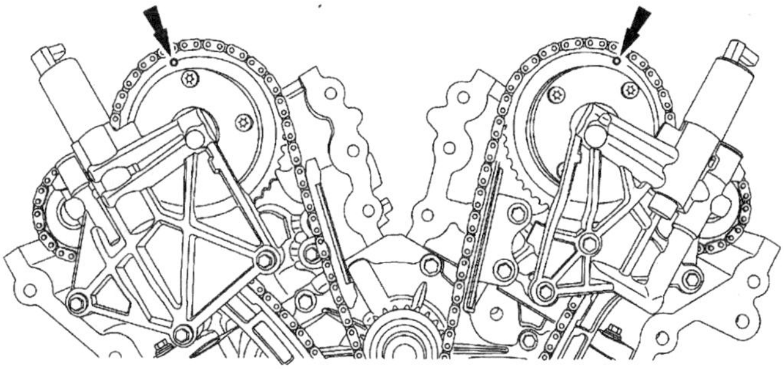

图11-1-1　凸轮轴可变正时总成正时标记

3. 将专用工具（工具号303-1248）安装到左侧凸轮轴上（图11-1-2）。将凸轮轴固定在上止点位置。

4. 将专用工具（工具号303-1248）安装到右侧凸轮轴上（图11-1-3）。将凸轮轴固定在上止点位置。

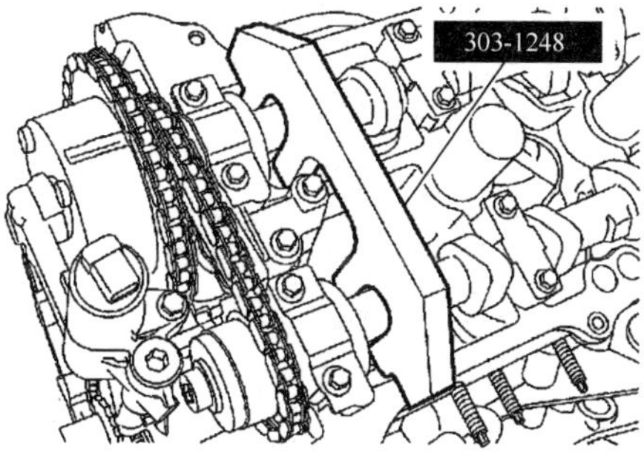

图11-1-2　在左侧凸轮轴上安装专用工具

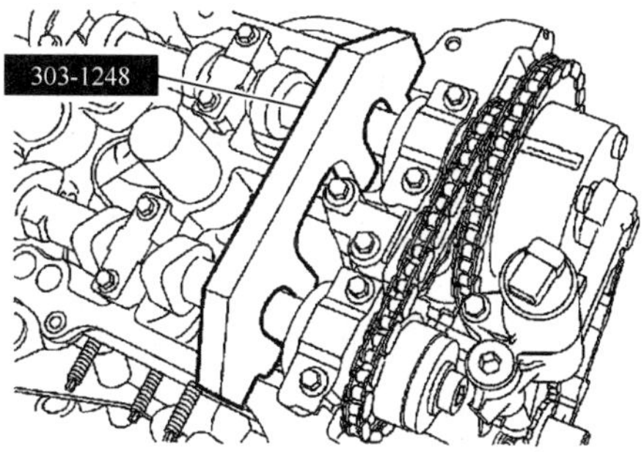

图11-1-3　在右侧凸轮轴上安装专用工具

5. 拆卸右侧凸轮轴可变正时总成壳体上的 3 个螺栓（图 11-1-4）。

6. 拆卸左侧凸轮轴可变正时总成壳体上的 3 个螺栓（图 11-1-5）。

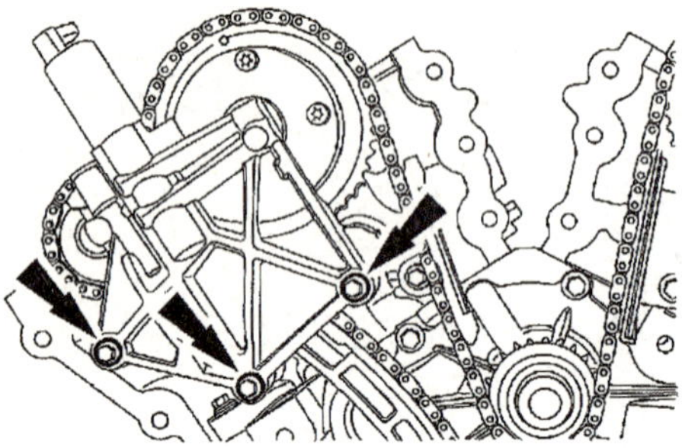

图 11-1-4 拆卸右侧凸轮轴可变正时总成壳体上的 3 个螺栓

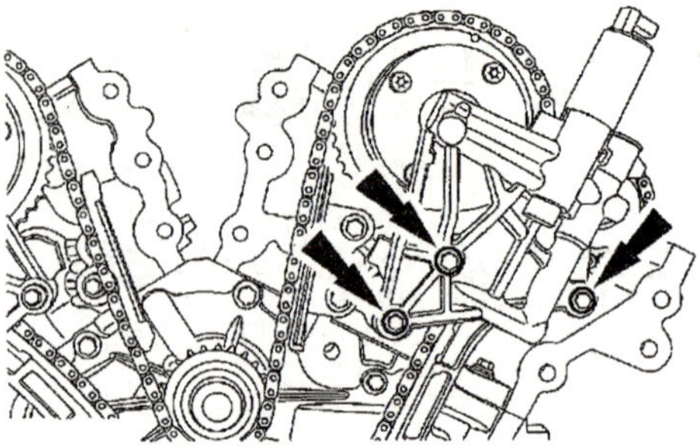

图 11-1-5 拆卸左侧凸轮轴可变正时总成壳体上的 3 个螺栓

7. 拆卸并废弃凸轮轴可变正时总成壳体的密封圈（图 11-1-6）。

8. 拆下主正时链条张紧器的 2 个固定螺栓（图 11-1-7）。

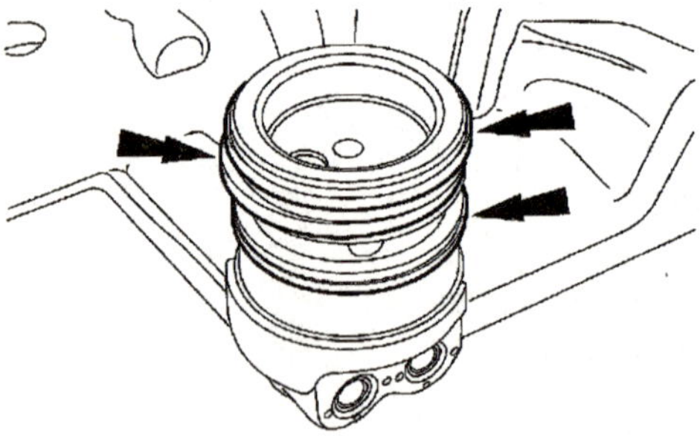

图 11-1-6 拆卸凸轮轴可变正时总成壳体的密封圈

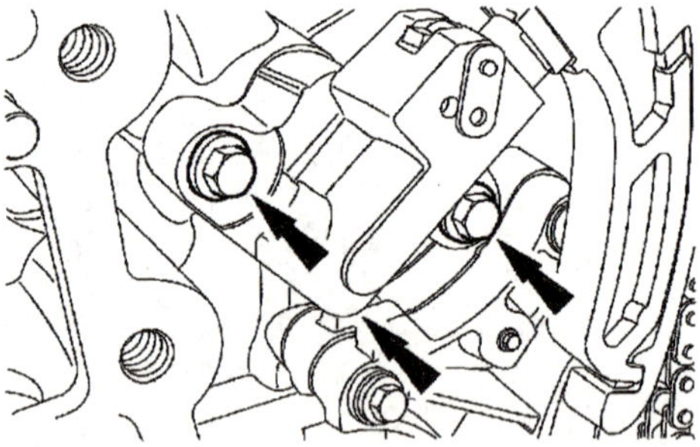

图 11-1-7 拆下主正时链条张紧器螺栓

9. 拆下主正时链条张紧器臂（图 11-1-8）。

10. 拆下 2 个螺栓和左侧主正时链条下部导轨（图 11-1-9）。

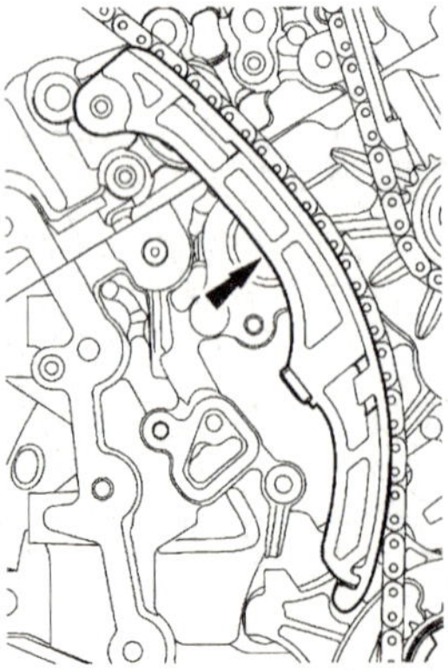

图 11-1-8 拆下主正时链条张紧器臂

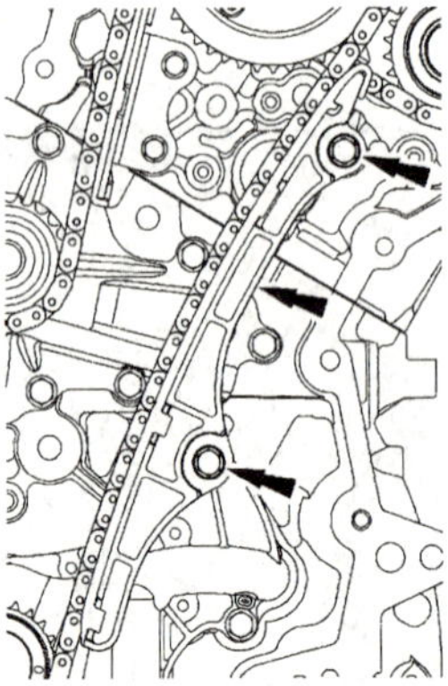

图 11-1-9 拆卸螺栓和下部导轨

11. 拆卸主正时链条（图 11-1-10）。

12. 拆卸曲轴链轮（图 11-1-11）。

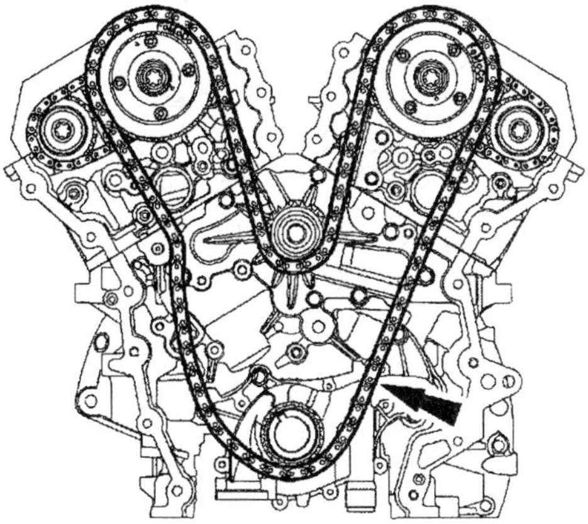

图 11-1-10 拆卸主正时链条

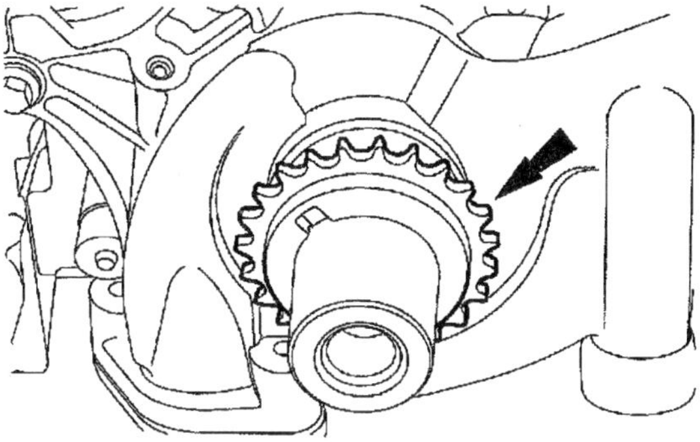

图 11-1-11 拆卸曲轴链轮

13. 拆卸 2 个螺栓和左侧正时链条上部导轨（图 11-1-12）。

14. 压缩左侧次级正时链条张紧器并插入限位销，使张紧器固定在压缩位置（图 11-1-13）。

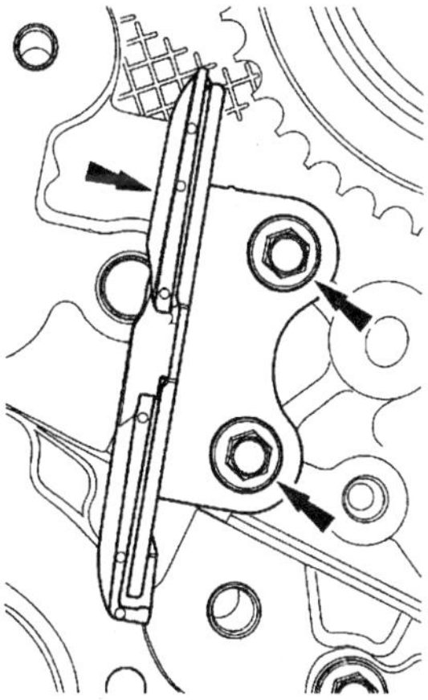

图 11-1-12 拆卸螺栓和上部导轨

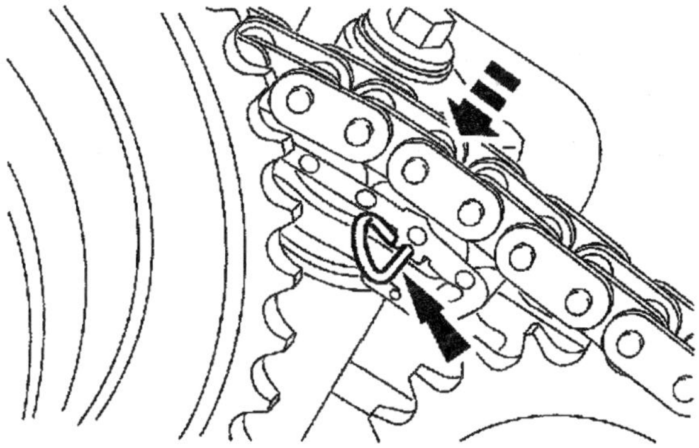

图 11-1-13 在左侧次级正时链条张紧器内插入限位销

15. 拆下并废弃左侧凸轮轴可变正时总成螺栓和左侧排气凸轮轴链轮螺栓（图 11-1-14）。把左侧凸轮轴可变正时总成、次级正时链条和左侧排气凸轮轴链轮一起拆下。

16. 拆下 2 个螺栓和左侧次级正时链条张紧器（图 11-1-15）。

17. 压缩右侧次级正时链条张紧器并插入限位销，使张紧器固定在压缩位置（图 11-1-16）。

18. 拆下并废弃右侧凸轮轴可变正时总成螺栓和右侧排气凸轮轴链轮螺栓（图 11-1-17）。把右侧凸轮轴可变正时总成、次级正时链条和右侧排气凸轮轴链轮一起拆下。

19. 拆下 2 个螺栓和右侧次级正时链条张紧器（图 11-1-18）。

20. 拆卸 2 个螺栓和右侧主正时链条张紧器导轨（图 11-1-19）。

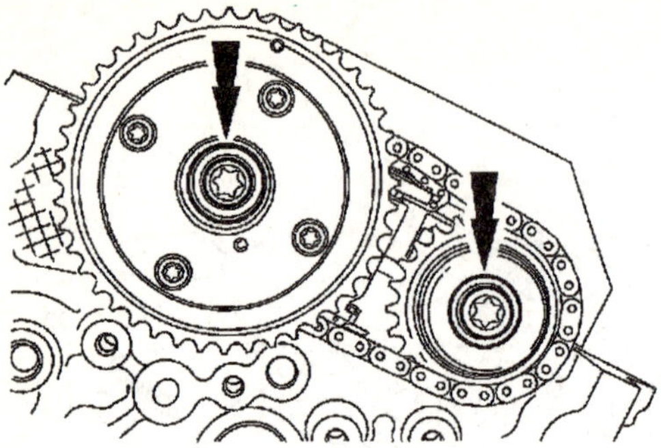

图 11-1-14　左侧凸轮轴可变正时总成螺栓和左侧排气凸轮轴链轮螺栓识别

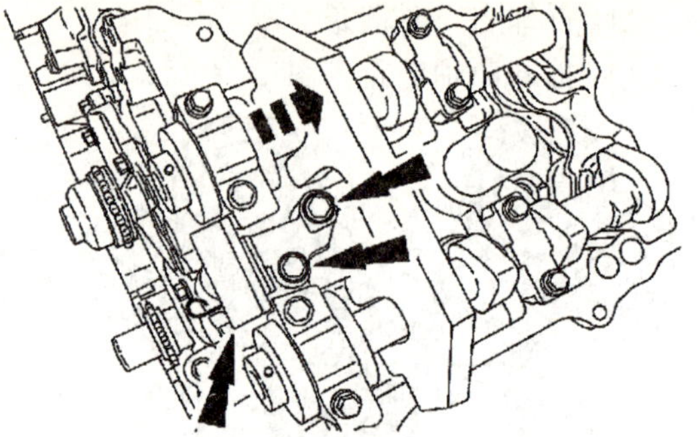

图 11-1-15　拆卸螺栓和左侧次级正时链条张紧器

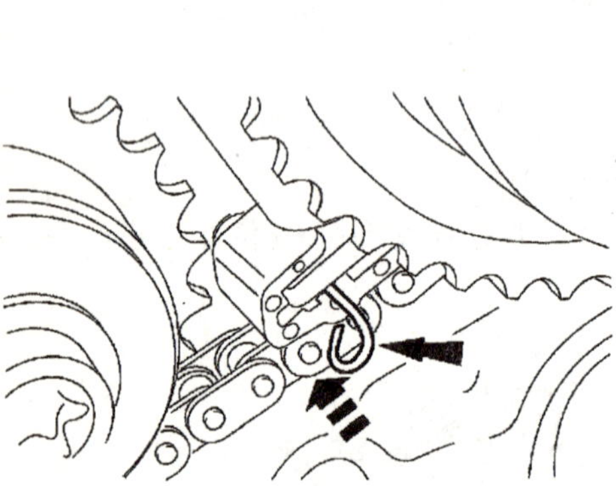

图 11-1-16　在右侧次级正时链条张紧器内插入限位销

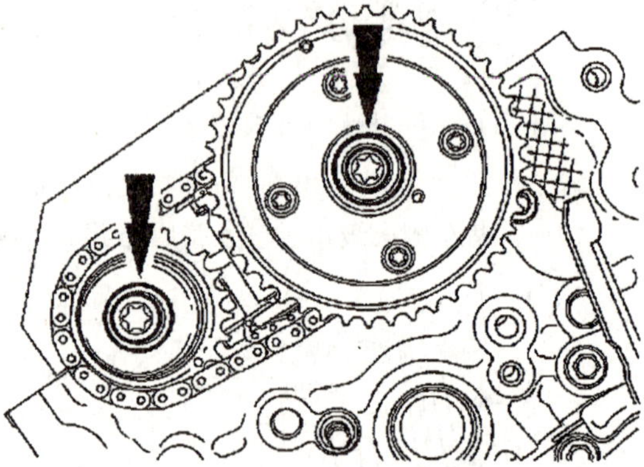

图 11-1-17　右侧凸轮轴可变正时总成螺栓和右侧排气凸轮轴链轮螺栓识别

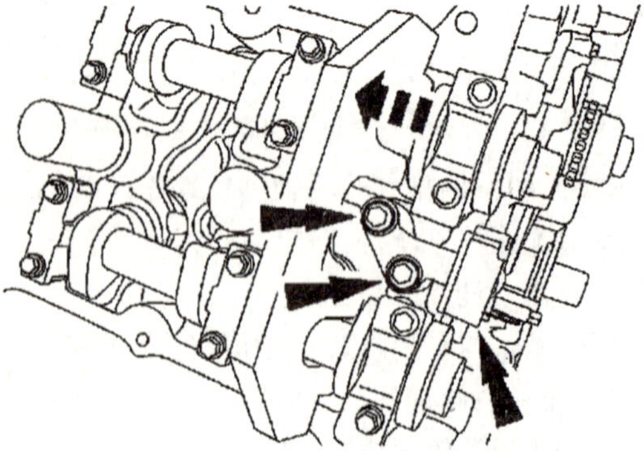

图 11-1-18　拆卸螺栓和右侧次级正时链条张紧器

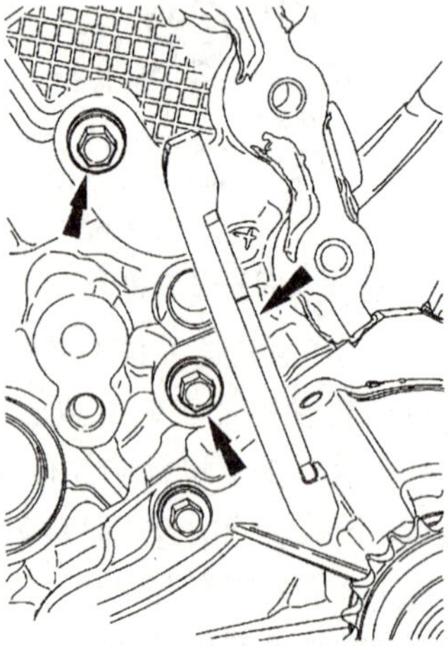

图 11-1-19　拆卸螺栓和右侧主正时链条张紧器导轨

二、EDGE 轿车 3.5L 发动机正时链条安装

1. 安装右侧主正时链条张紧器导轨和 2 个螺栓（图 11-1-19），将螺栓紧固至 10N·m。

2. 安装右侧主正时链条张紧器和 2 个螺栓（图 11-1-18），将螺栓紧固至 10N·m。

3. 把右侧凸轮轴可变正时总成、右侧排气凸轮轴链轮和右侧次级正时链条组装好。确保正时链条上的镀色链节对齐正时标记（图 11-1-20）。

4. 把右侧次级正时链条安装到凸轮轴上（图 11-1-21）。

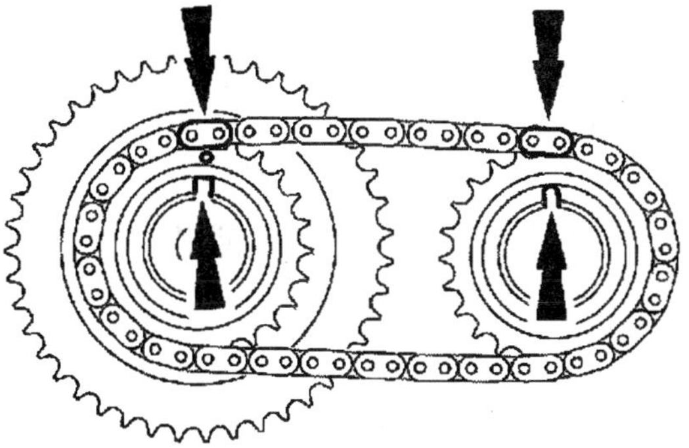
图 11-1-20 镀色链节对准正时标记

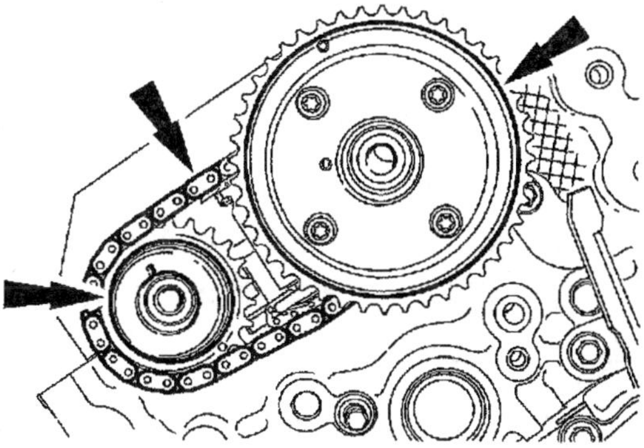
图 11-1-21 安装右侧次级正时链条

5. 如图 11-1-22 所示，换用 2 个新螺栓并分四次紧固：第一步紧固至 40N·m，第二步拧松 1 周，第三步紧固 10N·m，第四步拧紧 90°。

6. 拆卸右侧次级正时链条张紧器内插入的限位销（图 11-1-23）。

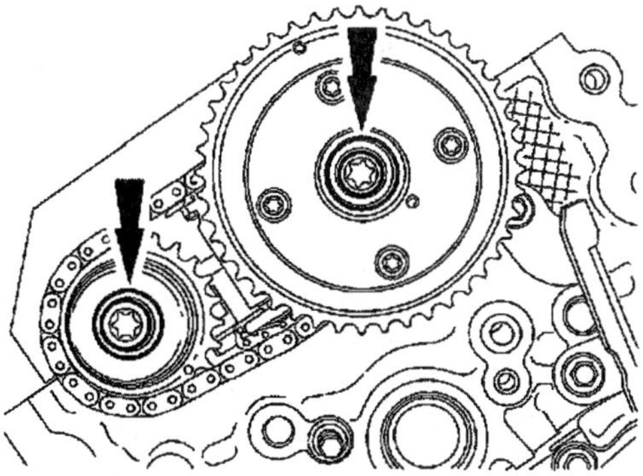
图 11-1-22 紧固 2 个螺栓

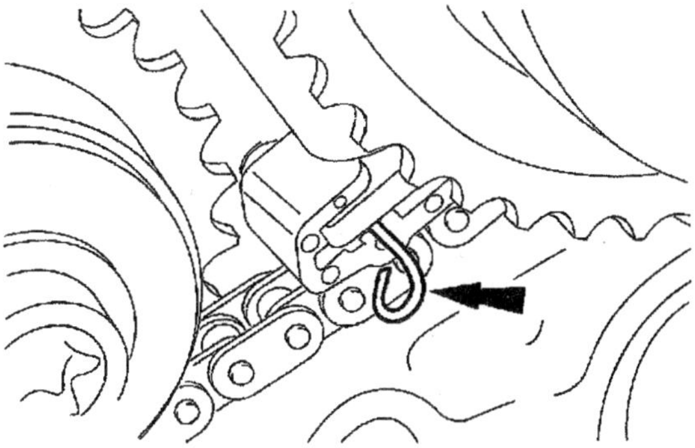
图 11-1-23 拆下限位销

7. 安装左侧次级正时链条张紧器和 2 个螺栓（图 11-1-24）。将螺栓紧固至 10N·m。

8. 把左侧凸轮轴可变正时总成、左侧排气凸轮轴链轮和左侧次级正时链条组装好。确保正时链条上的镀色链节对齐正时标记（图 11-1-25）。

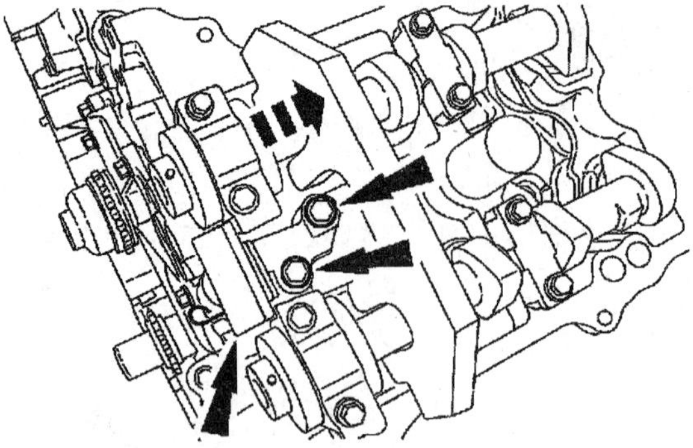

图 11-1-24　安装左侧次级正时链条张紧器和 2 个螺栓

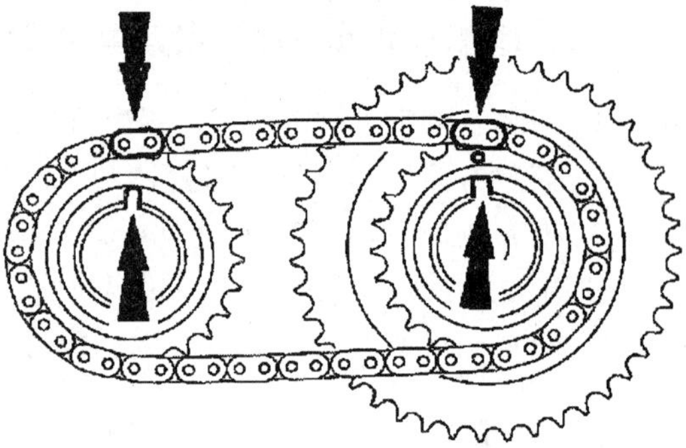

图 11-1-25　镀色链节对准正时标记

9. 把左侧次级正时链条安装到凸轮轴上（图 11-1-26）。

10. 如图 11-1-27 所示，换用 2 个新螺栓并分四次紧固：第一步紧固至 40N·m，第二步拧松 1 周，第三步紧固 10N·m，第四步拧紧 90°。

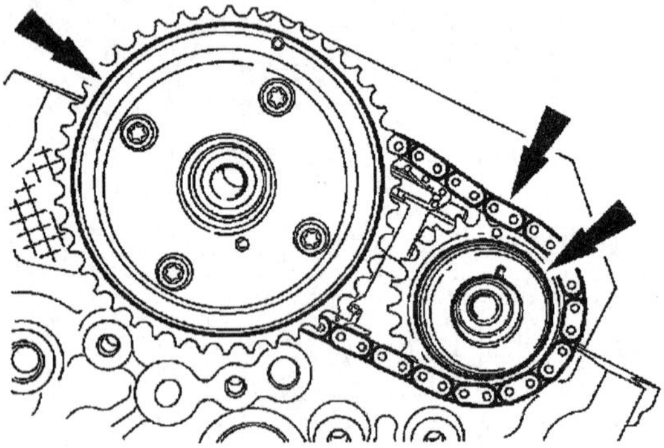

图 11-1-26　安装左侧次级正时链条

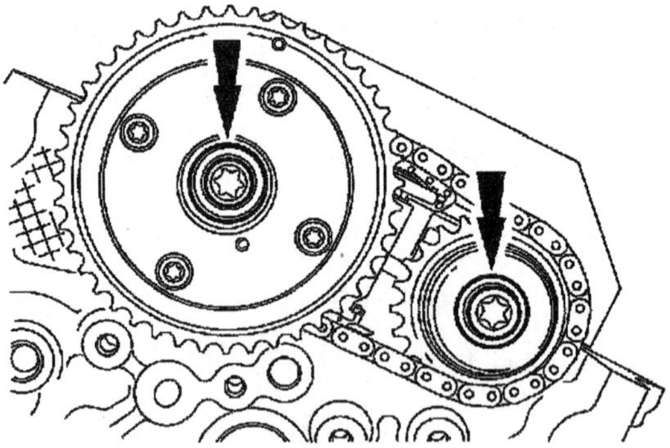

图 11-1-27　紧固 2 个螺栓

11. 拆卸左侧次级正时链条张紧器内插入的限位销（图 11-1-28）。

12. 安装曲轴链轮（图 11-1-29）。

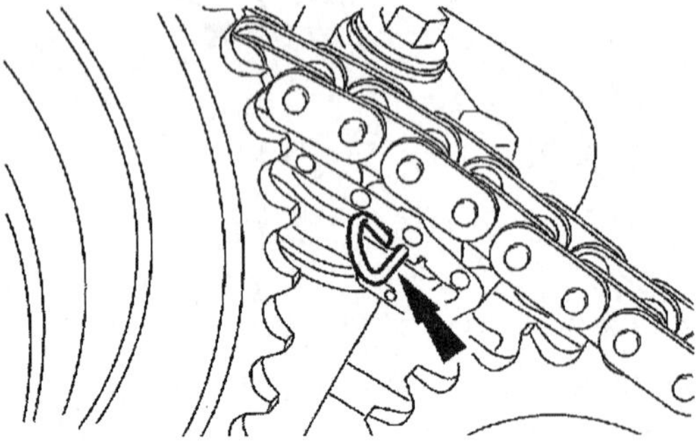

图 11-1-28　拆下限位销

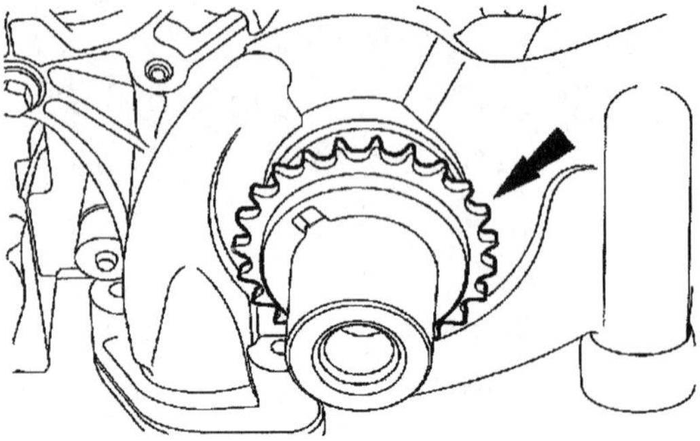

图 11-1-29　安装曲轴链轮

13. 安装主正时链条，并确保正时链条上的镀色链节与凸轮轴可变正时总成上的正时标记和曲轴链轮上的正时标记对齐（图 11-1-30）。

14. 安装左侧主正时链条上部导轨和 2 个螺栓（图 11-1-31）。将螺栓紧固至 10N・m。

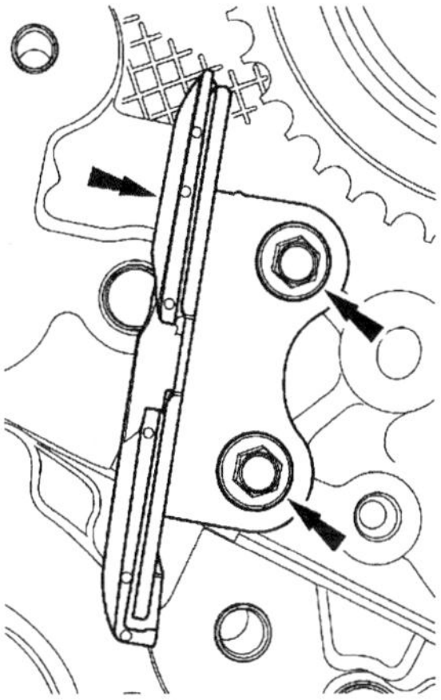

图 11-1-30　对齐正时标记　　图 11-1-31　安装左侧主正时链条上部导轨和 2 个螺栓

15. 安装左侧主正时链条下部导轨和 2 个螺栓（图 11-1-32）。将螺栓紧固至 10N・m。

16. 安装主正时链条张紧器臂（图 11-1-33）。

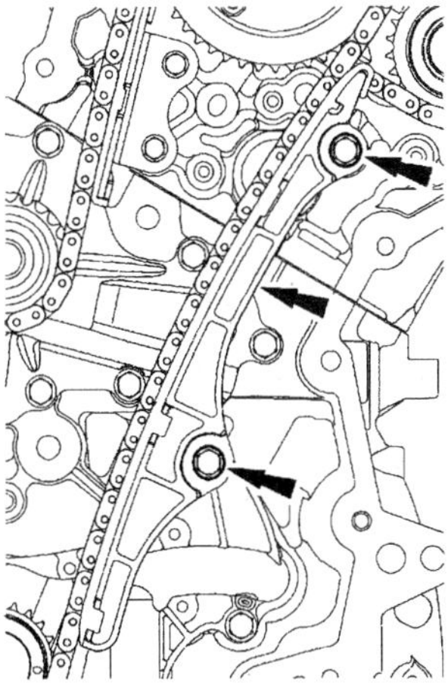

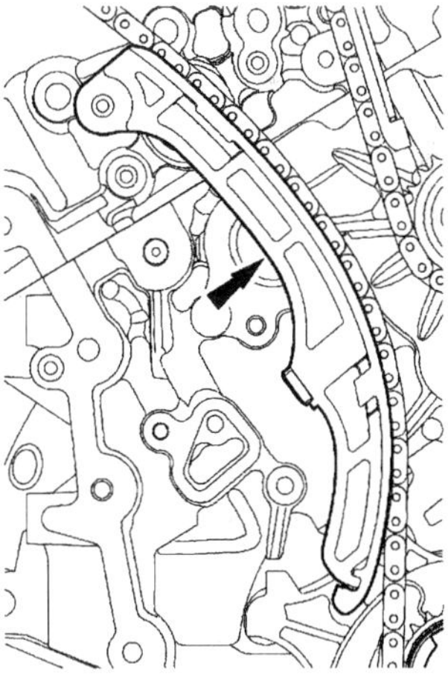

图 11-1-32　安装左侧主正时链条下部导轨和 2 个螺栓　　图 11-1-33　安装主正时链条张紧器臂

17. 重新设置主正时链条张紧器（图 11-1-34）：

（1）逆时针转动张紧器杆。

（2）用装有软套的虎钳压缩张紧器柱塞。

（3）将张紧器杆上的小孔与张紧器壳体上的小孔对齐。

（4）插入限位销。

18. 安装主正时链条张紧器和 2 个螺栓（图 11-1-35）。将螺栓紧固至 10N·m。

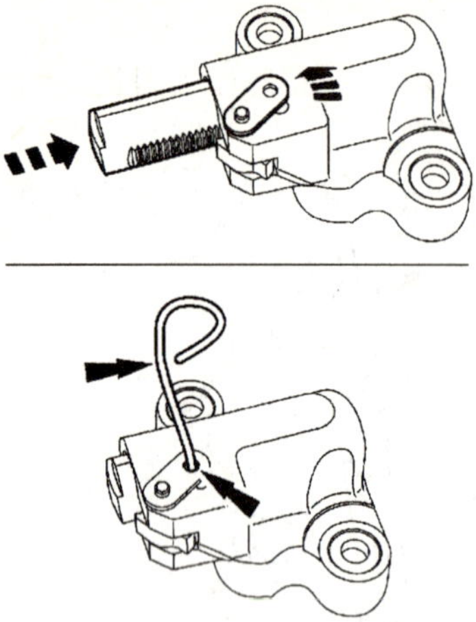

图 11-1-34 重新设置主正时链条张紧器

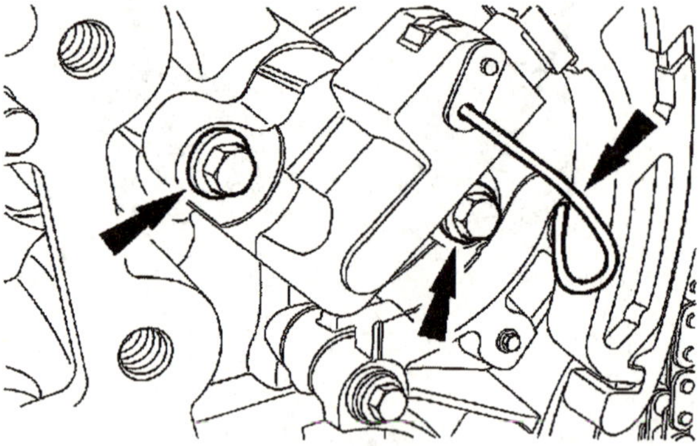

图 11-1-35 安装主正时链条张紧器和 2 个螺栓

19. 确认各个正时标记对齐（图 11-1-36）。

20. 安装新的凸轮轴可变正时壳体密封（图 11-1-37）。

图 11-1-36 对齐正时标记

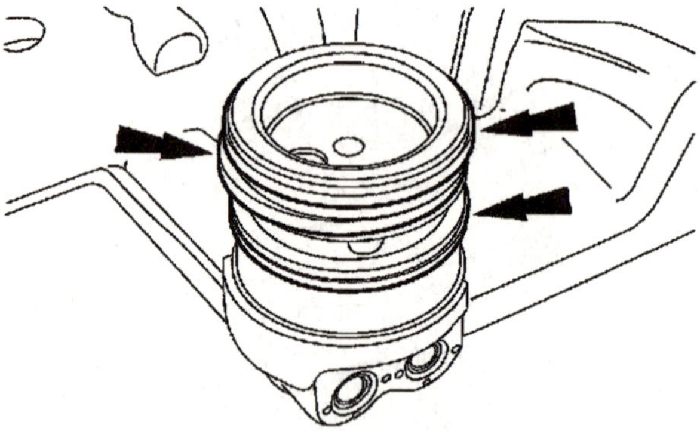

图 11-1-37 安装新密封

21. 安装发动机前盖。

第二节　E350 轿车

一、正时链条拆卸

1. 按照图 11-2-1 所示，拆卸发动机前盖。

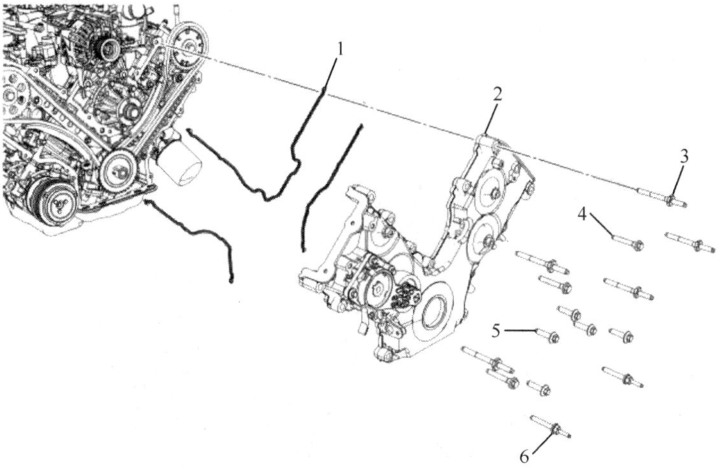

图 11-2-1　发动机前盖部件识别

1-密封垫；2-发动机前盖；3-发动机前盖上部双头螺栓（5 个）；4-发动机前盖螺栓（3 个）；5-发动机前盖螺栓（5 个）；6-发动机前盖下部双头螺栓（2 个）

2. 按照图 11-2-2 所示，从曲轴上拆下曲轴传感器信号盘。

3. 按照图 11-2-3 所示，把曲轴键槽设置到 12 点钟位置。

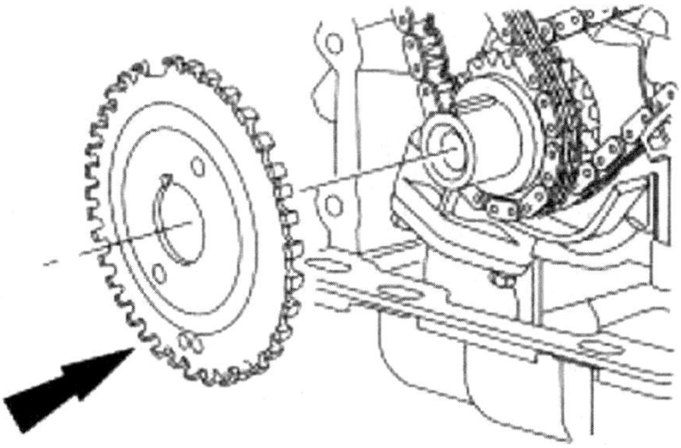

图 11-2-2　曲轴传感器信号盘识别

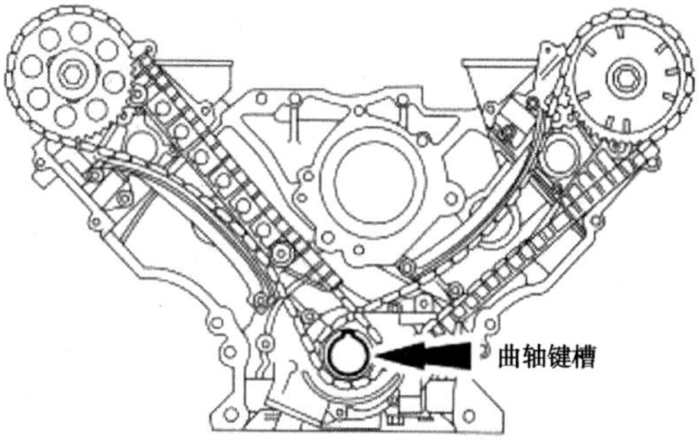

图 11-2-3　曲轴键槽设置到 12 点钟位置

4. 按照图 11-2-4 所示，把凸轮轴位置校准工具安装到左侧和右侧凸轮轴上。

5. 按照图 11-2-5 所示，拆卸 2 个正时链条的张紧器。

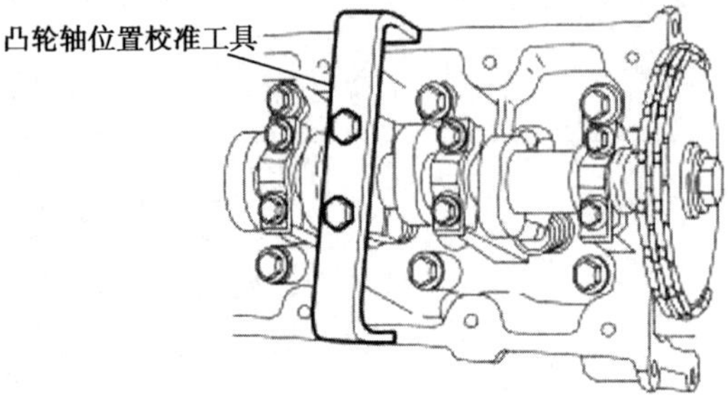

图 11-2-4　安装凸轮轴位置校准工具

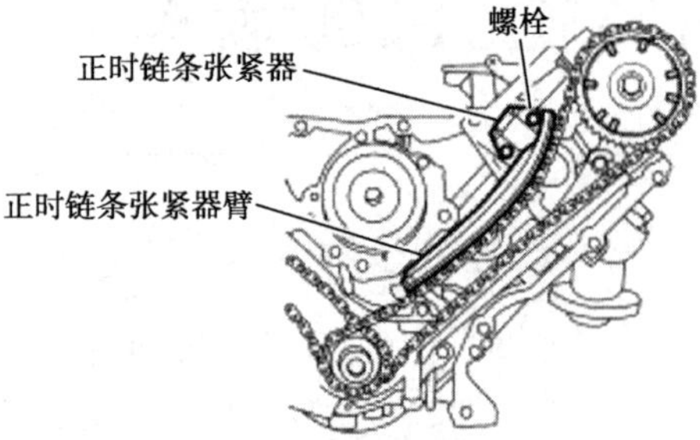

图 11-2-5　正时链条张紧器识别

6. 按照图 11-2-6 所示，拆卸 2 个正时链条。

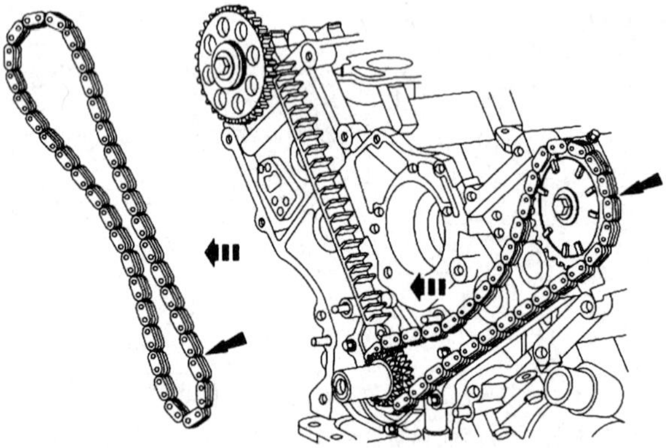

图 11-2-6　拆卸正时链条

7. 按照图 11-2-7 所示，拆卸正时链条导板。

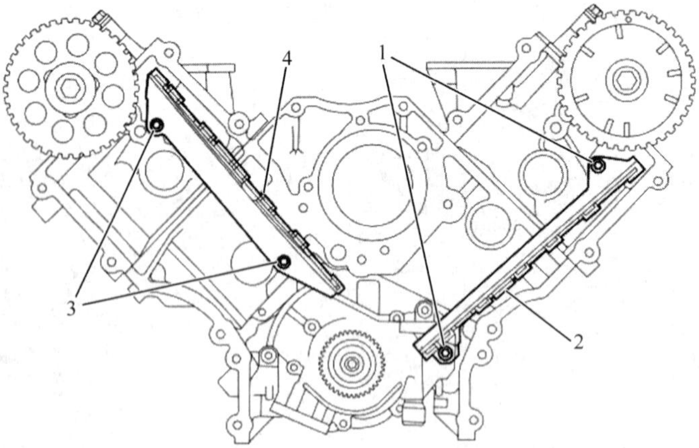

图 11-2-7　正时链条导板识别

1-螺栓；2-左侧正时链条导板；3-螺栓；4-右侧正时链条导板

二、正时链条安装程序

1. 按照图 11-2-8 所示，用虎钳把正时链条张紧器柱塞压入。

2. 按照图 11-2-9 所示，用固定夹固定住正时链条张紧器柱塞，使其保持在压入状态。

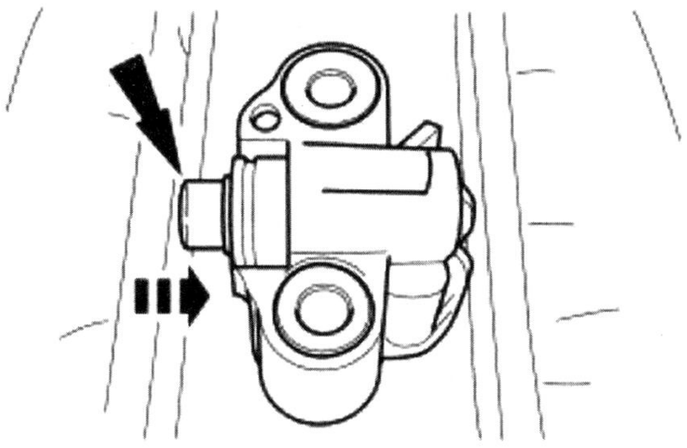

图 11-2-8 用虎钳压入正时链条张紧器柱塞

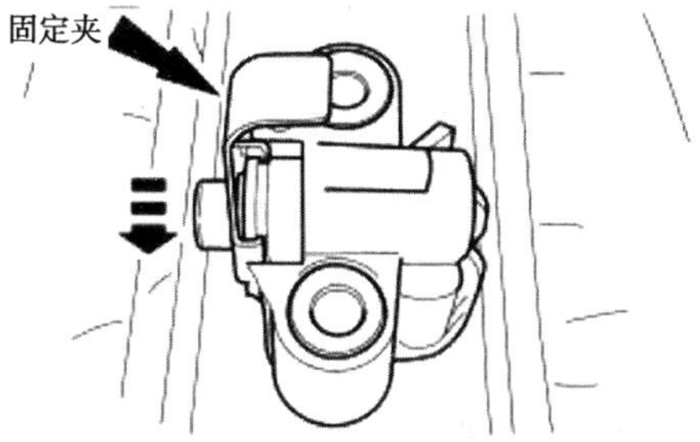

图 11-2-9 用固定夹固定张紧器柱塞

3. 如果没有在正时链条上找到蓝色链节，则在正时链条一段标记 2 个链节；在另一端标记一个链节，作为正时标记，如图 11-2-10 所示。

4. 参照图 11-2-7，安装正时链条导板：

（1）固定好左侧正时链条导板。

（2）紧固左侧正时链条导板螺栓至 10N·m。

（3）固定好右侧正时链条导板。

（4）紧固右侧正时链条导板螺栓至 10N·m。

5. 按照图 11-2-11 所示，安装凸轮轴校准装置。

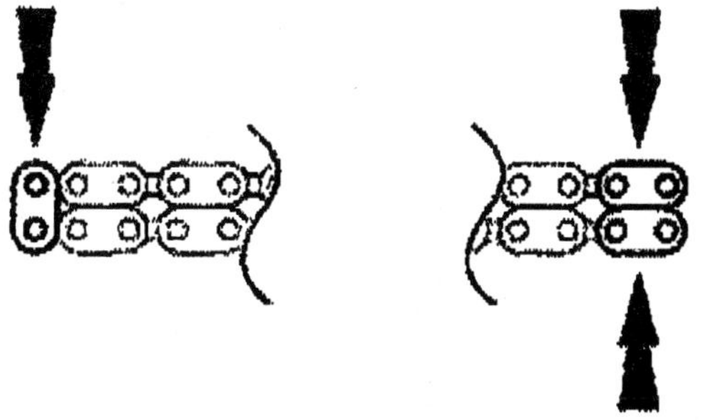

图 11-2-10 标记链节作为正时标记

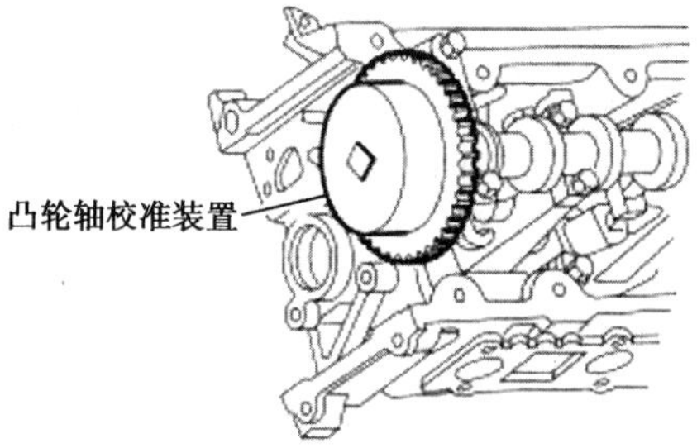

图 11-2-11 凸轮轴校准装置识别

6. 略微松开凸轮轴位置校准工具，使凸轮轴能转动。对凸轮轴执行预先定位：

（1）如图 11-2-12 所示，转动左侧凸轮轴，直至正时标记位于 12 点钟位置。拧紧凸轮轴位置校准工具，使左侧凸轮轴固定在该位置。

（2）如图 11-2-12 所示，转动右侧凸轮轴，直至正时标记位于 12 点钟位置，拧紧凸轮轴位置校准工具，使右侧凸轮轴固定在该位置。

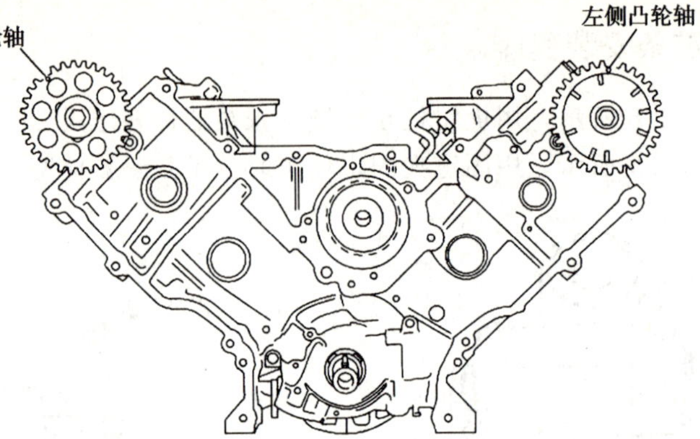

图 11-2-12　左侧和右侧凸轮轴识别

7. 按照图 11-2-13 所示，使用曲轴定位工具把发动机设置到 1 缸上止点位置。

8. 按照图 11-2-14 所示，安装曲轴链轮，使链轮法兰朝前。

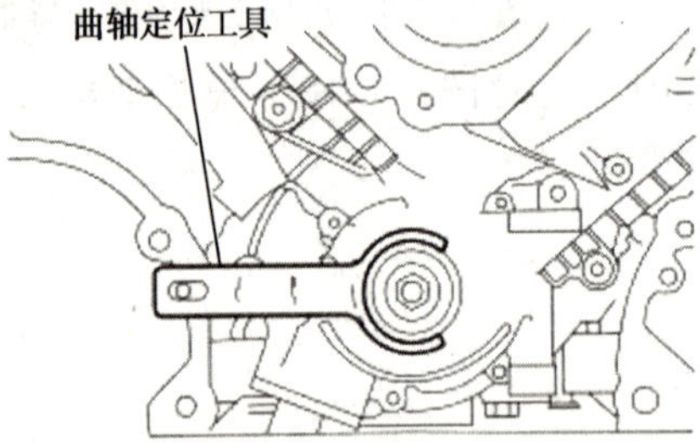

图 11-2-13　用曲轴定位工具将发动机设置到 1 缸上止点位置

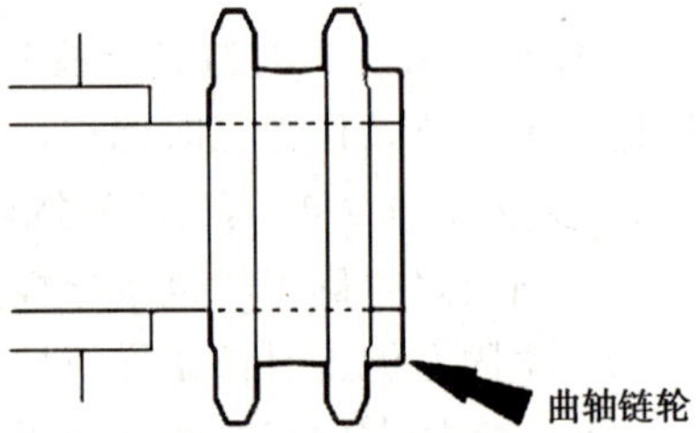

图 11-2-14　安装曲轴链轮

9. 把左侧正时链条的下端绕装到曲轴链轮上，使曲轴链轮法兰上的正时标记与左侧正时链节上的蓝色链节对齐，如图 11-2-15 所示。

10. 把左侧正时链条安装到左侧凸轮轴链轮上，使凸轮轴链轮上的正时标记位于左侧正时链条的 2 个蓝色链节之间，如图 11-2-16 所示。

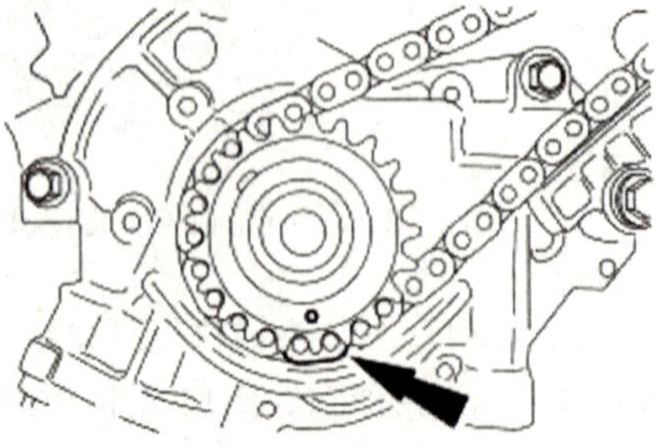

图 11-2-15　左侧正时链条蓝色链节对准曲轴链轮法兰上的正时标记

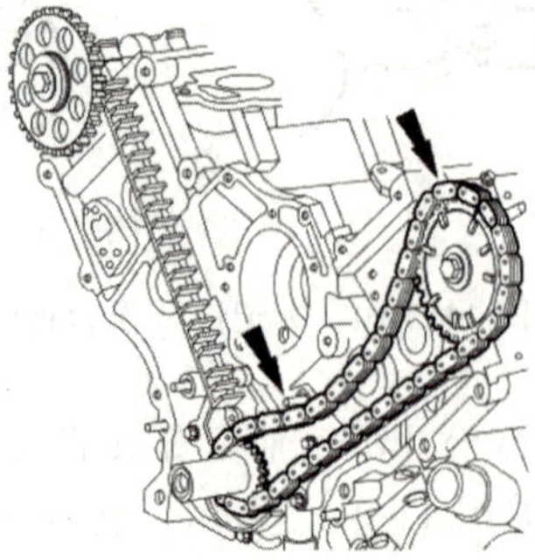

图 11-2-16　使凸轮轴链轮正时标记位于左侧正时链条 2 个蓝色标记之间

11. 按照图 11-2-17 所示，安装好左侧正时链条张紧器臂，将张紧器臂固定螺栓紧固到 25N·m。

12. 从左侧正时链条张紧器上拆卸固定夹，如图 11-2-18 所示。

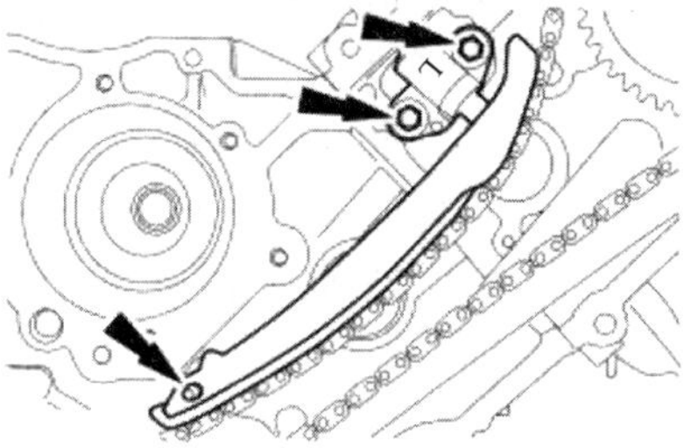
图 11-2-17　安装左侧正时链条张紧器臂

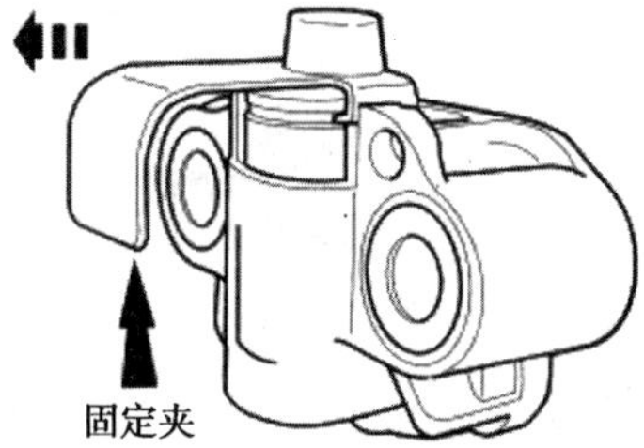

图 11-2-18　拆卸左侧正时链条张紧器上的固定夹

13. 按照图 11-2-19 所示，把右侧正时链条的下端绕装到曲轴链轮上，正时链条上的蓝色链节对准曲轴链轮上的正时标记。

14. 把右侧正时链条绕装到右侧凸轮轴链轮上，使凸轮轴链轮上的正时标记位于右侧正时链条上的 2 个蓝色链节之间，如图 11-2-20 所示。

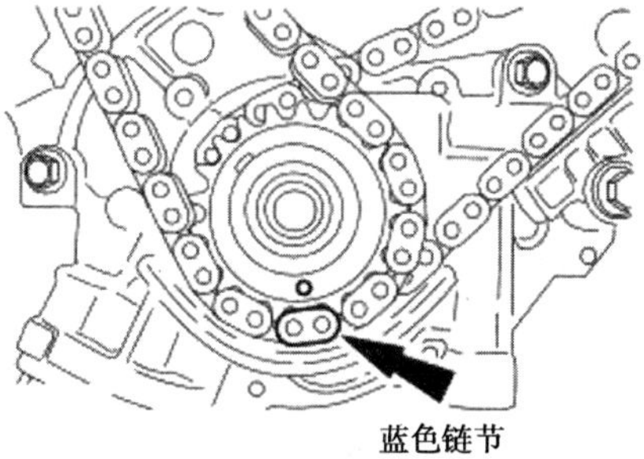

图 11-2-19　右侧正时链条上的蓝色链节对准曲轴链轮正时标记

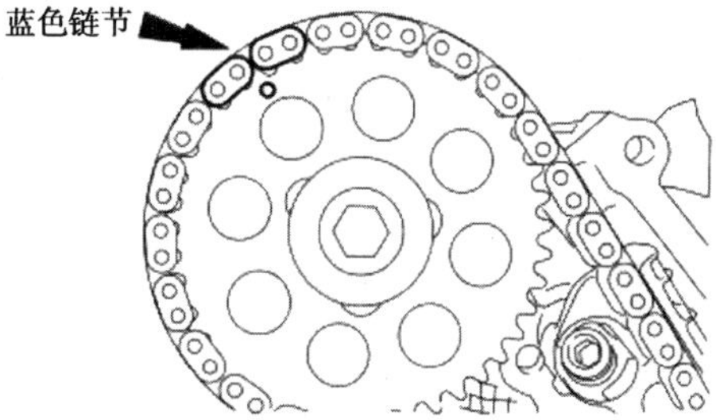

图 11-2-20　凸轮轴链轮上的正时标记位于右侧正时链条上的 2 个蓝色链节之间

15. 按照图 11-2-21 所示，安装好右侧正时链条张紧器臂，将张紧器臂固定螺栓紧固到 25N·m。

16. 从右侧正时链条张紧器上拆卸固定夹，如图 11-2-22 所示。

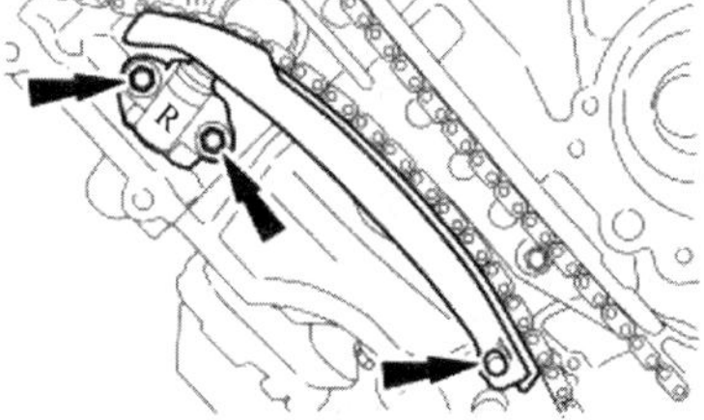
图 11-2-21　安装右侧正时链条张紧器臂

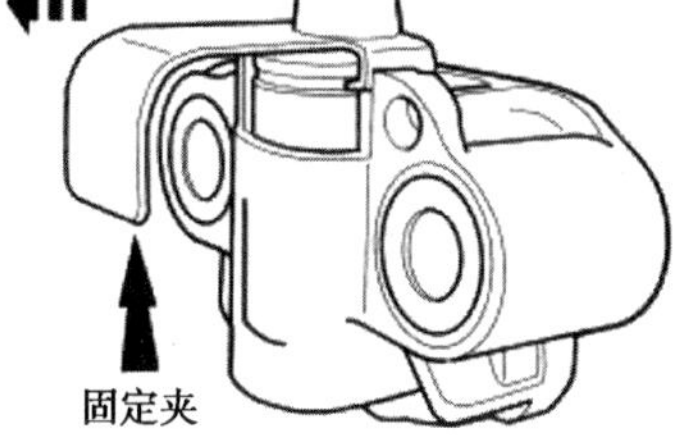

图 11-2-22　拆卸右侧正时链条张紧器上的固定夹

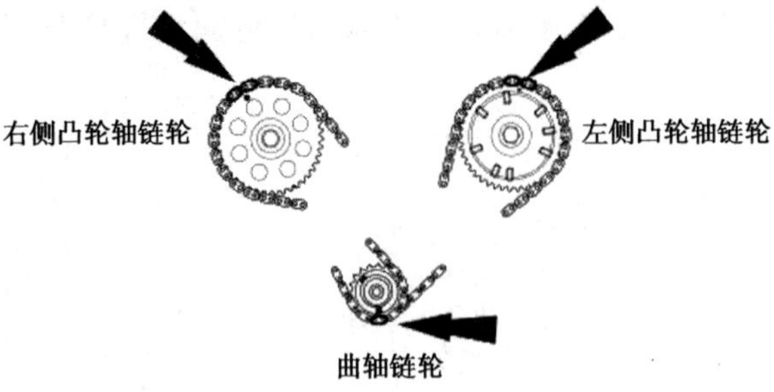

图 11-2-23　检查各个正时标记

17. 拆卸凸轮轴校准装置，如图 11-2-11 所示。

18. 按照图 11-2-23 所示，再次核查各个正时标记均正确对齐。

19. 拆卸凸轮轴位置校准工具，如图 11-2-4 所示。

20. 把曲轴传感器信号盘安装好。

21. 安装好发动机前盖。

第三节　F150（6.2L 发动机）轿车

一、F150 轿车 6.2L 发动机正时部件识别（图 11-3-1）

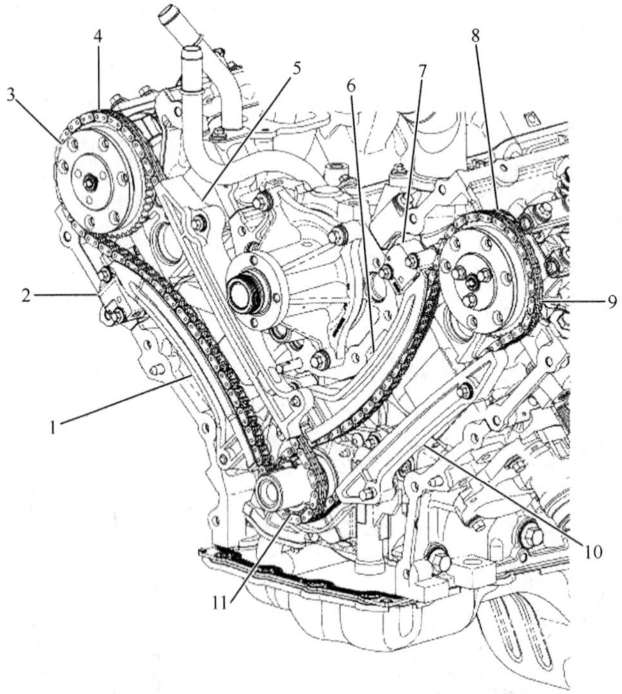

图 11-3-1　F150 轿车 6.2L 发动机正时部件识别

1-右侧正时链条张紧器臂；2-右侧正时链条张紧器；3-右侧凸轮轴链轮；4-右侧正时链条；5-右侧正时链条导板；6-左侧正时链条张紧器臂；7-左侧正时链条张紧器；8-左侧正时链条；9-左侧凸轮轴链轮；10-左侧正时链条导板；11-曲轴链轮

二、F150 轿车 6.2L 发动机正时链条拆卸程序

1. 拆卸发动机前盖。
2. 断开火花塞的点火线束。
3. 用压缩空气吹除火花塞附件的脏污，拆下火花塞。
4. 沿顺时针方向转动发动机，使 1 缸进气门开启。
5. 按照图 11-3-2 所示，拆卸 10 个紧固螺栓和左侧进气摇臂轴总成。
6. 沿顺时针方向转动发动机，使 1 缸排气门开启。
7. 按照图 11-3-3 所示，拆卸 10 个紧固螺栓和左侧排气摇臂轴总成。

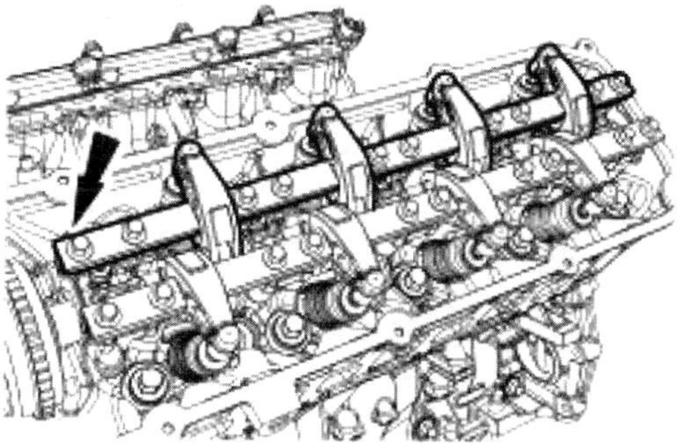

图 11-3-2　左侧进气摇臂轴和螺栓识别

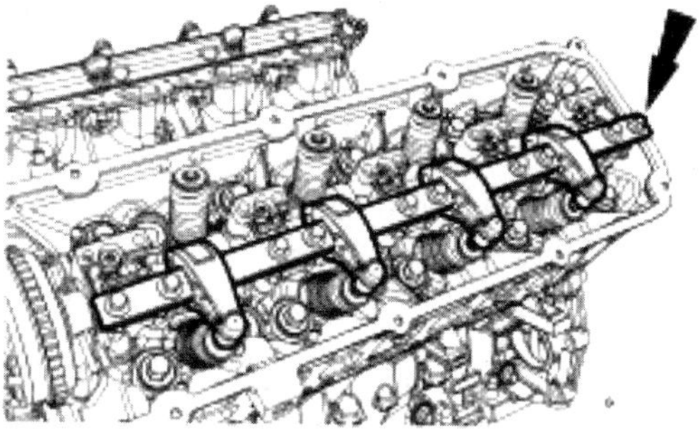

图 11-3-3　左侧排气摇臂轴和螺栓识别

8. 沿顺时针方向转动发动机，使 1 缸进气门关闭。
9. 按照图 11-3-4 所示，拆卸 10 个紧固螺栓和右侧进气摇臂轴总成。
10. 沿顺时针方向转动发动机，使 1 缸排气门关闭。
11. 按照图 11-3-5 所示，拆卸 10 个紧固螺栓和右侧排气摇臂轴总成。

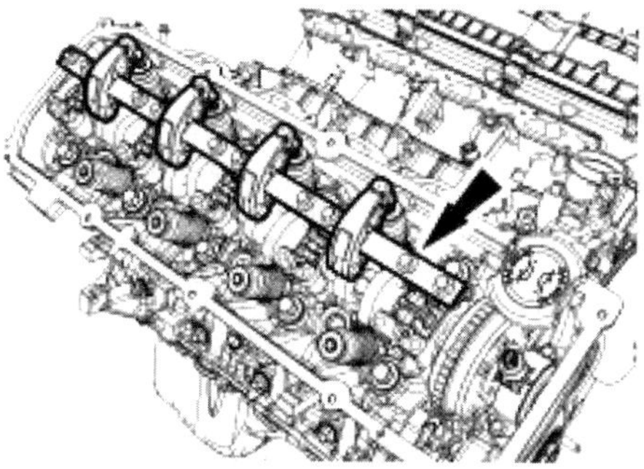

图 11-3-4　右侧进气摇臂轴和螺栓识别

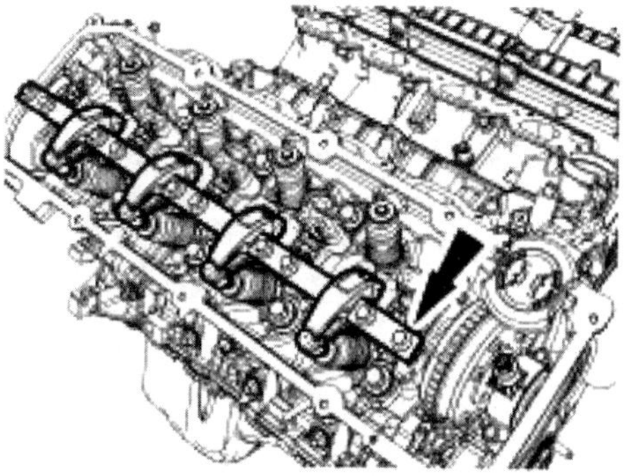

图 11-3-5　右侧排气摇臂轴和螺栓识别

12. 把曲轴键调整到 11 点钟位置，如图 11-3-6 所示。
13. 按照图 11-3-7 所示，拆卸右侧正时链条张紧器和张紧器臂。

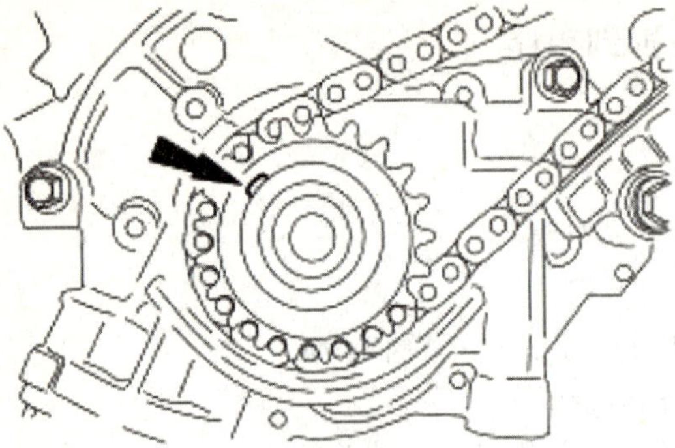

图 11-3-6　把曲轴键调节到 11 点钟位置

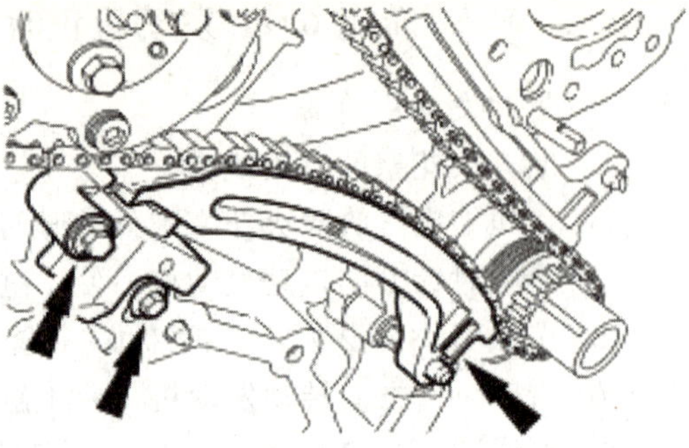

图 11-3-7　右侧正时链条张紧器和张紧器臂

14. 按照图 11-3-8 所示，拆卸右侧正时链条导板。
15. 按照图 11-3-9 所示，拆卸右侧正时链条。

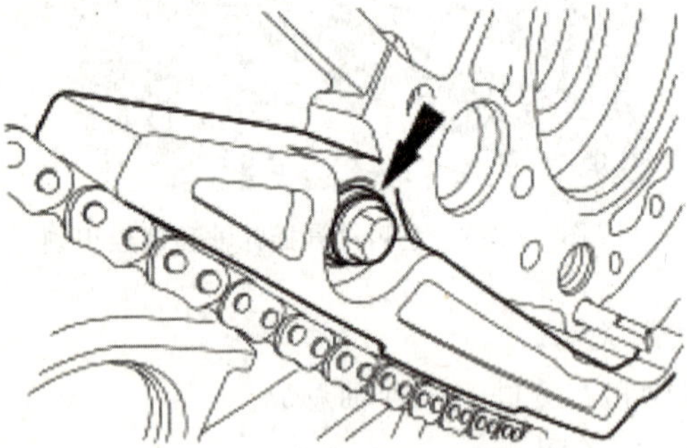

图 11-3-8　右侧正时链条导板

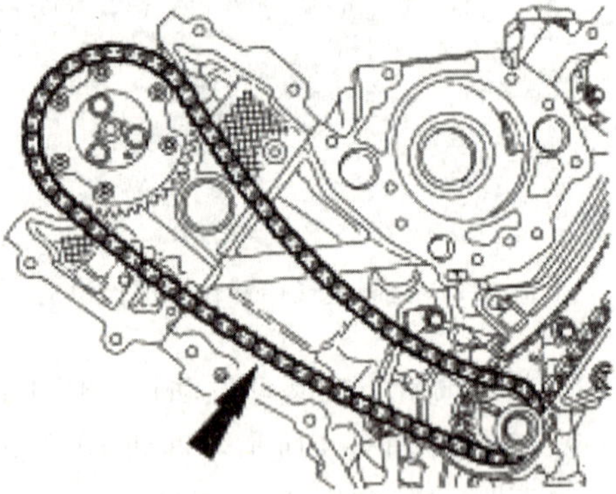

图 11-3-9　右侧正时链条

16. 按照图 11-3-10 所示，拆卸左侧正时链条张紧器。
17. 按照图 11-3-11 所示，拆卸左侧正时链条张紧器臂。

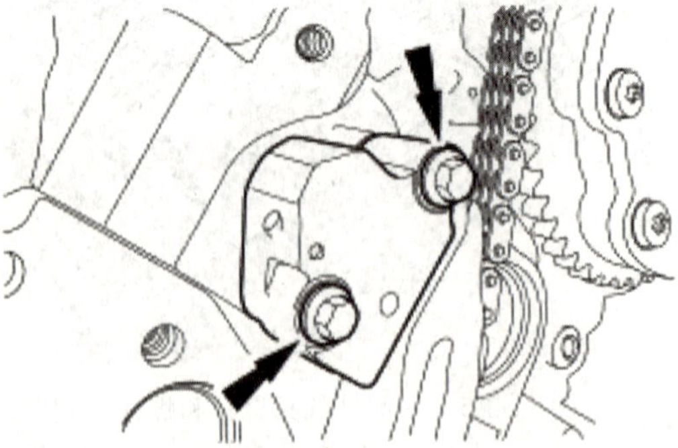

图 11-3-10　左侧正时链条张紧器

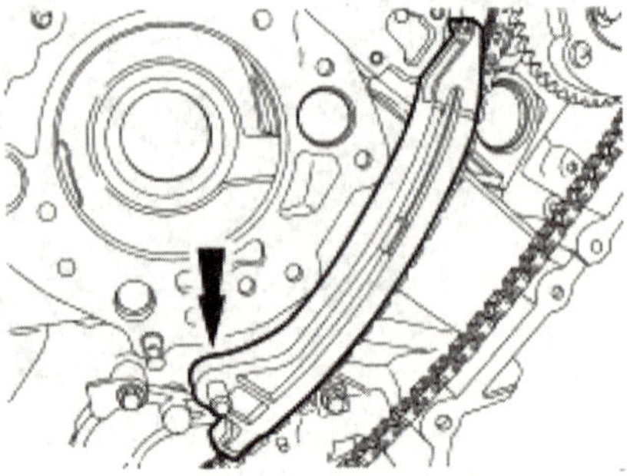

图 11-3-11　左侧正时链条张紧器臂

18. 按照图 11-3-12 所示，拆卸左侧正时链条导板。
19. 按照图 11-3-13 所示，拆卸左侧正时链条。

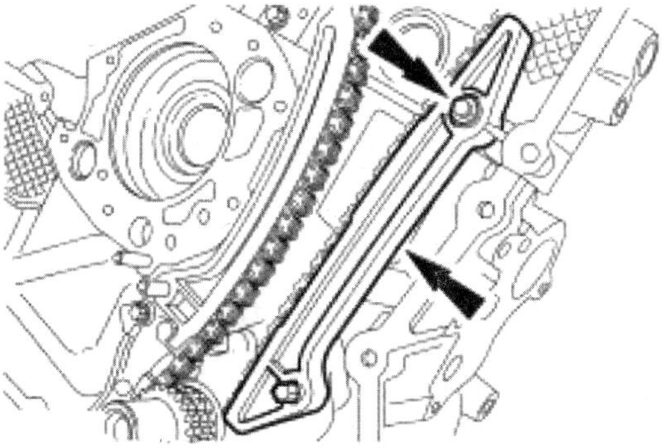

图 11-3-12 左侧正时链条导板

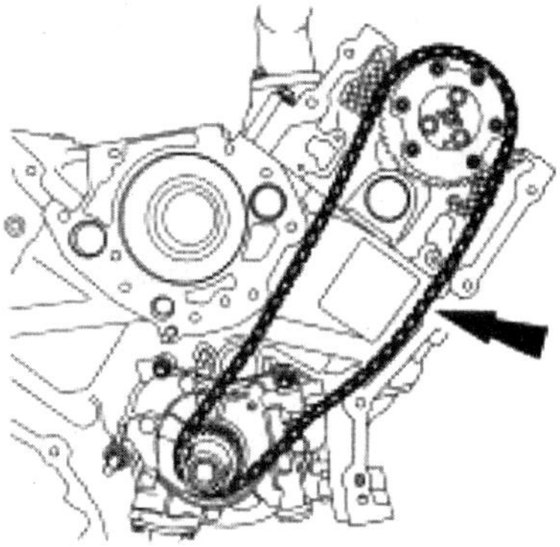

图 11-3-13 左侧正时链条

20. 按照图 11-3-14 所示，拆卸曲轴链轮。

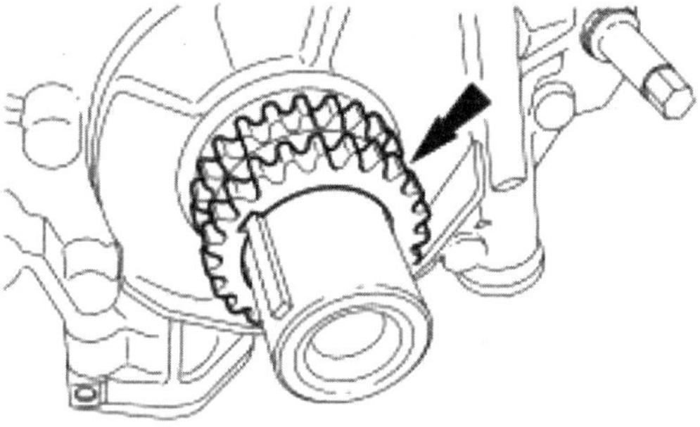

图 11-3-14 曲轴链轮

三、F150 轿车 6.2L 发动机正时链条安装程序

1. 按照图 11-3-15 所示，用小型尖头工具把正时链条张紧器的齿条棘爪保持器推离齿条棘爪，然后用虎钳压缩张紧器柱塞和齿条。

2. 把小型尖头工具插入正时链条张紧器内，使齿条棘爪和柱塞固定在压缩位置，如图 11-3-16 所示。

图 11-3-15 压缩张紧器柱塞

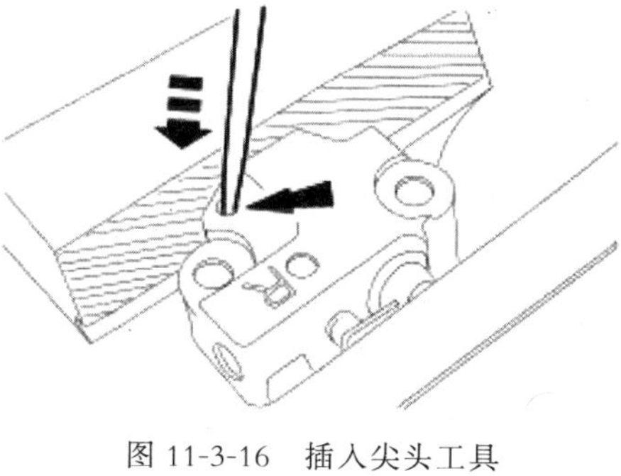

图 11-3-16 插入尖头工具

3. 从虎钳上取下正时链条张紧器。

4. 如果在正时链条上没有找到蓝色链节，则在正时链条两端各标记一节链节，作为正时标记使用，如图 11-3-17 所示。

5. 把左侧正时链条的上端盘绕到左侧凸轮轴链轮上，使凸轮轴链轮外侧法兰上的正时标记与正时链条蓝色链节对齐，如图 11-3-18 所示。

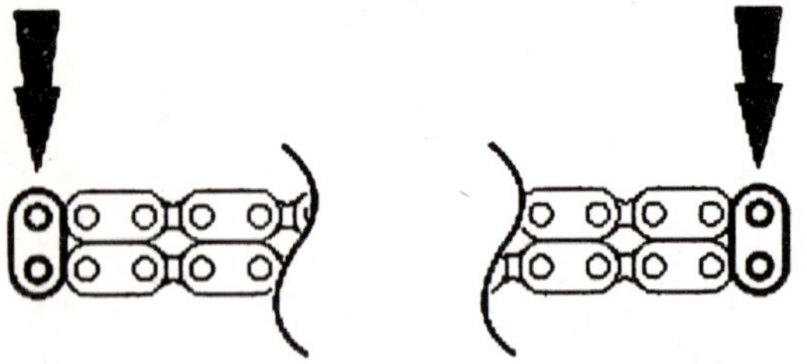

图 11-3-17 标记链节作为正时标记

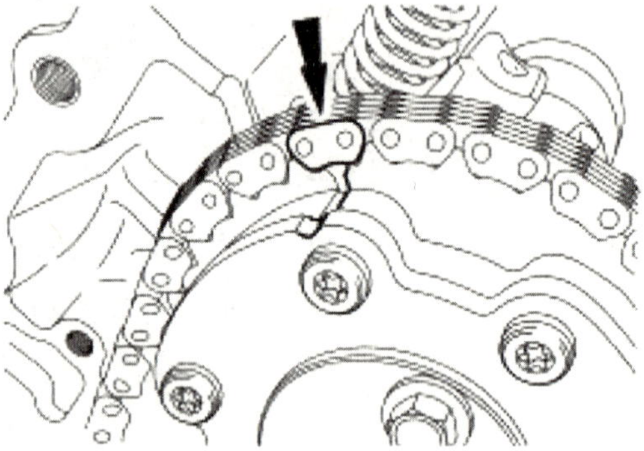

图 11-3-18 左侧凸轮轴链轮正时标记对齐蓝色链节

6. 把左侧正时链条的下端盘绕到曲轴链轮上，使曲轴链轮外侧法兰上的正时标记与正时链条蓝色链节对齐，如图 11-3-19 所示。确保曲轴键位于 11 点钟位置。

7. 按照图 11-3-20 所示，安装左侧正时链条张紧器臂。

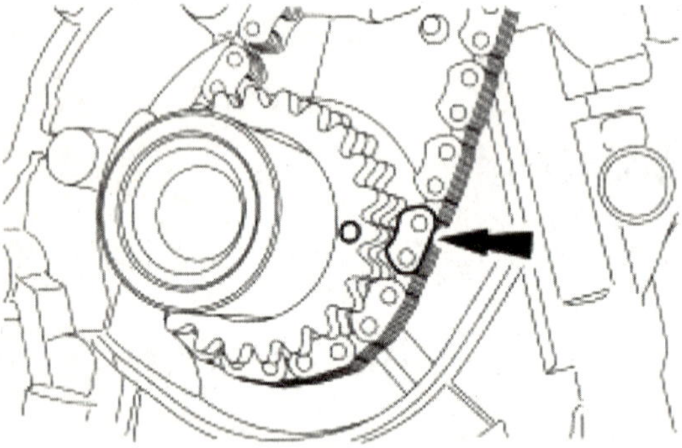

图 11-3-19 曲轴链轮正时标记对准左侧正时链条蓝色链节

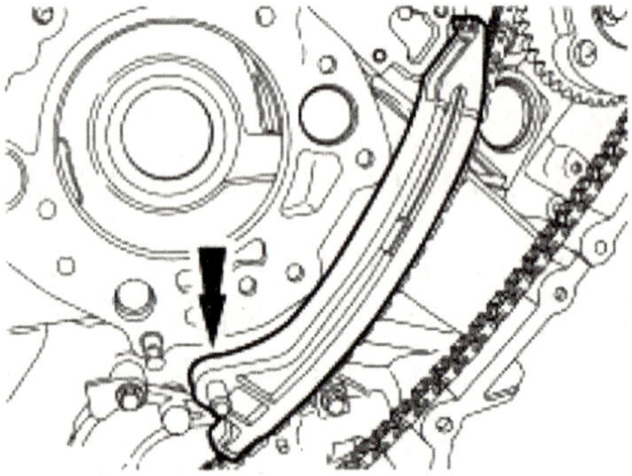

图 11-3-20 安装左侧正时链条张紧器臂

8. 按照图 11-3-21 所示，安装左侧正时链条张紧器并紧固螺栓，第一步先紧固到 10N · m，第二步再把螺栓拧紧 45°。

9. 按照图 11-3-22 所示，安装左侧正时链条导板并紧固螺栓，第一步先紧固到 10N · m，第二步再把螺栓拧紧 45°。

10. 从左侧正时链条张紧器中拔出插入的尖头工具。

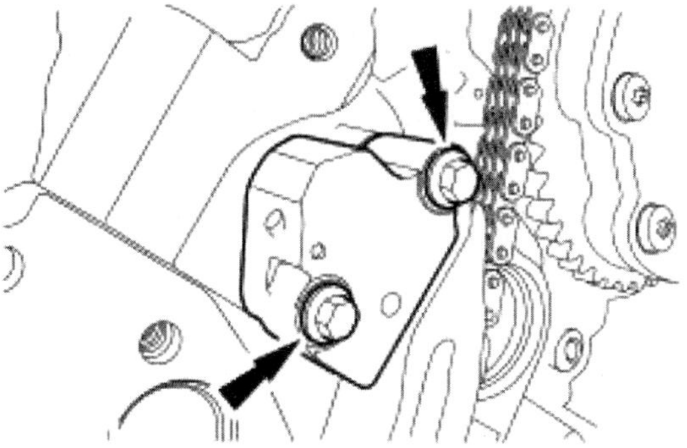

图 11-3-21　紧固左侧正时链条张紧器螺栓

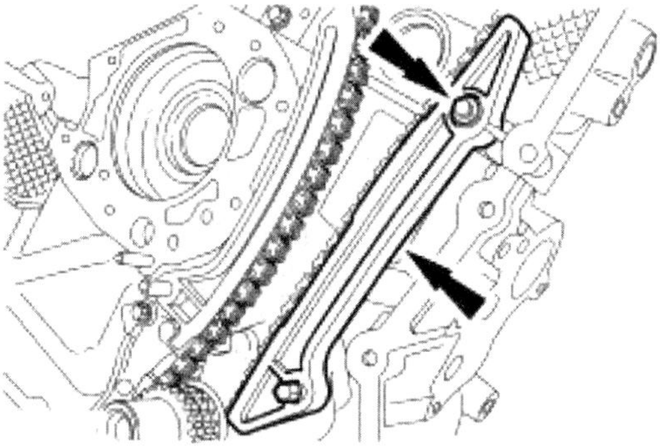

图 11-3-22　紧固左侧正时链条导板螺栓

11. 把右侧正时链条的下端盘绕到曲轴链轮上，使曲轴链轮外侧法兰上的正时标记与正时链条蓝色链节对齐，如图 11-3-23 所示。

12. 把右侧正时链条的上端盘绕到右侧凸轮轴链轮上，使凸轮轴链轮外侧法兰上的正时标记与右侧正时链条蓝色链节对齐，如图 11-3-24 所示。

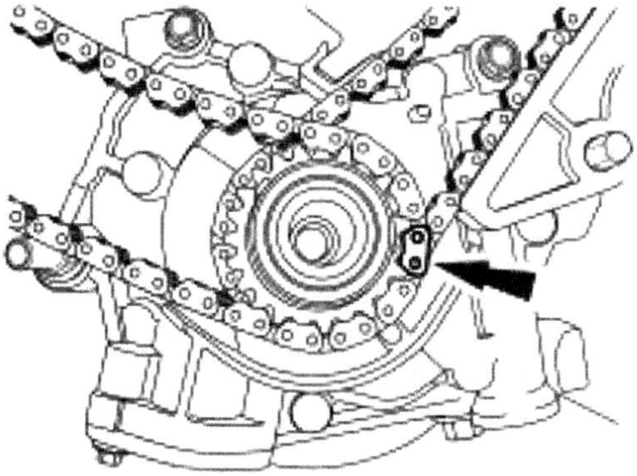

图 11-3-23　曲轴链轮正时标记对准右侧正时链条蓝色链节

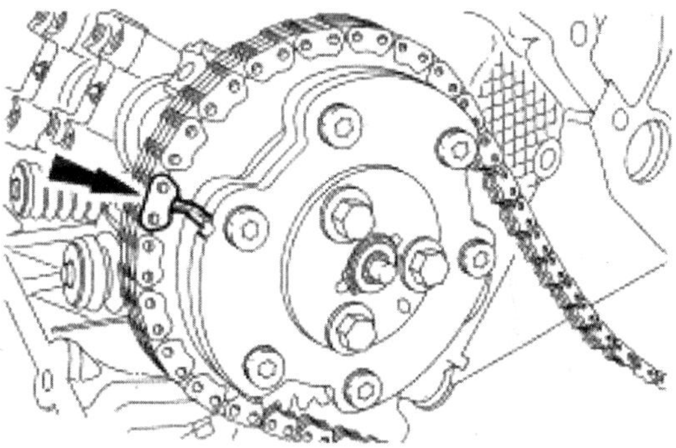

图 11-3-24　右侧凸轮轴链轮正时标记对齐蓝色链节

13. 安装好右侧正时链条张紧器臂，紧固张紧器臂螺栓，第一步先紧固到 10N・m，第二步再把螺栓拧紧 45°，如图 11-3-25 所示。

14. 安装右侧正时链条导板并紧固螺栓，第一步先紧固到 10N・m，第二步再把螺栓拧紧 45°，如图 11-3-26 所示。

15. 从右侧正时链条张紧器上拔出插入的尖头工具。

16. 按照图 11-3-27 所示，确认各个正时标记均准确对齐。

17. 用干净的发动机机油润滑气门摇臂与凸轮轴凸尖的接触面。

18. 沿顺时针方向转动发动机，使 1 缸进气门处于完全打开的位置。

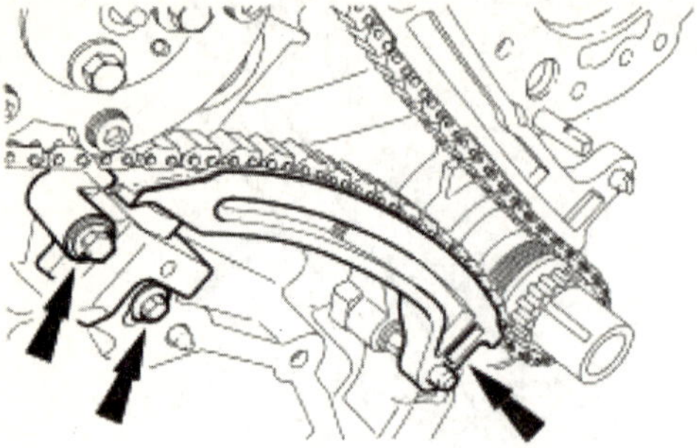

图 11-3-25　右侧正时链条张紧器臂螺栓识别

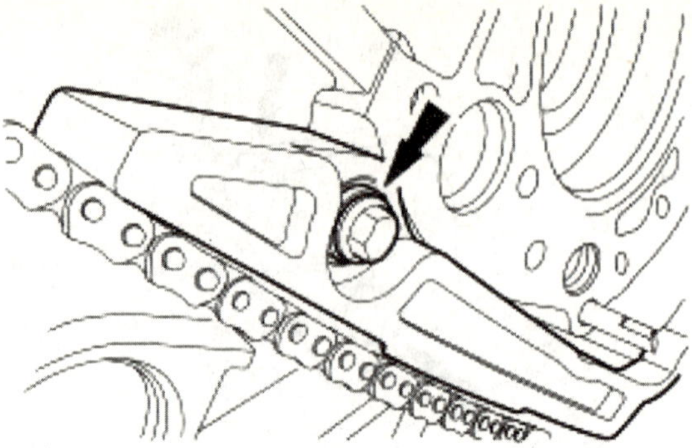

图 11-3-26　右侧正时链条导板螺栓识别

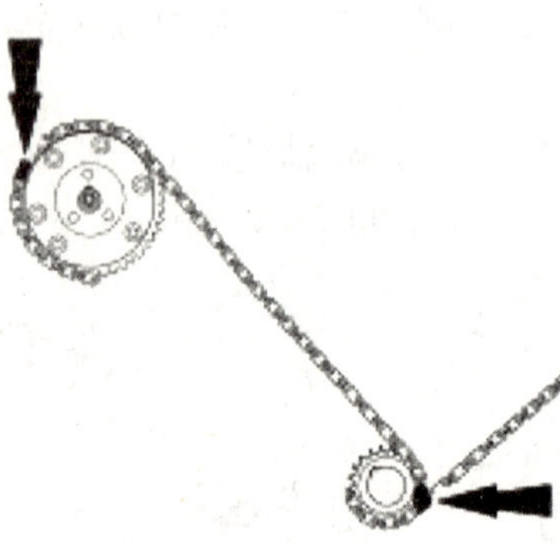

图 11-3-27　对齐各个正时标记

19. 安装左侧进气摇臂轴组件，将螺栓用手拧紧。

20. 按照图 11-3-28 所示的紧固顺序分三步紧固左侧进气摇臂轴组件螺栓，第一步紧固至 10N·m，第二步紧固至 20N·m，第三步再拧紧 60°。

21. 沿顺时针方向转动发动机，使 1 缸排气门处于完全打开的位置。

22. 安装左侧排气摇臂轴组件，将螺栓用手拧紧。

23. 按照图 11-3-29 所示的紧固顺序分三步紧固左侧排气摇臂轴组件螺栓，第一步紧固至 10N·m，第二步紧固至 20N·m，第三步再拧紧 60°。

24. 沿顺时针方向转动发动机，使 1 缸进气门处于完全关闭的位置。

25. 安装右侧进气摇臂轴组件，将螺栓用手拧紧。

26. 按照图 11-3-30 所示的紧固顺序分三步紧固右侧进气摇臂轴组件螺栓，第一步紧固至 10N·m，第二步紧固至 20N·m，第三步再拧紧 60°。

27. 沿顺时针方向转动发动机，使 1 缸排气门处于完全关闭的位置。

28. 安装右侧排气摇臂轴组件，将螺栓用手拧紧。

29. 按照图 11-3-31 所示的紧固顺序分三步紧固右侧排气摇臂轴组件螺栓，第一步紧固至 10N·m，第二步紧固至 20N·m，第三步再拧紧 60°。

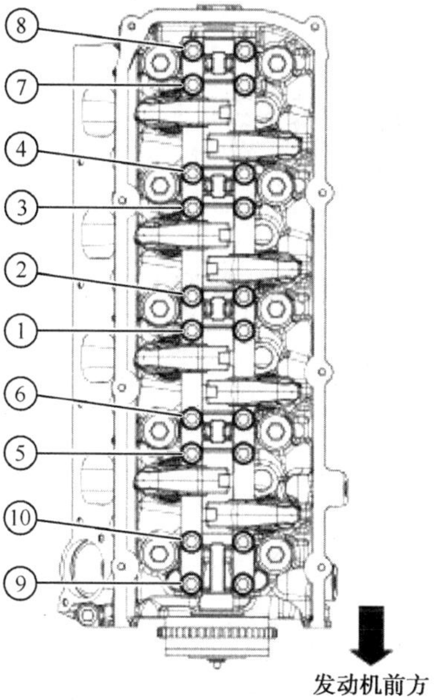

图 11-3-28 左侧进气摇臂轴螺栓紧固顺序

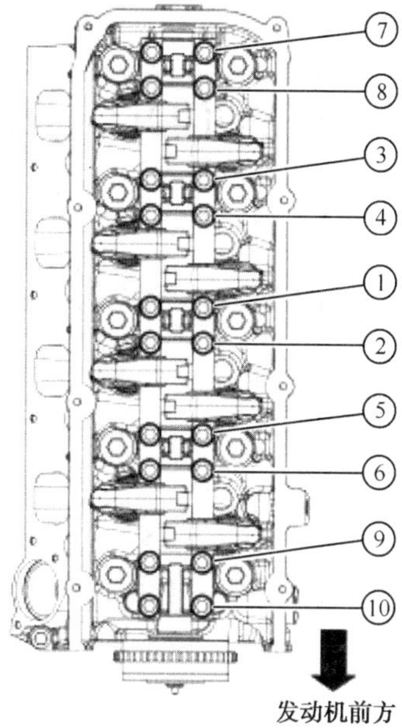

图 11-3-29 左侧排气摇臂轴螺栓紧固顺序

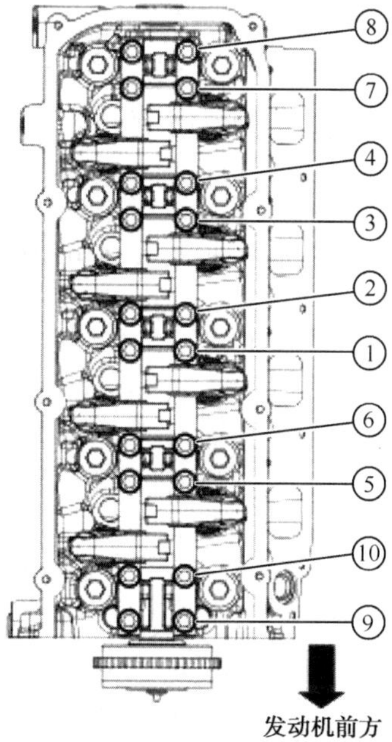

图 11-3-30 右侧进气摇臂轴螺栓紧固顺序

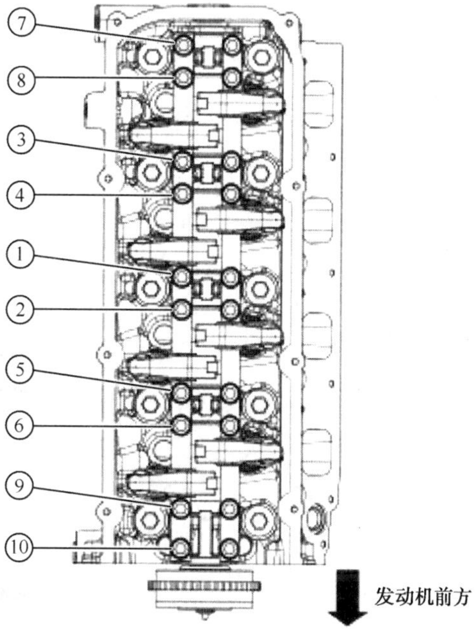

图 11-3-31 右侧排气摇臂轴螺栓紧固顺序

30. 安装火花塞并紧固至 18N·m。

31. 把点火线束连接到火花塞上。

32. 安装发动机前盖。

第四节　EXPEDITION（征服者）轿车

一、EXPEDITION 轿车 5.4L 发动机正时链条拆卸步骤

1. 拆卸发动机前盖。
2. 按照图 11-4-1 所示，从曲轴上拆下曲轴传感器环。
3. 按照图 11-4-2 所示，把曲轴键槽设置到 12 点钟位置。

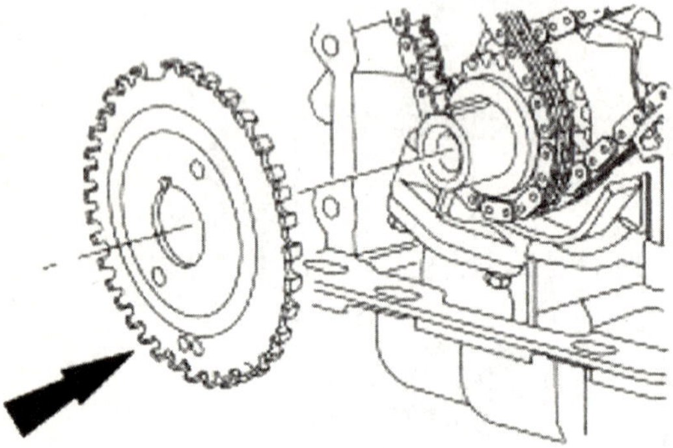

图 11-4-1　曲轴传感器环

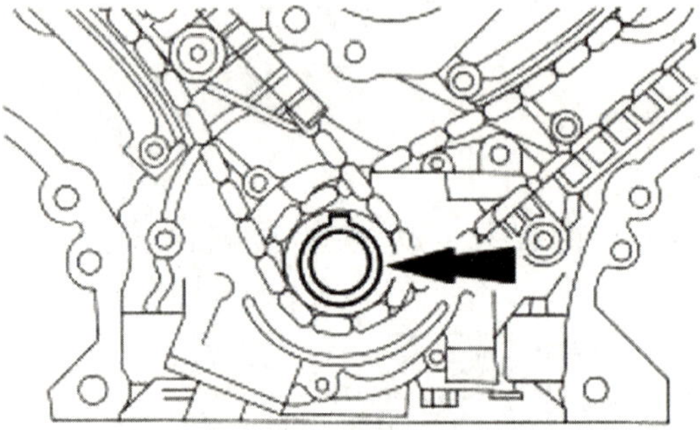

图 11-4-2　把曲轴键槽设置到 12 点钟位置

4. 确保 1 缸排气凸轮处于压缩行程朝上位置，如图 11-4-3 所示。
5. 按照图 11-4-4 所示，使用气门弹簧压缩工具从右侧气缸盖上拆下 3 个凸轮轴滚子从动部件。

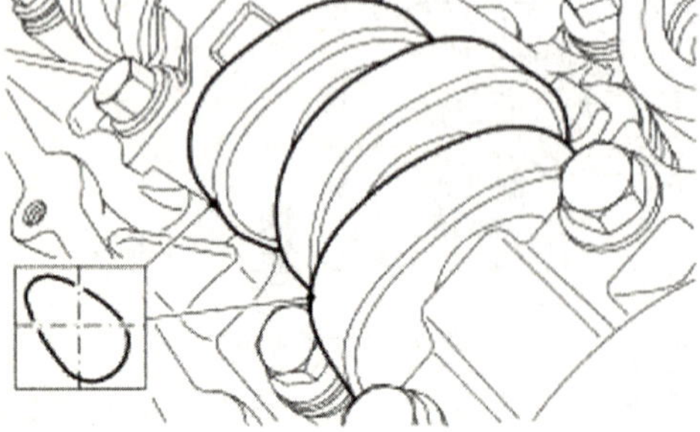

图 11-4-3　排气凸轮处于压缩行程朝上位置

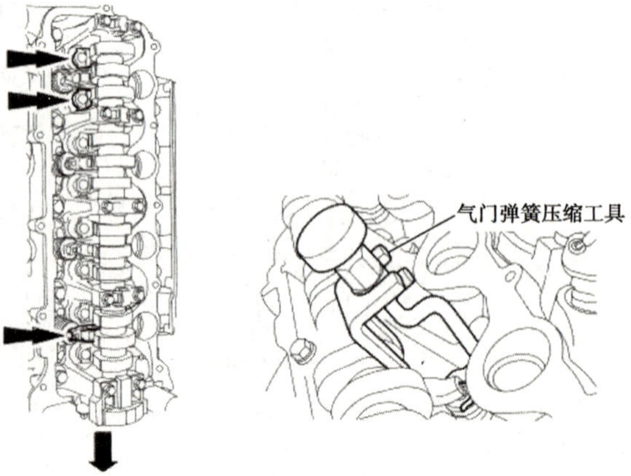

图 11-4-4　从右侧气缸盖上拆卸 3 个凸轮轴滚子从动部件

6. 按照图 11-4-5 所示，使用气门弹簧压缩工具从左侧气缸盖上拆下 3 个凸轮轴滚子从动部件。

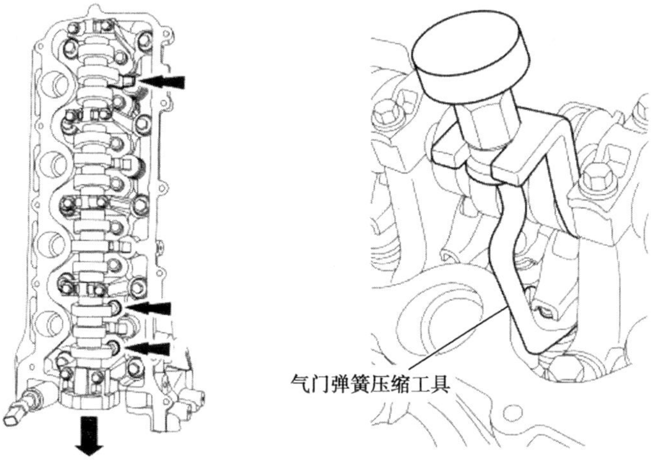

图 11-4-5　从左侧气缸盖上拆下 3 个凸轮轴滚子从动部件

7. 按照图 11-4-6 所示，顺时针转动曲轴，把曲轴键设置到 6 点钟位置。

8. 按照图 11-4-7 所示，拆下左侧正时链条张紧器和张紧器臂上的 2 个螺栓。

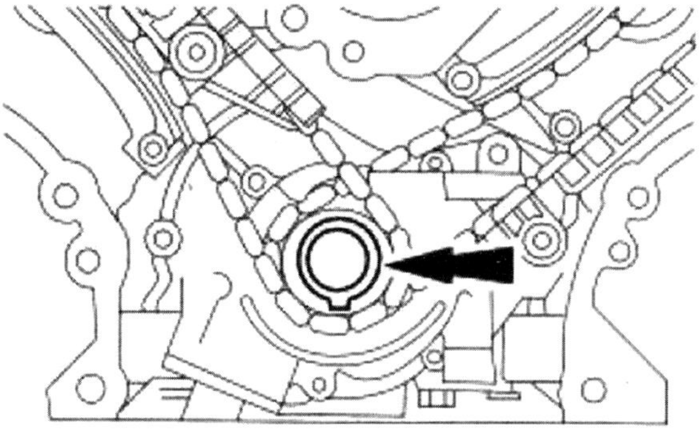

图 11-4-6　把曲轴键设置到 6 点钟位置

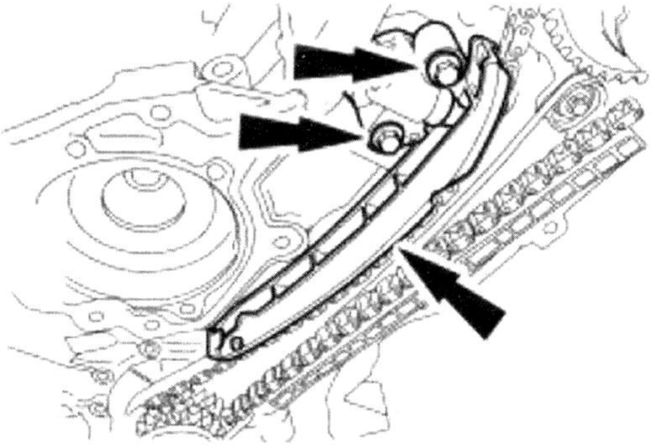

图 11-4-7　拆下左侧正时链条张紧器和张紧器臂上的 2 个螺栓

9. 按照图 11-4-8 示，拆下右侧正时链条张紧器和张紧器臂上的 2 个螺栓。

10. 按照图 11-4-9 所示，拆卸右侧和左侧正时链条及曲轴链轮。

（1）从凸轮轴链轮上拆下右侧正时链条。

（2）从曲轴链轮上拆下右侧正时链条。

（3）从凸轮轴链轮上拆下左侧正时链条。

（4）从曲轴链轮上拆下左侧正时链条。

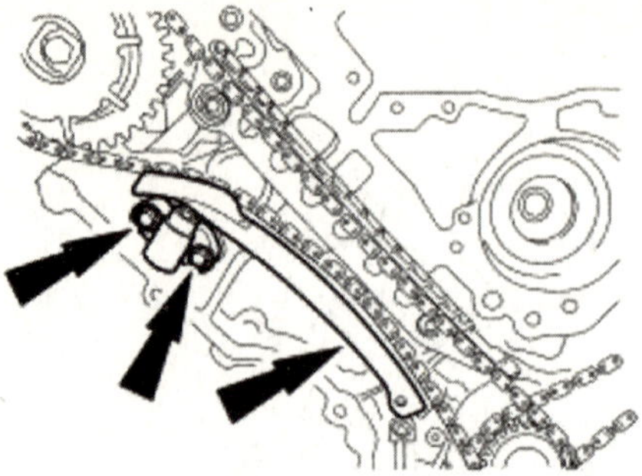

图 11-4-8　拆下右侧正时链条张紧器和张紧器臂上的 2 个螺栓

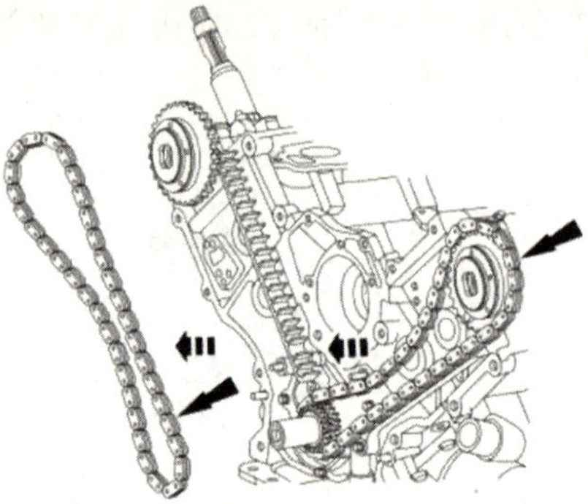

图 11-4-9　拆卸右侧和左侧正时链条

11. 按照图 11-4-10 所示，拆卸左侧和右侧正时链条导轨螺栓，并拆下导轨。

12. 按照图 11-4-11 所示，使用凸轮轴相位锁止工具，拆卸右侧凸轮轴相位链轮螺栓。该螺栓为一次性使用，拆下后即可废弃。重新安装时必须换装新螺栓。

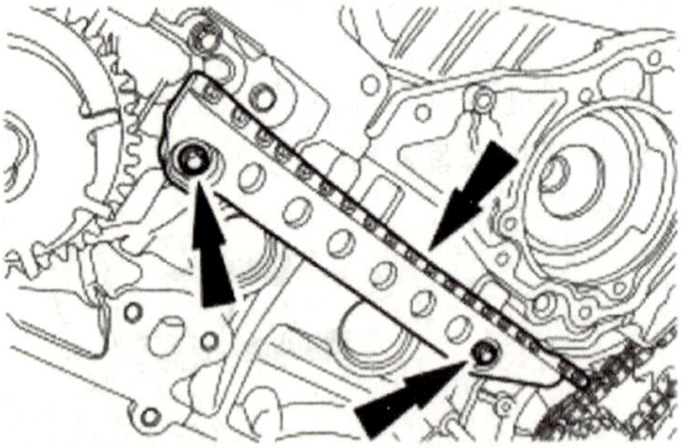

图 11-4-10　正时链条导轨螺栓识别

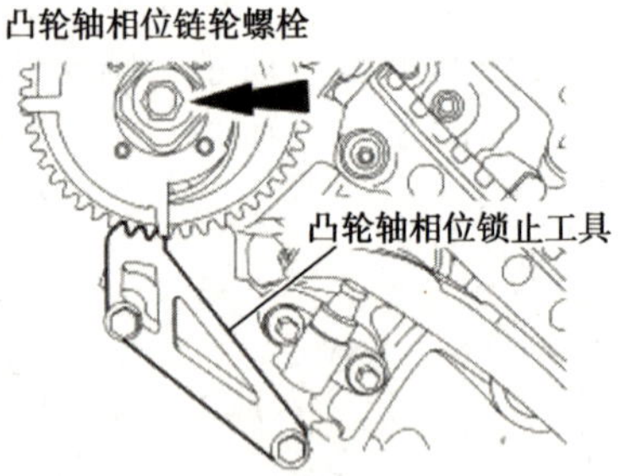

图 11-4-11　拆卸右侧凸轮轴相位链轮螺栓

13. 按照图 11-4-12 所示，使用凸轮轴相位锁止工具，拆卸左侧凸轮轴相位链轮螺栓。该螺栓为一次性使用，拆下后即可废弃。重新安装时必须换装新螺栓。

14. 按照图 11-1-13 所示，拆卸右侧凸轮轴前轴承盖的 2 个螺栓，然后拆下轴承盖。注意，要记录好凸轮轴轴承盖的初始安装位置，以便重新安装时予以参照。

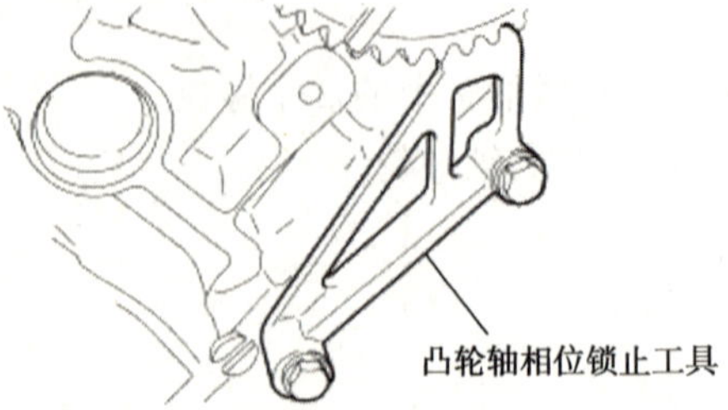

图 11-4-12　拆卸左侧凸轮轴相位链轮螺栓

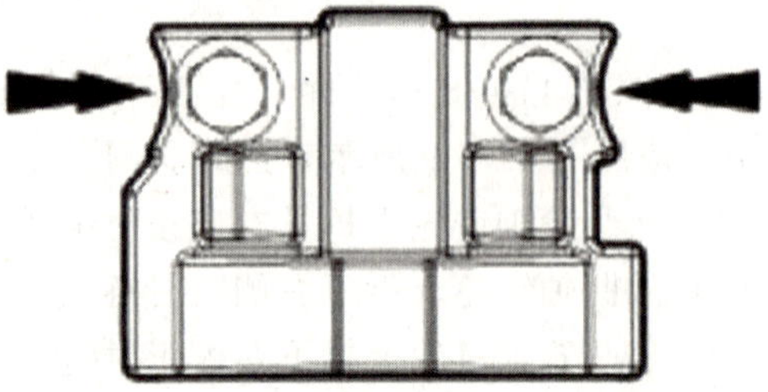

图 11-4-13　拆卸右侧凸轮轴前轴承盖

15. 按照图 11-4-14 所示的拆卸顺序，把其他轴承盖螺栓拆下。

16. 把拆下的右侧凸轮轴前轴承盖清洁干净。注意，在轴承盖上有一个机油计量槽，如图 11-4-15 所示，不要使异物进入计量槽中。

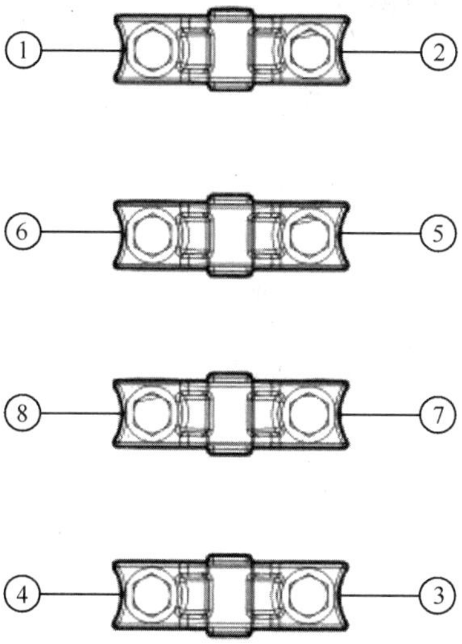

图 11-4-14　右侧凸轮轴其他轴承盖螺栓拆卸顺序

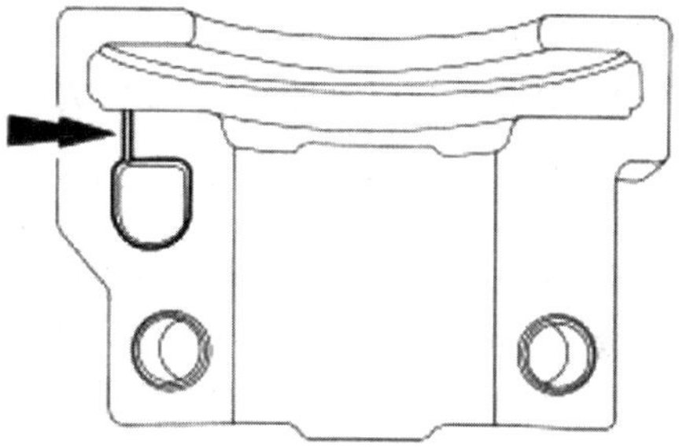

图 11-4-15　轴承盖机油计量槽识别

17. 拆卸右侧凸轮轴。

18. 按照图 11-4-16 所示，拆卸左侧凸轮轴前轴承盖的 2 个螺栓，然后拆下轴承盖。注意，要记录好凸轮轴轴承盖的初始安装位置，以便重新安装时予以参照。

19. 按照图 11-4-17 所示的拆卸顺序，把其他轴承盖螺栓拆下。

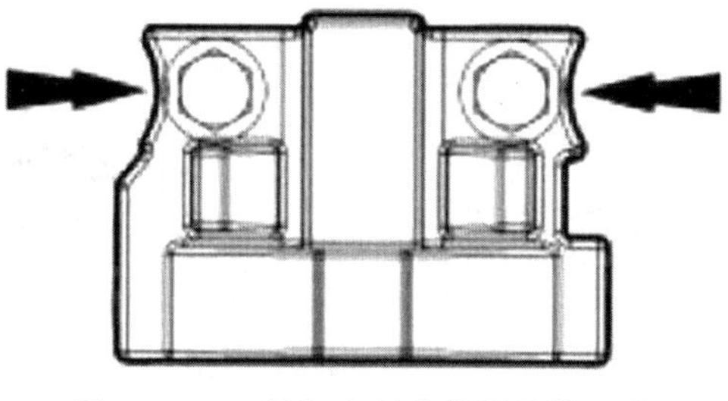

图 11-4-16　拆卸左侧凸轮轴前轴承盖

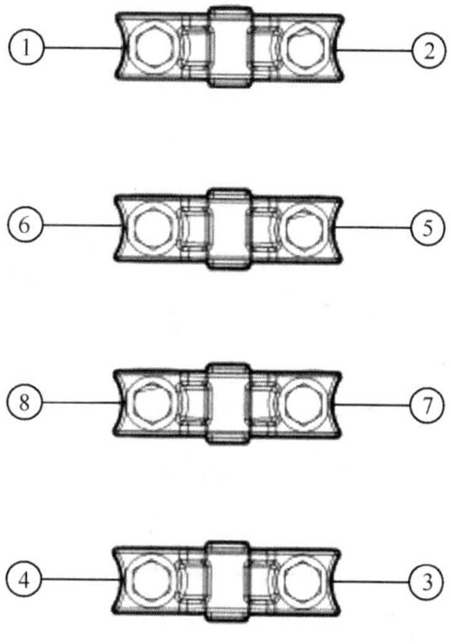

图 11-4-17　左侧凸轮轴其他轴承盖螺栓拆卸顺序

20. 把拆下的左侧凸轮轴轴承盖清洁干净。注意，在轴承盖上有一个机油计量槽，如图 11-4-18所示，不要使异物进入计量槽中。

21. 拆卸左侧凸轮轴。

22. 从气缸盖上拆下其余的凸轮轴滚子从动部件。

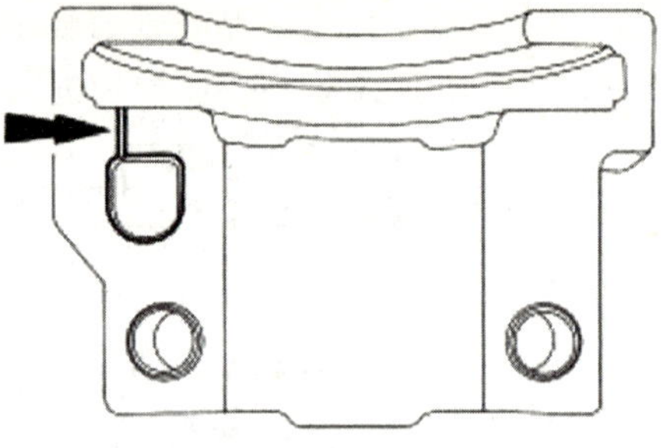
图 11-4-18　轴承盖机油计量槽识别

二、EXPEDITION 轿车 5. 4L 发动机正时链条安装步骤

1. 对凸轮轴轴承进行润滑后，安装左侧和右侧凸轮轴。

2. 把左侧凸轮轴前轴承盖和右侧凸轮轴前轴承盖安装到初始位置：

（1）用干净的发动机机油对凸轮轴轴承盖进行润滑。

（2）把凸轮轴前轴承盖放置到正确的安装位置。

（3）把凸轮轴其他的轴承盖放置到正确的安装位置。

（4）按照图 11-4-19 所示的紧固顺序，把轴承盖的螺栓紧固到 10N·m。

3. 确定好凸轮轴相位及链轮的安装位置，按照图 11-4-20 所示，换装新的链轮紧固螺栓，用手把螺栓拧上。

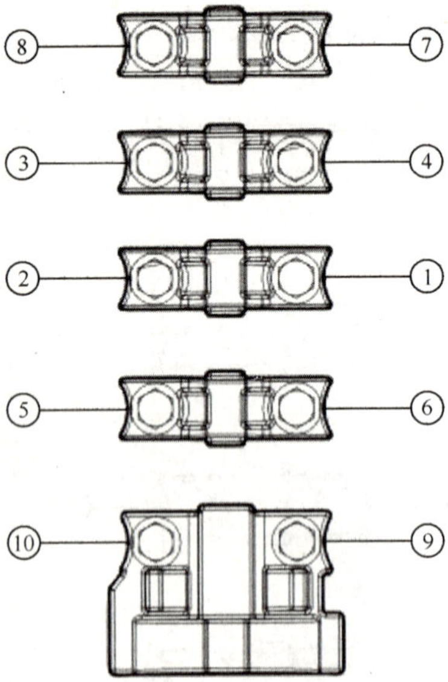

图 11-4-19　轴承盖螺栓紧固顺序

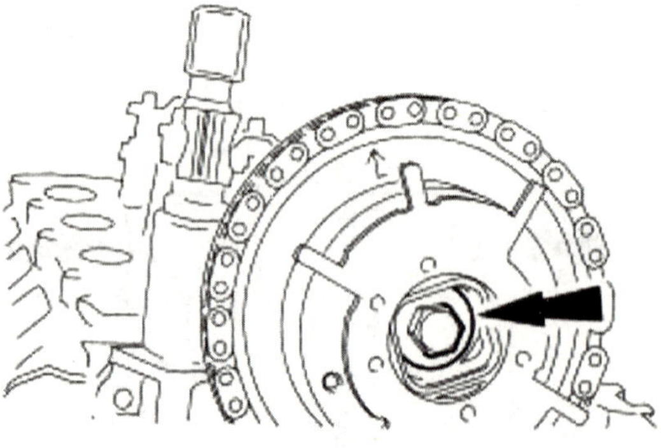
图 11-4-20　换装新的链轮紧固螺栓

4. 按照图 11-4-21 所示，使用凸轮轴相位锁止工具，分 2 次把左侧和右侧凸轮轴相位及链轮的紧固螺栓拧紧，第一次先紧固到 40N·m，第二次再拧紧 90°。

5. 按照图 11-4-22 所示，用曲轴固定工具把曲轴设置到位，然后拆下曲轴固定工具。

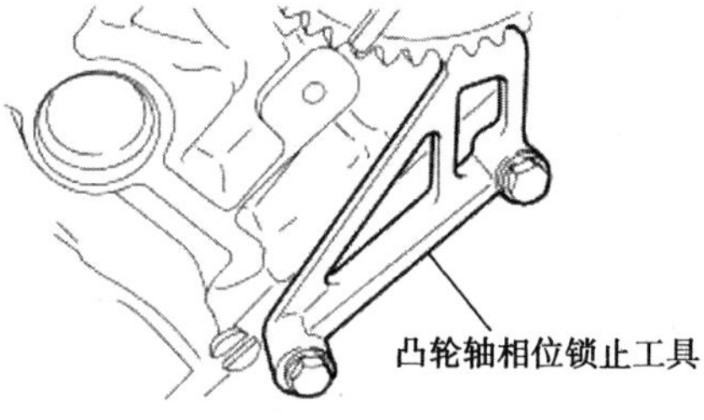

图 11-4-21　凸轮轴相位锁止工具识别

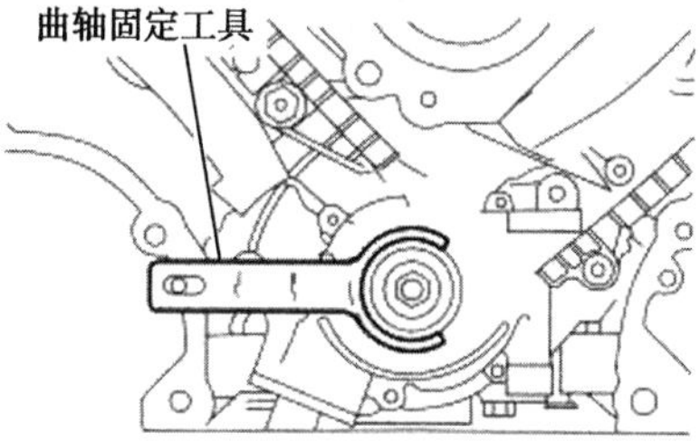

图 11-4-22　曲轴固定工具识别

6. 按照图 11-4-23 所示，用虎钳压缩正时链条张紧器。

7. 按照图 11-4-24 所示，在正时链条张紧器上安装一个固定夹，把正时链条张紧器柱塞固定。

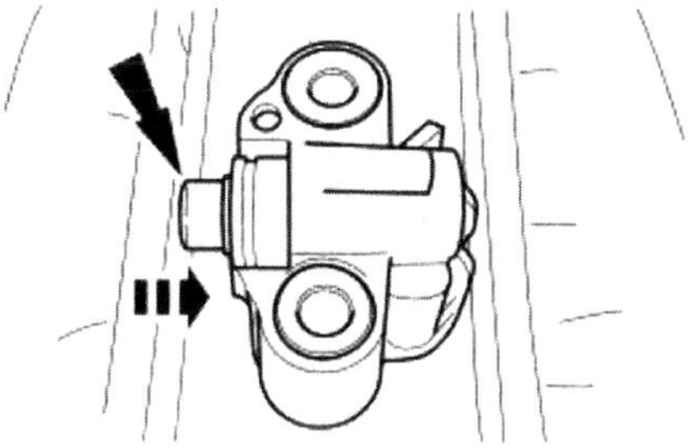

图 11-4-23　用虎钳压缩正时链条张紧器

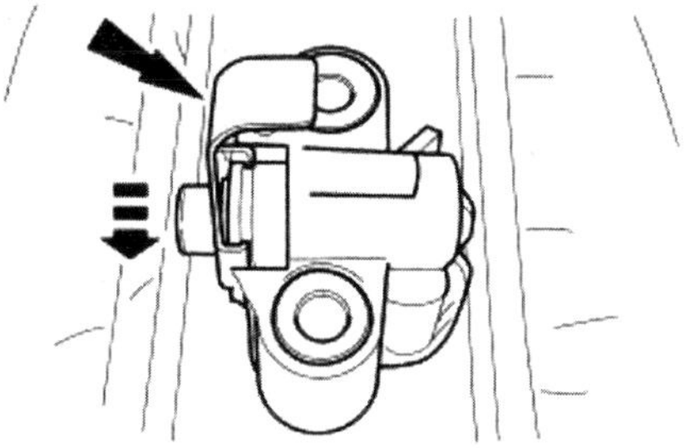

图 11-4-24　安装固定夹固定张紧器柱塞

8. 从虎钳上取下正时链条张紧器。

9. 如果在正时链条上找不到铜色链节，则在正时链条的一端标记 2 个链节，在另一端标记 1 个链节，作为正时标记使用，如图 11-4-25 所示。

10. 按照图 11-4-26 所示，安装曲轴链轮，曲轴链轮法兰面应朝前。

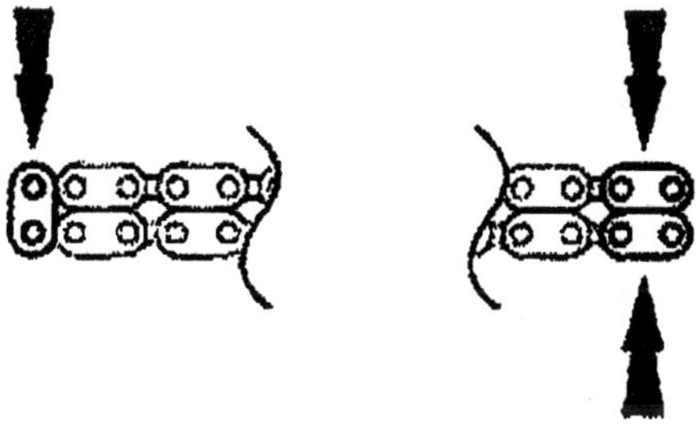

图 11-4-25　标记链节作为正时标记

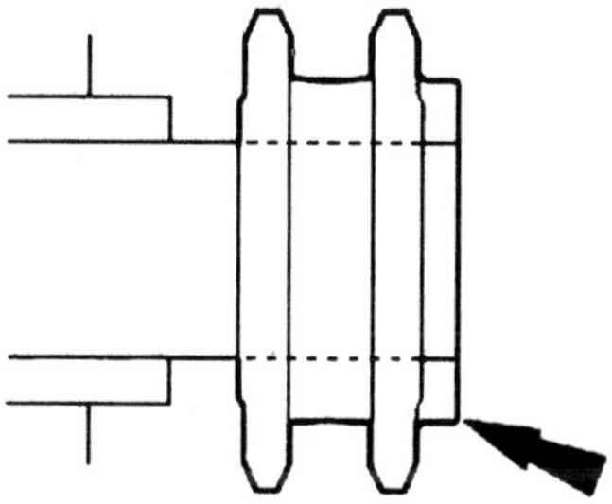

图 11-4-26　曲轴法兰面识别

11. 按照图 11-4-27 所示，安装左侧和右侧正时链条导轨上的 4 个螺栓，并紧固至 10N・m。

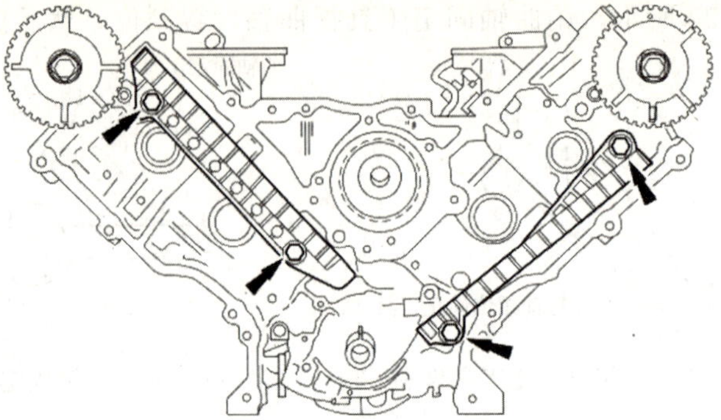

图 11-4-27 链条导轨螺栓识别

12. 把左侧正时链条下端绕装到曲轴链轮上，链轮外侧法兰上的正时标记对准正时链条上的单个链节正时标记（图 11-4-28）。

13. 按照图 11-4-29 所示，把正时链条绕装到左侧凸轮轴链轮上，链轮上的正时标记对准正时链条上两个做了标记的链节中间。

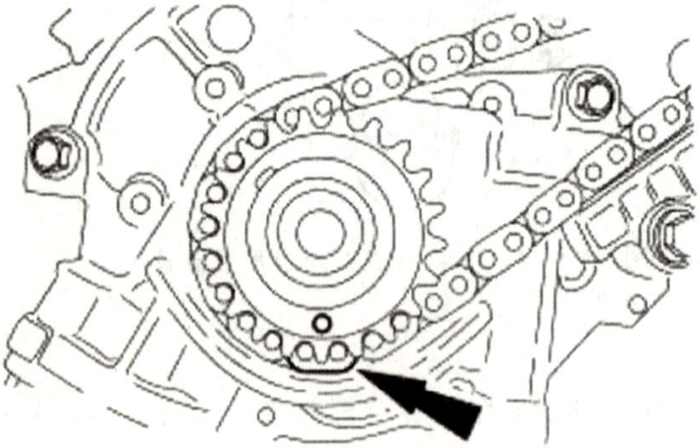

图 11-4-28 曲轴链轮正时标记与正时链条的标记链节对齐

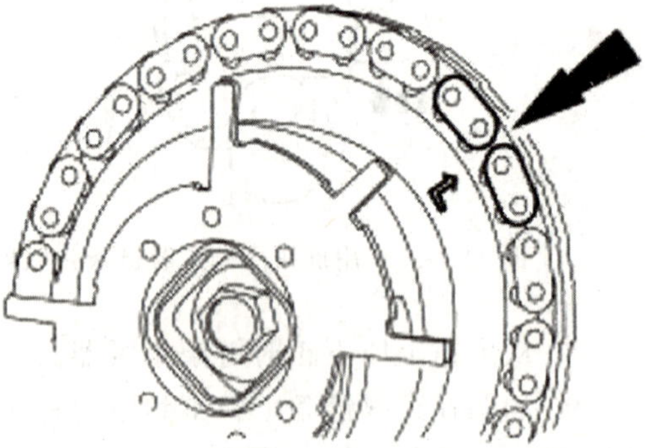

图 11-4-29 左侧凸轮轴链轮正时标记与正时链条标记链节对齐

14. 按照图 11-4-30 所示，把左侧正时链条张紧器臂安装到左侧正时链条张紧器上，然后将张紧器的 2 个螺栓紧固到 25N·m。

15. 按照图 11-4-31 所示，取下左侧正时链条张紧器上的固定夹。

16. 按照图 11-4-32 所示，把右侧正时链条下端绕装到曲轴链轮上，链轮外侧法兰上的正时标记对准正时链条上的单个链节正时标记。

17. 按照图 11-4-33 所示，把正时链条绕装到右侧凸轮轴链轮上，链轮上的正时标记对准正时链条上两个做了标记的链节中间。

18. 按照图 11-4-34 所示，把右侧正时链条张紧器臂安装到右侧正时链条张紧器上，然后将张紧器的 2 个螺栓紧固到 25N·m。

19. 按照图 11-4-35 所示，取下右侧正时链条张紧器上的固定夹。

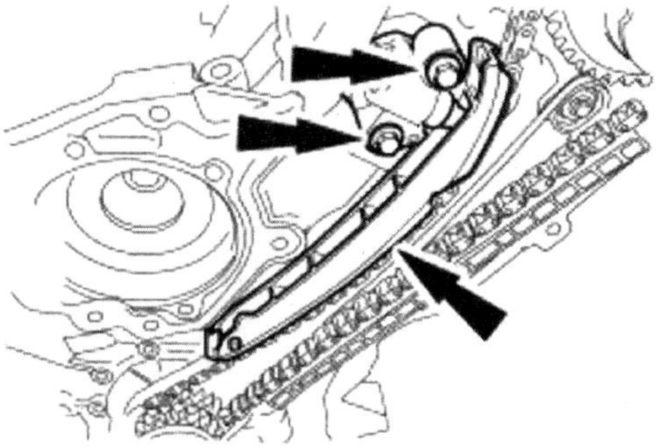
图 11-4-30　紧固张紧器螺栓

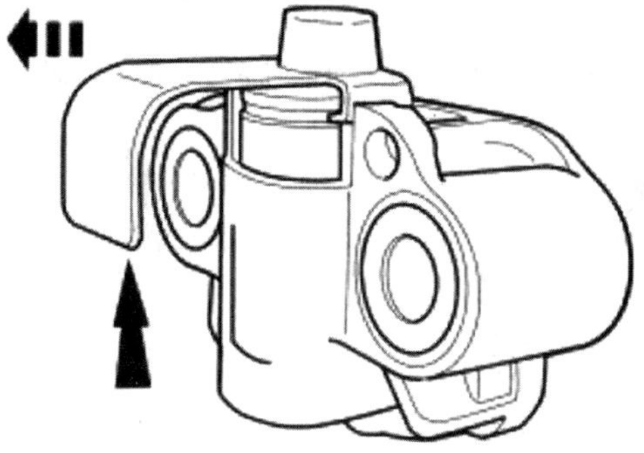
图 11-4-31　取下左侧正时链条张紧器上的固定夹

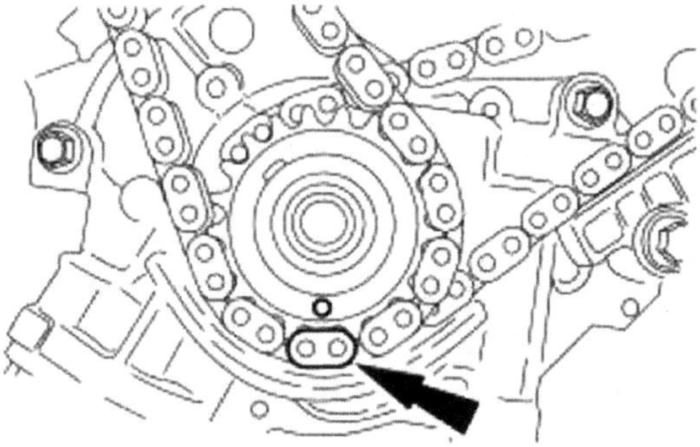
图 11-4-32　曲轴链轮正时标记与正时链条的单个标记链节对齐

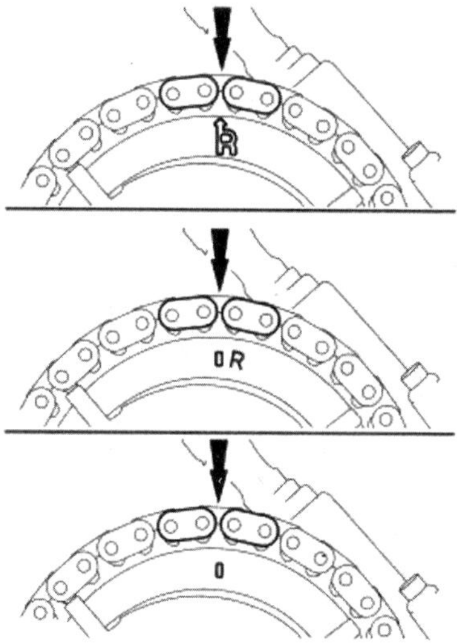

图 11-4-33　右侧凸轮轴链轮正时标记与正时链条标记链节对齐

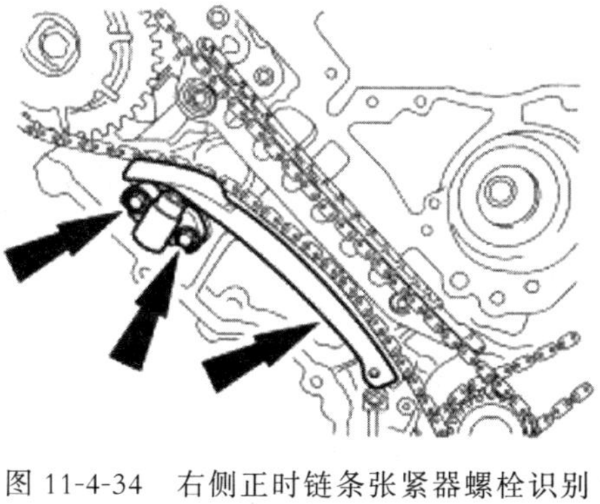
图 11-4-34　右侧正时链条张紧器螺栓识别

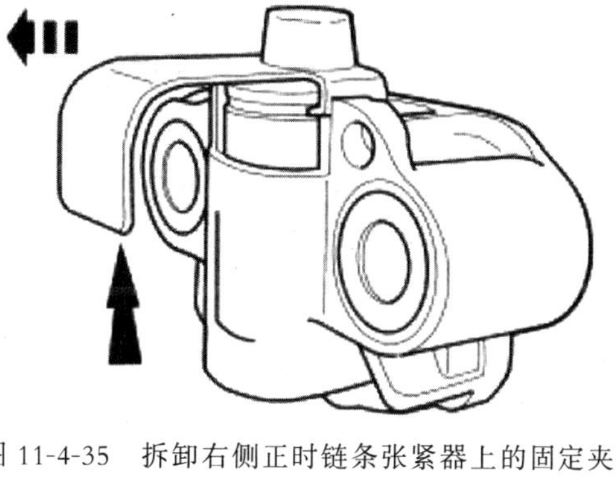
图 11-4-35　拆卸右侧正时链条张紧器上的固定夹

20. 按照图 11-4-36 所示，再次核查正时标记对准情况，确认各个正时标记均准确对齐。

21. 按照图 11-4-37 所示，安装曲轴传感器环。

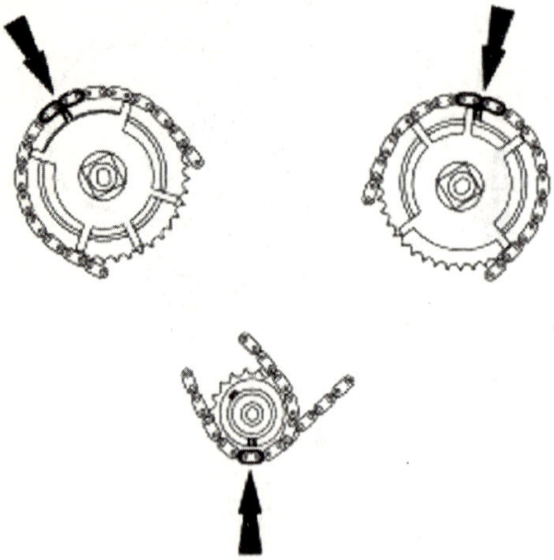

图 11-4-36 确认各个正时标记准确对齐

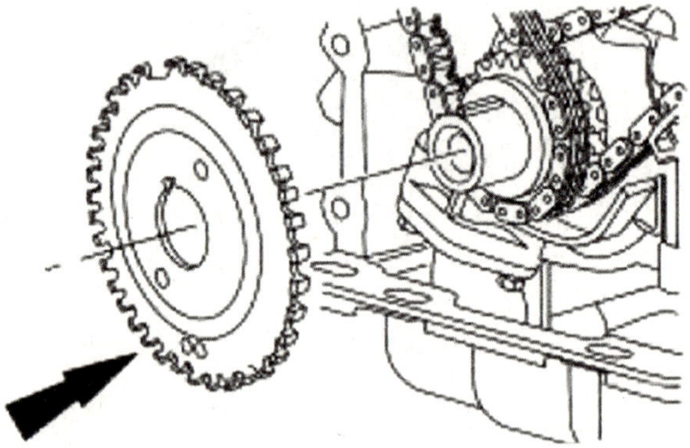

图 11-4-37 安装曲轴传感器环

22. 按照图 11-4-38 所示，用气门弹簧压缩工具安装凸轮轴滚子从动部件。

23. 安装发动机前盖。

图 11-4-38 用气门弹簧压缩工具安装凸轮轴滚子从动部件

第五节　MUSTANG（野马）轿车

一、野马轿车 5.4L 发动机正时链条拆卸步骤

1. 拆卸发动机前盖。
2. 拆卸凸轮轴滚子从动部件。
3. 按照图 11-5-1 所示，拆卸曲轴传感器环。
4. 按照图 11-5-2 所示，拆卸曲轴垫圈。

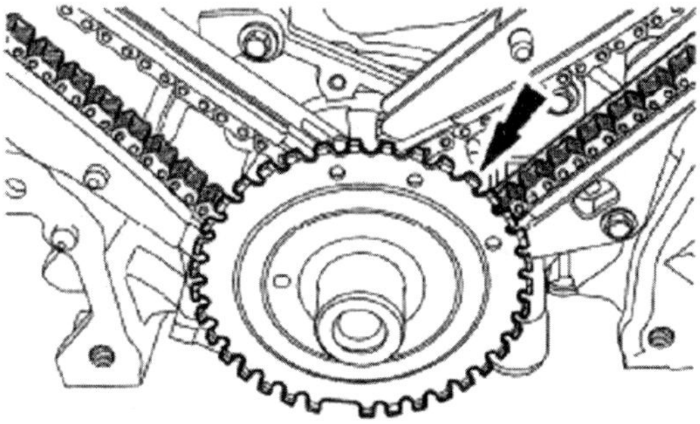

图 11-5-1　拆卸曲轴传感器环

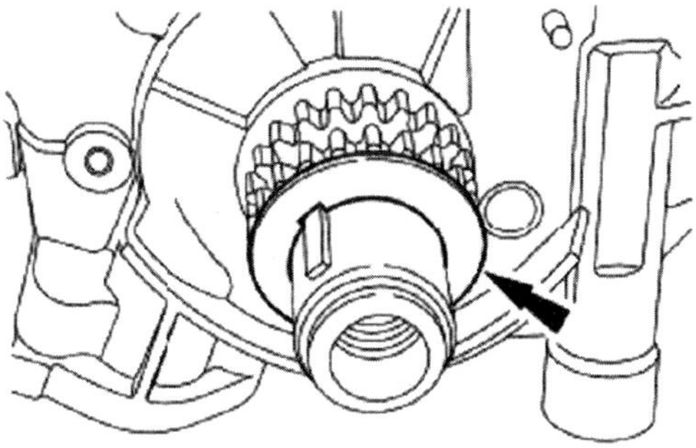

图 11-5-2　曲轴垫圈

5. 按照图 11-5-3 所示，拆卸右侧正时链条张紧器的螺栓和张紧器。
6. 按照图 11-5-4 所示，拆卸右侧正时链条张紧器臂。

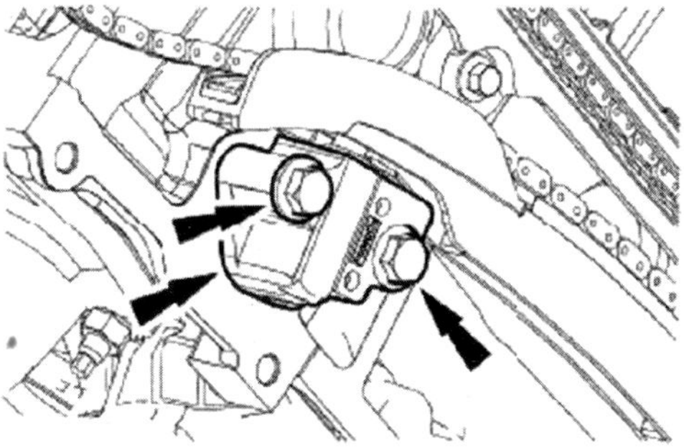

图 11-5-3　右侧正时链条张紧器和螺栓

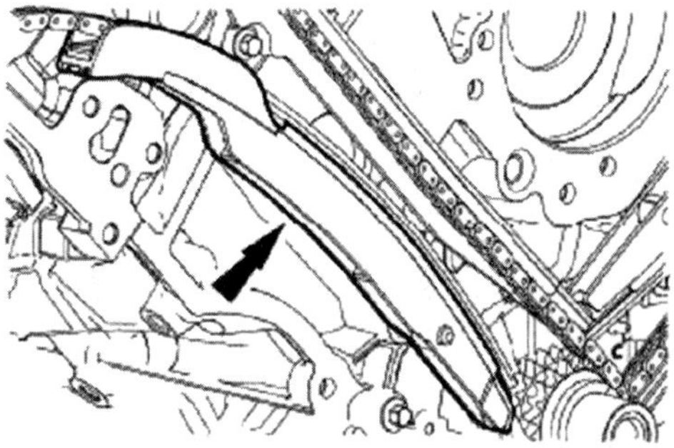

图 11-5-4　右侧正时链条张紧器臂

7. 按照图 11-5-5 所示，拆卸右侧正时链条。
8. 按照图 11-5-6 所示，拆卸右侧正时链条导轨螺栓和导轨。

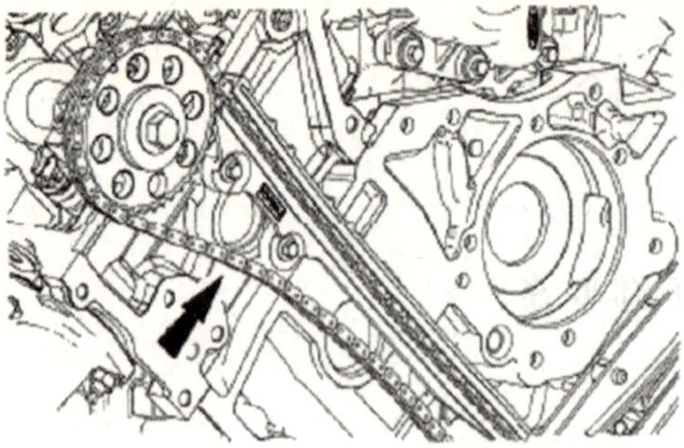

图 11-5-5　拆卸右侧正时链条

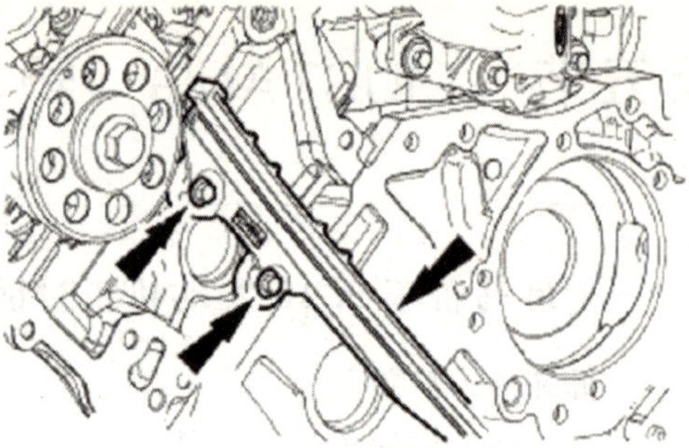

图 11-5-6　拆卸右侧正时链条导轨

9. 按照图 11-5-7 所示，拆卸左侧正时链条张紧器的螺栓和张紧器。

10. 按照图 11-5-8 所示，拆卸左侧正时链条张紧器臂。

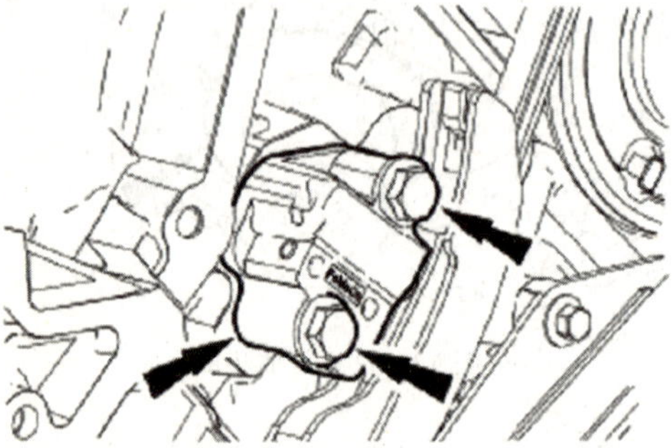

图 11-5-7　左侧正时链条张紧器和螺栓

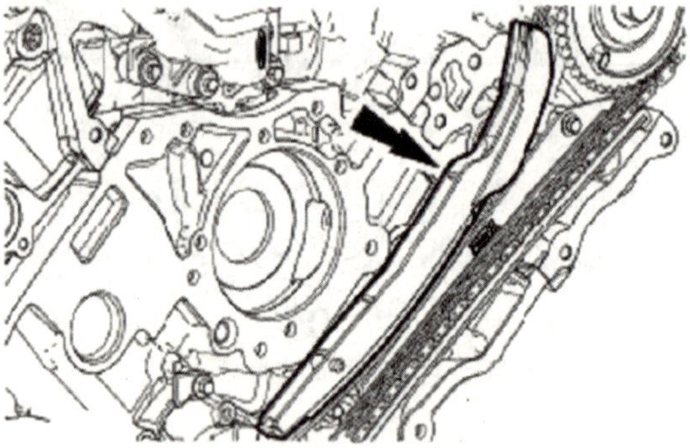

图 11-5-8　左侧正时链条张紧器臂

11. 按照图 11-5-9 所示，拆卸左侧正时链条。

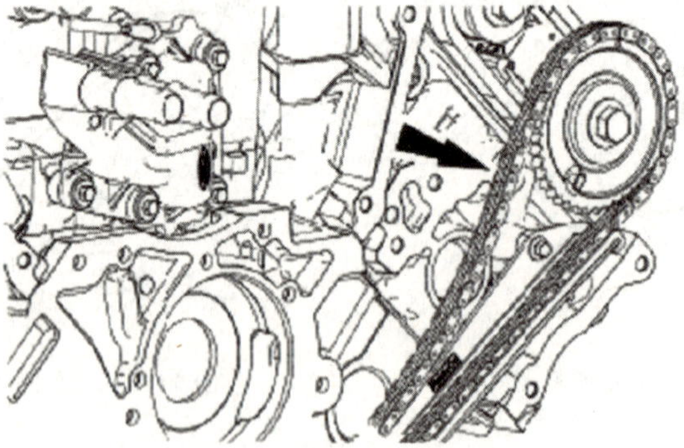

图 11-5-9　左侧正时链条识别

12. 按照图 11-5-10 所示，拆卸左侧正时链条导轨螺栓和导轨。

13. 按照图 11-5-11 所示，拆卸曲轴链轮。

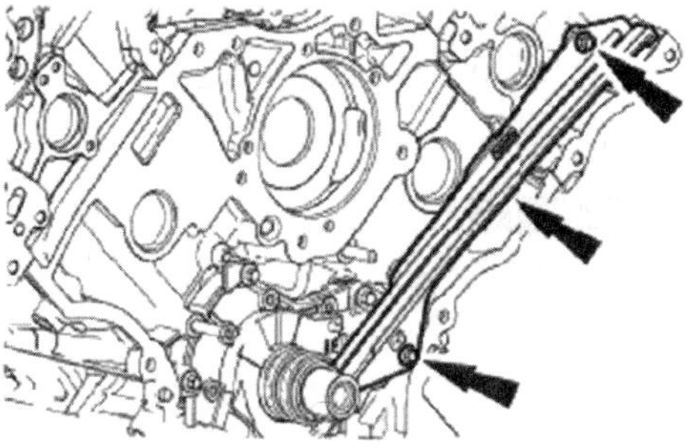

图 11-5-10 拆卸左侧正时链条导轨

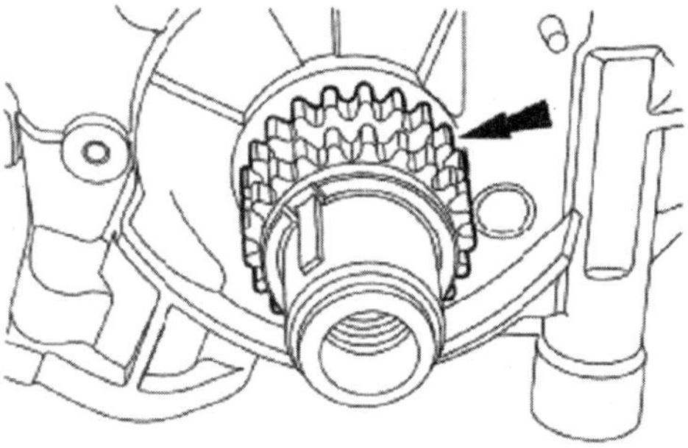

图 11-5-11 拆卸曲轴链轮

二、野马轿车 5.4L 发动机正时链条安装步骤

1. 按照图 11-5-12 所示，用虎钳压缩正时链条张紧器柱塞。

2. 按照图 11-5-13 所示，用小螺丝刀插入张紧器，固定住张紧器的棘轮装置。

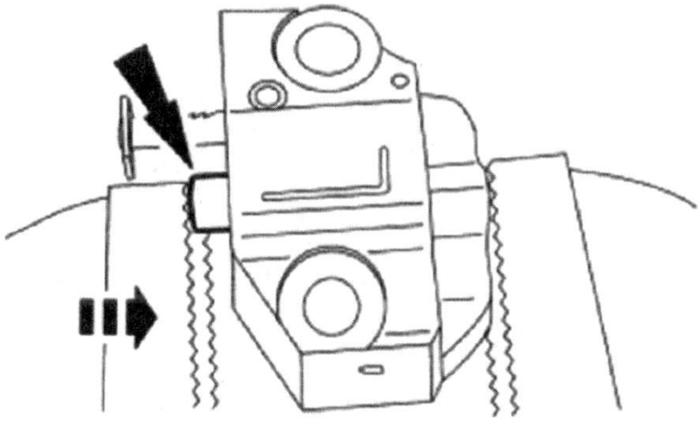

图 11-5-12 用虎钳压缩正时链条张紧器柱塞

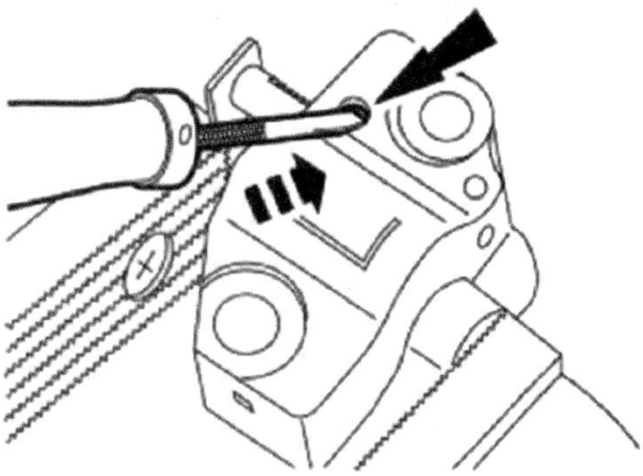

图 11-5-13 固定住张紧器棘轮装置

3. 用小螺丝刀固定住张紧器棘轮装置的同时，把棘轮臂推回，使其缩入张紧器壳体内，如图 11-5-14 所示。

4. 按照图 11-5-15 所示，在张紧器壳体上的孔中插入锁止销，固定住张紧器柱塞。

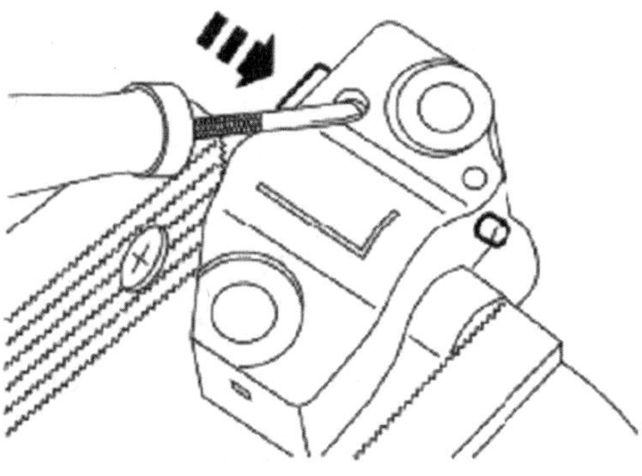

图 11-5-14 使棘轮臂缩入张紧器壳体内

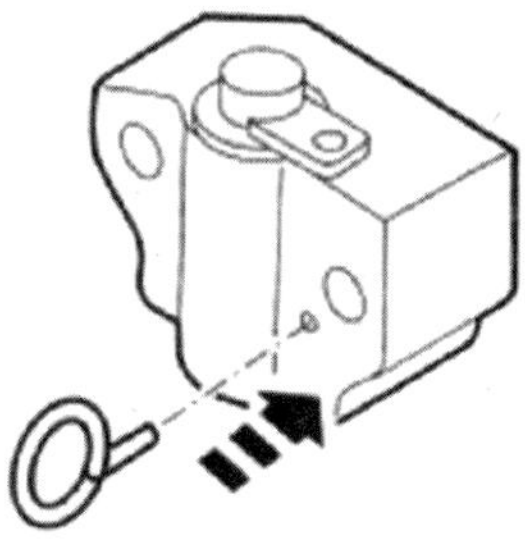

图 11-5-15 插入锁止销

5. 如果在正时链条上找不到标有颜色的链节，可在正时链条的一端标记一个链节，在另一端标记 2 个链节，将标记好的链节作为正时标记使用，如图 11-5-16 所示。

6. 按照图 11-5-17 所示，使用曲轴固定工具，将曲轴设定好。

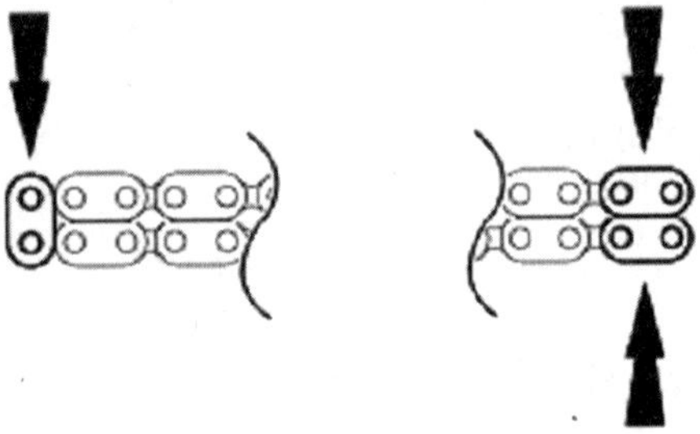

图 11-5-16　标记正时链条链节

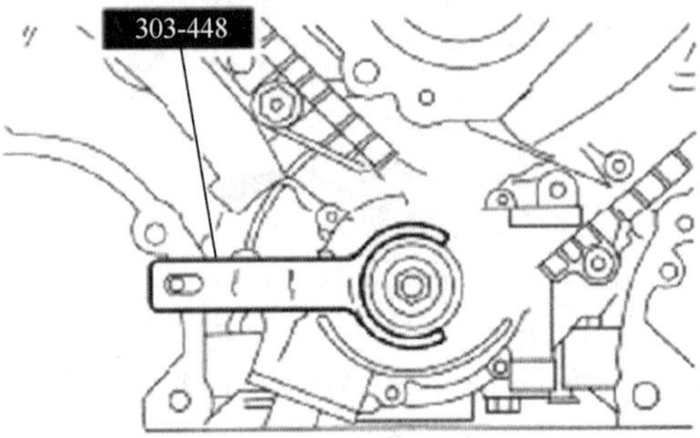

图 11-5-17　曲轴固定工具识别

7. 按照图 11-5-18 所示，安装曲轴链轮，使链轮法兰朝前。

8. 按照图 11-5-19 所示，安装左侧正时链条导轨和导轨螺栓，将导轨螺栓紧固至 10N · m。

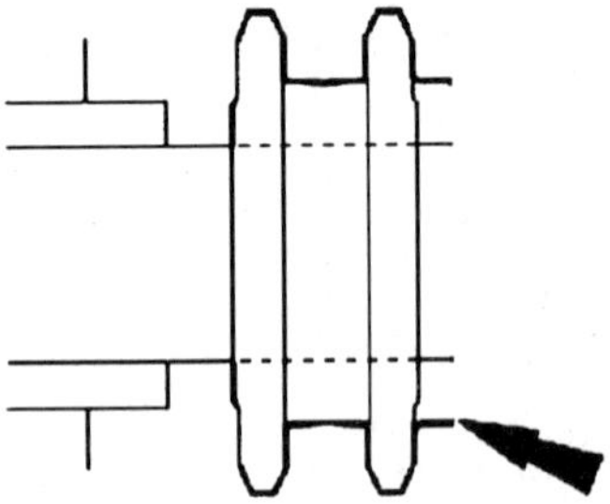

图 11-5-18　曲轴链轮法兰识别

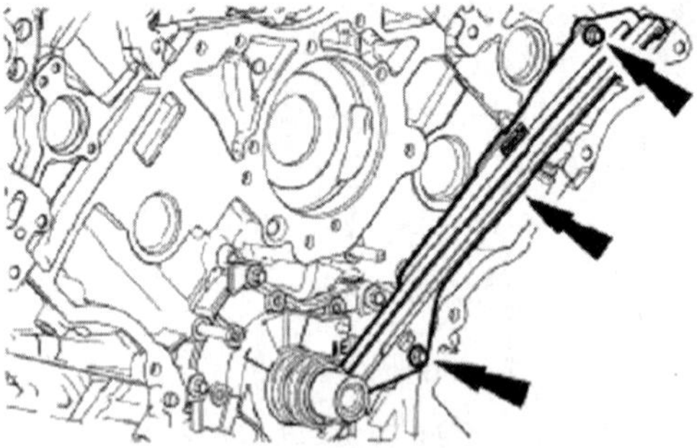

图 11-5-19　安装左侧正时链条导轨和导轨螺栓

9. 按照图 11-5-20 所示，把凸轮轴链轮设置好，使凸轮轴链轮上的正时标记位置与图示相同。

10. 按照图 11-5-21 所示，把左侧正时链条绕装到曲轴链轮上，曲轴链轮上的正时标记与正时链条上的单个标色链节对齐。

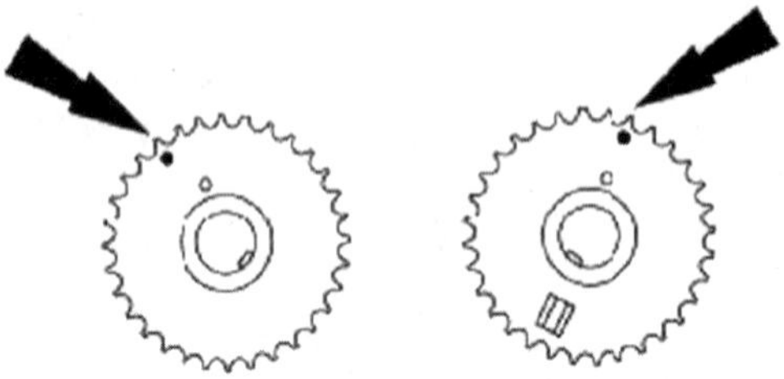

图 11-5-20　凸轮轴链轮正时标记

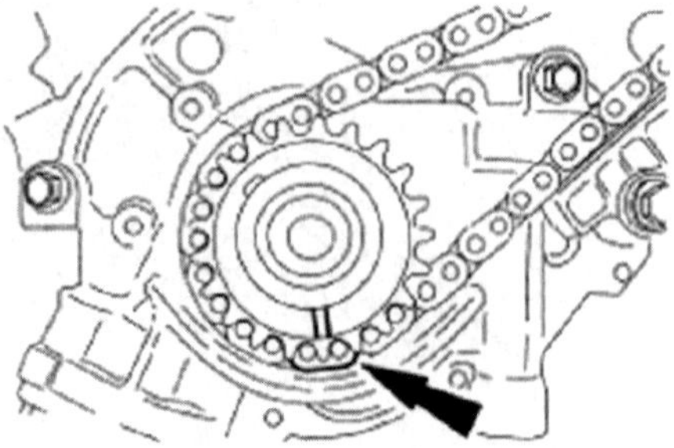

图 11-5-21　曲轴链轮正时标记对准左侧正时链条的标色链节

11. 按照图 11-5-22 所示，把左侧正时链条安装到凸轮轴链轮上，凸轮轴链轮上的正时标记要对准左侧正时链条上的 2 个标色链节中间。

12. 按照图 11-5-23 所示，安装左侧正时链条张紧器臂。

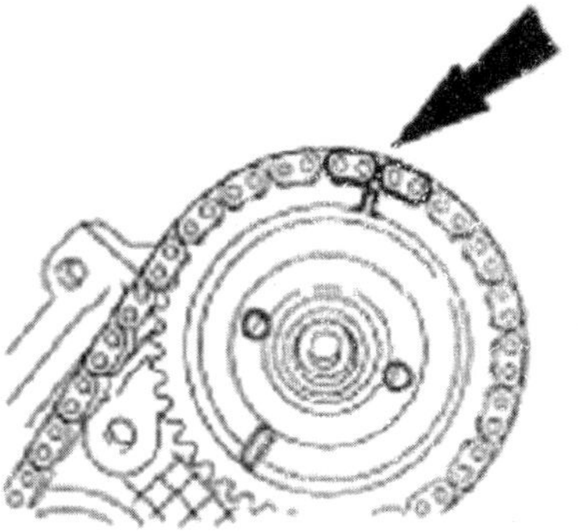

图 11-5-22　凸轮轴链轮正时标记对准左侧正时链条 2 个标色链节中间

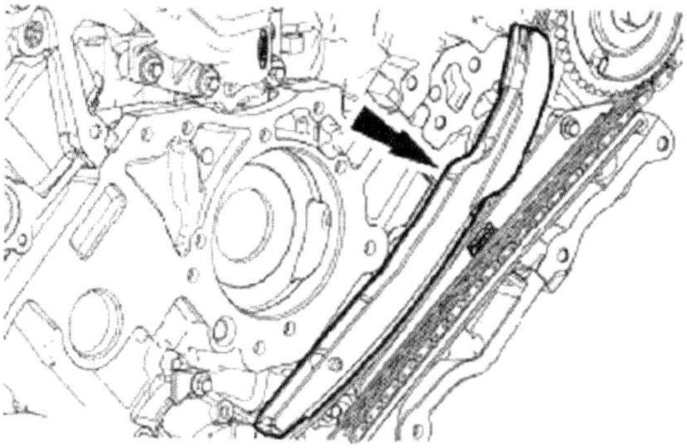

图 11-5-23　安装左侧正时链条张紧器臂

13. 按照图 11-5-24 所示，安装左侧正时链条张紧器，将张紧器螺栓紧固至 25N・m，然后从张紧器上拔出插入的锁止销。

14. 按照图 11-5-25 所示，安装右侧正时链条导轨和导轨螺栓，将螺栓紧固至 10N・m。

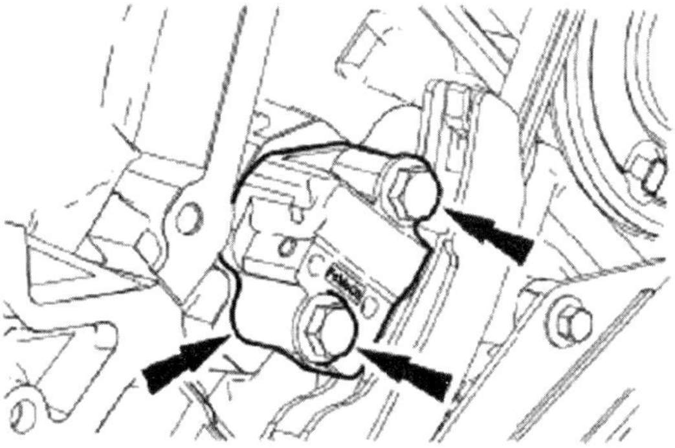

图 11-5-24　安装左侧正时链条张紧器

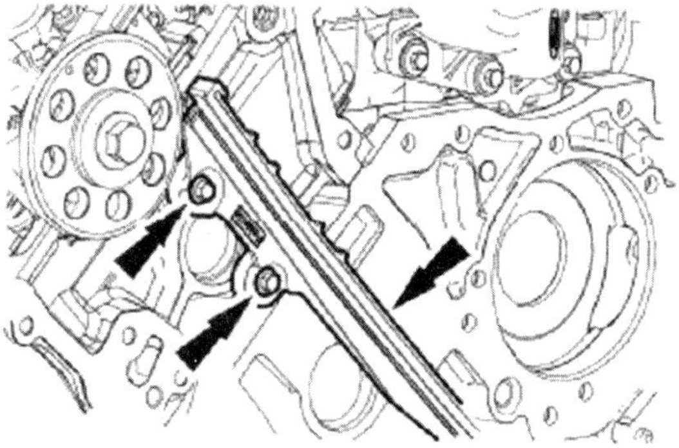

图 11-5-25　安装右侧正时链条导轨和导轨螺栓

15. 按照图 11-5-26 所示，把右侧正时链条安装到曲轴链轮上，曲轴链轮上的正时标记与正时链条上的单个标色链节对齐。

16. 按照图 11-5-27 所示，把右侧正时链条安装到凸轮轴链轮上，凸轮轴链轮上的正时标记要对准右侧正时链条上的 2 个标色链节中间。

17. 按照图 11-5-28 所示，安装右侧正时链条张紧器臂。

18. 按照图 11-5-29 所示，安装右侧正时链条张紧器，将张紧器螺栓紧固至 25N・m，然后从张紧器上拔出插入的锁止销。

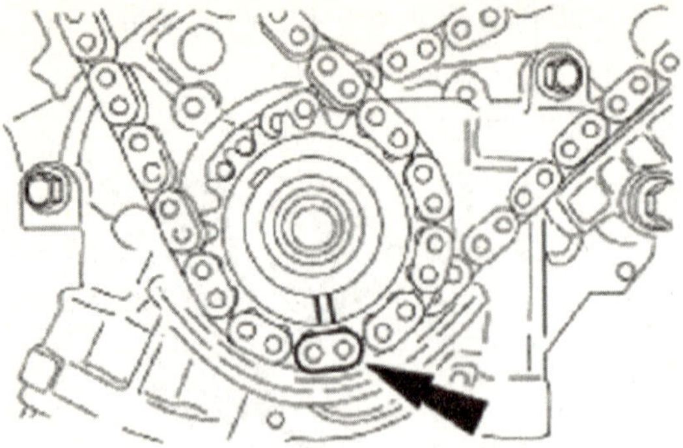

图 11-5-26　曲轴链轮正时标记对准右侧正时链条的标色链节

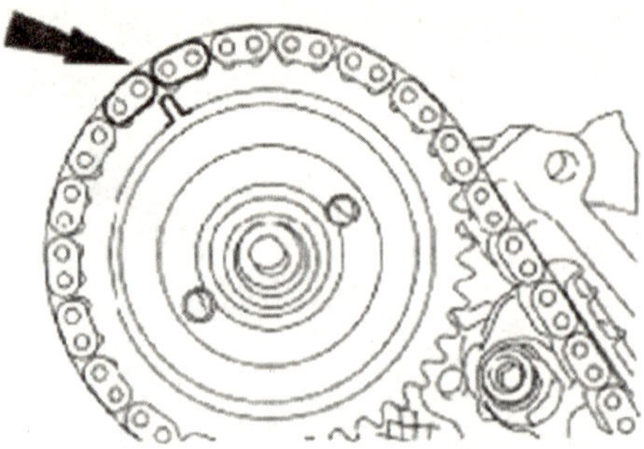

图 11-5-27　凸轮轴链轮正时标记对准右侧正时链条 2 个标色链节中间

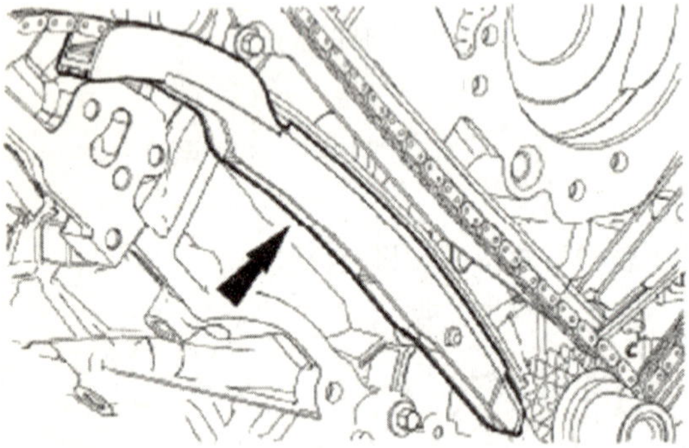

图 11-5-28　安装右侧正时链条张紧器臂

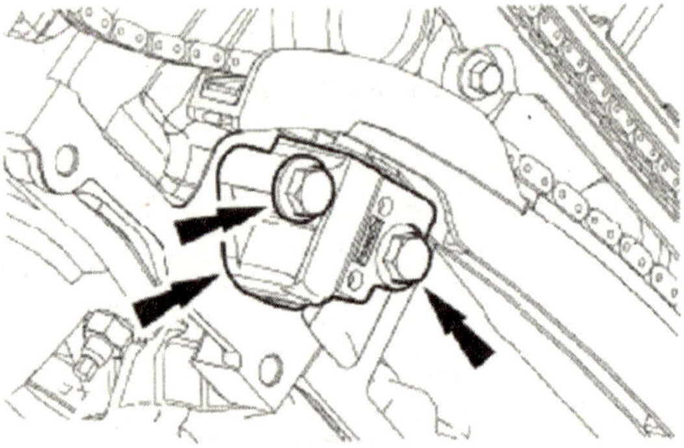

图 11-5-29　安装右侧正时链条张紧器

19. 按照图 11-5-30 所示，再次确认曲轴链轮、凸轮轴链轮上的正时标记均与正时链条上的标色链节准确对齐。

20. 按照图 11-5-31 所示，安装曲轴垫圈。

图 11-5-30　确认正时标记对齐

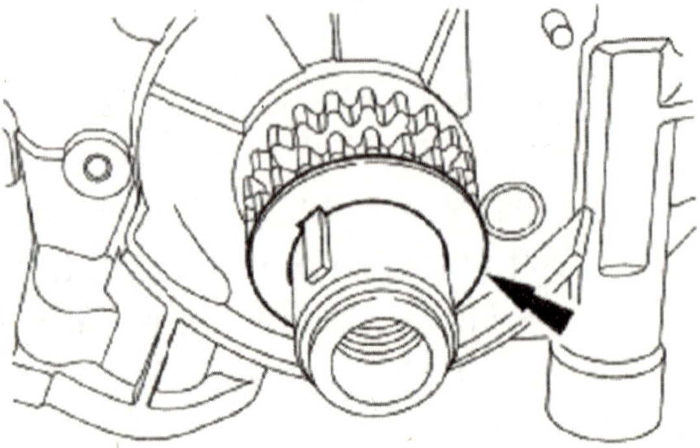

图 11-5-31　安装曲轴垫圈

21. 安装曲轴传感器环，如图 11-5-32 所示。

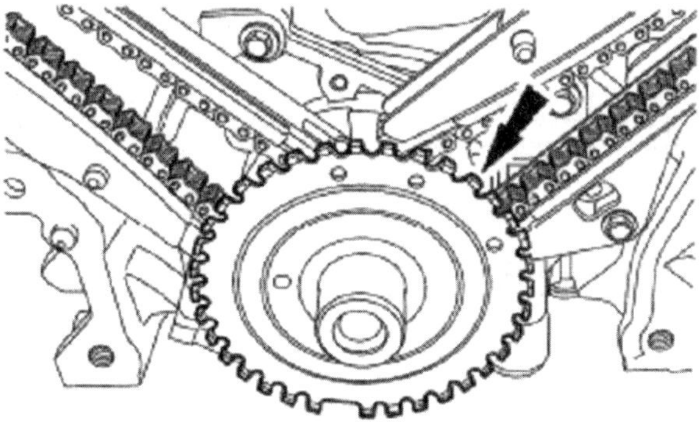

图 11-5-32 安装曲轴传感器环

22. 安装发动机前盖。

第十二章 GMC 车系

第一节 YUKON（5.3L、6.0L、6.2L 发动机）轿车

一、正时链条拆卸程序

1. 按照图 12-1-1 所示，拆卸机油泵。
2. 按照图 12-1-2 所示，拆卸启动机。

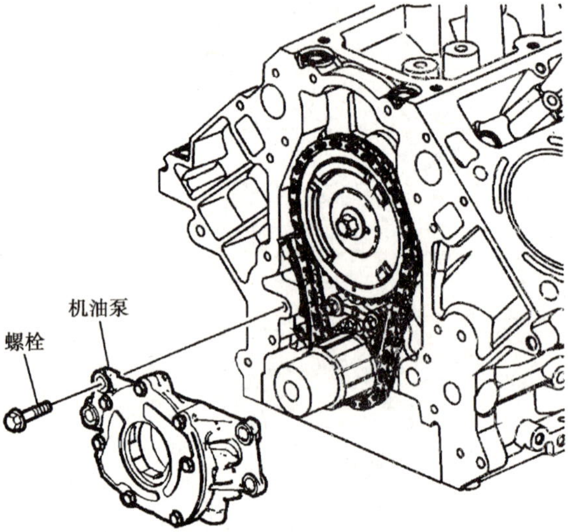

图 12-1-1 机油泵识别

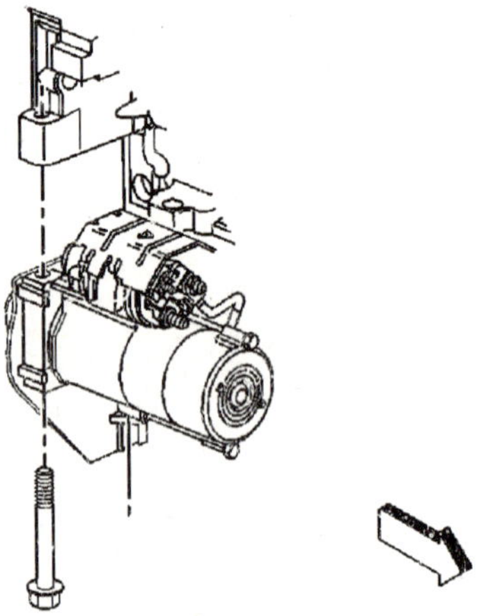

图 12-1-2 启动机识别

3. 安装飞轮固定工具，把飞轮固定工具的螺栓紧固到 50N·m，如图 12-1-3 所示。
4. 按照图 12-1-4 所示，拆卸凸轮轴位置执行器。
5. 按照图 12-1-5 所示，拆卸正时链条张紧器螺栓和张紧器。
6. 按照图 12-1-6 所示，安装专用工具，拆下曲轴链轮。
7. 如果必要时，可拆下曲轴键（图 12-1-7）。

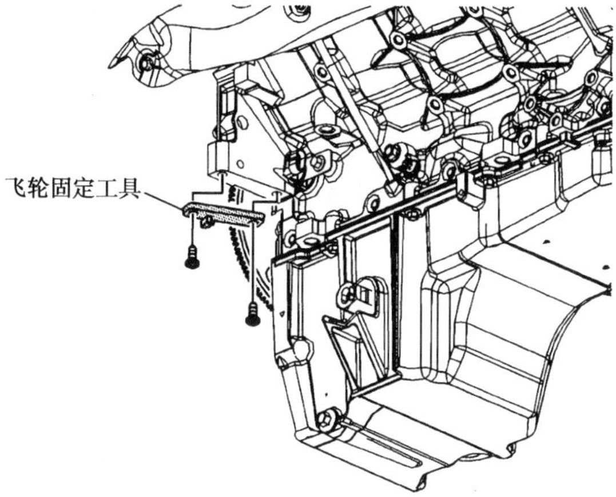

图 12-1-3 安装飞轮固定工具

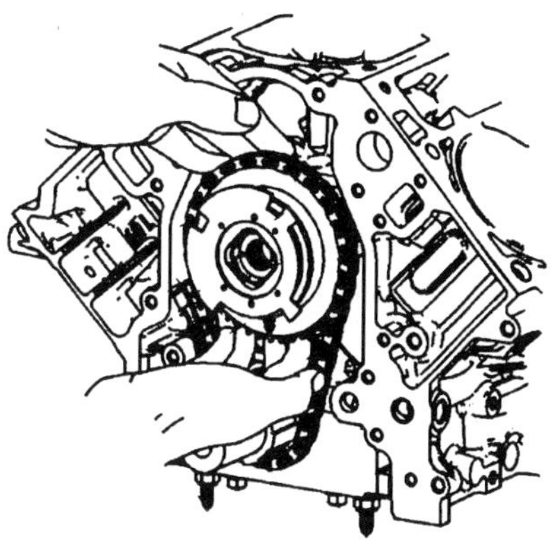

图 12-1-4 凸轮轴位置执行器

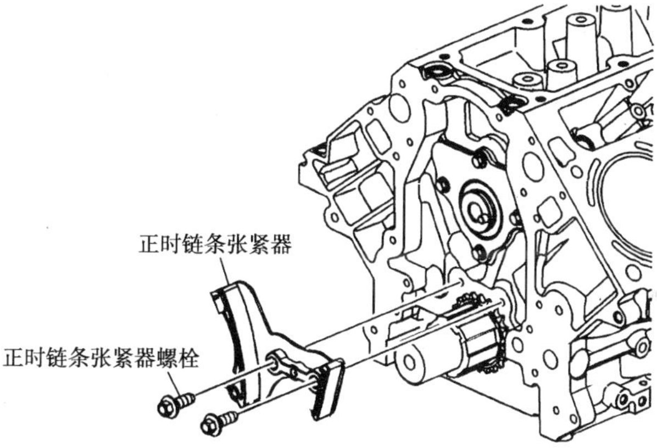

图 12-1-5 正时链条张紧器螺栓和张紧器

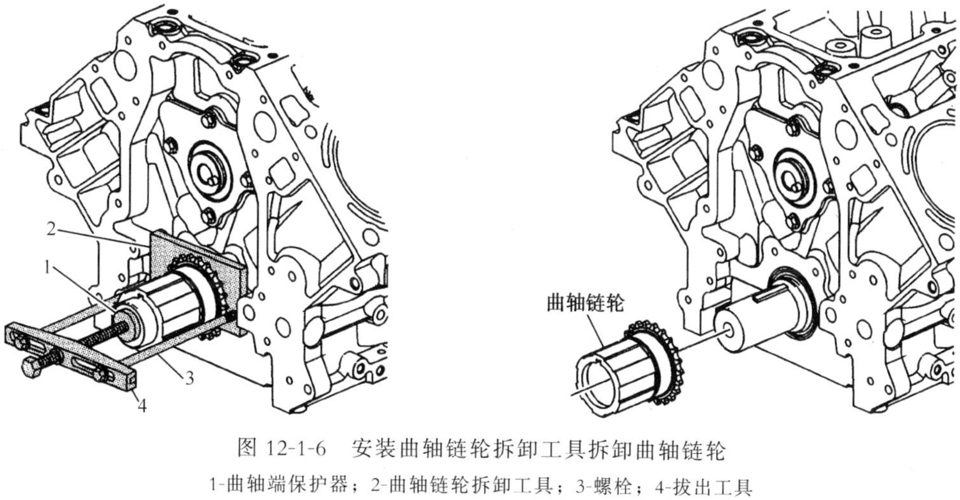

图 12-1-6 安装曲轴链轮拆卸工具拆卸曲轴链轮

1-曲轴端保护器；2-曲轴链轮拆卸工具；3-螺栓；4-拔出工具

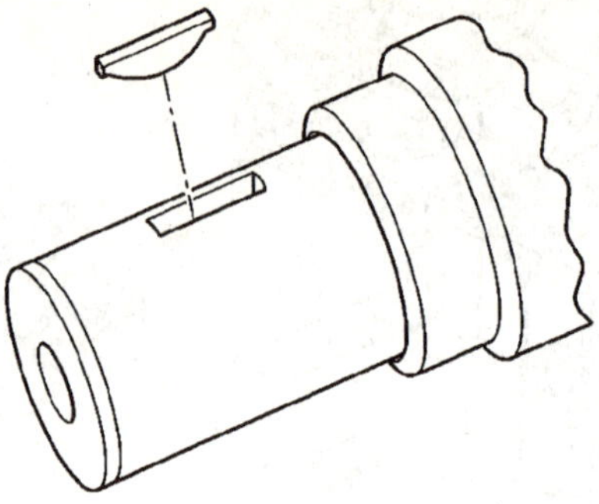

图 12-1-7 曲轴键识别

二、正时链条安装程序

1. 如果拆下过曲轴键，把曲轴键安装到曲轴键槽内，如图 12-1-8 所示。
2. 按照图 12-1-9 所示，把曲轴链轮安装到曲轴前端，曲轴键与曲轴链轮键槽对齐。

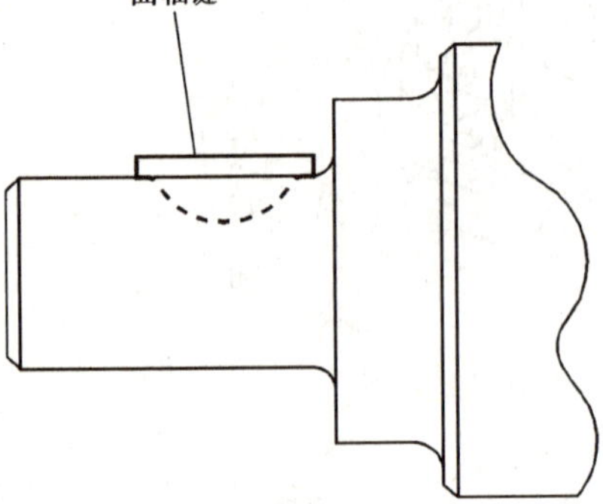

图 12-1-8 安装曲轴键到曲轴键槽内

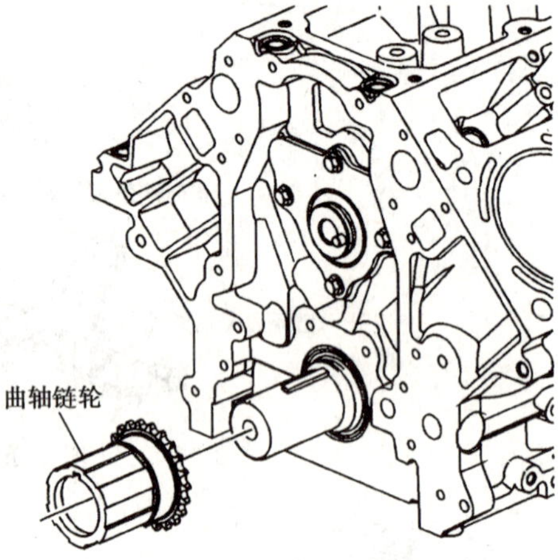

图 12-1-9 安装曲轴链轮到曲轴前端

3. 按照图 12-1-10，使用工具安装曲轴链轮。
4. 压缩正时链条张紧器导板，插入锁止销，如图 12-1-11 所示。
5. 安装正时链条张紧器，将螺栓紧固到 25N・m，如图 12-1-12 所示。
6. 安装凸轮轴位置执行器。
7. 拆卸飞轮固定工具。
8. 安装启动机。
9. 安装机油泵。

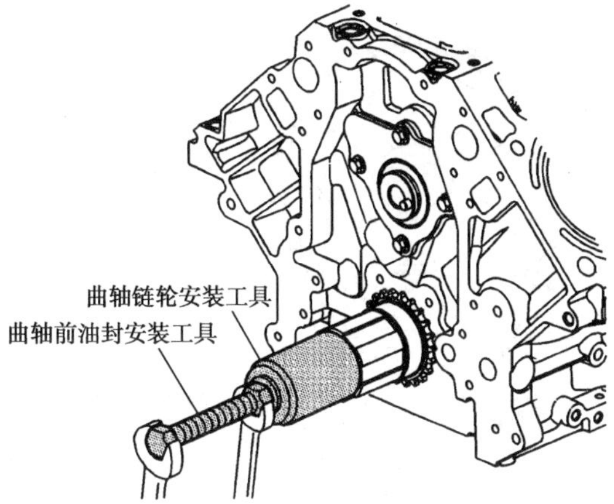

图 12-1-10 使用工具安装曲轴链轮

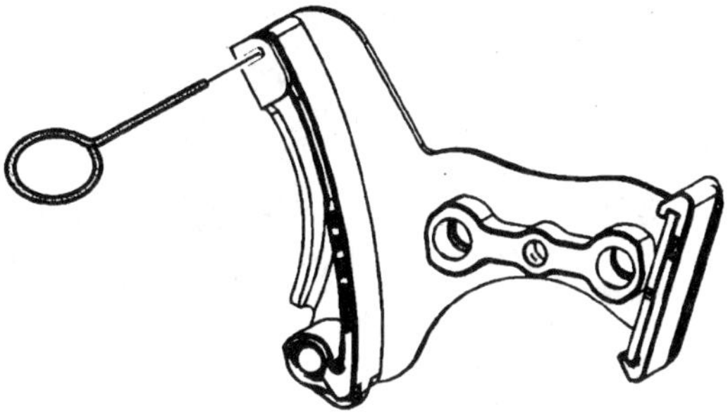

图 12-1-11 插入锁止销

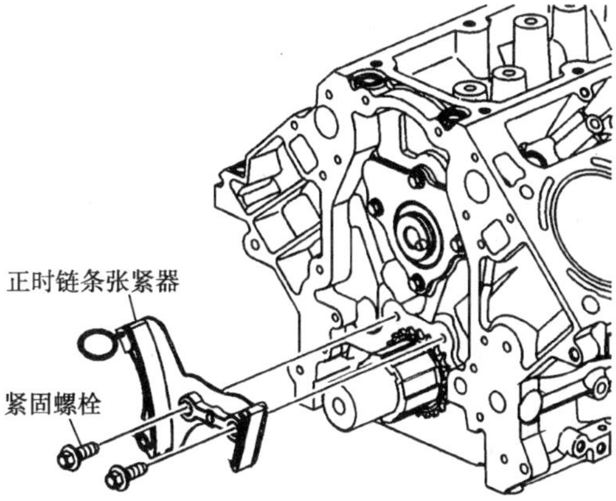

图 12-1-12 安装正时链条张紧器

第二节 SAVANA（5.3L、6.0L 发动机）轿车

一、正时链条拆卸步骤

1. 按照图 12-2-1 所示，拆卸机油泵。

2. 按照图 12-2-2 所示，转动曲轴链轮，使凸轮轴位置执行器校准标记与曲轴链轮校准标记对齐。

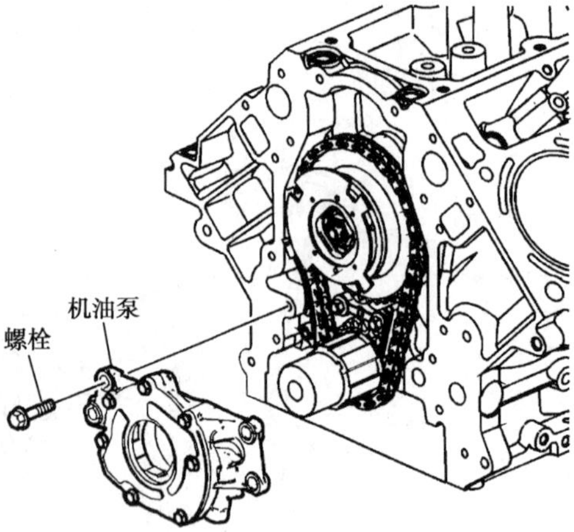

图 12-2-1　机油泵识别

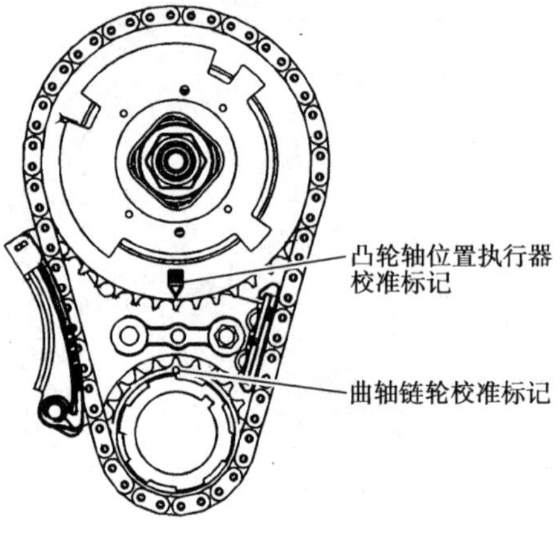

图 12-2-2　凸轮轴位置执行器校准标记和曲轴链轮校准标记识别

3. 安装发动机飞轮固定工具。

4. 按照图 12-2-3 所示，拆卸并废弃凸轮轴位置执行器电磁阀。

5. 按照图 12-2-4 所示，把手指伸到凸轮轴位置执行器链轮后部，将凸轮轴位置执行器从凸轮轴前部拉下。

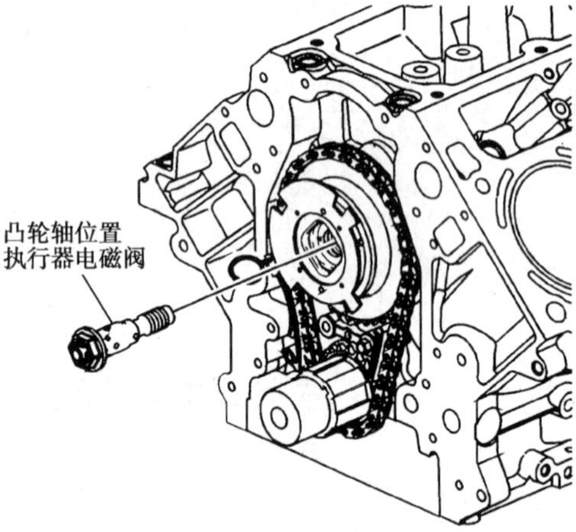

图 12-2-3　凸轮轴位置执行器电磁阀识别

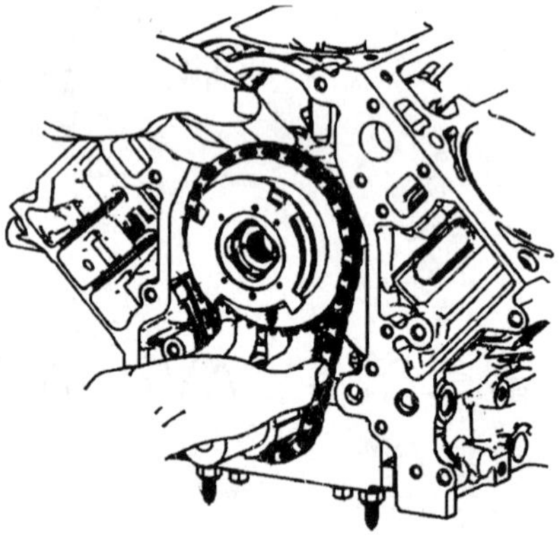

图 12-2-4　把凸轮轴位置执行器从凸轮轴前部拉下

6. 按照图 12-2-5，拆卸凸轮轴位置执行器和正时链条。

7. 用捆扎带绕过磁阻轮，把凸轮轴位置执行器捆扎好，如图 12-2-6 所示。

8. 按照图 12-2-7 所示，拆卸正时链条张紧器和张紧器螺栓。

9. 按照图 12-2-8 所示，安装专用工具，拆下曲轴链轮

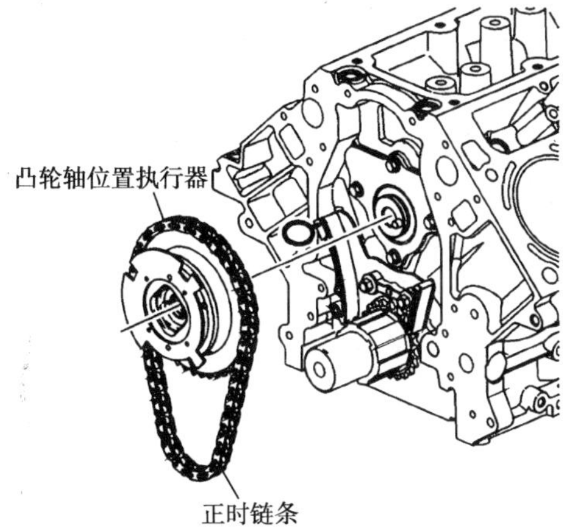

图 12-2-5 凸轮轴位置执行器和正时链条识别

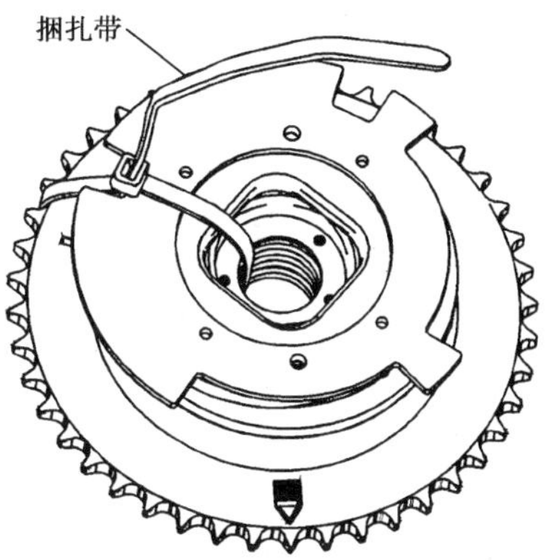

图 12-2-6 捆扎凸轮轴位置执行器

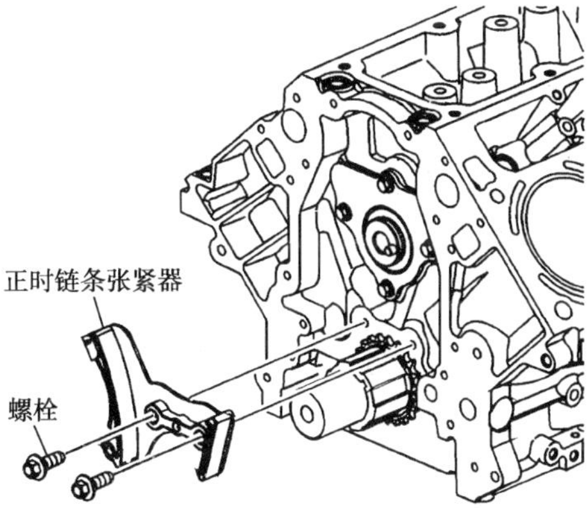

图 12-2-7 正时链条张紧器和张紧器螺栓识别

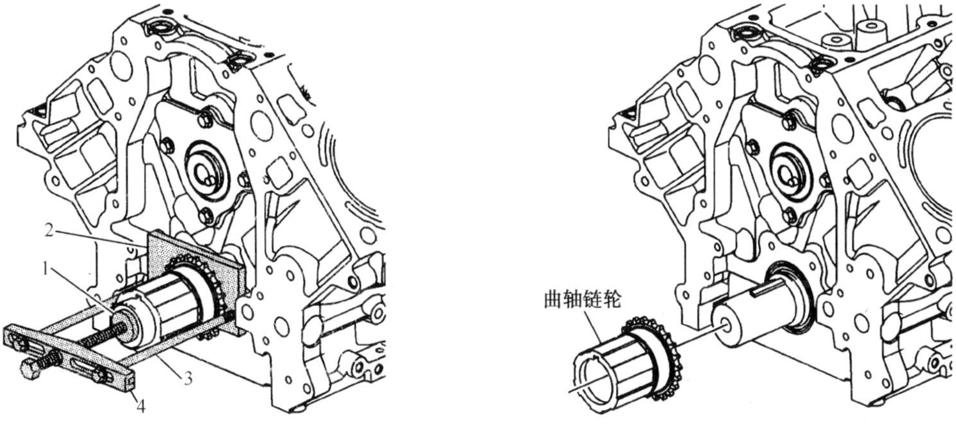

图 12-2-8 安装曲轴链轮拆卸工具拆卸曲轴链轮

1-曲轴端保护器；2-曲轴链轮拆卸工具；3-螺栓；4-拔出工具

10. 如果必要时，可拆下曲轴键，如图 12-2-9 所示。

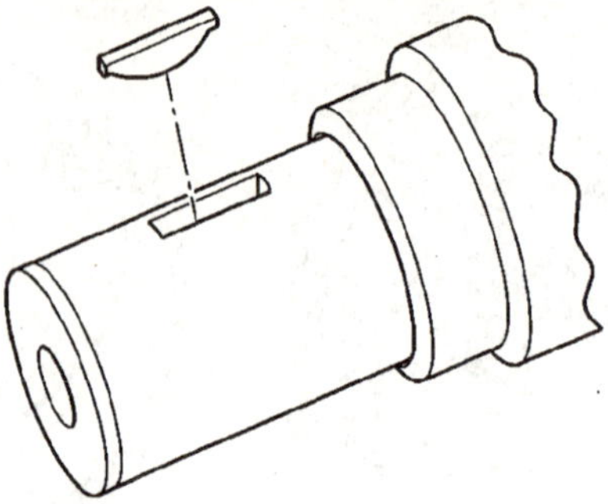

图 12-2-9 曲轴键识别

二、正时链条安装程序

1. 如果拆下过曲轴键，把曲轴键安装到曲轴键槽内，如图 12-2-10 所示。

2. 按照图 12-2-11 所示，把曲轴链轮安装到曲轴前端，曲轴键与曲轴链轮键槽对齐。

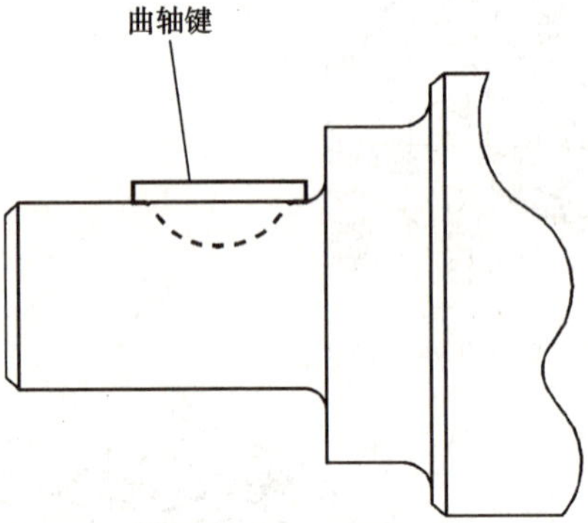

图 12-2-10 安装曲轴键到曲轴键槽内

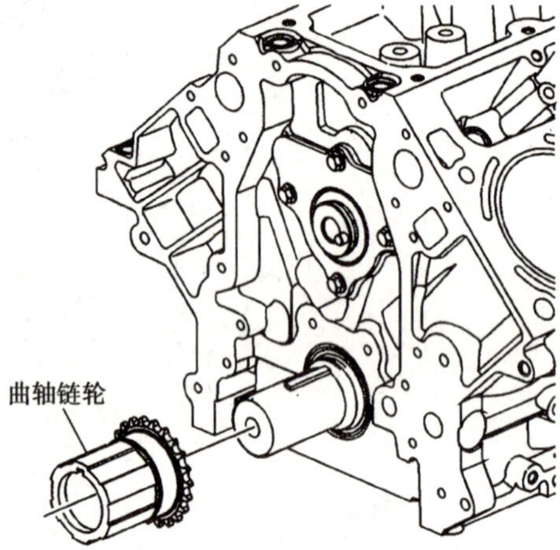

图 12-2-11 安装曲轴链轮到曲轴前端

3. 按照图 12-2-12 所示，使用工具安装曲轴链轮。

4. 压缩正时链条张紧器导板，插入锁止销，如图 12-2-13 所示。

5. 安装正时链条张紧器，将螺栓紧固到 25N · m，如图 12-2-14 所示。

6. 按照图 12-2-15 所示，把凸轮轴位置执行器背面的校准孔和凸轮轴正面的定位销辨别清楚。

7. 转动凸轮轴位置执行器，使执行器上的正时标记位于 6 点钟位置。

8. 安装凸轮轴位置执行器和正时链条，使凸轮轴执行器上的校准孔与凸轮轴定位销对齐，如图 12-2-16 所示。注意：安装时手指要推动执行器链轮，不要推压磁阻轮。

9. 按照图 12-2-17 所示，在气缸体前面放置一条直板，检验凸轮轴位置执行器和正时链条是否安装正确，如果安装正确，正时链条不会突出到气缸体前面。

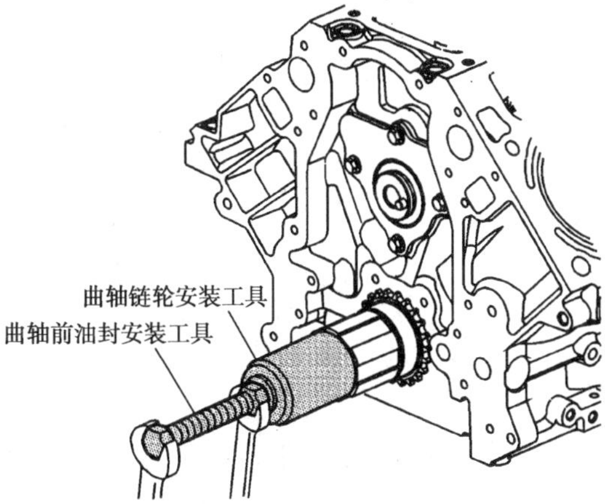

图 12-2-12　使用工具安装曲轴链轮

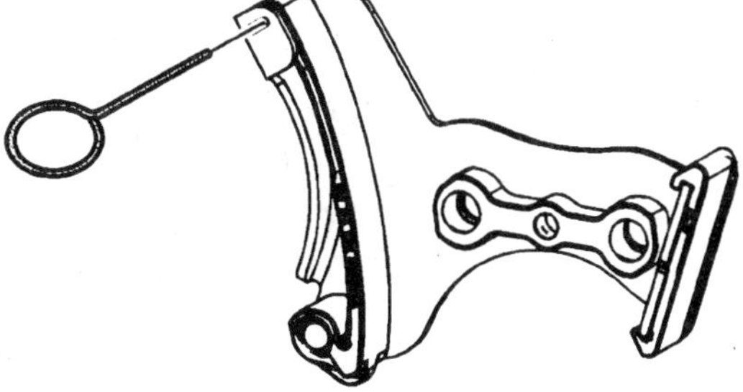

图 12-2-13　插入锁止销

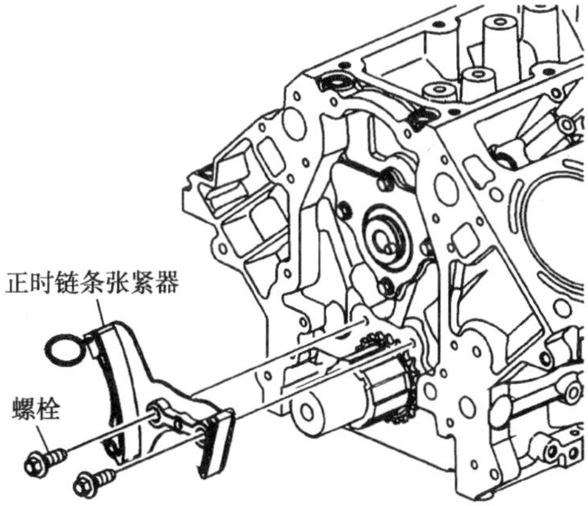

图 12-2-14　安装正时链条张紧器

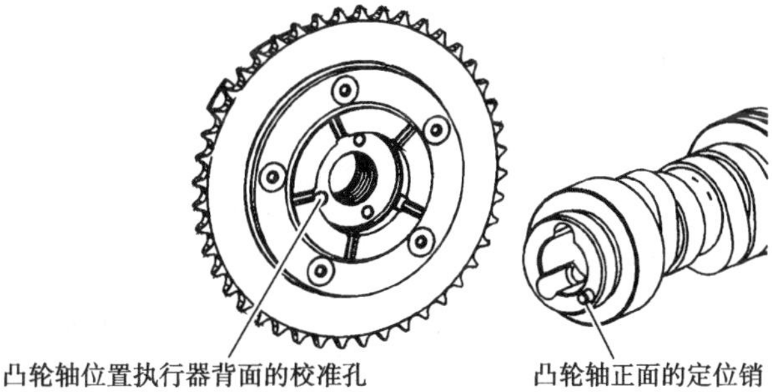

图 12-2-15　校准孔和定位销识别

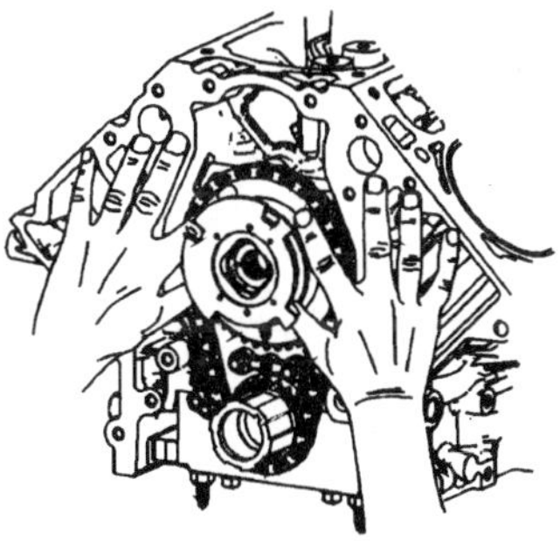

图 12-2-16　安装凸轮轴位置执行器

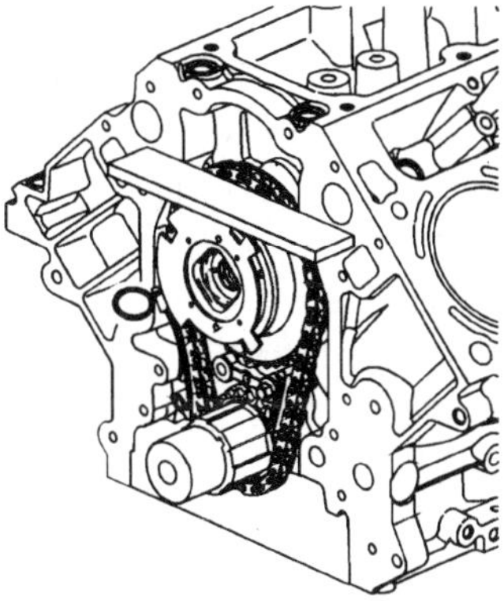

图 12-2-17　检验凸轮轴位置执行器和正时链条是否安装正确

10. 如图 12-2-18 所示，换装新的凸轮轴位置执行器电磁阀。

11. 按照图 12-2-2 所示，把凸轮轴位置执行器校准标记和曲轴链轮校准标记对齐。

12. 按照图 12-2-19 所示，从正时链条张紧器上拔出插入的锁止销。

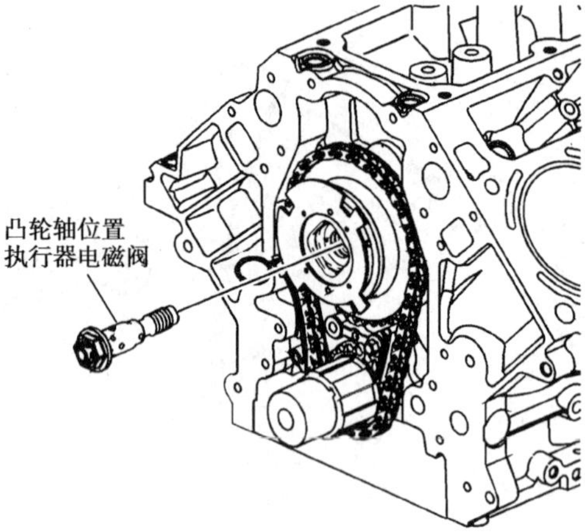

图 12-2-18 安装新的凸轮轴位置执行器电磁阀

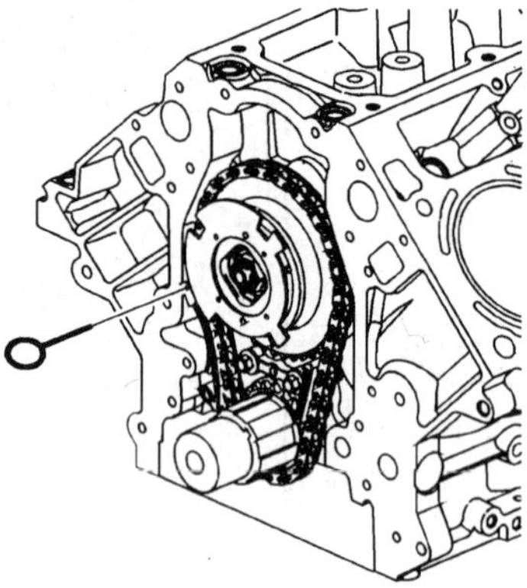

图 12-2-19 拔出锁止销

13. 按照图 12-2-20 所示，用扭矩扳手紧固凸轮轴位置执行器电磁阀，第一步先紧固到 65N·m，然后再紧固 90°。

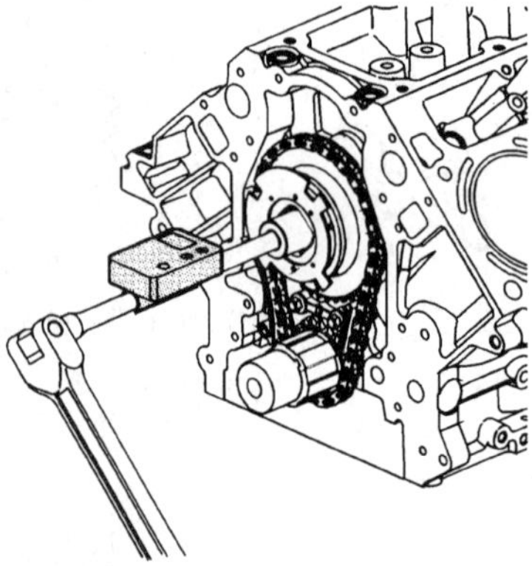

图 12-2-20 紧固凸轮轴位置执行器电磁阀

14. 安装机油泵。

第十三章 HUMMER（悍马）车系

第一节 HUMMER H3 轿车

一、HUMMER H3 轿车 3.7L 发动机正时链条拆装步骤

（一）HUMMER H3 轿车 3.7L 发动机正时链条拆卸步骤

1. 拆卸发动机气缸 1 上的火花塞。
2. 拆卸凸轮轴盖罩。
3. 拆卸排气凸轮轴位置传感器。
4. 拆卸进气凸轮轴位置传感器。
5. 拆卸发动机前罩。
6. 顺时针转动曲轴，使发动机 1 缸活塞位于压缩行程上止点位置。
7. 把凸轮轴固定工具安装到凸轮轴后端，如图 13-1-1 所示。
8. 按照图 13-1-2 所示，把正时链条张紧器的张紧滑轨压入，解除正时链条的张紧力。

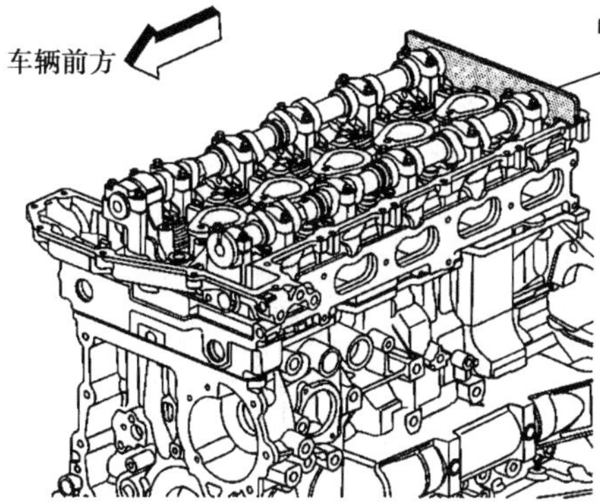

图 13-1-1 安装凸轮轴固定工具

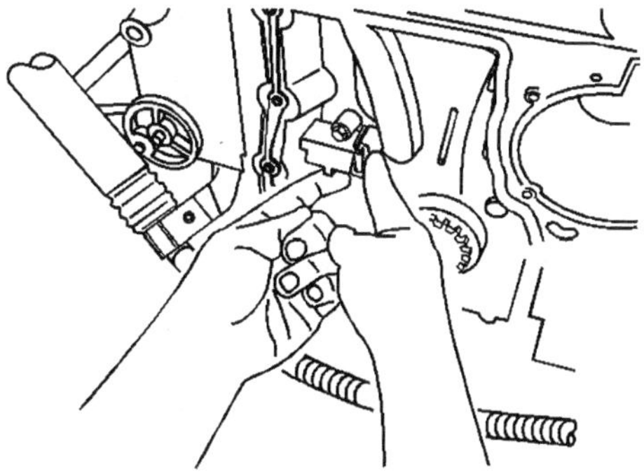
图 13-1-2 解除正时链条张紧力

9. 按照图 13-1-3 所示，用一个 T 字形零件将正时链条张紧器的滑轨固定住。
10. 如图 13-1-4 所示，拆下排气凸轮轴位置执行器螺栓并将拆下的螺栓废弃。

图 13-1-3 固定正时链条张紧器滑轨

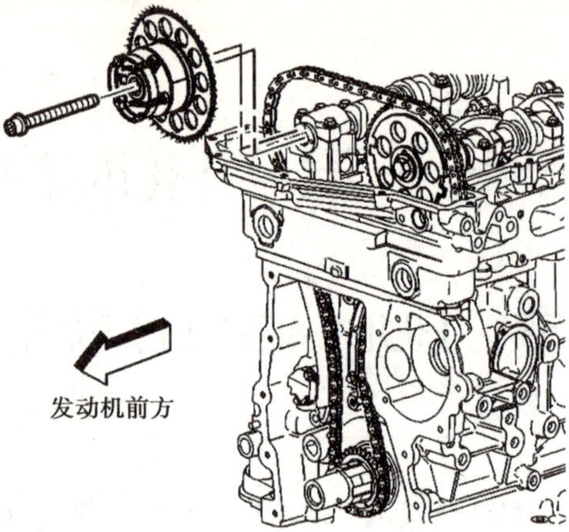

图 13-1-4 拆下排气凸轮轴位置执行器螺栓

11. 拆下排气凸轮轴位置执行器。
12. 拆下进气凸轮轴链轮螺栓并将拆下的螺栓废弃，如图 13-1-5 所示。
13. 拆下进气凸轮轴链轮，如图 13-1-5 所示。
14. 拆卸正时链条，如图 13-1-5 所示。
15. 拆卸曲轴链轮，如图 13-1-5 所示。
16. 将拆下的正时链条和链轮擦拭干净。

（二）HUMMER H3 轿车 3.7L 发动机正时链条安装步骤

1. 确保气缸 1 活塞位于上止点位置，曲轴上的销子应笔直朝上。按照图 13-1-6 所示，把曲轴链轮安装到曲轴上。

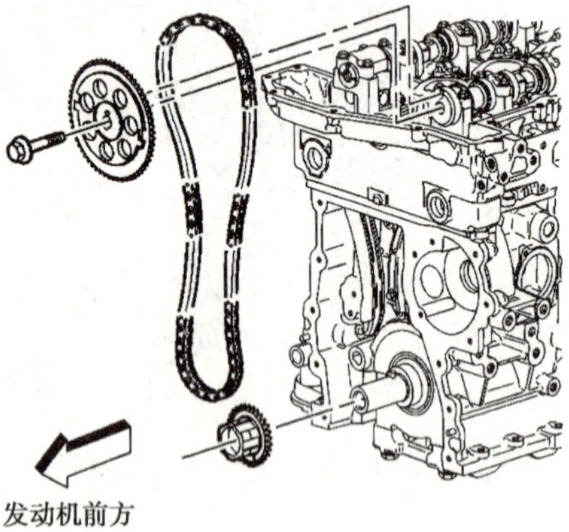

图 13-1-5 正时链条与链轮识别

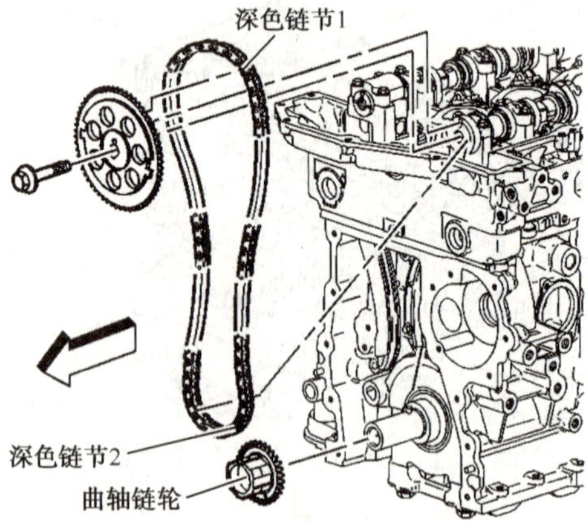

图 13-1-6 安装正时链条和链轮

2. 按照图 13-1-6 所示，把进气凸轮轴链轮安装到正时链条上。将正时链条上的深色链节 1 与进气凸轮轴上的正时标记对齐。

3. 沿着气缸盖内部的空隙，将正时链条向下放入。

4. 把正时链条安装到曲轴链轮上。

5. 按照图 13-1-6 所示，将正时链条上的深色链节 2 与曲轴链轮上的正时标记对齐。

6. 把进气凸轮轴链轮安装到进气凸轮轴上。

7. 按照图 13-1-7 所示，换装新的进气凸轮轴链轮螺栓。将螺栓紧固至 20 N·m，然后再将螺栓拧紧 100°。

8. 在安装正时链条前，先要确保使凸轮轴位置调节器在完全提前位置（顺时针转动到底）。

9. 将排气凸轮轴位置执行器安装到正时链条上，按照图 13-1-8 所示，将正时链条深色链节与排气凸轮轴位置执行器链轮上的正时标记对齐。

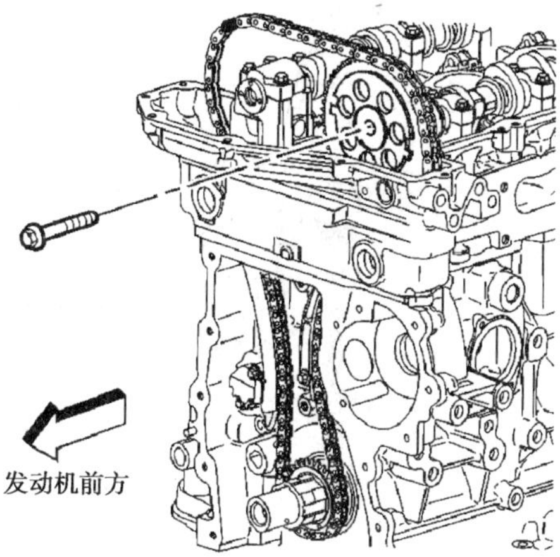

图 13-1-7 安装进气凸轮轴链轮螺栓

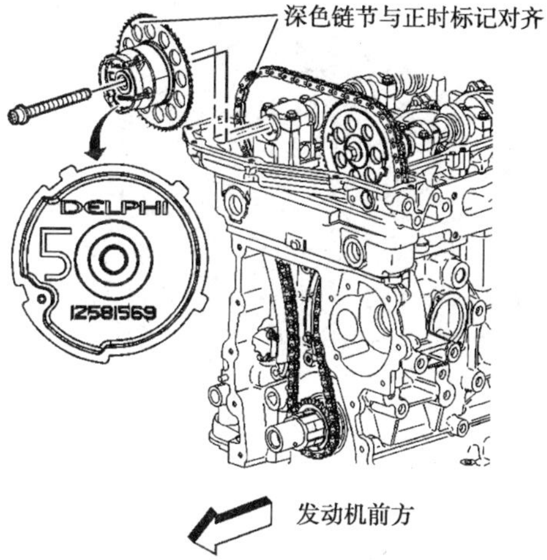

图 13-1-8 安装排气凸轮轴位置执行器

10. 把排气凸轮轴位置执行器安装到排气凸轮轴上。

11. 按照图 13-1-9 所示，换装新的排气凸轮轴位置执行器螺栓，将螺栓紧固至 25 N·m，然后再将螺栓拧紧 135°。

12. 按照图 13-1-10 所示，把固定正时链条张紧器滑轨的 T 字形零件取下，使正时链条重新张紧。

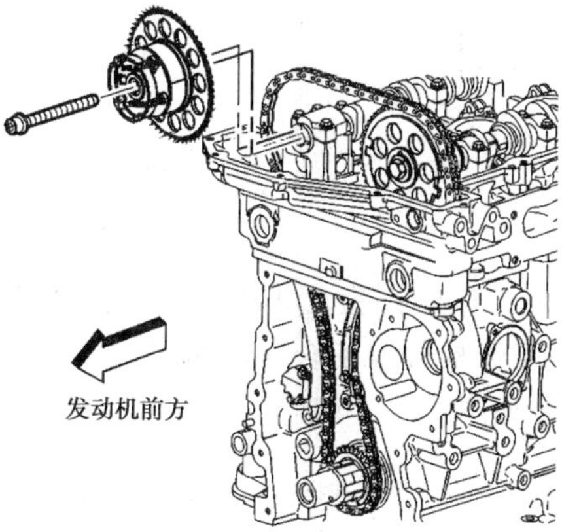

图 13-1-9 排气凸轮轴位置执行器螺栓

图 13-1-10 取出 T 字形零件

13. 按照图 13-1-11 所示，从凸轮轴上拆下凸轮轴固定工具。

14. 确保正时链条上的深色链节必须与各个链轮上的正时标记对齐，如图 13-1-12 所示。

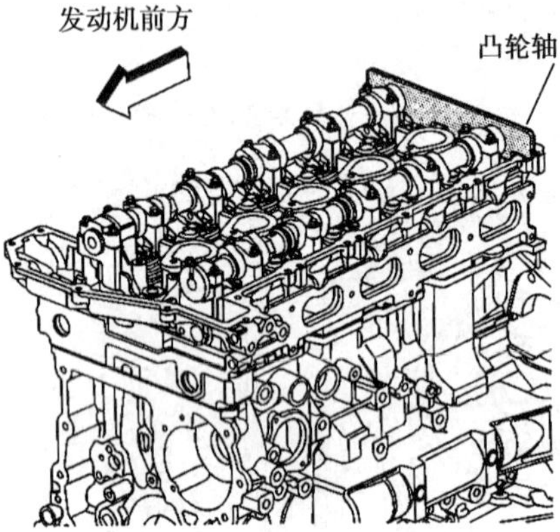

图 13-1-11 凸轮轴固定工具

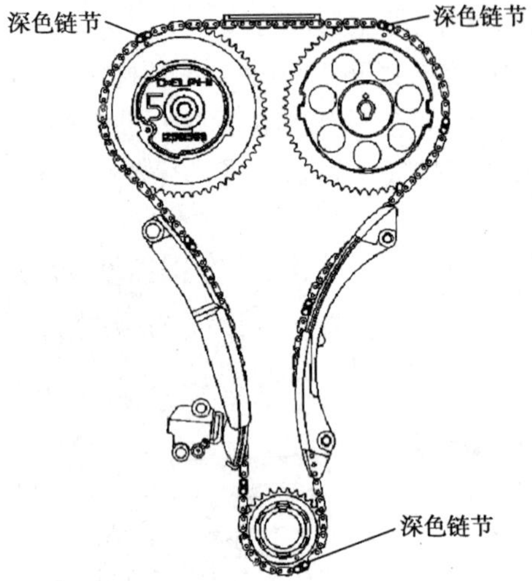

图 13-1-12 深色链节对齐正时标记

15. 安装发动机前盖。

16. 安装进气凸轮轴位置传感器。

17. 安装排气凸轮轴位置传感器。

18. 安装凸轮轴盖。

19. 安装 1 缸火花塞。

二、HUMMER H3 轿车 3.5L 发动机正时链条拆装步骤

（一）HUMMER H3 轿车 3.5L 发动机正时链条拆卸步骤

1. 拆卸发动机气缸 1 上的火花塞。

2. 拆卸凸轮轴盖罩。

3. 拆卸排气凸轮轴位置传感器。

4. 拆卸进气凸轮轴位置传感器。

5. 拆卸发动机前罩。

6. 顺时针转动曲轴，使发动机 1 缸活塞位于压缩行程上止点位置。排气凸轮轴位置执行器上的“DELPHI”字母应平行于气缸盖至凸轮轴盖配合面，如图 13-1-13 所示。

7. 把凸轮轴固定工具安装到凸轮轴后端，如图 13-1-14 所示。

图 13-1-13　凸轮轴位置执行器

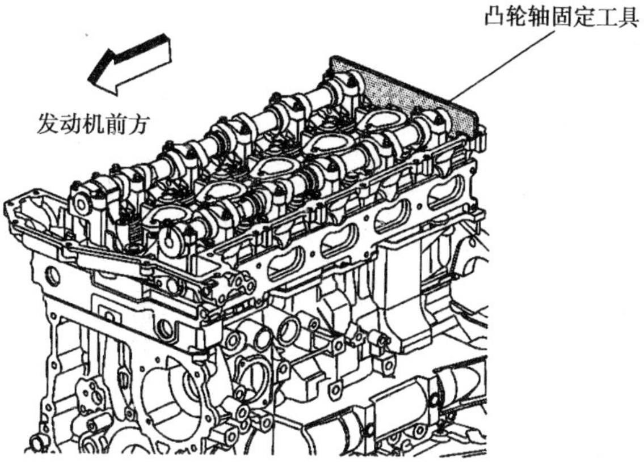

图 13-1-14　安装凸轮轴固定工具

8. 按照图 13-1-15 所示，把正时链条张紧器的张紧滑轨压入，解除正时链条的张紧力。

9. 按照图 13-1-16 所示，用一个 T 字形零件将正时链条张紧器的滑轨固定住。

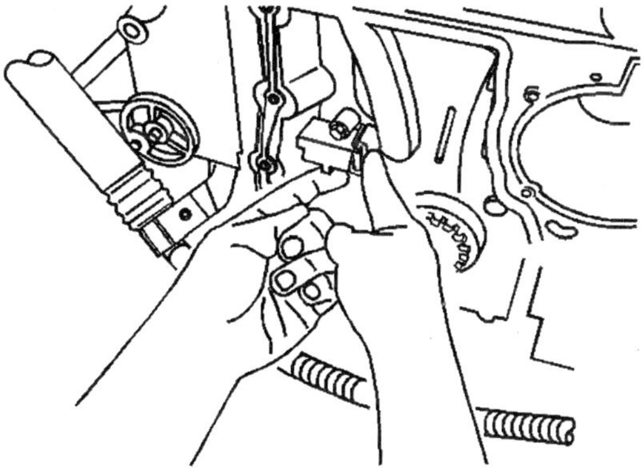

图 13-1-15　解除正时链条张紧力

图 13-1-16　固定正时链条张紧器滑轨

10. 如图 13-1-17 所示，拆下排气凸轮轴位置执行器螺栓并将拆下的螺栓废弃。
11. 拆下排气凸轮轴位置执行器。
12. 拆下进气凸轮轴链轮螺栓并将拆下的螺栓废弃，如图 13-1-18 所示。
13. 拆下进气凸轮轴链轮，如图 13-1-18 所示。
14. 拆卸正时链条，如图 13-1-18 所示。
15. 拆卸曲轴链轮，如图 13-1-18 所示。
16. 将拆下的正时链条和链轮擦拭干净。

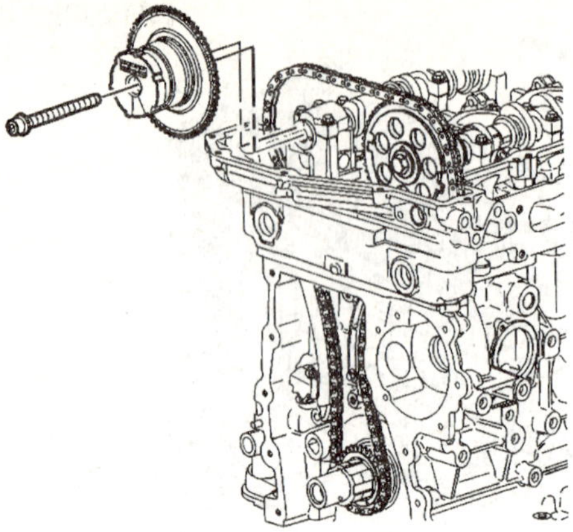

图 13-1-17　拆下排气凸轮轴位置执行器螺栓

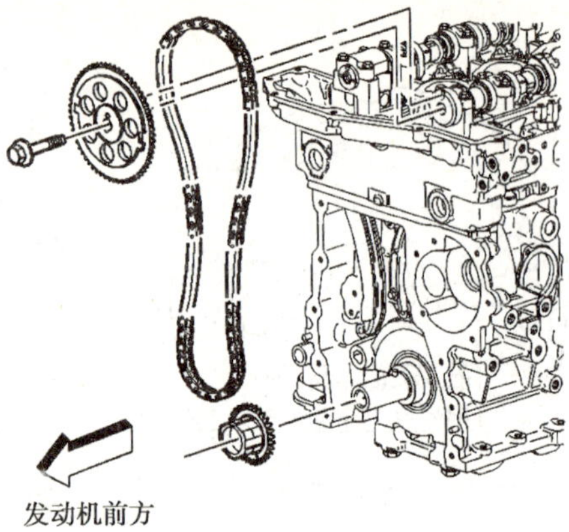

图 13-1-18　正时链条与链轮识别

（二）**HUMMER H3 轿车 3.5L 发动机正时链条安装步骤**

1. 确保气缸 1 活塞位于上止点位置，曲轴上的销子应笔直朝上。按照图 13-1-19 所示，把曲轴链轮安装到曲轴上。

2. 按照图 13-1-19 所示，把进气凸轮轴链轮安装到正时链条上。将正时链条上的深色链节 1 与进气凸轮轴上的正时标记对齐。

3. 沿着气缸盖内部的空隙，将正时链条向下放入。

4. 把正时链条安装到曲轴链轮上。

5. 按照图 13-1-19 所示，将正时链条上的深色链节 2 与曲轴链轮上的正时标记对齐。

6. 把进气凸轮轴链轮安装到进气凸轮轴上。

7. 按照图 13-1-20 所示，换装新的进气凸轮轴链轮螺栓。将螺栓紧固至 20 N·m，然后再将螺栓拧紧 100°。

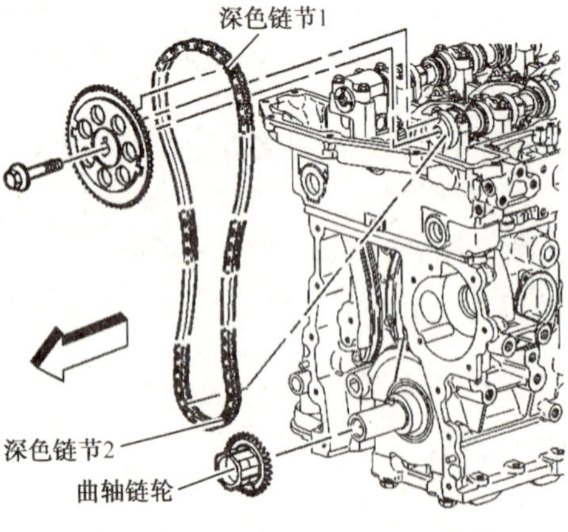

图 13-1-19　安装正时链条和链轮

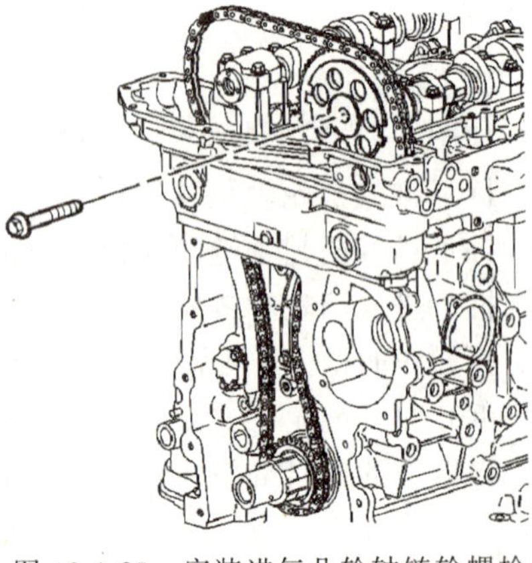

图 13-1-20　安装进气凸轮轴链轮螺栓

8. 在安装正时链条时，先要确保使凸轮轴位置调节器在完全提前位置（顺时针转动到底）。

9. 将排气凸轮轴位置执行器安装到正时链条上，按照图 13-1-21 所示，将正时链条深色链节与排气凸轮轴位置执行器链轮上的正时标记对齐。

10. 把排气凸轮轴位置执行器安装到排气凸轮轴上。

11. 按照图 13-1-22 所示，换装新的排气凸轮轴位置执行器螺栓，将螺栓紧固至 25 N · m，然后再将螺栓拧紧 135°。

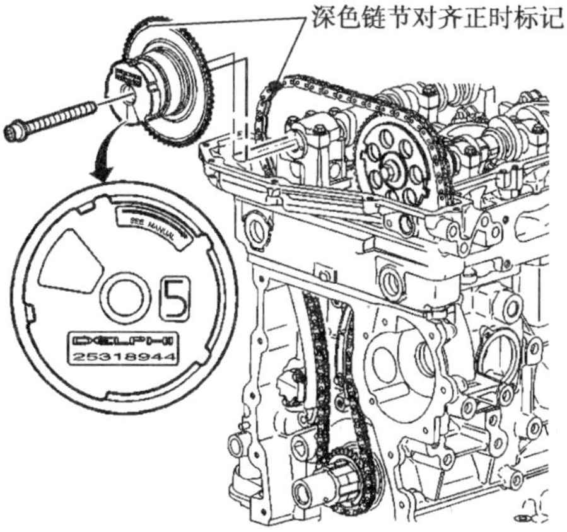

图 13-1-21 安装排气凸轮轴位置执行器

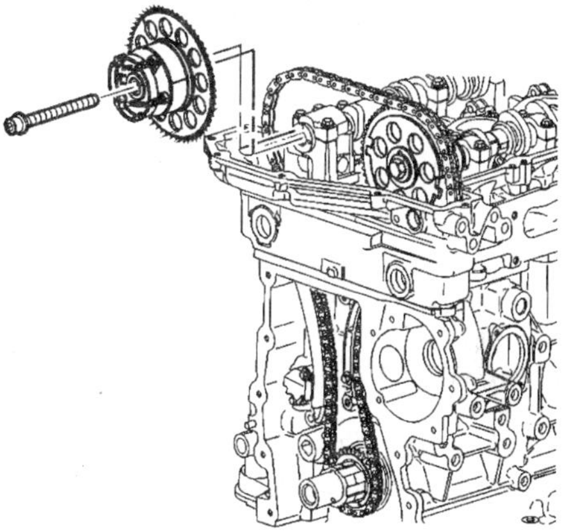

图 13-1-22 排气凸轮轴位置执行器螺栓

12. 按照图 13-1-23 所示，把固定正时链条张紧器滑轨的 T 字形零件取下，使正时链条重新张紧。

13. 按照图 13-1-24 所示，从凸轮轴上拆下凸轮轴固定工具。

图 13-1-23 取出 T 字形零件

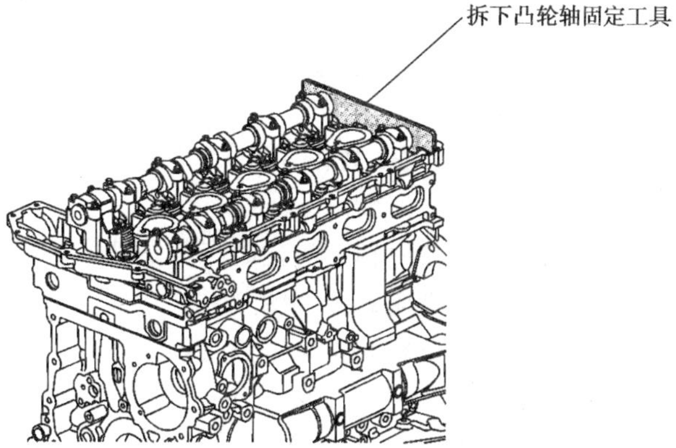

图 13-1-24 取下凸轮轴固定工具

14. 确保正时链条上的深色链节必须与各个链轮上的正时标记对齐，如图 13-1-25 所示。

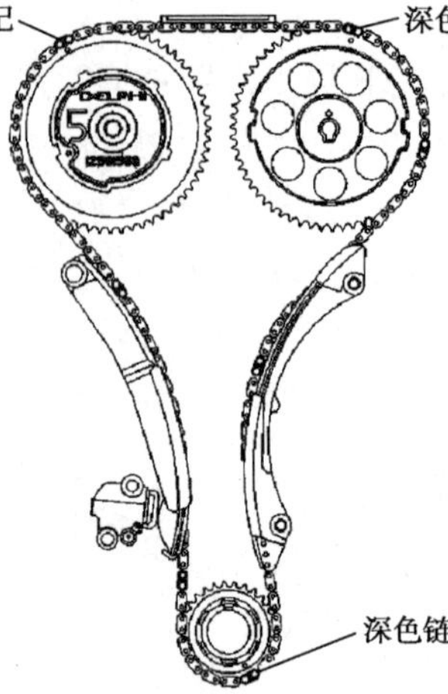

图 13-1-25 深色链节对齐正时标记

15. 安装发动机前盖。
16. 安装进气凸轮轴位置传感器。
17. 安装排气凸轮轴位置传感器。
18. 安装凸轮轴盖。
19. 安装 1 缸火花塞。

第二节 HUMMER H2 轿车

一、HUMMER H2 轿车 4.8L 发动机正时链条拆装步骤

(一) HUMMER H2 轿车 4.8L 发动机正时链条拆卸步骤

1. 拆卸发动机机油泵。
2. 转动曲轴，使曲轴上的正时标记与凸轮轴链轮上的正时标记对齐。
3. 拆卸凸轮轴链轮螺栓（图 13-2-1）。
4. 拆卸凸轮轴链轮和正时链条（图 13-2-1）。
5. 如图 13-2-2 所示，安装专用工具，准备拆卸曲轴链轮。
6. 拆下曲轴链轮（图 13-2-3）。
7. 如有必要，取下曲轴键（图 13-2-4）。
8. 把拆下的正时链条和各个链轮擦拭干净。

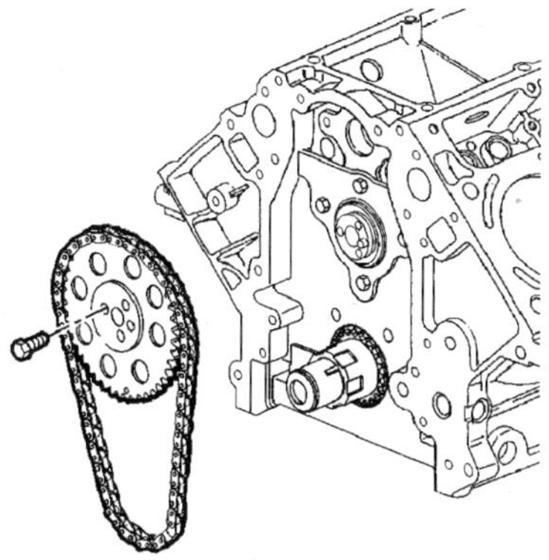

图 13-2-1 凸轮轴链轮、链轮螺栓和正时链条

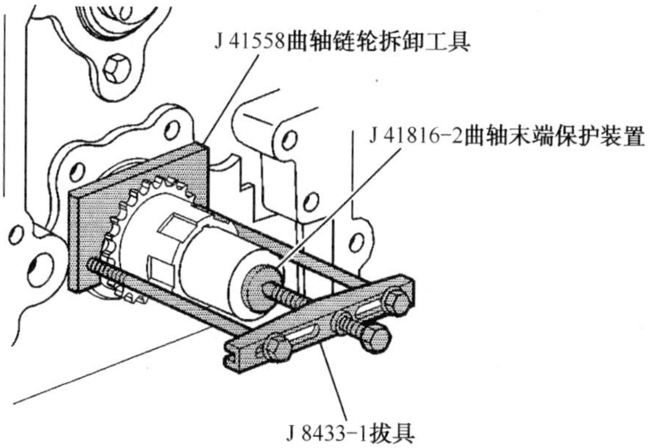

图 13-2-2 安装专用工具

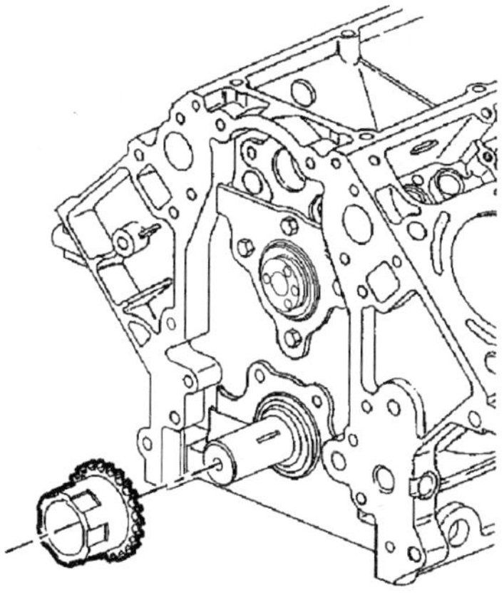

图 13-2-3 曲轴链轮

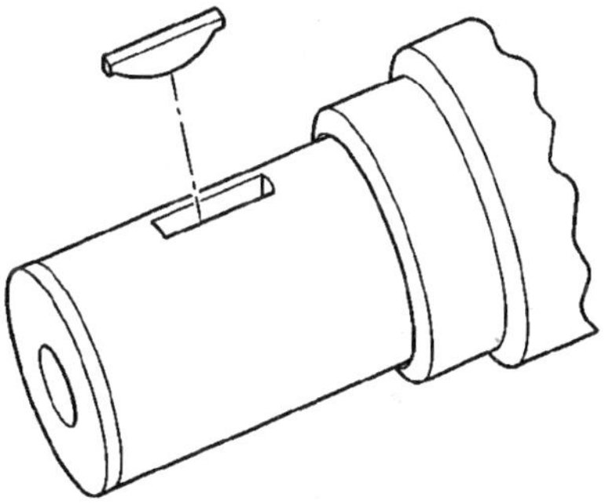

图 13-2-4 曲轴键和键槽

（二）HUMMER H2 轿车 4.8L 发动机正时链条安装步骤

1. 把曲轴键安装到键槽内。
2. 按照图 13-2-5 所示，把曲轴键敲入曲轴键槽中。

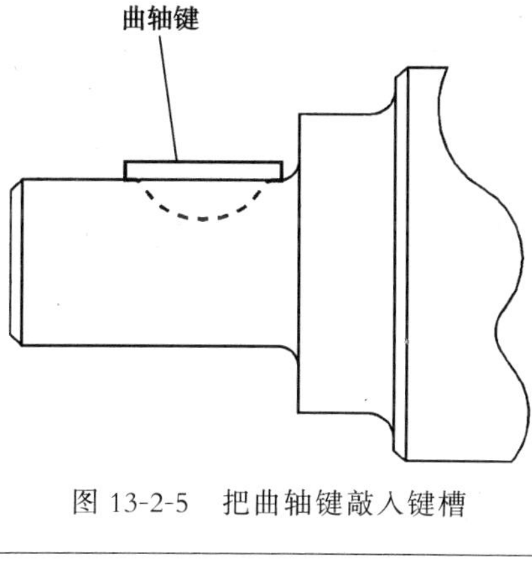

图 13-2-5 把曲轴键敲入键槽

3. 按照图 13-2-6 所示，把曲轴链轮安装到曲轴前部，曲轴键要对准曲轴链轮上的键槽。

4. 按照图 13-2-7 所示，用专用工具安装曲轴链轮，使曲轴链轮彻底落座在曲轴法兰上。

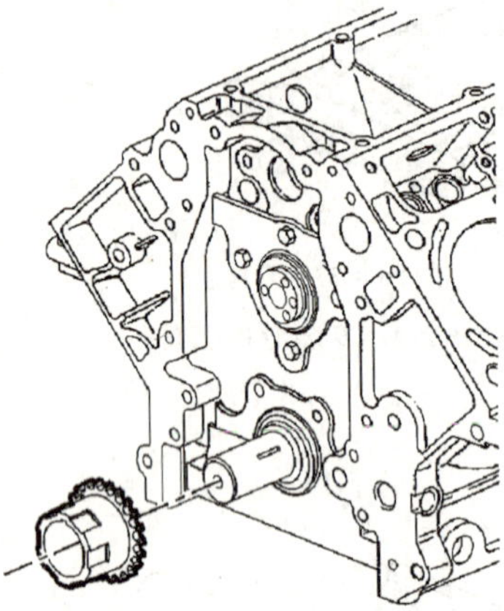

图 13-2-6　安装曲轴链轮

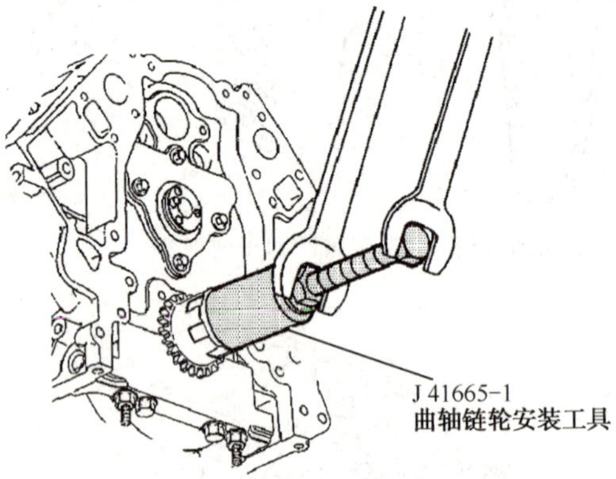

图 13-2-7　用专用工具安装曲轴链轮

5. 转动曲轴链轮，使曲轴链轮上的正时标记定位在 12 点钟位置。

6. 按照图 13-2-8 所示，安装凸轮轴链轮和正时链条。

7. 必要时转动凸轮轴链轮或曲轴链轮，使曲轴链轮正时标记（位于 12 点钟位置）与凸轮轴链轮正时标记（位于 6 点钟位置）对齐，如图 13-2-9 所示。

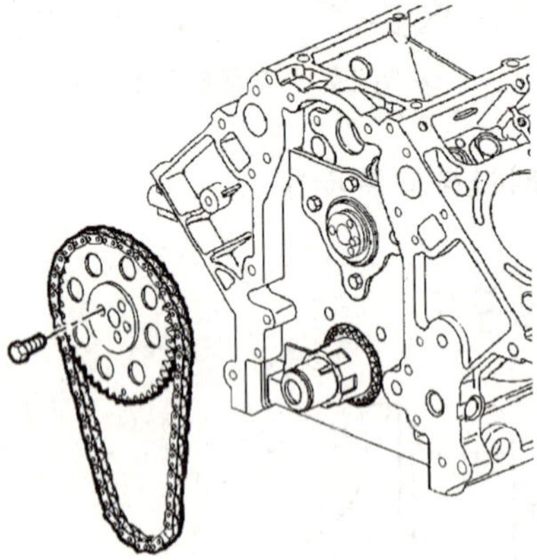

图 13-2-8　安装凸轮轴链轮和正时链条

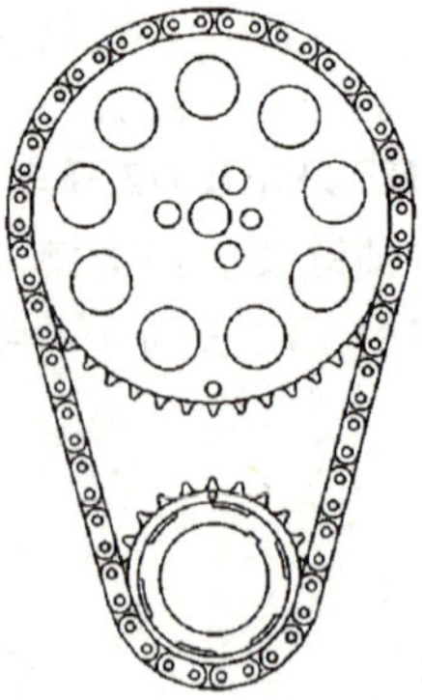

图 13-2-9　将曲轴链轮正时标记与凸轮轴链轮正时标记对齐

8. 安装凸轮轴链轮螺栓并将螺栓紧固至 35 N·m。

9. 安装机油泵。

二、HUMMER H2 轿车 5. 3L 发动机正时链条拆装步骤

HUMMER H2 轿车 5. 3L 发动机正时链条拆装步骤与 HUMMER H2 轿车 4. 8L 发动机正时链条拆装步骤相同。

三、HUMMER H2 轿车 6. 0L 发动机正时链条拆装步骤

HUMMER H2 轿车 6. 0L 发动机正时链条拆装步骤与 HUMMER H2 轿车 4. 8L 发动机正时链条拆装步骤相同。

第十四章 JAGUAR（捷豹）车系

第一节 X-TYPE 轿车

一、X-TYPE 轿车 2.5L 发动机正时链条拆卸

1. 拆卸发动机前盖。
2. 拆卸火花塞。
3. 拆卸曲轴位置传感器脉冲轮（图 14-1-1）。
4. 安装曲轴带轮固定螺栓和垫圈（图 14-1-2）。

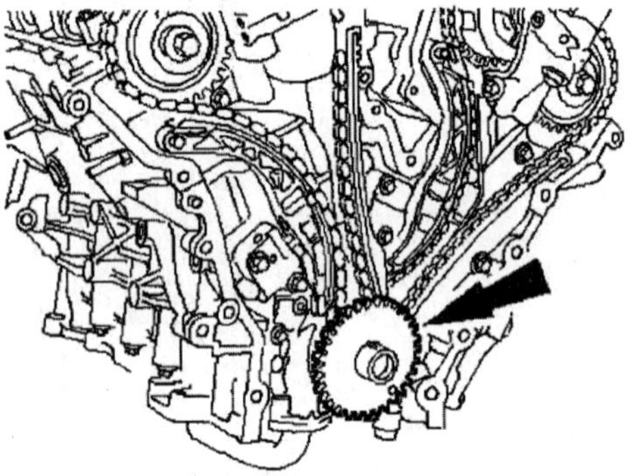
图 14-1-1 曲轴位置传感器脉冲轮识别

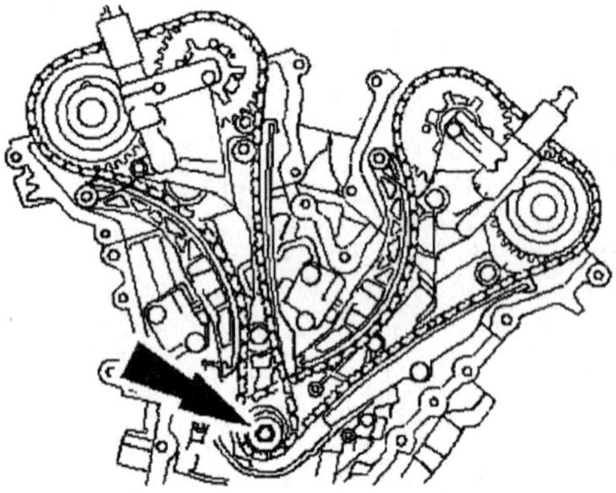
图 14-1-2 安装曲轴带轮固定螺栓和垫圈

5. 顺时针转动曲轴，直至曲轴键槽位于 7 点钟位置，右侧进气凸轮轴链轮上的正时标记位于 1 点钟位置，右侧排气凸轮轴上的正时标记位于 8 点钟位置（图 14-1-3）。
6. 拆下曲轴带轮固定螺栓和垫圈（图 14-1-4）。
7. 拆下右侧正时链条张紧器（图 14-1-5）。
8. 拆卸右侧正时链条张紧器外侧导轨（图 14-1-6）。
9. 拆卸右侧正时链条（图 14-1-7）。
10. 拆卸右侧正时链条张紧器内侧导轨（图 14-1-8）。
11. 拆卸曲轴外侧链轮（图 14-1-9）。
12. 安装曲轴带轮固定螺栓和垫圈。
13. 顺时针转动曲轴，直至曲轴键槽位于 11 点钟位置，左侧进气凸轮轴链轮上的正

时标记位于9点钟位置，左侧排气凸轮轴上的正时标记位于2点钟位置（图14-1-10）。

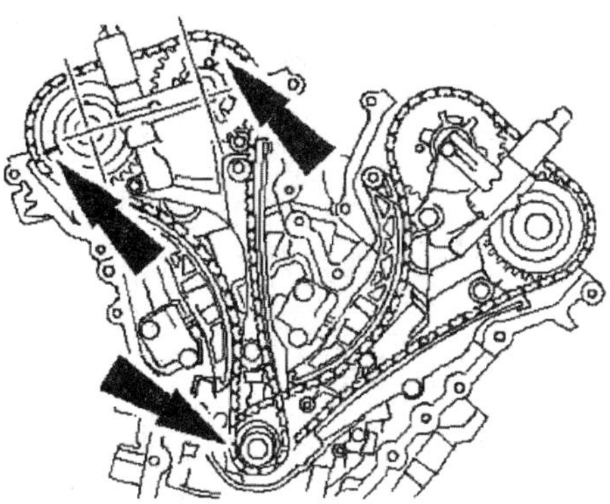

图14-1-3 对齐曲轴和右侧凸轮轴链轮上的标记

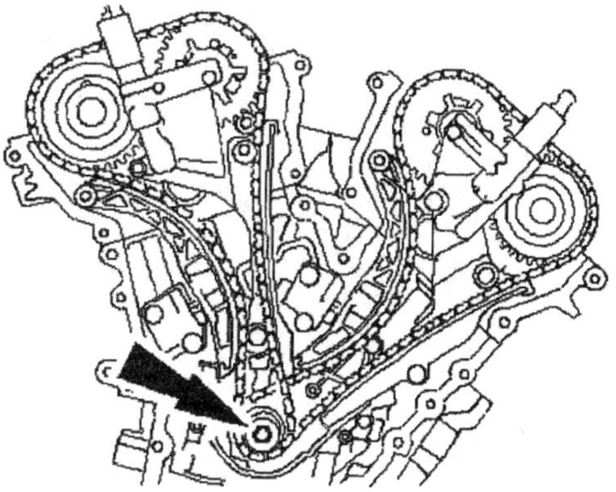

图14-1-4 拆卸曲轴带轮固定螺栓和垫圈

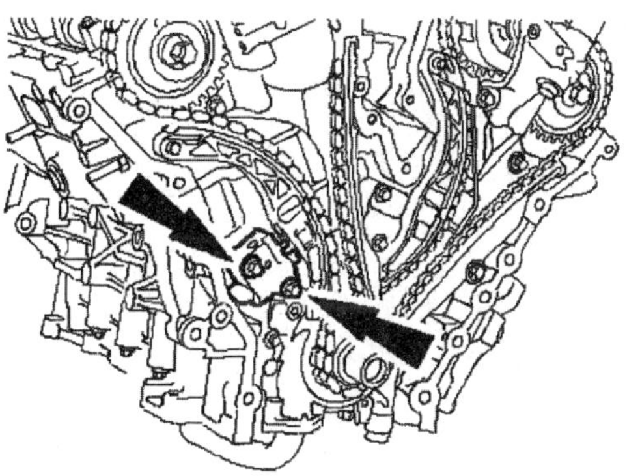

图14-1-5 拆卸右侧正时链条张紧器

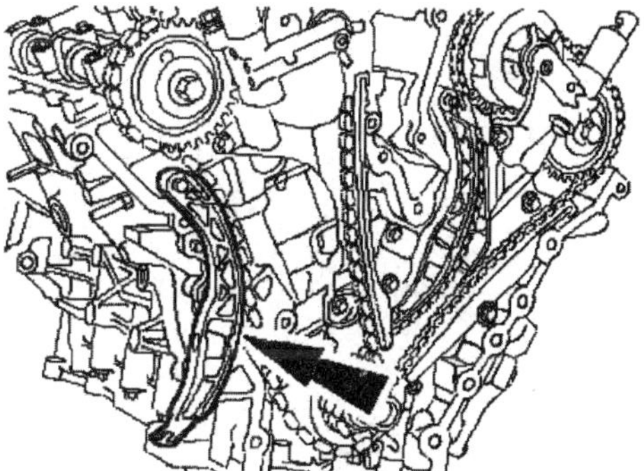

图14-1-6 右侧正时链条张紧器外侧导轨

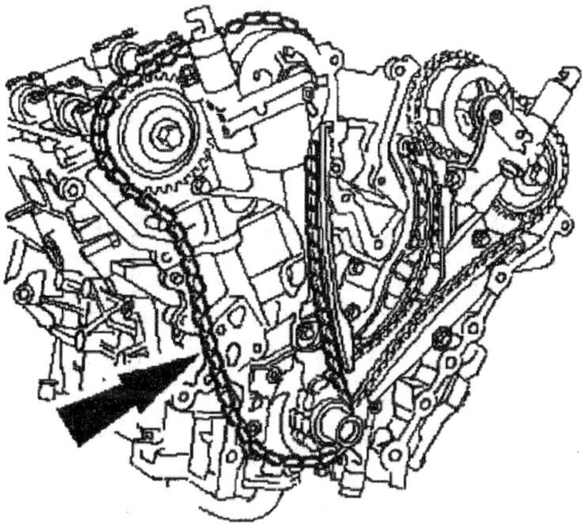

图14-1-7 拆卸右侧正时链条

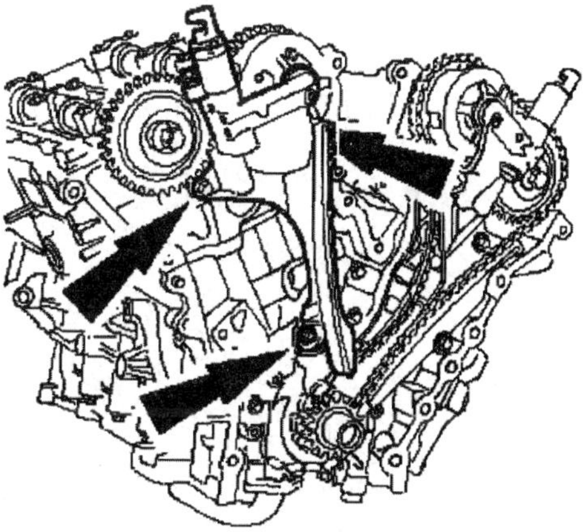

图14-1-8 右侧正时链条张紧器内侧导轨

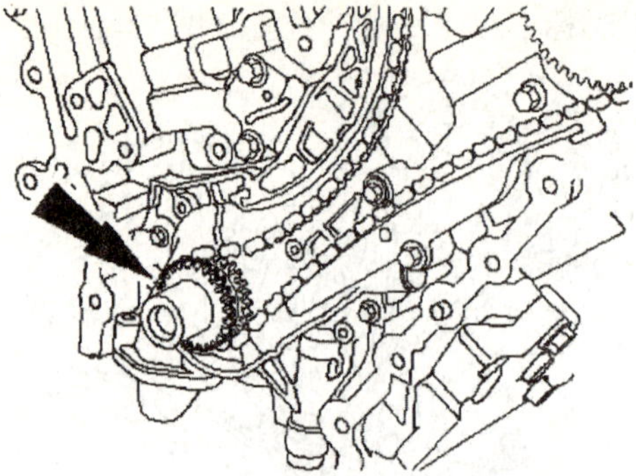

图 14-1-9 拆卸曲轴外侧链轮

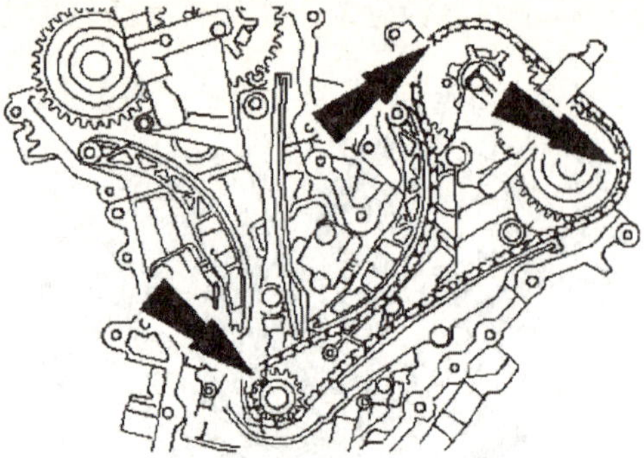

图 14-1-10 对齐曲轴和左侧凸轮轴链轮上的标记

14. 拆卸曲轴带轮固定螺栓和垫圈。
15. 拆卸左侧正时链条张紧器（图 14-1-11）。
16. 拆卸左侧正时链条张紧器内侧导轨（图 14-1-12）。

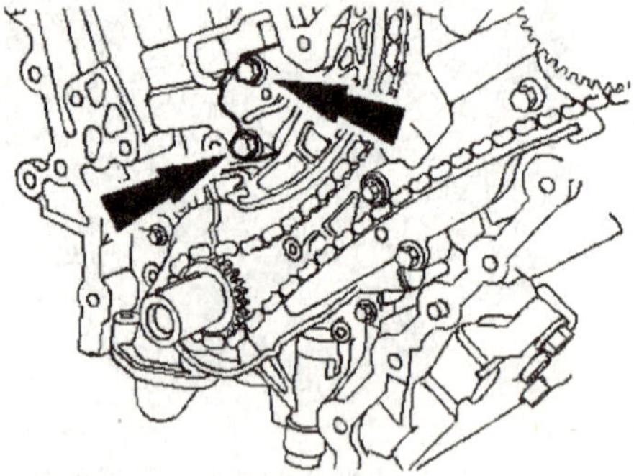

图 14-1-11 拆卸左侧正时链条张紧器

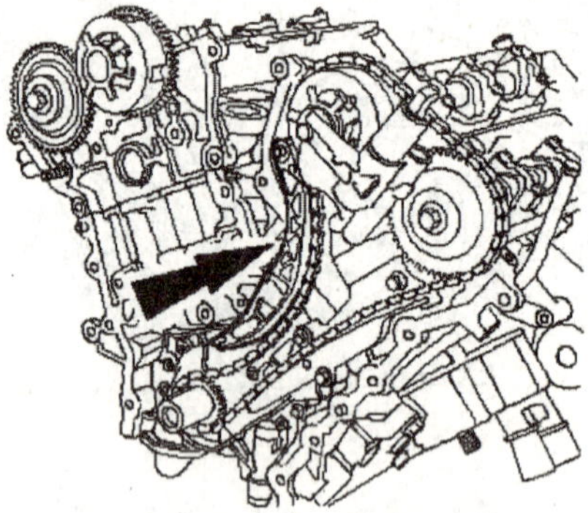

图 14-1-12 拆卸左侧正时链条张紧器内侧导轨

17. 拆卸左侧正时链条（图 14-1-13）。
18. 拆卸左侧正时链条张紧器外侧导轨（图 14-1-14）。

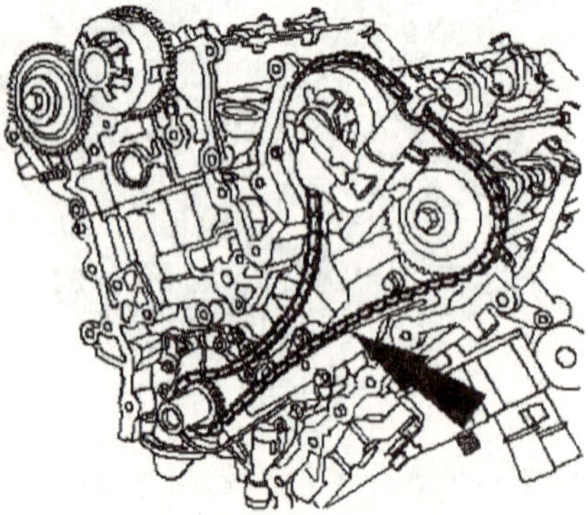

图 14-1-13 拆卸左侧正时链条

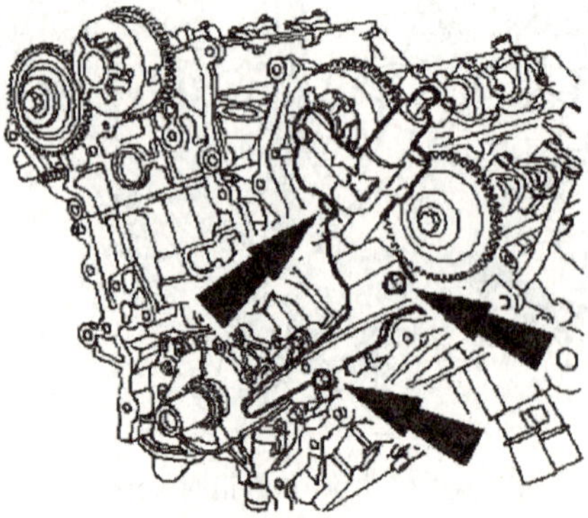

图 14-1-14 拆卸左侧正时链条张紧器外侧导轨

19. 拆卸曲轴内侧链轮（图 14-1-15）。

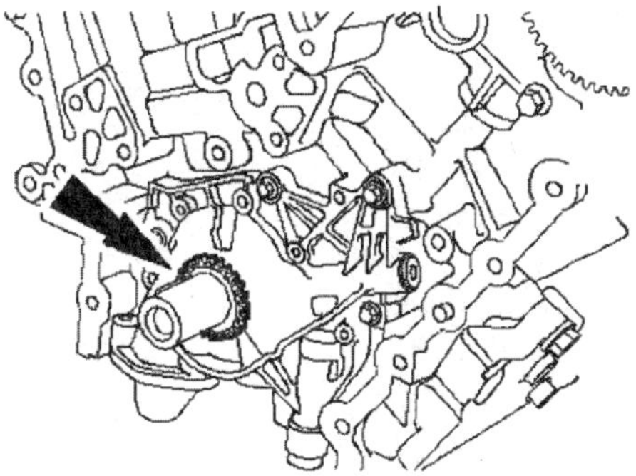

图 14-1-15　拆卸曲轴内侧链轮

二、X-TYPE 轿车 2.5L 发动机正时链条安装

1. 拆卸右侧进气凸轮轴轴承盖和右侧排气凸轮轴轴承盖（图 14-1-16）。

2. 顺时针转动右侧进气凸轮轴，直至进气凸轮轴链轮上的正时标记到达 5 点钟位置，转动右侧排气凸轮轴，直至排气凸轮轴链轮上的正时标记到达 12 点钟位置（图 14-1-17）。

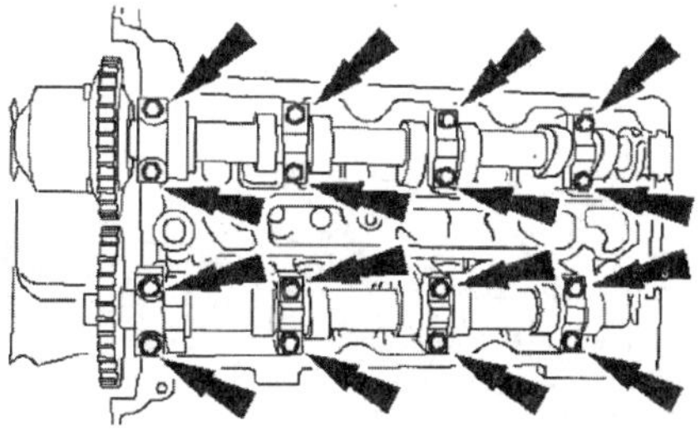

图 14-1-16　拆卸轴承盖

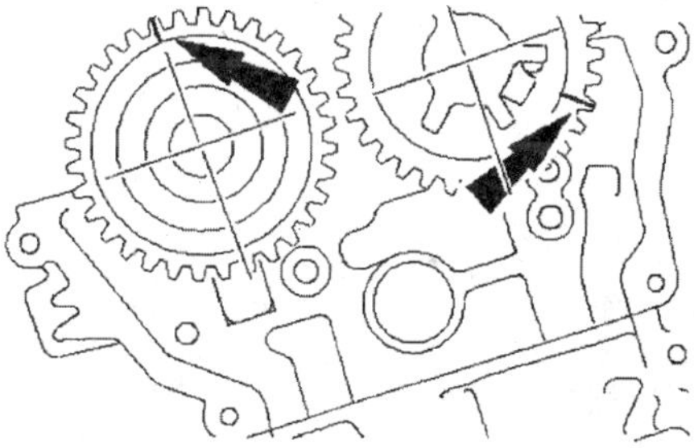

图 14-1-17　对齐标记

3. 对凸轮轴和凸轮轴轴承盖进行润滑后，安装右侧进气凸轮轴轴承盖和右侧排气凸轮轴轴承盖。按照图 14-1-18 所示的螺栓紧固顺序，将螺栓紧固到 10N·m。

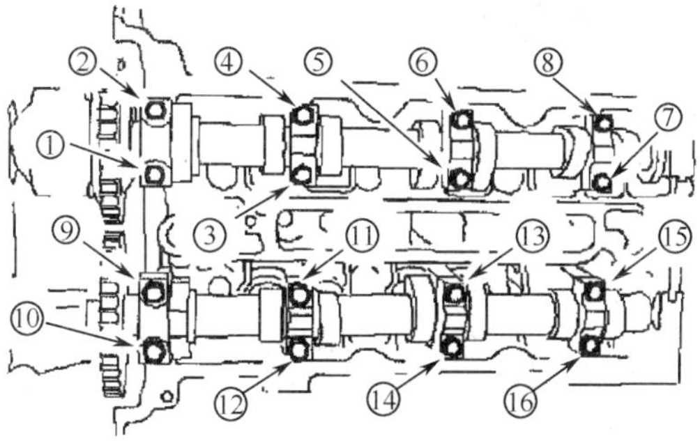

图 14-1-18　凸轮轴轴承盖螺栓紧固顺序

4. 安装曲轴内侧链轮（图 14-1-19）。

5. 安装左侧正时链条外侧导轨（图 14-1-20）。

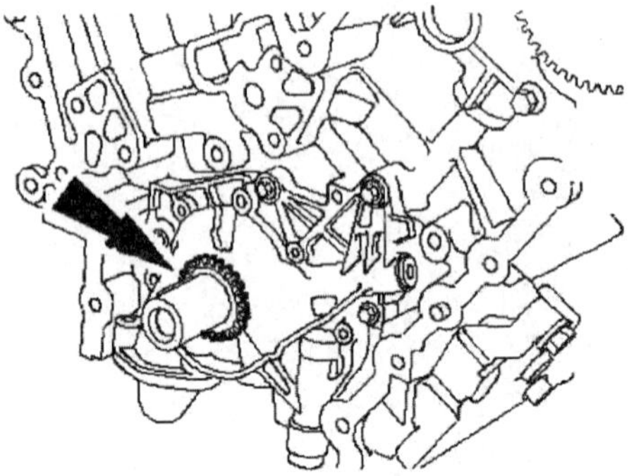

图 14-1-19 安装曲轴内侧链轮

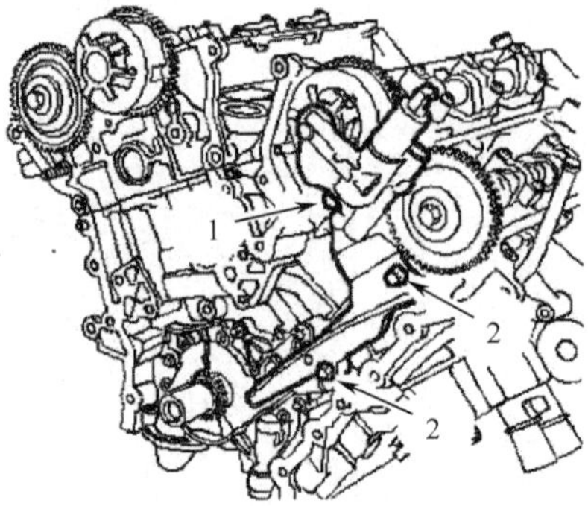

图 14-1-20 左侧正时链条外侧导轨固定螺栓紧固顺序和紧固力矩

第一步：将螺栓 1 紧固至 25N · m

第二步：将螺栓 2 紧固至 25N · m

6. 确保曲轴键槽位于 11 点钟位置，左侧进气凸轮轴链轮上的正时标记位于 9 点钟位置，左侧排气凸轮轴链轮上的正时标记位于 2 点钟位置。安装左侧正时链条（图 14-1-21）。

7. 安装左侧正时链条内侧导轨（图 14-1-22）。

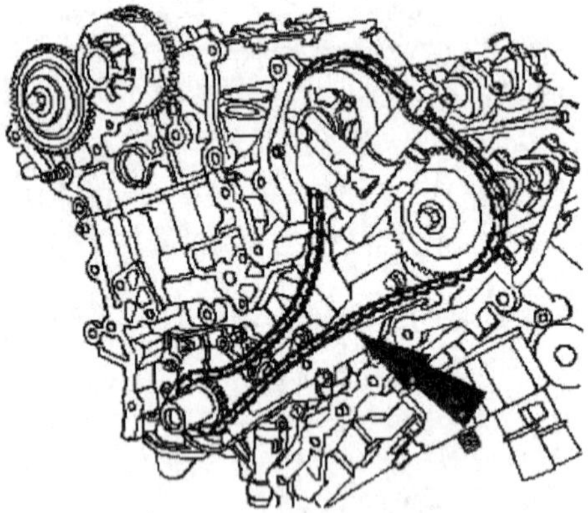

图 14-1-21 安装左侧正时链条

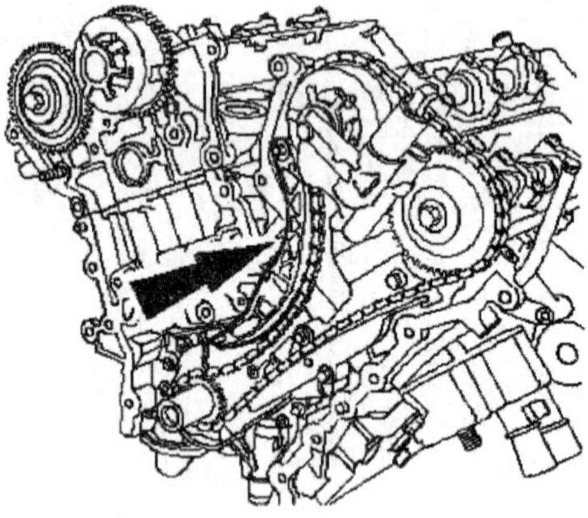

图 14-1-22 安装左侧正时链条内侧导轨

8. 把左侧正时链条张紧器放入虎钳，虎钳卡爪要用软垫垫好，以免损伤张紧器（图 14-1-23）。

9. 用合适的工具，把左侧正时链条张紧器的棘爪锁止机构从棘爪上移开（图 14-1-24）。

10. 慢慢压下左侧正时链条张紧器。

11. 用类似曲别针的工具，固定住左侧正时链条张紧器柱塞（图 14-1-25）。

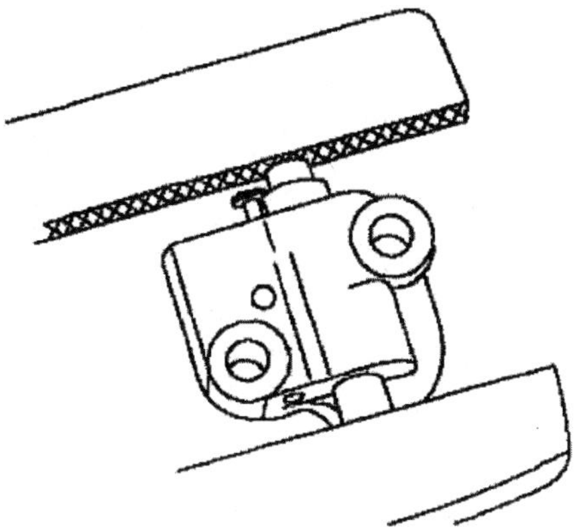

图 14-1-23　把左侧正时链条张紧器放入虎钳

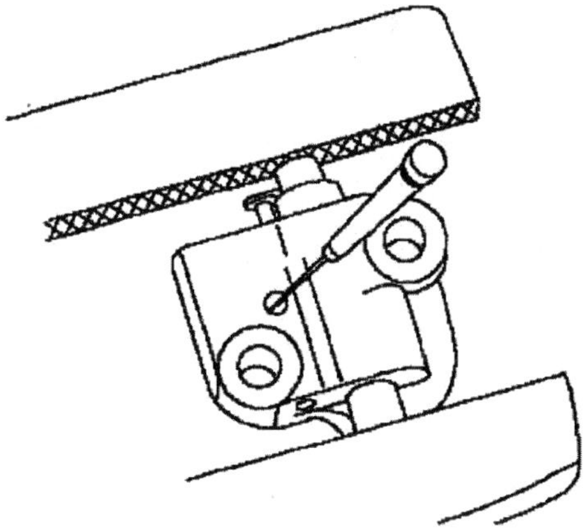

图 14-1-24　释放张紧器棘爪

12. 安装左侧正时链条张紧器，将张紧器螺栓紧固至 25N·m（图 14-1-26）。

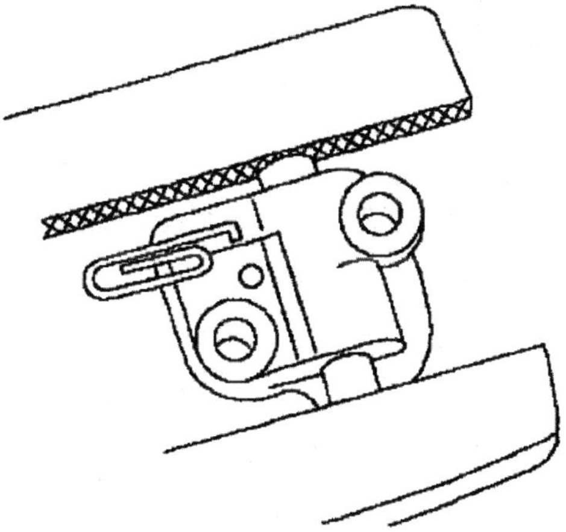

图 14-1-25　固定张紧器柱塞

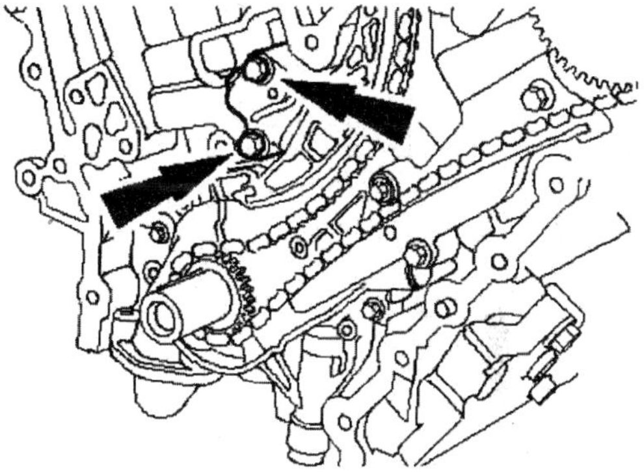

图 14-1-26　紧固左侧正时链条张紧器螺栓

13. 拔出插入的张紧器柱塞固定工具（图 14-1-27）。释放张紧器张力。

14. 确保左侧正时链条正时标记与凸轮轴链轮和曲轴链轮上的正时标记均保持对齐（图 14-1-28）。

15. 安装曲轴带轮固定螺栓和垫圈。

16. 顺时针转动曲轴，使曲轴键槽到达 3 点钟位置（图 14-1-29）。

17. 拆下曲轴带轮固定螺栓和垫圈。

18. 安装曲轴外侧链轮（图 14-1-30）。

19. 安装右侧正时链条内侧导轨并紧固螺栓（图 14-1-31）。

20. 确保曲轴键槽位于 3 点钟位置，右侧进气凸轮轴链轮的正时标记对准 5 点钟位置，右侧排气凸轮轴链轮的正时标记对准 12 点钟位置。安装右侧正时链条（图 14-1-32）。

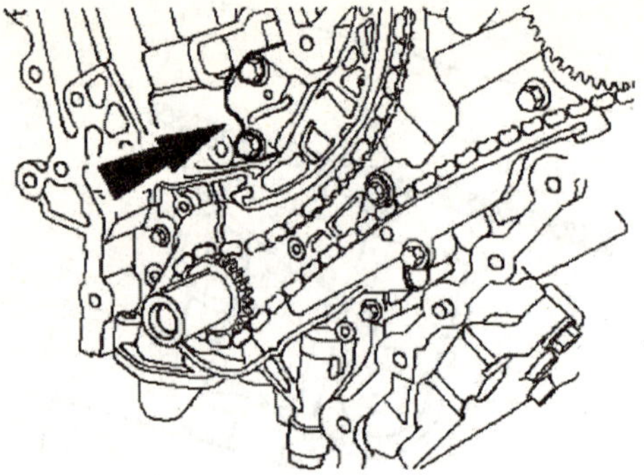

图 14-1-27　拔出插入的张紧器柱塞固定工具

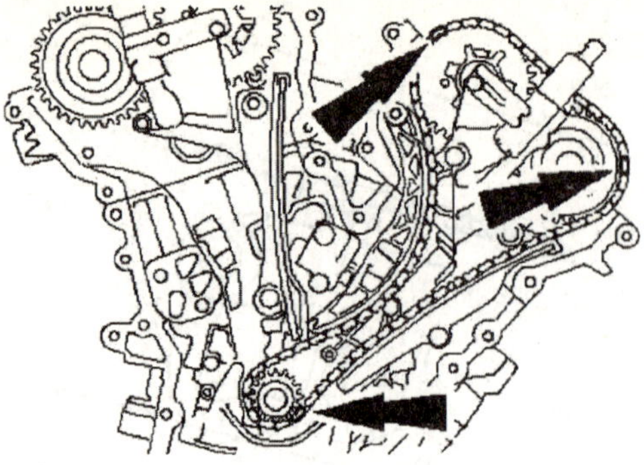

图 14-1-28　对齐正时标记

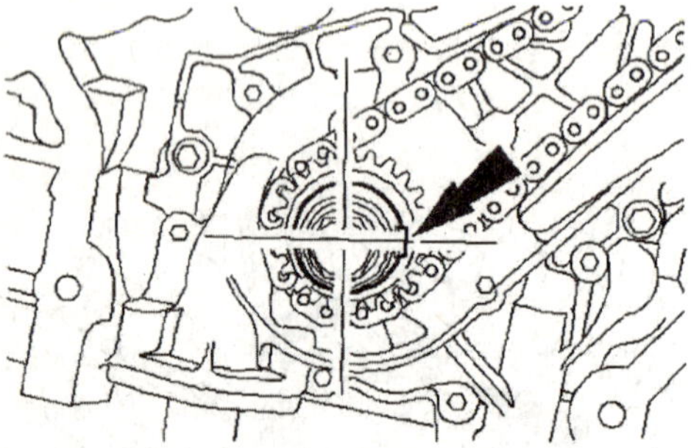

图 14-1-29　将曲轴键槽对准 3 点钟位置

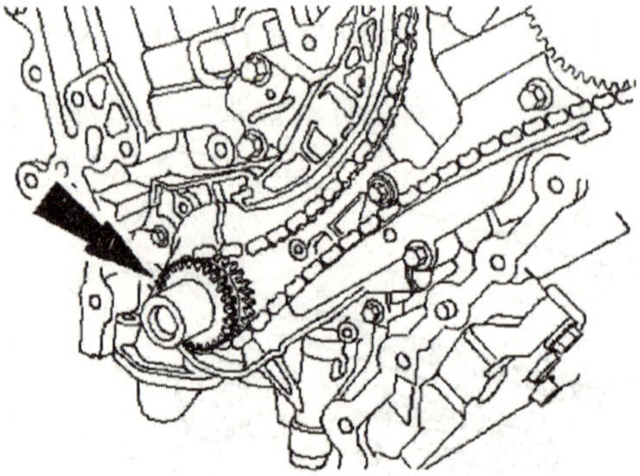

图 14-1-30　安装曲轴外侧链轮

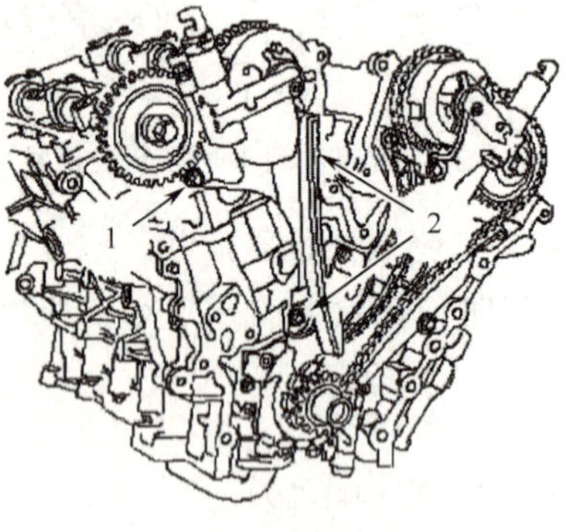

图 14-1-31　螺栓紧固顺序和紧固力矩

第一步：将螺栓 1 紧固至 25N・m

第二步：将螺栓 2 紧固至 25N・m

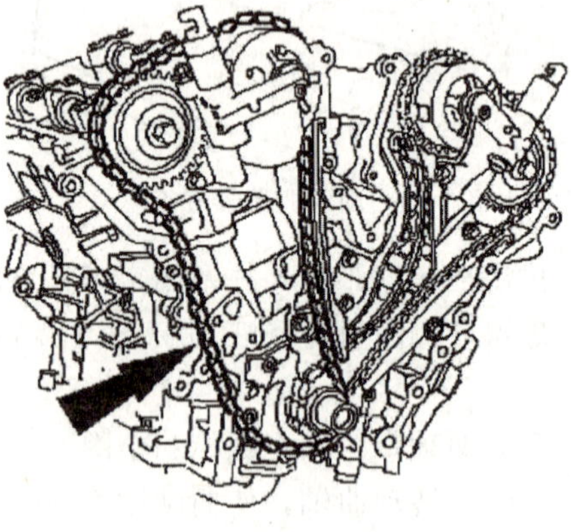

图 14-1-32　安装右侧正时链条

21. 安装右侧正时链条外侧导轨（图 14-1-33）。

22. 把右侧正时链条张紧器放入虎钳，虎钳卡爪要用软垫垫好，以免损伤张紧器（图 14-1-34）。

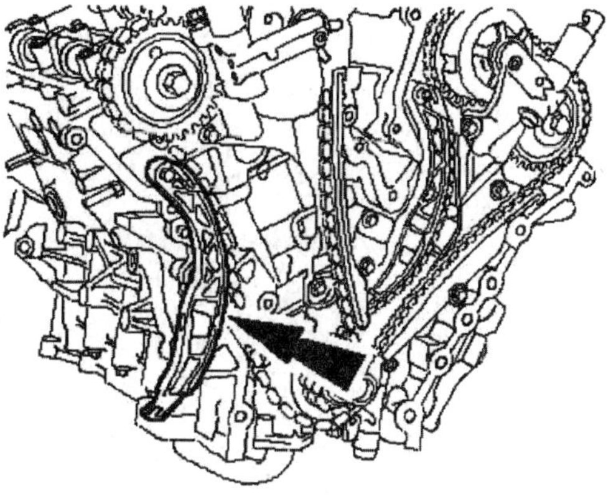

图 14-1-33 安装右侧正时链条外侧导轨

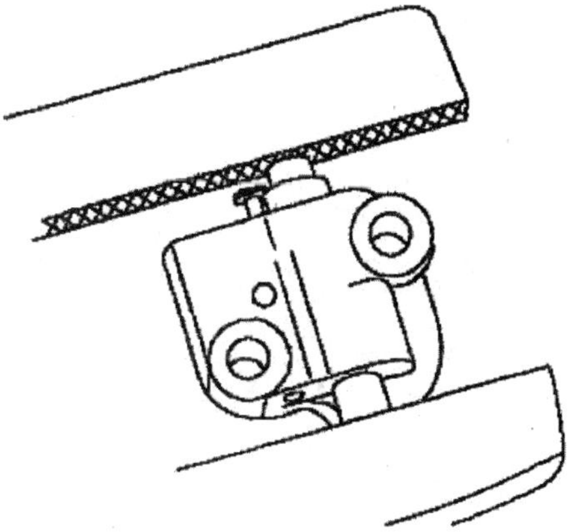

图 14-1-34 把右侧正时链条张紧器放入虎钳

23. 用合适的工具，把右侧正时链条张紧器的棘爪锁止机构从棘爪上移开（图 14-1-35）。

24. 慢慢压下右侧正时链条张紧器。

25. 用类似曲别针的工具，固定住右侧正时链条张紧器柱塞（图 14-1-36）。

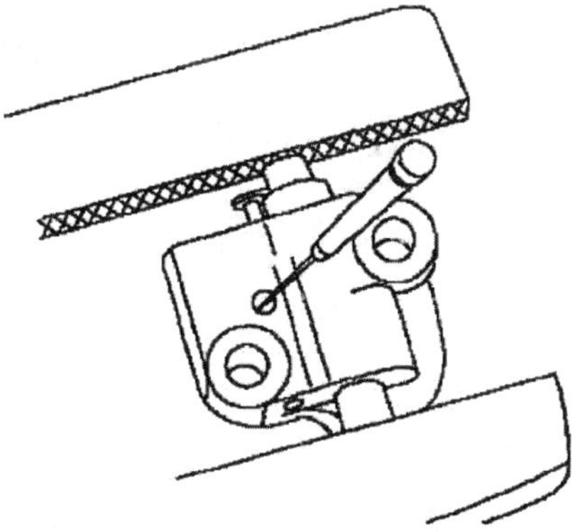

图 14-1-35 释放张紧器棘爪

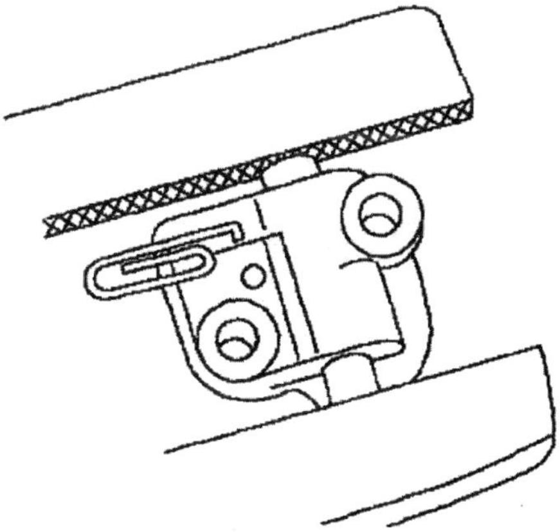

图 14-1-36 固定张紧器柱塞

26. 安装右侧正时链条张紧器，将张紧器螺栓紧固至 25N・m（图 14-1-37）。

27. 拔出插入的张紧器柱塞固定工具（图 14-1-38）。释放张紧器张力。

28. 确保右侧正时链条正时标记与凸轮轴链轮和曲轴链轮上的正时标记均保持对齐（图 14-1-39）。

29. 安装曲轴带轮固定螺栓和垫圈（图 14-1-40）。

30. 顺时针转动曲轴 2 周，确保当曲轴键槽位于 11 点钟位置时，凸轮轴链轮上的正时标记应位于图 14-1-41 所示的位置。

31. 拆下曲轴带轮固定螺栓和垫圈（图 14-1-42）。

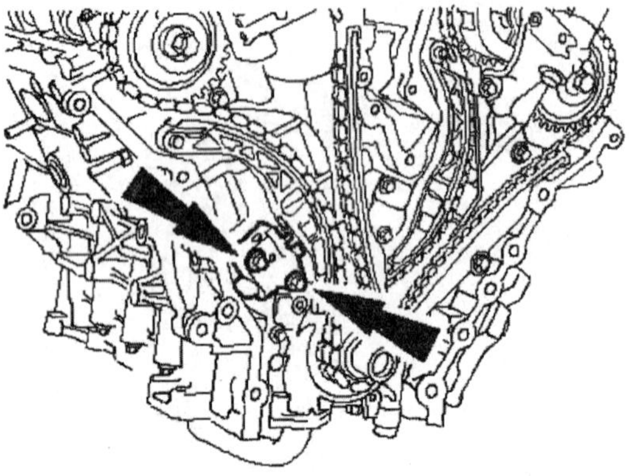

图 14-1-37 紧固右侧正时链条张紧器螺栓

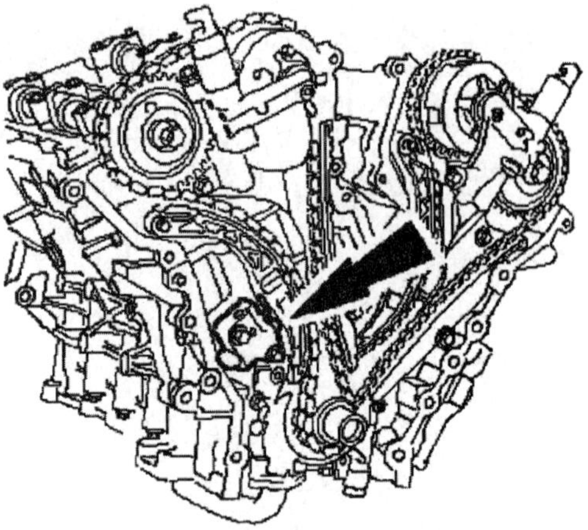

图 14-1-38 拔出插入的张紧器柱塞固定工具

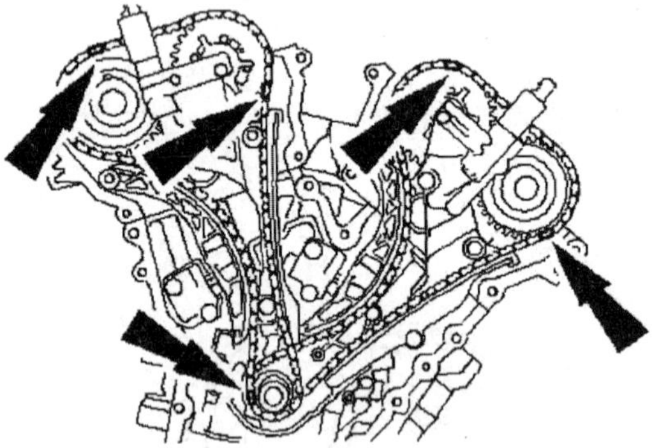

图 14-1-39 对齐正时标记

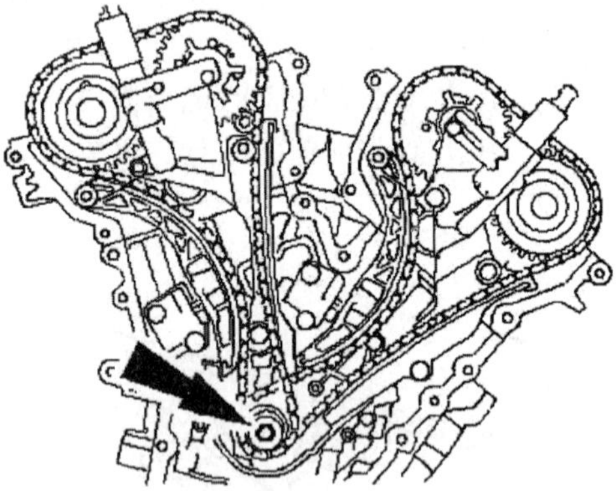

图 14-1-40 安装曲轴带轮固定螺栓和垫圈

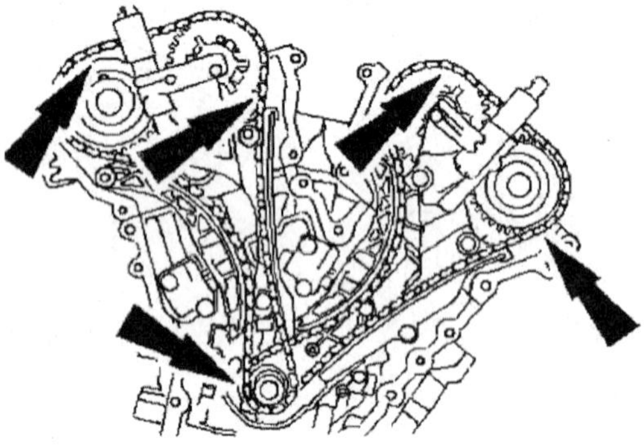

图 14-1-41 对齐正时标记

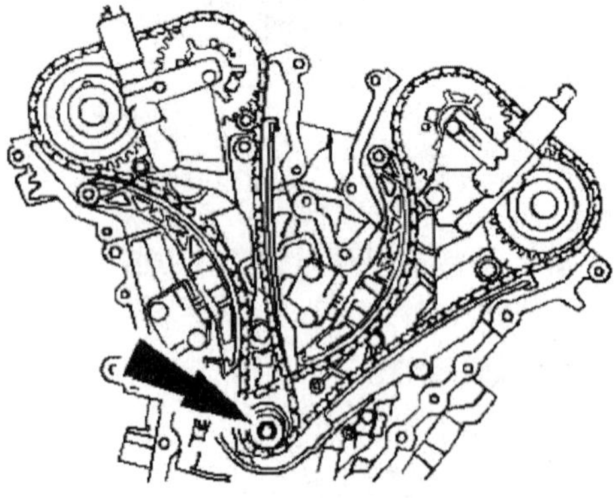

图 14-1-42 拆下曲轴带轮固定螺栓和垫圈

32. 安装曲轴位置传感器脉冲轮（图 14-1-43）。
33. 安装火花塞并紧固至 15N·m。

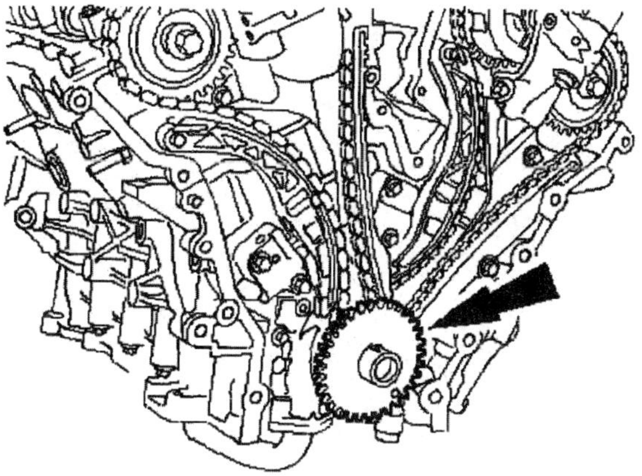

图 14-1-43 安装曲轴位置传感器脉冲轮

34. 安装发动机前盖。

第二节 S-TYPE 轿车

一、S-TYPE 轿车 3.0L 发动机正时链条拆装

（一）正时链条拆卸步骤

1. 拆卸气门室盖。排放发动机冷却液。

2. 举升并支撑车辆。拆卸发动机附件传动皮带。降下车辆，拆卸散热器上部护罩。拆卸节气门体。

3. 拆卸散热器上部固定支架，从水泵上拆下冷却液管路总成。拆下进气歧管固定支架，拆下水泵。

4. 采用专用工具（专用工具号 303-D055）固定住曲轴减振器/轮。松开曲轴减振器/轮固定螺栓。用一只 3 爪拔具固定住曲轴减振器/轮内侧，拆下曲轴减振器/轮和固定螺栓。

5. 拆下发电机。排出发动机机油。断开空调压缩机线束连接器，拆下空调压缩机，但不要断开空调管路。拆下动力转向管路和动力转向系统支架。

6. 安装发动机支撑横梁（专用工具号 303-021）并支撑发动机。举升并支撑车辆。拆卸动力转向架固定螺栓。拆卸 4 个横梁螺栓并拆卸横梁。拆卸将油底壳固定到变速器壳体的螺栓。拆下油底壳，将油底壳的密封垫废弃。

7. 拆卸燃油供油管路固定螺栓。拆卸发动机附件传动皮带张紧器。拆卸右侧惰轮和中央惰轮。拆卸动力转向泵上部螺栓。断开曲轴位置传感器连接器。举升车辆，拆下动力转向管路支架螺栓和动力转向管路。排出动力转向系统油液，然后拆下动力转向泵。

8. 拆卸正时链条盖固定螺栓，拆卸顺序必须与图 14-2-1 中所示的顺序相反，拆卸发动机正时链条盖。拆卸发动机线束，将正时链条盖密封垫废弃。

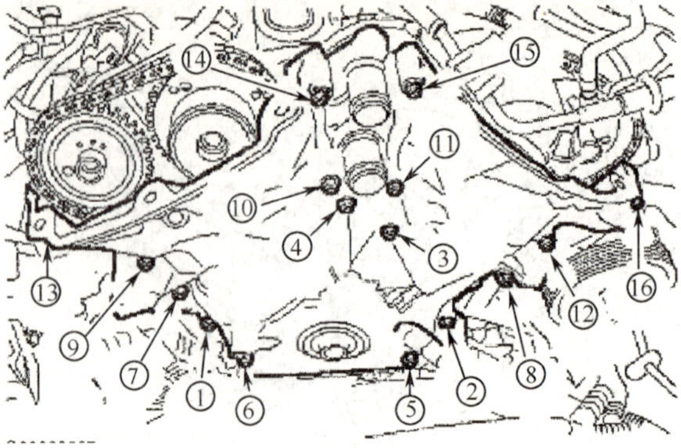

图 14-2-1 正时链条盖螺栓安装顺序

9. 安装曲轴减振器/轮螺栓和垫圈。拆卸火花塞，使发动机能自由转动。顺时针转动曲轴，直至标有颜色的正时链条链节与凸轮轴链轮和曲轴链轮上的上止点标记对齐，如图 14-2-2所示。

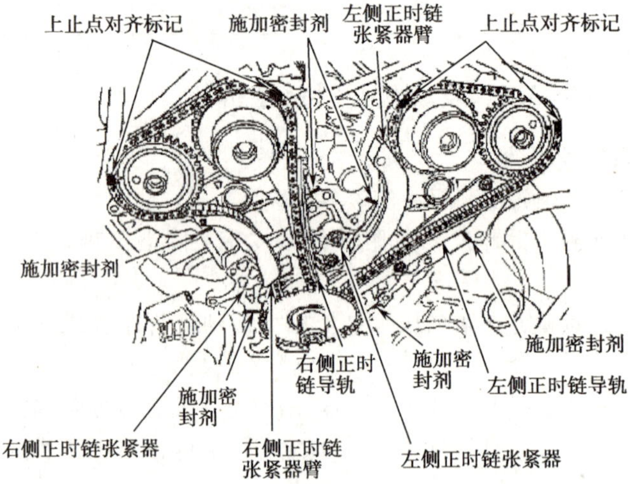

图 14-2-2 对齐上止点标记

10. 拆卸曲轴减振器/轮螺栓和垫圈。拆卸曲轴位置传感器脉冲轮。确保曲轴链轮标记与正时链条上的标有颜色的链节对齐。

11. 拆卸右侧正时链条张紧器和正时链条张紧器臂。拆卸右侧正时链条和正时链条导轨。拆卸左侧正时链条张紧器和张紧器臂。拆卸左侧正时链条和正时链条导轨。拆卸曲轴链轮。

（二）正时链条安装步骤

1. 安装曲轴链轮。安装左侧正时链条导轨并把导轨固定螺栓紧固到 25N·m。安装左侧正时链条。确保标有颜色的正时链条链节与凸轮轴链轮和曲轴链轮上的上止点标记对齐，如图 14-2-2 所示。

2. 把左侧正时链条张紧器放置到虎钳上，虎钳的卡爪用软垫垫好。用合适的工具把正时链条张紧器上的棘齿锁止机构从棘齿处移开。慢慢压下左侧正时链条张紧器，直至把张紧器的柱塞压入张紧器壳体内，把限位销插入张紧器，使柱塞固定。

3. 安装左侧正时链条张紧器，将张紧器固定螺栓紧固至 25N·m。拔出插入的限位销，解除张紧器柱塞的锁止状态。

4. 安装右侧正时链条导轨，将导轨固定螺栓紧固至 25N·m。安装右侧正时链条。确保标有颜色的正时链条链节与凸轮轴链轮和曲轴链轮上的上止点标记对齐，如图 14-2-2 所示。

5. 把右侧正时链条张紧器放置到虎钳上，虎钳的卡爪齿用软垫垫好。用合适的工具把正时链条张紧器上的棘齿锁止机构从棘齿处移开。慢慢压下右侧正时链条张紧器，直至把张紧器的柱塞压入张紧器壳体内，把限位销插入张紧器，使柱塞固定。

6. 安装右侧正时链条张紧器，将张紧器固定螺栓紧固至 25N·m。拔出插入的限位销，解除张紧器柱塞的锁止状态。

7. 安装曲轴位置传感器脉冲轮。安装曲轴减振器/轮螺栓和垫圈。确保火花塞已经拆下，发动机可以自由转动。顺时针转动曲轴，直至标有颜色的正时链条链节与凸轮轴链轮和曲轴链轮上的上止点标记对齐，如图 14-2-2 所示。

8. 拆卸曲轴减振器/轮螺栓和垫圈。按照图 14-2-2 所示的密封剂施加部位在气缸体上施加密封剂。安装新的正时链条盖密封垫。安装正时链条盖。

9. 在曲轴减振器/轮键槽和密封面部位涂抹密封剂。用专用工具（专用工具号 303-102）安装曲轴减振器/轮。

10. 采用专用工具（专用工具号 303-D055）固定住曲轴减振器/轮。将曲轴减振器/轮固定螺栓紧固至 120N·m，将螺栓拧松 1 圈，然后再紧固 50N·m + 90°。

11. 安装冷却液管路总成，把冷却液管路连接到水泵上。安装散热器上部固定支架。紧固水泵螺栓。

12. 用金属材料表面清洁剂清除油底壳和气缸体密封面的污垢。安装把油底壳固定到变速器壳体上的螺栓，在气缸体密封面和正时链条盖接合处涂抹密封剂。将油底壳螺栓紧固到 25N·m。

13. 其余部件按照与拆卸相反的步骤安装。

14. 重新加注发动机冷却液和机油。

二、S-TYPE 轿车 4.2L 发动机正时链条拆装

1. S-TYPE 轿车 4.2L 发动机正时链条部件识别（图 14-2-3）

2. S-TYPE 轿车 4.2L 发动机正时链条拆装步骤（表 14-2-1）

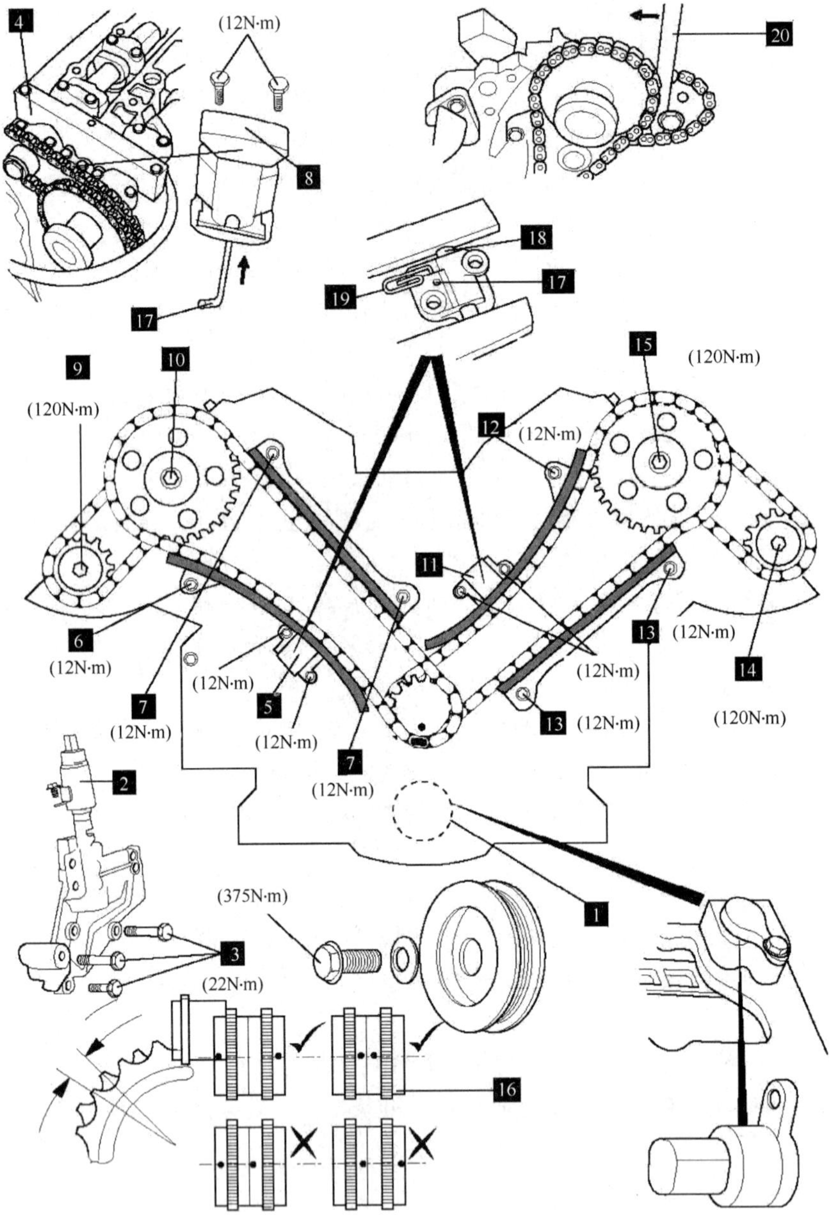

图 14-2-3 S-TYPE 轿车 4. 2L 发动机正时链条部件识别

表 14-2-1 S-TYPE 轿车 4. 2L 发动机正时链条拆装步骤

拆卸	
步骤	操作方法
1	从变矩器壳体上拆下曲轴位置传感器
2	转动曲轴，调节孔的位置，以便安装曲轴定位工具（图 14-2-3 中的 1）
3	确保右侧凸轮轴上的平头朝上，如果不符合要求，则将曲轴转动 360°。 注意：确保曲轴定位工具和触发器卡环上的孔啮合

拆卸	
步骤	操作方法
4	安装曲轴定位工具（图 14-2-3 中的 1）
5	如果发动机上安装有凸轮轴位置执行器和支架，要将它们从气缸盖上拆下（图 14-2-3 中的 2 和 3）
6	把凸轮轴设定/锁止工具安装到右侧凸轮轴上（图 14-2-3 中的 4）
7	拆卸右侧正时链条张紧器、滑轨和正时链条导向装置（图 14-2-3 中的 5、6 和 7）
8	拆卸右侧正时链条
9	拆卸右侧凸轮轴连接链条张紧器（图 14-2-3 中的 8）
	松开右侧排气凸轮轴链轮螺栓（图 14-2-3 中的 9）和右侧进气凸轮轴链轮螺栓（图 14-2-3 中的 10）
10	拆卸右侧凸轮轴连接链条和链轮
11	从右侧凸轮轴上拆下凸轮轴设定/锁止工具（图 14-2-3 中的 4）
12	在左侧凸轮轴上安装凸轮轴设定/锁止工具（图 14-2-3 中的 4）
13	拆卸左侧正时链条张紧器、滑轨和正时链条导向装置（图 14-2-3 中的 11、12 和 13）
14	拆卸左侧正时链条
15	拆卸左侧凸轮轴连接链条张紧器（图 14-2-3 中的 8）
16	松开左侧排气凸轮轴链轮螺栓（图 14-2-3 中的 14）和左侧进气凸轮轴链轮螺栓（图 14-2-3 中的 15）
17	拆卸左侧凸轮轴连接链条和链轮
安装	
步骤	操作方法
1	确保曲轴定位工具正确安装（图 14-2-3 中的 1）
2	确保左侧凸轮轴设定/锁止工具安装正确（图 14-2-3 中的 4）
3	安装左侧凸轮轴连接链条张紧器（图 14-2-3 中的 8）
4	安装左侧凸轮轴连接链条和链轮。不要拧紧螺栓
5	安装左侧正时链条、张紧器滑轨和正时链条导向装置（图 14-2-3 中的 12 和 13）
6	按下列方法重新设定正时链条张紧器： （1）松开张紧器棘轮（图 14-2-3 中的 17） （2）压紧张紧器柱塞（图 14-2-3 中的 18） （3）用钢丝夹（图 14-2-3 中的 19）把柱塞固定在压缩位置
7	安装左侧凸轮轴正时链条张紧器（图 14-2-3 中的 11）
8	拆下钢丝夹（图 14-2-3 中的 19）
9	用正时链条张紧工具沿逆时针方向将左侧排气凸轮轴链轮张紧（图 14-2-3 中的 20）
10	换装新的左侧进气凸轮轴链轮螺栓（图 14-2-3 中的 14）并紧固至 120N·m
11	换装新的左侧排气凸轮轴链轮螺栓（图 14-2-3 中的 15）并紧固至 120N·m
12	确保右侧凸轮轴设定/锁止工具（图 14-2-3 中的 4）安装好
13	安装右侧凸轮轴连接链条张紧器（图 14-2-3 中的 8）
14	安装右侧凸轮轴连接链条和链轮。不要拧紧螺栓
15	安装右侧正时链条、张紧器滑轨和正时链条导向装置（图 14-2-3 中的 6 和 7）
16	安装右侧凸轮轴正时链条张紧器（图 14-2-3 中的 5）
17	拆下钢丝夹（图 14-2-3 中的 19）
18	使用正时链条张紧工具沿逆时针方向上紧右侧排气凸轮轴链轮（图 14-2-3 中的 20）
19	换装新的右进气凸轮轴链轮螺栓（图 14-2-3 中的 9）并紧固至 120N·m
20	换装新的右排气凸轮轴链轮螺栓（图 14-2-3 中的 10）并紧固至 120N·m
21	拆下左侧和右侧凸轮轴设定/锁止工具（图 14-2-3 中的 4）
22	安装凸轮轴位置执行器和支架（图 14-2-3 中的 2 和 3）
23	安装曲轴带轮，换装新的曲轴带轮螺栓并紧固至 375N·m

第三节 XK 轿车

一、XKR 轿车 4. 2L 发动机正时链条拆装

1. XKR 轿车 4. 2L 发动机正时链条部件识别（图 14-3-1）

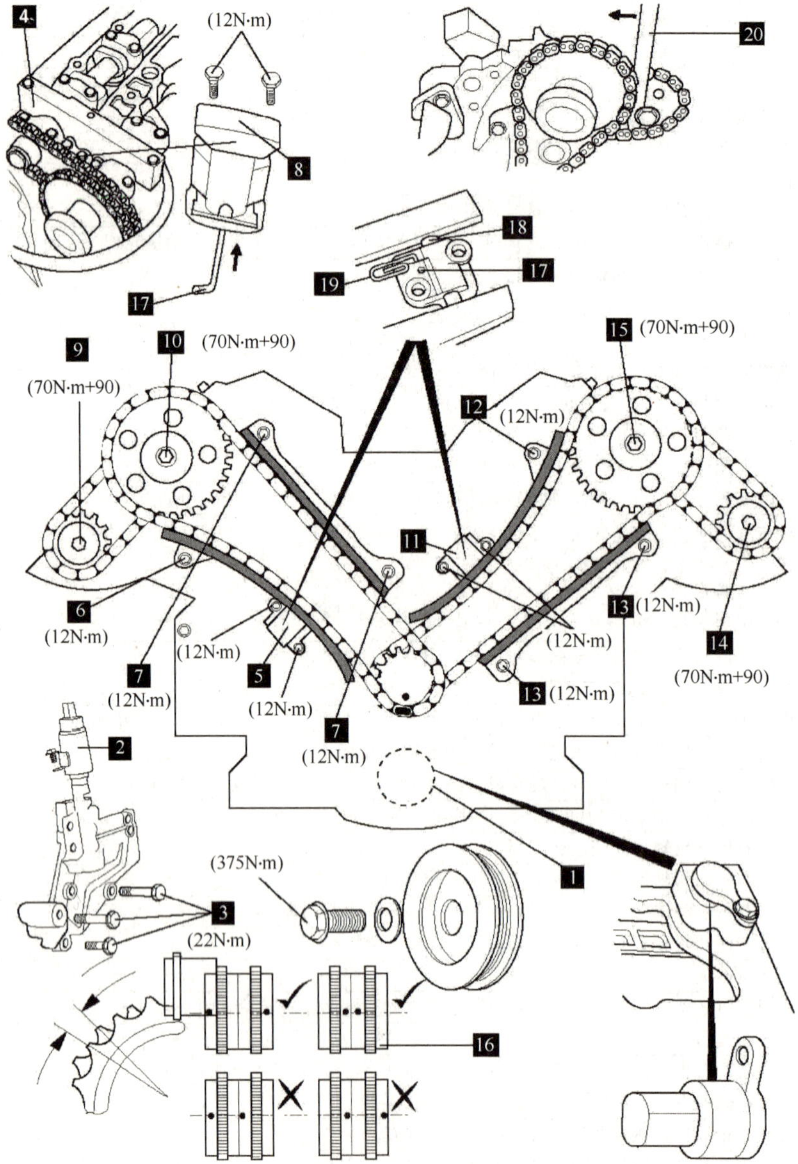

图 14-3-1　XKR 轿车 4. 2L 发动机正时链条部件识别

2. XKR 轿车 4. 2L 发动机正时链条拆装步骤（表 14-3-1）

表 14-3-1　XKR 轿车 4. 2L 发动机正时链条拆装步骤

拆　卸	
步　骤	操作方法
1	从变矩器壳体上拆下曲轴位置传感器
2	转动曲轴，调节孔的位置，以便安装曲轴定位工具（图 14-3-1 中的 1）
3	确保右凸轮轴上的平头朝上，如果不符合要求，则将曲轴转动 360°。 注意：确保曲轴定位工具和触发器卡环上的孔啮合
4	安装曲轴定位工具（图 14-3-1 中的 1）
5	如果发动机上安装有凸轮轴位置执行器和支架，要将它们从气缸盖上拆下（图 14-3-1 中的 2 和 3）
6	把凸轮轴设定/锁止工具安装到右侧凸轮轴上（图 14-3-1 中的 4）
7	拆卸右侧正时链条张紧器、滑轨和正时链条导向装置（图 14-3-1 中的 5、6 和 7）
8	拆卸右侧正时链条
9	拆卸右侧凸轮轴连接链条张紧器（图 14-3-1 中的 8）
10	松开右侧排气凸轮轴链轮螺栓（图 14-3-1 中的 9）和右侧进气凸轮轴链轮螺栓（图 14-3-1 中的 10）
11	拆卸右侧凸轮轴连接链条和链轮
12	从右侧凸轮轴上拆下凸轮轴设定/锁止工具（图 14-3-1 中的 4）
13	在左侧凸轮轴上安装凸轮轴设定/锁止工具（图 14-3-1 中的 4）
14	拆卸左侧正时链条张紧器、滑轨和正时链条导向装置（图 14-3-1 中的 11、12 和 13）
15	拆卸左侧正时链条
16	拆卸左侧凸轮轴连接链条张紧器（图 14-3-1 中的 8）
17	松开左侧排气凸轮轴链轮螺栓（图 14-3-1 中的 14）和左侧进气凸轮轴链轮螺栓（图 14-3-1 中的 15）
18	拆卸左侧凸轮轴连接链条和链轮
安　装	
步　骤	操作方法
1	确保曲轴定位工具正确安装（图 14-3-1 中的 1）
2	确保左侧凸轮轴设定/锁止工具安装正确（图 14-3-1 中的 4）
3	安装左侧凸轮轴连接链条张紧器（图 14-3-1 中的 8）
4	安装左侧凸轮轴连接链条和链轮。不要拧紧螺栓
5	安装左侧正时链条、张紧器滑轨和正时链条导向装置（图 14-3-1 中的 12 和 13）
6	按下列方法重新设定正时链条张紧器： （1）松开张紧器棘轮（图 14-3-1 中的 17） （2）压紧张紧器柱塞（图 14-3-1 中的 18） （3）用钢丝夹（图 14-3-1 中的 19）把柱塞固定在压缩位置
7	安装左侧凸轮轴正时链条张紧器（图 14-3-1 中的 11）

续表

安　　装	
步　　骤	操 作 方 法
8	拆下钢丝夹（图 14-3-1 中的 19）
9	用正时链条张紧工具沿逆时针方向将左侧排气凸轮轴链轮张紧（图 14-3-1 中的 20）
10	换装新的左侧进气凸轮轴链轮螺栓（图 14-3-1 中的 14）并紧固至 70N·m+90°
11	换装新的左侧排气凸轮轴链轮螺栓（图 14-3-1 中的 15）并紧固至 70N·m+90°
12	确保右侧凸轮轴设定/锁止工具（图 14-3-1 中的 4）安装好
13	安装右侧凸轮轴连接链条张紧器（图 14-3-1 中的 8）
14	安装右侧凸轮轴连接链条和链轮。不要拧紧螺栓
15	安装右侧正时链条、张紧器滑轨和正时链条导向装置（图 14-3-1 中的 6 和 7）
16	安装右侧凸轮轴正时链条张紧器（图 14-3-1 中的 5）
17	拆下钢丝夹（图 14-3-1 中的 19）
18	使用正时链条张紧工具沿逆时针方向上紧右侧排气凸轮轴链轮（图 14-3-1 中的 20）
19	换装新的右侧进气凸轮轴链轮螺栓（图 14-3-1 中的 9）并紧固至 70N·m+90°
20	换装新的右侧排气凸轮轴链轮螺栓（图 14-3-1 中的 10）并紧固至 70N·m+90°
21	拆下左侧和右侧凸轮轴设定/锁止工具（图 14-3-1 中的 4）
22	安装凸轮轴位置执行器和支架（图 14-3-1 中的 2 和 3）
23	安装曲轴带轮，换装新的曲轴带轮螺栓并紧固至 375N·m

二、XK8 轿车 4.2L 发动机正时链条拆装

1. XK8 轿车 4.2L 发动机正时链条部件识别（图 14-3-2）
2. XK8 轿车 4.2L 发动机正时链条拆装步骤（表 14-3-2）

表 14-3-2　XK8 轿车 4.2L 发动机正时链条拆装步骤

拆　　卸	
步　　骤	操 作 方 法
1	拆下曲轴位置传感器
2	转动曲轴，调节孔的位置，以便安装曲轴定位工具（图 14-3-2 中的 1）
3	安装曲轴定位工具（图 14-3-2 中的 1）
4	确保凸轮轴上的平头朝上，如果不符合要求，则拆下曲轴定位工具（图 14-3-2 中的 1），将曲轴转动 360°
5	拆下凸轮轴调节器控制阀（图 14-3-2 中的 2）
6	拆下凸轮轴调节器控制阀壳体（图 14-3-2 中的 3）
7	把凸轮轴设定/锁止工具安装到右侧气缸盖上（图 14-3-2 中的 4）
8	拆卸右侧正时链条张紧器、滑轨和正时链条导向装置（图 14-3-2 中的 5、6 和 7）
9	拆卸右侧正时链条
10	拆下右侧排气凸轮轴链轮螺栓（图 14-3-2 中的 8）
11	拆下右侧进气凸轮轴链轮螺栓（图 14-3-2 中的 9）
12	拆下右侧凸轮轴连接链条张紧器（图 14-3-2 中的 10）

拆卸	
步骤	操作方法
13	拆下右侧凸轮轴连接链条和链轮
14	在左侧气缸盖上安装凸轮轴设定/锁止工具（图 14-3-2 中的 4）
15	拆卸左侧正时链条张紧器、滑轨和正时链条导向装置（图 14-3-2 中的 11、12 和 13）
16	拆卸左侧正时链条
17	拆下左侧排气凸轮轴链轮螺栓（图 14-3-2 中的 14）
18	拆下左侧进气凸轮轴链轮螺栓（图 14-3-2 中的 15）
19	拆卸左侧凸轮轴连接链条张紧器（图 14-3-2 中的 10）
20	拆卸左侧凸轮轴连接链条和链轮
安装	
步骤	操作方法
1	确保曲轴定位工具正确安装（图 14-3-2 中的 1）
2	确保左侧凸轮轴设定/锁止工具安装正确（图 14-3-2 中的 4）
3	安装左侧凸轮轴连接链条张紧器（图 14-3-2 中的 8）并换装新螺栓
4	安装左侧凸轮轴连接链条和链轮。不要拧紧螺栓
5	安装左侧正时链条、张紧器滑轨和正时链条导向装置（图 14-3-2 中的 12 和 13）
6	按下列方法重新设定正时链条张紧器（图 14-3-2 中的 5 和 11）： （1）松开张紧器棘轮（图 14-3-2 中的 16） （2）压紧张紧器柱塞（图 14-3-2 中的 17） （3）用直径 3mm 的销子（图 14-3-2 中的 18）把柱塞固定在压缩位置
7	安装左侧凸轮轴正时链条张紧器（图 14-3-2 中的 11）
8	拆下销子（图 14-3-2 中的 18）
9	用正时链条张紧工具沿逆时针方向将左侧排气凸轮轴链轮张紧（图 14-3-2 中的 19）
10	换装新的左侧进气凸轮轴链轮螺栓（图 14-3-2 中的 15）并紧固至 120N·m
11	换装新的左侧排气凸轮轴链轮螺栓（图 14-3-2 中的 14）并紧固至 120N·m
12	确保右侧凸轮轴设定/锁止工具（图 14-3-2 中的 4）安装好
13	安装右侧凸轮轴连接链条张紧器（图 14-3-2 中的 10）并换装新螺栓
14	安装右侧凸轮轴连接链条和链轮。不要拧紧螺栓
15	安装右侧正时链条、张紧器滑轨和正时链条导向装置（图 14-3-2 中的 6 和 7）
16	安装右侧凸轮轴正时链条张紧器（图 14-3-2 中的 5）
17	拆下销子（图 14-3-2 中的 18）
18	使用正时链条张紧工具沿逆时针方向上紧右侧排气凸轮轴链轮（图 14-3-2 中的 19）
19	换装新的右侧进气凸轮轴链轮螺栓（图 14-3-2 中的 9）并紧固至 120N·m
20	换装新的右侧排气凸轮轴链轮螺栓（图 14-3-2 中的 8）并紧固至 120N·m
21	拆下左侧和右侧凸轮轴设定/锁止工具（图 14-3-2 中的 4）
22	拆下曲轴定位工具（图 14-3-2 中的 1）
23	安装凸轮轴调节器控制阀壳体（图 14-3-2 中的 3）
24	安装凸轮轴调节器控制阀（图 14-3-2 中的 2）
25	安装曲轴带轮，换装新的曲轴带轮螺栓并紧固至 380N·m

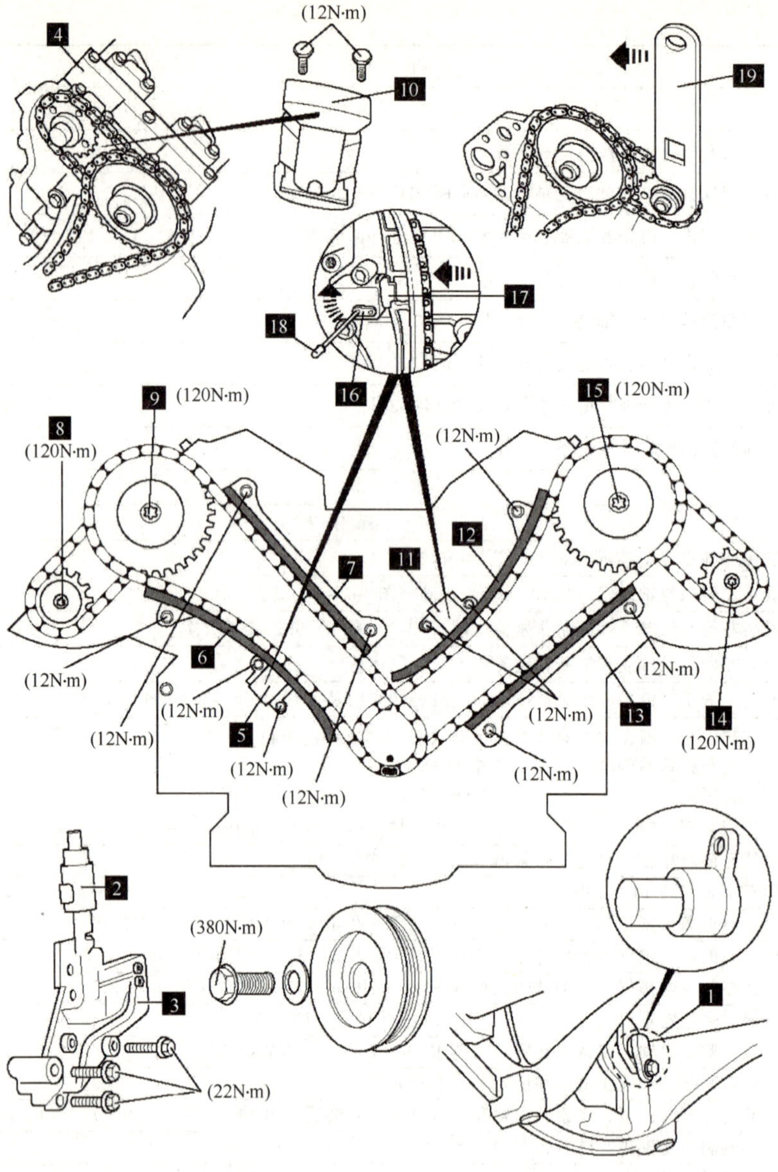

图 14-3-2 XK8 轿车 4. 2L 发动机正时链条部件识别

第四节 XJ 轿车

一、XJ6 轿车 3. 0L 发动机正时链条拆装

1. XJ6 轿车 3. 0L 发动机正时链条部件识别（图 14-4-1）

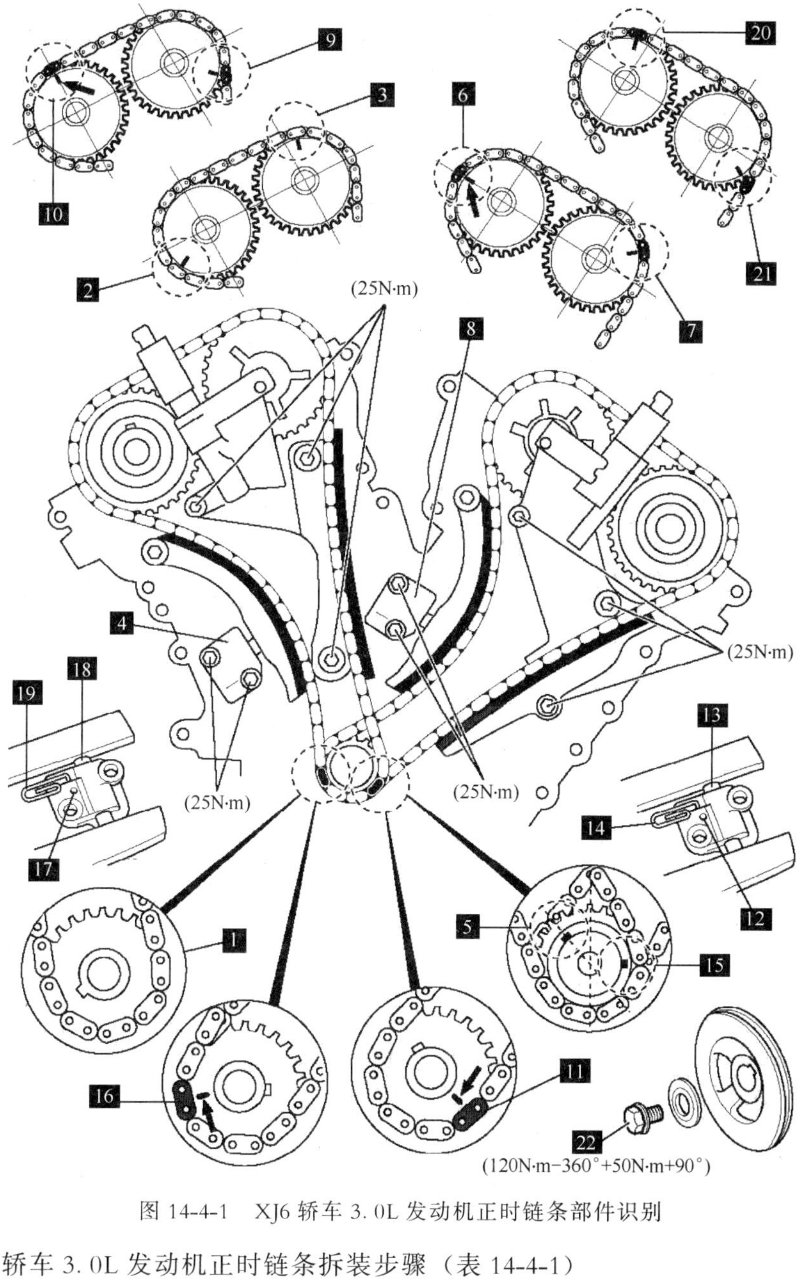

图 14-4-1 XJ6 轿车 3. 0L 发动机正时链条部件识别

2. XJ6 轿车 3. 0L 发动机正时链条拆装步骤（表 14-4-1）

表 14-4-1 XJ6 轿车 3. 0L 发动机正时链条拆装步骤

拆卸	
步骤	操作方法
1	拆卸发动机和油底壳
2	将曲轴链轮的键槽调节到 7 点钟位置（图 14-4-1 中的 1）

续表

拆　　卸	
步　　骤	操 作 方 法
3	确保右侧进气凸轮轴上的正时标记位于 1 点钟位置（图 14-4-1 中的 3）
4	确保右侧排气凸轮轴上的正时标记位于 8 点钟位置（图 14-4-1 中的 2）
5	拆卸右侧链条张紧器（图 14-4-1 中的 4）、右侧链条张紧器滑轨、右侧链条导向装置和右侧链条
6	顺时针转动曲轴，直至曲轴链轮键槽位于 11 点钟位置（图 14-4-1 中的 5）
7	确保左侧进气凸轮轴上的正时标记位于 9 点钟位置（图 14-4-1 中的 6）
8	确保左侧排气凸轮轴上的正时标记位于 2 点钟位置（图 14-4-1 中的 7）
9	拆卸左侧链条张紧器（图 14-4-1 中的 8）、左侧链条张紧器滑轨、左侧链条导向装置和左侧链条
安　　装	
步　　骤	操 作 方 法
1	拆卸右侧凸轮轴轴承盖
2	转动右侧进气凸轮轴，直至右侧进气凸轮轴上的正时标记位于 5 点钟位置（图 14-4-1 中的 9）
3	转动右侧排气凸轮轴，直至右侧排气凸轮轴上的正时标记位于 12 点钟位置（图 14-4-1 中的 10）
4	拧紧右侧凸轮轴轴承盖
5	确保曲轴链轮键槽位于 11 点钟位置（图 14-4-1 中的 5）
6	安装曲轴链轮，以便于安装左侧链条
7	安装左侧正时链条，将链条上带有颜色标记的链节与链轮上的正时标记对齐（图 14-4-1 中的 6、7 和 11）
8	安装左侧链条导向装置
9	释放左侧正时链条张紧器棘爪（图 14-4-1 中的 12）
10	压下左侧正时链条张紧器柱塞（图 14-4-1 中的 13）
11	用钢丝夹（图 14-4-1 中的 14）将柱塞锁止到位
12	安装正时链条张紧器总成（图 14-4-1 中的 8）
13	拆下钢丝夹（图 14-4-1 中的 14）
14	顺时针转动曲轴 120°直至曲轴键槽位于 3 点钟位置（图 14-4-1 中的 15）
15	安装曲轴链轮，以便于安装右侧链条
16	安装右侧正时链条，将链条上带有颜色标记的链节与链轮上的正时标记对齐（图 14-4-1 中的 9、10 和 16）
17	安装右侧链条导向装置
18	释放右侧正时链条张紧器棘爪（图 14-4-1 中的 17）
19	压下右侧正时链条张紧器柱塞（图 14-4-1 中的 18）
20	用钢丝夹（图 14-4-1 中的 19）将柱塞锁止到位
21	安装正时链条张紧器总成（图 14-4-1 中的 4）
22	拆下钢丝夹（图 14-4-1 中的 19）
23	确保正时标记对齐（图 14-4-1 中的 9、10、16、20、21）
24	安装曲轴带轮，换装新的曲轴带轮螺栓（图 14-4-1 中的 22）并紧固至 120N・m，然后将螺栓拧松 360°，最后再紧固至 50N・m＋90°

二、XJ8 轿车 3. 5L 发动机正时链条拆装步骤

XJ8 轿车 3. 5L 发动机正时链条拆装步骤与 S-TYPE 轿车 4. 2L 发动机正时链条拆装步骤相同。

三、XJ8 轿车 4. 2L 发动机正时链条拆装步骤

XJ8 轿车 4. 2L 发动机正时链条拆装步骤与 S-TYPE 轿车 4. 2L 发动机正时链条拆装步骤相同。

四、XJ8 轿车 4. 2L 发动机正时链条拆装步骤

XJ8 轿车 4. 2L 发动机正时链条拆装步骤与 S-TYPE 轿车 4. 2L 发动机正时链条拆装步骤相同。

第五节　XF 轿车

一、XF 轿车 3. 0L 发动机正时链条拆装

1. XF 轿车 3. 0L 发动机正时链条部件识别（图 14-5-1）
2. XF 轿车 3. 0L 发动机正时链条拆装步骤（表 14-5-1）

表 14-5-1　XF 轿车 3. 0L 发动机正时链条拆装步骤

拆　卸	
步　骤	操作方法
1	拆卸油底壳
2	将曲轴链轮的键槽调节到 7 点钟位置（图 14-5-1 中的 1）
3	确保右侧进气凸轮轴上的正时标记位于 1 点钟位置（图 14-5-1 中的 3）
4	确保右侧排气凸轮轴上的正时标记位于 8 点钟位置（图 14-5-1 中的 2）
5	释放右侧链条张紧器棘爪（图 14-5-1 中的 4）
6	压下右侧链条张紧器柱塞（图 14-5-1 中的 5）
7	用钢丝夹（图 14-5-1 中的 6）把柱塞固定到压缩位置
8	拆卸右侧链条张紧器（图 14-5-1 中的 7）、右侧链条张紧器滑轨、右侧链条导向装置和右侧链条
9	顺时针转动曲轴，直至曲轴链轮键槽位于 11 点钟位置（图 14-5-1 中的 8）
10	确保左侧进气凸轮轴上的正时标记位于 9 点钟位置（图 14-5-1 中的 9）

续表

拆　卸	
步　骤	操作方法
11	确保左侧排气凸轮轴上的正时标记位于2点钟位置（图14-5-1中的10）
12	释放左侧链条张紧器棘爪（图14-5-1中的4）
13	压下左侧链条张紧器柱塞（图14-5-1中的5）
14	用钢丝夹（图14-5-1中的6）把柱塞固定到压缩位置
15	拆卸左侧链条张紧器（图14-5-1中的11）、左侧链条张紧器滑轨、左侧链条导向装置和左侧链条
安　装	
步　骤	操作方法
1	顺时针转动曲轴，使曲轴链轮键槽位于9点钟位置
2	转动左侧进气凸轮轴，直至左侧进气凸轮轴上的正时标记位于9点钟位置（图14-5-1中的9）
3	转动左侧排气凸轮轴，直至左侧排气凸轮轴上的正时标记位于2点钟位置（图14-5-1中的10）
4	转动右侧进气凸轮轴，直至右侧进气凸轮轴上的正时标记位于5点钟位置（图14-5-1中的12）
5	转动右侧排气凸轮轴，直至右侧排气凸轮轴上的正时标记位于12点钟位置（图14-5-1中的13）
6	顺时针转动曲轴，使曲轴链轮键槽位于11点钟位置（图14-5-1中的8）
7	安装左侧链条导向装置
8	安装左侧正时链条，将链条上带有颜色标记的链节与链轮上的正时标记对齐（图14-5-1中的9、10和14）
9	安装左侧链条张紧器滑轨和左侧链条张紧器（图14-5-1中的11）
10	拆下固定张紧器柱塞的钢丝夹（图14-5-1中的6）
11	顺时针转动曲轴120°直至曲轴键槽位于3点钟位置（图14-5-1中的15）
12	安装右侧链条导向装置
13	安装右侧正时链条，将链条上带有颜色标记的链节与链轮上的正时标记对齐（图14-5-1中的12、13和16）
14	安装右侧链条张紧器滑轨和右侧链条张紧器（图14-5-1中的7）
15	拆下固定张紧器柱塞的钢丝夹（图14-5-1中的6）
16	确保正时标记对齐（图14-5-1中的12、13、16、17、18）
17	安装曲轴带轮，换装新的曲轴带轮螺栓（图14-5-1中的22）并紧固至120N·m，然后将螺栓拧松360°，最后再紧固至50N·m+90°

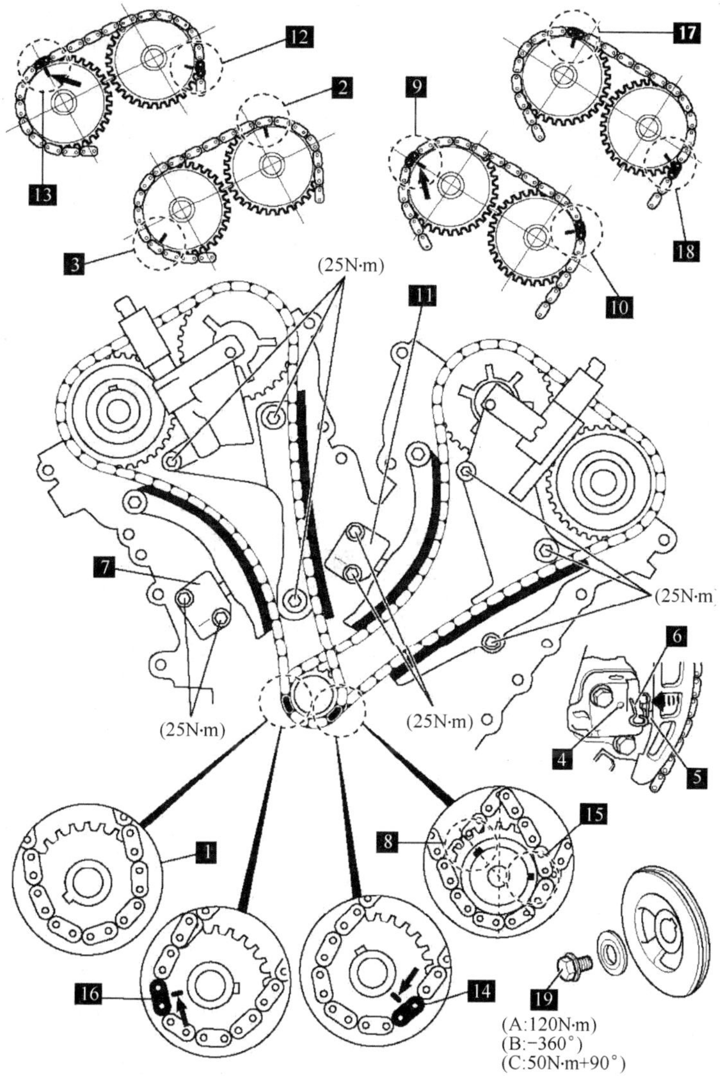

图 14-5-1 XF 轿车 3.0L 发动机正时链条部件识别

二、XF 轿车 4.2L 发动机正时链条拆装步骤

XR 轿车 4.2L 发动机正时链条拆装步骤与第三节 XK8 轿车 4.2L 发动机正时链条拆装步骤相同。

三、XF 轿车 4.2L 增压发动机正时链条拆装

1. XF 轿车 4.2L 增压发动机正时链条部件识别（图 14-5-2）

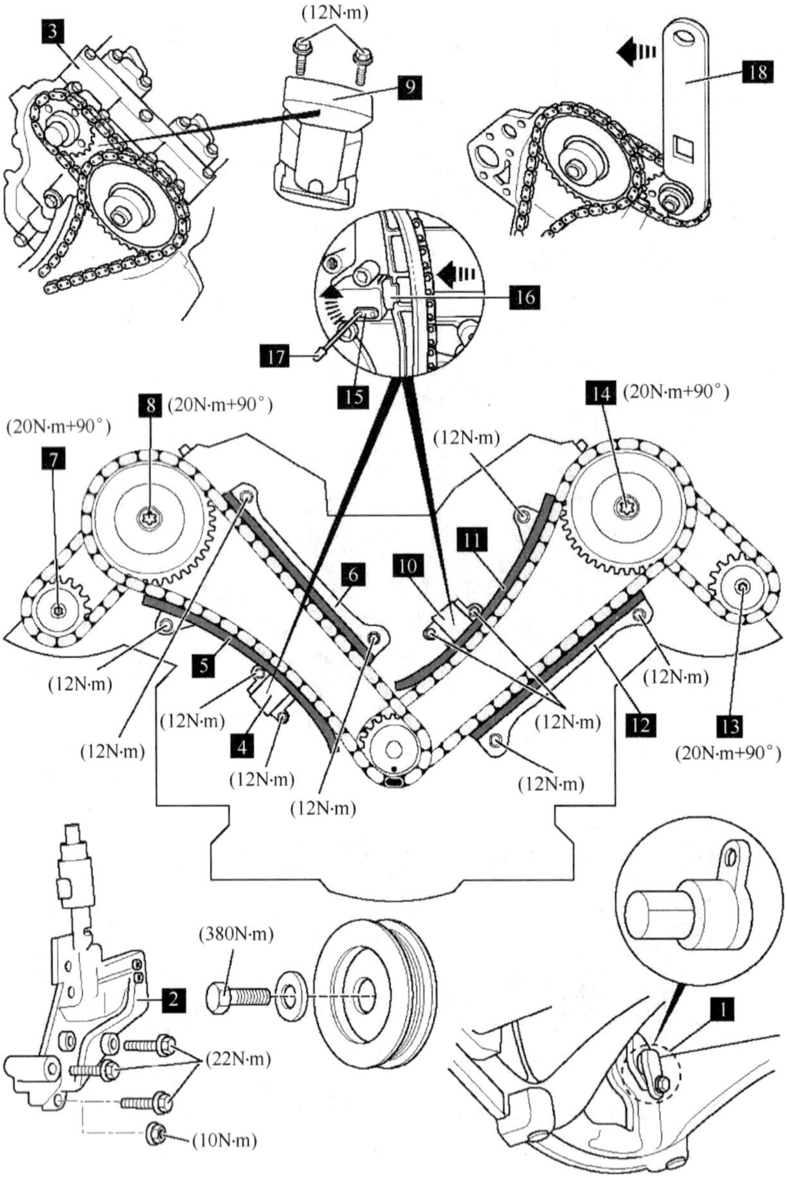

图 14-5-2 XF 轿车 4. 2L 增压发动机正时链条部件识别

2. XF 轿车 4. 2L 增压发动机正时链条拆装步骤（表 14-5-2）

表 14-5-2 XF 轿车 4. 2L 增压发动机正时链条拆装步骤

拆卸	
步骤	操作方法
1	拆下曲轴位置传感器

续表

拆卸	
步骤	操作方法
2	转动曲轴，调节孔的位置，以便安装曲轴定位工具（图 14-5-2 中的 1）
3	安装曲轴定位工具（图 14-5-2 中的 1）
4	确保凸轮轴上的平头朝上，如果不符合要求，则拆下曲轴定位工具（图 14-5-2 中的 1），将曲轴转动 360°
5	拆下凸轮轴调节器控制阀壳体（图 14-5-2 中的 2）
6	把凸轮轴设定/锁止工具安装到右侧气缸盖上（图 14-5-2 中的 3）
7	拆卸右侧正时链条张紧器、滑轨和正时链条导向装置（图 14-5-2 中的 4、5 和 6）
8	拆卸右侧正时链条
9	拆下右侧排气凸轮轴链轮螺栓（图 14-5-2 中的 7）
10	拆下右侧进气凸轮轴链轮螺栓（图 14-5-2 中的 8）
11	拆下右侧凸轮轴连接链条张紧器（图 14-5-2 中的 9）
12	拆下右侧凸轮轴连接链条和链轮
13	在左侧气缸盖上安装凸轮轴设定/锁止工具（图 14-5-2 中的 3）
14	拆卸左侧正时链条张紧器、滑轨和正时链条导向装置（图 14-5-2 中的 10、11 和 12）
15	拆卸左侧正时链条
16	拆下左侧排气凸轮轴链轮螺栓（图 14-5-2 中的 13）
17	拆下左侧进气凸轮轴链轮螺栓（图 14-5-2 中的 14）
18	拆卸左侧凸轮轴连接链条张紧器（图 14-5-2 中的 9）
19	拆卸左侧凸轮轴连接链条和链轮
安装	
步骤	操作方法
1	确保曲轴定位工具正确安装（图 14-5-2 中的 1）
2	确保左侧凸轮轴设定/锁止工具安装正确（图 14-5-2 中的 3）
3	安装左侧凸轮轴连接链条张紧器（图 14-5-2 中的 9）并换装新螺栓
4	安装左侧凸轮轴连接链条和链轮。不要拧紧螺栓
5	安装左侧正时链条、张紧器滑轨和正时链条导向装置（图 14-5-2 中的 11 和 12）
6	按下列方法重新设定正时链条张紧器（图 14-5-2 中的 4 和 10）： （1）松开张紧器棘轮（图 14-5-2 中的 15） （2）压紧张紧器柱塞（图 14-5-2 中的 16） （3）用直径 3mm 的销子（图 14-5-2 中的 17）把柱塞固定在压缩位置
7	安装左侧正时链条张紧器（图 14-5-2 中的 10）
8	拆下销子（图 14-5-2 中的 17）

续表

安装	
步 骤	操作方法
9	用正时链条张紧工具沿逆时针方向将左侧排气凸轮轴链轮上紧（图 14-5-2 中的 18）
10	换装新的左侧进气凸轮轴链轮螺栓（图 14-5-2 中的 14）并紧固至 20N·m+90°
11	换装新的左侧排气凸轮轴链轮螺栓（图 14-5-2 中的 13）并紧固至 20N·m+90°
12	确保右侧凸轮轴设定/锁止工具（图 14-5-2 中的 3）安装好
13	安装右侧凸轮轴连接链条张紧器（图 14-5-2 中的 9）并换装新螺栓
14	安装右侧凸轮轴连接链条和链轮。不要拧紧螺栓
15	安装右侧正时链条、张紧器滑轨和正时链条导向装置（图 14-5-2 中的 5 和 6）
16	安装右侧凸轮轴正时链条张紧器（图 14-5-2 中的 4）
17	拆下销子（图 14-5-2 中的 17）
18	使用正时链条张紧工具沿逆时针方向上紧右侧排气凸轮轴链轮（图 14-5-2 中的 18）
19	换装新的右侧进气凸轮轴链轮螺栓（图 14-5-2 中的 8）并紧固至 20N·m+90°
20	换装新的右侧排气凸轮轴链轮螺栓（图 14-5-2 中的 7）并紧固至 20N·m+90°
21	拆下左侧和右侧凸轮轴设定/锁止工具（图 14-5-2 中的 3）
22	拆下曲轴定位工具（图 14-5-2 中的 1）
23	安装凸轮轴调节器控制阀壳体（图 14-5-2 中的 2）
24	安装曲轴带轮，换装新的曲轴带轮螺栓并紧固至 380N·m

第十五章 JEEP（吉普）车系

第一节 WRANGLER（牧马人）轿车

牧马人轿车3.8L发动机正时链条部件拆装。

（一）正时链条盖拆卸步骤

1. 执行燃油压力泄放程序。
2. 断开蓄电池负极电缆。
3. 排放发动机冷却液。
4. 拆下空气滤清器软管和空气滤清器壳体总成（图15-1-1）。
5. 拆下发动机附件传动皮带和传动皮带张紧器。
6. 拆下发电机（图15-1-2）。

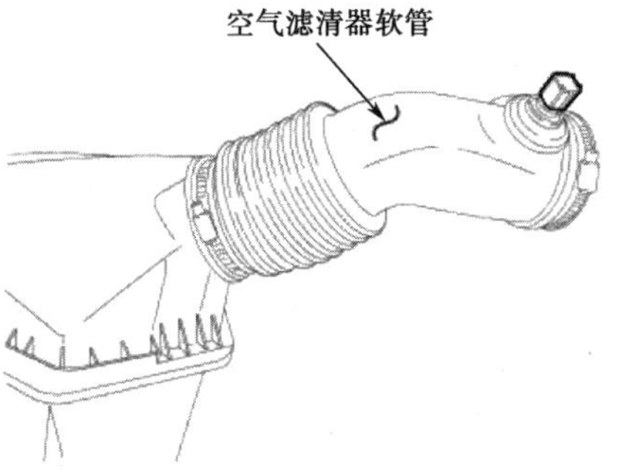

图15-1-1 空气滤清器软管

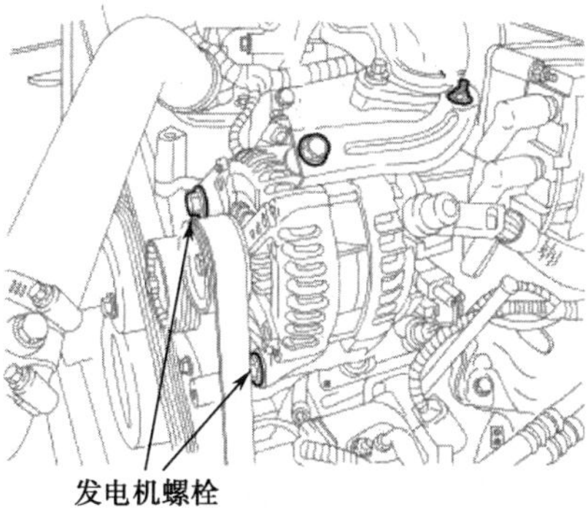

图15-1-2 发电机固定螺栓识别

7. 拆下机油油尺管路。
8. 排放发动机机油。
9. 拆卸油底壳。
10. 拆卸动力转向泵固定螺钉，将动力转向泵移到一旁（图15-1-3）。
11. 断开底部散热器管路。
12. 从发动机上移开空调压缩机，将压缩机移到一旁。
13. 拆下曲轴带轮。
14. 从正时链条盖上拆下凸轮轴位置传感器（图15-1-4）。

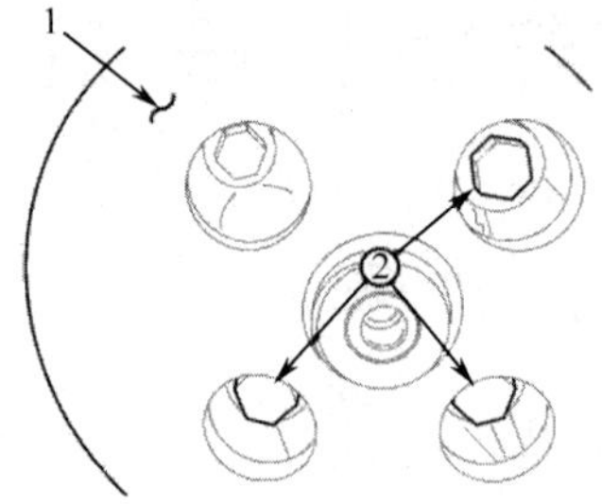

图 15-1-3 拆卸动力转向泵固定螺钉

1-动力转向泵；2-动力转向泵固定螺钉

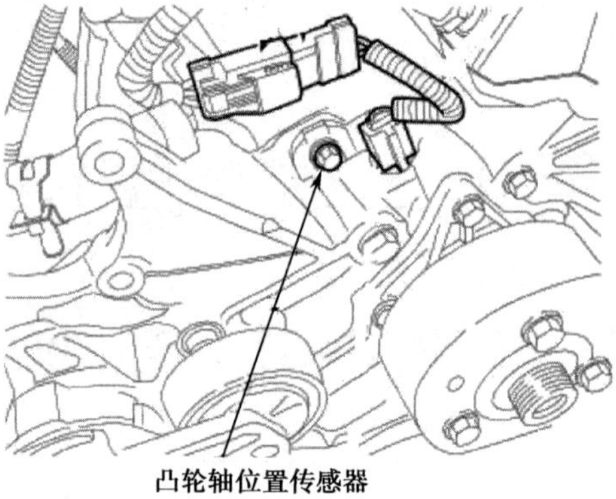

图 15-1-4 凸轮轴位置传感器识别

15. 拆卸正时链条盖的各个固定螺栓（图 15-1-5）。

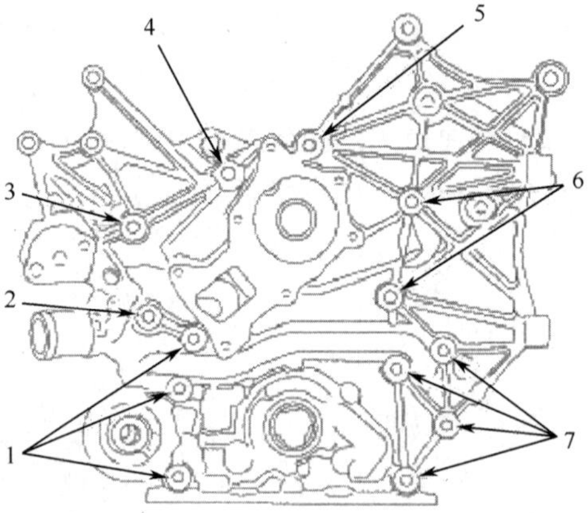

图 15-1-5 正时链条盖固定螺栓位置

（二）正时链条盖安装步骤

1. 确保正时链条盖和气缸体的结合面清洁。

2. 在正时链条盖上安装新的衬垫，确保衬垫的底边要比正时链条盖的底边高出 0.5mm（图 15-1-6）。

3. 转动曲轴，使机油泵驱动面位于垂直位置。

4. 调节机油泵内部转子，使结合面与曲轴驱动面处于同一位置。

5. 安装正时链条盖。

6. 安装正时链条盖螺栓，M8 螺栓紧固力矩为 27N·m；M10 螺栓紧固力矩为 54N·m。

7. 安装油底壳。

8 安装曲轴前油封。

9. 安装曲轴带轮。

10. 连接冷却液软管。

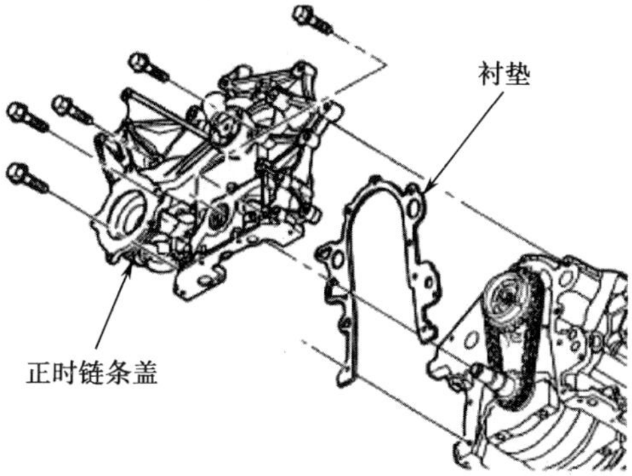

图 15-1-6 衬垫与正时链条盖识别

11. 安装凸轮轴位置传感器。
12. 安装空调压缩机。
13. 安装机油油尺管路。
14. 安装发电机。
15. 安装动力转向泵。
16. 安装发动机附件传动皮带和惰轮。
17. 加注发动机机油至合适油位。
18. 安装空气滤清器壳体和滤清器软管。
19. 加注发动机冷却液。
20. 连接蓄电池负极电缆。

（三）正时链条与凸轮轴链轮拆卸步骤

1. 断开蓄电池负极电缆。
2. 拆卸正时链条盖螺栓和正时链条盖。
3. 转动曲轴，对齐正时标记（图 15-1-7）。
4. 拆下凸轮轴链轮固定螺栓。
5. 把正时链条和凸轮轴链轮一起拆下。

（四）正时链条与凸轮轴链轮安装步骤

1. 转动曲轴，使曲轴链轮上的正时箭头对准12点钟位置（图 15-1-7）。

2. 把正时链条绕到凸轮轴链轮上，使镀色链节对齐（图 15-1-7）。把凸轮轴链轮上的正时箭头对准6点钟位置（图 15-1-7）。

3. 把正时链条安装到曲轴链轮上，使正时链条上的镀色链条与曲轴链轮上的正时标记对齐（图 15-1-7）。

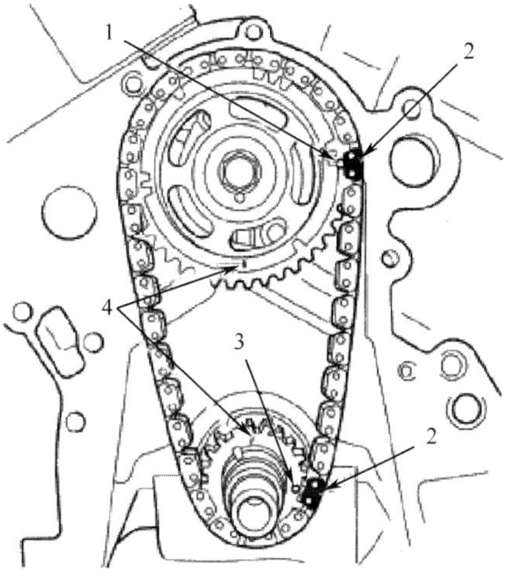

图 15-1-7 对齐正时标记
1-凸轮轴链轮正时标记；2-镀色链节；3-曲轴链轮正时标记；4-箭头标记

4. 检查各个正时标记是否对齐。

5. 安装凸轮轴链轮螺栓和垫圈。把螺栓紧固至 54N·m。

6. 转动曲轴 2 周，检查各个正时标记是否对齐。

7. 安装正时链条盖。

8. 连接蓄电池负极电缆。

（五）曲轴链轮拆卸步骤

1. 拆卸正时链条。

2. 使用专用工具固定住曲轴，然后拆下曲轴链轮（图 15-1-8）。

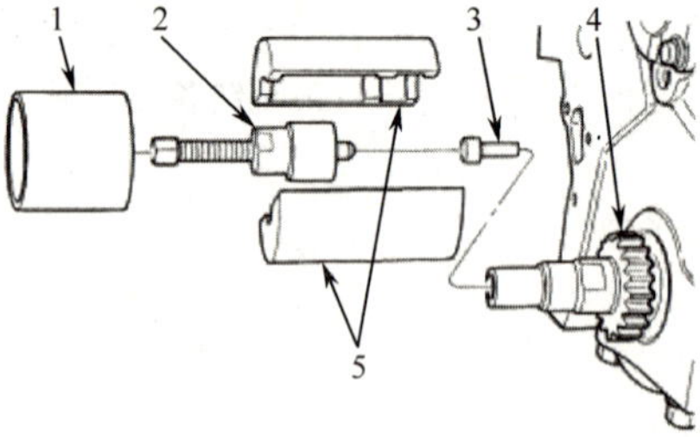

图 15-1-8　用专用工具固定曲轴，拆卸曲轴链轮

1-专用工具 5048－6；2-专用工具 5048－1；3-专用工具 8450；4-曲轮链轮；5-专用工具 8539

（六）曲轴链轮安装步骤

1. 把曲轴链轮安装到曲轴上（曲轴链轮上的正时标记向外），使正时槽和正时销对齐。

2. 用专用工具安装曲轴链轮，使其完全落位在曲轴上。

3. 安装正时链条和凸轮轴链轮。

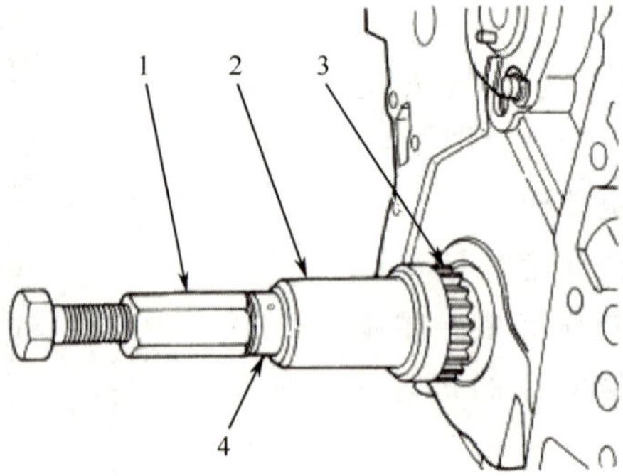

图 15-1-9　用专用工具安装曲轴链轮

1-专用工具 8452－3；2-专用工具 8452－1；3-曲轴链轮；4-止推轴承/垫圈

第二节 COMPASS（指南者）轿车

一、COMPASS（指南者）轿车 2.4L 发动机正时链条部件识别（图 15-2-1）

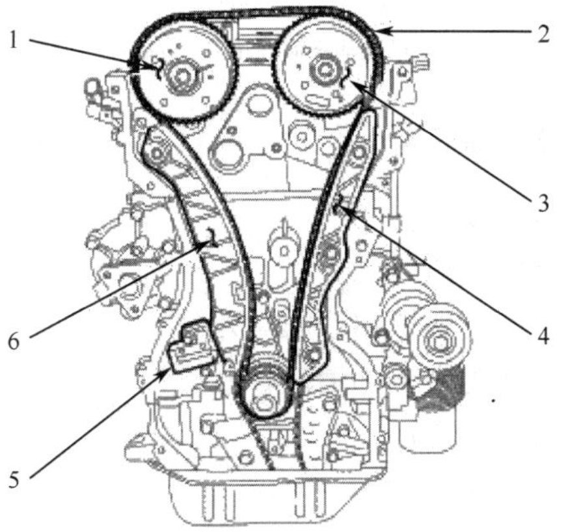

图 15-2-1 COMPASS（指南者）轿车 2.4L 发动机正时链条部件识别
1-凸轮轴链轮；2-正时链条；3-凸轮轴链轮；4-左侧正时链条导轨（可移动）；
5-正时链条张紧器；6-右侧正时链条导轨（固定）

二、COMPASS（指南者）轿车 2.4L 发动机正时链条系统部件拆装

（一）正时链条盖拆装步骤

1. 拆卸步骤

（1）拆下发动机罩。

（2）泄放燃油压力。

（3）断开蓄电池负极电缆。

（4）拆卸发动机冷却液储液罐（图 15-2-2）。

（5）拆卸挡风玻璃清洗器储液罐（图 15-2-2）。

（6）拆卸动力转向储液罐并将其移到一旁（图 15-2-2）。

（7）拆卸进气管路。

（8）拆卸曲轴箱强制通风管路。

（9）断开点火线圈电路连接器。

（10）拆卸气缸盖罩。

（11）举升车辆。

（12）拆下右侧底部挡泥板。

（13）将发动机设置到上止点位置（图 15-2-3）。

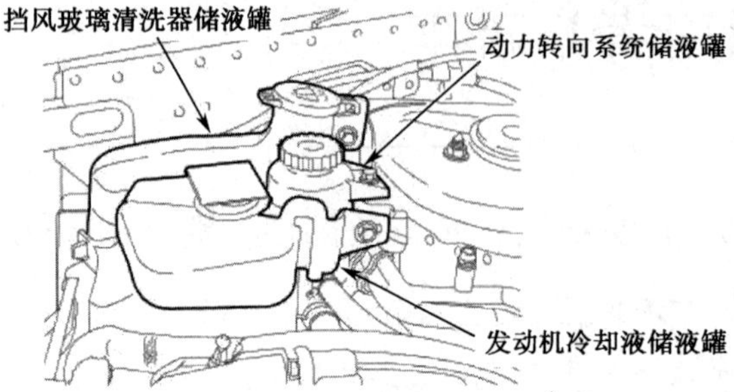

图 15-2-2　拆卸各个储液罐

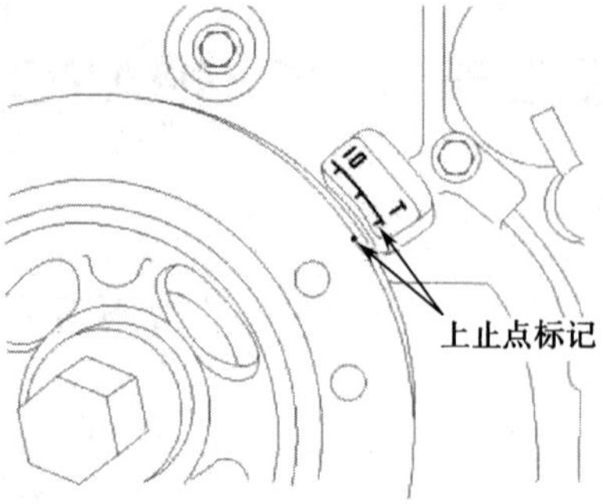

图 15-2-3　上止点标记识别

（14）拆下发动机附件传动皮带。

（15）拆下空调压缩机固定螺栓。

（16）拆卸空调压缩机底部支架（图 15-2-4）。

（17）拆下发动机附件传动皮带下部惰轮。

（18）拆下曲轴带轮（图 15-2-5）。

（19）拆下曲轴前油封（图 15-2-5）。

（20）拆下水泵轮（图 15-2-5）。

（21）拆下发动机固定支架螺栓（图 15-2-5）。

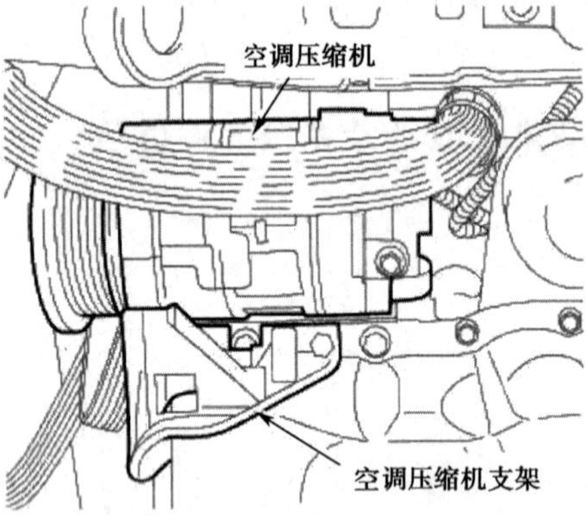

图 15-2-4　空调压缩机和支架识别

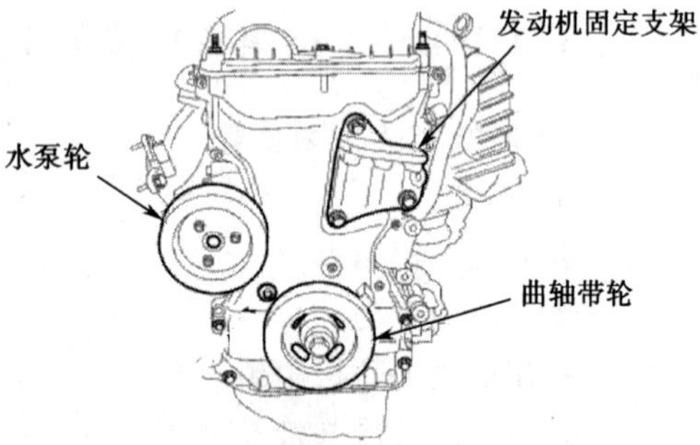

图 15-2-5　曲轴带轮、水泵轮和发动机固定支架识别

（22）拆下正时链条盖底部螺栓（图 15-2-6）。

（23）降下车辆。

（24）拆下动力转向管路支撑件（图 15-2-7）。

（25）拆下动力转向泵，将其移到一旁。

（26）在油底壳下垫上木块，用千斤顶顶起发动机。

（27）拆下右侧发动机支架螺栓。

（28）拆下发动机附件传动皮带上部惰轮。

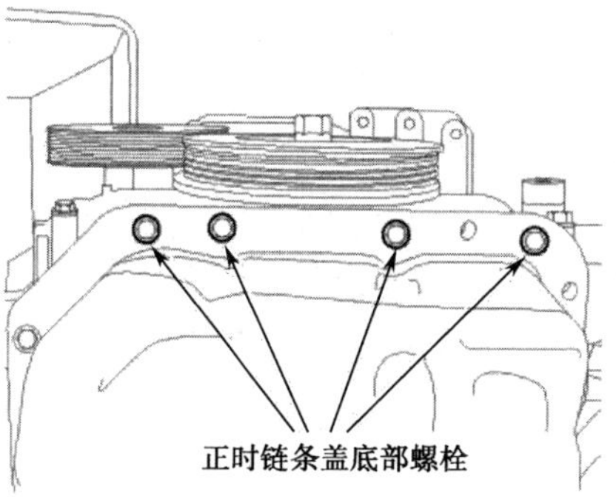

图 15-2-6　正时链条盖底部螺栓识别

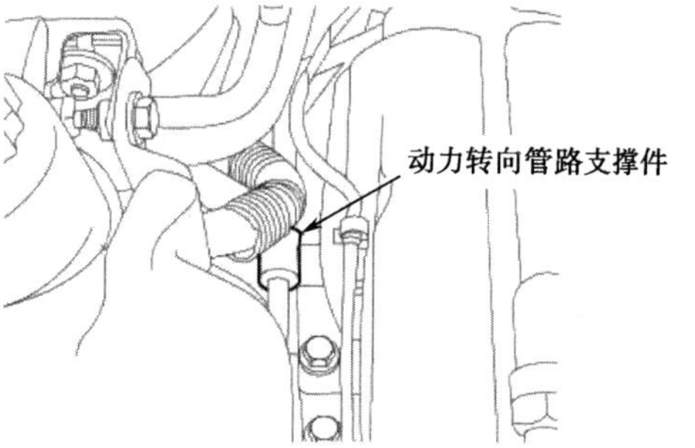

图 15-2-7　拆下动力转向管路支撑件

（29）拆下发动机右侧安装支架。

（30）拆下发动机附件传动皮带张紧器。

（31）拆下正时链条盖固定螺栓。

（32）在图 15-2-8 中所示的 3 个位置，用合适的工具把正时链条盖撬开。

（33）拆下正时链条盖（图 15-2-9）。

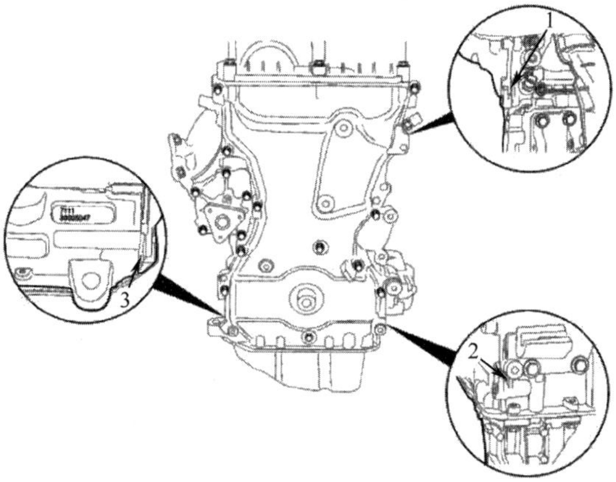

图 15-2-8　正时链条盖撬开位置

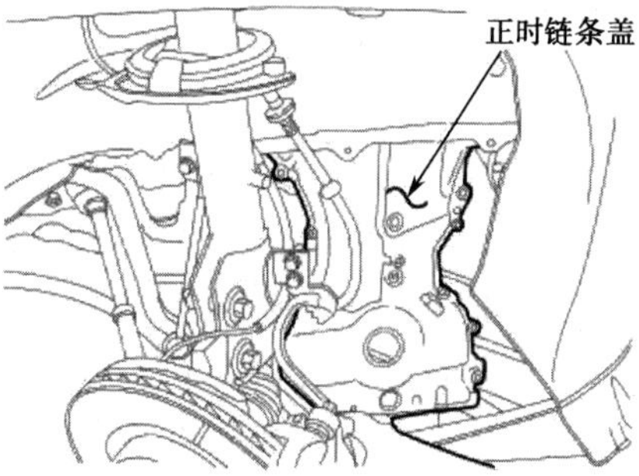

图 15-2-9　拆下正时链条盖

2. 安装步骤

（1）将所有的密封面清理干净。

（2）按照图 15-2-10 中所示位置，将密封剂涂抹在气缸盖和气缸体的结合线处。

（3）在图 15-2-11 所示部位涂抹密封剂。

（4）在油底壳与气缸体结合面之间涂抹密封剂。

（5）按照图 15-2-12 所示位置，在发动机缸体上涂抹密封剂。

（6）安装正时链条盖（图 15-2-13）。

（7）安装正时链条盖上部固定螺栓并紧固。M6 螺栓紧固至 12N・m；M8 螺栓紧固至 23N・m。

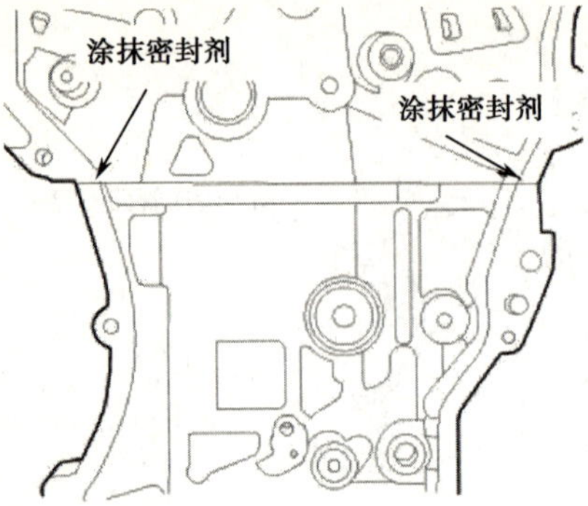

图 15-2-10　气缸盖与气缸体之间密封剂涂抹位置

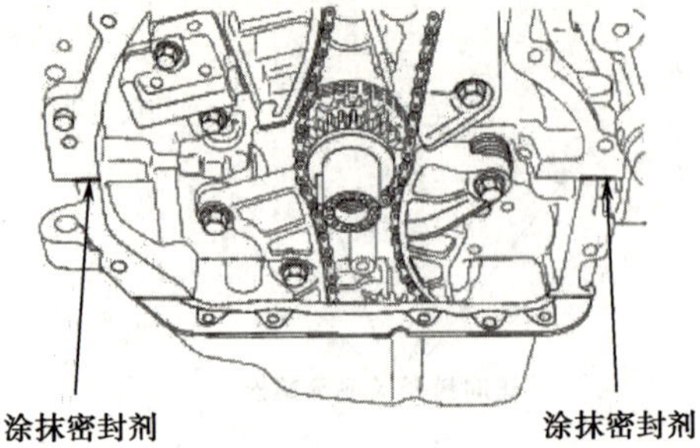

图 15-2-11　在发动机与车架结合点涂抹密封剂

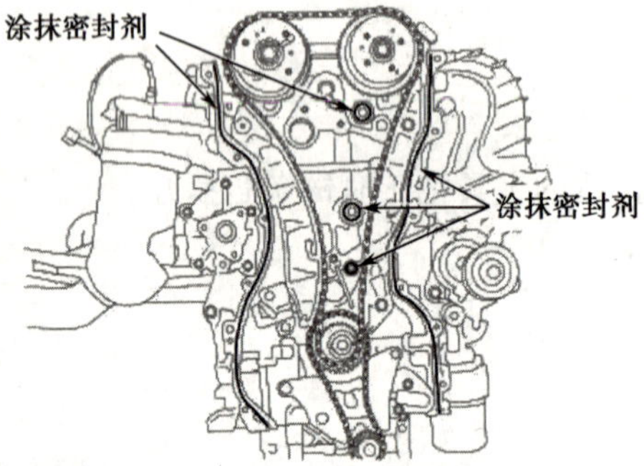

图 15-2-12　在发动机缸体上涂抹密封剂

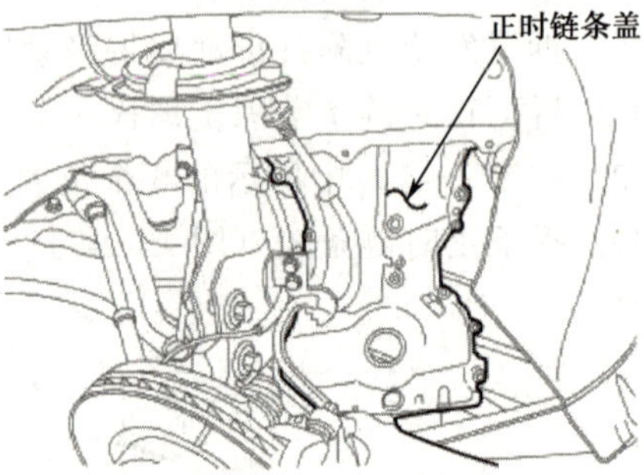

图 15-2-13　安装正时链条盖

（8）安装发动机附件传动皮带张紧器。

（9）安装发动机右侧固定支架（图 15-2-14）。

（10）安装发动机附件传动皮带惰轮。

（11）安装右侧发动机座。

（12）从发动机下方撤开千斤顶。

（13）安装动力转向泵。

（14）举升车辆。

（15）安装正时链条盖底部固定螺栓并紧固（图 15-2-15）。

（16）安装正时链条盖固定螺栓并紧固。

（17）安装水泵轮。

（18）安装曲轴带轮并紧固螺栓。

（19）安装发动机附件传动皮带下部惰轮。

（20）安装空调压缩机固定支架（图 15-2-16）。

（21）安装空调压缩机（图 15-2-16）。

（22）安装发动机附件传动皮带。

（23）安装右侧底部挡泥板。

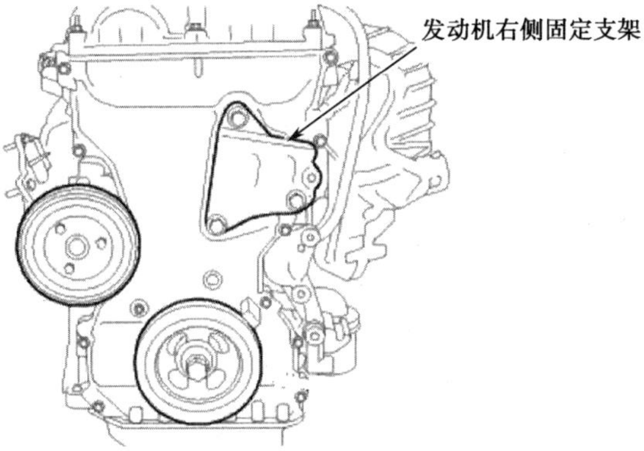

图 15-2-14 安装发动机右侧固定支架

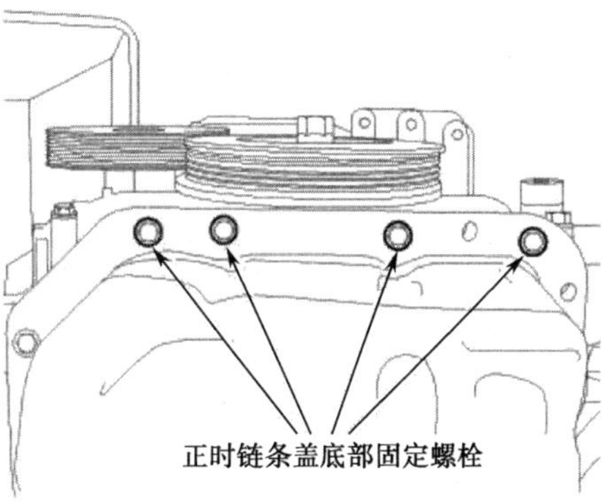

图 15-2-15 安装正时链条盖底部固定螺栓

（24）降下车辆。

（25）安装气缸盖罩并按照图 15-2-17 中所示的螺栓紧固顺序紧固螺栓。

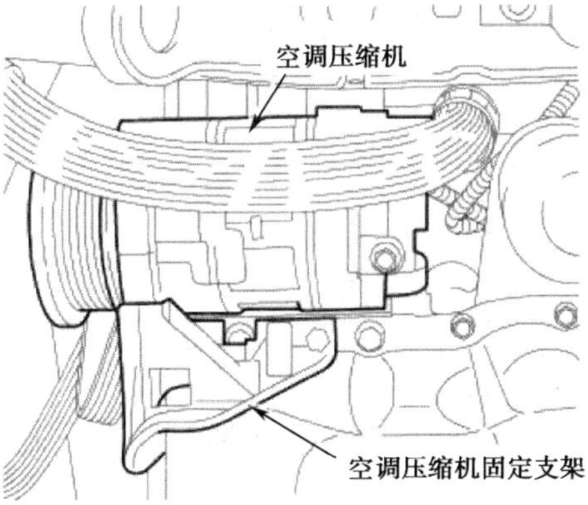

图 15-2-16 空调压缩机和固定支架识别

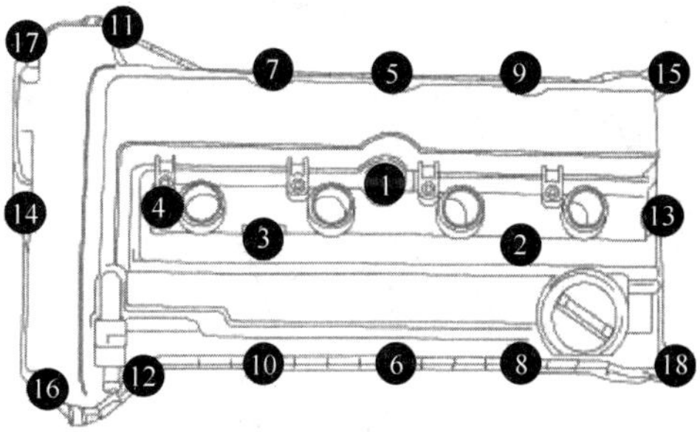

图 15-2-17 气缸盖罩螺栓紧固顺序

（26）连接点火线圈电路连接器。

（27）把曲轴箱强制通风软管连接到曲轴箱强制通风阀上。

（28）安装动力转向泵储液罐。

（29）安装挡风玻璃清洗器储液罐。

（30）安装发动机冷却液储液罐。

（31）加注发动机冷却液。

（32）安装空气滤清器壳体。

（33）连接蓄电池负极电缆。

（34）安装发动机罩。

（二）正时链条拆装步骤

1. 拆卸步骤

（1）将发动机设置在上止点位置（图 15-2-18）。

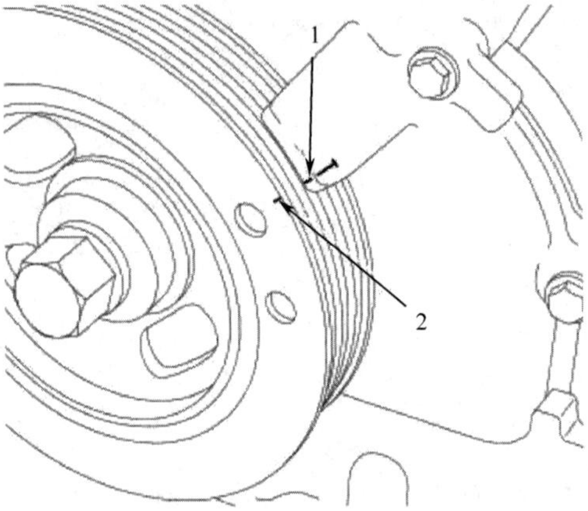

图 15-2-18 上止点标记识别

（2）拆卸正时链条盖。

（3）如果正时链条上的镀色链节褪色，则要在拆卸正时链条前进行标注（图 15-2-19、图 15-2-20）。

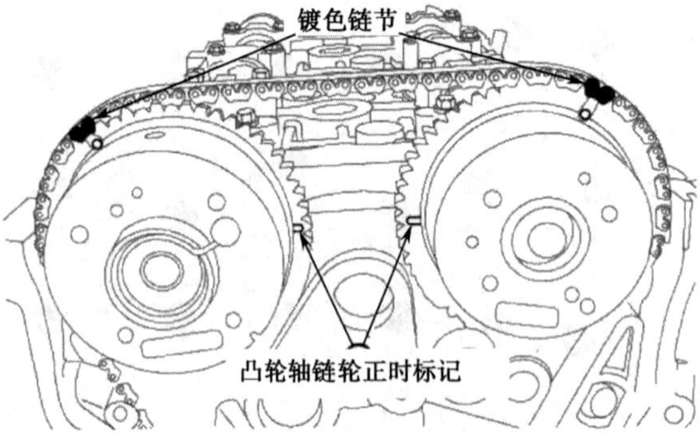

图 15-2-19 镀色链节与凸轮轴链轮正时标记识别

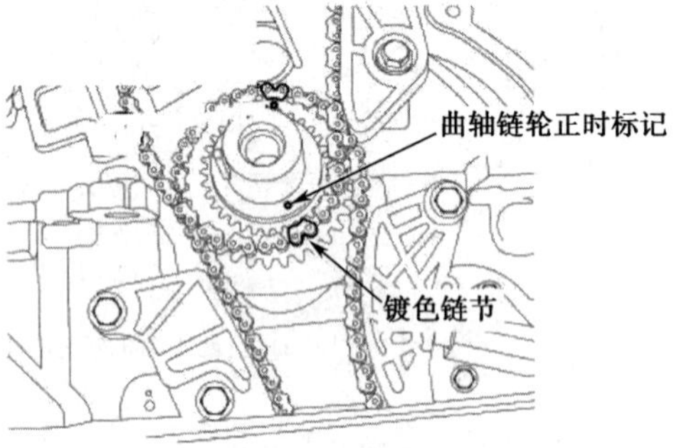

图 15-2-20 镀色链节与曲轴链轮正时标记识别

（4）拆卸正时链条张紧器。

（5）拆卸正时链条。

2. 安装步骤

（1）确保曲轴链轮键槽位于 9 点钟位置。

（2）对齐凸轮轴链轮正时标记（图 15-2-21）。

（3）安装正时链条左侧导轨并将导轨固定螺栓紧固至 12N・m。

（4）安装正时链条，使正时链条上的镀色链节对准凸轮轴链轮上的标记（图 15-2-22）。

（5）安装正时链条，使正时链条上的镀色链节对准曲轴链轮上的标记，如图 15-2-20 所示。

（6）安装右侧正时链条导轨并将导轨固定螺栓紧固至 12N・m。

（7）抬起正时链条张紧器上的棘爪，压下正时链条张紧器推杆，将限位销插入槽中

（图 15-2-23）。

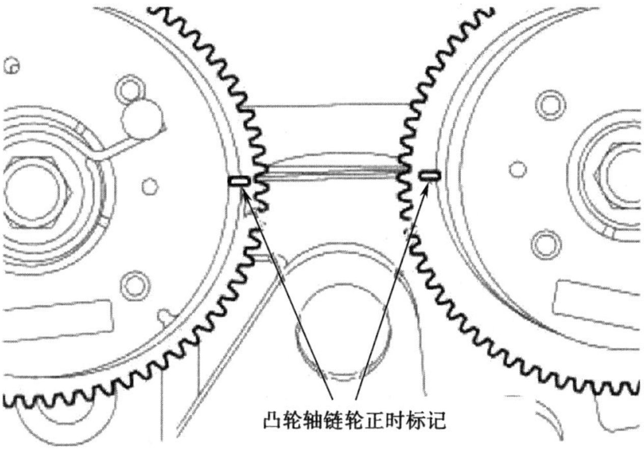

图 15-2-21　对齐凸轮轴链轮正时标记

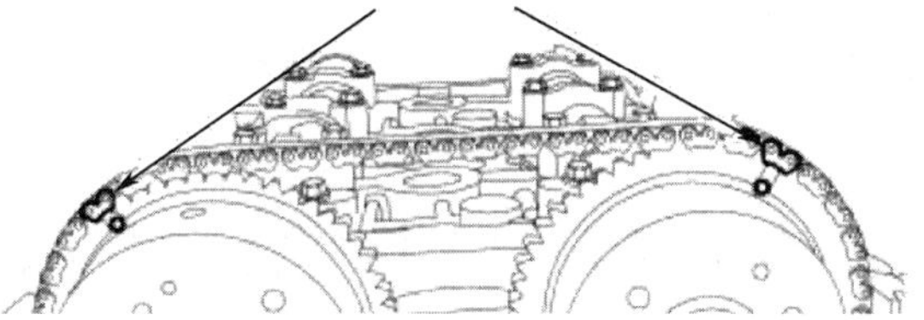

图 15-2-22　正时链条上的镀色链节对准凸轮轴链轮上的标记

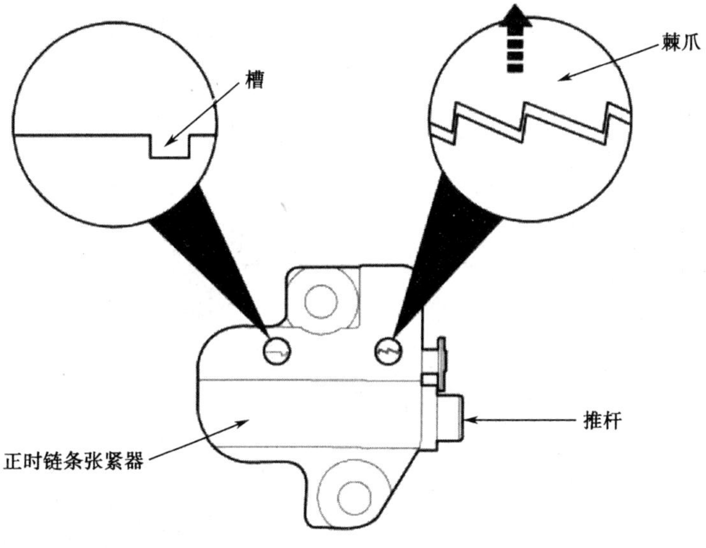

图 15-2-23　设置正时链条张紧器

（8）安装正时链条张紧器（图 15-2-24）。

（9）拆下正时链条张紧器上的限位销。

（10）顺时针转动曲轴 2 周，直至曲轴重新到达上止点位置，且键槽位于 9 点钟位置。

（11）确定凸轮轴链轮上的正时标记对齐，如图 15-2-21 所示。

（12）安装前正时链条盖。

（13）安装曲轴带轮，使曲轴带轮上的标记与正时链条盖上的标记对齐（图 15-2-25）。

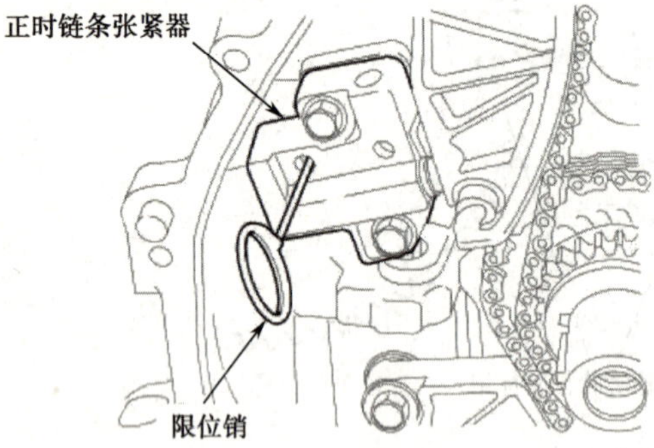

图 15-2-24　安装正时链条张紧器

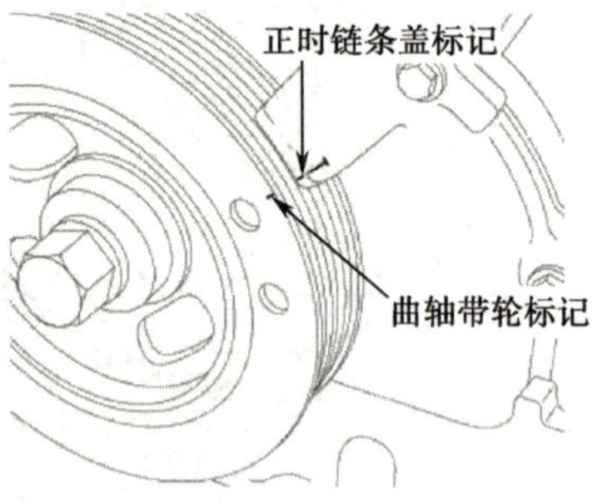

图 15-2-25　对齐标记

（14）连接蓄电池负极电缆。

（15）加注发动机机油。

第三节　COMMANDER（指挥官）轿车

一、COMMANDER（指挥官）轿车 5.7L 发动机正时链条盖拆装

（一）拆卸步骤

1. 断开蓄电池负极电缆。
2. 拆下发动机罩（图 15-3-1）。
3. 拆下空气滤清器总成。
4. 排干发动机冷却液。
5. 拆卸发动机附件传动皮带。
6. 拆下冷却风扇和风扇驱动总成。
7. 拆下冷却液储液罐和挡风玻璃清洗器储液罐。
8. 拆下冷却风扇护罩。
9. 拆下空调压缩机，将其移到一旁。
10. 拆下发电机。
11. 拆下散热器上部软管。
12. 拆下正时链条盖上的 2 个加热器软管。

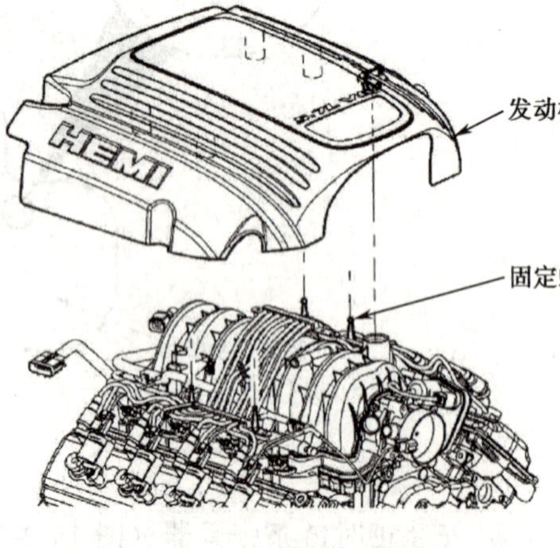

图 15-3-1　拆下发动机罩

13. 断开散热器下部软管。

14. 拆下发动机附件传动皮带张紧器和 2 个惰轮。

15. 使用专用工具，拆下曲轴带轮（图 15-3-2）。

16. 拆下动力转向泵，将其移到一旁。

17. 拆下机油油尺支撑螺栓。

18. 排空发动机机油。

19. 拆下油底壳。

20. 拆下正时链条盖螺栓，拆下正时链条盖。

21. 确认正时链条盖的滑套位于正时链条盖内（图 15-3-3）。

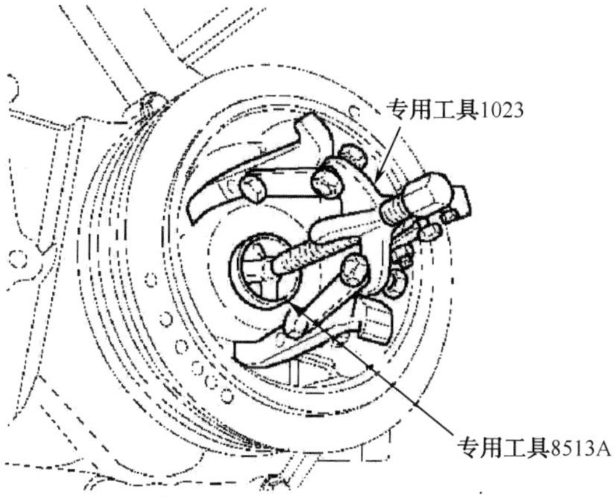

图 15-3-2 使用专用工具拆下曲轴带轮

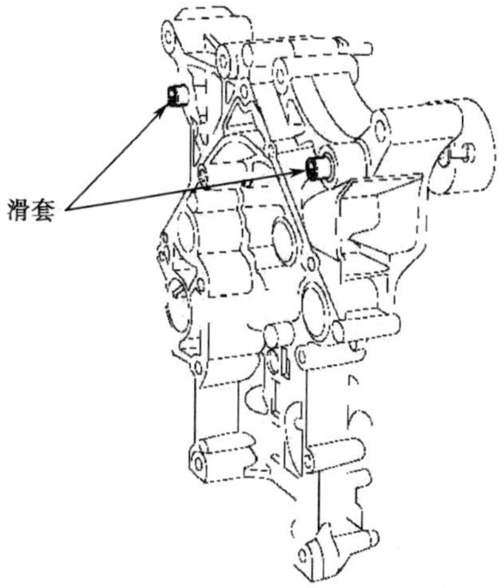

图 15-3-3 正时链条盖滑套

（二）安装步骤

1. 把正时链条盖与气缸体结合面清理干净。注意：安装正时链条盖时要换用新的密封衬垫。

2. 确认正时链条盖的滑套（图 15-3-3）安装在正时链条盖内。

3. 安装新的密封衬垫并紧固至 28N·m。

4. 安装油底壳，并按照图 15-3-4 中所示的螺栓紧固顺序紧固油底壳螺栓。

5. 安装空调压缩机。

6. 安装发电机。

7. 安装动力转向泵。

8. 安装机油油尺支撑螺栓。

9. 安装节温器壳体。

10. 安装曲轴带轮。

11. 安装发动机附件传动皮带张紧器总成和 2 个惰轮。

12. 安装散热器底部软管。

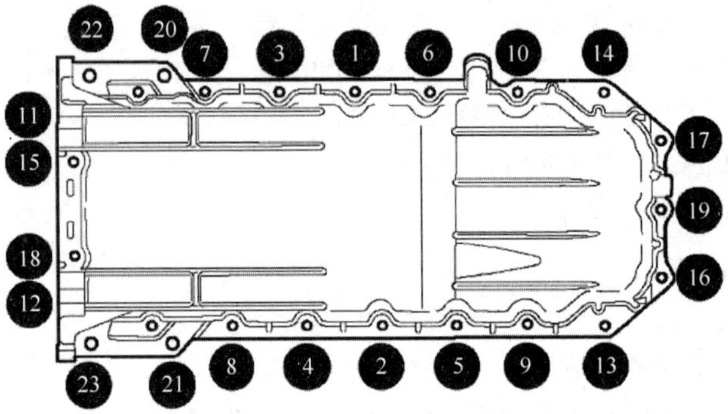

图 15-3-4 油底壳螺栓紧固顺序

13. 安装 2 个加热器软管。
14. 安装散热器风扇护罩。
15. 安装风扇和风扇驱动总成。
16. 安装发动机附件传动皮带。
17. 安装发动机冷却液储液罐和挡风玻璃清洗器储液罐。
18. 安装散热器上部软管。
19. 安装空气滤清器总成。
20. 加注发动机冷却液。
21. 加注发动机机油。
22. 连接蓄电池负极电缆。
23. 安装发动机罩。

二、COMMANDER（指挥官）轿车 5.7L 发动机正时链条拆装

（一）拆卸步骤

1. 断开蓄电池负极电缆。
2. 排放发动机冷却液。
3. 拆下正时链条盖。
4. 重新安装曲轴带轮并用手拧紧。用合适的工具转动曲轴，使正时链条上的镀色链节和链轮与键槽的位置达到图 15-3-5 所示的位置。
5. 拆卸机油泵（图 15-3-6）。
6. 压下正时链条张紧器，并插入限位销（图 15-3-7）。
7. 拆下凸轮轴链轮固定螺栓，然后将正时链条、曲轴链轮与凸轮轴链轮一起拆下。

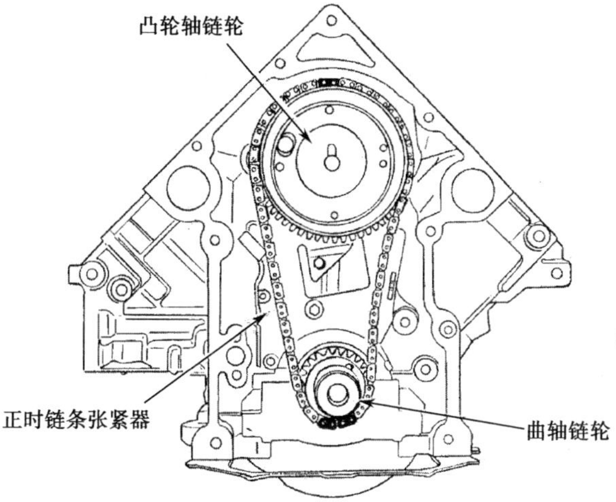

图 15-3-5　曲轴链轮、凸轮轴链轮与正时链条张紧器识别

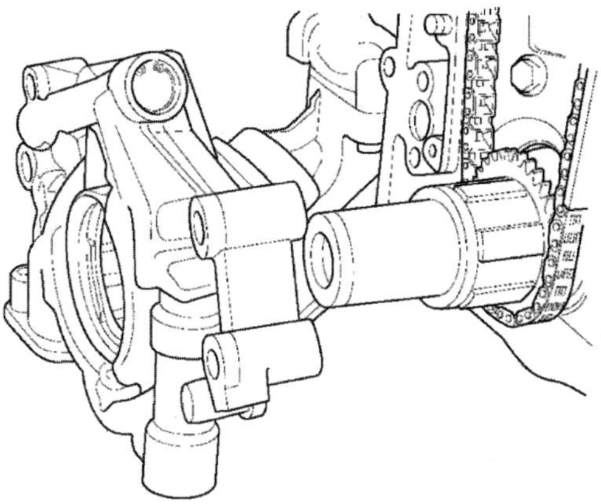

图 15-3-6　机油泵识别

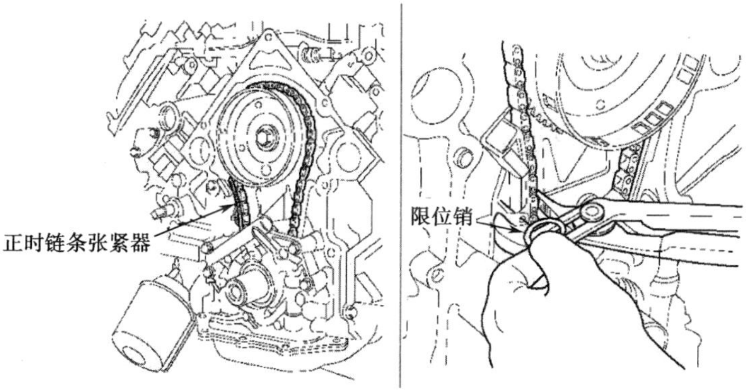

图 15-3-7　插入限位销

（二）安装步骤

1. 把正时链条安装到凸轮轴链轮和曲轴链轮上，如图 15-3-5 所示。

2. 将凸轮轴链轮和曲轴链轮安装到凸轮轴和曲轴上，并按照图 15-3-5 所示的正时标记检查是否对准。

3. 安装凸轮轴螺栓并紧固至 122N·m。

4. 拔出插入正时链条张紧器的限位销（图 15-3-8）。

5. 安装机油泵。

6. 安装油底壳。

7. 安装正时链条盖。

8. 加注发动机机油。

9. 加注发动机冷却液。

10. 连接蓄电池负极电缆。

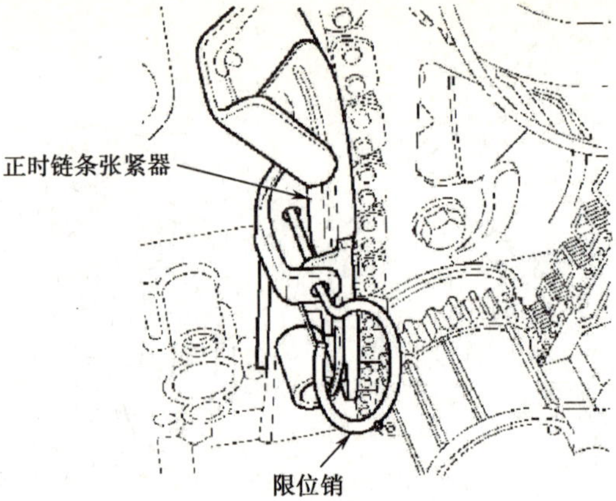

图 15-3-8 拔出限位销

第四节 GRAND CHEROKEE（大切诺基）轿车

大切诺基轿车 5.7L 发动机正时链条校准操作要点

1. 大切诺基轿车 5.7L 发动机正时链条部件识别（图 15-4-1）

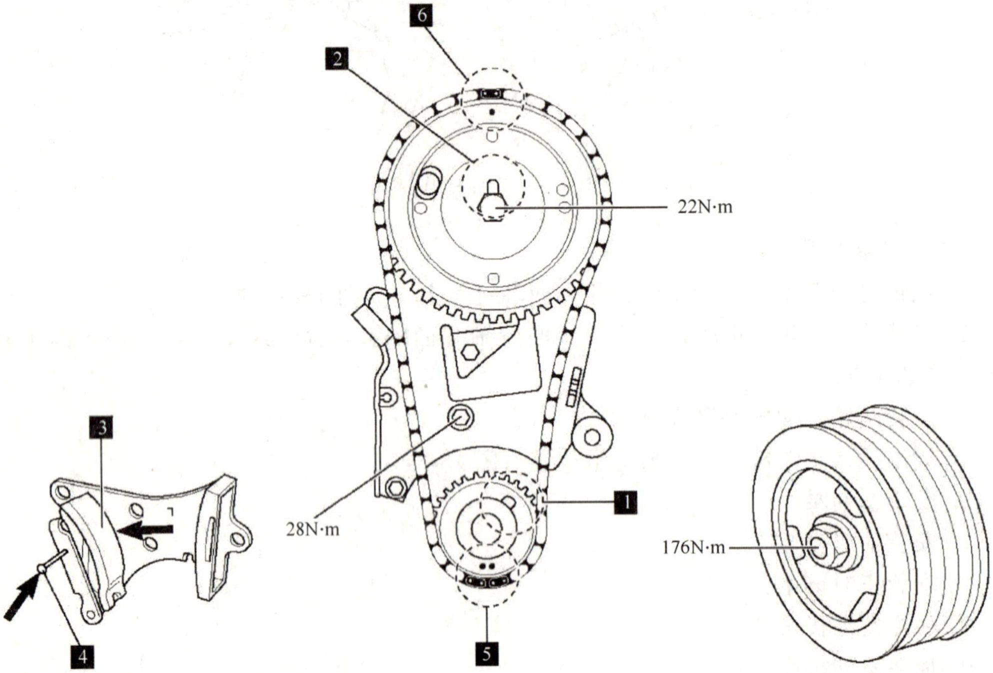

图 15-4-1 大切诺基轿车 5.7L 发动机正时链条部件识别

2. 大切诺基轿车 5. 7L 发动机正时链条校准操作要点（表 15-4-1）

表 15-4-1 大切诺基轿车 5. 7L 发动机正时链条校准操作要点

步 骤	操 作 方 法
1	拆卸发动机油底壳
2	将发动机设置在 1 缸压缩行程上止点位置
3	确保曲轴链轮键槽位于 2 点钟位置（图 15-4-1 中的 1）
4	确保凸轮轴链轮销位于 12 点钟位置（图 15-4-1 中的 2）
5	对正时链条张紧器进行重新设置： （1）推压正时链条张紧器的弹簧（图 15-4-1 中的 3）。 （2）把锁止销（图 15-4-1 中的 4）插入正时链条张紧器壳体内，把张紧器固定在压缩位置
6	将正时链条、曲轴链轮和凸轮轴链轮作为一个整体拆下
7	确保曲轴链轮键槽位于 2 点钟位置（图 15-4-1 中的 1）
8	确保凸轮轴链轮销位于 12 点钟位置（图 15-4-1 中的 2）
9	把正时链条安装到曲轴链轮和凸轮轴链轮上
10	确保正时链条上的染色链节与各个链轮上的正时标记对齐（图 15-4-1 中的 5 和 6）
11	将正时链条、曲轴链轮和凸轮轴链轮作为一个整体安装
12	从正时链条张紧器上拔出锁止销（图 15-4-1 中的 4）
13	再次确认正时链条上的染色链节与各个链轮上的正时标记对齐（图 15-4-1 中的 5 和 6）

第五节 PATIROT（自由客）轿车

PATIROT（自由客）2. 4L 发动机正时链条校准操作要点

1. PATIROT（自由客）2. 4L 发动机正时链条部件识别（图 15-5-1）

2. PATIROT（自由客）2. 4L 发动机正时链条校准操作要点（表 15-5-1）

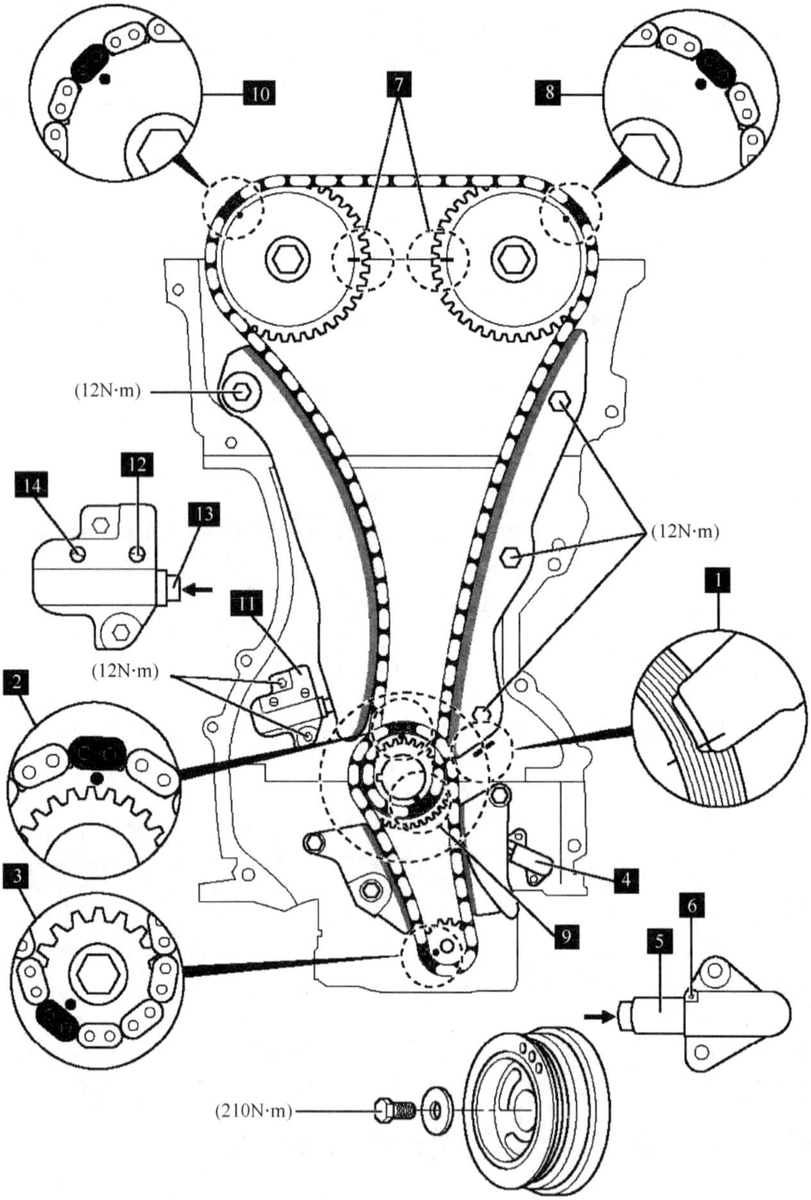

图 15-5-1 PATIROT（自由客）2. 4L 发动机正时链条部件识别

表 15-5-1 PATIROT（自由客）2. 4L 发动机正时链条校准操作步骤

步骤	操作方法
1	拆卸发动机油底壳
2	将发动机设置在 1 缸压缩行程上止点位置（图 15-5-1 中的 1）。 注意：拆卸正时链条前如果看到正时链条上没有染色链节，则要在拆卸前先用油漆标记出与链轮上的正时标记对齐的链节，以便在安装时参照

续表

步骤	操作方法
3	确保曲轴链轮键槽位于9点钟位置
4	安装平衡轴链条时要注意： （1）将平衡轴链条上的染色链节与曲轴链轮上的正时标记对齐（图15-5-1中的2）。 （2）将平衡轴链条上的染色链节与平衡轴链轮上的正时标记对齐（图15-5-1中的3）
5	锁止平衡轴链条张紧器： （1）把平衡轴链条张紧器的柱塞压入张紧器壳体中（图15-5-1中的5）。 （2）插入锁止销，将张紧器柱塞锁止在压缩状态（图15-5-1中的6）
6	安装平衡轴链条张紧器（图15-5-1中的4）
7	拔出插在平衡轴链条张紧器内的锁止销
8	安装正时链条时要注意： （1）确保曲轴链轮键槽位于9点钟位置。 （2）确保凸轮轴正时标记（图15-5-1中的7）与气缸盖上表面对齐。 （3）确保正时链条的染色链节与凸轮轴链轮上的正时标记对齐（图15-5-1中的8）。 （4）确保正时链条的染色链节与曲轴链轮上的正时标记对齐（图15-5-1中的9）。 （5）确保正时链条的染色链节与凸轮轴链轮上的正时标记对齐（图15-5-1中的10）
9	锁止正时链条张紧器（图15-5-1中的11）： （1）在正时链条张紧器壳体上插入锁止销，释放张紧器棘爪（图15-5-1中的12）。 （2）沿图15-5-1中的箭头方向（图15-5-1中的13）把正时链条张紧器的柱塞压入张紧器壳体中。 3）插入锁止销，将张紧器柱塞锁止在压缩状态（图15-5-1中的14）
10	安装正时链条张紧器（图15-5-1中的11）
11	拆卸锁止销（图15-5-1中的14）
12	顺时针转动曲轴2周，确保各个正时标记对齐（图15-5-1中的7、8、9、10）

第十六章 LAND ROVER（路虎）车系

第一节 DISCOVERY 3（发现 3）轿车

一、4.0L 发动机正时链条拆装步骤

1. 4.0L 发动机正时链条部件识别（图 16-1-1）

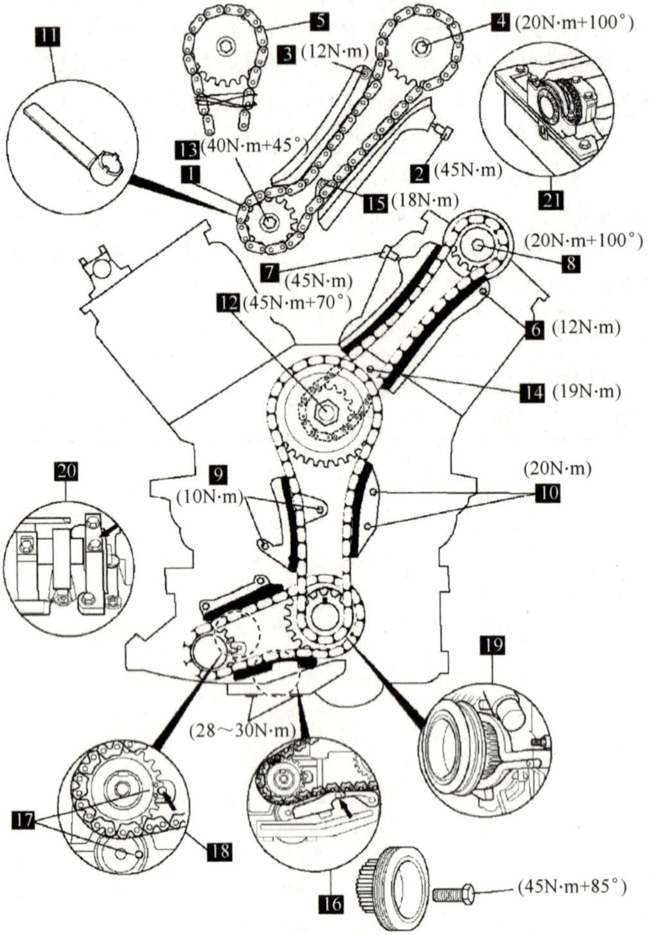

图 16-1-1 4.0L 发动机正时链条部件识别及紧固力矩

2. 4.0L发动机正时链条拆装步骤（表16-1-1）

表16-1-1　4.0L发动机正时链条拆装步骤

拆　卸	
步　骤	操作方法
1	把1缸活塞设置到上止点位置。注意：右凸轮轴由发动机后部的辅助正时链条（图16-1-1中的1）驱动
2	拆卸右侧辅助正时链条张紧器（图16-1-1中的2）
3	拆下右侧辅助正时链条盒螺栓（图16-1-1中的3）
4	拆下右凸轮轴链轮螺栓（图16-1-1中的4）。注意：右凸轮轴链轮螺栓是左旋螺纹
5	把辅助正时链条（图16-1-1中的5）拉到凸轮轴链轮上
6	拆下左侧辅助正时链条盒螺栓（图16-1-1中的6）
7	拆卸左侧辅助正时链条张紧器（图16-1-1中的7）
8	拆下左凸轮轴链轮螺栓（图16-1-1中的8）
9	把辅助正时链条（图16-1-1中的5）拉到凸轮轴链轮上
10	拆下气缸盖
11	拆卸正时罩
12	拆下主正时链条张紧器（图16-1-1中的9）
13	拆卸主正时链条导向装置（图16-1-1中的10）
14	拆下气缸体后部的维修堵头
15	安装中间轴后部链轮固定工具（图16-1-1中的11）
16	拆下螺栓（图16-1-1中的12）、中间轴前部链轮和主正时链条
17	安装中间轴后部链轮螺栓（图16-1-1中的13）
18	拆下螺栓（图16-1-1中的14）和左侧辅助正时链条盒
19	拆下螺栓（图16-1-1中的15）和右侧辅助正时链条盒
20	用锁止销（图16-1-1中的16）把平衡轴链条张紧器锁止。注意：不要拆卸平衡轴链轮螺栓
21	拆卸平衡轴正时链条和曲轴链轮
安　装	
步　骤	操作方法
1	把1缸活塞设置到上止点位置
2	使平衡轴上的正时标记和平衡轴链轮上的正时标记对齐（图16-1-1中的17）
3	用直径4mm的销子把平衡轴固定到位（图16-1-1中的18）
4	安装平衡轴正时链条和曲轴链轮
5	拆卸直径4mm的销子（图16-1-1中的18）和锁止销（图16-1-1中的16）
6	安装右侧辅助正时链条盒和螺栓（图16-1-1中的15）

续表

安装	
步骤	操作方法
7	安装左侧辅助正时链条盒和螺栓（图 16-1-1 中的 14）
8	安装中间轴后部链轮螺栓（图 16-1-1 中的 13），不要拧紧
9	安装中间轴前端链轮、主正时链条和螺栓（图 16-1-1 中的 12），不要拧紧
10	安装主正时链条导向装置（图 16-1-1 中的 10）
11	安装主正时链条张紧器（图 16-1-1 中的 9）
12	固定中间轴前端链轮螺栓（图 16-1-1 中的 12），拧紧中间轴后部链轮螺栓（图 16-1-1 中的 13），紧固力矩为 40N·m
13	安装中间轴后部链轮固定工具（图 16-1-1 中的 11）
14	拧紧中间轴后部链轮螺栓（图 16-1-1 中的 13），拧紧 45°以上
15	拧紧中间轴前端链轮螺栓（图 16-1-1 中的 12），紧固力矩为 45N·m＋70°
16	安装正时罩
17	安装曲轴减振器，安装新的曲轴皮带轮螺栓
18	安装气缸盖
19	安装凸轮轴链轮螺栓（图 16-1-1 中的 4 和 8），不要拧紧。确保凸轮轴链轮可以自由转动，没有倾斜
20	安装右/左辅助正时链条盒螺栓（图 16-1-1 中的 3 和 6）
21	转动曲轴 360°，直到 1 缸活塞位于上止点位置
22	安装曲轴锁止工具（图 16-1-1 中的 19）
23	将凸轮轴定位工具（图 16-1-1 中的 20）安装到右凸轮轴前端
24	将凸轮轴链轮锁止工具和接头（图 16-1-1 中的 21）安装到右凸轮轴后部。注意：凸轮轴凹槽位于较低位置
25	拧紧右凸轮轴链轮螺栓（图 16-1-1 中的 4），紧固力矩为 20N·ml＋100°
26	安装右侧辅助正时链条张紧器（图 16-1-1 中的 2）
27	从右气缸盖上拆下凸轮轴定位工具和凸轮轴链轮锁止工具
28	将凸轮轴定位工具（图 16-1-1 中的 20）安装到左凸轮轴后部
29	将凸轮轴链轮锁止工具和接头（图 16-1-1 中的 21）安装到左凸轮轴前端。 注意：凸轮轴凹槽位于较低位置
30	拧紧左凸轮轴链轮螺栓（图 16-1-1 中的 8），紧固力矩为 20N·m＋100°
31	安装左侧辅助正时链条张紧器（图 16-1-1 中的 7）
32	从左气缸盖上拆下凸轮轴定位工具和凸轮轴链轮锁止工具
33	拆下曲轴锁止工具（图 16-1-1 中的 19）

二、4.4L 发动机正时链条拆装步骤

1. 4.4L 发动机正时链条部件识别（图 16-1-2）

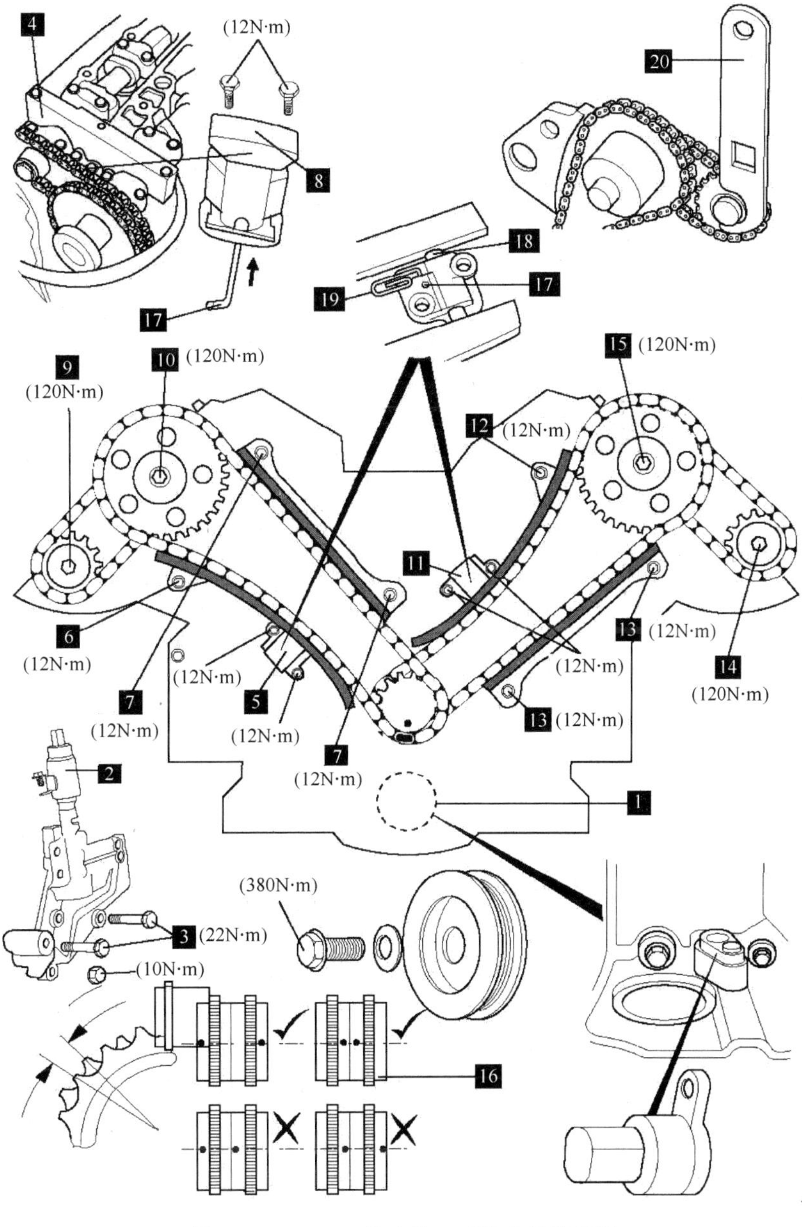

图 16-1-2　4.4L 发动机正时链条部件识别

2. 4.4L 发动机正时链条拆装步骤（表 16-1-2）

表 16-1-2　4.4L 发动机正时链条拆装步骤

拆　卸	
步　骤	操 作 方 法
1	从变矩器上拆下曲轴位置传感器
2	转动曲轴，调节孔的位置，以便安装曲轴定位工具（图 16-1-2 中的 1）
3	确保右凸轮轴上的平头朝上，如果不符合要求，则将曲轴转动 360°。 注意：确保曲轴定位工具和触发器卡环上的孔啮合
4	从气缸盖上拆下凸轮轴位置执行器（图 16-1-2 中的 2）和托架底盘（图 16-1-2 中的 3）
5	安装右侧凸轮轴设定/锁止工具（图 16-1-2 中的 4）
6	拆卸右侧正时链条张紧器（图 16-1-2 中的 5）和正时链条导向装置（图 16-1-2 中的 6 和 7）
7	拆卸右侧正时链条
8	拆卸右侧凸轮轴链条张紧器（图 16-1-2 中的 8）
9	松开右侧排气凸轮轴链轮螺栓（图 16-1-2 中的 9）和右侧进气凸轮轴链轮螺栓（图 16-1-2 中的 10）
10	拆卸右侧凸轮轴链条和链轮
11	拆卸右侧凸轮轴设定/锁止工具（图 16-1-2 中的 4）
12	在左侧凸轮轴上安装设定/锁止工具（图 16-1-2 中的 4）
13	拆卸左侧正时链条张紧器（图 16-1-2 中的 11）和正时链条导向装置（图 16-1-2 中的 12 和 13）
14	拆卸左侧正时链条
15	拆卸左侧凸轮轴链条张紧器（图 16-1-2 中的 8）
16	松开左侧排气凸轮轴链轮螺栓（图 16-1-2 中的 14）和左侧进气凸轮轴链轮螺栓（图 16-1-2 中的 15）
17	拆卸左侧凸轮轴链条和链轮
安　装	
步　骤	操 作 方 法
1	确保曲轴定位工具正确安装（图 16-1-2 中的 1）。注意：确保曲轴链轮安装位置正确（图 16-1-2 中的 16）
2	确保左侧凸轮轴设定/锁止工具安装正确（图 16-1-2 中的 4）
3	安装左侧凸轮轴链条张紧器（图 16-1-2 中的 8）
4	安装左侧凸轮轴链条和链轮。不要拧紧螺栓
5	安装左侧正时链条、正时链条导向装置（图 16-1-2 中的 12 和 13）

安　　装	
步　　骤	操 作 方 法
6	按下列方法重新设定正时链条张紧器： （1）松开张紧器棘轮（图 16-1-2 中的 17）。 （2）压紧张紧器柱塞（图 16-1-2 中的 18）。 （3）用钢丝夹（图 16-1-2 中的 19）把柱塞固定在压缩位置
7	安装左侧正时链条张紧器（图 16-1-2 中的 11）
8	拆下钢丝夹（图 16-1-2 中的 19）
9	固定正时链条张紧工具（图 16-1-2 中的 20）。拧紧左侧排气凸轮轴链轮（逆时针方向）
10	拧紧左侧排气凸轮轴链轮螺栓（图 16-1-2 中的 14），紧固力矩为 120N·m
11	拧紧左侧进气凸轮轴链轮螺栓（图 16-1-2 中的 15），紧固力矩为 120N·m
12	确保右侧凸轮轴设定/锁止工具（图 16-1-2 中的 4）安装好
13	安装右侧凸轮轴链条张紧器（图 16-1-2 中的 8）
14	安装右侧凸轮轴链条和链轮。不要拧紧螺栓
15	安装右侧正时链条和正时链条导向装置（图 16-1-2 中的 6 和 7）
16	安装张紧器（图 16-1-2 中的 5）
17	拆下钢丝夹（图 16-1-2 中的 19）
18	固定正时链条张紧工具（图 16-1-2 中的 20）。逆时针方向拧紧右侧排气凸轮轴链轮
19	拧紧右侧排气凸轮轴链轮螺栓（图 16-1-2 中的 9），紧固力矩为 120N·m
20	拧紧右侧进气凸轮轴链轮螺栓（图 16-1-2 中的 10），紧固力矩为 120N·m
21	拆下左/右侧凸轮轴设定/锁止工具（图 16-1-2 中的 4）
22	将凸轮轴位置执行器（图 16-1-2 中的 2）和托架底盘（图 16-1-2 中的 3）拧到气缸盖上，紧固力矩为 22N·m（螺栓）、10N·m（螺母）
23	安装曲轴皮带轮。使用新的螺栓固定曲轴皮带轮

第二节　FREELANDER 2（神行者 2）轿车

3. 2L 发动机正时链条拆装步骤

1. 3. 2L 发动机正时链条部件识别（图 16-2-1）

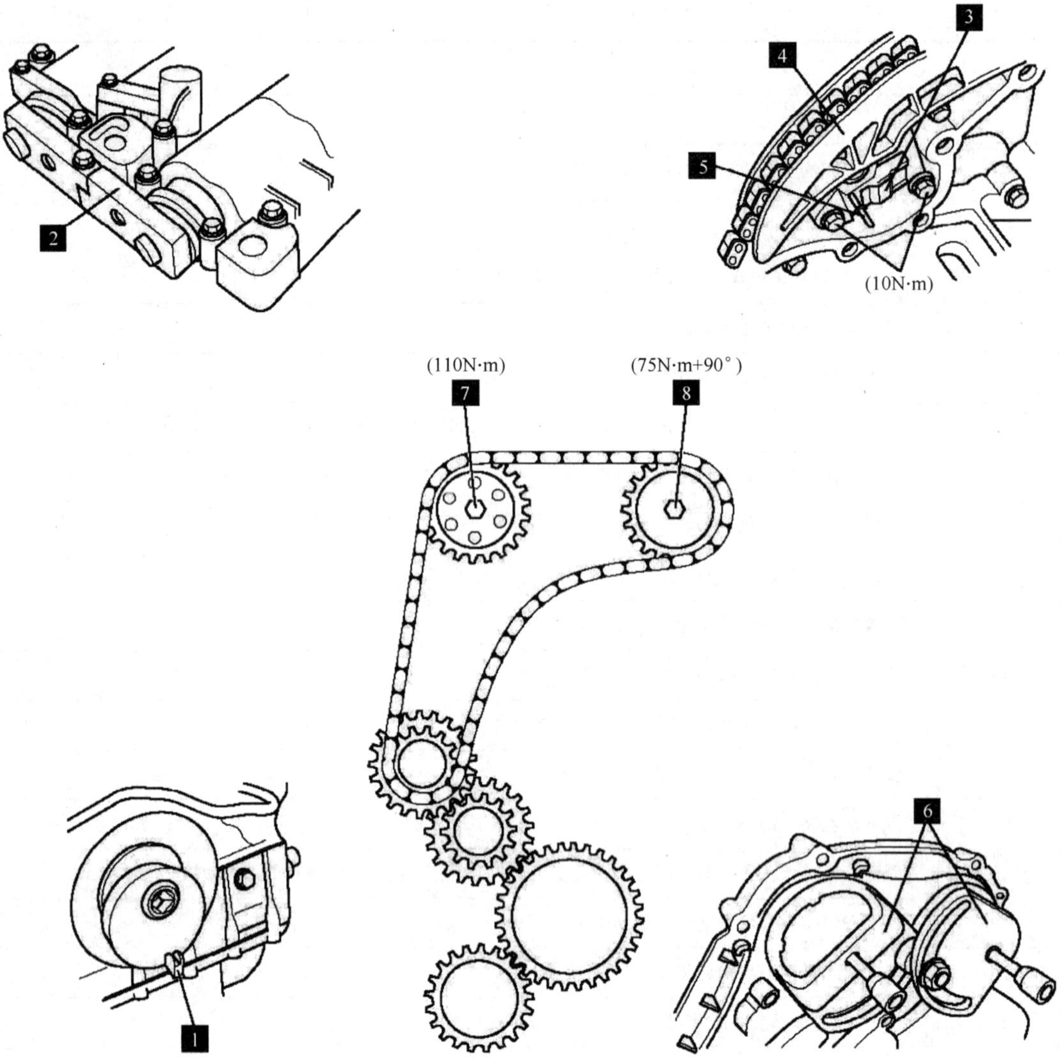

图 16-2-1　3. 2L 发动机正时链条部件识别及紧固力矩

2. 3. 2L 发动机正时链条拆装步骤（表 16-2-1）

表 16-2-1　3. 2L 发动机正时链条拆装步骤

拆　卸	
步　　骤	操 作 方 法
1	安装曲轴定位工具
2	顺时针转动曲轴，直至曲轴定位工具上的销子起作用为止（图 16-2-1 中的 1）
3	安装凸轮轴锁止工具（图 16-2-1 中的 2）

拆卸	
步骤	操作方法
4	松开正时链条张紧器的棘轮（图 16-2-1 中的 3），压下正时链条张紧器滑轨（图 16-2-1 中的 4），插入正时链条张紧器锁止销（图 16-2-1 中的 5），将正时链条张紧器锁止在压缩位置
5	安装凸轮轴链轮拆卸工具（图 16-2-1 中的 6）
6	把凸轮轴链轮的螺栓松开（图 16-2-1 中的 7 和 8）
7	拆下凸轮轴链轮和正时链条
安装	
步骤	操作方法
1	确保曲轴定位工具正确安装（图 16-2-1 中的 1）
2	确保凸轮轴锁止工具（图 16-2-1 中的 2）正确安装
3	安装凸轮轴链轮和正时链条，换装新的凸轮轴链轮螺栓
4	用手拧紧凸轮轴链轮的螺栓
5	安装正时链条张紧器并紧固至 10N·m
6	拆下正时链条张紧器锁止销（图 16-2-1 中的 5）
7	安装凸轮轴链轮拆卸工具（图 16-2-1 中的 6）
8	紧固排气凸轮轴链轮螺栓，紧固力矩为 75N·m + 90°
9	紧固进气凸轮轴链轮螺栓，紧固力矩为 110N·m
10	拆下凸轮轴锁止工具（图 16-2-1 中的 2）
11	解除曲轴定位工具上的销子（图 16-2-1 中的 1）
12	顺时针转动曲轴 2 周，直至曲轴定位工具上的销子起作用为止（图 16-2-1 中的 1）
13	确保凸轮轴锁止工具（图 16-2-1 中的 2）能正确安装

第三节 RANGE ROVER（揽胜）轿车

一、揽胜轿车 3.6D 发动机正时链条拆装步骤

1. 揽胜轿车 3.6D 发动机正时链条部件识别（图 16-3-1）
2. 揽胜轿车 3.6D 发动机正时链条拆装步骤（表 16-3-1）

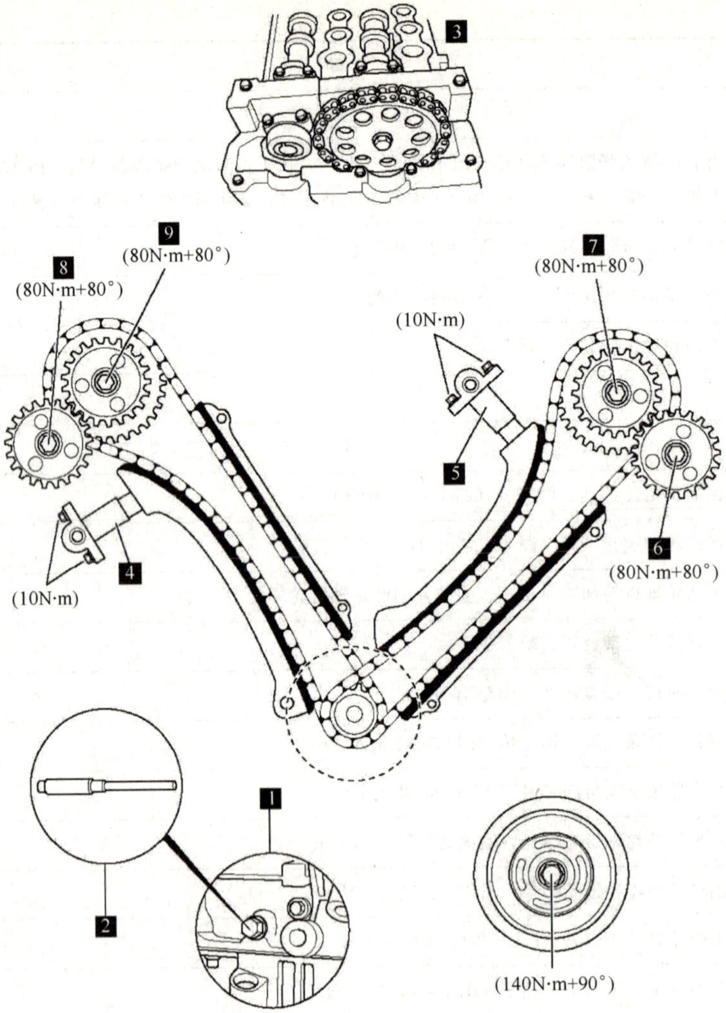

图 16-3-1　揽胜轿车 3. 6D 发动机正时链条部件识别

表 16-3-1　揽胜轿车 3. 6D 发动机正时链条拆装步骤

拆卸	
步骤	操作方法
1	拆卸发动机、油底壳和机油泵
2	从气缸盖上拆下堵头（图 16-3-1 中的 1）
3	安装曲轴正时销（图 16-3-1 中的 2）
4	顺时针转动曲轴，直至碰到曲轴正时销无法转动为止
5	将发动机设置在 1 缸上止点位置

续表

拆卸	
步骤	操作方法
6	安装凸轮轴定位工具（图 16-3-1 中的 3）并紧固至 10N·m。 注意：如果凸轮轴定位工具安装不上，则将曲轴转动 360°
7	如果凸轮轴定位工具紧靠气缸盖，说明正时正确
8	拆下正时链条张紧器（图 16-3-1 中的 4 和 5）
9	拆下左侧凸轮轴链轮和凸轮轴正时齿轮
10	拆下左侧正时链条
11	拆下右侧凸轮轴链轮和凸轮轴正时齿轮
12	拆下右侧正时链条
安装	
步骤	操作方法
1	安装右侧正时链条
2	安装右侧凸轮轴链轮和凸轮轴正时齿轮，并用手拧紧螺栓
3	安装左侧正时链条
4	安装左侧凸轮轴链轮和凸轮轴正时齿轮，并用手拧紧螺栓
5	安装新的左侧正时链条张紧器（图 16-3-1 中的 4）
6	释放正时链条张紧器（图 16-3-1 中的 4 和 5）
7	确保曲轴位于发动机 1 缸上止点位置
8	将左侧排气凸轮轴正时齿轮螺栓（新螺栓）紧固到 80N·m+80°（图 16-3-1 中的 6）
9	将左侧进气凸轮轴正时齿轮螺栓（新螺栓）紧固到 80N·m+80°（图 16-3-1 中的 7）
10	将右侧排气凸轮轴正时齿轮螺栓（新螺栓）紧固到 80N·m+80°（图 16-3-1 中的 8）
11	将右侧进气凸轮轴正时齿轮螺栓（新螺栓）紧固到 80N·m+80°（图 16-3-1 中的 9）
12	拆下曲轴正时销（图 16-3-1 中的 2）和凸轮轴定位工具（图 16-3-1 中的 3）
13	顺时针转动曲轴 2 周，直至刚好位于 1 缸上止点前
14	安装曲轴正时销（图 16-3-1 中的 2）
15	顺时针转动曲轴，直至碰到曲轴正时销无法转动为止
16	确保凸轮轴定位工具（图 16-3-1 中的 3）能正确安装
17	如果凸轮轴定位工具紧靠气缸盖，说明正时正确

二、揽胜轿车 4. 2L 增压发动机正时链条拆装步骤

1. 揽胜轿车 4. 2L 增压发动机正时链条部件识别（图 16-3-2）
2. 揽胜轿车 4. 2L 增压发动机正时链条拆装步骤（表 16-3-2）

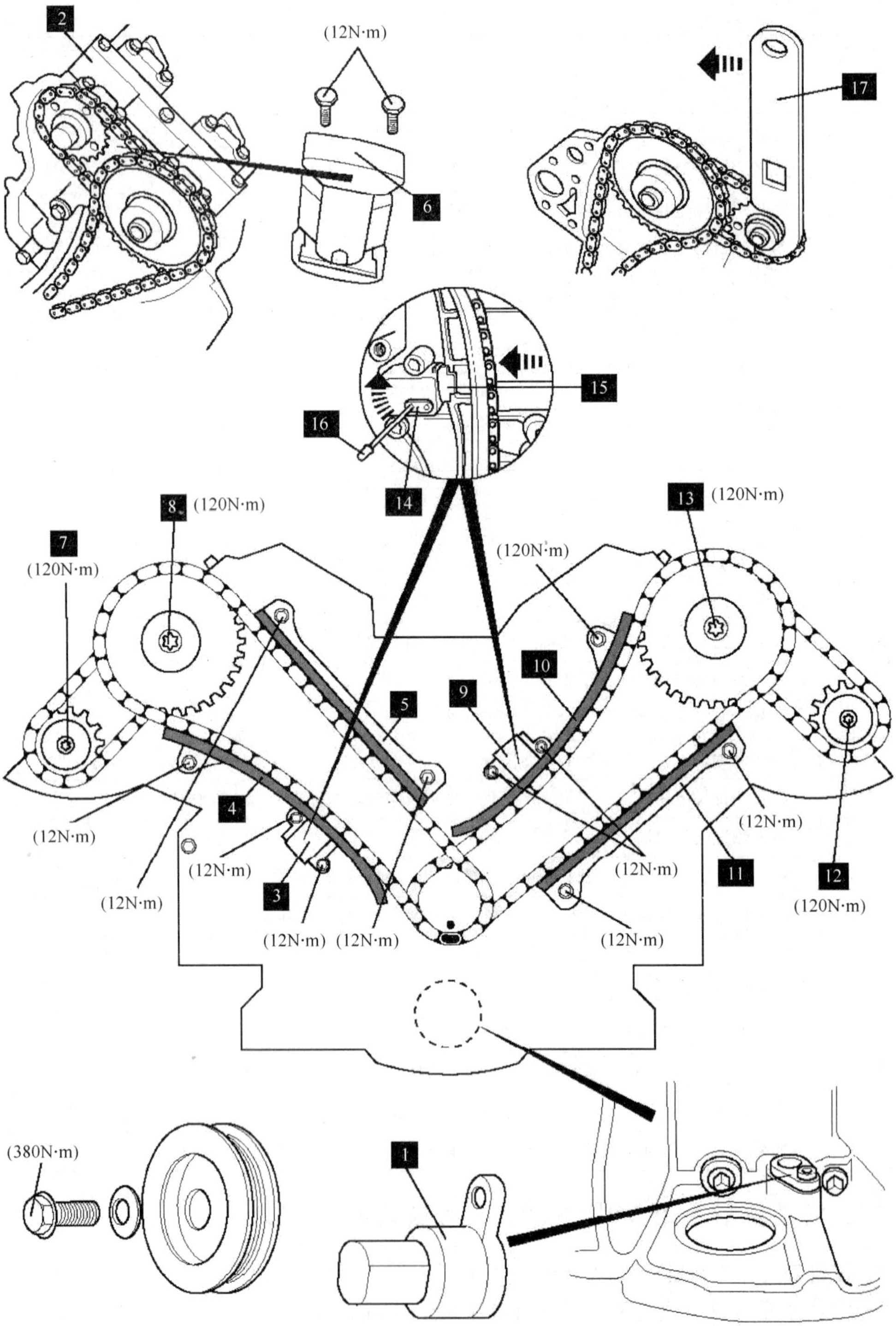

图 16-3-2 揽胜轿车 4. 2L 增压发动机正时链条部件识别

表 16-3-2 揽胜轿车 4.2L 增压发动机正时链条拆装步骤

拆　　卸	
步　　骤	操 作 方 法
1	从变矩器壳体上拆下曲轴位置传感器
2	转动曲轴，调节孔的位置，以便安装曲轴定位工具（图 16-3-2 中的 1）
3	确保右侧凸轮轴上的平头朝上，如果不符合要求，则拆下曲轴定位工具并将曲轴转动 360°。 注意：确保曲轴定位工具和触发器卡环上的孔啮合
4	把凸轮轴设定/锁止工具安装到右侧气缸盖上（图 16-3-2 中的 2）
5	拆卸右侧正时链条张紧器、滑轨和正时链条导向装置（图 16-3-2 中的 3、4 和 5）
6	拆卸右侧正时链条
7	拆卸右侧凸轮轴连接链条张紧器（图 16-3-2 中的 6）
8	拆下右侧排气凸轮轴链轮螺栓（图 16-3-2 中的 7）和右侧进气凸轮轴链轮螺栓（图 16-3-2 中的 8）
9	拆卸右侧凸轮轴连接链条和链轮
10	在左侧凸轮轴上安装设定/锁止工具（图 16-3-2 中的 2）
11	拆卸左侧正时链条张紧器、滑轨和正时链条导向装置（图 16-3-2 中的 9、10 和 11）
12	拆卸左侧正时链条
13	拆卸左侧凸轮轴连接链条张紧器（图 16-3-2 中的 6）
14	拆下左侧排气凸轮轴链轮螺栓（图 16-3-2 中的 12）和左侧进气凸轮轴链轮螺栓（图 16-3-2 中的 13）
15	拆卸左侧凸轮轴连接链条和链轮
安　　装	
步　　骤	操 作 方 法
1	确保曲轴定位工具正确安装（图 16-3-2 中的 1）
2	确保左侧凸轮轴设定/锁止工具安装正确（图 16-3-2 中的 2）
3	重新设置左侧和右侧凸轮轴连接链条张紧器： 压下张紧器柱塞，用直径 1mm 的销子把柱塞固定到位
4	安装左侧凸轮轴连接链条张紧器（图 16-3-2 中的 6）
5	安装左侧凸轮轴连接链条和链轮。不要拧紧螺栓
6	拆下左侧凸轮轴连接链条张紧器的锁止销
7	安装左侧正时链条、张紧器滑轨和正时链条导向装置（图 16-3-2 中的 10 和 11）
8	按下列方法重新设定正时链条张紧器（图 16-3-2 中的 3 和 9）： （1）松开张紧器棘轮（图 16-3-2 中的 14）。 （2）压紧张紧器柱塞（图 16-3-2 中的 15）。 （3）用直径 3mm 的销子（图 16-3-2 中的 16）把柱塞固定在压缩位置
9	安装左侧凸轮轴正时链条张紧器（图 16-3-2 中的 9）
10	拆下销子（图 16-3-2 中的 16）

续表

安装	
步　骤	操作方法
11	使用正时链条张紧工具沿逆时针方向上紧左侧排气凸轮轴链轮
12	换装新的左侧进气凸轮轴链轮螺栓（图 16-3-2 中的 13）并紧固至 120N・m
13	换装新的左侧排气凸轮轴链轮螺栓（图 16-3-2 中的 12）并紧固至 120N・m
14	确保右侧凸轮轴设定/锁止工具（图 16-3-2 中的 2）安装好
15	安装右侧凸轮轴连接链条张紧器（图 16-3-2 中的 6）
16	安装右侧凸轮轴连接链条和链轮。不要拧紧螺栓
17	拆下右侧凸轮轴连接链条张紧器和锁止销
18	安装右侧正时链条、张紧器滑轨和正时链条导向装置（图 16-3-2 中的 4 和 5）
19	安装右侧凸轮轴正时链条张紧器（图 16-3-2 中的 3）
20	拆下销子（图 16-3-2 中的 16）
21	使用正时链条张紧工具沿逆时针方向上紧右侧排气凸轮轴链轮（图 16-3-2 中的 17）
22	换装新的右侧进气凸轮轴链轮螺栓（图 16-3-2 中的 8）并紧固至 120N・m
23	换装新的右侧排气凸轮轴链轮螺栓（图 16-3-2 中的 7）并紧固至 120N・m
24	拆下左侧和右侧凸轮轴设定/锁止工具（图 16-3-2 中的 2）
25	拆下曲轴定位工具（图 16-3-2 中的 1）
26	安装曲轴带轮，换装新的曲轴带轮螺栓并紧固至 300N・m

三、揽胜轿车 4.4L 发动机正时链条拆装步骤

揽胜轿车 4.4L 发动机正时链条拆装步骤与揽胜轿车 4.2L 增压发动机正时链条拆装步骤相同。

第十七章　LINCOLN（林肯）车系

第一节　NAVIGATOR（领航员）轿车

一、NAVIGATOR 轿车 5. 4L 发动机正时链条拆卸

1. 拆卸发动机前盖。

2. 从曲轴上拆下曲轴传感器信号盘（图 17-1-1）。

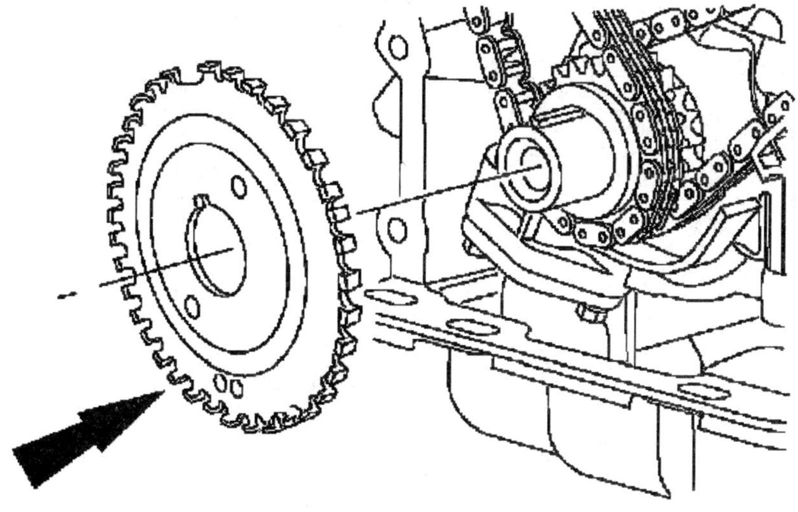

图 17-1-1　曲轴传感器信号盘

3. 将曲轴键槽对准 12 点钟位置（图 17-1-2）。注意，凸轮轴的凸轮位置也要达到图 17-1-3 所示的位置，如果凸轮位置不符合图 17-1-3 示位置，则要将曲轴再转动一整圈，使曲轴键槽达到 12 点钟位置。

4. 确保 1 缸凸轮轴排气凸轮保持在排气行程朝上的位置。

5. 从右侧气缸盖上拆卸 3 个凸轮轴滚子挺杆，如图 17-1-4 所示。如有必要，可用专用工具压缩气门弹簧来压下气门（图 17-1-5）。

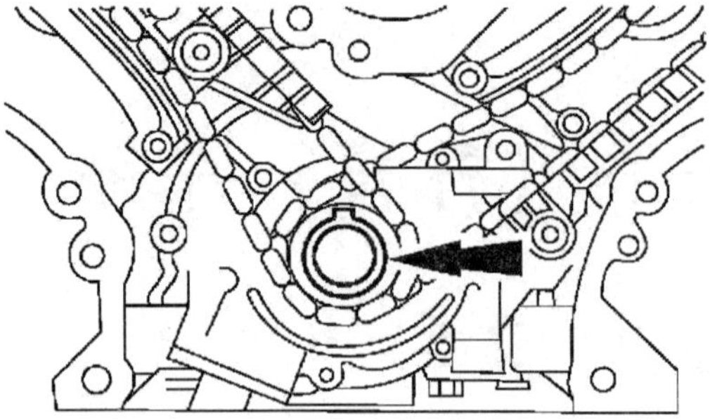

图 17-1-2　将曲轴键槽对准 12 点钟位置

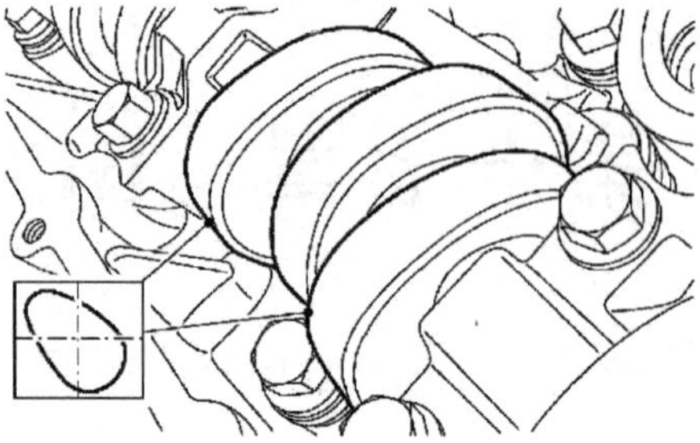

图 17-1-3　凸轮轴凸轮位置

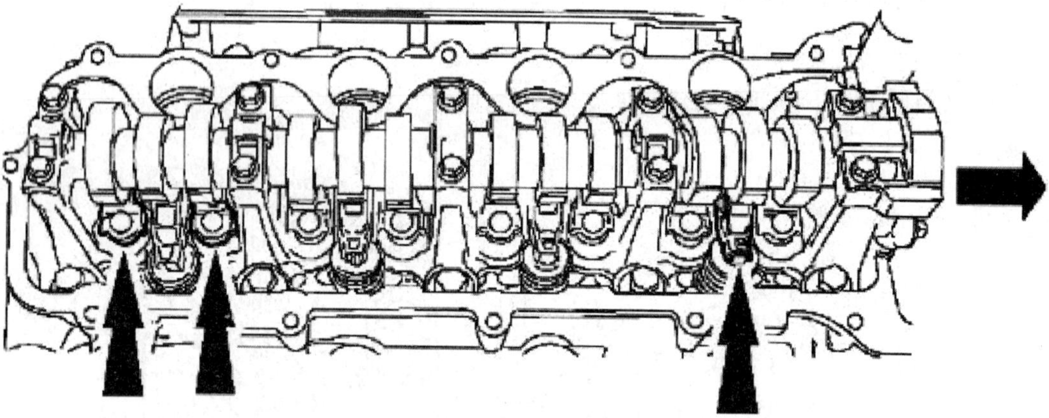

图 17-1-4　右侧气缸盖凸轮轴滚子挺杆和螺栓识别

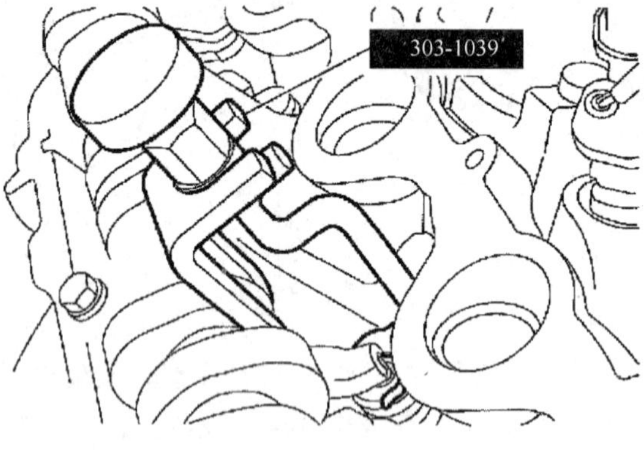

图 17-1-5　用气门弹簧压缩工具压下气门

6. 从左侧气缸盖上拆下 3 个凸轮轴滚子挺杆，如图 17-1-6 所示。如有必要，可用专用工具压缩气门弹簧来压下气门（图 17-1-7）。

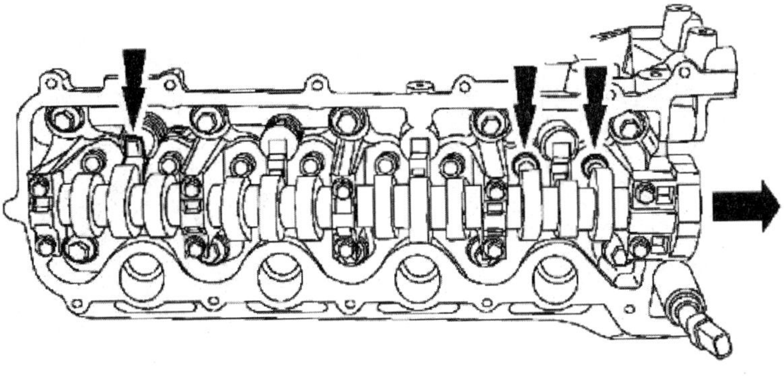

图 17-1-6 从左侧气缸盖上拆下 3 个凸轮轴滚子挺杆

7. 顺时针转动曲轴，将曲轴键槽设置到 6 点钟位置（图 17-1-8）。

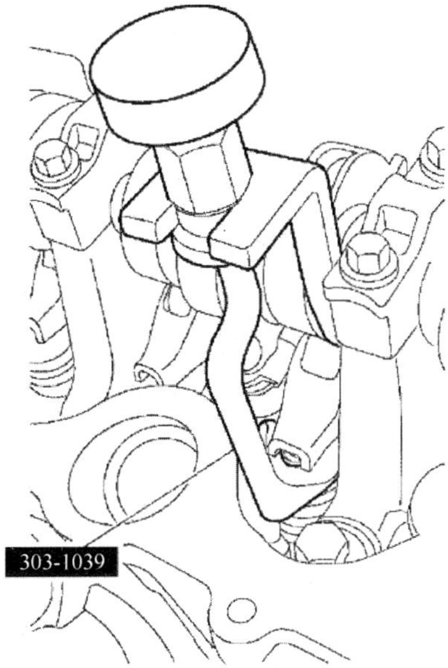

图 17-1-7 用气门弹簧压缩工具压下气门

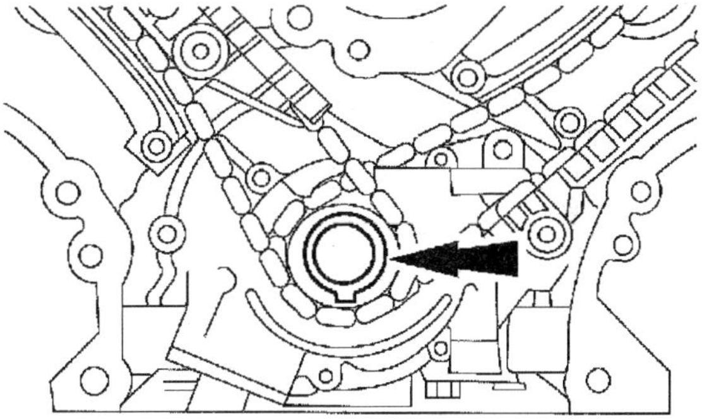

图 17-1-8 将曲轴键槽设置到 6 点钟位置

8. 拆卸左侧正时链条张紧器和张紧器臂（图 17-1-9）。

9. 拆卸右侧正时链条张紧器和张紧器臂（图 17-1-10）。

10. 从凸轮轴链轮上拆下右侧正时链条；从曲轴链轮上拆下右侧正时链条；从凸轮轴链轮上拆下左侧正时链条；从曲轴链轮上拆下左侧正时链条（图 17-1-11）。

11. 拆卸左侧和右侧正时链条导轨（图 17-1-12）。

12. 使用专用工具，拆卸右侧凸轮轴可变正时链轮总成（图 17-1-13）。拆下链轮后废弃链轮固定螺栓。

13. 使用专用工具，拆卸左侧凸轮轴可变正时链轮总成（图 17-1-14）。拆下链轮后废弃链轮固定螺栓。

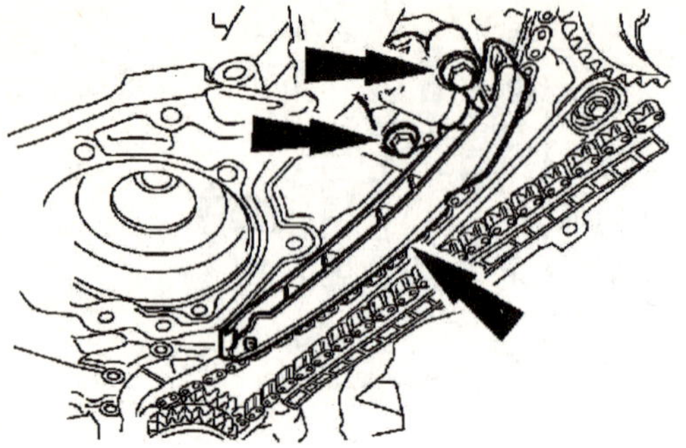

图 17-1-9　拆卸左侧正时链条张紧器和张紧器臂

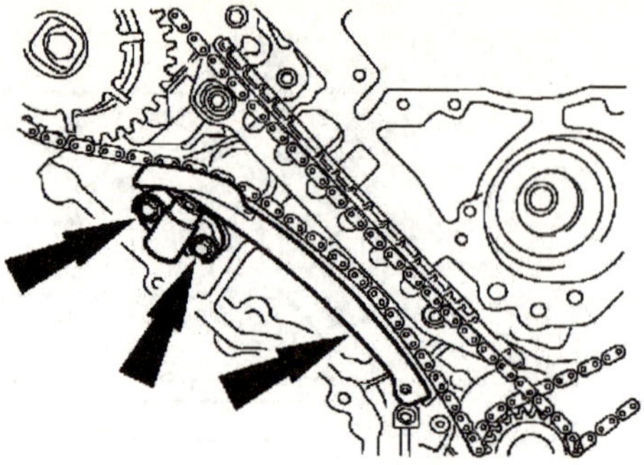

图 17-1-10　拆卸右侧正时链条张紧器和张紧器臂

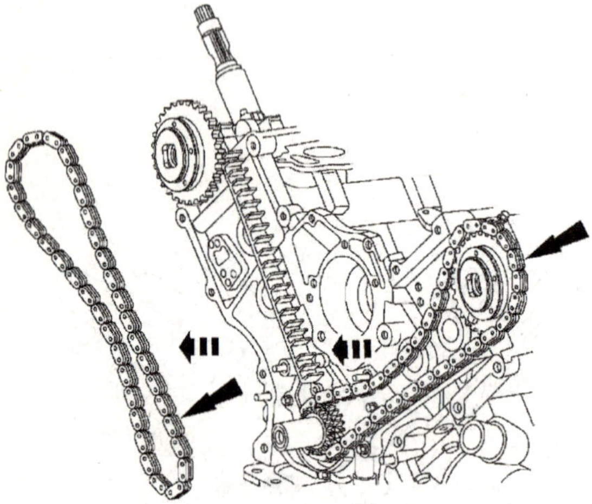

图 17-1-11　拆卸正时链条

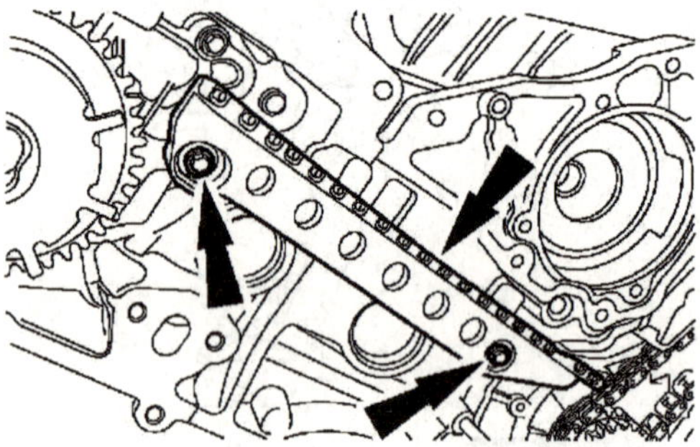

图 17-1-12　正时链条导轨识别

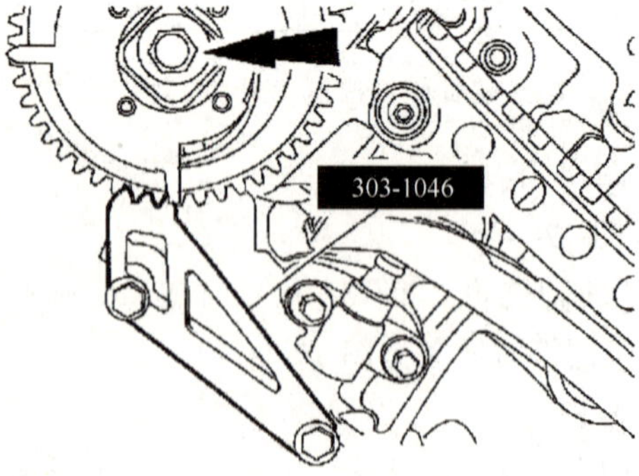

图 17-1-13　右侧凸轮轴可变正时链轮螺栓和固定工具

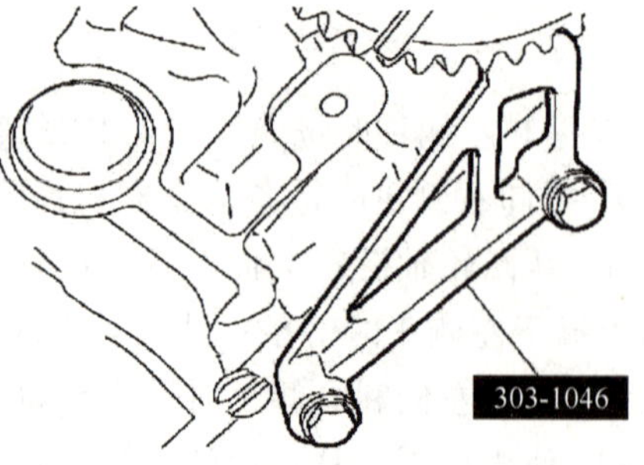

图 17-1-14　左侧凸轮轴可变正时链轮螺栓和固定工具

14. 按照图 17-1-15 所示的螺栓拧松顺序拆卸右侧凸轮轴轴承盖螺栓，先拆卸右侧气缸盖前凸轮轴轴承盖，然后再拆下其他轴承盖。注意，拆卸前要标记好凸轮轴轴承盖的原始安装位置，安装时要依照标记将凸轮轴轴承盖安装回原位。

15. 把拆下的右侧凸轮轴轴承盖清理干净。凸轮轴前止推轴承盖带有机油槽，要确保机油槽内没有异物（图 17-1-16）。

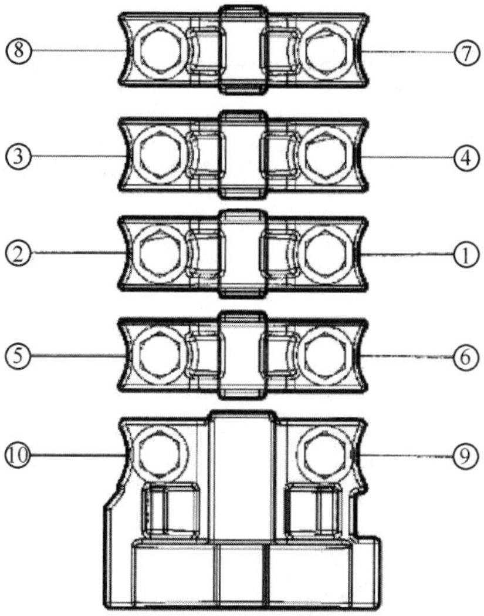

图 17-1-15 右侧凸轮轴轴承盖螺栓拧松顺序

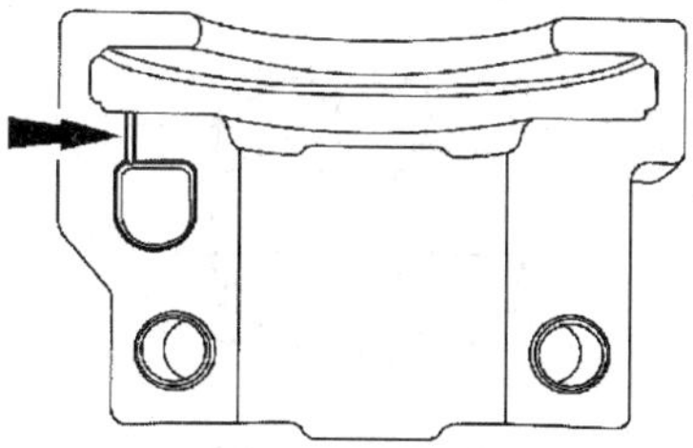

图 17-1-16 右侧凸轮轴前止推轴承盖机油槽识别

16. 拆卸右侧凸轮轴。

17. 按照图 17-1-17 所示的螺栓拧松顺序拆卸左侧凸轮轴轴承盖螺栓，先拆卸左侧气缸盖前凸轮轴轴承盖，然后再拆下其他轴承盖。注意，拆卸前要标记好凸轮轴轴承盖的原始安装位置，安装时要依照标记将凸轮轴轴承盖安装回原位。

18. 把拆下的左侧凸轮轴轴承盖清理干净。凸轮轴前止推轴承盖带有机油槽，要确保机油槽内没有异物（图 17-1-18）。

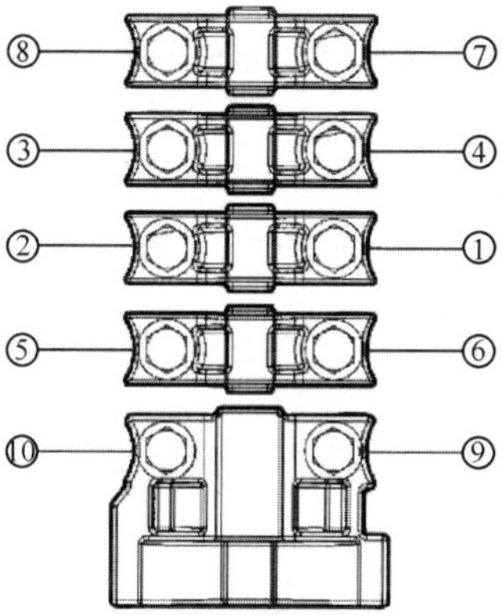

图 17-1-17 左侧凸轮轴轴承盖螺栓拧松顺序

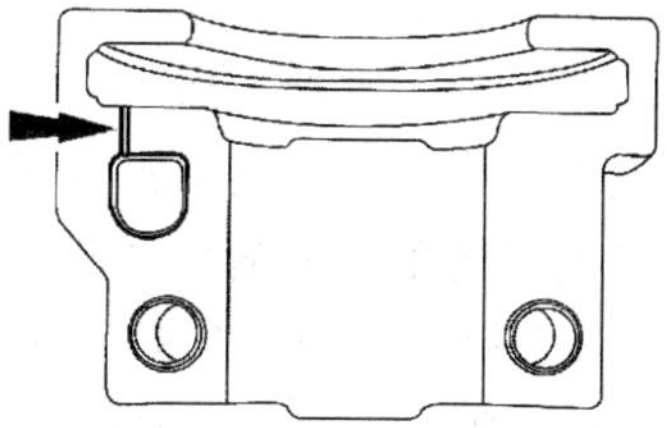

图 17-1-18 左侧凸轮轴前止推轴承盖机油槽识别

19. 拆下左侧凸轮轴。

20. 从气缸盖上把其余的凸轮轴滚子挺杆拆下。

二、NAVIGATOR（领航员）轿车 5.4L 发动机正时链条安装

1. 安装左侧和右侧凸轮轴。

2. 用干净的发动机机油润滑左侧和右侧凸轮轴轴承盖，然后按照图 17-1-19 所示顺序将左侧和右侧凸轮轴轴承盖安装到原位。紧固轴承盖螺栓至 10N・m。

3. 安装凸轮轴可变正时链轮并换用新的链轮固定螺栓，然后将螺栓用手拧紧（图 17-1-20）。

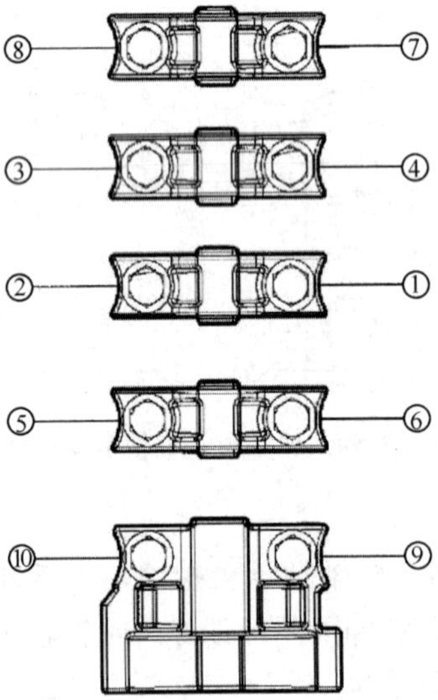

图 17-1-19 左侧和右侧凸轮轴轴承盖螺栓紧固顺序

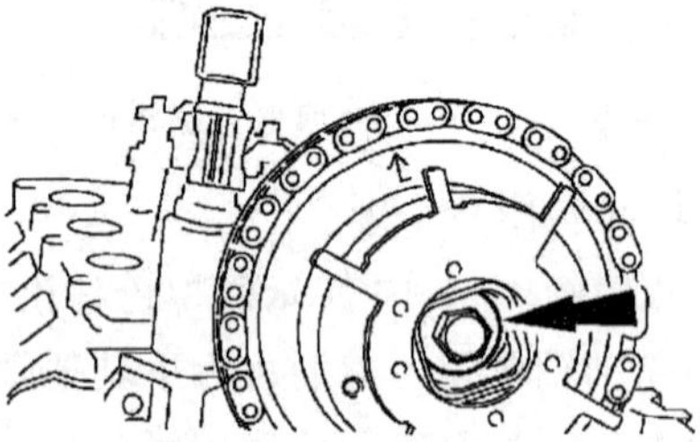

图 17-1-20 凸轮轴可变正时链轮固定螺栓识别

4. 使用专用工具，按图 17-1-21 所示将左侧和右侧凸轮轴可变正时链轮固定螺栓分两步拧紧：第一步先紧固至 40N・m，第二步再拧紧 90°。

5. 使用专用工具，把曲轴键槽设置到 11 点钟位置（图 17-1-22）。

6. 用虎钳压缩正时链条张紧器柱塞（图 17-1-23）。

7. 在正时链条张紧器上插入固定夹，将柱塞固定（图 17-1-24）。

8. 从虎钳上拆下正时链条张紧器。

9. 如果正时链条上的铜色链节已经无法看清，则在正时链条一端标记 2 个链节，在另一端标记一个链节作为正时标记（图 17-1-25）。

10. 安装曲轴链轮，确保曲轴链轮的法兰面朝前（图 17-1-26）。

11. 安装左侧和右侧正时链条导轨和 4 个固定螺栓，并紧固至 10N・m（图 17-1-27）。

12. 把左侧正时链条上的单个铜色链节与曲轴链轮外侧法兰上的正时标记对齐

（图 17-1-28）。

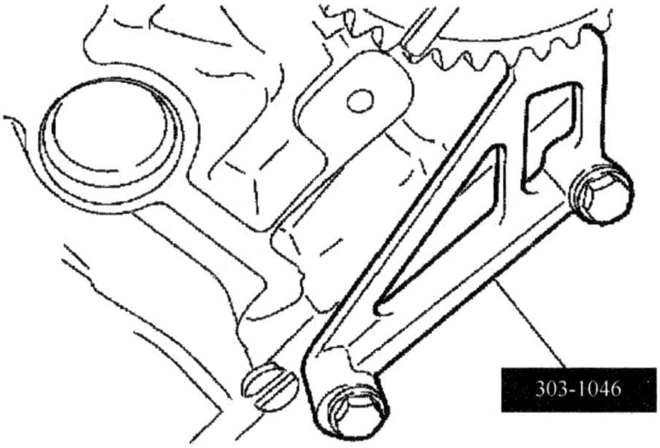

图 17-1-21　紧固左侧和右侧凸轮轴可变正时链轮固定螺栓

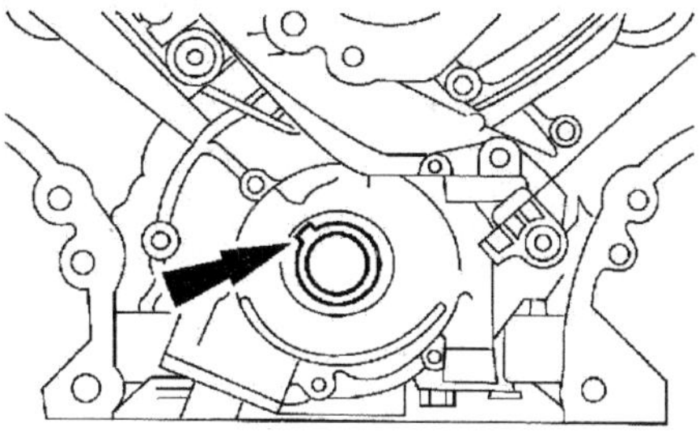

图 17-1-22　把曲轴键槽设置到 11 点钟位置

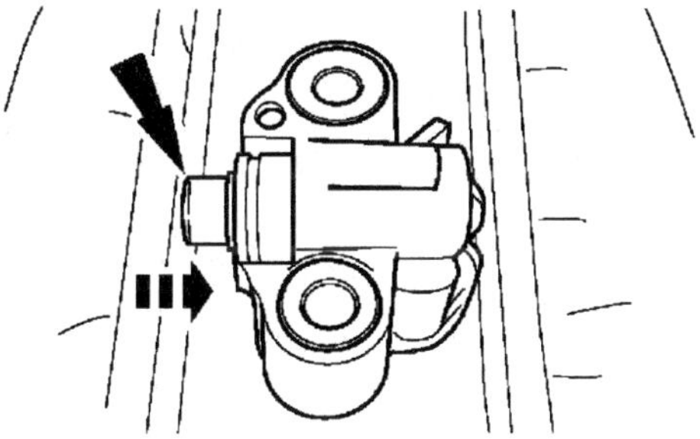

图 17-1-23　压缩正时链条张紧器柱塞

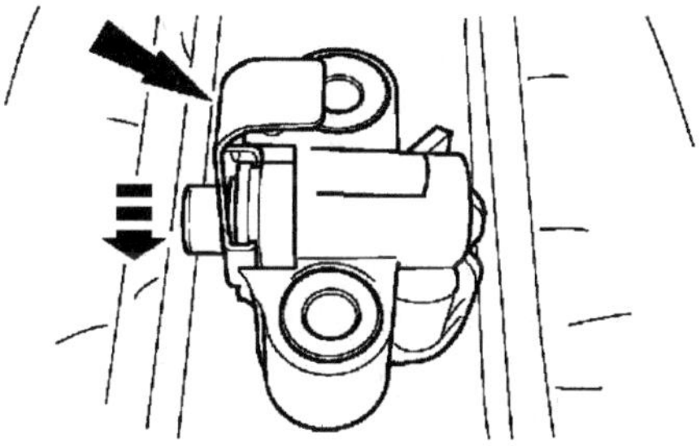

图 17-1-24　用固定夹固定柱塞

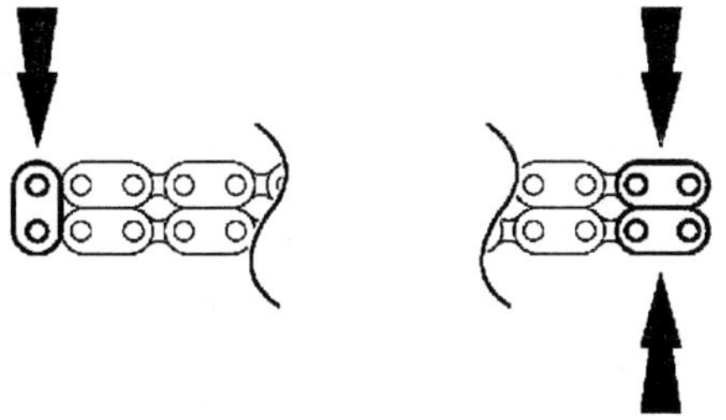

图 17-1-25　标记链节作为正时标记

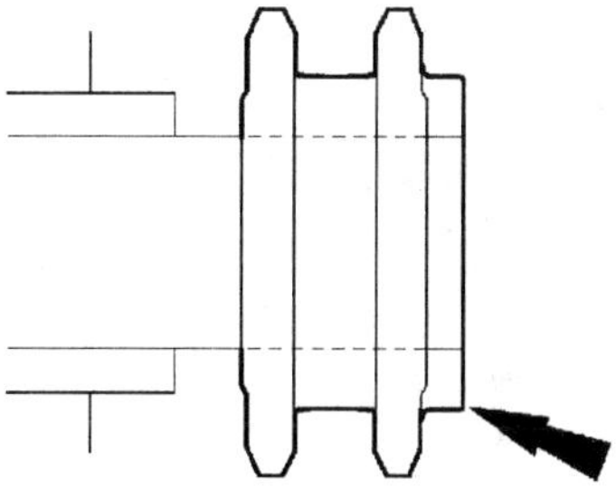

图 17-1-26　安装曲轴链轮

13. 把凸轮轴可变正时链轮上的正时标记对准正时链条 2 个铜色链节中间（图 17-1-29）。

14. 安装左侧正时链条张紧器和张紧器固定螺栓，将螺栓紧固至 25N・m（图 17-1-30）。

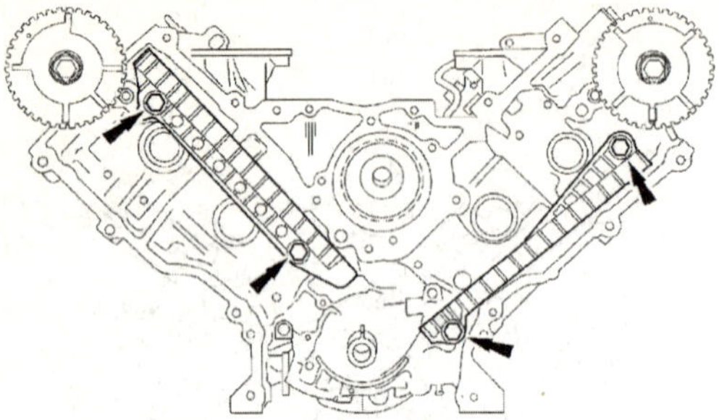

图 17-1-27 正时链条导轨螺栓识别

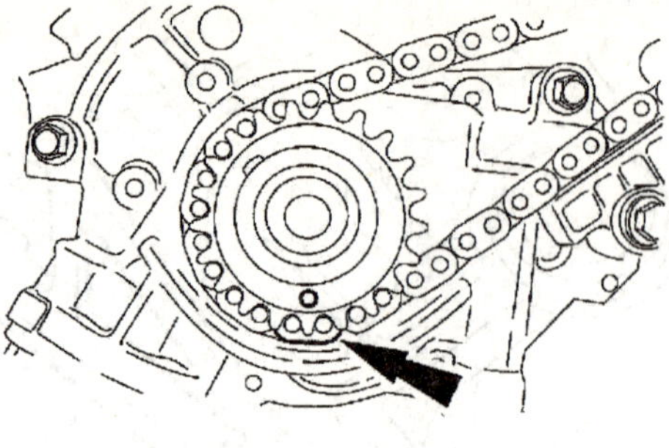

图 17-1-28 曲轴链轮正时标记对准正时链条链节

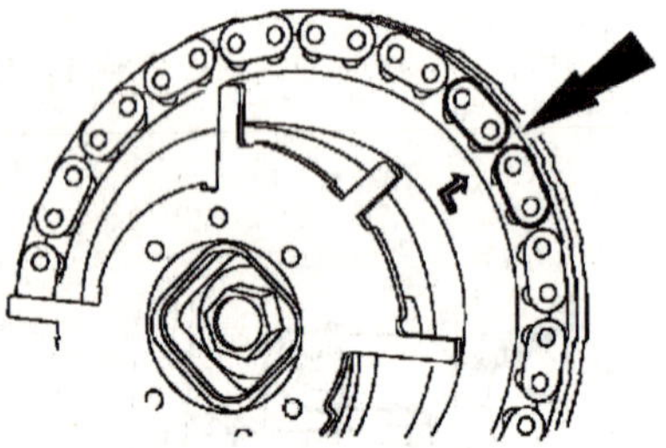

图 17-1-29 凸轮轴可变正时链轮上的正时标记对准正时链条 2 个铜色链节中间

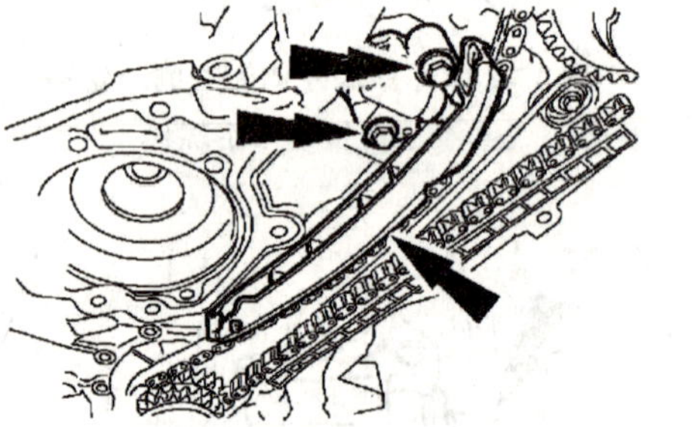

图 17-1-30 左侧正时链条张紧器固定螺栓识别

15. 从左侧正时链条张紧器上拆下固定夹（图 17-1-31）。

16. 把右侧正时链条上的单个铜色链节与曲轴链轮外侧法兰上的正时标记对齐（图 17-1-32）。

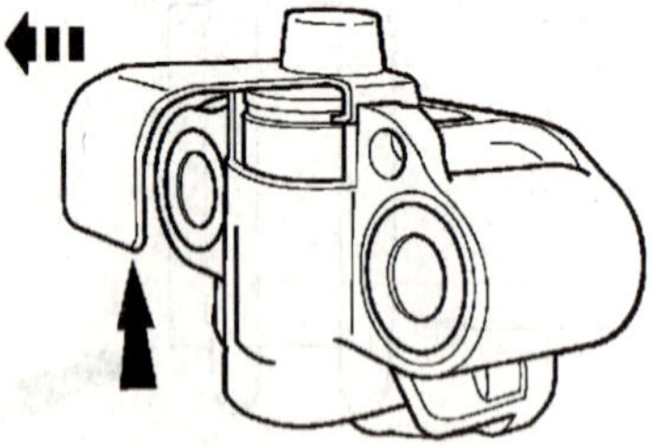

图 17-1-31 从左侧正时链条张紧器上拆下固定夹

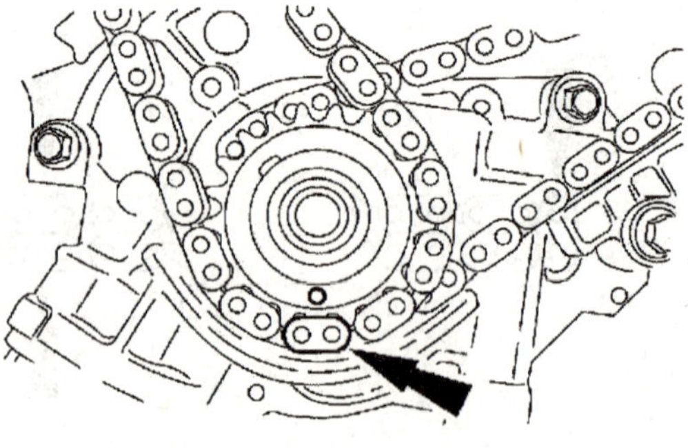

图 17-1-32 曲轴链轮正时标记对准正时链条链节

17. 把凸轮轴可变正时链轮上的正时标记对准正时链条 2 个铜色链节中间（图 17-1-33）。

18. 安装右侧正时链条张紧器和张紧器固定螺栓，将螺栓紧固至 25N · m（图 17-1-34）。

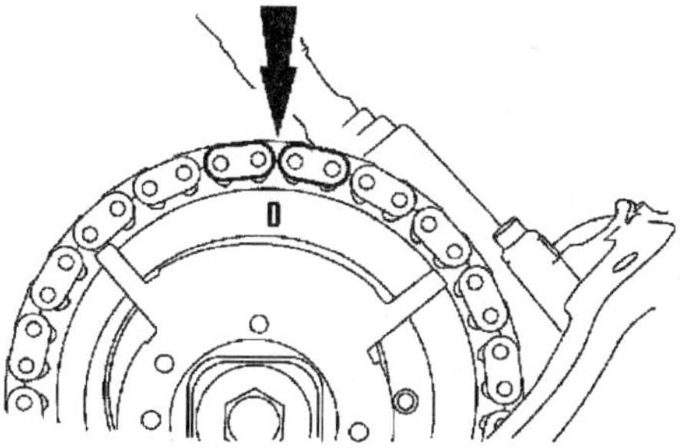

图 17-1-33 凸轮轴可变正时链轮上的正时标记对准正时链条 2 个铜色链节中间

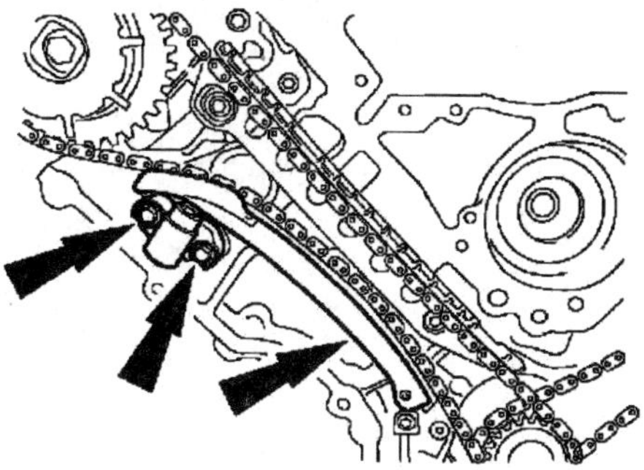

图 17-1-34 右侧正时链条张紧器固定螺栓识别

19. 从右侧正时链条张紧器上拆下固定夹（图 17-1-35）。
20. 再次确认各个正时标记对齐（图 17-1-36）。

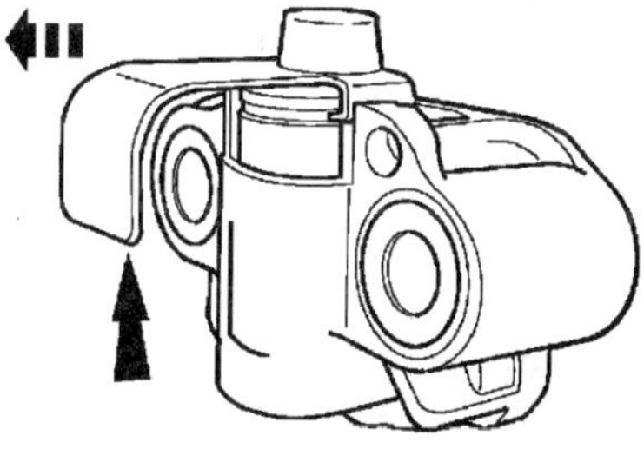

图 17-1-35 从右侧正时链条张紧器上拆下固定夹

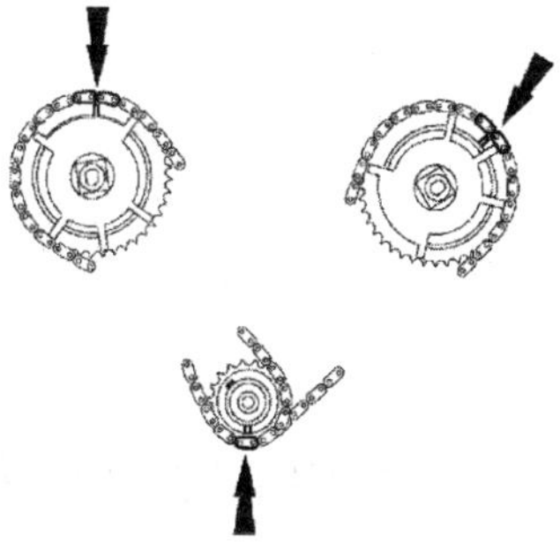

图 17-1-36 核查各个正时标记

21. 把曲轴传感器信号盘安装到曲轴上（图 17-1-37）。

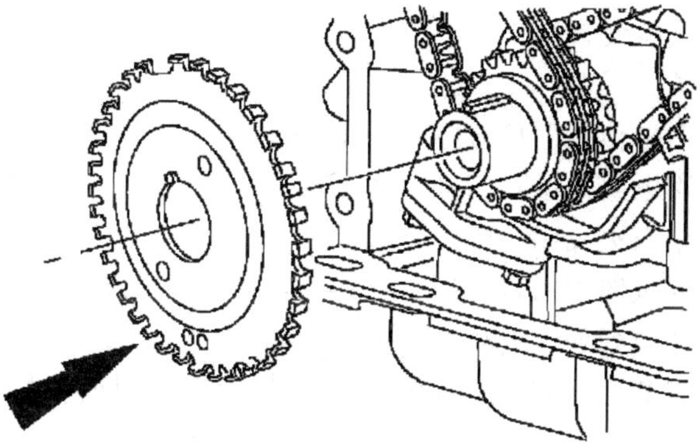

图 17-1-37 安装曲轴传感器信号盘

22. 用专用工具压缩气门弹簧，安装凸轮轴滚子挺杆（图 17-1-38）。

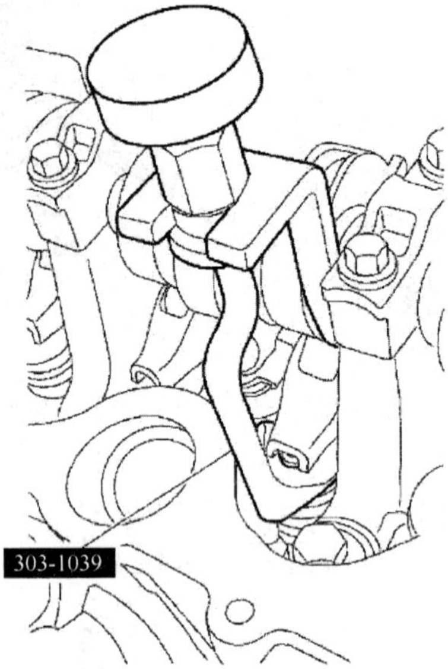

图 17-1-38　用专用工具压缩气门弹簧

23. 安装发动机前盖。

第二节　TOWN CAR（城市）轿车

一、TOWN CAR（城市）轿车 4.6L 发动机正时链条拆卸

1. 将车辆变速器挡位设置到空挡，停放到举升机上。
2. 拆卸发动机前盖。
3. 从曲轴上拆下曲轴传感器信号盘（图 17-2-1）。
4. 将 8 个点火线圈电路连接器断开（图 17-2-2）。
5. 拆卸螺栓和 8 个点火线圈（图 17-2-3）。
6. 拆卸 8 个火花塞（图 17-2-4）。
7. 将凸轮轴凸轮调节到朝上的位置（图 17-2-5）。
8. 在气门弹簧的簧圈之间安装专用工具，以防损坏气门杆密封（图 17-2-6）。

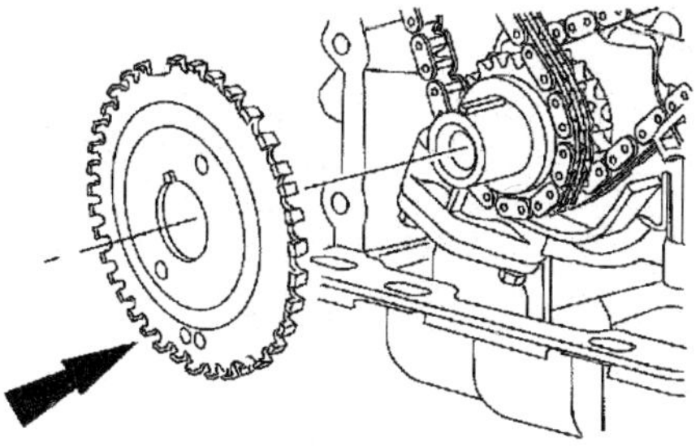

图 17-2-1　曲轴传感器信号盘

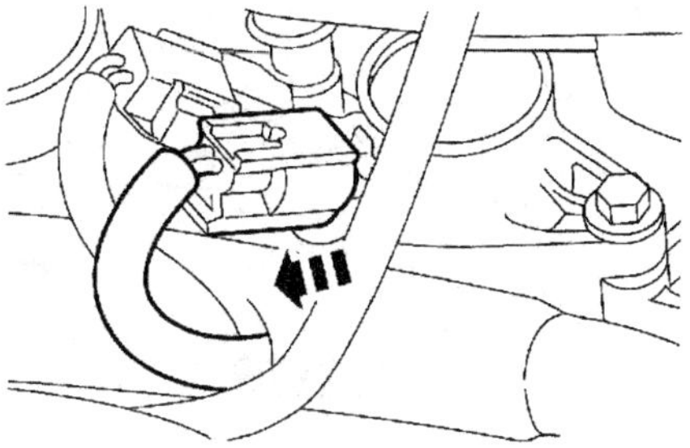

图 17-2-2　断开点火线圈电路连接器

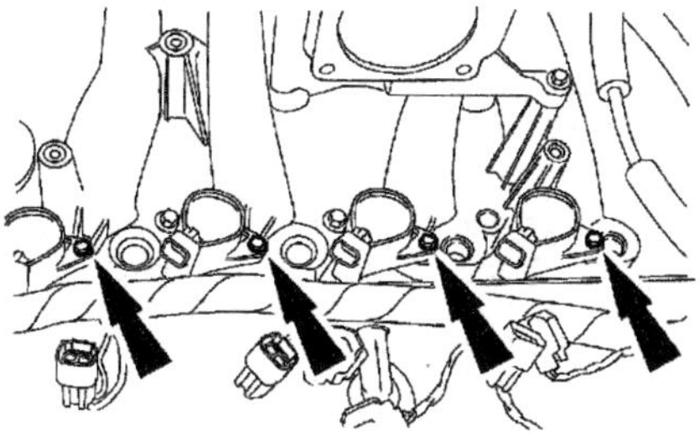

图 17-2-3　点火线圈和螺栓

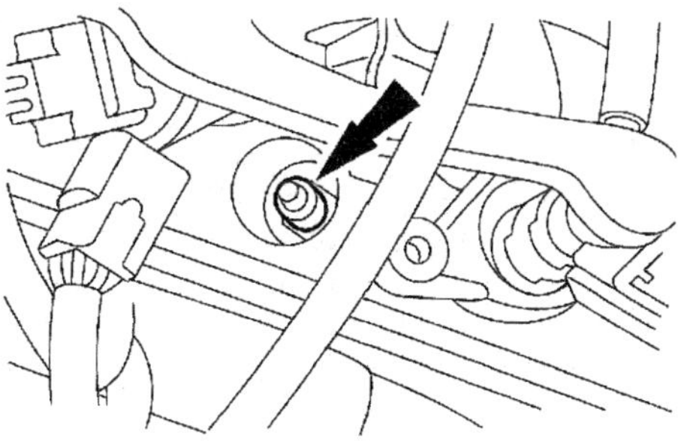

图 17-2-4　火花塞识别

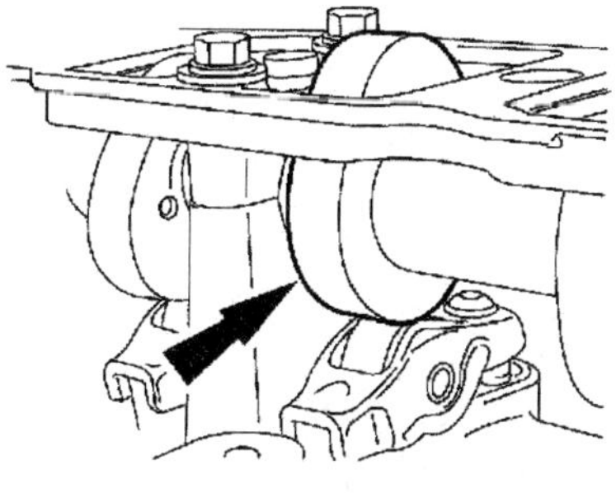

图 17-2-5　凸轮轴凸轮朝上

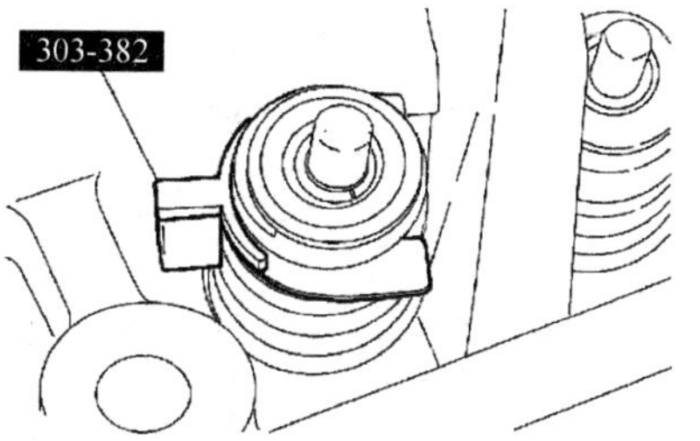

图 17-2-6　在气门弹簧的簧圈之间安装专用工具

9. 用专用工具压缩气门弹簧，拆卸凸轮轴滚子挺杆（图 17-2-7）。

10. 把曲轴键槽调节到 12 点钟位置（图 17-2-8）。

11. 拆下螺栓、正时链条张紧器和正时链条张紧器臂（图 17-2-9）。

12. 拆卸左侧和右侧正时链条（图 17-2-10）。

13. 拆卸左侧和右侧正时链条导轨和曲轴链轮（图 17-2-11）。

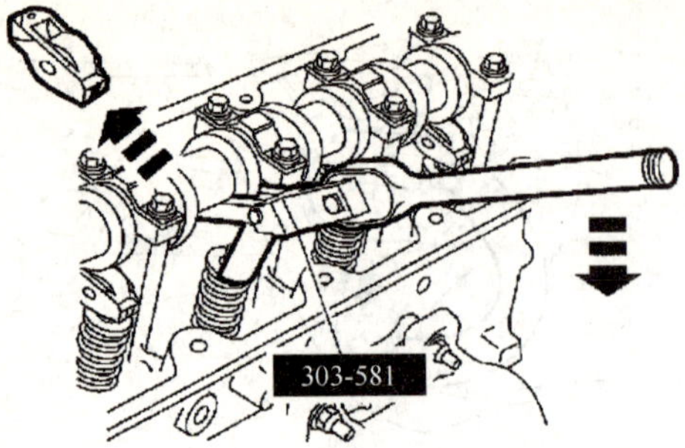

图 17-2-7 拆卸凸轮轴滚子挺杆

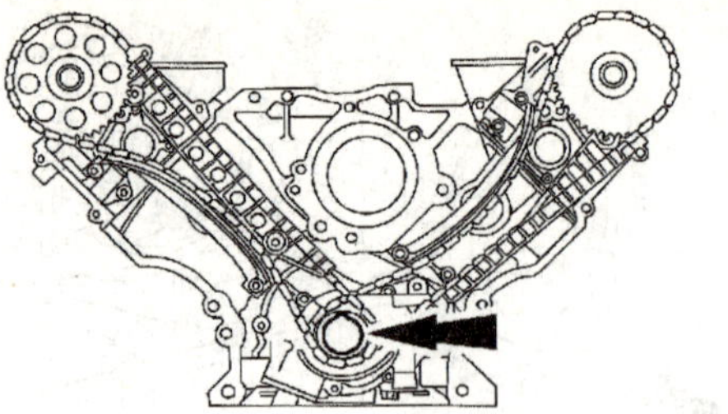

图 17-2-8 把曲轴键槽调节到 12 点钟位置

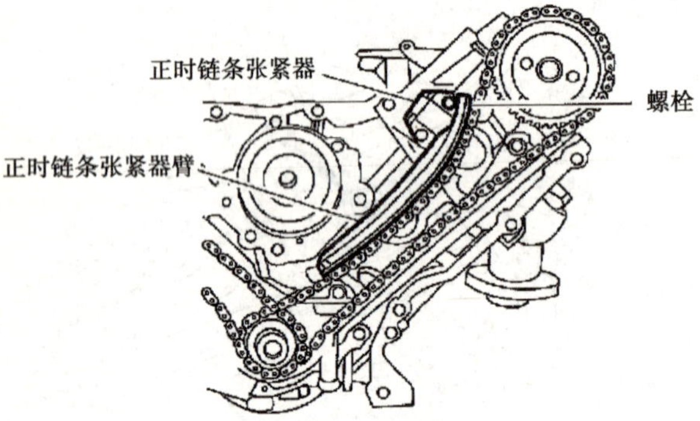

图 17-2-9 螺栓、正时链条张紧器和正时链条张紧器臂识别

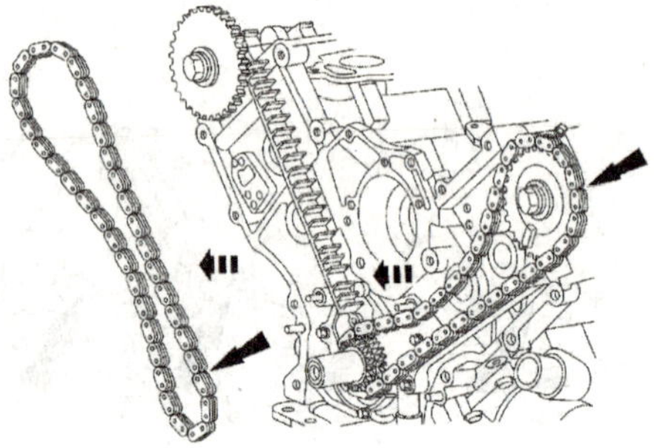

图 17-2-10 拆卸正时链条

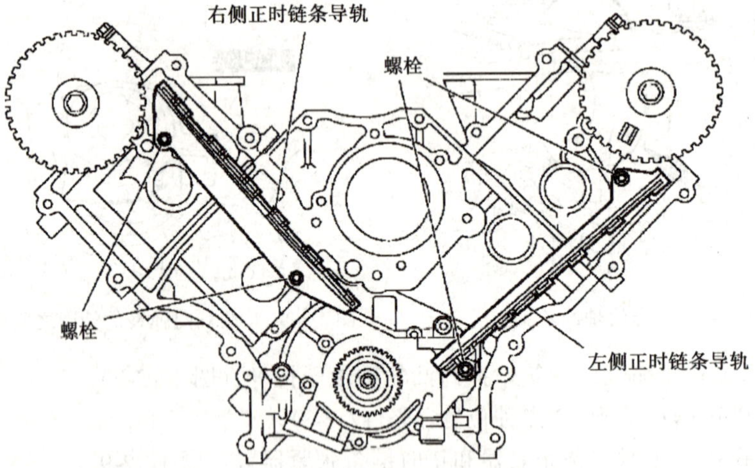

图 17-2-11 拆卸正时链条导轨

14. 安装专用工具（图 17-2-12）。
15. 拆卸凸轮轴链轮（图 17-2-13）。

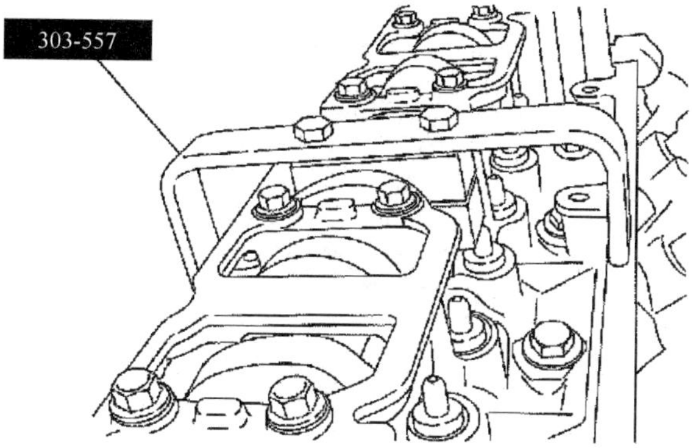

图 17-2-12 安装专用工具

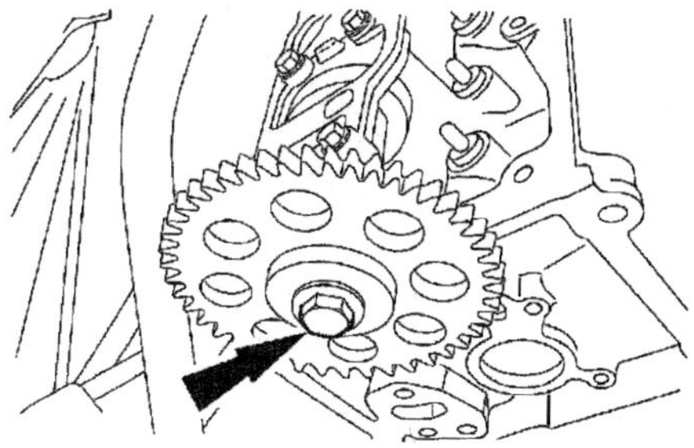

图 17-2-13 拆卸凸轮轴链轮

二、TOWN CAR（城市）轿车 4.6L 发动机正时链条安装

对于带有棘爪式锁止装置的正时链条张紧器执行步骤 1～4：

1. 用虎钳压缩正时链条张紧器柱塞（图 17-2-14）。
2. 用一把小螺丝刀或类似工具，将正时链条张紧器的棘爪推回并固定（图 17-2-15）。

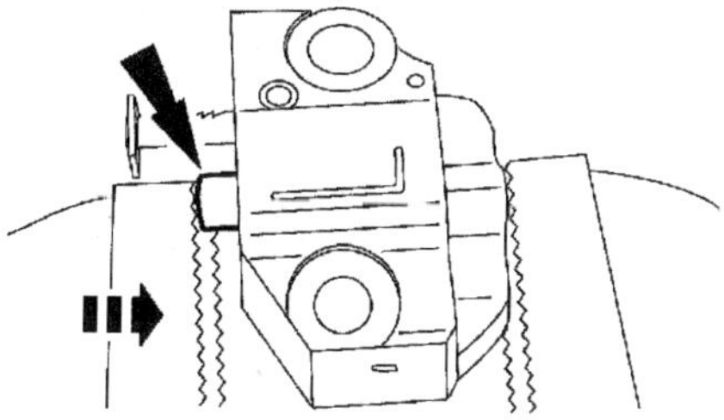

图 17-2-14 用虎钳压缩张紧器柱塞

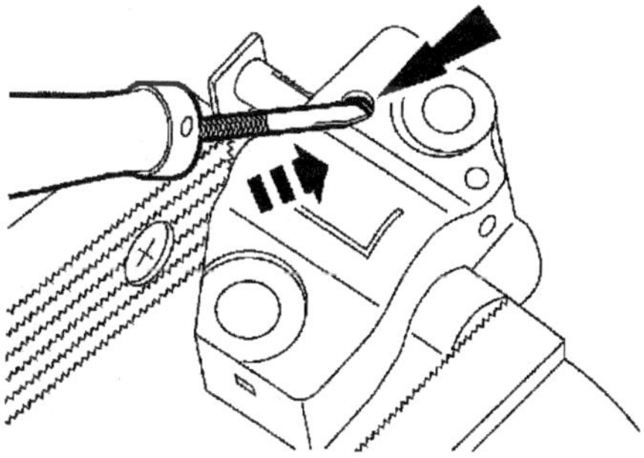

图 17-2-15 将正时链条张紧器的棘爪推回并固定

3. 固定住棘爪的同时，将棘爪臂推回到正时链条张紧器壳体内（图 17-2-16）。
4. 在正时链条张紧器壳体内的孔中插入限位销（图 17-2-17），把棘爪和柱塞固定住。从虎钳上拆下正时链条张紧器。

对于非棘爪锁止式正时链条张紧器执行步骤 5～6：

5. 用虎钳压缩各个正时链条张紧器柱塞（图 17-2-18）。
6. 在各个正时链条张紧器上安装固定夹，固定柱塞（图 17-2-19）。
7. 如果正时链条上的铜色链节已经无法看清，则在正时链条一端标记 1 个链节，在另一端标记 1 个链节作为正时标记（图 17-2-20）。
8. 用新螺栓安装凸轮轴链轮。将螺栓分两步紧固，第一步先紧固至 40N·m，第二步再拧紧 90°（图 17-2-21）。

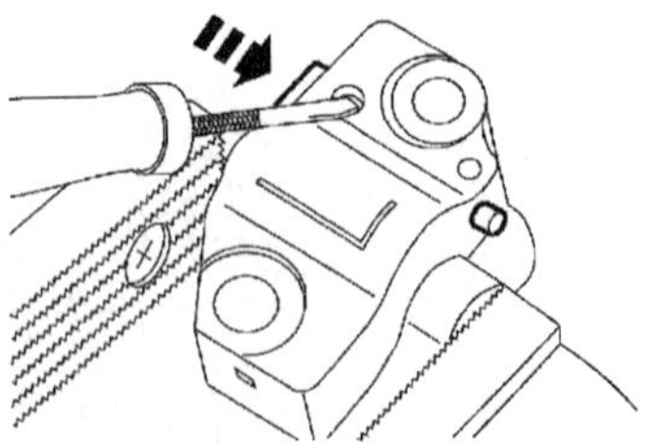

图 17-2-16 将棘爪臂推回到正时链条张紧器壳体内

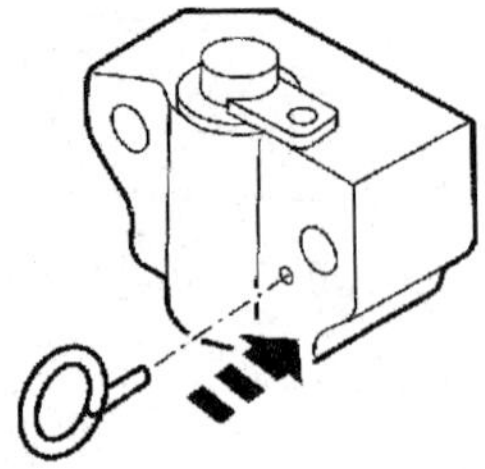

图 17-2-17 插入限位销

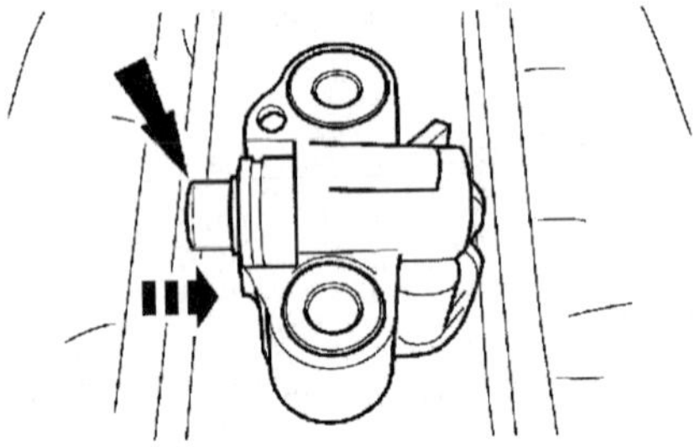

图 17-2-18 压缩柱塞

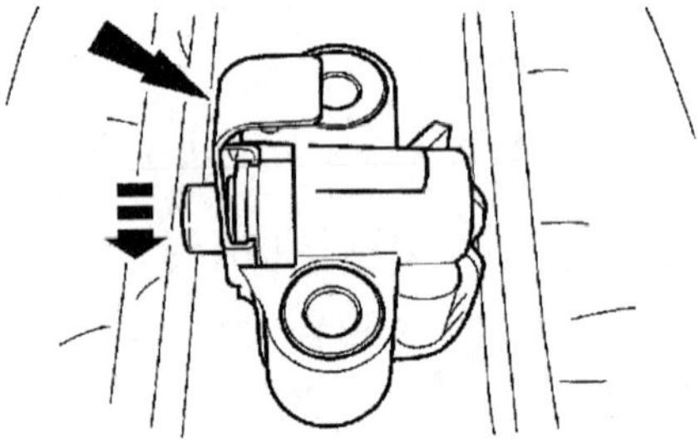

图 17-2-19 安装固定夹

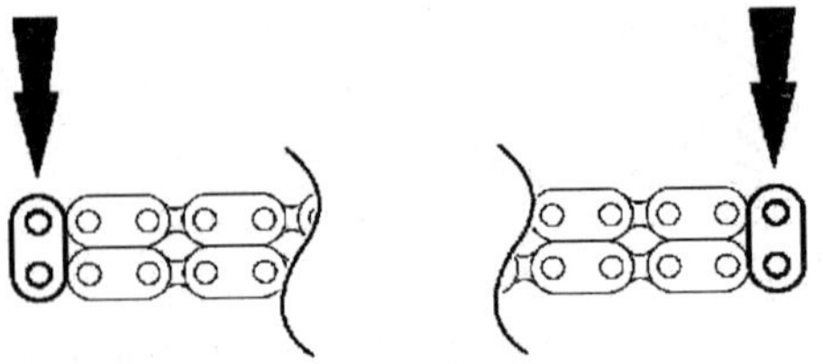

图 17-2-20 识别铜色链节

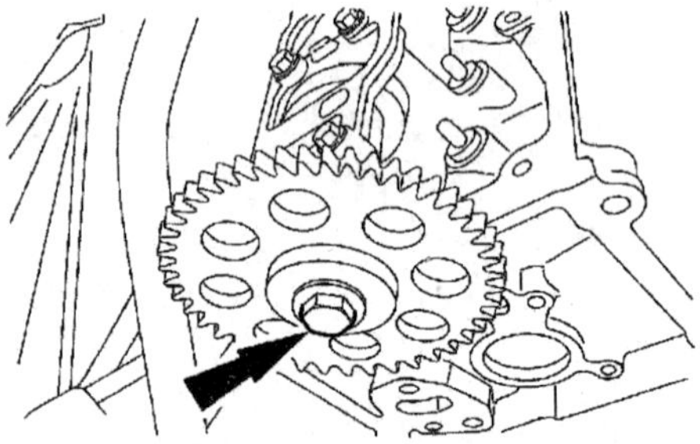

图 17-2-21 紧固凸轮轴链轮螺栓

9. 使用专用工具，把曲轴调节到 1 缸上止点位置（图 17-2-22）。

10. 安装曲轴链轮，确保链轮的法兰面朝前（图 17-2-23）。

11. 安装左侧正时链条导轨，将左侧正时链条导轨固定螺栓紧固至 10N·m；安装右侧正时链条导轨，将右侧正时链条导轨固定螺栓紧固至 10N·m（图 17-2-24）。

12. 转动右侧凸轮轴链轮直至正时标记位于 11 点钟位置；转动左侧凸轮轴链轮，直至正时标记位于 12 点钟位置（图 17-2-25）。

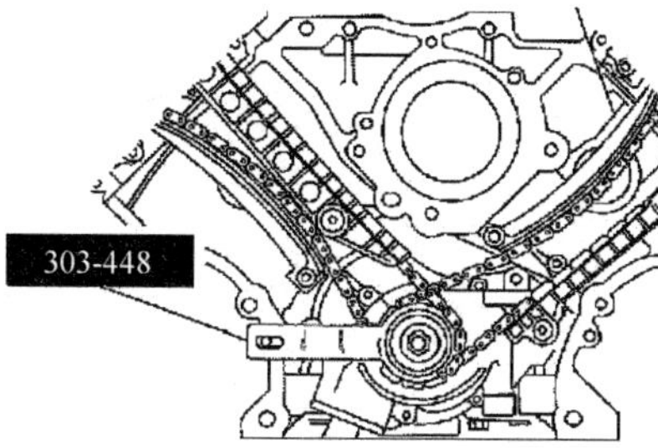

图 17-2-22　把曲轴调节到 1 缸上止点位置

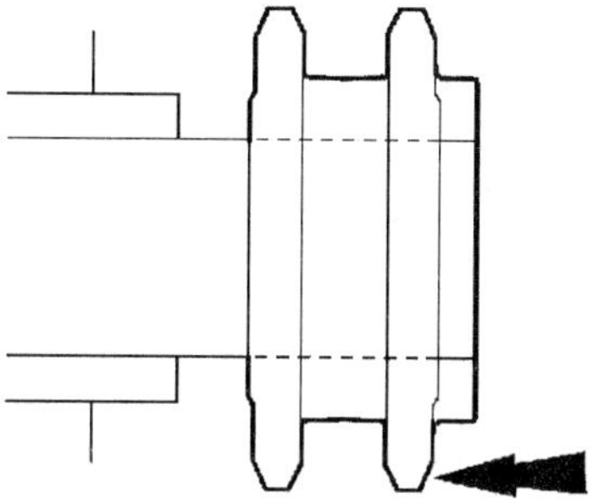

图 17-2-23　曲轴链轮法兰

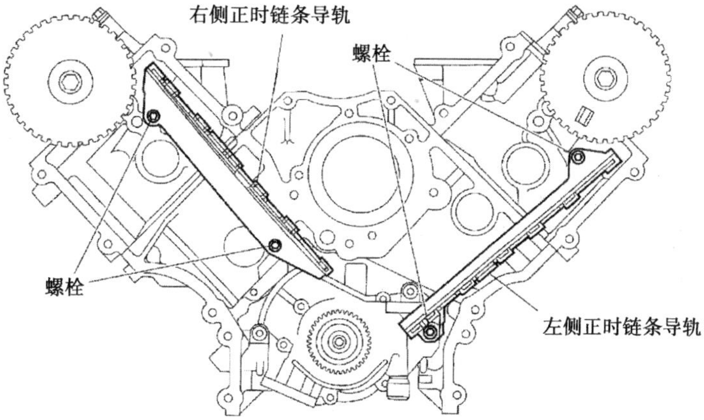

图 17-2-24　安装正时链条导轨

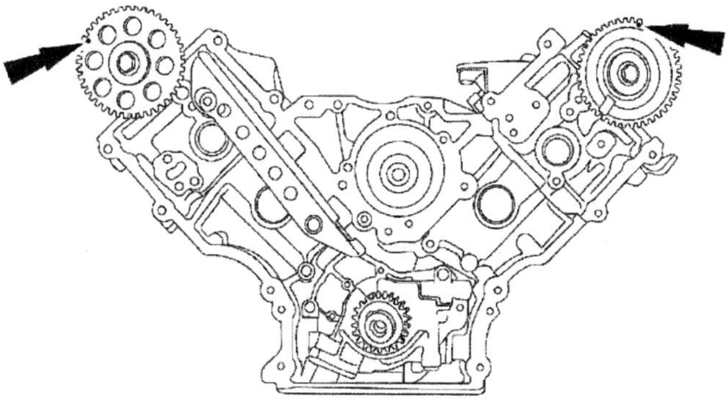

图 17-2-25　对齐凸轮轴链轮正时标记

13. 把左侧正时链条安装到曲轴链轮上，把正时链条上的铜色链节与曲轴链轮上的正时标记对齐（图 17-2-26）。

14. 把左侧正时链条安装到凸轮轴链轮上，使正时链条上的铜色链节与凸轮轴链轮上的正时标记对齐（图 17-2-27）。

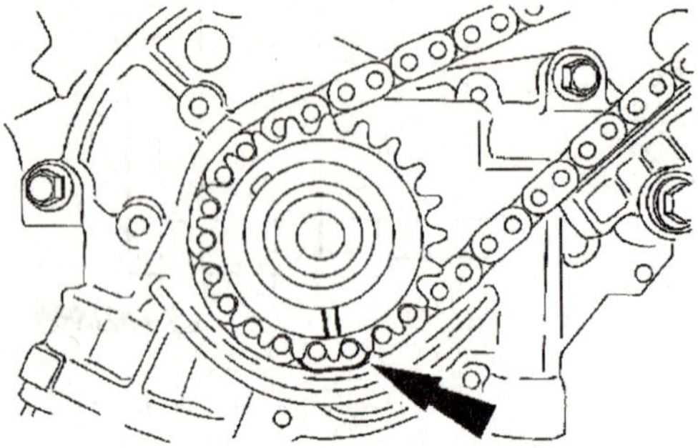

图 17-2-26 把正时链条上的铜色链节与曲轴链轮上的正时标记对齐

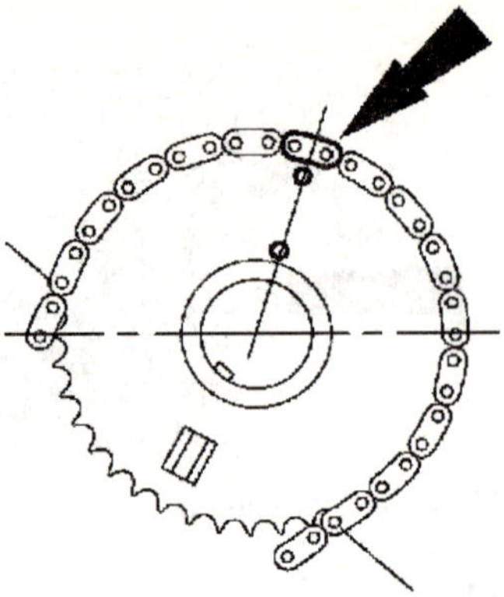

图 17-2-27 正时链条上的铜色链节与凸轮轴链轮上的正时标记对齐

15. 安装左侧正时链条张紧器臂和左侧正时链条张紧器（图 17-2-28）。把固定螺栓紧固至 25N・m。

16. 对于带有棘爪锁止装置的左侧正时链条张紧器，应拔出插入的限位销（图 17-2-29）。

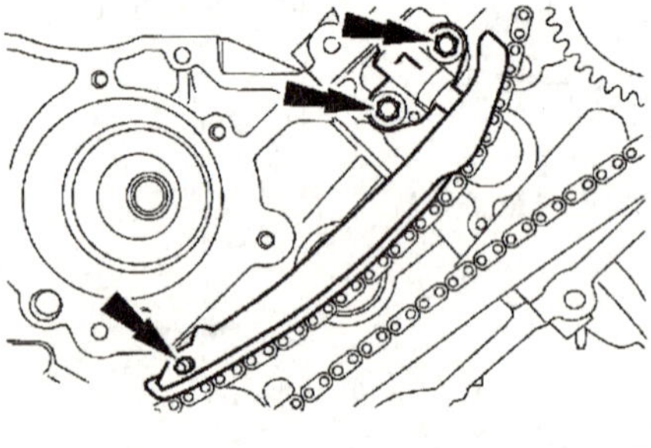

图 17-2-28 安装左侧正时链条张紧器

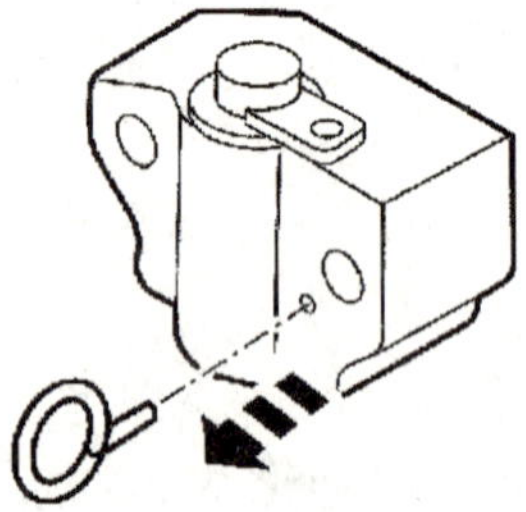

图 17-2-29 拔出插入的限位销

17. 对于不带棘爪锁止装置的左侧正时链条张紧器，应拆下固定夹（图 17-2-30）。

18. 把右侧正时链条安装到曲轴链轮上，把正时链条上的铜色链节与曲轴链轮上的正时标记对齐（图 17-2-31）。

19. 把右侧正时链条安装到凸轮轴链轮上，使正时链条上的铜色链节与凸轮轴链轮上的正时标记对齐（图 17-2-32）。

20. 安装右侧正时链条张紧器臂和右侧正时链条张紧器（图 17-2-33）。把固定螺栓紧固至 25N・m。

21. 对于带有棘爪锁止装置的右侧正时链条张紧器，应拔出插入的限位销（图 17-2-34）。

22. 对于不带棘爪锁止装置的右侧正时链条张紧器，应拆下固定夹（图 17-2-35）。

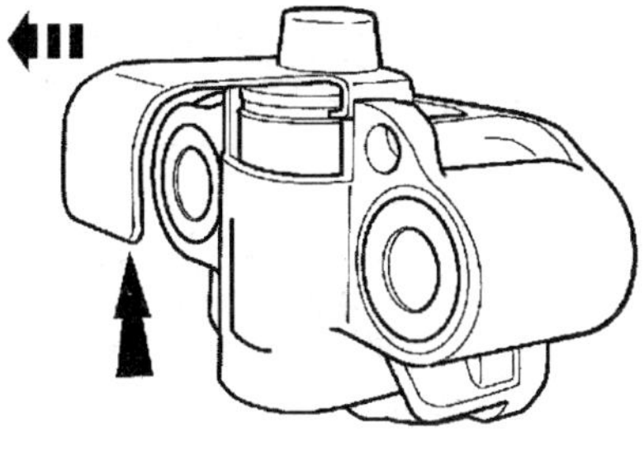

图 17-2-30　拆下固定夹

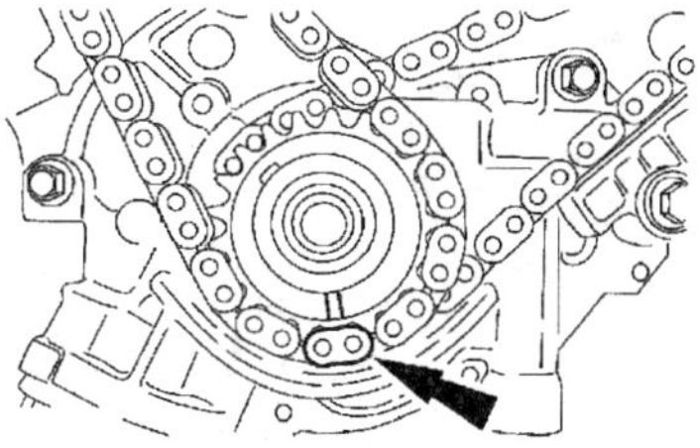

图 17-2-31　把正时链条上的铜色链节与曲轴链轮上的正时标记对齐

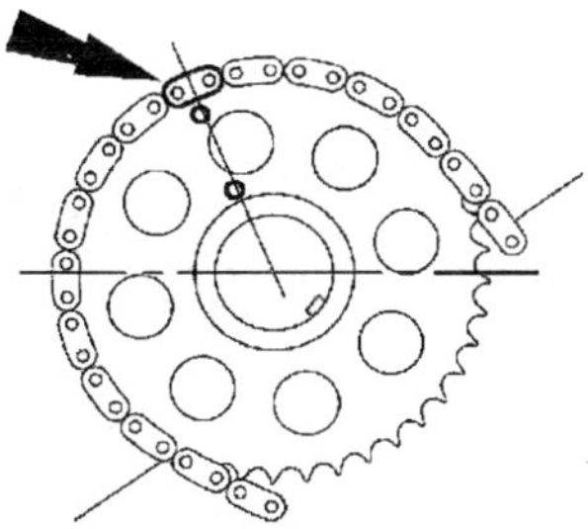

图 17-2-32　正时链条上的铜色链节与凸轮轴链轮上的正时标记对齐

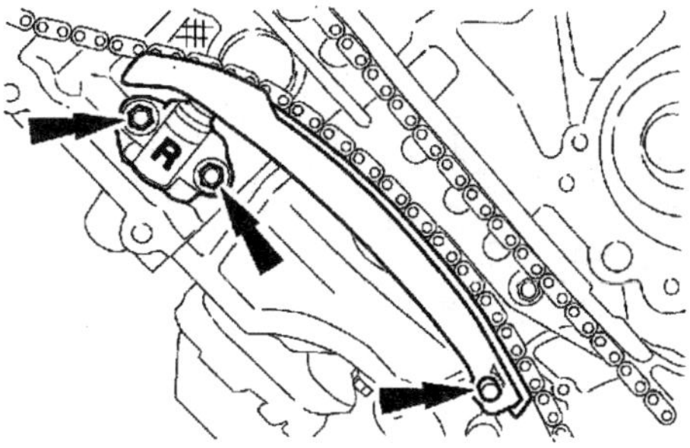

图 17-2-33　安装右侧正时链条张紧器

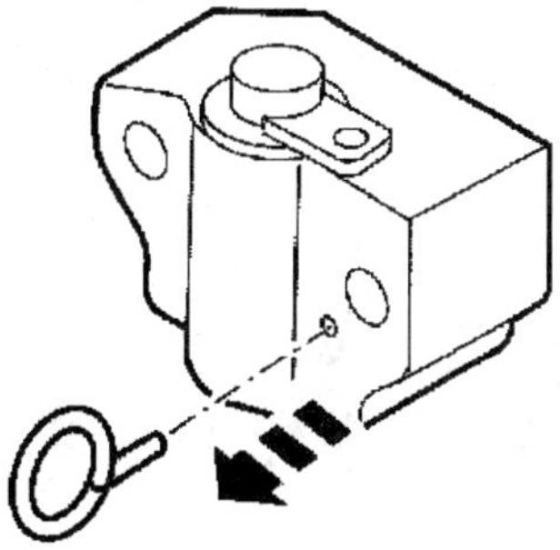

图 17-2-34　拔出插入的限位销

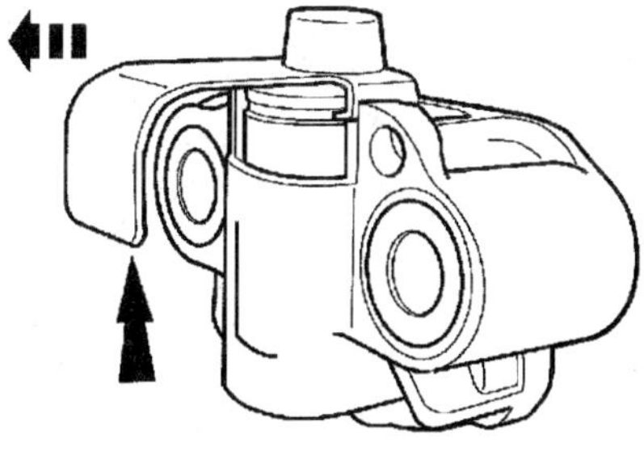

图 17-2-35　拆下固定夹

23. 确保正时链条上的铜色链节与曲轴链轮和凸轮轴链轮上的正时标记对齐（图 17-2-36）。

24. 转动凸轮轴使凸轮朝上（图 17-2-37）。

25. 在气门弹簧簧圈之间安装专用工具，以免损坏气门杆（图 17-2-38）。

26. 安装凸轮轴滚子挺杆（图 17-2-39）。

27. 安装 8 个火花塞（图 17-2-40）。

28. 安装 8 个点火线圈和螺栓（图 17-2-41）。

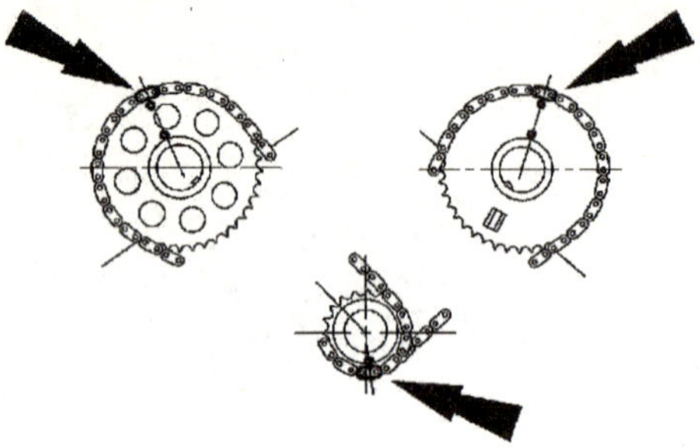

图 17-2-36 对齐正时标记

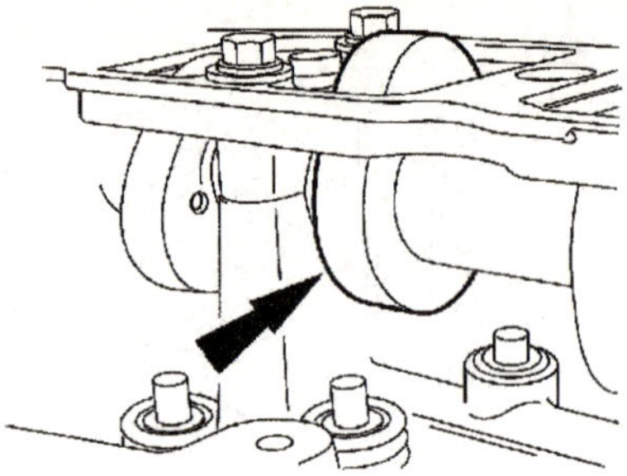

图 17-2-37 使凸轮轴凸轮朝上

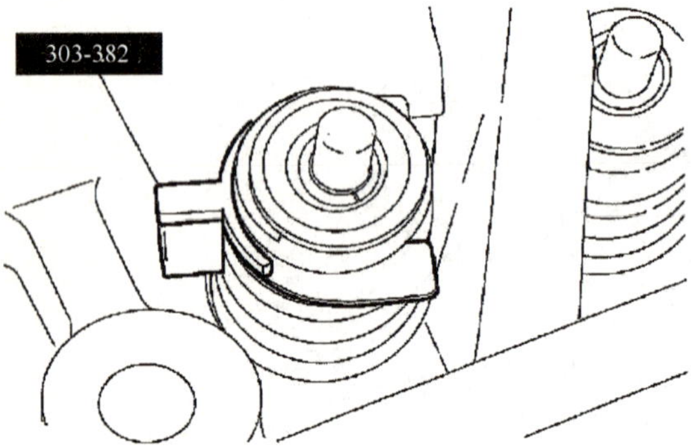

图 17-2-38 在气门弹簧簧圈之间安装专用工具

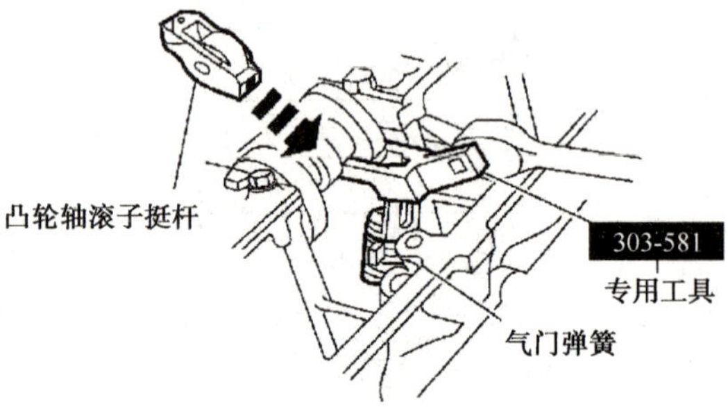

图 17-2-39 安装凸轮轴滚子挺杆

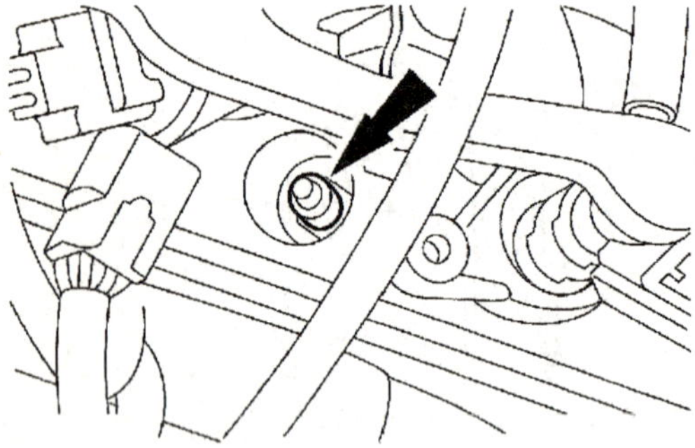

图 17-2-40 安装火花塞

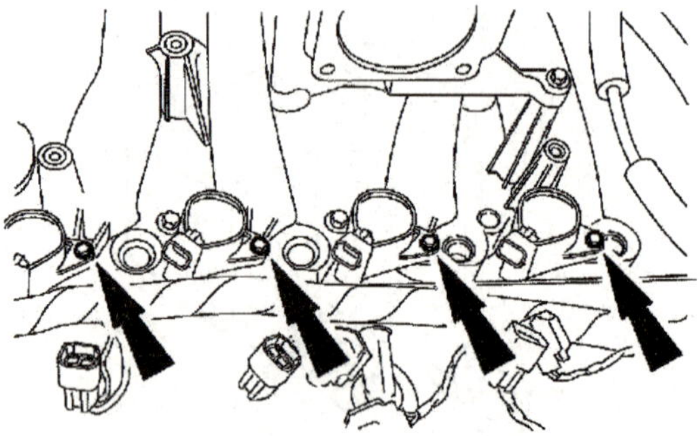

图 17-2-41 安装点火线圈和螺栓

29. 连接点火线圈电路连接器（图 17-2-42）。
30. 安装曲轴传感器信号盘（图 17-2-43）。
31. 安装发动机前盖。

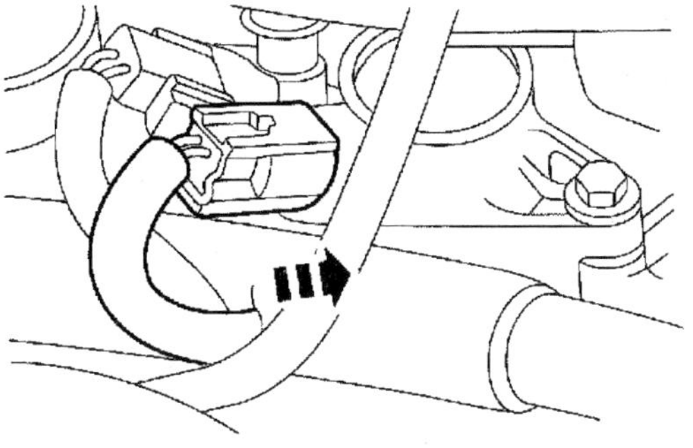

图 17-2-42 连接点火线圈电路连接器

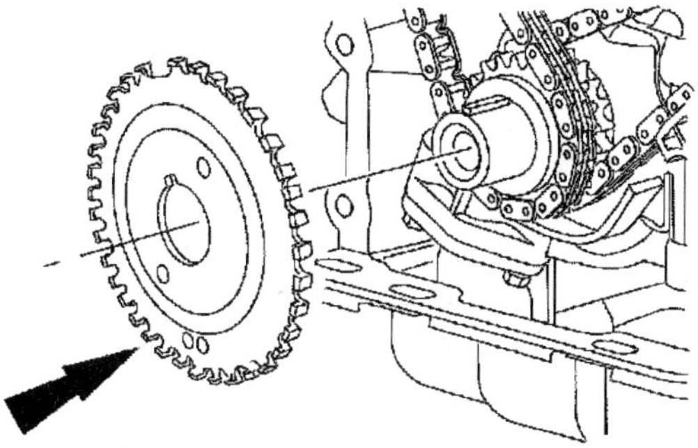

图 17-2-43 安装曲轴传感器信号盘

第三节 MKZ（3.5L 发动机）轿车

一、正时链条拆卸步骤

1. 拆下发动机前盖。

2. 沿顺时针方向转动曲轴，使凸轮轴可变正时组件的正时标记均对齐，如图 17-3-1 所示。

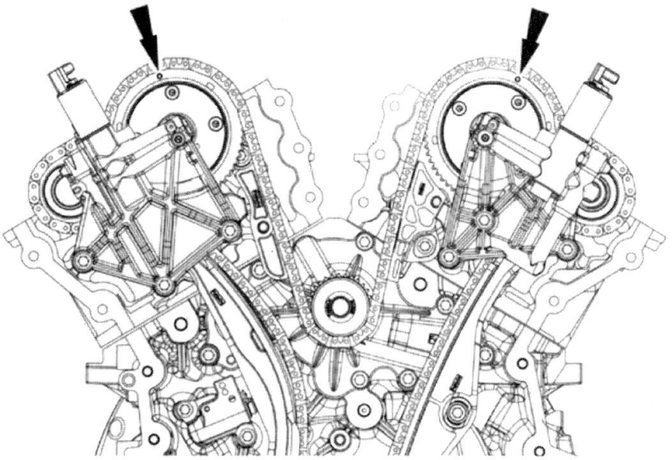

图 17-3-1 对齐凸轮轴可变正时组件的正时标记

3. 在左侧凸轮轴上安装凸轮轴固定工具，将凸轮轴固定到上止点位置，如图 17-3-2 所示。

4. 在右侧凸轮轴上安装凸轮轴固定工具，将凸轮轴固定到上止点位置，如图 17-3-3 所示。

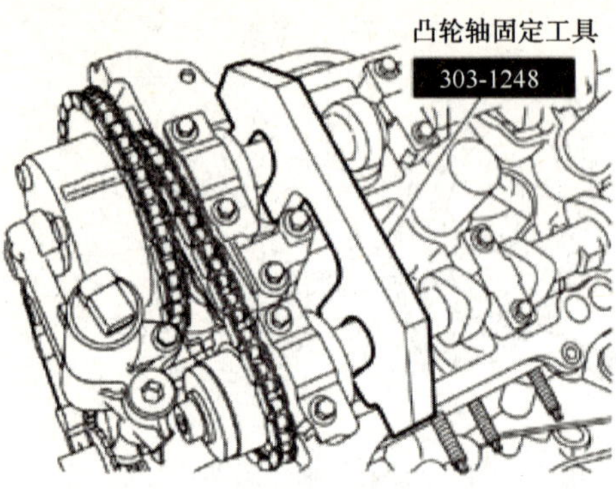

图 17-3-2 安装左侧凸轮轴固定工具

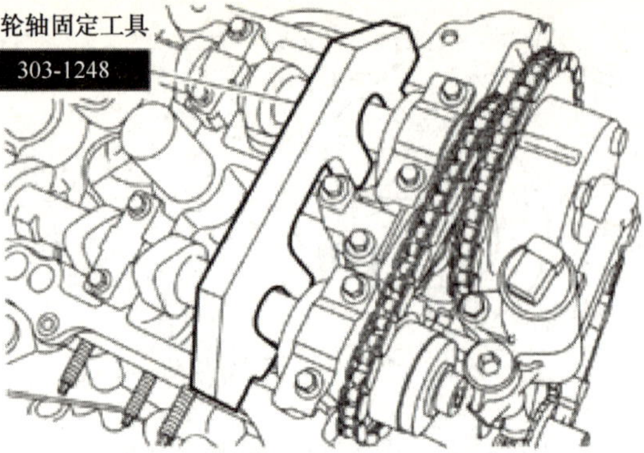

图 17-3-3 安装右侧凸轮轴固定工具

5. 按照图 17-3-4 所示，拆卸右侧凸轮轴可变正时组件壳体上的 3 个螺栓。

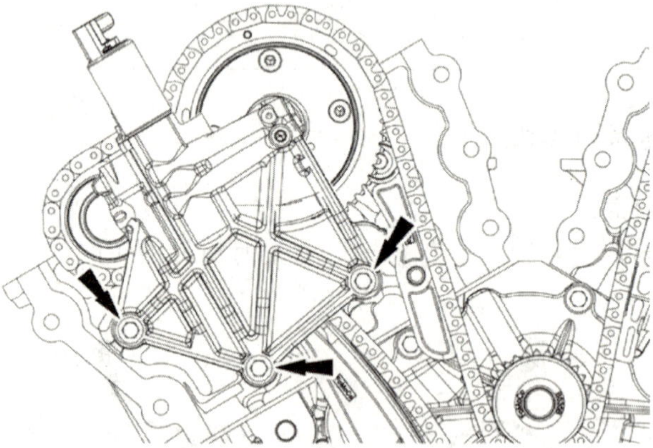

图 17-3-4 右侧凸轮轴可变正时组件壳体螺栓识别

6. 按照图 17-3-5 所示，拆卸左侧凸轮轴可变正时组件壳体上的 3 个螺栓。

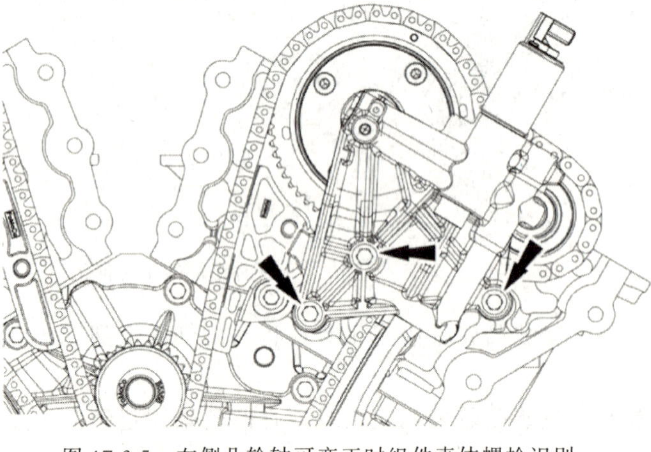

图 17-3-5 左侧凸轮轴可变正时组件壳体螺栓识别

7. 按照图 17-3-6 所示，把与右侧可变进气凸轮轴正时组件上的正时标记对齐的正时链条链节做上标记。

8. 按照图 17-3-7 所示，把与左侧可变进气凸轮轴正时组件上的正时标记对齐的正时链条链节做上标记。

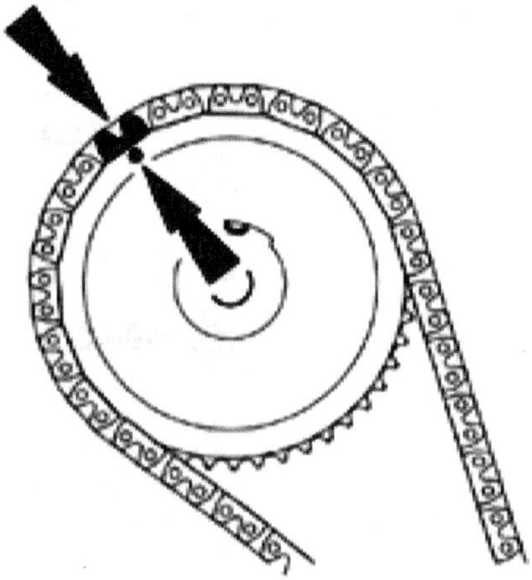

图 17-3-6　标记链节

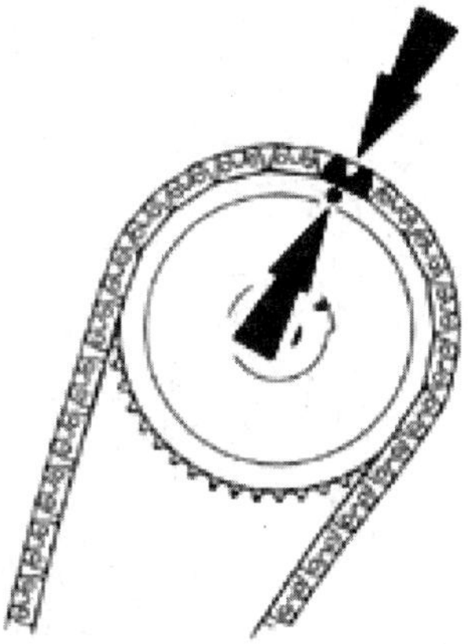

图 17-3-7　标记链节

9. 按照图 17-3-8 所示，把与曲轴链轮正时标记对齐的正时链条的 2 个链节做上标记。曲轴链轮正时标记应位于两个链节中间。

10. 按照图 17-3-9 所示，拆下初级正时链条张紧器上的螺栓。

图 17-3-8　标记链节

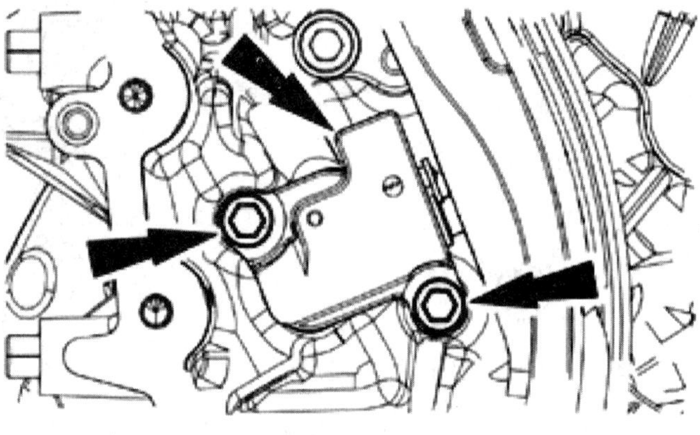

图 17-3-9　初级正时链条张紧器螺栓

11. 按照图 17-3-10 所示，拆下初级正时链条张紧器臂。

12. 按照图 17-3-11 所示，拆卸初级正时链条张紧器导板。

13. 按照图 17-3-12 所示，拆卸初级正时链条。

14. 按照图 17-3-13 所示，拆卸曲轴正时链条链轮。

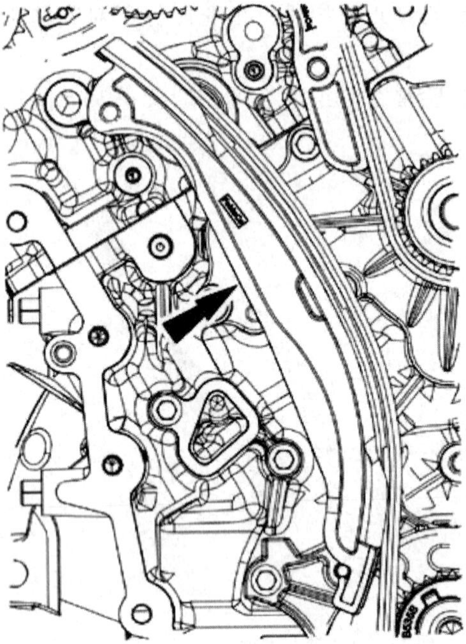

图 17-3-10 初级正时链条张紧器臂

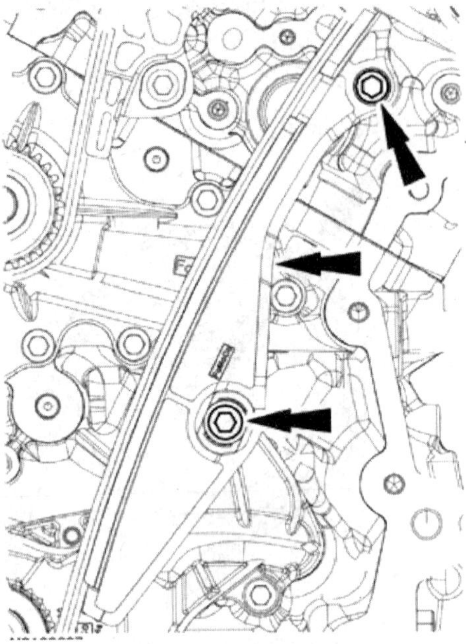

图 17-3-11 初级正时链条张紧器导板

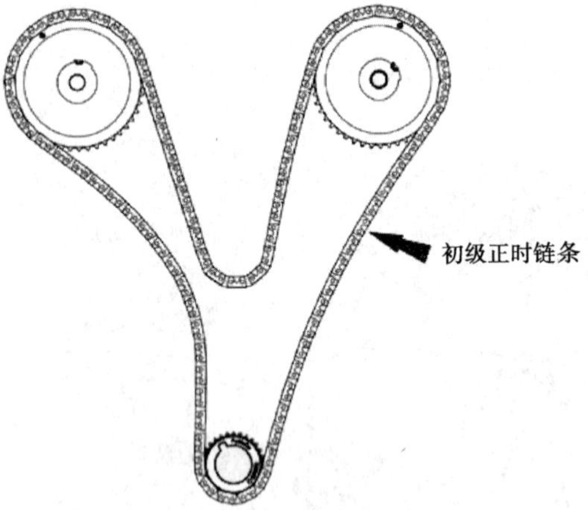

图 17-3-12 初级正时链条识别

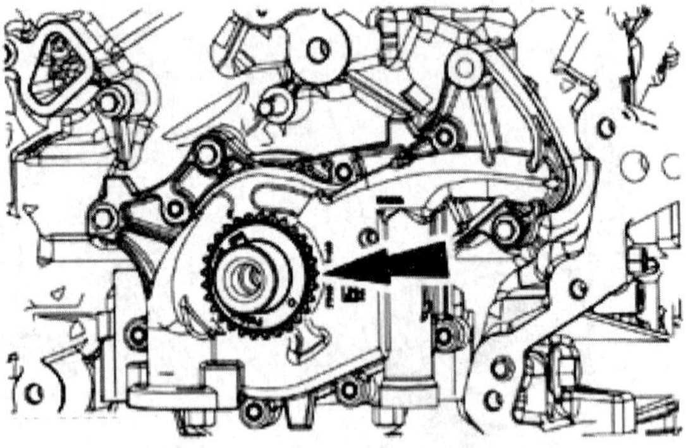

图 17-3-13 曲轴正时链条链轮识别

15. 按照图 17-3-14 所示，拆卸左侧初级正时链条上部导板。

16. 按照图 17-3-15 所示，压缩左侧次级正时链条张紧器，插入锁止销，把张紧器固定在压缩位置。

17. 按照图 17-3-16 所示，拆卸左侧凸轮轴可变正时组件螺栓和左侧排气凸轮轴链轮螺栓，将左侧凸轮轴可变正时组件、次级正时链条和左侧排气凸轮轴链轮作为一个整体拆下。这两个螺栓是一次性部件，拆卸后应废弃，换装新的螺栓。

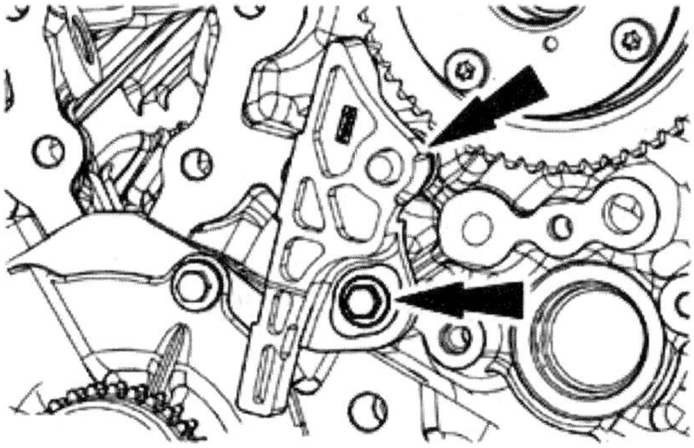

图 17-3-14 左侧初级正时链条上部导板

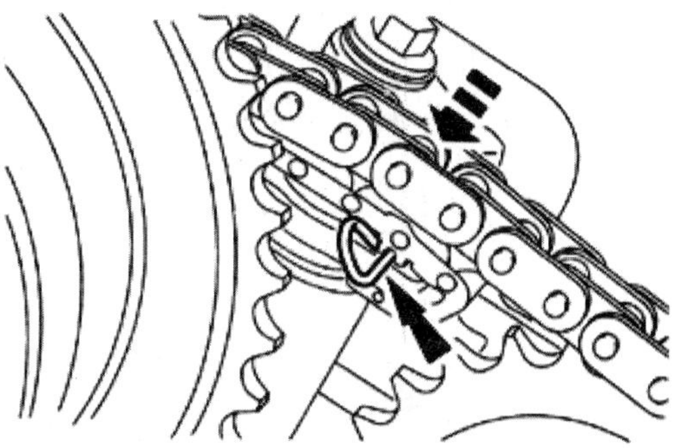

图 17-3-15 左侧次级正时链条张紧器

18. 按照图 17-3-17 所示，拆卸左侧次级正时链条张紧器。

图 17-3-16 左侧凸轮轴可变正时组件螺栓和左侧排气凸轮轴链轮螺栓识别

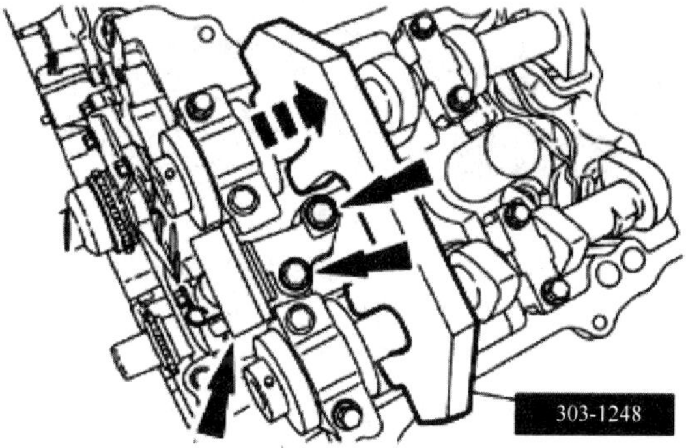

图 17-3-17 左侧次级正时链条张紧器螺栓和张紧器识别

19. 按照图 17-3-18 所示，压缩右侧次级正时链条张紧器，插入锁止销，把张紧器固定在压缩位置。

20. 按照图 17-3-19 所示，拆卸右侧凸轮轴可变正时组件螺栓和右侧排气凸轮轴链轮螺栓，将右侧凸轮轴可变正时组件、次级正时链条和右侧排气凸轮轴链轮作为一个整体拆

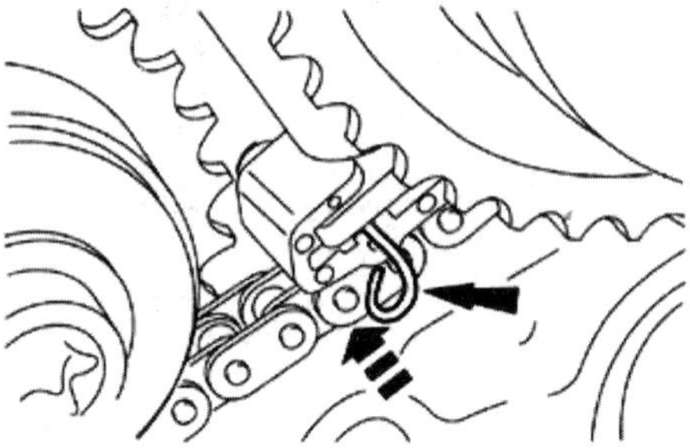

图 17-3-18 右侧次级正时链条张紧器

图 17-3-19 右侧凸轮轴可变正时组件螺栓和右侧排气凸轮轴链轮螺栓识别

下。这两个螺栓是一次性部件，拆卸后应废弃，换装新的螺栓。

21. 按照图 17-3-20 所示，拆卸右侧次级正时链条张紧器螺栓和张紧器。

22. 拆卸右侧正时链条张紧器导板，如图 17-3-21 所示。

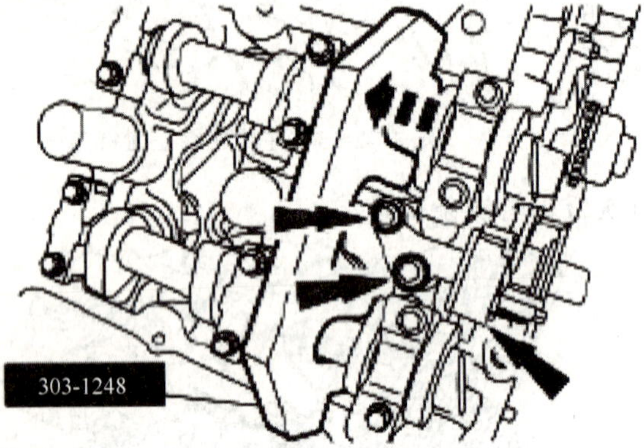

图 17-3-20　右侧次级正时链条张紧器螺栓和张紧器识别

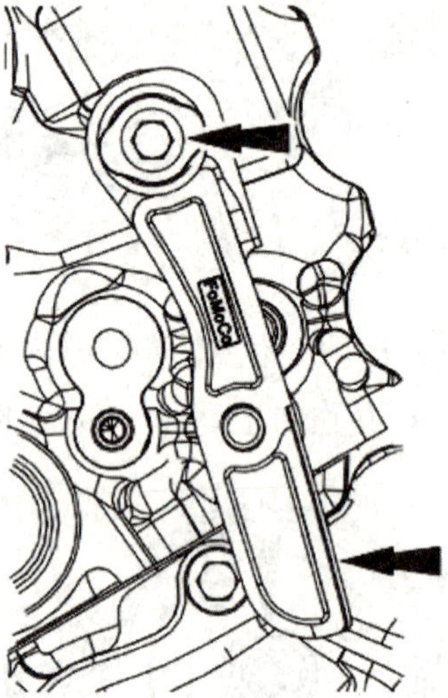

图 17-3-21　右侧正时链条张紧器导板

二、正时链条安装程序步骤

1. 按照图 17-3-21 所示，安装右侧正时链条张紧器导板，将螺栓紧固至 10N·m。

2. 按照图 17-3-20 所示，安装右侧次级正时链条张紧器，将螺栓紧固至 10N·m。

3. 按照图 17-3-22 所示，把右侧凸轮轴可变正时组件、右侧排气凸轮轴链轮和右侧次级正时链条组装到一起，使正时链条上的标有颜色的链节与正时标记对齐。

4. 按照图 17-3-23 所示，把右侧次级正时链条安装到凸轮轴上。

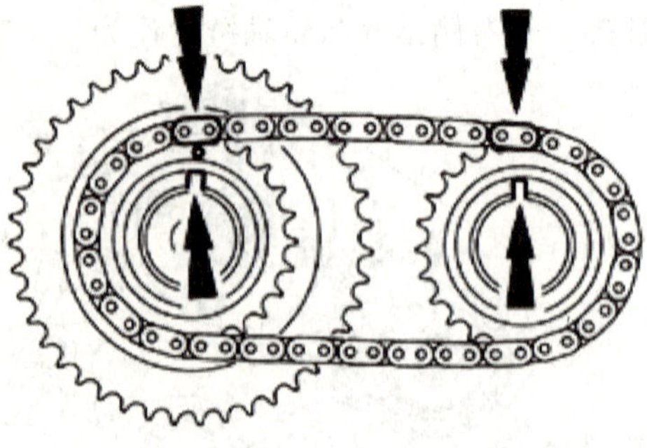

图 17-3-22　右侧次级正时链条标色链节对准正时标记

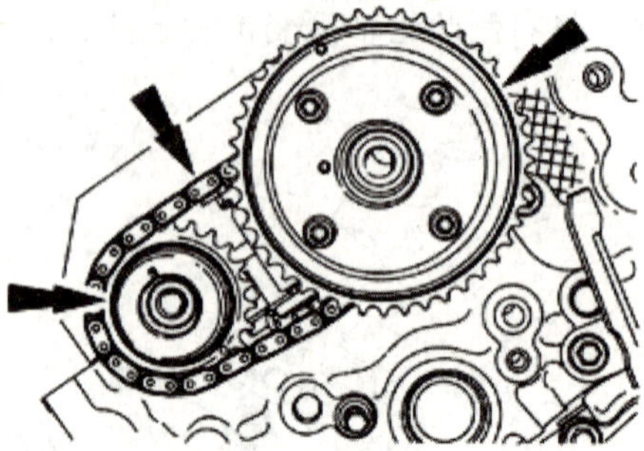

图 17-3-23　把右侧次级正时链条安装到凸轮轴上

5. 按照图 17-3-24 所示，换装新的螺栓和垫圈，将螺栓分四步拧紧：

第一步：紧固至 40N·m；

第二步：将螺栓拧松 360°；

第三步：紧固至 10N·m；

第四步：拧紧 90°。

6. 按照图 17-3-25 所示，把插在右侧次级正时链条张紧器上的锁止销拔出。

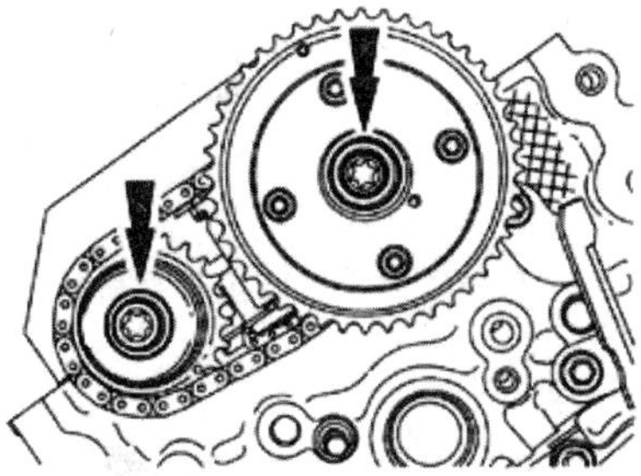

图 17-3-24　排气凸轮轴垫圈识别

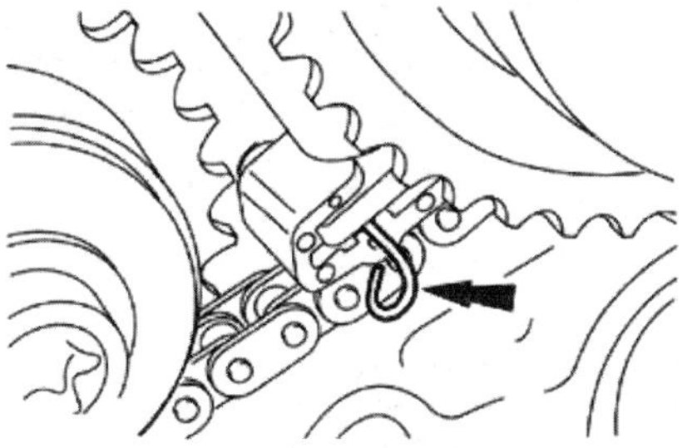

图 17-3-25　右侧次级正时链条张紧器锁止销识别

7. 按照图 17-3-17 所示，安装左侧次级正时链条张紧器，将螺栓紧固至 10N·m。

8. 按照图 17-3-26 所示，把左侧凸轮轴可变正时组件、左侧排气凸轮轴链轮和左侧次级正时链条组装到一起，使正时链条上标有颜色的链节与正时标记对齐。

9. 按照图 17-3-27 所示，把左侧正时链条组件安装到凸轮轴上。

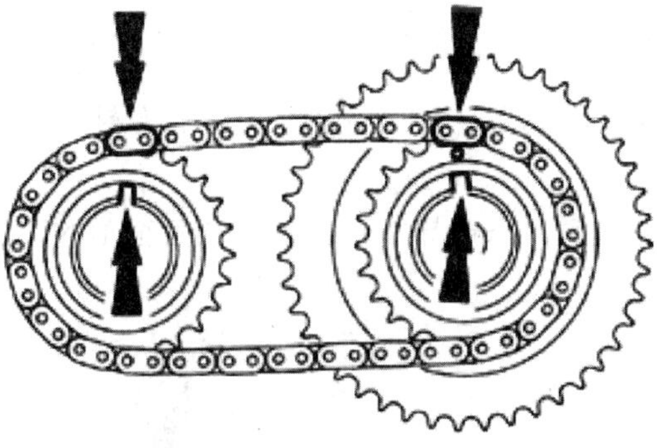

图 17-3-26　左侧次级正时链条标色链节对准正时标记

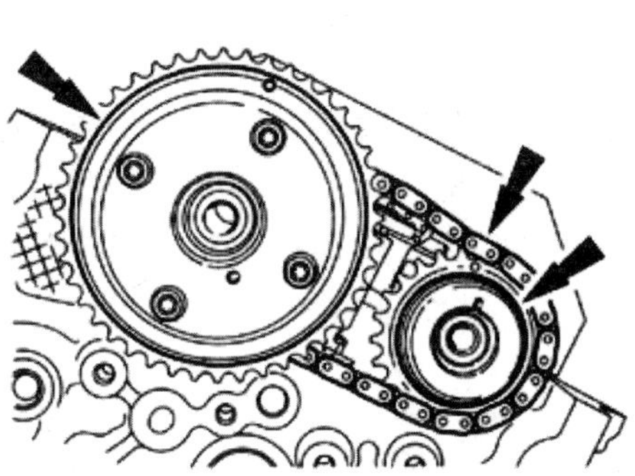

图 17-3-27　把左侧正时链条组件安装到凸轮轴上

10. 按照图 17-3-28 所示，换装新的螺栓和垫圈，将螺栓分四步拧紧：

第一步：紧固至 40N·m；

第二步：将螺栓拧松 360°；

第三步：紧固至 10N·m；

第四步：拧紧 90°。

11. 按照图 17-3-29 所示，把插在左侧次级正时链条张紧器上的锁止销拔出。

12. 按照图 17-3-30 所示，安装曲轴正时链轮。

13. 按照图 17-3-31 所示，安装左侧初级正时链条上部导板，把导板螺栓紧固至 10N·m。

图 17-3-28　凸轮轴垫圈识别

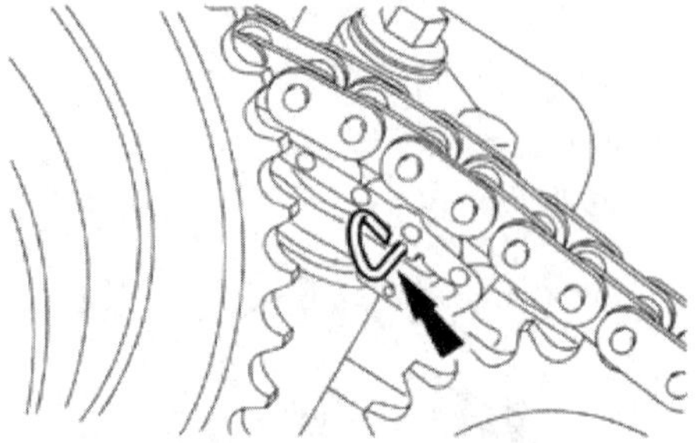

图 17-3-29　左侧次级正时链条张紧器锁止销识别

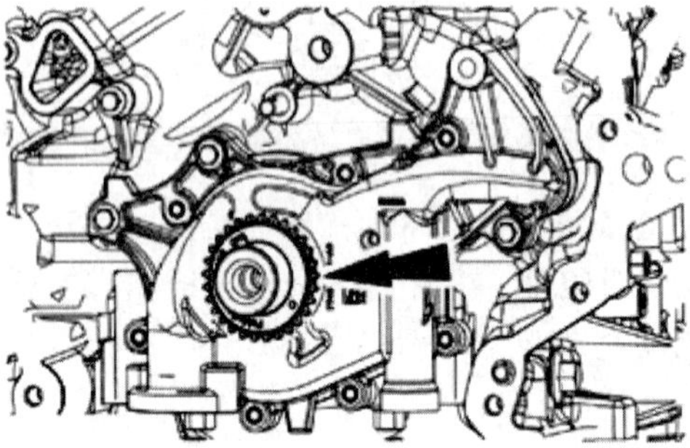

图 17-3-30　曲轴正时链轮

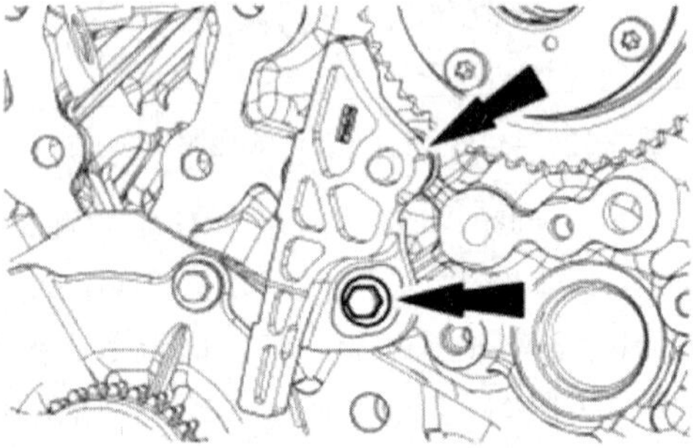

图 17-3-31　左侧初级正时链条上部导板和螺栓识别

14. 按照图 17-3-32 所示，把初级正时链条安装到凸轮轴可变正时组件和曲轴链轮上，确保正时标记对齐。

15. 按照图 17-3-33 所示，安装左侧初级正时链条下部导板，把螺栓紧固至 10N·m。

图 17-3-32　对齐正时标记

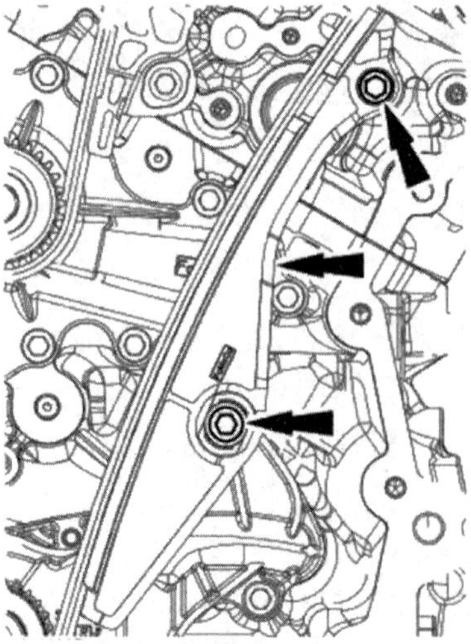

图 17-3-33　左侧初级正时链条下部导板和螺栓识别

16. 按照图 7-3-34 所示，安装初级正时链条张紧器臂。

17. 按照图 17-3-35 所示，重新设置初级正时链条张紧器。

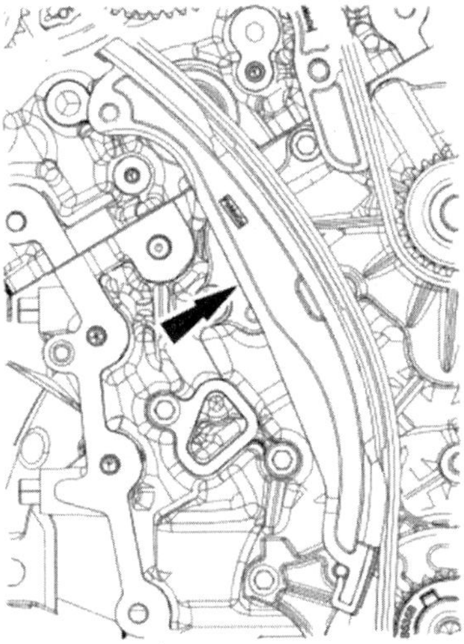

图 17-3-34 初级正时链条张紧器臂识别

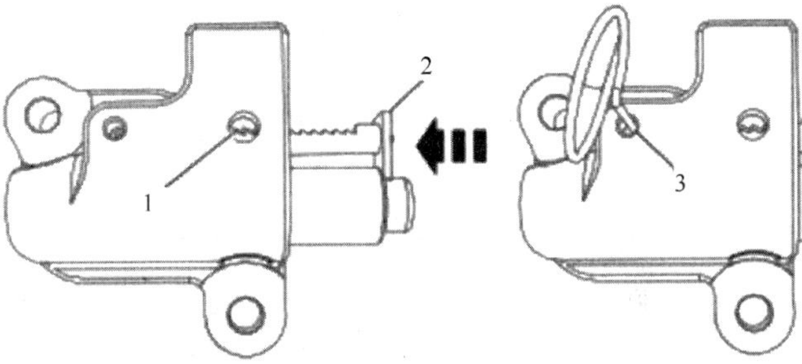

图 17-3-35 用软齿虎钳压下柱塞

1-松开棘轮棘爪；2-用软齿虎钳压下柱塞；3-插入锁止销

18. 按照图 17-3-36 所示，安装初级正时链条张紧器，将螺栓紧固至 10N·m。将插入的锁止销拔出。

19. 参照图 17-3-32 所示，确认各个正时标记与正时链的标色链节准确对齐。

20. 按照图 17-3-37 所示，检查凸轮轴可变正时组件壳体密封，如果发现密封破损，应予以更换。

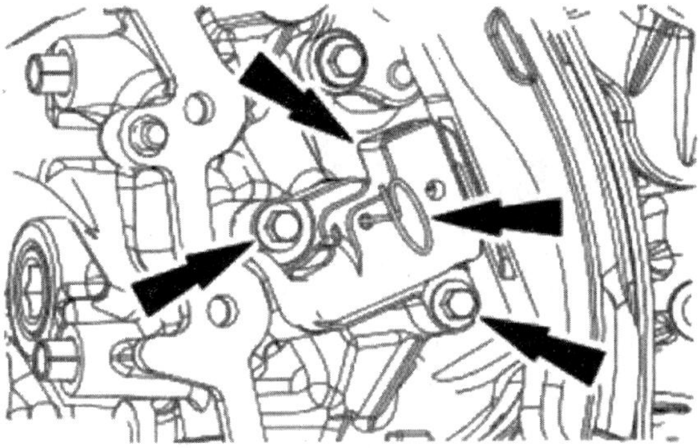

图 17-3-36 安装初级正时链条张紧器

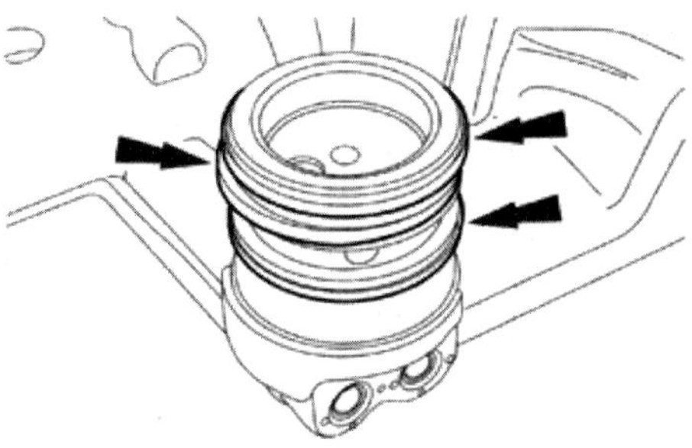

图 17-3-37 检查凸轮轴可变正时组件壳体密封

21. 安装左侧凸轮轴可变正时组件壳体，按照图 17-3-38 所示的顺序紧固 3 个螺栓。紧固力矩为 10N·m。

22. 安装右侧凸轮轴可变正时组件壳体，按照图 17-3-39 所示的顺序紧固 3 个螺栓。紧固力矩为 10N·m。

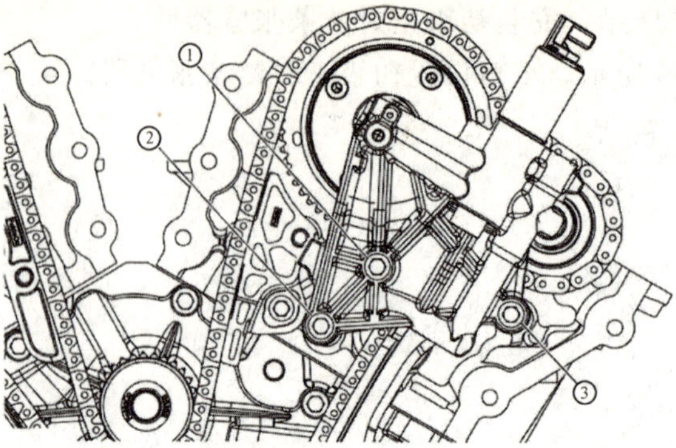

图 17-3-38　左侧凸轮轴可变正时组件壳体螺栓紧固顺序

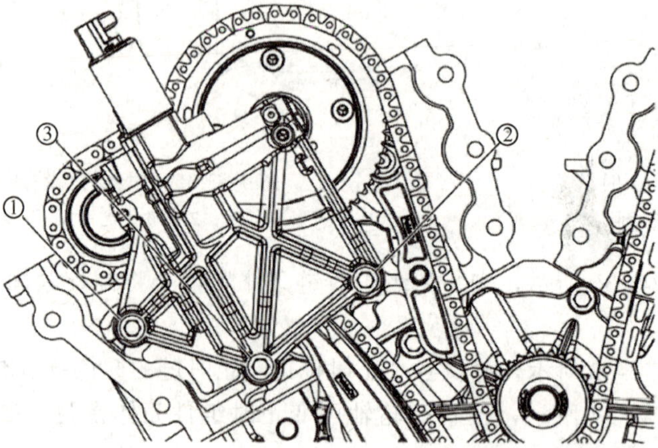

图 17-3-39　右侧凸轮轴可变正时组件壳体螺栓紧固顺序

23. 安装发动机前盖。

第四节　MKT（3.5T 发动机）轿车

林肯 MKT（3.5T 发动机）轿车的正时校对方法与 MKZ 轿车相同。

第五节　MKS（3.5T 发动机）轿车

林肯 MKS（3.5T 发动机）轿车的正时校对方法与 MKZ 轿车相同。

第十八章 MERCEDES-BENZ（奔驰）车系

第一节 A级轿车（168底盘）

A140轿车/A160轿车/A190轿车正时校对

1. A140轿车/A160轿车/A190轿车正时链条部件识别（图18-1-1）
2. A140轿车/A160轿车/A190轿车正时校对步骤操作（表18-1-1）

表18-1-1 A140轿车/A160轿车/A190轿车正时校对操作步骤

1	把发动机和副车架作为一个整体拆下
2	将发动机设置到1缸上止点位置（图18-1-1中的1）
3	确保凸轮轴正时标记对齐（图18-1-1中的2）
4	如果要维修发动机，先把正时链条张紧器总成拆下（图18-1-1中的3）
5	如果要转动凸轮轴，可用扳手固定住凸轮轴六角部位即可转动（图18-1-1中的4）。 注意：当曲轴设置在1缸上止点后30°时，转动凸轮轴不会造成气门与活塞产生干涉。 凸轮轴链轮螺栓为一次性使用，旧螺栓必须废弃，换用新螺栓
6	维修完毕后安装好正时链条张紧器并紧固至8N·m。 注意：安装正时链条张紧器时要注意使机油孔（图18-1-1中的5）对齐

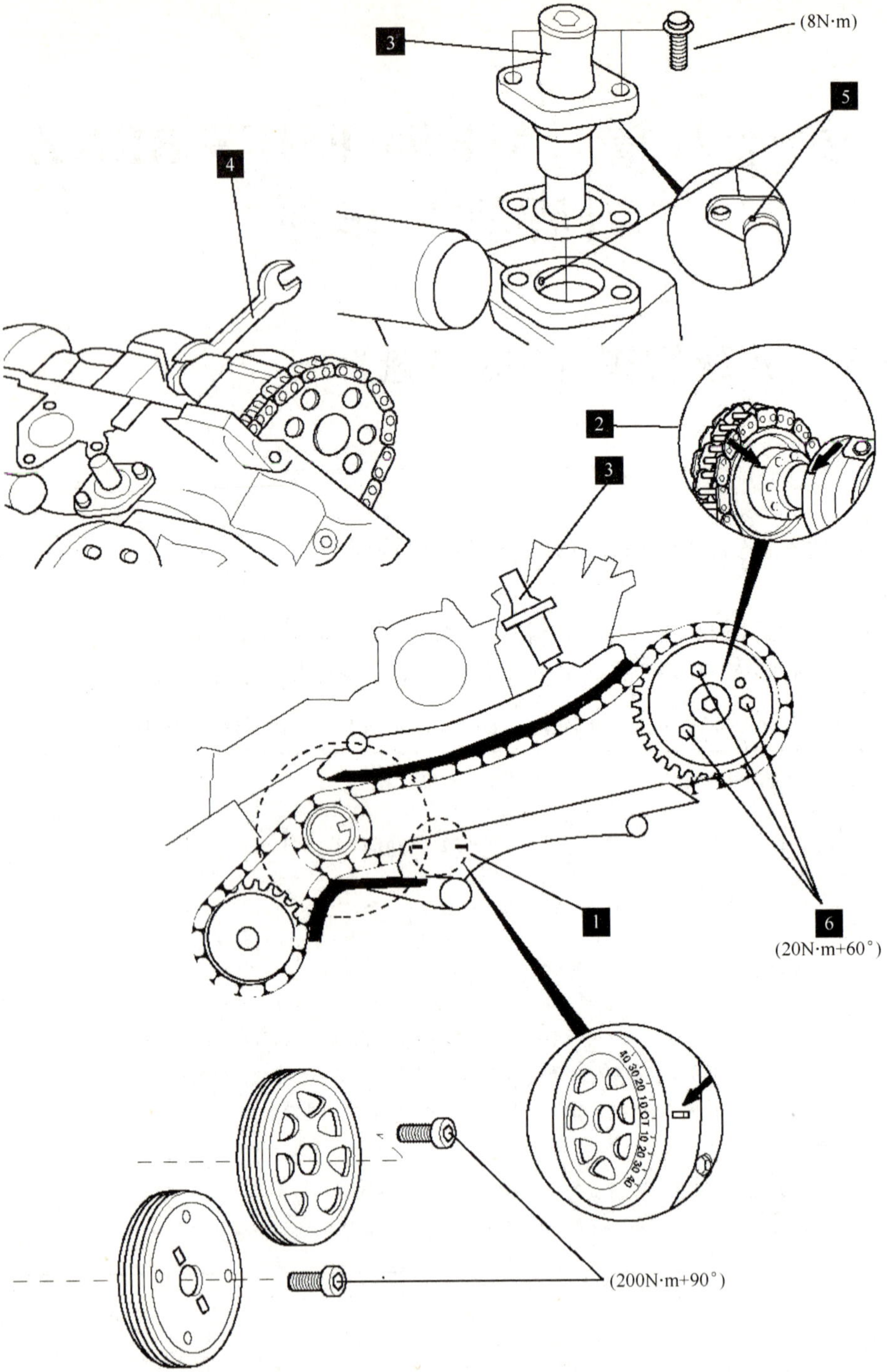

图 18-1-1　A140 轿车/A160 轿车/A190 轿车正时链条部件识别

第二节　B 级轿车（245 底盘）

B200 轿车正时校对

1. B200 轿车正时链条部件识别（图 18-2-1）

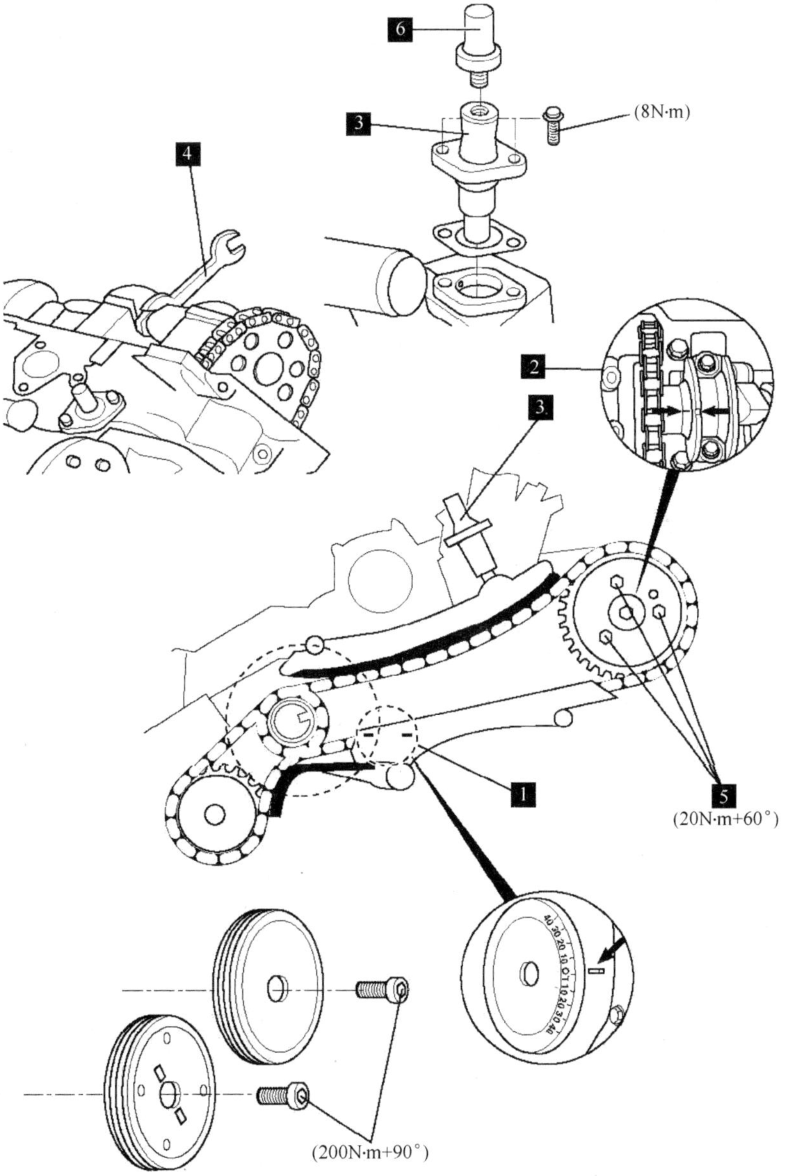

图 18-2-1　B200 轿车正时链条部件识别

2. B200 轿车正时校对操作步骤（表 18-2-1）

表 18-2-1　B200 轿车正时校对操作步骤

1	将发动机设置到 1 缸上止点位置（图 18-2-1 中的 1）
2	确保凸轮轴正时标记对齐（图 18-2-1 中的 2）
3	如果要维修发动机，先把正时链条张紧器总成拆下（图 18-2-1 中的 3）
4	如果要转动凸轮轴，可用扳手固定住凸轮轴六角部位即可转动（图 18-2-1 中的 4）。 注意：当曲轴设置在 1 缸上止点后 30°时，转动凸轮轴不会造成气门与活塞产生干涉。 凸轮轴链轮螺栓为一次性使用，旧螺栓必须废弃，换用新螺栓
5	维修完毕后安装好正时链条张紧器并紧固至 8N·m。 注意：有些发动机在正时链条张紧器上配有机油压力开关（图 18-2-1 中的 6）

第三节　R 级轿车（251 底盘）

一、R280/R300L 轿车 3.0L 发动机正时校对

1. R280/R300L 轿车 3.0L 发动机正时链条部件识别（图 18-3-1）

2. R280/R300L 轿车 3.0L 发动机正时校对操作步骤（表 18-3-1）

注意：更换正时链条时，不必拆卸发动机。使用专用工具可以把新的正时链条连接到旧正时链条上，然后绕过链轮接好。

表 18-3-1　R280/R300L 轿车 3.0L 发动机正时校对操作步骤

步　骤	操 作 方 法
1	更换正时链条前先从右侧气缸盖上拆下凸轮轴
2	利用曲轴带轮上的 305°标记（图 18-3-1 中的 1）把发动机设置到 1 缸上止点前 55°位置
3	拆下凸轮轴位置传感器（图 18-3-1 中的 2）
4	确保凸轮轴链轮上的正时标记对准（图 18-3-1 中的 3）。 注意：凸轮轴链轮上的正时标记（图 18-3-1 中的 3）必须与凸轮轴位置传感器孔（图 18-3-1 中的 4）的中心对准
5	顺时针转动曲轴，使曲轴键槽位于 12 点钟位置（图 18-3-1 中的 5）
6	确保平衡轴配重与曲轴箱上的正时标记对准（图 18-3-1 中的 6）
7	拆下气缸盖前罩，顺时针转动曲轴使发动机设置到 1 缸上止点后 40°位置（图 18-3-1 中的 7）；确保凸轮轴链轮上的正时标记与气缸盖边缘对齐（图 18-3-1 中的 8 和 9）
8	如果发动机配备的正时链条张紧器是 22mm 螺纹的，则要安装新的正时链条张紧器并将其紧固至 70N·m
9	如果发动机配备的正时链条张紧器是 24mm 螺纹的，在安装前先要分解： （1）拆下正时链条张紧器螺母（图 18-3-1 中的 10）。 （2）拆下销子（图 18-3-1 中的 11）和弹簧（图 18-3-1 中的 12）。 （3）沿图 18-3-1 中箭头所示方向把张紧器柱塞（图 18-3-1 中的 13）推入张紧器壳体（图 18-3-1 中的 14）
10	安装正时链条张紧器： （1）安装张紧器壳体（图 18-3-1 中的 14）并紧固至 70N·m。 （2）把柱塞（图 18-3-1 中的 13）、弹簧（图 18-3-1 中的 12）和销子（图 18-3-1 中的 11）插入张紧器壳体内。 （3）换装新的密封环（图 18-3-1 中的 15）。 （4）安装正时链条张紧器螺母（图 18-3-1 中的 10）并紧固至 50N·m
11	将凸轮轴链轮螺栓紧固至 145N·m（图 18-3-1 中的 16 和 17）
12	把曲轴带轮螺栓紧固至 200N·m+90°

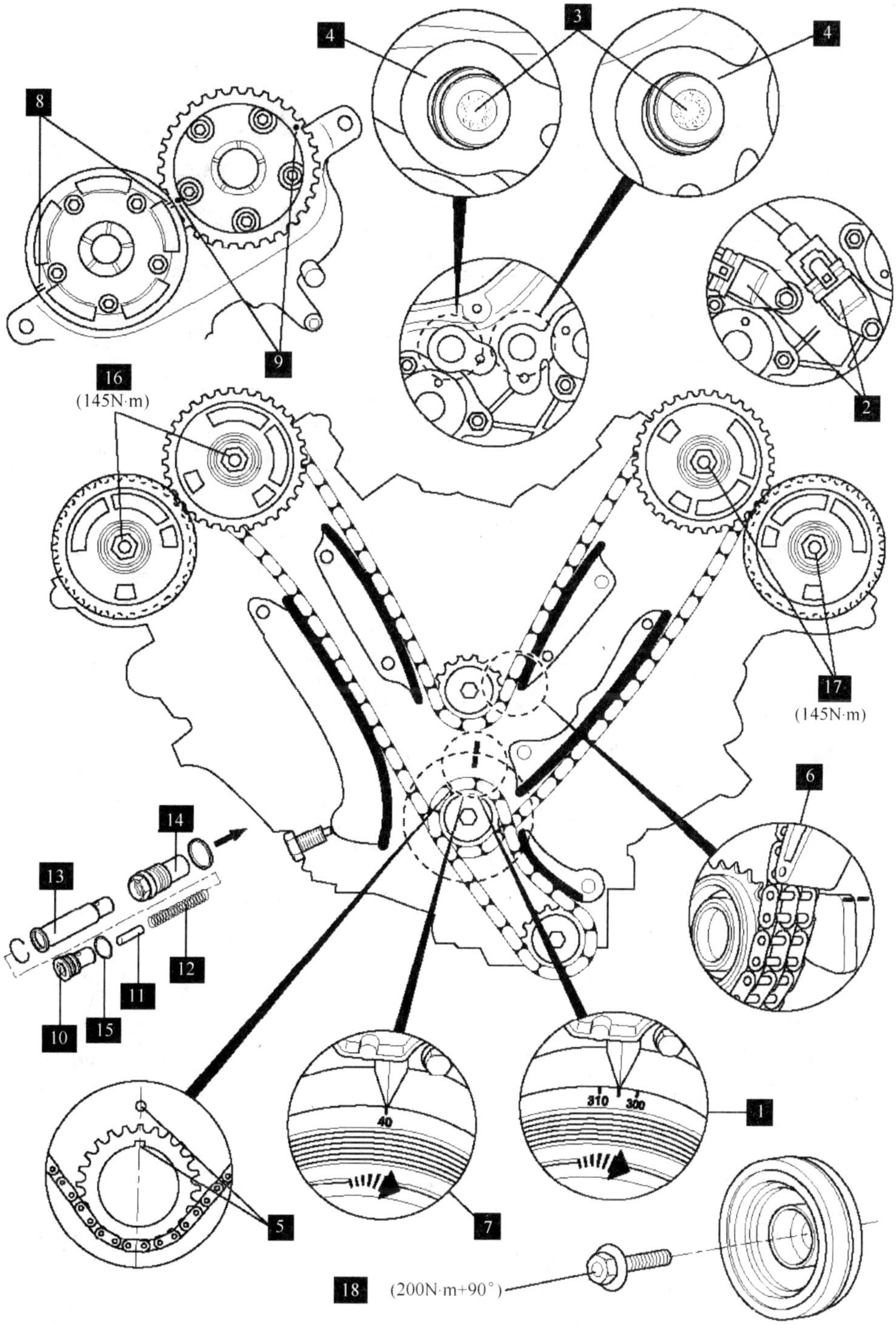

图 18-3-1　R280/R300L 轿车 3.0L 发动机正时链条部件识别

二、R500 轿车 5.0L 发动机正时校对

1. R500 轿车 5.0L 发动机正时链条部件识别（图 18-3-2）

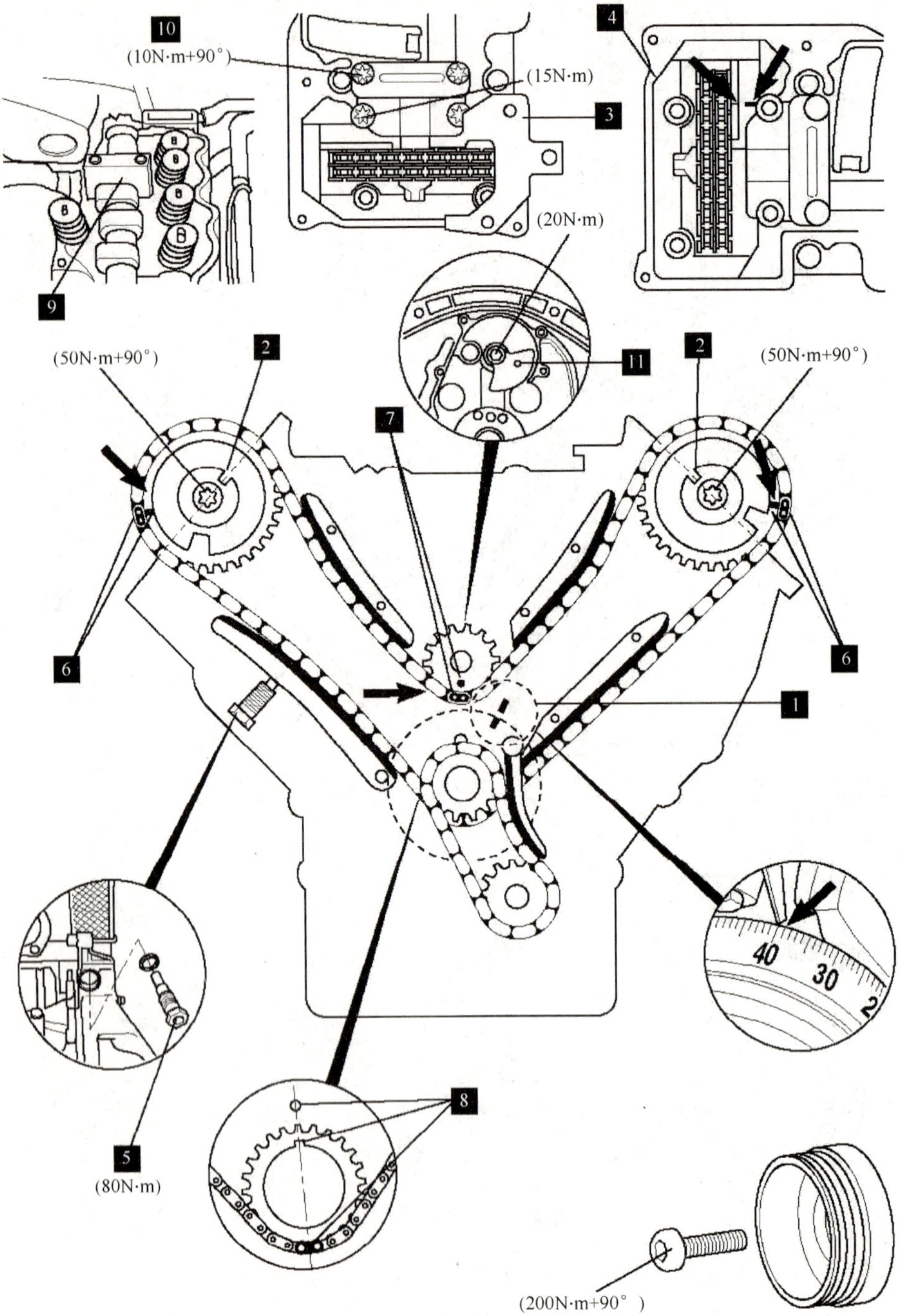

图 18-3-2 R500 轿车 5.0L 发动机正时链条部件识别

2. R500 轿车 5. 0L 发动机正时校对操作步骤（表 18-3-2）

表 18-3-2 R500 轿车 5. 0L 发动机正时校对操作步骤

步骤	操作方法
1	将发动机设置到 1 缸上止点后 40°的位置（图 18-3-2 中的 1）
2	确保每个凸轮轴上的平行槽（图 18-3-2 中的 2）与气缸缸盖中心的边缘对齐
3	将凸轮轴锁止工具（图 18-3-2 中的 3）安装到凸轮轴上
4	在修理发动机之前，拆下正时链条张紧器总成（图 18-3-2 中的 5）
5	装配时，要将发动机 1 缸活塞设置在上止点后 40°的位置并且使正时链条上的黄铜色链节与凸轮轴链轮（图 18-3-2 中的 6）上的正时标记对齐；与惰轮链轮上的正时标记（图 18-3-2 中的 7）对齐；还要与曲轴键槽和正时标记对齐（图 18-3-2 中的 8）
6	如果需要更换正时链条，则执行如下步骤： （1）从右凸轮轴上拆下包括轴承盖在内的摇臂轴总成。 （2）安装凸轮轴固定盖（图 18-3-2 中的 9），不要拧紧。 （3）将正时链条安装到凸轮轴链轮固定工具上。 （4）用专用工具将新正时链条连接到旧正时链条的右边链板上，转动曲轴，让正时链条绕过链轮，然后接到一起。 注意：摇臂轴装配螺栓（M7×84mm，图 18-3-2 中的 10）只能使用一次
7	维修完毕后安装正时链条张紧器
8	换装新的曲轴皮带轮中心螺栓并紧固至 200N・m＋90°。 注意：在拆卸/安装曲轴皮带轮螺栓时，要使用曲轴皮带轮固定工具，而不要锁止飞轮/驱动盘

三、R500 轿车 5. 5L 发动机正时校对

R500 轿车 5. 5L 发动机正时校对方法与 R300L 轿车 3. 0L 发动机正时校对方法相同。

四、R350 轿车 3. 5L 发动机正时校对

R350 轿车 3. 5L 发动机正时校对方法与 R300L 轿车 3. 0L 发动机正时校对方法相同。

第四节 C 级轿车（204 底盘）

一、C180K/C200K 轿车 1. 8L 发动机正时校对

1. C180K/C200K 轿车 1. 8L 发动机正时链条部件识别（图 18-4-1）

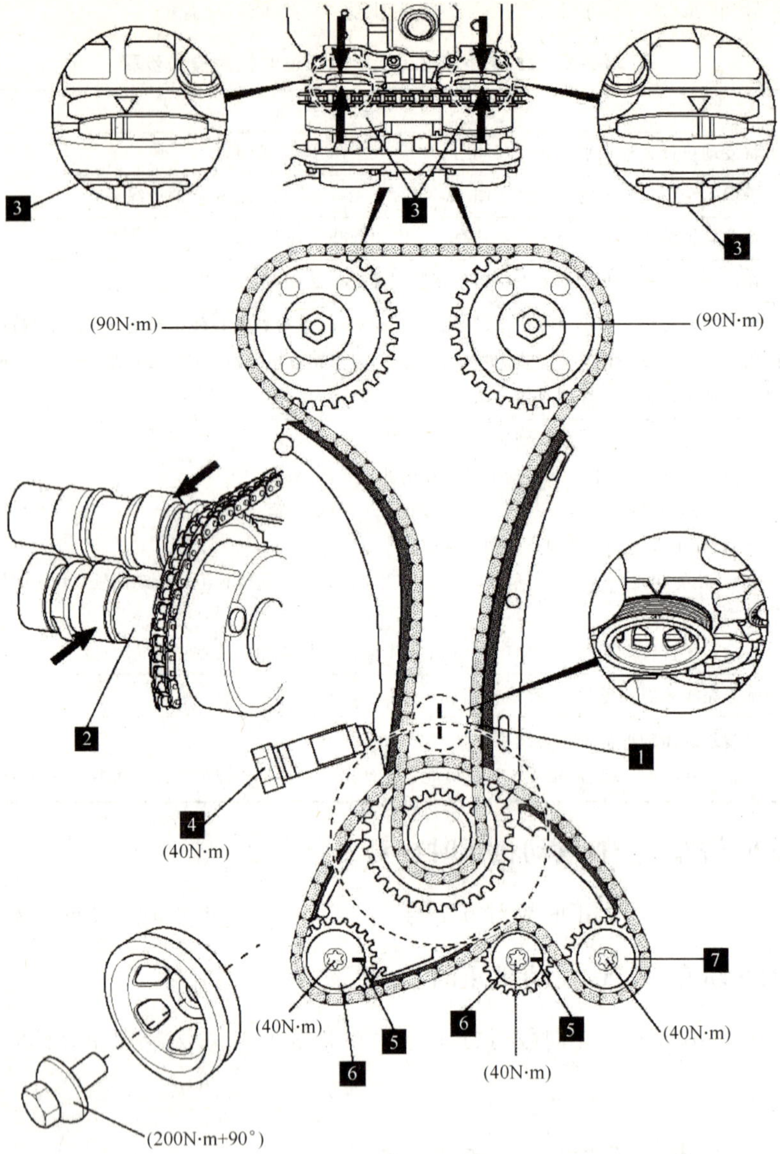

图 18-4-1 C180K/C200K 轿车 1.8L 发动机正时链条部件识别

2. C180K/C200K 轿车 1.8L 发动机正时校对操作步骤（表 18-4-1）

注意： 更换正时链条时，不必拆卸发动机。使用专用工具可以把新的正时链条连接到旧正时链条上，然后绕过链轮接好。

表 18-4-1 C180K/C200K 轿车 1.8L 发动机正时校对操作步骤

步 骤	操 作 方 法
1	把发动机设置到 1 缸上止点位置（图 18-4-1 中的 1）

续表

步　骤	操 作 方 法
2	确保1缸凸轮轴凸轮朝上（图18-4-1中的2）
3	确保2个凸轮轴上的正时标记对齐（图18-4-1中的3）
4	用凸轮轴固定工具转动凸轮轴
5	如果要修理发动机，则要先拆下正时链条张紧器（图18-4-1中的4）
6	发动机维修完毕后，安装正时链条张紧器并将张紧器固定螺栓紧固至40N·m
7	确保平衡轴（图18-4-1中的6）链轮上的槽（图18-4-1中的5）是水平状态并指向导向链轮（图18-4-1中的7）

二、C200 CDI/C220 CDI轿车发动机正时校对

1. C200 CDI/C220 CDI轿车发动机正时链条部件识别（图18-4-2）

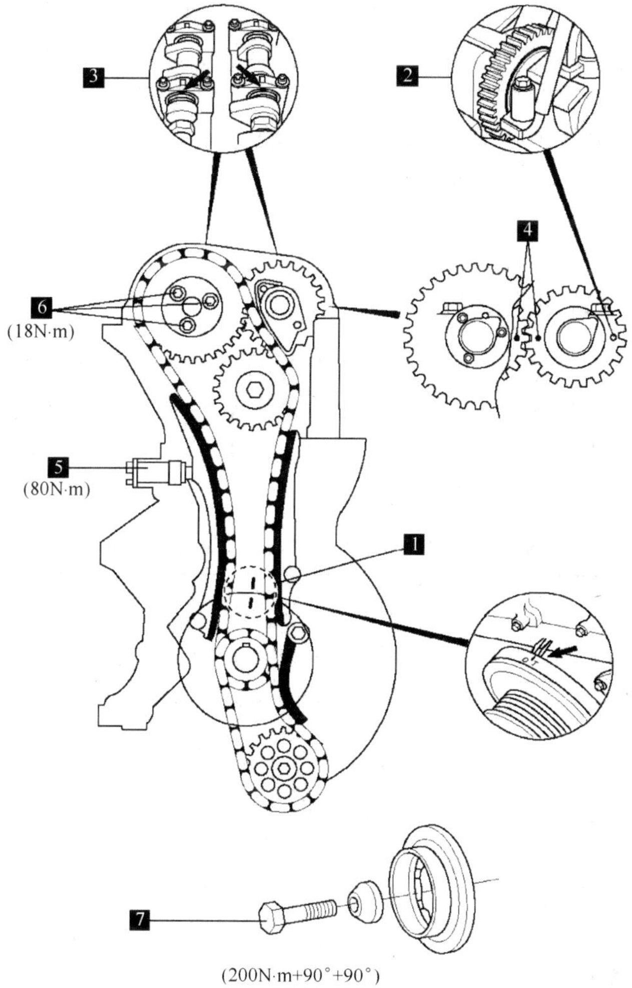

图18-4-2　C200 CDI/C220 CDI轿车发动机正时链条部件识别

2. C200 CDI/C220 CDI 轿车发动机正时校对操作步骤（表 18-4-2）

注意：更换正时链条时，不必拆卸发动机。使用专用工具可以把新的正时链条连接到旧正时链条上，然后绕过链轮接好。

表 18-4-2　C200 CDI/C220 CDI 轿车发动机正时校对操作步骤

步　骤	操作方法
1	将发动机设置到 1 缸上止点位置（图 18-4-2 中的 1）
2	把锁止销插入进气凸轮轴链轮内（图 18-4-2 中的 2）
3	确保凸轮轴上的各个正时标记对齐（图 18-4-2 中的 3 和 4）
4	如果要维修发动机，则先要拆下正时链条张紧器总成（图 18-4-2 中的 5）
5	发动机维修完毕后，安装正时链条张紧器总成（图 18-4-2 中的 5）并紧固至 80N·m
6	紧固曲轴带轮螺栓（图 18-4-2 中的 7），紧固力矩为 200N·m + 90° + 90°

三、C230/C280/C300/C350 轿车正时校对

C230/C280/C300/C350 轿车正时校对操作步骤可参照 R280/R300L 轿车 3.0L 发动机正时校对操作步骤执行。

四、C320 CDI 轿车正时校对

1. C320 CDI 轿车发动机正时链条部件识别（图 18-4-3）

2. C320 CDI 轿车发动机正时校对操作步骤（表 18-4-3）

注意：更换正时链条时，不必拆卸发动机。使用专用工具可以把新的正时链条连接到旧正时链条上，然后绕过链轮接好。

表 18-4-3　C320 CDI 轿车发动机正时校对操作步骤

步　骤	操作方法
1	将发动机设置到 1 缸上止点位置（图 18-4-3 中的 1）
2	确保凸轮轴链轮上的正时标记对齐（图 18-4-3 中的 2 和 3）
3	确保平衡轴正时标记设置在 12 点钟位置（图 18-4-3 中的 4）
4	如果要维修发动机，则先要拆下正时链条张紧器总成（图 18-4-3 中的 5）
5	换装新的凸轮轴链轮螺栓，将螺栓紧固至 18N·m（图 18-4-3 中的 6）
6	发动机维修完毕后，安装正时链条张紧器总成（图 18-4-3 中的 5）并紧固至 80N·m
7	紧固曲轴带轮螺栓（图 18-4-3 中的 7），紧固力矩为 200N·m + 90° + 90°

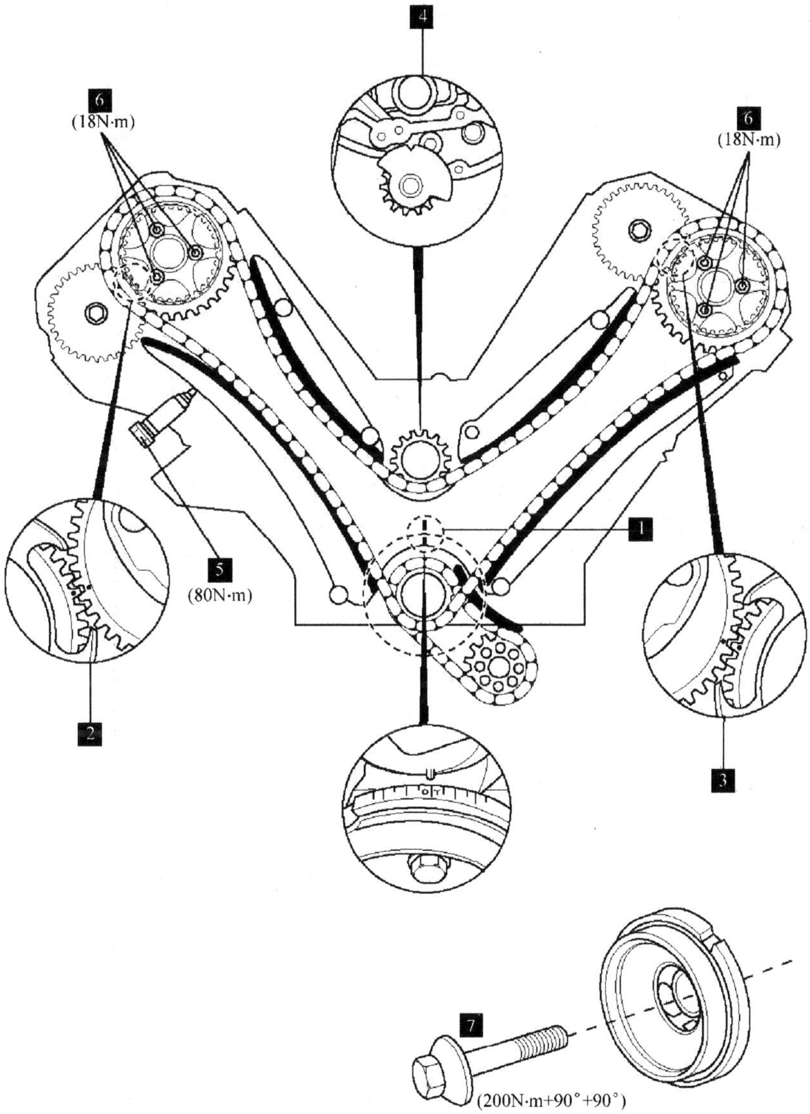

图 18-4-3 C320 CDI 轿车发动机正时链条部件识别

第五节 E 级轿车

一、E200K1.8L 轿车（211 底盘）正时校对

1. E200K 1.8L 轿车（211 底盘）正时链条部件识别（图 18-5-1）

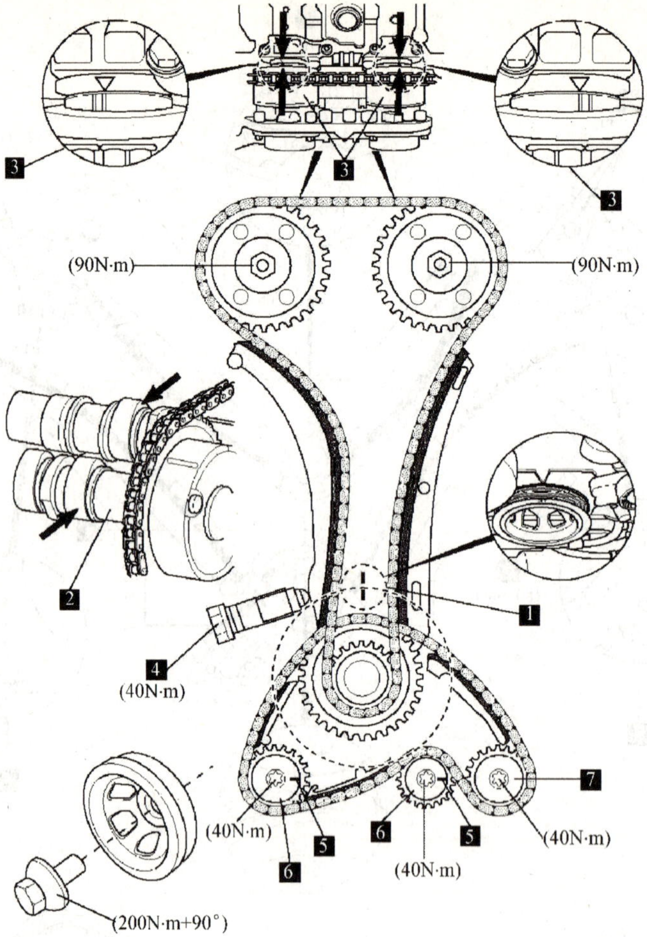

图 18-5-1　E200K 1.8L 轿车（211 底盘）正时链条部件识别

2. E200K 1.8L 轿车（211 底盘）正时校对操作步骤（表 18-5-1）

注意：更换正时链条时，不必拆卸发动机。使用专用工具可以把新的正时链条连接到旧正时链条上，然后绕过链轮接好。

表 18-5-1　E200K 1.8L 轿车（211 底盘）正时校对操作步骤

步　骤	操作方法
1	把发动机设置到 1 缸上止点位置（图 18-5-1 中的 1）
2	确保 1 缸凸轮轴凸轮朝上（图 18-5-1 中的 2）
3	确保 2 个凸轮轴上的正时标记对齐（图 18-5-1 中的 3）
4	用凸轮轴固定工具即可防止凸轮轴转动
5	如果要修理发动机，则要先拆下正时链条张紧器（图 18-5-1 中的 4）
6	发动机维修完毕后，安装正时链条张紧器并将张紧器固定螺栓紧固至 40N・m
7	确保平衡轴（图 18-5-1 中的 6）链轮上的槽（图 18-5-1 中的 5）是水平状态并指向导向链轮（图 18-5-1 中的 7）

二、E200 CGI 轿车（212 底盘）正时校对

1. E200 CGI 轿车（212 底盘）正时链条部件识别（图 18-5-2）

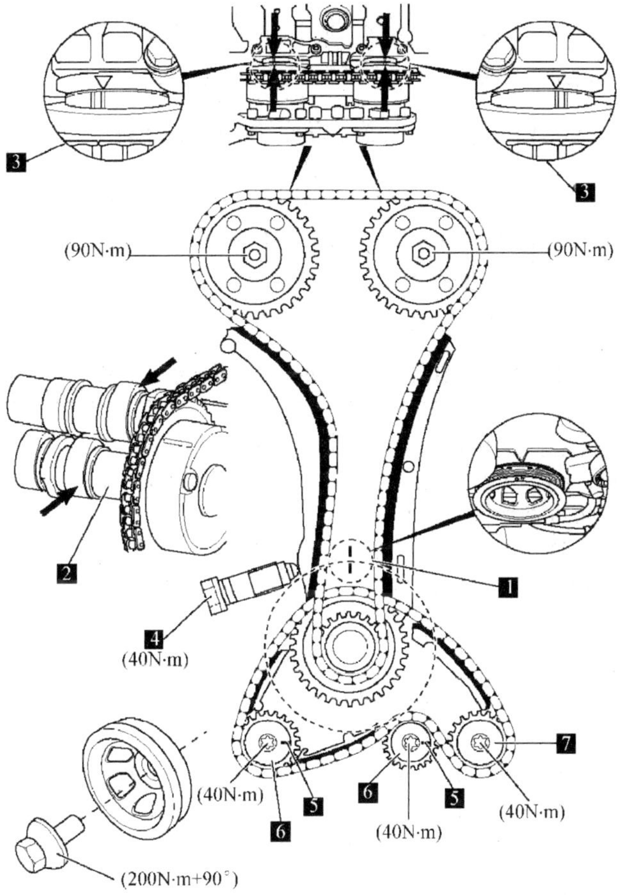

图 18-5-2 E200 CGI 轿车（212 底盘）正时链条部件识别

2. E200 CGI 轿车（212 底盘）正时校对操作步骤（表 18-5-2）

注意： 更换正时链条时，不必拆卸发动机。使用专用工具可以把新的正时链条连接到旧正时链条上，然后绕过链轮接好。

表 18-5-2 E200 CGI 轿车（212 底盘）正时校对操作步骤

步 骤	操作方法
1	把发动机设置到 1 缸上止点位置（图 18-5-2 中的 1）
2	确保 1 缸凸轮轴的各个凸轮均朝上（图 18-5-2 中的 2）
3	确保 2 个凸轮轴上的正时标记对齐（图 18-5-2 中的 3）
4	用凸轮轴固定工具即可防止凸轮轴转动

续表

步　骤	操作方法
5	如果要修理发动机，则要先拆下正时链条张紧器（图 18-5-2 中的 4）
6	发动机维修完毕后，安装正时链条张紧器并将张紧器固定螺栓紧固至 40N・m
7	确保平衡轴（图 18-5-2 中的 6）链轮上的槽（图 18-5-2 中的 5）是水平状态并指向导向链轮（图 18-5-2 中的 7）

三、E350 轿车（211 底盘）3. 5L 发动机正时校对

1. E350（211 底盘）轿车 3. 5L 发动机正时链条部件识别（图 18-5-3）

2. E350（211 底盘）轿车 3. 5L 发动机正时校对操作步骤（表 18-5-3）

注意：更换正时链条时，不必拆卸发动机。使用专用工具可以把新的正时链条连接到旧正时链条上，然后绕过链轮接好。

表 18-5-3　E350（211 底盘）轿车 3. 5L 发动机正时校对操作步骤

步　骤	操作方法
1	更换正时链条前先从右侧气缸盖上拆下 2 个凸轮轴
2	利用曲轴带轮上的 305°标记（图 18-5-3 中的 1）把发动机设置到 1 缸上止点前 55°位置
3	拆下凸轮轴位置传感器（图 18-5-3 中的 2）
4	确保各个凸轮轴链轮上的正时标记对准（图 18-5-3 中的 3）。 注意：凸轮轴链轮上的正时标记（图 18-5-3 中的 3）必须与凸轮轴位置传感器孔（图 18-5-3 中的 4）的中心对准
5	顺时针转动曲轴，使曲轴键槽位于 12 点钟位置（图 18-5-3 中的 5）
6	确保平衡轴配重与曲轴箱上的正时标记对准（图 18-5-3 中的 6）
7	拆下气缸盖前罩，顺时针转动曲轴使发动机设置到 1 缸上止点后 40°位置（图 18-5-3 中的 7）；确保凸轮轴链轮上的正时标记与气缸盖边缘对齐（图 18-5-3 中的 8 和 9）
8	如果发动机配备的正时链条张紧器是 22mm 螺纹的，则要安装新的正时链条张紧器并将其紧固至 70N・m
9	如果发动机配备的正时链条张紧器是 24mm 螺纹的，在安装前先要分解： （1）拆下正时链条张紧器螺母（图 18-5-3 中的 10）。 （2）拆下销子（图 18-5-3 中的 11）和弹簧（图 18-5-3 中的 12）。 （3）沿图 18-5-3 中箭头所示方向把张紧器柱塞（图 18-5-3 中的 13）推入张紧器壳体（图 18-5-3 中的 14）
10	安装正时链条张紧器： （1）安装张紧器壳体（图 18-5-3 中的 14）并紧固至 70N・m。 （2）把柱塞（图 18-5-3 中的 13）、弹簧（图 18-5-3 中的 12）和销子（图 18-5-3 中的 11）插入张紧器壳体内（图 18-5-3 中的 14）。 （3）换装新的密封环（图 18-5-3 中的 15）。 （4）安装正时链条张紧器螺母（图 18-5-3 中的 10）并紧固至 50N・m
11	将凸轮轴链轮螺栓紧固至 145N・m（图 18-5-3 中的 16 和 17）
12	把曲轴带轮螺栓紧固至 200N・m＋90°

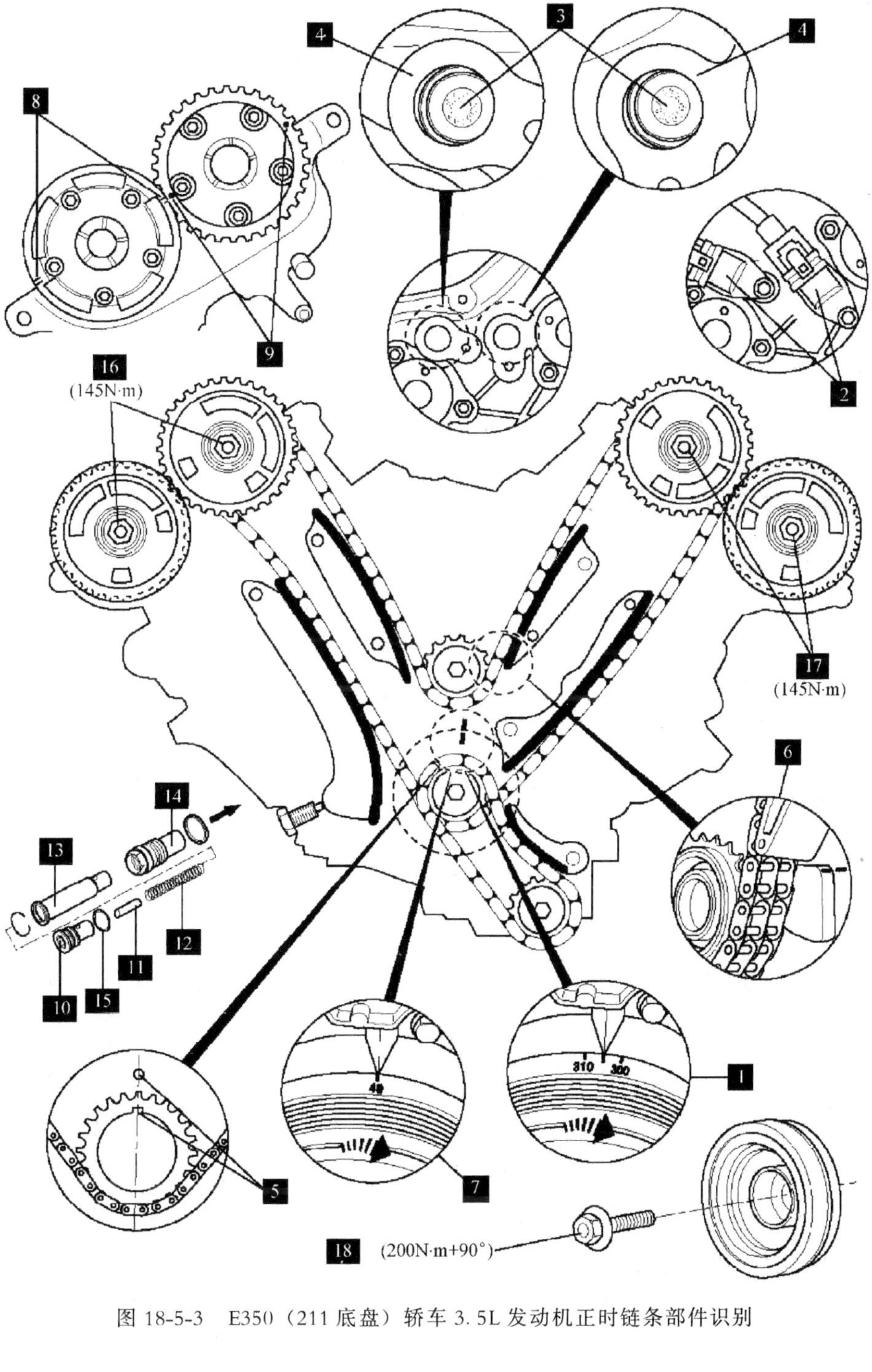

图 18-5-3 E350（211 底盘）轿车 3.5L 发动机正时链条部件识别

四、E500 轿车（211 底盘）5.0L 发动机正时校对

1. E500 轿车 5.0L（113.960 发动机）正时校对方法与第三节 R500 轿车 5.0L 发动机正时校对方法相同。

2. E500 轿车 5.0L（273.960 发动机）正时校对方法与 E350 轿车 3.5L 发动机正时校对方法相同。

第六节　CLS 级轿车（219 底盘）

一、CLS320 CDI 轿车发动机正时校对

CLS320 CDI 轿车发动机正时校对方法与第四节 C320 CDI 轿车发动机正时校对方法相同。

二、CLS350 CGI/CLS350 轿车发动机正时校对

CLS350 CGI/CLS350 轿车发动机正时校对与第五节 E350（211 底盘）轿车 3.5L 发动机正时校对方法相同。

三、CLS500 轿车 5.0L 发动机正时校对

1. CLS500 轿车 5.0L 发动机正时链条部件识别（图 18-6-1）

2. CLS500 轿车 5.0L 发动机正时校对操作步骤（表 18-6-1）

表 18-6-1　CLS500 轿车 5.0L 发动机正时校对

步　骤	操作方法
1	将发动机设置到 1 缸上止点后 40°的位置（图 18-6-1 中的 1）
2	确保每个凸轮轴上的平行槽（图 18-6-1 中的 2）与气缸缸盖中心的边缘对齐
3	将凸轮轴锁止工具（图 18-6-1 中的 3）安装到凸轮轴上
4	在修理发动机之前，拆下正时链条张紧器总成（图 18-6-1 中的 5）
5	装配时，要将发动机 1 缸活塞设置在上止点后 40°的位置并且使正时链条上的黄铜色链节与凸轮轴链轮（图 18-6-1 中的 6）上的正时标记对齐；与惰轮链轮上的正时标记（图 18-6-1 中的 7）对齐；还要与曲轴键槽和正时标记对齐（图 18-6-1 中的 8）
6	如果需要更换正时链条，则执行如下步骤： （1）从右凸轮轴上拆下包括轴承盖在内的摇臂轴总成。 （2）安装凸轮轴固定盖（图 18-6-1 中的 9），不要拧紧。 （3）将正时链条安装到凸轮轴链轮固定工具上。 （4）用专用工具将新正时链条连接到旧正时链条的右边链板上，转动曲轴，让正时链条绕过链轮，然后接到一起。 注意：摇臂轴装配螺栓（M7×84mm，图 18-6-1 中的 10）只能使用一次
7	维修完毕后安装正时链条张紧器
8	换装新的曲轴皮带轮中心螺栓并紧固至 200N·m+90°。 注意：在拆卸/安装曲轴皮带轮螺栓时，要使用曲轴皮带轮固定工具，而不要锁止飞轮/驱动盘

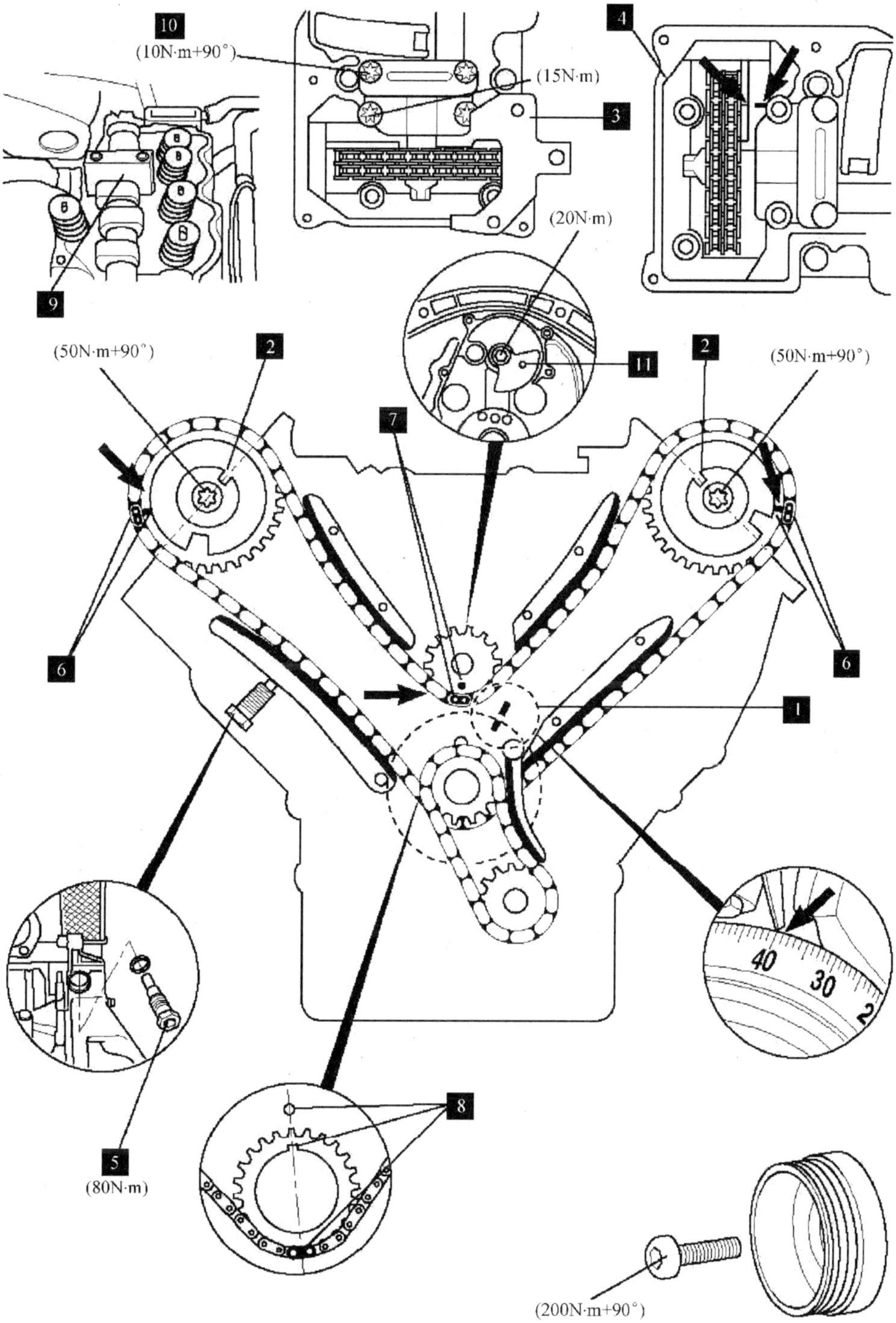

图 18-6-1 CLS500 轿车 5.0L 发动机正时链条部件识别

四、CLS500 轿车 5.5L 发动机正时校对

CLS500 轿车 5.5L 发动机正时校对方法与 E350（211 底盘）轿车 3.5L 发动机正时校对方法相同。

第七节 GL 级轿车（164 底盘）

一、GL320 CDI 轿车 3.0L 发动机正时校对

GL 320 CDI 轿车 3.0L 发动机正时链条校对步骤与第四节 C320 CDI 轿车发动机正时步骤相同。

二、GL420 CDI 轿车 4.0L 发动机正时校对

1. GL 420 CDI 轿车 4.0L 发动机正时链条部件识别（图 18-7-1）

2. GL 420 CDI 轿车 4.0L 发动机正时校对操作步骤（表 18-7-1）

注意：更换正时链条时，不必拆卸发动机。使用专用工具可以把新的正时链条连接到旧正时链条上，然后绕过链轮接好。

表 18-7-1 GL 420 CDI 轿车 4.0L 发动机正时校对操作步骤

步骤	操作方法
1	将发动机设置到 1 缸上止点位置（图 18-7-1 中的 1）
2	确保凸轮轴的各个正时标记对齐（图 18-7-1 中的 2、3、4、5）。 注意：正时标记（图 18-7-1 中的 4）略微偏置是正确的
3	确保平衡轴定位工具能正确安装上（图 18-7-1 中的 6）
4	如果要维修发动机，则先要拆下正时链条张紧器总成（图 18-7-1 中的 7）
5	发动机维修完毕后，安装正时链条张紧器总成（图 18-7-1 中的 5）并紧固至 80N·m
6	紧固曲轴带轮螺栓（图 18-7-1 中的 7），紧固力矩为 200N·m + 90° + 90°

三、GL450 轿车 4.7L 发动机正时校对

GL450 轿车 4.7L 发动机正时校对方法与第五节 E350（211 底盘）轿车 3.5L 发动机正时校对方法相同。

四、GL500 轿车 5.5L 发动机正时校对

GL500 轿车 5.5L 发动机正时校对方法与第五节 E350（211 底盘）轿车 3.5L 发动机正时校对方法相同。

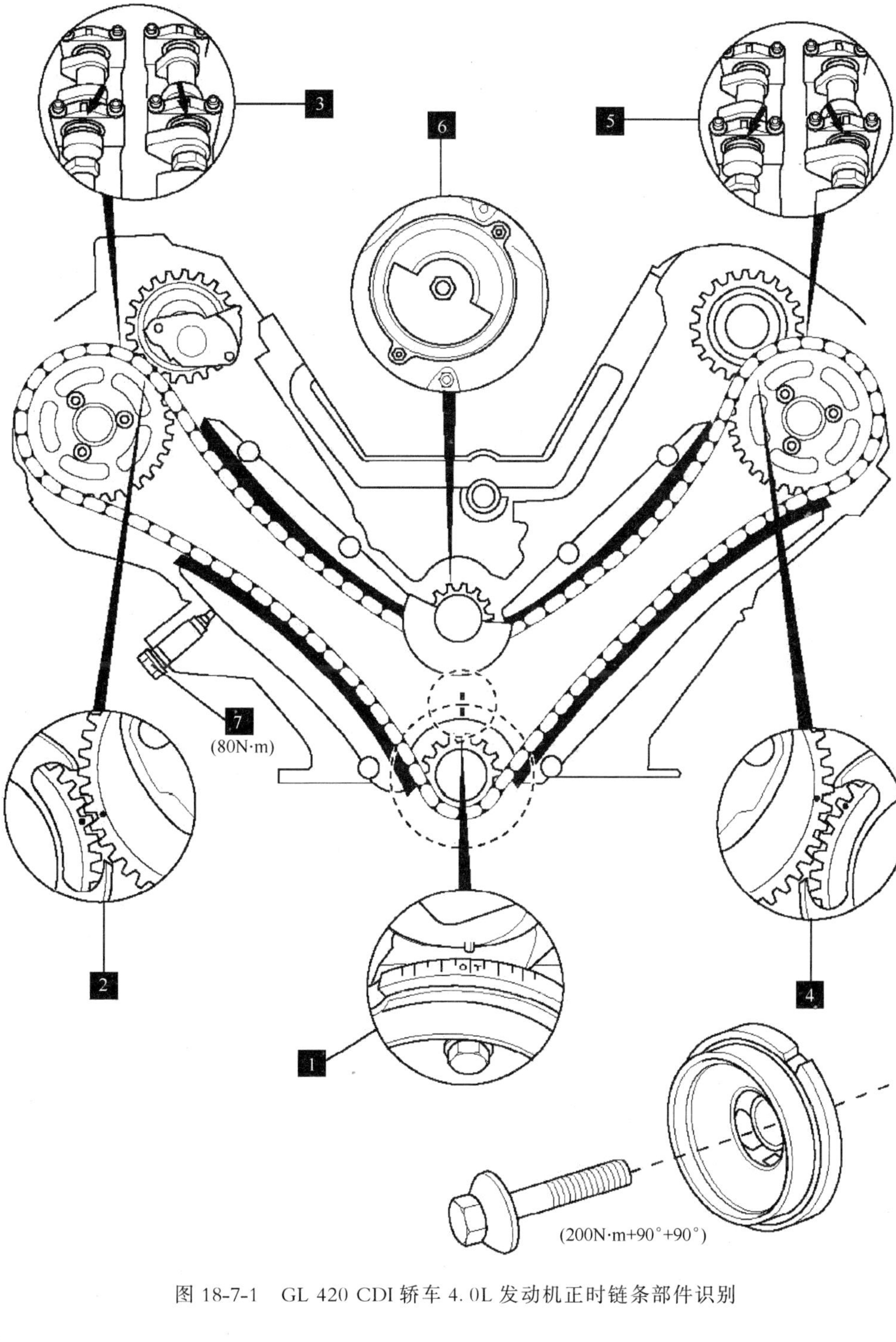

图 18-7-1　GL 420 CDI 轿车 4.0L 发动机正时链条部件识别

第八节 S级轿车（221底盘）

一、S65 AMG轿车6.0L发动机正时校对

1. S65 AMG轿车6.0L发动机正时链条部件识别（图18-8-1）
2. S65 AMG轿车6.0L发动机正时校对操作步骤（表18-8-1）

表18-8-1 S65 AMG轿车6.0L发动机正时校对操作步骤

步骤	操作方法
1	将发动机设置到1缸上止点后30°位置（图18-8-1中的1）
2	确保两个凸轮轴上的正时标记对齐（图18-8-1中的2）
3	安装凸轮轴锁止工具（图18-8-1中的3），安装时不要强行将工具安装到位
4	如果要维修发动机，则先要拆下正时链条张紧器总成（图18-8-1中的4）。 注意：转动曲轴使发动机设置到1缸上止点后30°位置后，即可转动凸轮轴，而不会使气门与活塞发生干涉
5	发动机维修完毕后，安装正时链条张紧器（图18-8-1中的4）并换装新的密封
6	润滑曲轴带轮中心螺栓（图18-8-1中的5）
7	紧固曲轴带轮螺栓（图18-8-1中的5），紧固力矩为275N·m+90°

二、S600轿车5.5L发动机正时校对

S600轿车5.5L发动机正时校对方法与S65 AMG轿车6.0L发动机正时校对方法相同。

三、S500轿车5.5L发动机正时校对

S500轿车5.5L发动机正时校对方法与E350（211底盘）轿车3.5L发动机正时校对方法相同。

四、S350轿车3.5L发动机正时校对

S350轿车3.5L发动机正时校对方法与E350（211底盘）轿车3.5L发动机正时校对方法相同。

五、S280/S300轿车3.0L发动机正时校对

S280/S300轿车3.0L发动机正时校对方法与E350（211底盘）轿车3.5L发动机正时校对方法相同。

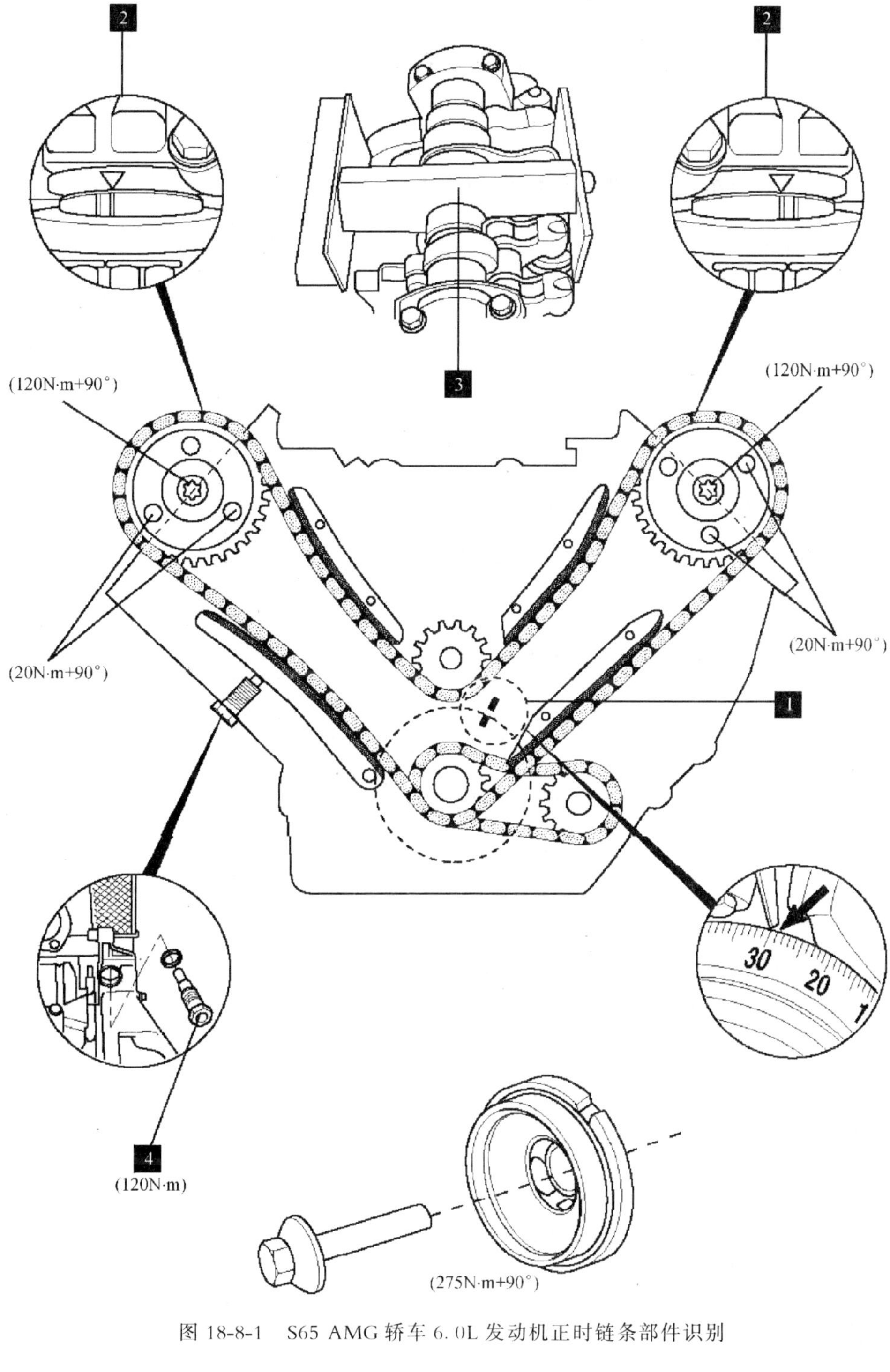

图 18-8-1 S65 AMG 轿车 6.0L 发动机正时链条部件识别

第九节　SL 级轿车（230 底盘）

一、SL600 轿车 5. 5L 发动机正时校对

SL600 轿车 5. 5L 发动机正时校对方法与第八节 S65 AMG 轿车 6. 0L 发动机正时校对方法相同。

二、SL500 轿车 5. 5L 发动机正时校对

SL500 轿车 5. 5L 发动机正时校对方法与第五节 E350（211 底盘）轿车 3. 5L 发动机正时方法相同。

三、SL500 轿车 5. 0L 发动机正时校对

1. SL500 轿车 5. 0L 发动机正时链条部件识别（图 18-9-1）
2. SL500 轿车 5. 0L 发动机正时校对操作步骤（表 18-9-1）

表 18-9-1　SL500 轿车 5. 0L 发动机正时校对操作步骤

步　骤	操作方法
1	将发动机设置到 1 缸上止点后 40°的位置（图 18-9-1 中的 1）
2	确保每个凸轮轴上的平行槽（图 18-9-1 中的 2）与气缸缸盖边缘对齐
3	将凸轮轴锁止工具（图 18-9-1 中的 3）安装到凸轮轴上
4	在修理发动机之前，拆下正时链条张紧器总成（图 18-9-1 中的 5）
5	装配时，要将发动机 1 缸活塞设置在上止点后 40°的位置并且使正时链条上的黄铜色链节与凸轮轴链轮（图 18-9-1 中的 6）上的正时标记对齐；与惰轮链轮上的正时标记（图 18-9-1 中的 7）对齐；还要与曲轴键槽和正时标记对齐（图 18-9-1 中的 8）
6	如果需要更换正时链条，则执行如下步骤： （1）从右凸轮轴上拆下包括轴承盖在内的摇臂轴总成。 （2）安装凸轮轴固定盖（图 18-9-1 中的 9），不要拧紧。 （3）将正时链条安装到凸轮轴链轮固定工具上。 （4）用专用工具将新正时链条连接到旧正时链条的右边链板上，转动曲轴，让正时链条绕过链轮，然后接到一起。 注意：摇臂轴装配螺栓（M7×84mm，图 18-9-1 中的 10）只能使用一次
7	维修完毕后安装正时链条张紧器
8	换装新的曲轴皮带轮中心螺栓并紧固至 200N·m+90°。 注意：在拆卸/安装曲轴皮带轮螺栓时，要使用曲轴皮带轮固定工具，而不要锁止飞轮/驱动盘

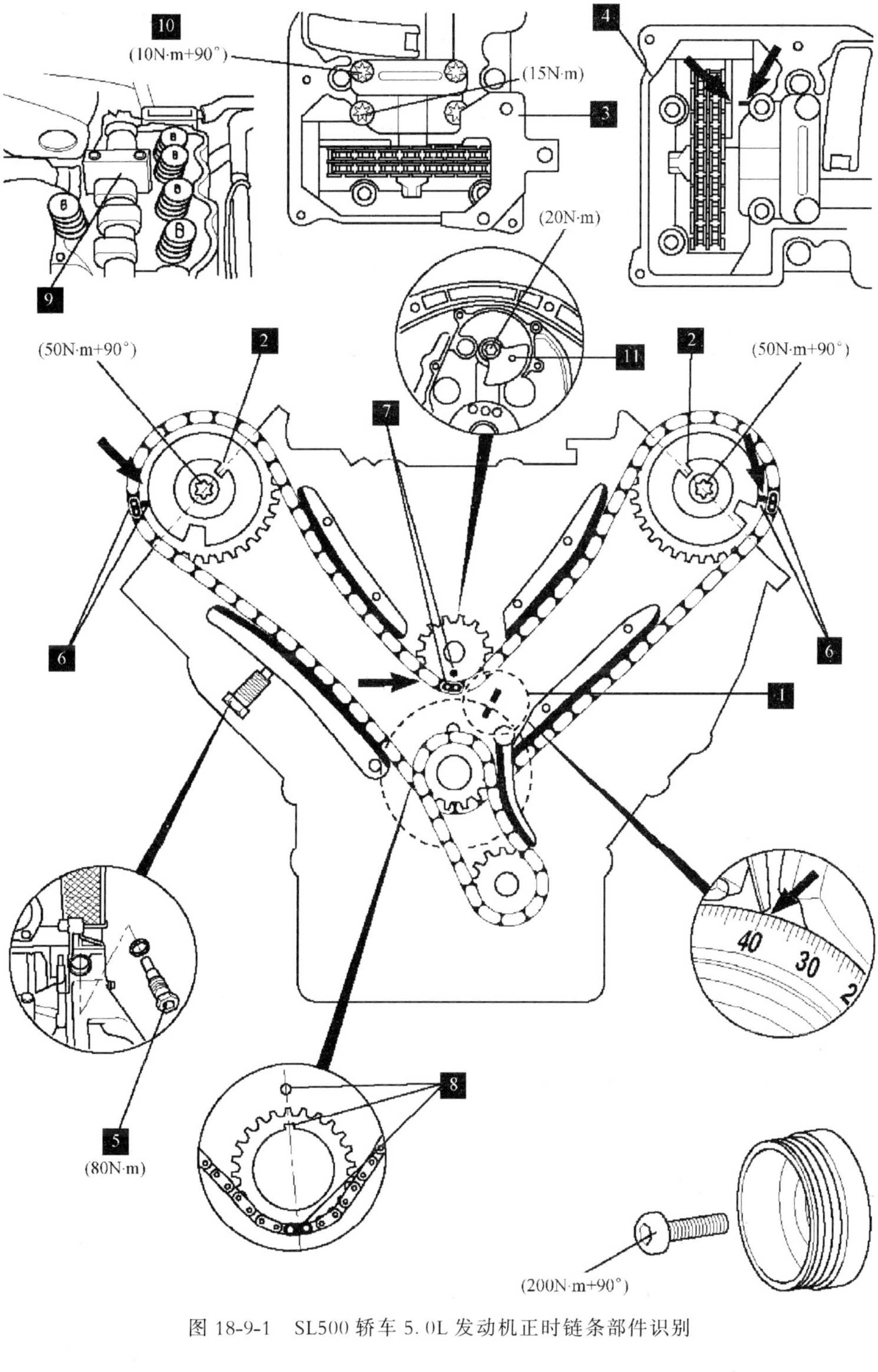

图 18-9-1　SL500 轿车 5.0L 发动机正时链条部件识别

四、SL350 轿车 3.7L 发动机正时校对

1. SL350 轿车 3.7L 发动机正时链条部件识别

SL350 轿车 3.7L 发动机正时链条部件与 SL500 轿车 5.0L 发动机正时链条部件相同，可参见图 18-9-1。

2. SL350 轿车 3.7L 发动机正时校对操作步骤（表 18-9-2）

表 18-9-2 SL350 轿车 3.7L 发动机正时校对操作步骤

1	将发动机 1 缸活塞设置到上止点后 40°的位置（图 18-9-1 中的 1）
2	确保每个凸轮轴上的平行槽（图 18-9-1 中的 2）与气缸缸盖边缘对准
3	将锁止工具（图 18-9-1 中的 3）安装到凸轮轴上
4	确保平衡轴上的正时标记（图 18-9-1 中的 4）对正
5	在修理发动机之前，拆下张紧器（图 18-9-1 中的 5）
6	装配时，要将发动机 1 缸活塞设置在上止点后 40°的位置并且使正时链条上的黄铜色链节与凸轮轴链轮（图 18-9-1 中的 6）上的正时标记对齐；与平衡轴链轮上的正时标记（图 18-9-1 中的 7）对齐；还要与曲轴键槽和正时标记对齐（图 18-9-1 中的 8）
7	如果需要更换正时链条，则执行如下步骤： （1）从右侧凸轮轴上拆下包括轴承盖在内的摇臂轴总成。 （2）安装凸轮轴固定盖（图 18-9-1 中的 9），不要拧紧。 （3）将正时链条安装到凸轮轴链轮固定工具上。 （4）用专用工具将新正时链条连接到旧正时链条的右边链板上，转动曲轴，让正时链条绕过链轮，然后接到一起。 注意：摇臂轴装配螺栓（M7×84mm，图 18-9-1 中的 10）只能使用一次
8	拆卸平衡轴的方法如下： （1）将合适的销子（图 18-9-1 中的 11）插到轴后部的平衡重上。 （2）拆下螺栓和平衡重。 （3）将平衡轴向前端拉出
9	发动机维修完毕后，安装正时链条张紧器
10	装配时润滑曲轴皮带轮中心螺栓。 注意：在拆卸/安装曲轴皮带轮螺栓时，要使用曲轴皮带轮固定工具，而不要锁止飞轮/驱动盘

五、SL350 轿车 3.5L 发动机正时校对

SL350 轿车 3.5L 发动机正时校对方法与第五节 E350（211 底盘）轿车 3.5L 发动机正时方法相同。

第十节　ML 级轿车（164 底盘）

一、ML350 轿车 3.5L 发动机正时校对

ML350 轿车 3.5L 发动机正时校对方法与第五节 E350（211 底盘）轿车 3.5L 发动机正时方法相同。

二、ML500 轿车 5.5L 发动机正时校对

ML500 轿车 5.5L 发动机正时校对方法与第五节 E350（211 底盘）轿车 3.5L 发动机正时方法相同。

三、ML500 轿车 5.0L 发动机正时校对

ML500 轿车 5.0L 发动机正时校对方法与第九节 SL500 轿车 5.0L 发动机正时校对方法相同。

第十九章　OPEL（欧宝）车系

第一节　ANTARA（安德拉）轿车

ANTARA 轿车 2. 4L 发动机正时皮带拆装步骤

1. ANTARA 轿车 2. 4L 发动机正时皮带部件识别（图 19-1-1）

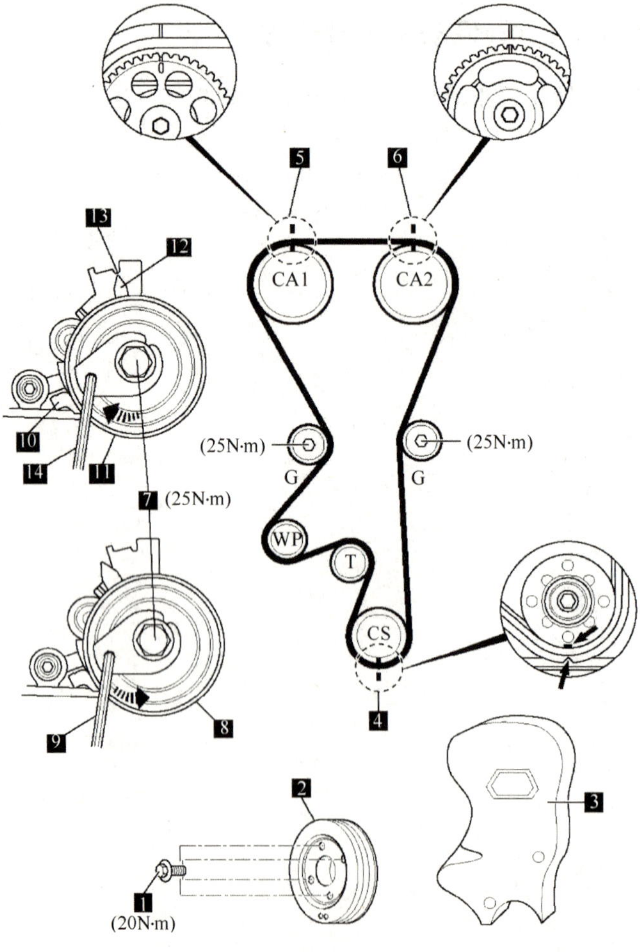

图 19-1-1　ANTARA 轿车 2. 4L 发动机正时皮带部件识别

2. ANTARA 轿车 2.4L 发动机正时皮带部件拆装步骤（表 19-1-1）

表 19-1-1 ANTARA 轿车 2.4L 发动机正时皮带部件拆装步骤

拆 卸	
步 骤	操 作 方 法
1	举升并支撑车辆前部
2	拆下发动机罩
3	断开进气温度传感器线束接头
4	从气缸盖罩上断开曲轴箱通风软管
5	拆下空气滤清器壳体
6	拆下发动机下部挡板
7	拆下右前车轮
8	拆下右侧挡泥板
9	拆下附件传动皮带
10	拆下曲轴皮带轮螺栓（图 19-1-1 中的 1）和曲轴皮带轮（图 19-1-1 中的 2）
11	支撑住发动机
12	拆下发动机右侧支座和正时皮带罩（图 19-1-1 中的 3）
13	顺时针转动曲轴，直至各个正时标记对齐（图 19-1-1 中的 4、5 和 6）
14	松开正时皮带张紧器轮螺栓（图 19-1-1 中的 7）
15	用六角扳手（图 19-1-1 中的 9）沿逆时针方向转动张紧器轮，使其离开正时皮带（图 19-1-1 中的 8）
16	略微拧紧正时皮带张紧器轮螺栓（图 19-1-1 中的 7）
17	拆下正时皮带
安 装	
步 骤	操 作 方 法
1	确保各个正时标记对齐（图 19-1-1 中的 4、5 和 6）
2	换装新的正时皮带张紧器轮螺栓（图 19-1-1 中的 7）并用手将螺栓拧紧
3	确保正时皮带张紧器轮的固定凸耳正确就位（图 19-1-1 中的 10）
4	安装正时皮带
5	松开正时皮带张紧器轮螺栓（图 19-1-1 中的 7）
6	用六角扳手（图 19-1-1 中的 14）顺时针转动正时皮带张紧器轮（图 19-1-1 中的 11）直至活动指针（图 19-1-1 中的 12）与槽口对准（图 19-1-1 中的 13）
7	将正时皮带张紧器轮螺栓（图 19-1-1 中的 7）紧固至 25N·m
8	将曲轴顺时针转动 2 周
9	确保各个正时标记对齐（图 19-1-1 中的 4、5 和 6）
10	确保活动指针（图 19-1-1 中的 12）与槽口对准（图 19-1-1 中的 13）
11	按照与拆卸相反的顺序安装其他部件
12	紧固曲轴皮带轮螺栓（图 19-1-1 中的 1），紧固力矩为 20N·m

第二节 ZAFIRA（赛飞利）轿车

ZAFIRA 轿车 1.8L（Z18XE）发动机正时皮带拆装步骤

1. ZAFIRA 轿车 1.8L（Z18XE）发动机正时皮带部件识别（图 19-2-1）

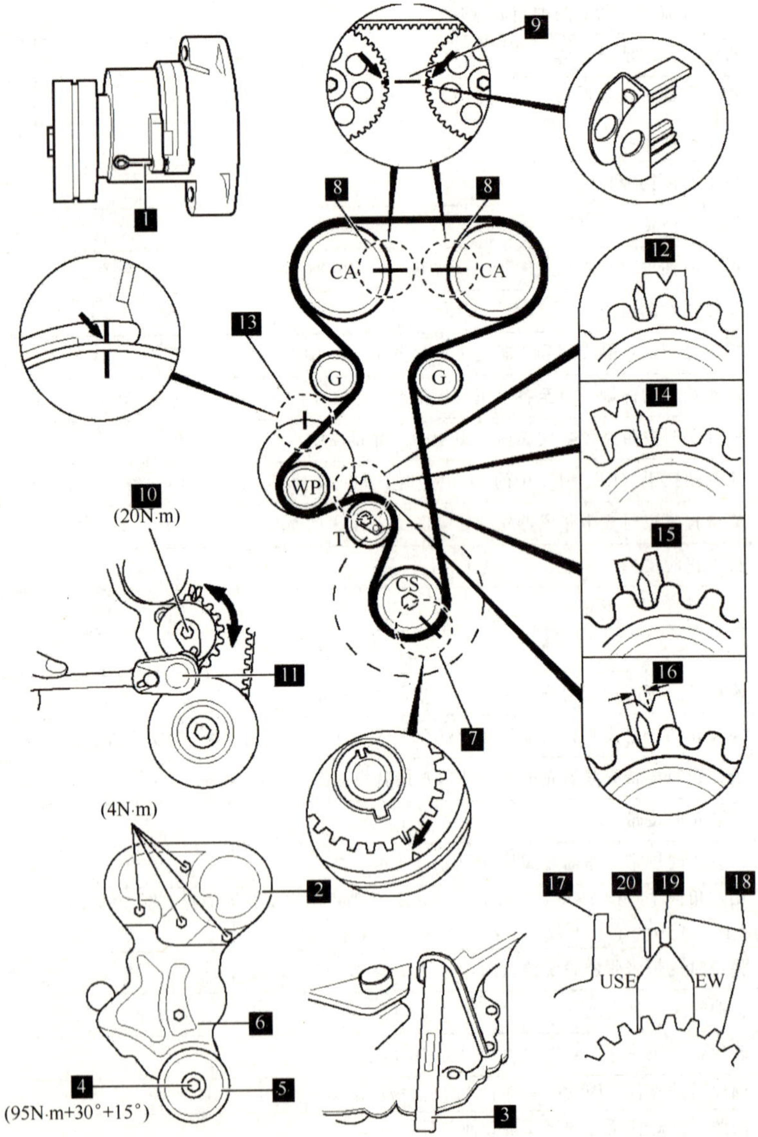

图 19-2-1 ZAFIRA 轿车 1.8L（Z18XE）发动机正时皮带部件

2. ZAFIRA 轿车 1.8L（Z18XE）发动机正时皮带拆装步骤（表 19-2-1）

表 19-2-1 ZAFIRA 轿车 1.8L（Z18XE）发动机正时皮带拆装步骤

拆　卸	
步　骤	操作方法
1	拆卸空气滤清器壳体
2	举升并支撑车辆
3	拆卸右前车轮
4	拆卸右侧内翼子板
5	拆卸发动机盖罩（如果配备）
6	用粉笔在发动机附件传动皮带上标记出旋转的方向
7	用扳手转动发动机附件传动皮带张紧器，放松传动皮带张力
8	用直径 4mm 的销子（图 19-2-1 中的 1）插入张紧器和固定支架的孔中
9	拆下发动机附件传动皮带
10	拆下正时皮带上盖（图 19-2-1 中的 2）
11	支撑发动机
12	拆下发动机附件传动皮带张紧器
13	拆下右侧发动机支座和支架
14	将锁止工具插入钟形壳体内锁止飞轮（图 19-2-1 中的 3）
15	拆下曲轴皮带轮螺栓（图 19-2-1 中的 4）
16	拆下曲轴皮带轮（图 19-2-1 中的 5）
17	拆下正时皮带底盖（图 19-2-1 中的 6）
18	拆下飞轮锁止工具（图 19-2-1 中的 3）
19	拆下凸轮轴位置传感器
20	暂时安装上曲轴皮带轮螺栓（图 19-2-1 中的 4）
21	顺时针转动曲轴，使曲轴设置到 1 缸压缩行程上止点位置。确保曲轴正时标记（图 19-2-1 中的 7）对齐
22	确保凸轮轴皮带轮上的正时标记与气缸盖顶面对齐（图 19-2-1 中的 8）
23	用专用工具锁止凸轮轴皮带轮（图 19-2-1 中的 9）
24	松开张紧器螺栓（图 19-2-1 中的 10）
25	用内六角扳手（图 19-2-1 中的 11）顺时针转动张紧器，直至指针到达左侧极限位置（类型 1：图 19-2-1中的 12；类型 2：图 19-2-1 中的 17）
26	轻轻拧紧张紧器螺栓（图 19-2-1 中的 10）
27	拆卸正时皮带。注意：如果要继续使用拆下的正时皮带，应用粉笔在正时皮带上标记出皮带的转动方向，以免安装时发生错装

续表

安　装	
步　骤	操作方法
1	确保水泵上的标记与气缸体上的标记对齐（图 19-2-1 中的 13）
2	确保正时标记对齐（图 19-2-1 中的 7 和 8）
3	从曲轴皮带轮开始，沿逆时针方向安装正时皮带
4	松开张紧器螺栓（图 19-2-1 中的 10）
5	用内六角扳手（图 19-2-1 中的 11）逆时针转动张紧器，直至指针达到右侧极限位置（类型 1：图 19-2-1中的 14；类型 2：图 19-2-1 中的 18）
6	轻轻拧紧张紧器螺栓（图 19-2-1 中的 10）
7	从凸轮轴皮带轮上拆下锁止工具（图 19-2-1 中的 9）
8	顺时针转动曲轴 2 周。确保正时标记对齐（图 19-2-1 中的 7 和 8）
9	用锁止工具（图 19-2-1 中的 9）锁止凸轮轴链轮
10	松开张紧器螺栓（图 19-2-1 中的 10）
11	顺时针转动张紧器，直至指针对准如下位置：类型 1：如果换用新正时皮带，指针应对准 V 形槽（图 19-2-1 中的 15）；如果使用旧正时皮带，指针应对准 V 形槽左边（图 19-2-1 中的 16）。类型 2：如果换用新正时皮带，指针应对准对准标有“NEW”字母的槽（图 19-2-1 中的 19）；如果使用旧正时皮带，指针应对准标有“USED”字母的槽（图 19-2-1 中的 20）
12	轻轻拧紧张紧器螺栓（图 19-2-1 中的 10）
13	从凸轮轴皮带轮上拆下锁止工具（图 19-2-1 中的 9）
14	顺时针转动曲轴 2 周。确保正时标记对齐（图 19-2-1 中的 7 和 8）
15	将张紧器螺栓（图 19-2-1 中的 10）紧固至 20N·m
16	插入飞轮锁止工具（图 19-2-1 中的 3）
17	拆卸曲轴皮带轮螺栓（图 19-2-1 中的 4）
18	按照与拆卸相反的顺序安装其他部件
19	安装新的曲轴皮带轮螺栓，紧固至 95N·m + 30° + 15°
20	拆卸飞轮锁止工具（图 19-2-1 中的 3）

第三节　ASTRA（雅特）轿车

ASTRA 轿车 1.8L（Z18XE）发动机正时皮带拆装步骤与 ZAFIRA 轿车 1.8L（Z18XE）发动机正时皮带拆装步骤相同。

第四节　VRCTRA（威达）轿车

VECTRA 轿车 2.2L（Z22SE）发动机正时校对

1. VECTRA 轿车 2.2L（Z22SE）发动机正时链条部件识别（图 19-4-1）

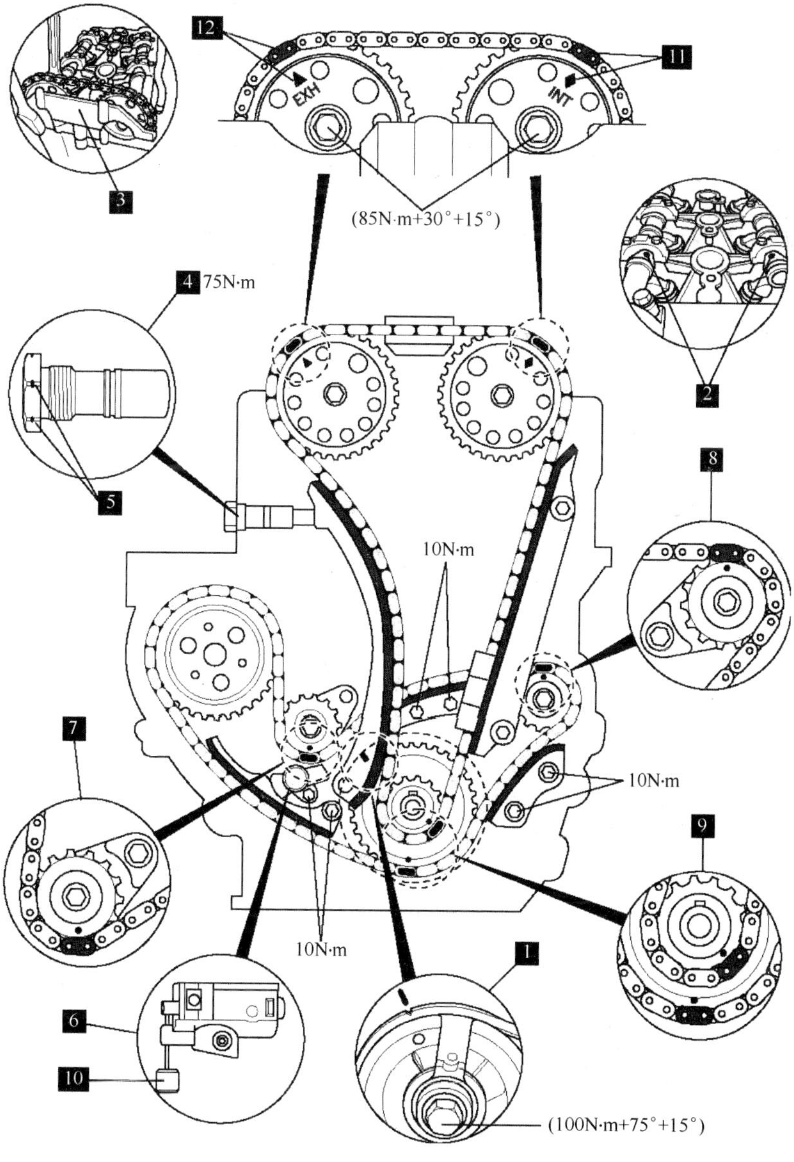

图 19-4-1　VECTRA 轿车 2.2L（Z22SE）发动机正时链条部件

2. VECTRA 轿车 2. 2L（Z22SE）发动机正时链条拆卸步骤（表 19-4-1）

表 19-4-1　VECTRA 轿车 2. 2L（Z22SE）发动机正时链条拆卸步骤

步　骤	操 作 方 法
1	确保 4 缸活塞在上止点位置（图 19-4-1 中的 1 和 2）
2	安装凸轮轴锁止工具（图 19-4-1 中的 3）
3	拆下正时链条张紧器（图 19-4-1 中的 4）
4	检查张紧器上的辨认标记（图 19-4-1 中的 5）。若张紧器上没有标记，则更换张紧器和张紧器导轨
5	拆卸凸轮轴锁止工具（图 19-4-1 中的 3）
6	拆卸排气凸轮轴链轮
7	拆卸进气凸轮轴链轮和正时链条
8	拆卸平衡轴链条张紧器（图 19-4-1 中的 6）
9	拆卸张紧器导轨和链条导向装置
10	拆卸平衡轴链条

3. VECTRA 轿车 2. 2L（Z22SE）发动机正时链条安装步骤（表 19-4-2）

表 19-4-2　VECTRA 轿车 2. 2L（Z22SE）发动机正时链条安装步骤

1	确保 4 缸活塞在上止点位置
2	安装平衡轴链条
3	将链条上的铜色链节与各个链轮上的正时部件对齐（图 19-4-1 中的 7、8、9）
4	安装正时链条导轨和张紧器导轨
5	锁止平衡轴链条张紧器： （1）顺时针转动活塞。 （2）将活塞压入张紧器壳体。 （3）插入张紧器锁止工具（图 19-4-1 中的 10）
6	安装平衡轴正时链条张紧器（图 19-4-1 中的 6）
7	拆下张紧器锁止工具（图 19-4-1 中的 10）
8	安装正时链条
9	安装进气凸轮轴链轮。注意：凸轮轴链轮螺栓只能使用一次
10	将链条上的铜色链节和凸轮轴链轮上的正时标记对齐（图 19-4-1 中的 11）
11	安装上部正时链条导向装置
12	安装下部正时链条导向装置
13	安装排气凸轮轴链轮
14	将链条上的铜色链节与凸轮轴链轮上的正时标记对齐（图 19-4-1 中的 12）
15	确保链条上的铜色链节和曲轴链轮上的正时标记对齐（图 19-4-1 中的 9）
16	安装正时链条张紧器导轨
17	锁止正时链条张紧器： （1）拆下张紧器活塞。 （2）顺时针转动内部活塞，直到使其锁止
18	重装张紧器活塞。注意：更换新的张紧器 O 形圈
19	使张紧器导轨短时压紧张紧器，使张紧器活塞解除锁止
20	确保正时标记对齐（图 19-4-1 中的 7、8、9、11 和 12）
21	顺时针转动曲轴 2 圈
22	确保 4 缸活塞在上止点的位置（图 19-4-1 中的 1 和 2）
23	安装凸轮轴锁止工具（图 19-4-1 中的 3）
24	拆下凸轮轴锁止工具（图 19-4-1 中的 3）

第五节 INSIGNIA（英速亚）轿车

一、INSIGNIA 轿车 2.0T 发动机正时链条部件识别（图 19-5-1）

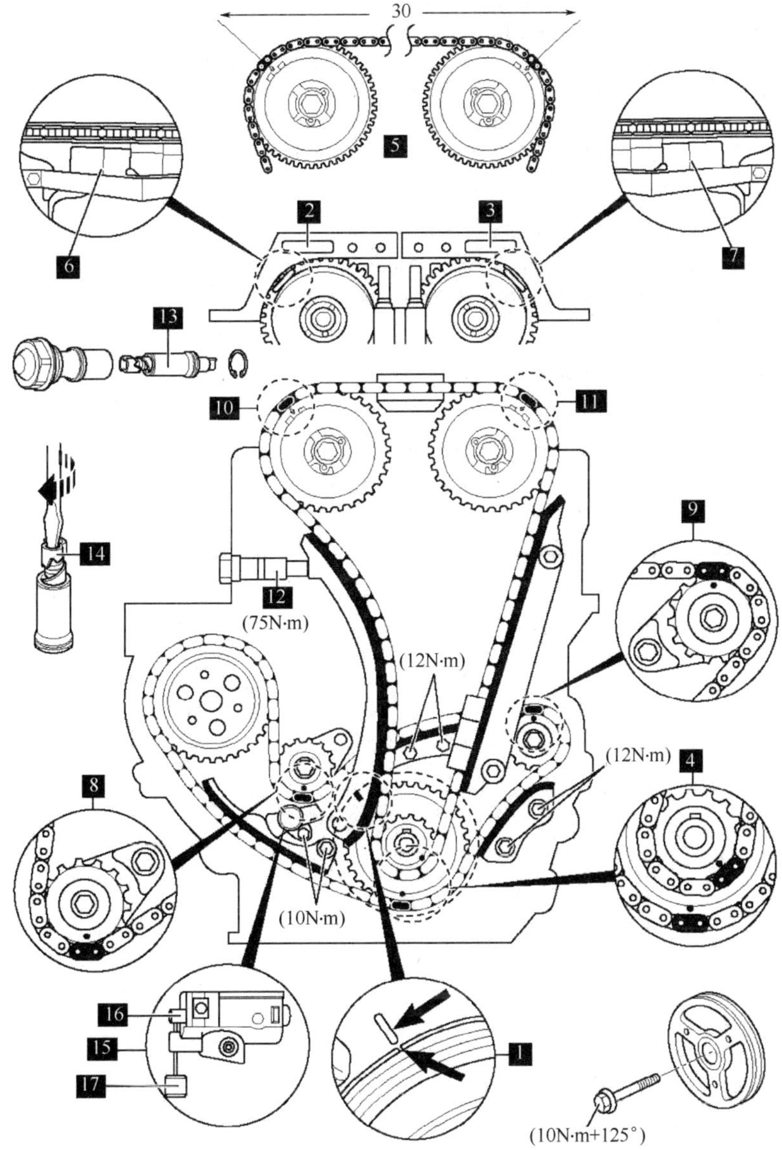

图 19-5-1 INSIGNIA 轿车 2.0T 发动机正时链条部件识别

二、INSIGNIA 轿车 2.0T 发动机正时链条校对操作步骤（表 19-5-1）

表 19-5-1 INSIGNIA 轿车 2.0T 发动机正时链条校对操作步骤

1	把发动机设置到 1 缸压缩行程上止点位置（图 19-5-1 中的 1）
2	安装凸轮轴校对工具（图 19-5-1 中的 2 和 3）
3	确认曲轴键槽位于 12 点钟位置（图 19-5-1 中的 4）
4	确认两个凸轮轴链轮正时标记之间的链节有 30 个（图 19-5-1 中的 5）。 注意：安装好凸轮轴校对工具后，凸轮轴链轮上的正时标记就看不到了，因此要利用凸轮轴校对工具上的正时标记（图 19-5-1 中的 6 和 7）
5	确认正时链条上带有颜色的链节与各个链轮上的正时标记对齐（图 19-5-1 中的 4、8、9、10、11）
6	重新设置正时链条张紧器（图 19-5-1 中的 12）： （1）拆下正时链条张紧器柱塞（图 19-5-1 中的 13）。 （2）沿顺时针方向转动内柱塞，直至柱塞锁止（图 19-5-1 中的 14）。 （3）重新装好正时链条张紧器柱塞（图 19-5-1 中的 13）
7	重新设置平衡轴链条张紧器（图 19-5-1 中的 15）： （1）沿顺时针方向将链条张紧器柱塞转动 90°（图 19-5-1 中的 16）。 （2）将链条张紧器柱塞压入张紧器壳体内。 （3）沿逆时针方向将链条张紧器柱塞转动 90°（图 19-5-1 中的 16）。 （4）插入锁止销（图 19-5-1 中的 17），使链条张紧器柱塞锁止
8	拔出锁止销（图 19-5-1 中的 17），使链条张紧器柱塞释放

第二十章 PEUGEOT（标致）车系

第一节 607轿车

标致607轿车2.2L（3FZ）发动机正时校对

1. 标致607轿车2.2L（3FZ）发动机正时皮带部件识别（图20-1-1）

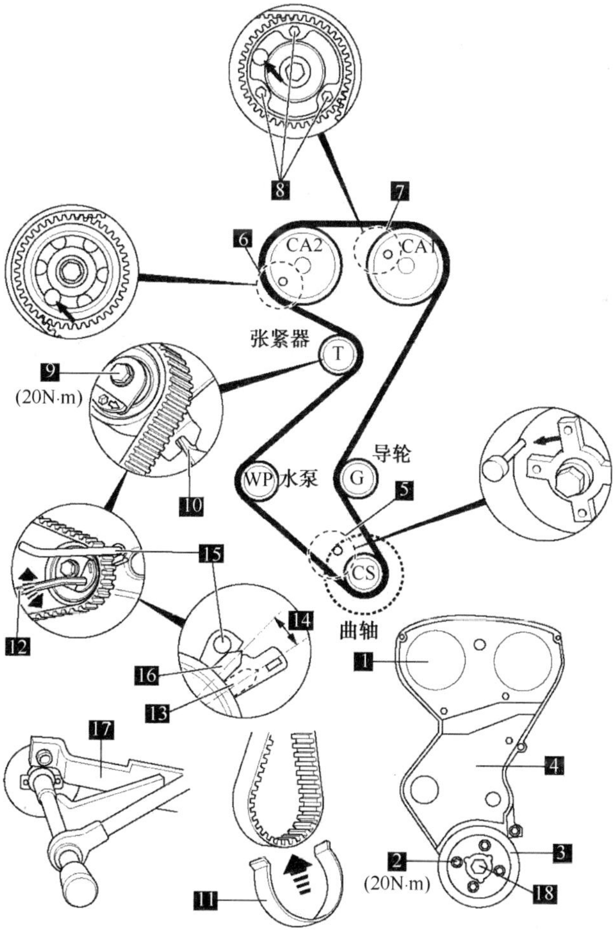

图20-1-1 标致607轿车2.2L（3FZ）发动机正时皮带部件

2. 标致607轿车2.2L（3FZ）发动机正时皮带拆装步骤（表20-1-1）

表20-1-1 标致607轿车2.2L（3FZ）发动机正时皮带拆装步骤

拆卸	
步骤	操作方法
1	举升并支撑车辆
2	拆卸发动机罩
3	拆卸右前车轮
4	拆卸发动机附件传动皮带，拆卸时要记清皮带的盘绕方法，以免重新安装时发生错误，如图20-1-2所示
5	拆卸正时皮带上盖（图20-1-1中的1）
6	拆卸曲轴皮带轮固定螺栓（图20-1-1中的2）
7	拆卸曲轴皮带轮（图20-1-1中的3）
8	拆卸正时皮带下盖（图20-1-1中的4）
9	顺时针转动曲轴到设定位置
10	把正时销插入曲轴皮带轮的轴孔内（图20-1-1中的5）
11	把正时销插入排气凸轮轴皮带轮内（图20-1-1中的6）
12	把正时销插入进气凸轮轴皮带轮内（图20-1-1中的7）
13	不要松开进气凸轮轴皮带轮的螺栓（图20-1-1中的8）
14	松开正时皮带张紧器轮螺栓（图20-1-1中的9）
15	把正时皮带张紧器支架从气缸体加强筋上松开（图20-1-1中的10）
16	把正时皮带张紧器轮从正时皮带处移开
17	拆下正时皮带。注意：正时皮带一旦拆下，就必须换用新的正时皮带
安装	
步骤	操作方法
1	确保各个正时销（图20-1-1中的5、6、7）均安装正确
2	将正时皮带安装到曲轴皮带轮上
3	用固定夹（图20-1-1中的11）把正时皮带固定到曲轴皮带轮上
4	把正时皮带安装到导轮上（图20-1-1中的G）
5	把正时皮带安装到进气凸轮轴皮带轮上（图20-1-1中的CA1）
6	把正时皮带安装到排气凸轮轴皮带轮上（图20-1-1中的CA2）
7	把正时皮带安装到水泵皮带轮上（图20-1-1中的WP）
8	把正时皮带安装到正时皮带张紧器轮上（图20-1-1中的T）
9	把正时皮带张紧器支架安装到气缸体加强筋上（图20-1-1中的10）
10	用手把正时皮带轮螺栓（图20-1-1中的9）拧紧
11	从正时皮带上拆下固定夹（图20-1-1中的11）

续表

安装	
步骤	操作方法
12	用内六角扳手（图 20-1-1 中的 12）逆时针转动张紧器，使正时皮带张紧。确保指针指向图 20-1-1 中的 13 所示的位置
13	确保指针从槽口移开至少 10°（图 20-1-1 中的 14）
14	插入正时皮带张紧器定位工具（图 20-1-1 中的 15）
15	用内六角扳手（图 20-1-1 中的 12）顺时针转动张紧器，直至指针（图 20-1-1 中的 16）和正时皮带张紧器定位工具（图 20-1-1 中的 15）接触。注意：指针和槽口也要对齐
16	将正时皮带张紧器轮螺栓紧固至 20N·m
17	拆卸正时皮带张紧器定位工具（图 20-1-1 中的 15）
18	拆卸正时销（图 20-1-1 中的 5、6、7）
19	顺时针转动曲轴到设定位置
20	确保指针和槽口对齐（图 20-1-1 中的 16）
21	把正时销插入进气凸轮轴皮带轮中（图 20-1-1 中的 7）
22	把正时销插入曲轴皮带轮的轴孔中（图 20-1-1 中的 5）
23	紧固曲轴皮带轮轴孔螺栓（图 20-1-1 中的 18），紧固力矩为 40N·m+50°
24	拆下正时销（图 20-1-1 中的 5 和 7）
25	按照与拆卸相反的顺序安装其他部件
26	紧固曲轴皮带轮螺栓（图 20-1-1 中的 2），紧固力矩为 20N·m

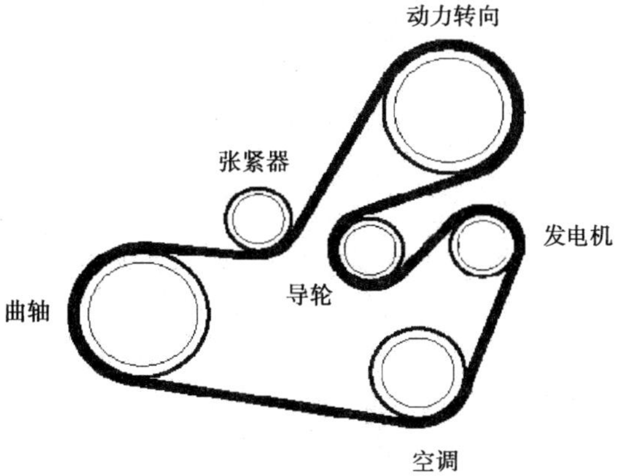

图 20-1-2　标致 607 轿车 2.2L 发动机附件传动皮带盘绕方法

第二节　406 轿车

一、标致 406 轿车 2. 2L（EW12J4）发动机正时皮带拆卸（图 20-2-1）

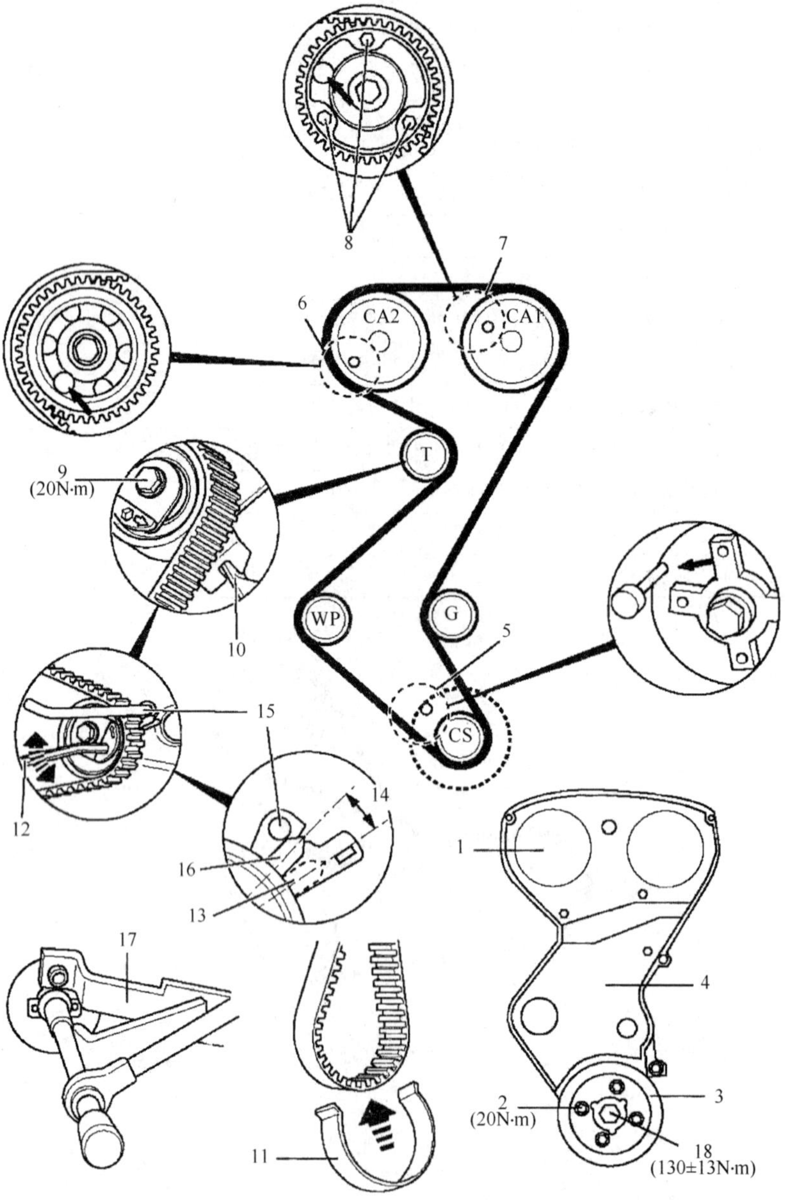

图 20-2-1　标致 406 轿车 2. 2L（EW12J4）发动机正时皮带部件

1. 举升并支撑车辆。
2. 拆卸发动机罩。
3. 拆卸右前车轮。
4. 拆卸发动机附件传动皮带。发动机附件传动皮带盘绕方法如图 20-2-2 所示。

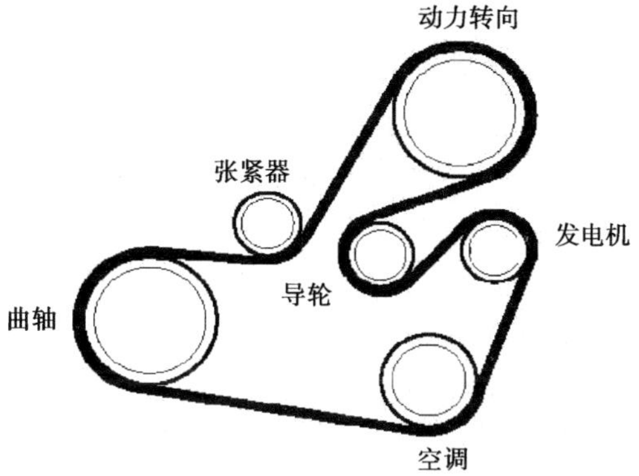

图 20-2-2　标致 607 轿车 2.2L 发动机附件传动皮带盘绕方法

5. 支撑发动机。
6. 拆卸右发动机座。
7. 拆卸正时皮带上盖（图 20-2-1 中的 1）。
8. 拆卸曲轴皮带轮固定螺栓（图 20-2-1 中的 2）。
9. 拆卸曲轴皮带轮（图 20-2-1 中的 3）。
10. 拆卸正时皮带下盖（图 20-2-1 中的 4）。
11. 顺时针转动曲轴到设定位置。
12. 把正时销插入曲轴皮带轮的轴孔内（图 20-2-1 中的 5）。
13. 把正时销插入排气凸轮轴皮带轮内（图 20-2-1 中的 6）。
14. 把正时销插入进气凸轮轴皮带轮内（图 20-2-1 中的 7）。
15. 不要松开进气凸轮轴皮带轮的螺栓（图 20-2-1 中的 8）。
16. 松开正时皮带张紧器轮螺栓（图 20-2-1 中的 9）。
17. 把正时皮带张紧器支架从气缸体加强筋上松开（图 20-2-1 中的 10）。
18. 把正时皮带张紧器轮从正时皮带处移开。
19. 拆下正时皮带。注意：正时皮带一旦拆下，就必须换用新的正时皮带。

二、标致 406 轿车 2.2L（EW12J4）发动机正时皮带安装

1. 确保各个正时销（图 20-2-1 棕的 5、6、7）均安装正确。
2. 将正时皮带安装到曲轴皮带轮上。
3. 用固定夹（图 20-2-1 中的 11）把正时皮带固定到曲轴皮带轮上。
4. 把正时皮带安装到导轮上（图 20-2-1 中的 G）。

5. 把正时皮带安装到进气凸轮轴皮带轮上（图 20-2-1 中的 CA1）。

6. 把正时皮带安装到排气凸轮轴皮带轮上（图 20-2-1 中的 CA2）。

7. 把正时皮带安装到水泵皮带轮上（图 20-2-1 中的 WP）。

8. 把正时皮带安装到正时皮带张紧器轮上（图 20-2-1 中的 T）。

9. 把正时皮带张紧器支架安装到气缸体加强筋上（图 20-2-1 中的 10）。

10. 用手把正时皮带轮螺栓（图 20-2-1 中的 9）拧紧。

11. 从正时皮带上拆下固定夹（图 20-2-1 中的 11）。

12. 用内六角扳手（图 20-2-1 中的 12）逆时针转动张紧器，使正时皮带张紧。确保指针指向图 20-2-1 中的 13 所示的位置。

13. 确保指针从槽口移开至少 10°（图 20-2-1 中的 14）。

14. 插入正时皮带张紧器定位工具（图 20-2-1 中的 15）。

15. 用内六角扳手（图 20-2-1 中的 12）顺时针转动张紧器，直至指针（图 20-2-1 中的 16）和正时皮带张紧器定位工具（图 20-2-1 中的 15）接触。注意：指针和槽口也要对齐。

16. 将正时皮带张紧器轮螺栓紧固至 20N·m。

17. 拆卸正时皮带张紧器定位工具（图 20-2-1 中的 15）。

18. 拆卸正时销（图 20-2-1 中的 5、6、7）。

19. 顺时针转动曲轴到设定位置。

20. 确保指针和槽口对齐（图 20-2-1 中的 16）。

21. 把正时销插入进气凸轮轴皮带轮中（图 20-2-1 中的 7）。

22. 把正时销插入曲轴皮带轮的轴孔中（图 20-2-1 中的 5）。

23. 紧固曲轴皮带轮轴孔螺栓（图 20-2-1 中的 18），紧固力矩为 130±13N·m。

24. 拆下正时销（图 20-2-1 中的 5 和 7）。

25. 按照与拆卸相反的顺序安装其他部件。

26. 紧固曲轴皮带轮螺栓（图 20-2-1 中的 2），紧固力矩为 20N·m。

27. 安装并紧固右发动机座，固定中间支架和发动机支架的螺栓紧固至 61N·m；固定发动机座与中间支架的螺栓紧固至 45N·m。

第三节　308 轿车

一、308 轿车 1.6T（EP6DT）发动机正时校对

1. 308 轿车 1.6T（EP6DT）发动机正时链条部件识别（图 20-3-1）

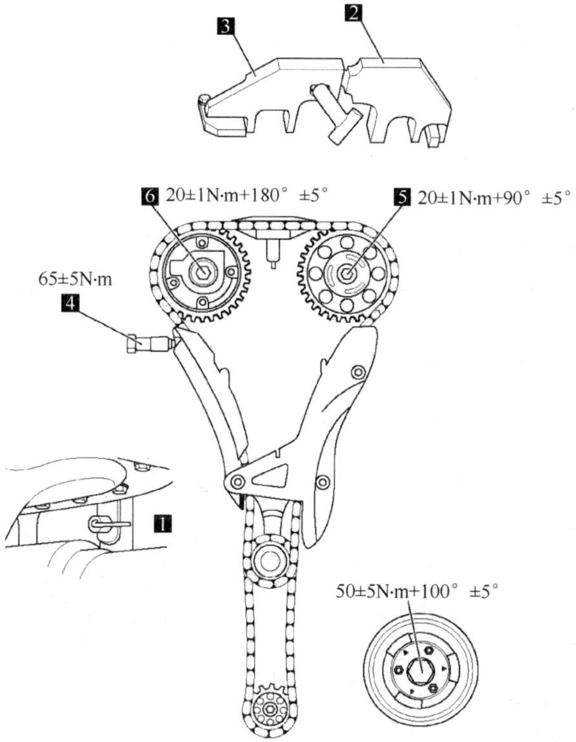

图 20-3-1 308 轿车 1.6T（EP6DT）发动机正时链条部件识别

2. 308 轿车 1.6T（EP6DT）发动机正时校对操作步骤（表 20-3-1）

表 20-3-1 308 轿车 1.6T（EP6DT）发动机正时校对操作步骤

步骤	操作方法
1	安装飞轮正时销（图 20-3-1 中的 1）
2	安装排气凸轮轴定位工具（图 20-3-1 中的 2）
3	安装进气凸轮轴定位工具（图 20-3-1 中的 3）
4	如果凸轮轴定位工具能紧靠气缸盖，说明正时正确
5	如果凸轮轴定位工具不能紧靠气缸盖，则执行下列步骤： （1）安装排气凸轮轴定位工具（图 20-3-1 中的 2）。 （2）安装进气凸轮轴定位工具（图 20-3-1 中的 3）。 （3）如果凸轮轴定位工具不能正确安装，则用扳手固定住凸轮轴六角头部位。 （4）拆卸正时链条张紧器（图 20-3-1 中的 4）
6	松开排气凸轮轴链轮螺栓（图 20-3-1 中的 5）
7	松开进气凸轮轴链轮螺栓（图 20-3-1 中的 6）
8	确保凸轮轴定位工具能紧靠气缸盖
9	紧固进气凸轮轴链轮螺栓（图 20-3-1 中的 6）
10	紧固排气凸轮轴链轮螺栓（图 20-3-1 中的 5）
11	拆卸飞轮正时销（图 20-3-1 中的 1）

续表

步　骤	操 作 方 法
12	拆卸排气凸轮轴定位工具（图 20-3-1 中的 2）
13	拆卸进气凸轮轴定位工具（图 20-3-1 中的 3）
14	安装正时链条张紧器（图 20-3-1 中的 4）并加以紧固
15	沿顺时针方向转动曲轴 2 周
16	确认飞轮正时销（图 20-3-1 中的 1）和凸轮轴定位工具（图 20-3-1 中的 2 和 3）可以重新安装上
17	如果凸轮轴定位工具能紧靠气缸盖，说明正时正确

二、308 轿车 1.6T（EP6CDT）发动机正时校对

1. 308 轿车 1.6T（EP6CDT）发动机正时链条部件识别（图 20-3-2）

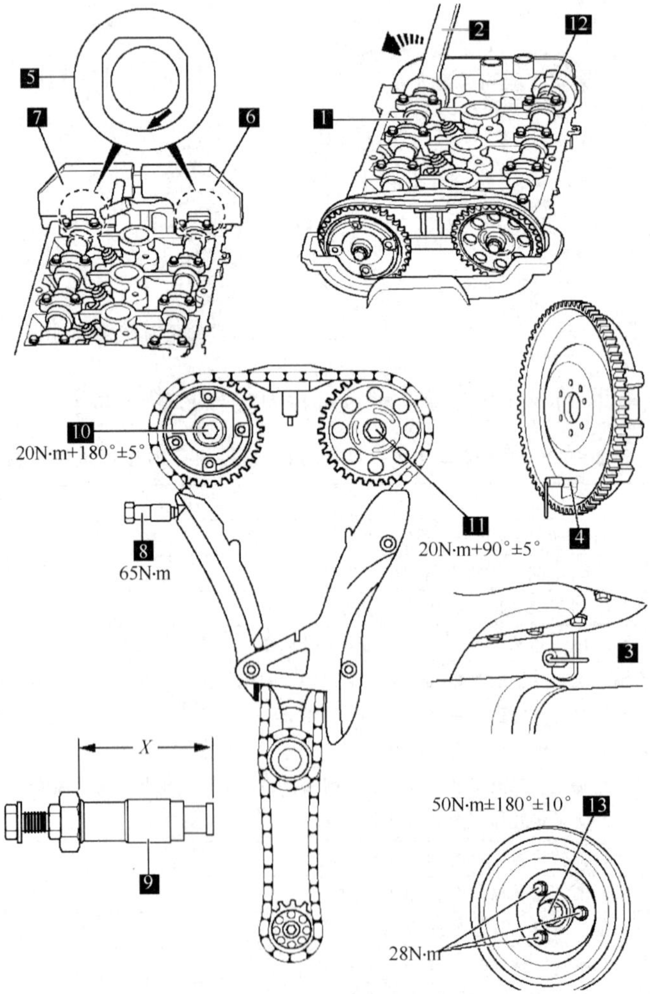

图 20-3-2　308 轿车 1.6T（EP6CDT）发动机正时链条部件识别

2. 308 轿车 1.6T（EP6CDT）发动机正时校对操作步骤（表 20-3-2）

表 20-3-2　308 轿车 1.6T（EP6CDT）发动机正时校对操作步骤

步　骤	操作方法
1	把进气凸轮轴调整器设置到安装位置： （1）沿顺时针方向转动曲轴 2 周。 （2）沿逆时针方向慢慢转动进气凸轮轴（图 20-3-2 中的 1），直至到达止动位置。 （3）用扳手（图 20-3-2 中的 2）卡住六角头部位，使凸轮轴旋转。 （4）确保进气凸轮轴位于锁止位置
2	安装飞轮正时销（图 20-3-2 中的 3）
3	沿顺时针方向转动曲轴直至飞轮正时销接合（图 20-3-2 中的 4）。注意：定位凸缘的圆形截面处于朝下位置（图 20-3-2 中的 5）
4	安装排气凸轮轴定位工具（图 20-3-2 中的 6）
5	安装进气凸轮轴定位工具（图 20-3-2 中的 7）
6	拆卸正时链条张紧器（图 20-3-2 中的 8）
7	把旧的正时链条张紧器改装成正时链条预紧工具： （1）在张紧器壳体末端的六角部位钻出一个直径为 10.75mm 的孔。 （2）插入一个规格为 M10×1.5 螺纹护套并安装一个规格为 M10×100mm 的带有锁止螺母的螺栓
8	安装正时链条预紧工具（图 20-3-2 中的 9）
9	拧紧调整螺栓，直至螺栓与导轨接触
10	用张紧工具给正时链条预加 0.6N·m 的力矩
11	拆卸凸轮轴定位工具（图 20-3-2 中的 6 和 7）
12	拆卸飞轮正时销（图 20-3-2 中的 3）
13	沿顺时针方向转动曲轴 2 周
14	确保凸轮轴调整器设置到安装位置
15	安装飞轮正时销（图 20-3-2 中的 3）
16	确保飞轮正时销（图 20-3-2 中的 3）处于正确位置（图 20-3-2 中的 4），注意：定位凸缘的圆形截面处于朝下位置（图 20-3-2 中的 5）
17	安装排气凸轮轴定位工具（图 20-3-2 中的 6）
18	安装进气凸轮轴定位工具（图 20-3-2 中的 7）
19	当凸轮轴定位工具紧靠在发动机气缸盖上时，说明气门正时正确
20	如果凸轮轴定位工具未能紧靠在发动机气缸盖上，则按照下列步骤调节凸轮轴： （1）拆卸正时链条预紧工具（图 20-3-2 中的 9）。注意：如果图 20-3-2 中的 X 大于 68mm，应更换正时链条、张紧器和导轮。 （2）重新安装正时链条预紧工具（图 20-3-2 中的 9）。 （3）用张紧工具给正时链条预加 0.6N·m 的力矩。 （4）拆卸凸轮轴定位工具（图 20-3-2 中的 6 和 7）。 （5）拆卸各个凸轮轴的中心螺栓（图 20-3-2 中的 10 和 11）。注意：在图 20-3-2 中的 2 和 12 所示的位置用 27mm 的扳手固定住凸轮轴，使其不能转动

续表

步骤	操作方法
21	安装新的凸轮轴的中心螺栓（图 20-3-2 中的 10 和 11），用手把螺栓拧紧
22	拆卸曲轴皮带轮中心螺栓（图 20-3-2 中的 13）
23	安装新的曲轴皮带轮中心螺栓（图 20-3-2 中的 13），用手把螺栓拧紧
24	安装排气凸轮轴定位工具（图 20-3-2 中的 6）
25	安装进气凸轮轴定位工具（图 20-3-2 中的 7）
26	确保凸轮轴定位工具紧靠在发动机气缸盖上，用螺栓固定住工具
27	紧固曲轴皮带轮中心螺栓（图 20-3-2 中的 13），紧固力矩为 50N·m+180°±10°
28	紧固进气凸轮轴调整器螺栓（图 20-3-2 中的 10），紧固力矩为 20N·m+180°±5°
29	紧固排气凸轮轴调整器螺栓（图 20-3-2 中的 11），紧固力矩为 20N·m+90°±5°
30	拆卸正时链条预紧工具（图 20-3-2 中的 9）
31	安装新的正时链条张紧器（图 20-3-2 中的 8）并紧固到 65N·m
32	拆卸排气凸轮轴定位工具（图 20-3-2 中的 6）
33	拆卸进气凸轮轴定位工具（图 20-3-2 中的 7）
34	拆卸飞轮正时销（图 20-3-2 中的 3）

第四节　3008 轿车

3008 轿车 1.6T（5FV）发动机正时校对与 308 轿车 1.6T（EP6CDT）发动机正时校对相同。

第二十一章 PORSCHE（保时捷）车系

第一节 CAYENNE（卡宴3.0T发动机）轿车

卡宴轿车3.0T发动机正时设置

1. 准备工作

（1）拆下左侧和右侧正时链条盖。

（2）拆下左侧和右侧气缸盖罩。

（3）左侧正时链条部件识别如图21-1-1所示，右侧正时链条部件识别如图21-1-2所示。

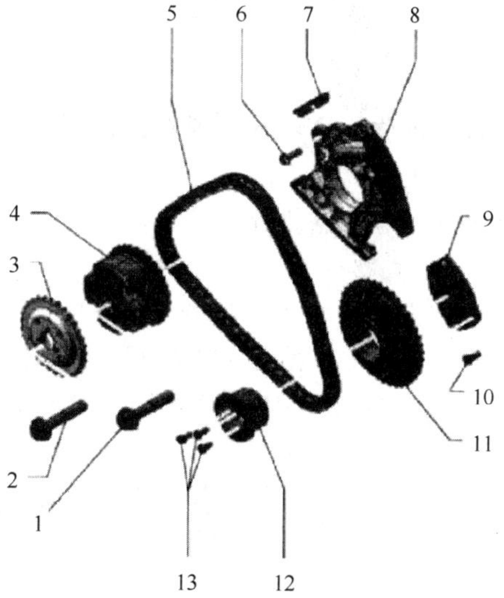

图21-1-1 左侧正时链条部件识别

1-螺钉/更换后先紧固至80N·m，然后再紧固90°；2-螺钉/更换后先紧固至80N·m，然后再紧固90°；3-排气凸轮轴的凸轮轴链轮；4-进气凸轮轴的凸轮轴控制器，带有“INTAKE”（进气）标记；5-左侧正时链条，为便于重新安装，从凸轮轴上拆下时用油漆/彩色记号笔标记运转方向；6-螺钉，紧固力矩为9N·m；7-滑块；8-左侧正时链条的链条张紧器；9-传动链轮轴承板；10-螺钉，更换后第一次紧固至8N·m，最后再紧固45°；11-左侧正时链条传动链轮；12-左侧正时链条传动链轮的轴承销；13-螺钉，更换后先紧固至5N·m，然后再紧固60N·m

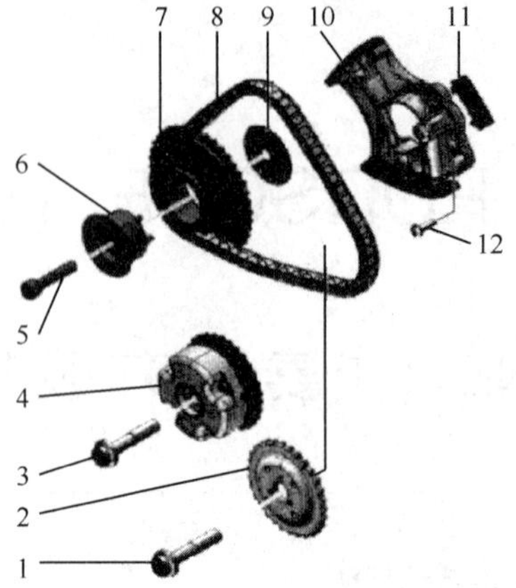

图 21-1-2 右侧正时链条部件识别

1-螺钉，更换后先紧固至 80N・m，然后再紧固 90°；2-排气凸轮轴链轮；3-螺钉，更换后先紧固至 80N・m，然后再紧固 90°；4-进气凸轮轴的凸轮轴控制器，带有“INTAKE”（进气）标记；5-螺钉，更换后先紧固至 30N・m，然后再紧固 90°；6-右侧正时链条传动链轮的轴承销；7-右侧正时链条的传动链轮；8-右侧正时链条，从凸轮轴上拆下时，为便于重新安装，可用彩色记号笔标记运转方向；9-右侧正时链条传动链轮的止推垫圈；10-右侧正时链条的链条张紧器；11-滑块；12-螺钉紧固扭矩为 9N・m

2. 安装锁紧工具时的注意事项：

（1）确保锁紧工具两侧的间隙相等。

（2）插入锁紧工具时，如果转动凸轮轴时遇到阻力，不要用力强行转动。

（3）发动机必须正好位于上止点位置。

（4）相对侧气缸必须位于点火上止点位置。

3. 正时链条设置步骤：

（1）按照图 21-1-3 所示，把定位销插入转接器 T40058，定位销大头（图 21-1-3 中的箭头 1）应朝向发动机；定位销小头（图 21-1-3 中的箭头 2）朝向转向器。

（2）用转接器 T40058 和弯头梅花扳手固定住曲轴。沿发动机转动方向（图 21-1-4 中箭头）方向转动曲轴。

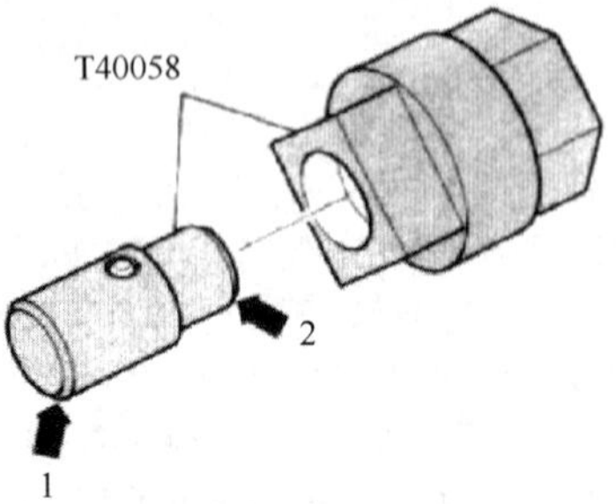

图 21-1-3 插入定位销

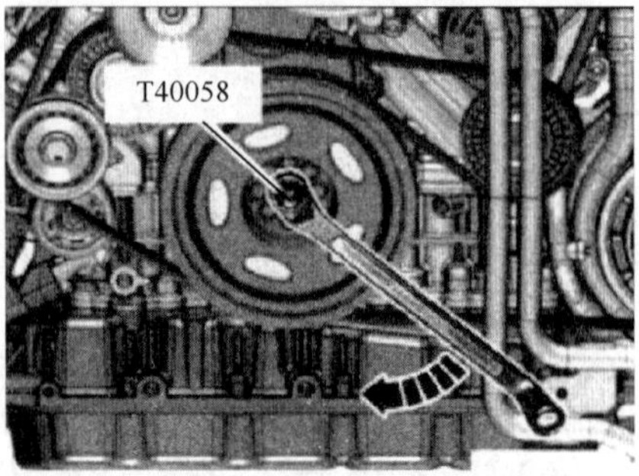

图 21-1-4 沿发动机转动方向转动曲轴

（3）凸轮轴中的螺纹孔（图 21-1-5 中箭头）必须朝上。图中所示为气缸列 2 的气缸盖（左侧）。

（4）凸轮轴卡箍 T40133 必须安装到两个气缸盖上（图 21-1-6 中箭头所示），并拧紧至 25N·m。

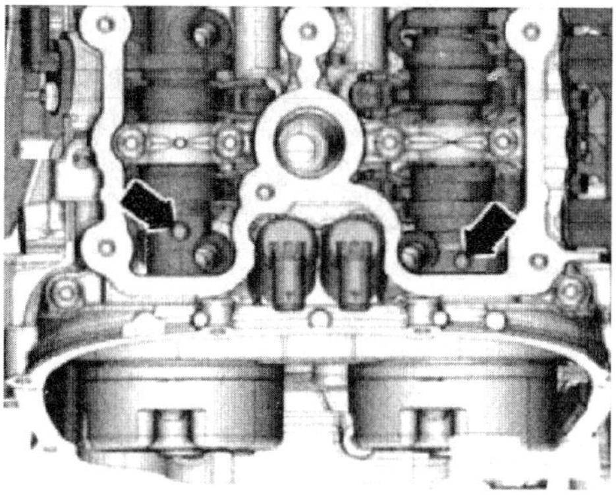

图 21-1-5　凸轮轴螺纹孔识别

图 21-1-6　安装凸轮轴卡箍 T40133

（5）从气缸体上拧下曲轴上“TDC”（上止点）标记的螺塞（图 21-1-7 中箭头所示）。

（6）把锁销 T40069 拧入钻孔中，并紧固至 25N·m。必要时来回稍稍转动曲轴（图 21-1-8中 1），以使锁销完全位于中心位置。用机油润滑正时链条的链条张紧器，使用恒定压力慢慢将其压缩。

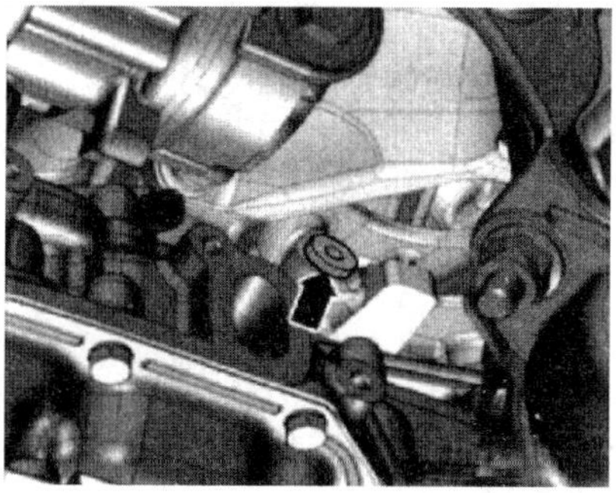

图 21-1-7　螺塞识别

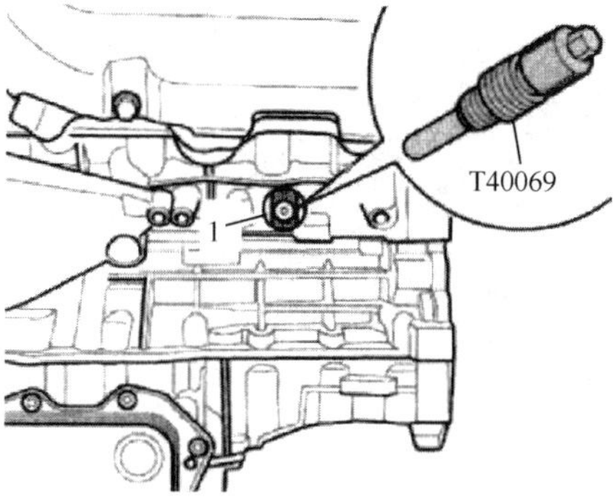

图 21-1-8　锁销 T40069 与曲轴识别

（7）用螺丝刀压入左侧正时链条的链条张紧器导轨，直到压不动为止，然后用锁止销 T40071 锁定链条张紧器（图 21-1-9）。

（8）用螺丝刀压入右侧正时链条的链条张紧器导轨，直到压不动为止，然后用锁止销 T40071 锁定链条张紧器（图 21-1-10）。

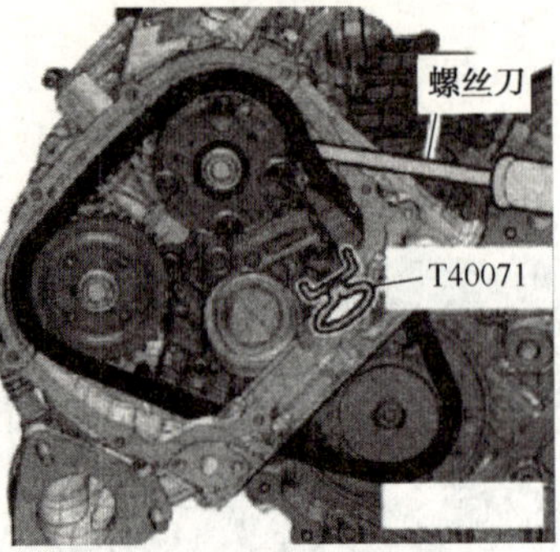

图 21-1-9　把锁止销插入左侧正时链条张紧器

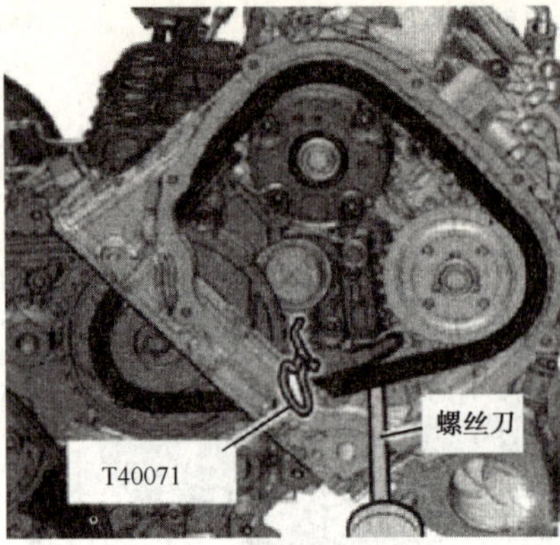

图 21-1-10　把锁止销插入右侧正时链条张紧器

（9）用固定工具 3036（图 21-1-11）固定住相关的凸轮轴控制器，然后用专用扳手 T10035 松开螺钉。

（10）用带销扳手 3212（图 21-1-12）固定住相关的凸轮轴链轮，然后用专用扳手 T10035 松开螺钉。

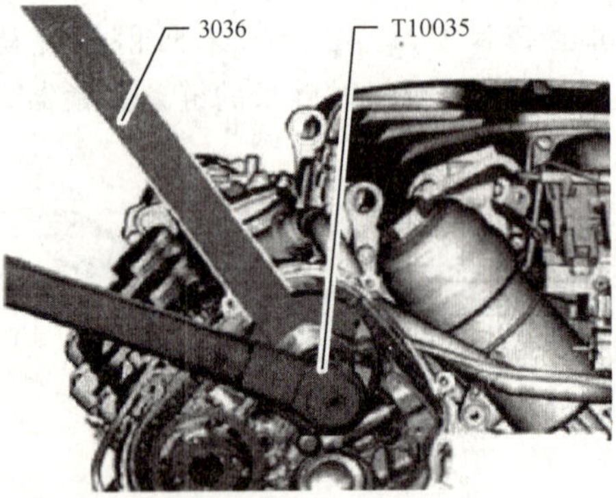

图 21-1-11　工具识别

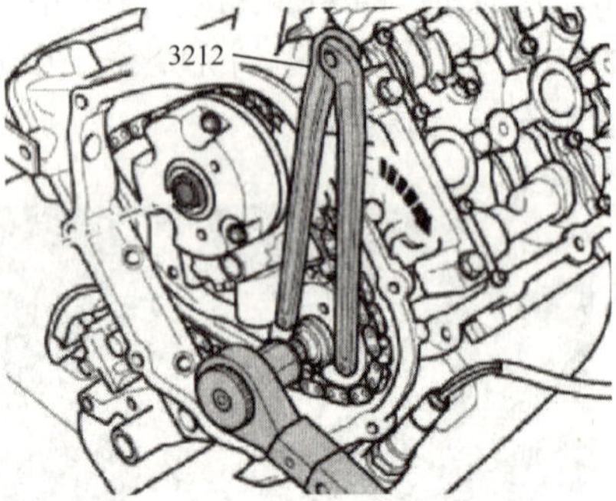

图 21-1-12　工具识别

（11）为便于重新安装，用油漆标记凸轮轴控制器和凸轮轴链轮的安装位置。拧下左侧气缸盖上的螺钉（图 21-1-13 中 1 和 2），然后拆下凸轮轴控制器和凸轮轴链轮。

（12）为便于重新安装，用油漆标记凸轮轴控制器和凸轮轴链轮的安装位置。拧下右侧气缸盖上的螺钉（图 21-1-14 中 1 和 2），然后拆下凸轮轴控制器和凸轮轴链轮。

（13）将曲轴（图 21-1-15 中的 1）固定在上止点位置（用锁销 T40069 紧固至 25N·m）。

（14）用凸轮轴卡箍 T40133 将两个气缸盖上的凸轮轴固定在上止点位置（图 21-1-16 中箭头所示）。

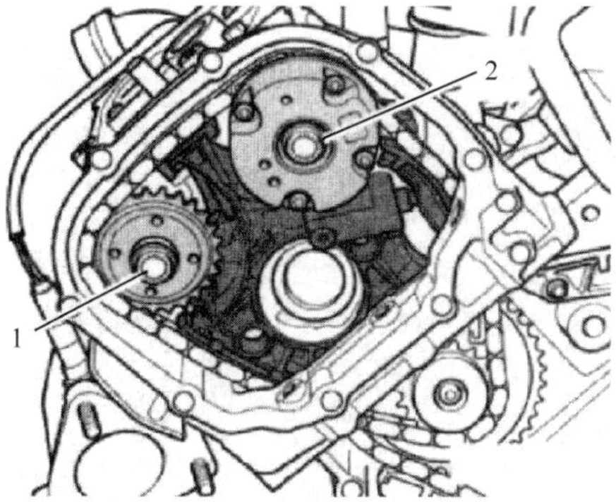

图 21-1-13 左侧气缸盖螺钉识别

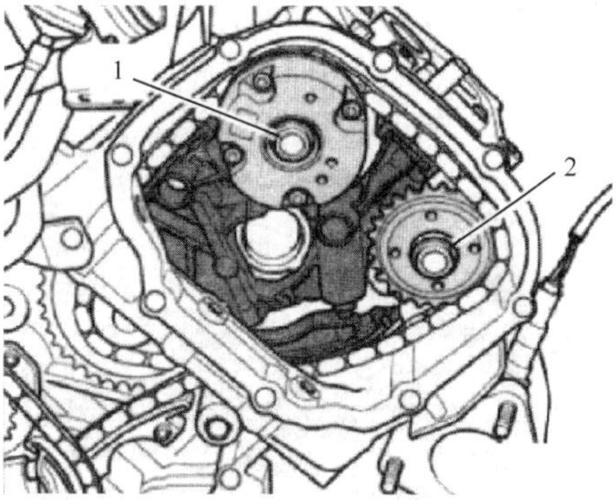

图 21-1-14 右侧气缸盖螺钉识别

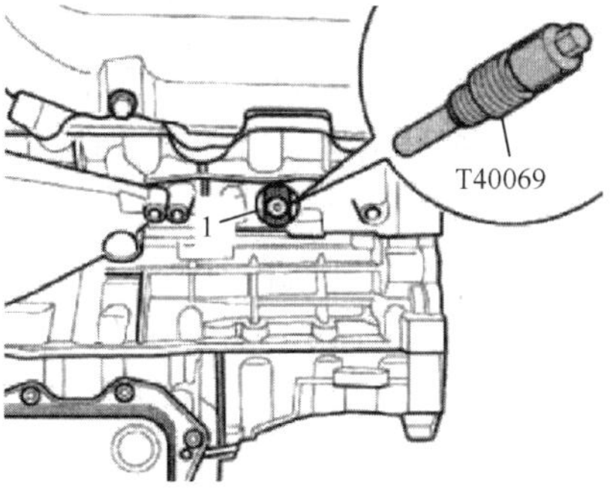

图 21-1-15 锁销 T40069 与曲轴识别

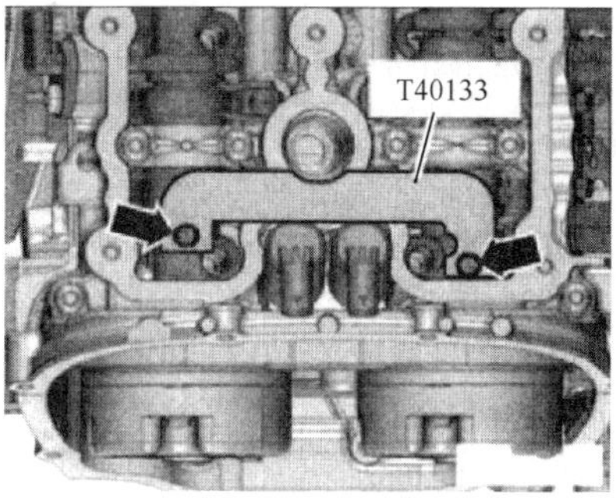

图 21-1-16 用凸轮轴卡箍固定凸轮轴

（15）根据拆卸期间所做的标记安装凸轮轴链轮。安装凸轮轴链轮时，应确保凸轮轴链轮的销插入凸轮轴上的孔中（图 21-1-17 中箭头）。按照图 21-1-18 中的箭头所示，沿逆时针方向转动凸轮轴链轮，直至转不动为止。

图 21-1-17 安装凸轮轴链轮

图 21-1-18 沿逆时针方向转动凸轮轴链轮

（16）标记点（图 21-1-19 中的 1）必须对准设置窗口（图 21-1-19 中的 2）。

（17）根据拆卸期间所做的标记重新安装凸轮轴控制器。凸轮轴控制器上的凹槽

（图 21-1-20中的 1）必须正对设置窗口（图 21-1-20 中的 2）。

图 21-1-19 标记点与设置窗口识别

图 21-1-20 凹槽对准设置窗口

（18）将左侧正时链条安装到传动链轮上：首先安装凸轮轴控制器和凸轮轴链轮，然后拧入螺钉（图 21-1-21 中 1 的和 2），但不要拧紧；应在不倾斜的情况下转动凸轮轴上的凸轮轴控制器和凸轮轴链轮，最后拆下锁销 T40071。

（19）根据拆卸期间所做的标记将凸轮轴控制器重新安装到右侧气缸盖上。将右侧正时链条安装到传动链轮上，安装凸轮轴控制器和凸轮轴链轮，然后拧入螺钉（图 21-1-22 中的 1 和 2），但不要拧紧；在不倾斜的情况下转动凸轮轴上的凸轮轴控制器和凸轮轴链轮，拆下锁销 T40071。

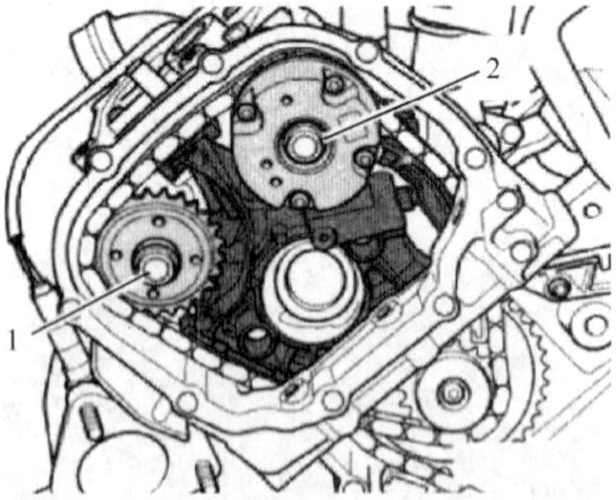

图 21-1-21 左侧凸轮轴控制器和凸轮轴链轮螺钉识别

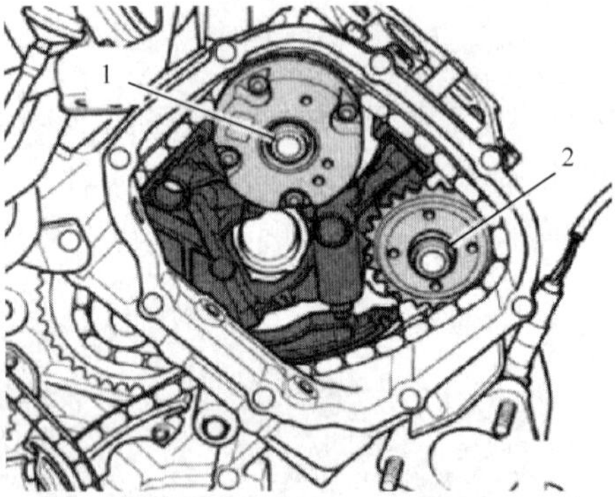

图 21-1-22 右侧凸轮轴控制器和凸轮轴链轮螺钉识别

（20）将带销扳手 3212（图 21-1-23）安装到右侧排气凸轮轴的凸轮轴正时齿轮上。请另一位技师沿图 21-1-23 中所示的箭头方向按压凸轮轴链轮，使正时链条保持在预张紧状态。在保持凸轮轴链轮预张紧的情况下按照以下步骤拧紧螺钉：排气凸轮轴螺钉紧固至 80N·m；进气凸轮轴螺钉紧固至 80N·m。

（21）用固定工具 3036（图 21-1-24）固定住相关的凸轮轴控制器，然后用专用扳手 T10035 松开螺钉。请另一位技师按压固定工具，使正时链条预张紧。在保持凸轮轴控制器预张紧的情况下按照以下步骤拧紧螺钉：排气凸轮轴螺钉紧固至 80N·m；进气凸轮轴紧固至 80N·m。

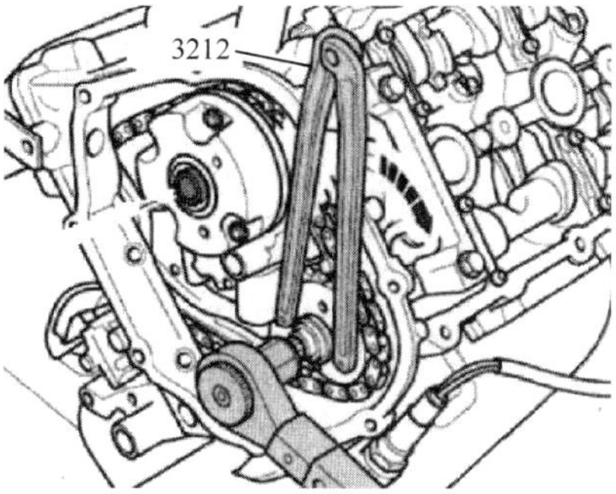

图 21-1-23 带销扳手 3212 识别

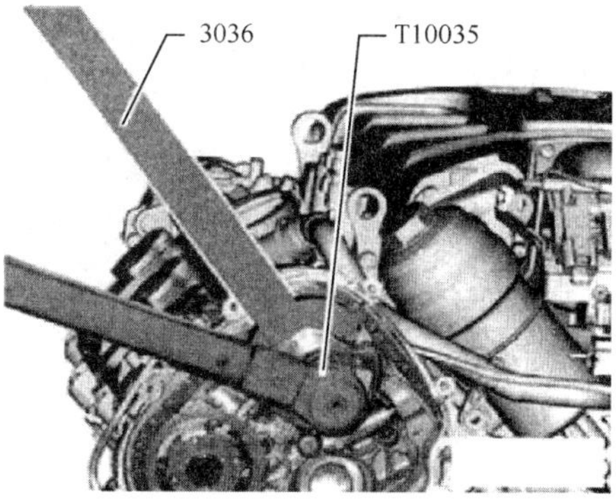

图 21-1-24 固定工具 3036 和专用扳手 T10035 识别

（22）紧固左侧气缸盖上凸轮轴控制器螺钉和凸轮轴链轮螺钉（图 21-1-25 中的 1 和 2）。

（23）紧固右侧气缸盖上凸轮轴控制器螺钉和凸轮轴链轮螺钉（图 21-1-26 中的 1 和 2）。

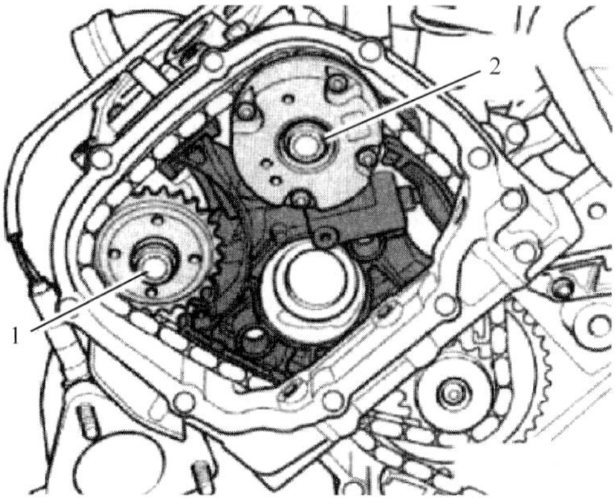

图 21-1-25 左侧气缸盖凸轮轴控制器螺钉和凸轮轴链轮螺钉识别

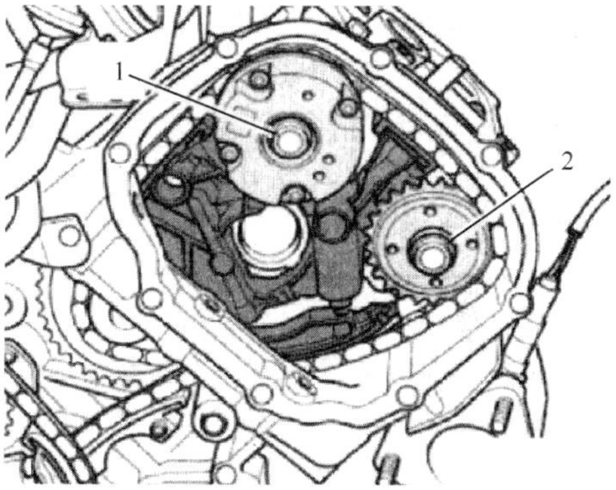

图 21-1-26 右侧气缸盖凸轮轴控制器螺钉和凸轮轴链轮螺钉识别

（24）将凸轮轴卡箍 T40133 从两个气缸盖上拆下（图 21-1-27 中箭头所示）。

（25）拆下锁销 T40069（图 21-1-28）。如果无意中转动曲轴（图 21-1-28 中的 1）超过上止点，则将其回转约 30°并再次设置到上止点位置。

（26）用转接器 T40058 和弯头梅花扳手将曲轴沿发动机转动方向（图 21-1-29 中箭头）转动 2 周，直到曲轴回到上止点位置为止。

（27）确保凸轮轴中的螺纹孔（图 21-1-30 中箭头所示）朝上。

（28）将凸轮轴卡箍 T40133（图 21-1-31）安装到两个气缸盖上，然后紧固至 25N·m。

（29）将锁销 T40069 直接拧入孔中。锁销必须接合到曲轴上的固定孔（图 21-1-32 中的 1）中。如果不是这样，则再次设置正时。

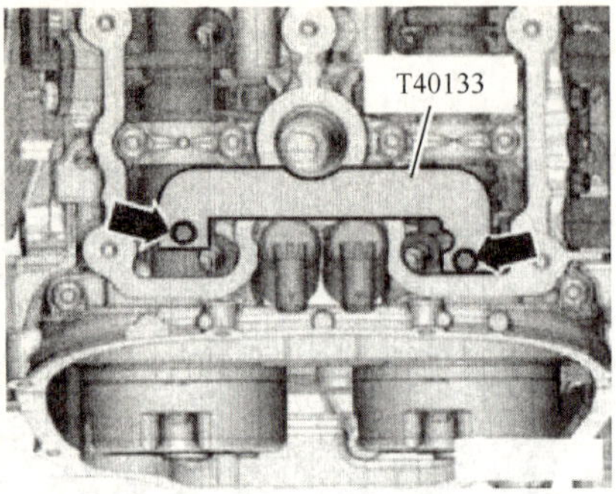

图 21-1-27 拆卸凸轮轴卡箍 T40133

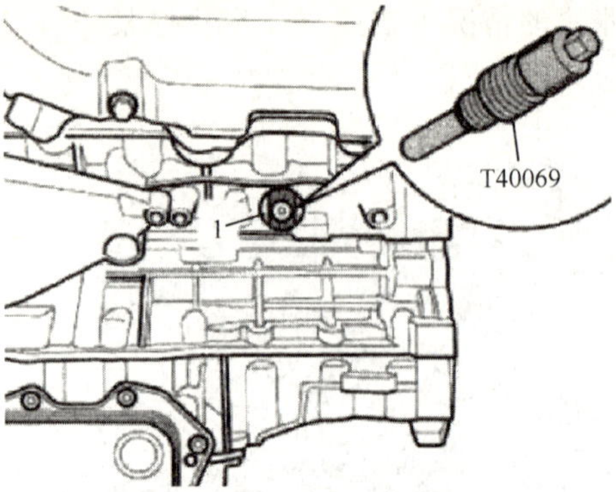

图 21-1-28 拆卸锁销 T40069

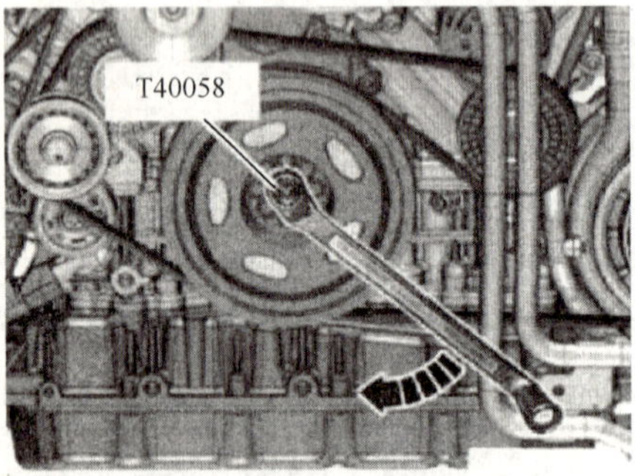

图 21-1-29 发动机转动方向识别

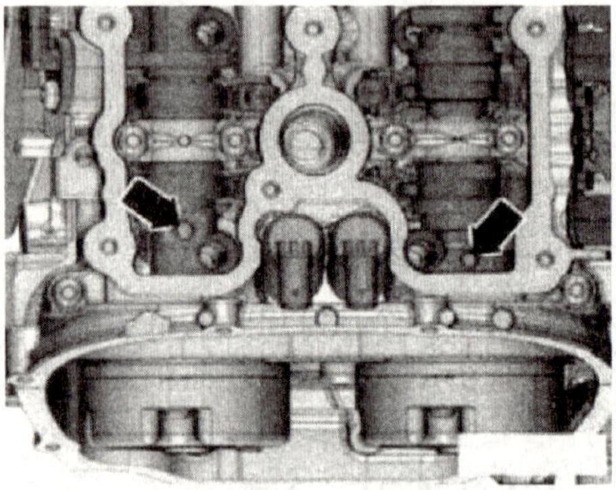

图 21-1-30 螺纹孔识别

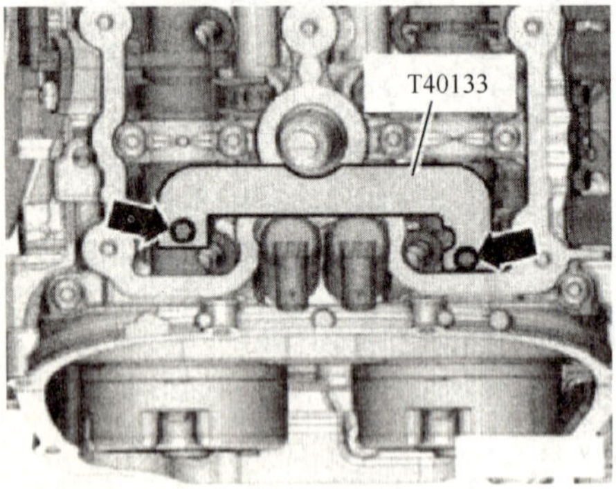

图 21-1-31 安装凸轮轴卡箍 T40133

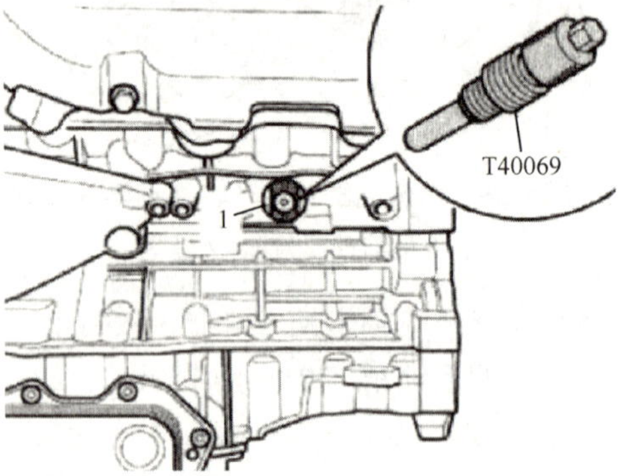

图 21-1-32 安装锁销 T40069

（30）将凸轮轴卡箍从两个气缸盖上拆下。

（31）拆下锁销 T40069。

（32）安装曲轴上“TDC”（上止点）标记的螺塞。

（33）安装气缸盖罩。

（34）安装正时链条盖。

第二节 PANAMERA（3.0T 发动机）轿车

PANAMERA（3.0T）轿车的正时校对方法与卡宴 3.0T 轿车相同。

第二十二章 RENAULT（雷诺）车系

第一节 MEGANE（梅甘娜）轿车

一、MEGANE（梅甘娜）轿车 1.6L（K4M 761/761）发动机正时校对

1. MEGANE（梅甘娜）轿车 1.6L（K4M 761/761）发动机正时皮带部件识别（图 22-1-1）

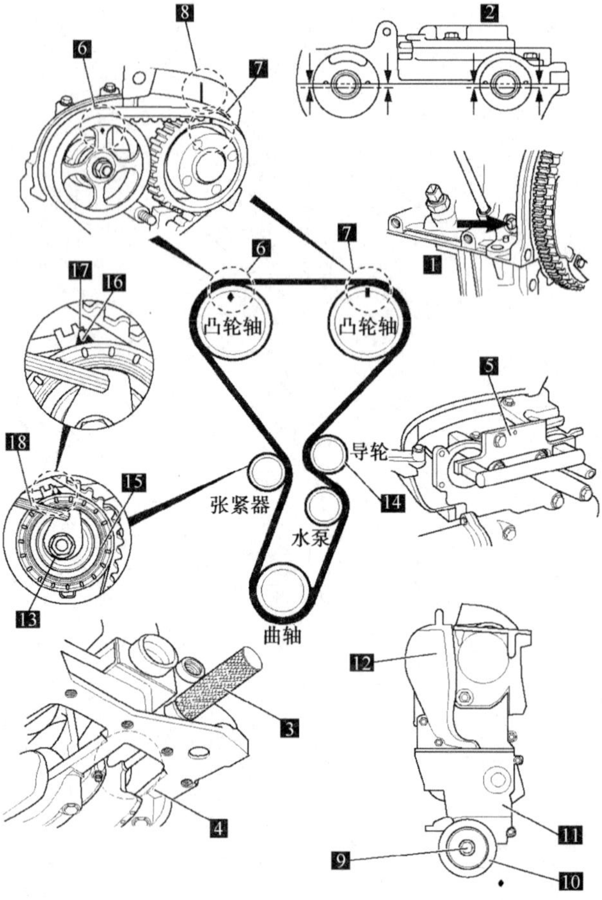

图 22-1-1 MEGANE 轿车 1.6L（K4M 761/761）发动机正时皮带部件识别

2. MEGANE轿车1.6L（K4M 761/761）发动机正时皮带拆装步骤（表22-1-1）

表22-1-1 MEGANE轿车1.6L（K4M 761/761）发动机正时皮带拆装步骤

拆卸	
步骤	操作方法
1	升起并支撑车辆前部
2	拆卸发动机顶部盖罩
3	拆卸发动机底部挡板
4	拆卸车辆右前车轮
5	拆卸右前轮挡泥板
6	拆卸发动机附件传动皮带。 注意：拆卸发动机附件传动皮带时应记清皮带的盘绕方法，以免重新安装时发生错误，附件传动皮带的盘绕方法参见图22-1-2
7	支撑发动机
8	拆卸发动机右侧支撑
9	拆卸发动机进气谐振器
10	拆卸发动机空气滤清器出口软管
11	拆卸发动机提升架
12	从凸轮轴后部拆卸盲塞
13	从气缸体处拆卸盲塞（图22-1-1中的1）
14	沿顺时针方向转动曲轴到设定位置，确保凸轮轴凹槽对齐（图22-1-1中的2）
15	把正时销插入气缸体内（图22-1-1中的3）
16	确保曲轴曲柄抵住正时销（图22-1-1中的4）
17	把设定杆（图22-1-1中的5）安装到凸轮轴后部
18	确保凸轮轴带轮上的标记（图22-1-1中的6和7）均处于12点钟位置
19	用粉笔在图22-1-1中的8所示的位置处做一个标记
20	用大号螺丝刀固定住飞轮，然后松开曲轴带轮螺栓（图22-1-1中的9）
21	拆卸曲轴带轮螺栓（图22-1-1中的9）
22	拆卸曲轴带轮（图22-1-1中的10）
23	拆卸正时皮带罩（图22-1-1中的11和12）
24	松开张紧器螺母（图22-1-1中的13）
25	把张紧器轮从皮带处挪开
26	拆卸导轮（图22-1-1中的14）
27	拆卸正时皮带
安装	
步骤	操作方法
1	确保正时销正确插入（图22-1-1中的3）
2	确保曲轴曲柄抵住正时销（图22-1-1中的4）
3	确保凸轮轴凹槽对齐（图22-1-1中的2）
4	确保设定杆（图22-1-1中的5）安装正确

续表

安装	
步骤	操作方法
5	确保凸轮轴带轮上的标记（图 22-1-1 中的 6 和 7）对齐
6	换装新的张紧器轮（图 22-1-1 中的 15），先暂时把张紧器螺母（图 22-1-1 中的 13）紧固到 7N·m
7	拆卸曲轴带轮并清除带轮上的油污，把曲轴末端的油污清除干净。将曲轴带轮重新安装好。 注意：曲轴键应处于 12 点钟位置
8	从曲轴带轮开始，沿逆时针方向安装正时皮带，要确保正时皮带在非张紧侧处于绷紧状态
9	换装新的导轮（图 22-1-1 中的 14），将导轮螺栓紧固至 45N·m
10	松开张紧器螺母（图 22-1-1 中的 13），使用 6mm 的内六角扳手（图 22-1-1 中的 18）沿顺时针方向转动张紧器轮，直至指针（图 22-1-1 中的 16）与凹口（图 22-1-1 中的 17）对齐
11	把张紧器螺母（图 22-1-1 中的 13）暂时紧固到 7N·m
12	清除曲轴皮带轮上的脏污（图 22-1-1 中的 10）
13	用大号螺丝刀固定住飞轮，换装新的曲轴带轮螺栓（图 22-1-1 中的 9）并紧固至 40N·m+100°～130°
14	拆卸设定杆（图 22-1-1 中的 5）
15	拆卸正时销（图 22-1-1 中的 3）
16	沿顺时针方向转动曲轴 2 周，到达设定位置
17	把正时销插入气缸体内（图 22-1-1 中的 3）
18	确保曲轴曲柄抵住正时销（图 22-1-1 中的 4）
19	拆卸正时销（图 22-1-1 中的 3）
20	确保指针（图 22-1-1 中的 16）与凹口（图 22-1-1 中的 17）对齐，把张紧器螺母（图 22-1-1 中的 13）紧固到 27N·m
21	沿顺时针方向转动曲轴 2 周，到达设定位置
22	把正时销插入气缸体内（图 22-1-1 中的 3）
23	确保曲轴曲柄抵住正时销（图 22-1-1 中的 4）
24	确保指针（图 22-1-1 中的 16）与凹口（图 22-1-1 中的 17）对齐
25	确保凸轮轴凹槽对齐（图 22-1-1 中的 2）
26	确保设定杆可以轻松安装到位（图 22-1-1 中的 5）
27	拆卸设定杆（图 22-1-1 中的 5）
28	拆卸正时销（图 22-1-1 中的 3）
29	重新安装盲塞（图 22-1-1 中的 1）并紧固至 20N·m
30	把凸轮轴后部的盲塞安装好
31	按照与拆卸相反的步骤安装其他部件

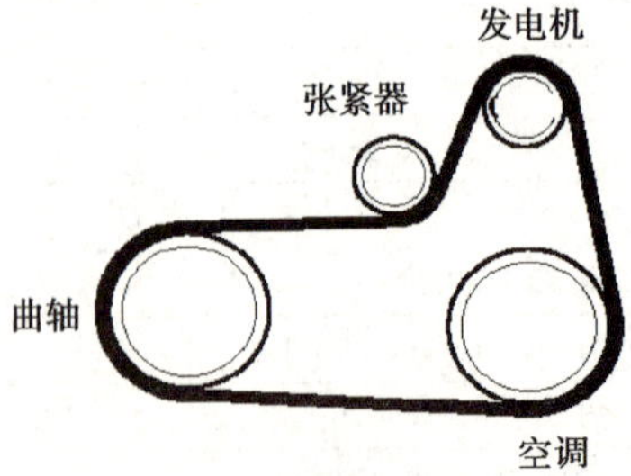

图 22-1-2 MEGANE 轿车 1.6L（K4M 761/761）发动机附件传动皮带盘绕方法

二、MEGANE 轿车 1.6L（K4M 764）发动机正时校对

MEGANE 轿车 1.6L（K4M 764）发动机正时校对方法与 MEGANE 轿车 1.6L（K4M 761/761）发动机正时校对方法相同。

三、MEGANE 轿车 1.6L（K4M 812/813）发动机正时校对

MEGANE 轿车 1.6L（K4M 812/813）发动机正时校对方法与 MEGANE 轿车 1.6L（K4M 761/761）发动机正时校对方法相同。

四、MEGANE 轿车 2.0L（F4R 770/771）发动机正时校对

1. MEGANE 轿车 2.0L（F4R 770/771）发动机正时皮带部件识别（图 22-1-3）

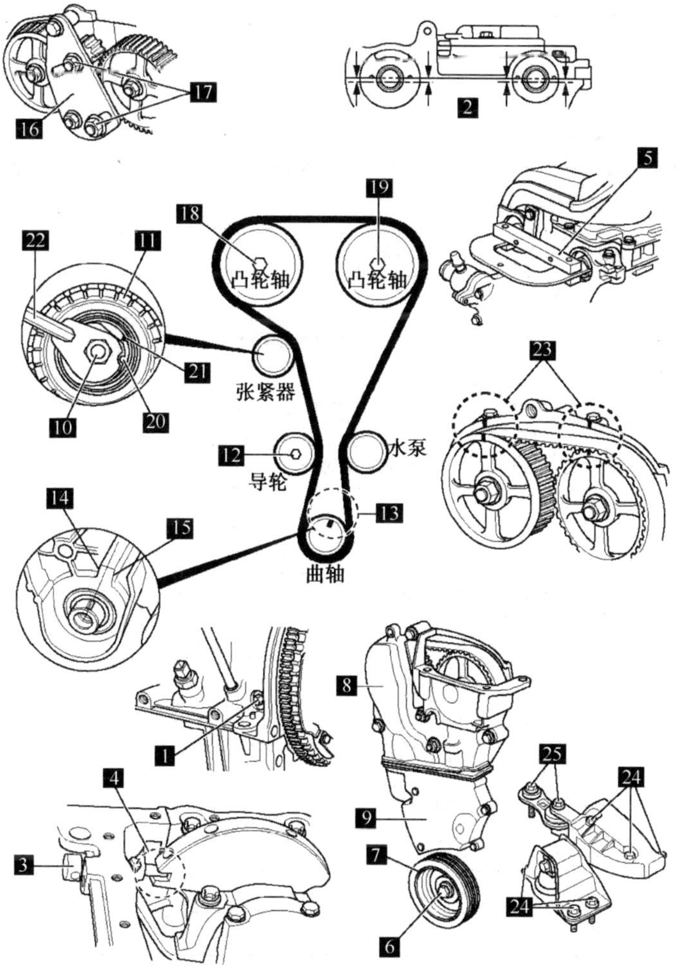

图 22-1-3 MEGANE 轿车 2.0L（F4R 770/771）发动机正时皮带部件识别

2. MEGANE 轿车 2. 0L（F4R 770/771）发动机正时皮带拆卸操作步骤（表 22-1-2）

表 22-1-2 MEGANE 轿车 2. 0L（F4R 770/771）发动机正时皮带拆装操作步骤

拆　卸	
步　骤	操作方法
1	升起并支撑车辆前部
2	拆卸发动机顶部盖罩
3	拆卸发动机底部挡板
4	拆卸车辆右前车轮
5	拆卸右前轮轮拱内衬板
6	支撑发动机
7	拆卸发动机右侧支撑和支架
8	拆卸发动机空气滤清器出口软管
9	拆卸发动机提升架
10	拆卸发动机附件传动皮带。 注意：拆卸发动机附件传动皮带时应记清皮带的盘绕方法，以免安装新皮带时发生错误，附件传动皮带的盘绕方法参见图 22-1-4
11	从气缸体处拆卸盲塞（图 22-1-3 中的 1）
12	从凸轮轴后部拆卸盲塞
13	沿顺时针方向转动曲轴到设定位置，确保凸轮轴凹槽对齐（图 22-1-3 中的 2）
14	把正时销插入气缸体内（图 22-1-3 中的 3）
15	确保曲轴曲柄抵住正时销（图 22-1-3 中的 4）
16	把设定杆（图 22-1-3 中的 5）安装到凸轮轴后部
17	拆卸发动机飞轮罩
18	用大号螺丝刀固定住飞轮，然后松开曲轴带轮螺栓（图 22-1-3 中的 6）
19	拆卸曲轴带轮螺栓（图 22-1-3 中的 6）
20	拆卸曲轴带轮（图 22-1-3 中的 7）
21	拆卸正时皮带上罩（图 22-1-3 中的 8）
22	拆卸正时皮带下罩（图 22-1-3 中的 9）
23	拆卸张紧器螺母（图 22-1-3 中的 10）
24	拆卸张紧器轮（图 22-1-3 中的 11）
25	拆卸导轮螺栓（图 22-1-3 中的 12）
26	拆卸导轮
27	拆卸正时皮带

安装	
步骤	操作方法
1	拆卸曲轴带轮并清除带轮上的油污，把曲轴末端的油污清除干净。
2	确保正时销正确插入曲轴曲柄的平衡孔中（图 22-1-3 中的 4）
3	确保凸轮轴凹槽对齐（图 22-1-3 中的 2）
4	确保设定杆（图 22-1-3 中的 5）安装正确
5	确保曲轴键（图 22-1-3 中的 13）位于发动机前罩内凸耳中央位置（图 22-1-3 中的 14 和 15）
6	安装凸轮轴锁止工具（图 22-1-3 中的 16）
7	将凸轮轴锁止工具的螺母（图 22-1-3 中的 17）紧固到 80N·m
8	把凸轮轴带轮的螺母拆下（图 22-1-3 中的 18 和 19）
9	拆卸凸轮轴锁止工具（图 22-1-3 中的 16）
10	拆卸凸轮轴带轮
11	把凸轮轴轴端的油污和凸轮轴带轮上的油污清除干净
12	安装凸轮轴带轮，用手把凸轮轴带轮螺母（图 22-1-3 中的 18 和 19）拧上
13	换装新的张紧器轮（图 22-1-3 中的 11），先用手拧上张紧器螺母（图 22-1-3 中的 10）。 注意：张紧器轮后部的凸耳应位于气缸体凹槽中
14	安装曲轴带轮
15	安装正时皮带
16	换装新的导轮，将导轮螺栓紧固至 50N·m（图 22-1-3 中的 12）
17	使用 6mm 的内六角扳手（图 22-1-3 中的 22）沿顺时针方向转动张紧器，直至张紧器上的标记对齐（图 22-1-3 中的 20 和 21）
18	把张紧器螺母（图 22-1-3 中的 10）暂时紧固到 7N·m
19	安装锁止工具（图 22-1-3 中的 16）
20	把锁止工具的螺母（图 22-1-3 中的 17）紧固到 80N·m
21	把凸轮轴带轮螺母（图 22-1-3 中的 18 和 19）紧固到 30N·m
22	拆卸锁止工具（图 22-1-3 中的 16）
23	拆卸设定杆（图 22-1-3 中的 5）
24	拆卸正时销（图 22-1-3 中的 3）
25	用粉笔标记好凸轮轴带轮和气缸盖的相对位置（14-1-3 中的 23）
26	沿顺时针方向转动曲轴 2 周，使其达到上止点前位置（14-1-3 中的 23）
27	把正时销通过气缸体的孔插入气缸体内
28	沿顺时针方向略微转动曲轴，确保正时销定位准确（14-1-3 中的 4）
29	确保设定位置标记对齐（14-1-3 中的 23）
30	确保张紧器上的标记对齐（图 22-1-3 中的 20 和 21）

续表

安　装	
步　骤	操 作 方 法
31	把张紧器螺母（图 22-1-3 中的 10）紧固到 28N·m
32	安装设定杆（图 22-1-3 中的 5）
33	安装锁止工具（图 22-1-3 中的 16）
34	把锁止工具的螺母（图 22-1-3 中的 17）紧固到 80N·m
35	换装新的凸轮轴带轮螺母（图 22-1-3 中的 18 和 19）并紧固到 30N·m + 86° ± 6°
36	拆卸锁止工具（图 22-1-3 中的 16）
37	拆卸设定杆（图 22-1-3 中的 5）
38	拆卸正时销（图 22-1-3 中的 3）
39	沿顺时针方向转动曲轴 2 周，使其达到上止点前位置（14-1-3 中的 23）
40	把正时销通过气缸体的孔插入气缸体内
41	沿顺时针方向略微转动曲轴，确保正时销定位准确（14-1-3 中的 4）
42	确保张紧器上的标记对齐（图 22-1-3 中的 20 和 21）
43	确保凸轮轴后部的凹槽对齐在同一水平线上（图 22-1-3 中的 2）
44	确保设定杆可以轻松安装到位（图 22-1-3 中的 5）
45	拆卸正时销（图 22-1-3 中的 3）
46	安装盲塞（图 22-1-3 中的 1）
47	用大号螺丝刀固定住飞轮
48	换装新的曲轴皮带轮和螺栓（图 22-1-3 中的 6 和 7）并紧固至 40N·m + 100°～120°
49	把新的盲塞安装到进气凸轮轴后部
50	把新的盲塞安装到排气凸轮轴后部
51	按照与拆卸相反的步骤安装其他部件
52	把右侧发动机支撑螺栓紧固至 62N·m（图 22-1-3 中的 24）
53	把右侧发动机支架螺栓紧固到 105N·m（图 22-1-3 中的 25）

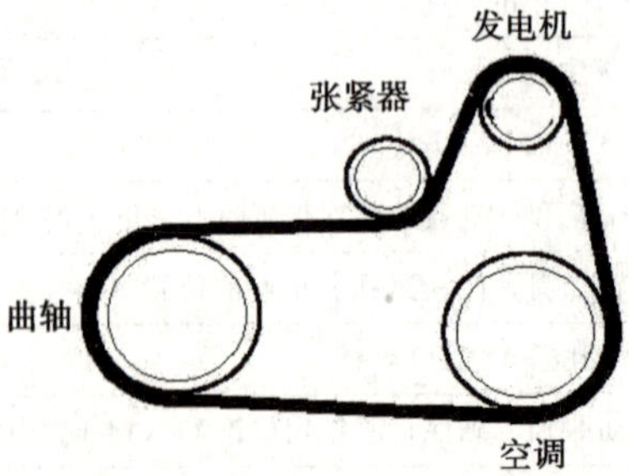

图 22-1-4　MEGANE 轿车 2.0L（F4R 770/771）发动机附件传动皮带盘绕方法

五、MEGANE 轿车 2.0L（M4R711）发动机正时校对

1. MEGANE 轿车 2.0L（M4R711）发动机正时链条部件识别（图 22-1-5）

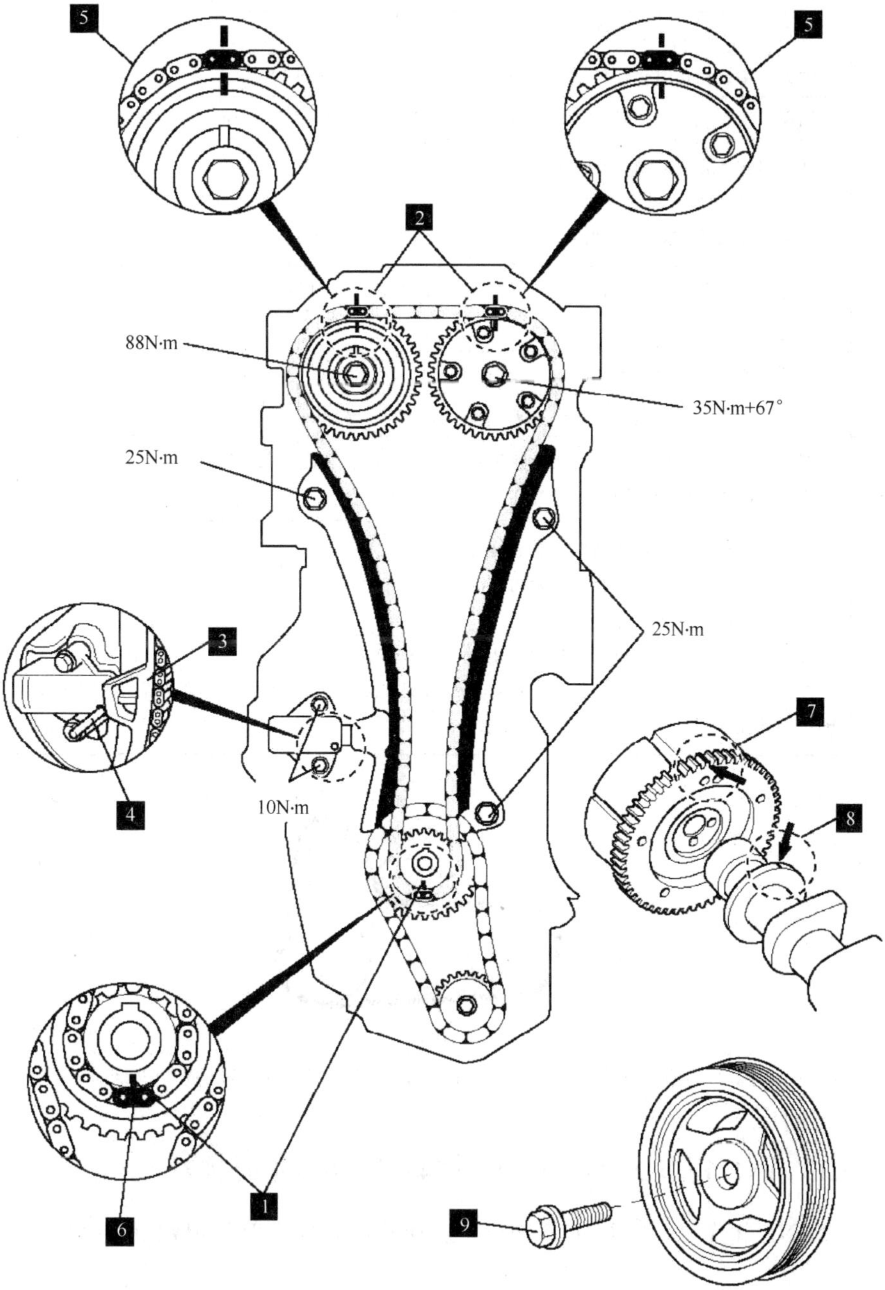

图 22-1-5 MEGANE 轿车 2.0L（M4R711）发动机正时链条部件识别

2. MEGANE 轿车 2.0L（M4R711）发动机正时校对操作步骤（表 22-1-3）

表 22-1-3　MEGANE 轿车 2.0L（M4R711）发动机正时校对操作步骤

步　骤	操作方法
1	将发动机 1 缸活塞设置到上止点位置
2	确保曲轴链轮正时标记位于 6 点钟的位置（图 22-1-5 中的 1）
3	确保凸轮轴链轮上正时标记和气缸盖上的正时标记（图 22-1-5 中的 2）对齐
4	把正时链条张紧器锁止在压缩位置： ① 压下张紧器叶片，如图 22-1-5 中 3 所示。 ② 插入合适的销子锁止张紧器活塞，如图 22-1-5 中 4 所示
5	确保涂色链节和每个凸轮轴链轮（图 22-1-5 中的 5）和曲轴链轮（图 22-1-5 中的 6）上的正时标记对齐
6	安装新的正时链条张紧器
7	在安装后松开张紧器活塞：拆下锁止销（图 22-1-5 中的 4）
8	把进气凸轮轴链轮安装到进气凸轮轴：确保进气凸轮轴链轮上正时标记（图 22-1-5 中的 7）和进气凸轮轴上的正时标记（图 22-1-5 中的 8）对齐
9	按下列叙述来拧紧新的曲轴皮带轮螺栓： （1）拧紧曲轴皮带轮螺栓，拧紧力矩为 68N·m。 （2）拧松曲轴皮带轮螺栓。 （3）拧紧曲轴皮带轮螺栓。拧紧力矩为 30N·m+60°。 注意：没安装发动机附件传动皮带（皮带盘绕方法参见图 22-1-6）时不要启动发动机，可能导致曲轴皮带轮损坏

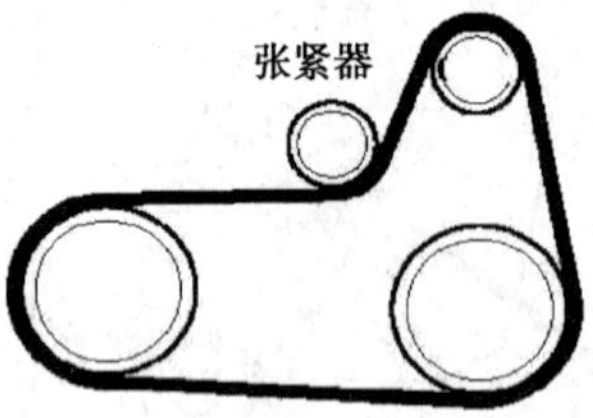

图 22-1-6　MEGANE轿车 2.0L（M4R711）发动机附件传动皮带盘绕方法

六、MEGANE 轿车 2.0T（F4RT 874）发动机正时校对

1. MEGANE 轿车 2.0T（F4RT 874）发动机正时皮带部件识别（图 22-1-7）

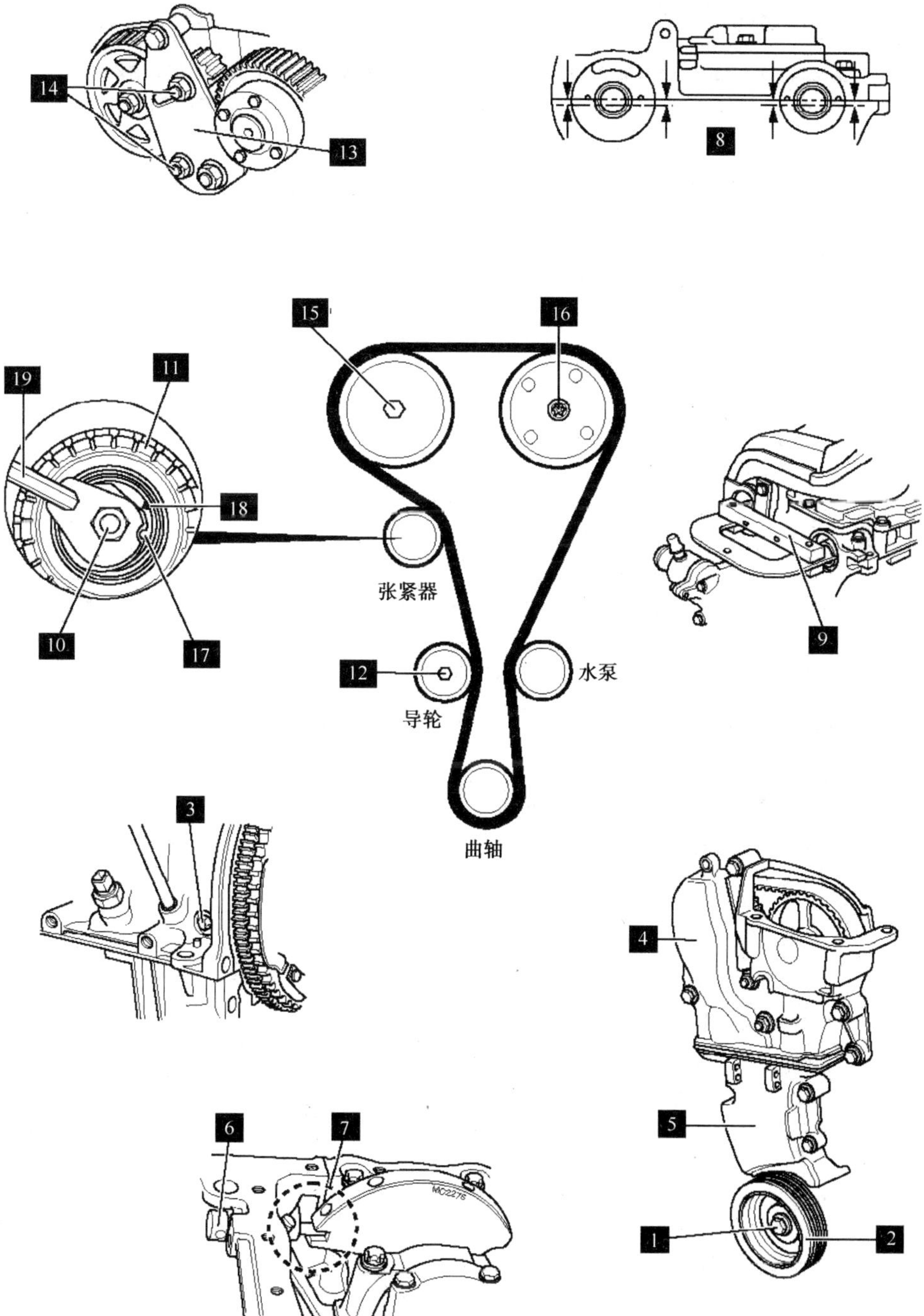

图 22-1-7 MEGANE 轿车 2.0T（F4RT 874）发动机正时皮带部件识别

2. MEGANE轿车2.0T（F4RT 874）发动机正时皮带拆装步骤（表22-1-4）

表22-1-4 MEGANE轿车2.0T（F4RT 874）发动机正时皮带拆装操作步骤

拆卸	
步骤	操作方法
1	将车身前端举起并支撑好。 警告：配有可变气门正时发动机，在拆下正时皮带之前一定要用粉笔或彩笔标记出凸轮轴皮带轮和凸轮轴调整器，以便帮助安装时定位
2	拆卸： （1）发动机上罩。 （2）发动机下护板。 （3）右前车轮。 （4）右前轮拱罩。 （5）右下部支撑支架。 （6）发动机下部拉杆。 （7）发动机附件传动皮带。 注意：不要重新安装用过的皮带。更换发动机附件传动皮带张紧器和导轮。发动机附件传动皮带盘绕方法参见图22-1-8
3	拆下飞轮护罩
4	用大号螺丝刀固定住飞轮，拧松曲轴皮带轮螺栓（图22-1-7中的1）
5	拆卸： （1）曲轴皮带轮螺栓（图22-1-7中的1）。 （2）曲轴皮带轮（图22-1-7中的2）。 （3）水泵，不要断开软管。 （4）排气下管。 （5）涡轮增压器上部空气软管。 （6）右发动机吊耳。 （7）涡轮增压器（TC）增压管
6	断开燃油蒸发排放罐上燃油蒸气管
7	拆卸：气缸体上盲塞（图22-1-7中的3）和凸轮轴后面的盲塞
8	支撑好发动机
9	拆卸： （1）右发动机底座和支架。 （2）正时皮带上罩（图22-1-7中的4）。 （3）正时皮带下罩（图22-1-7中的5）
10	安装曲轴皮带轮（图22-1-7中2）和曲轴皮带轮螺栓（图22-1-7中的1）
11	沿顺时针方向转动曲轴，直到凸轮轴后面的凹槽正好在水平对齐位置之前
12	在气缸体上插入曲轴正时销（图22-1-7中6）
13	沿顺时针方向慢慢稍微转动曲轴，确保正时销位于曲轴上的正确位置（图22-1-7中的7）

续表

拆卸	
步骤	操作方法
14	确保凸轮轴后面的凹槽水平对齐（图 22-1-7 中的 8）
15	把设定杆安装到凸轮轴后方（图 22-1-7 中的 9）
16	拆卸曲轴皮带轮螺栓（图 22-1-7 中的 1）和曲轴皮带轮（图 22-1-7 中的 2）
17	拧松张紧器螺母（图 22-1-7 中的 10）
18	拆卸： （1）张紧器螺母（图 22-1-7 中的 10）。 （2）张紧器（图 22-1-7 中的 11）。 （3）导轮螺栓（图 22-1-7 中的 12）。 （4）导轮。 （5）正时皮带
安装	
步骤	操作方法
1	确保正时销在曲轴上位于正确的位置（图 22-1-7 中的 7） 注意：确保正时销不要插到曲轴曲柄平衡孔内
2	确保凸轮轴后面的凹槽水平对齐（图 22-1-7 中的 8）
3	确保凸轮轴设定杆正确安装（图 22-1-7 中的 9）
4	拆下曲轴皮带轮，擦去皮带轮油污，擦去曲轴末端的油污
5	安装曲轴皮带轮
6	安装凸轮轴皮带轮锁止工具（图 22-1-7 中的 13）
7	拧紧凸轮轴皮带轮锁止工具螺母（图 22-1-7 中的 14）至 80N·m
8	拆卸： （1）进气凸轮轴皮带轮上盲塞。 （2）排气凸轮轴皮带轮螺母（图 22-1-7 中的 15）。 （3）进气凸轮轴皮带轮螺栓（图 22-1-7 中的 16）。 （4）锁止工具（图 22-1-7 中的 13）。 （5）凸轮轴皮带轮
9	擦去凸轮轴末端和凸轮轴皮带轮的油污
10	安装凸轮轴皮带轮
11	用手拧紧排气凸轮轴皮带轮螺母（图 22-1-7 中的 15）
12	用手拧紧进气凸轮轴皮带轮螺栓（图 22-1-7 中的 16）
13	安装新的张紧器（图 22-1-7 中的 11）。 注意：确保张紧器后面的凸耳位于气缸盖上的凹槽上
14	用手拧紧张紧器螺母（图 22-1-7 中的 10）

续表

安装	
步骤	操作方法
15	安装正时皮带和新的导轮
16	拧紧导轮螺栓（图 22-1-7 中的 12）至 50N·m
17	用 6mm 内六角扳手（图 22-1-7 中的 19）沿顺时针方向转动张紧器直到标记对齐（图 22-1-7 中的 17 和 18）。注意：不要逆时针转动张紧器
18	拧紧张紧器螺母（图 22-1-7 中的 10）至 32N·m
19	安装凸轮轴皮带轮锁止工具（图 22-1-7 中的 13）
20	拧紧凸轮轴皮带轮锁止工具螺母（图 22-1-7 中的 15）至 80N·m
21	拧紧排气凸轮轴皮带轮螺母（图 22-1-7 中的 15）至 30N·m
22	拧紧进气凸轮轴皮带轮螺栓（图 22-1-7 中的 16）至 30N·m
23	拆卸凸轮轴皮带轮锁止工具（图 22-1-7 中的 13）、曲轴正时销（图 22-1-7 中的 6）和凸轮轴固定装置（图 22-1-7 中的 9）
24	安装曲轴皮带轮（图 22-1-7 中的 2）和曲轴皮带轮螺栓（图 22-1-7 中的 1）
25	沿顺时针方向转动曲轴 2 圈直到凸轮轴后面的凹槽正好在水平位置前对齐
26	在气缸体上插入曲轴正时销（图 22-1-7 中的 6）
27	沿顺时针方向慢慢转动曲轴，确保正时销位于曲轴正确的位置（图 22-1-7 中的 7）。注意：确保正时销不能插入曲轴曲柄平衡孔
28	把设定杆安装到凸轮轴后部（图 22-1-7 中的 9）
29	确保张紧器标记对齐（图 22-1-7 中的 17 和 18）
30	安装凸轮轴皮带轮锁止工具（图 22-1-7 中的 13）
31	拧紧凸轮轴皮带轮锁止工具螺母（图 22-1-7 中的 14）至 80N·m
32	拆下排气凸轮轴皮带轮螺母（图 22-1-7 中的 15）
33	拆下进气凸轮轴皮带轮螺栓（图 22-1-7 中的 16）
34	安装新的排气凸轮轴皮带轮螺母（图 22-1-7 中的 15）
35	安装新的进气凸轮轴皮带轮螺栓（图 22-1-7 中的 16）
36	拧紧进气凸轮轴皮带轮螺栓（图 22-1-7 中的 16）至 90N·m
37	拧紧排气凸轮轴皮带轮螺母（图 22-1-7 中的 15）至 30N·m
38	拆下凸轮轴设定杆（图 22-1-7 中的 9）
39	拧紧排气凸轮轴皮带轮螺母（图 22-1-7 中的 15）至 86N·m±6°

续表

安　　装	
步　　骤	操 作 方 法
40	拆卸曲轴正时销（图 22-1-7 中的 6）和凸轮轴皮带轮锁止工具（图 22-1-7 中的 13）
41	安装盲塞（图 22-1-7 中的 3）
42	用大号螺丝刀固定住飞轮
43	安装正时皮带下罩（图 22-1-7 中的 5）
44	安装新的曲轴皮带轮和螺栓（图 22-1-7 中的 1 和 2）
45	拧紧曲轴螺栓（图 22-1-7 中的 1）至 40N·m＋110°±10°
46	把新的盲塞安装到进气凸轮轴后部
47	把新的盲塞安装到排气凸轮轴后部
48	按与拆卸相反的顺序安装其他部件

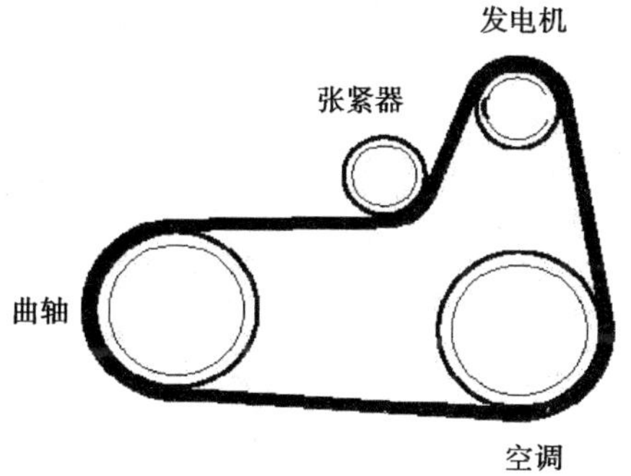

图 22-1-8　MEGANE 轿车 2.0T（F4RT 874）发动机附件传动皮带盘绕方法

第二节　SCENIC（风景）轿车

一、SCENIC 轿车 2.0L（F4R 770/771）发动机正时校对

参见 MEGANE 轿车 2.0L（F4R 770/771）发动机正时校对操作步骤。

二、SCENIC 轿车 1.6L（K4M 760）发动机正时校对

1. SCENIC 轿车 1.6L（K4M 760）发动机正时皮带部件识别（图 22-2-1）

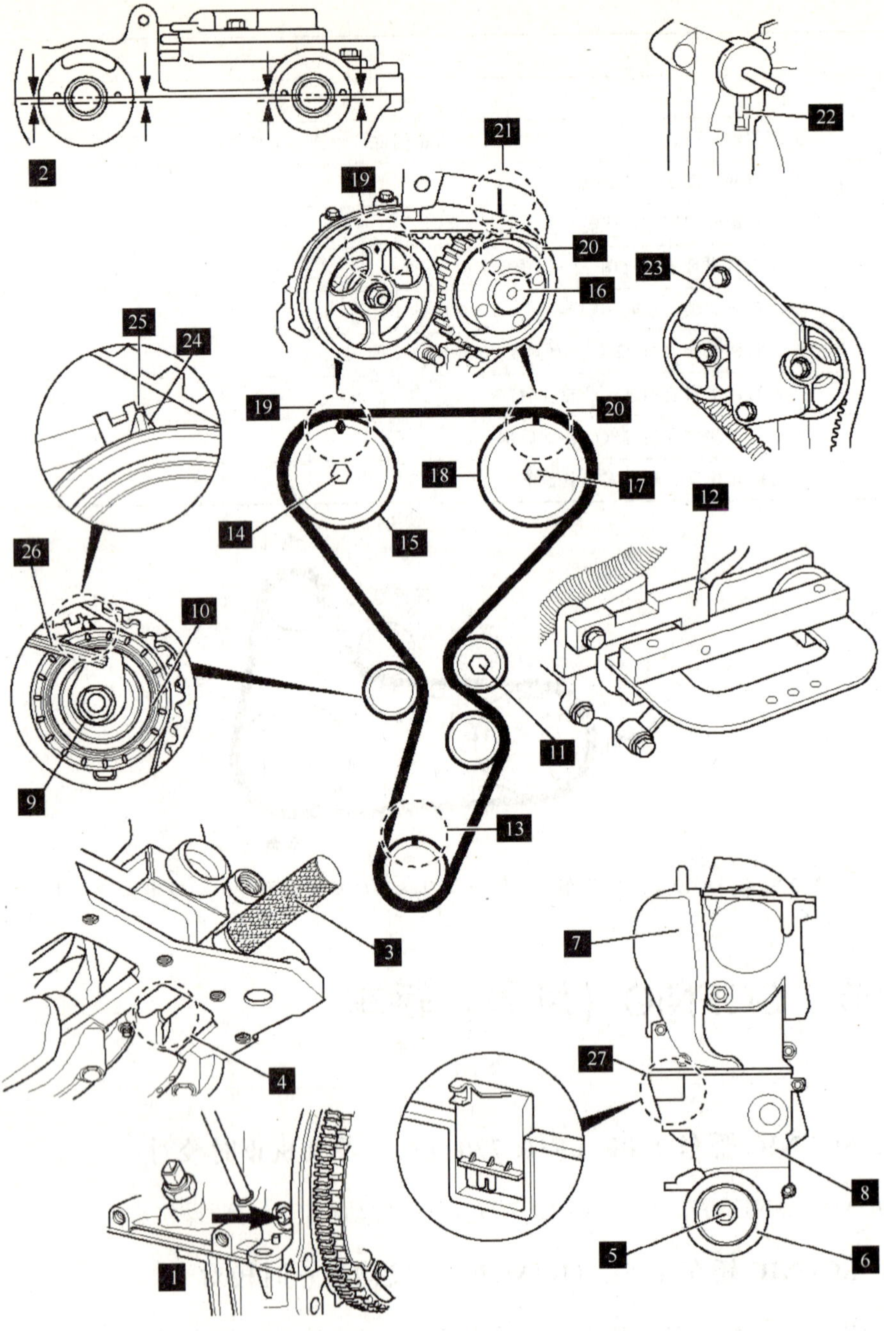

图 22-2-1 SCENIC 轿车 1.6L（K4M 760）发动机正时皮带部件识别

2. SCENIC 轿车 1. 6L（K4M 760）发动机正时皮带拆装步骤（表 22-2-1）

表 22-2-1　SCENIC 轿车 1. 6L（K4M 760）发动机正时皮带拆装步骤

拆　　卸	
步　　骤	操 作 方 法
1	升起并支撑车辆前部。 注意：配有可变气门正时的发动机，在拆下正时皮带之前一定要用粉笔或彩笔标记出凸轮轴皮带轮和凸轮轴调整器，以便安装时能起到辅助定位的作用
2	拆卸发动机进气系统集气室和集气室前盖
3	拆卸蓄电池盖
4	拆卸发动机进气管路
5	拆卸发动机空气滤清器总成
6	拆卸车辆右前车轮
7	拆卸右前轮挡泥板
8	拆卸发动机附件传动皮带。 注意：拆卸发动机附件传动皮带时应记清皮带的盘绕方法，以免重新安装时发生错误，附件传动皮带的盘绕方法参见图 22-2-2
9	支撑发动机
10	拆卸发动机右侧支撑和支架
11	拆卸发动机提升架
12	从凸轮轴后部拆卸盲塞
13	从气缸体处拆卸盲塞（图 22-2-1 中的 1）
14	沿顺时针方向转动曲轴到设定位置，直至凸轮轴凹槽将要对齐（图 22-2-1 中的 2）
15	把正时销插入气缸体内（图 22-2-1 中的 3）
16	确保曲轴曲柄抵住正时销（图 22-2-1 中的 4）
17	确保凸轮轴凹槽对齐（图 22-2-1 中的 2）
18	用大号螺丝刀固定住飞轮，然后松开曲轴带轮螺栓（图 22-2-1 中的 5）
19	拆卸曲轴带轮螺栓（图 22-2-1 中的 5）
20	拆卸曲轴带轮（图 22-2-1 中的 6）
21	拆卸正时皮带罩（图 22-2-1 中的 7 和 8）
22	松开张紧器螺母（图 22-2-1 中的 9）
23	拆卸张紧器螺母（图 22-2-1 中的 9）
24	拆卸张紧器（图 22-2-1 中的 10）
25	拆卸导轮（图 22-2-1 中的 11）
26	拆卸正时皮带
27	把设定杆（图 22-2-1 中的 12）安装到凸轮轴后部

续表

安装	
步骤	操作方法
1	确保正时销正确插入（图 22-2-1 中的 3）
2	确保曲轴曲柄抵住正时销（图 22-2-1 中的 4）
3	确保设定杆（图 22-2-1 中的 12）安装正确
4	拆卸曲轴皮带轮并清除皮带轮上的油污，把曲轴末端的油污清除干净。将曲轴皮带轮重新安装好。 注意：曲轴键应处于 12 点钟位置（图 22-2-1 中的 13）
5	拆卸排气凸轮轴皮带轮螺母（图 22-2-1 中的 14）
6	拆卸排气凸轮轴皮带轮（图 22-2-1 中的 15）
7	拆卸进气凸轮轴皮带轮盲塞（图 22-2-1 中的 16）
8	拆卸进气凸轮轴皮带轮螺栓（图 22-2-1 中的 17）
9	拆卸进气凸轮轴皮带轮（图 22-2-1 中的 18）
10	换装新的螺母，安装排气凸轮轴皮带轮（图 22-2-1 中的 15）
11	换装新的螺栓，安装进气凸轮轴皮带轮（图 22-2-1 中的 18）
12	把各个凸轮轴皮带轮上的螺母和螺栓暂时拧上（图 22-2-1 中的 14 和 17）
13	确保凸轮轴皮带轮能自由转动，且转动时不发生偏摆
14	确保进气凸轮轴 VVT 可变气门单元锁止
15	确保在排气凸轮轴皮带轮上的 RENAULT（雷诺标志）位于图 22-2-1 中 19 所示的位置
16	确保进气凸轮轴皮带轮标记在 12 点钟的位置（图 22-2-1 中 20）
17	用粉笔标记出气缸盖位置（图 22-2-1 中 21）
18	安装新张紧器轮（图 22-2-1 中 10）。 注意：确保张紧器轮后部的凸耳位于水泵壳上的凹槽位置（图 22-2-1 中 22）
19	把正时皮带安装到凸轮轴皮带轮上，确保凸轮轴皮带轮没有移动
20	安装凸轮轴皮带轮固定工具（图 22-2-1 中 23）
21	把正时皮带安装到张紧器轮、曲轴皮带轮和水泵轮上
22	换装新的导轮，将导轮螺栓（图 22-2-1 中的 11）紧固至 45N・m
23	使用 6mm 内六角扳手（图 22-2-1 中的 26）沿顺时针方向转动张紧器轮，直至指针（图 22-2-1 中的 24）与凹口（图 22-2-1 中的 25）对齐
24	把张紧器螺母（图 22-2-1 中的 9）暂时紧固到 7N・m
25	拆卸凸轮轴皮带轮固定工具（图 22-2-1 中 23）
26	安装正时皮带下罩（图 22-2-1 中 8）
27	拆卸正时皮带下罩维修盖板（图 22-2-1 中 27）
28	安装曲轴带轮（图 22-2-1 中的 6）
29	换装新的曲轴带轮螺栓（图 22-2-1 中的 5），先不要拧紧，使螺栓与曲轴带轮之间保持 2～3mm 的距离

安装	
步骤	操作方法
30	确保曲轴曲柄抵住正时销（图 22-2-1 中的 4）
31	确保设定杆安装正确（图 22-2-1 中的 12）
32	沿顺时针方向转动排气凸轮轴皮带轮（图 22-2-1 中的 15）6 周
33	确保指针（图 22-2-1 中的 24）与凹口（图 22-2-1 中的 25）对齐，张紧器螺母（图 22-2-1 中的 9）紧固到 27N·m
34	确保在排气凸轮轴皮带轮上的 RENAULT（雷诺标志）位于图 22-2-1 中 19 所示的位置
35	确保进气凸轮轴皮带轮标记对齐（图 22-2-1 中的 20 和 21）
36	安装凸轮轴皮带轮固定工具（图 22-2-1 中 23）
37	确保曲轴曲柄抵住正时销（图 22-2-1 中的 4）
38	确保曲轴键处于 12 点钟位置（图 22-2-1 中的 13）
39	把曲轴带轮螺栓（图 22-2-1 中的 5）紧固至 40N·m＋115°±15°
40	把进气凸轮轴皮带轮螺栓（图 22-2-1 中的 17）紧固至 75N·m
41	安装新的进气凸轮轴皮带轮盲塞（图 22-2-1 中的 16）并紧固至 15N·m
42	把排气凸轮轴皮带轮螺栓（图 22-2-1 中的 14）紧固至 30N·m＋84°±4°
43	拆卸凸轮轴设定杆（图 22-2-1 中的 12）
44	拆卸凸轮轴皮带轮固定工具（图 22-2-1 中 23）
45	拆卸正时销（图 22-2-1 中的 3）
46	沿顺时针方向转动曲轴 2 周，到达设定位置
47	把正时销插入气缸体内（图 22-2-1 中的 3）
48	确保张紧器指针（图 22-2-1 中的 24）与凹口（图 22-2-1 中的 25）对齐
49	确保凸轮轴凹槽对齐（图 22-2-1 中的 2）
50	确保设定杆可以轻松安装到位（图 22-2-1 中的 12）
51	拆卸设定杆（图 22-2-1 中的 12）
52	拆卸正时销（图 22-2-1 中的 3）
53	重新安装盲塞（图 22-2-1 中的 1）并紧固至 20N·m
54	把凸轮轴后部的盲塞安装好
55	按照与拆卸相反的步骤安装其他部件

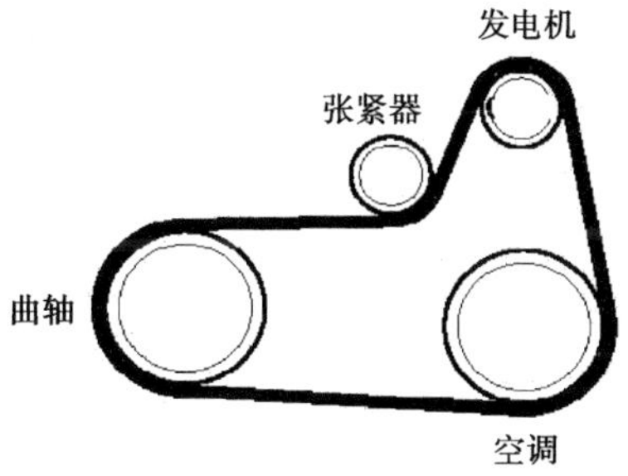

图 22-2-2 SCENIC 轿车 1.6L（K4M 760）发动机附件传动皮带盘绕方法

第三节 LAGUNA（拉古娜）轿车

LAGUNA 轿车 2.0T（F4RT810/811）发动机正时校对

1. LAGUNA 轿车 2.0T（F4RT810/811）发动机正时皮带部件识别（图 22-3-1）

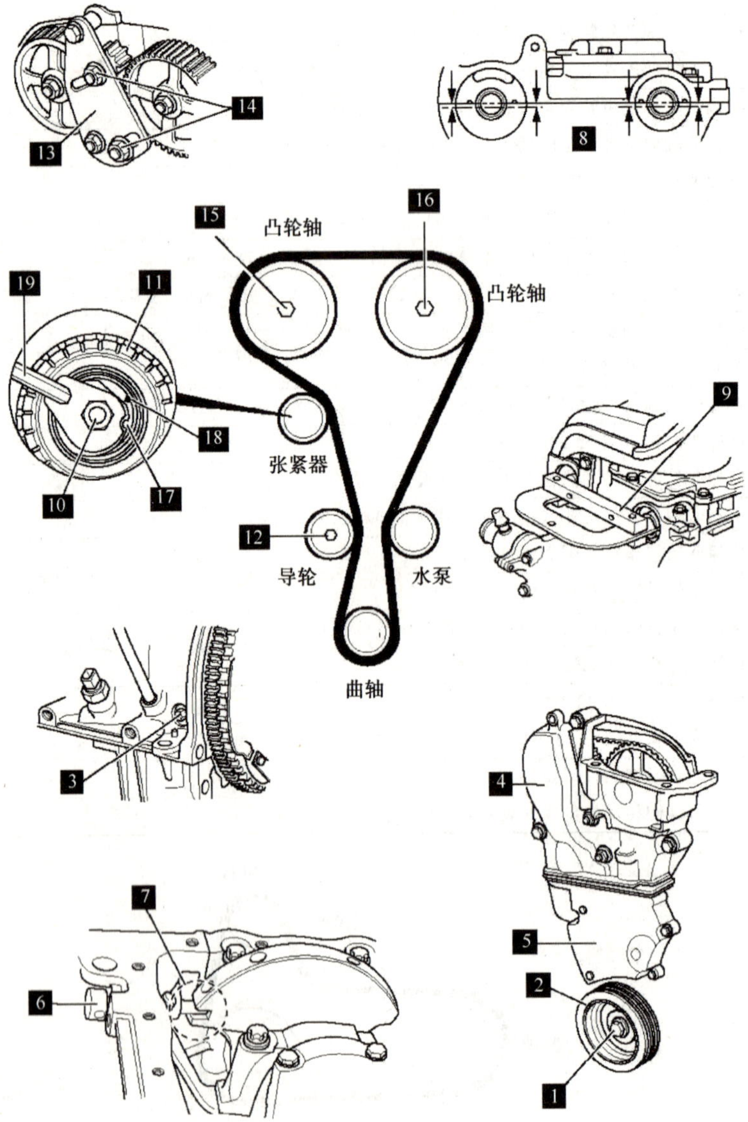

图 22-3-1 LAGUNA 轿车 2.0T（F4RT810/811）发动机正时皮带部件识别

2. LAGUNA 轿车 2.0T（F4RT810/811）发动机正时皮带拆装步骤（表 22-3-1）

表 22-3-1 LAGUNA 轿车 2.0T（F4RT810/811）发动机正时皮带拆装步骤

拆　卸	
步　骤	操作方法
1	将车身前端举起并支撑好
2	拆卸： （1）发动机上罩。 （2）右前车轮。 （3）右前轮拱罩。 （4）发动机下护板。 （5）右下部支撑支架。 （6）发动机下部拉杆。 （7）发动机附件传动皮带。 注意：不要重新安装用过的皮带。更换发动机附件传动皮带张紧器和导轮。发动机附件传动皮带盘绕方法参见图 22-3-2
3	拆下飞轮护罩
4	用大号螺丝刀固定住飞轮，拧松曲轴皮带轮螺栓（图 22-3-1 中的 1）
5	拆卸曲轴皮带轮螺栓（图 22-3-1 中的 1）和曲轴皮带轮（图 22-3-1 中的 2）
6	支撑好发动机
7	拆卸右侧发动机底座和支架
8	拆卸空气滤清器出气管路
9	拆卸发动机提升架
10	拆卸气缸体上盲塞（图 22-3-1 中的 3）
11	拆卸凸轮轴后面的盲塞
12	拆卸正时皮带上罩（图 22-3-1 中的 4）
13	拆卸正时皮带下罩（图 22-3-1 中的 5）
14	安装曲轴皮带轮（图 22-3-1 中 2）和曲轴皮带轮螺栓（图 22-3-1 中的 1）
15	沿顺时针方向转动曲轴，直到凸轮轴后面的凹槽正好在水平对齐位置之前
16	在气缸体上插入曲轴正时销（图 22-3-1 中的 6）
17	沿顺时针方向慢慢稍微转动曲轴，确保正时销位于曲轴上的正确位置（图 22-3-1 中的 7）
18	确保凸轮轴后面的凹槽水平对齐（图 22-3-1 中的 8）
19	把设定工具安装到凸轮轴后方（图 22-3-1 中的 9）
20	拆卸曲轴皮带轮螺栓（图 22-3-1 中 1）和曲轴皮带轮（图 22-3-1 中的 2）
21	拆卸张紧器螺母（图 22-3-1 中的 10）
22	拆卸张紧器（图 22-3-1 中的 11）
23	拆卸导轮螺栓（图 22-3-1 中的 12）

续表

拆卸	
步骤	操作方法
24	拆卸导轮
25	拆卸正时皮带
安装	
步骤	操作方法
1	确保正时销在曲轴上位于正确的位置（图 22-3-1 中的 7）。 注意：确保正时销不要插到曲轴曲柄平衡孔内
2	确保凸轮轴后面的凹槽水平对齐（图 22-3-1 中的 8）
3	确保凸轮轴设定工具正确安装（图 22-3-1 中的 9）
4	拆下曲轴皮带轮，擦去皮带轮油污，擦去曲轴末端的油污
5	安装曲轴皮带轮
6	安装凸轮轴皮带轮锁止工具（图 22-3-1 中的 13）
7	拧紧凸轮轴皮带轮锁止工具螺母（图 22-3-1 中的 14）至 80N·m
8	拆卸凸轮轴皮带轮上的螺母（图 22-3-1 中的 15 和 16）
9	安装新的张紧器（图 22-3-1 中的 11）。 注意：确保张紧器后面的凸耳位于气缸盖上的凹槽上
10	拆卸凸轮轴皮带轮锁止工具（图 22-3-1 中的 13）
11	拆卸凸轮轴皮带轮
12	擦去凸轮轴末端和凸轮轴皮带轮的油污
13	安装凸轮轴皮带轮，用手拧上凸轮轴皮带轮上的螺母（图 22-3-1 中的 15 和 16）
14	安装新的张紧器（图 22-3-1 中的 11）。 注意：张紧器后部的凸耳应位于气缸盖内的槽中
15	用手拧紧张紧器螺母（图 22-3-1 中的 10）
16	安装正时皮带和新的导轮
17	拧紧导轮螺栓（图 22-3-1 中的 12）至 50N·m
18	用 6mm 内六角扳手（图 22-3-1 中的 19）沿顺时针方向转动张紧器直到标记对齐（图 22-3-1 中的 17 和 18）。 注意：不要逆时针转动张紧器
19	先暂时把张紧器螺母（图 22-3-1 中的 10）紧固至 7N·m
20	安装凸轮轴皮带轮锁止工具（图 22-3-1 中的 13）
21	拧紧凸轮轴皮带轮锁止工具螺母（图 22-3-1 中的 14）至 80N·m
22	拧紧排气凸轮轴皮带轮螺母（图 22-3-1 中的 15）至 30N·m
23	拧紧进气凸轮轴皮带轮螺栓（图 22-3-1 中的 16）至 30N·m
24	拆卸凸轮轴皮带轮锁止工具（图 22-3-1 中的 13）

安　装	
步　骤	操 作 方 法
25	拆卸曲轴正时销（图 22-3-1 中的 6）
26	拆卸凸轮轴设定杆（图 22-3-1 中的 9）
27	安装曲轴皮带轮（图 22-3-1 中的 2）和曲轴皮带轮螺栓（图 22-3-1 中的 1）
28	沿顺时针方向转动曲轴 2 圈直到 1 缸活塞位于上止点前
29	在气缸体上插入曲轴正时销（图 22-3-1 中的 6）
30	沿顺时针方向慢慢转动曲轴，确保正时销位于曲轴正确的位置（图 22-3-1 中的 7）。注意：确保正时销不能插入曲轴曲柄平衡孔
31	把设定工具安装到凸轮轴后部（图 22-3-1 中的 9）
32	确保张紧器的标记对齐（图 22-3-1 中的 17 和 18）
33	把张紧器螺母（图 22-3-1 中的 10）紧固到 28N・m
34	安装凸轮轴皮带轮锁止工具（图 22-3-1 中的 13）
35	拧紧凸轮轴皮带轮锁止工具螺母（图 22-3-1 中的 14）至 80N・m
36	拆下凸轮轴皮带轮螺母（图 22-3-1 中的 15）
37	拆下凸轮轴皮带轮螺栓（图 22-3-1 中的 16）
38	安装新的凸轮轴皮带轮螺母（图 22-3-1 中的 15）并紧固至 30N・m
39	安装新的凸轮轴皮带轮螺栓（图 22-3-1 中的 16）并紧固至 30N・m
40	拆下凸轮轴设定杆（图 22-3-1 中的 9）
41	将凸轮轴皮带轮螺栓（图 22-3-1 中的 16）再紧固 86°±6°
42	将凸轮轴皮带轮螺母（图 22-3-1 中的 15）再紧固 86°±6°
43	拆卸凸轮轴皮带轮锁止工具（图 22-3-1 中的 13）
44	拆卸曲轴正时销（图 22-3-1 中的 6）
45	安装盲塞（图 22-3-1 中的 3）
46	用大号螺丝刀固定住飞轮
47	安装新的曲轴皮带轮和螺栓（图 22-3-1 中的 1 和 2）
48	拧紧曲轴螺栓（图 22-3-1 中的 1）至 40N・m＋110°±10°
49	把新的盲塞安装到进气凸轮轴后部
50	把新的盲塞安装到排气凸轮轴后部
51	按与拆卸相反的顺序安装其他部件

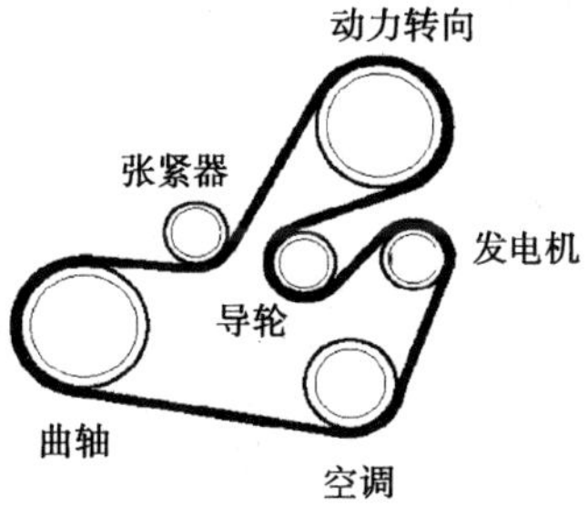

图 22-3-2　LAGUNA 轿车 2.0T（F4RT810/811）发动机附件传动皮带盘绕方法

第二十三章 SMART（斯玛特）车系

第一节 SMATR FORTWO 轿车

1. SMART FORTWO 轿车 1. 0L 发动机正时链条部件识别如图 23-1-1 所示。

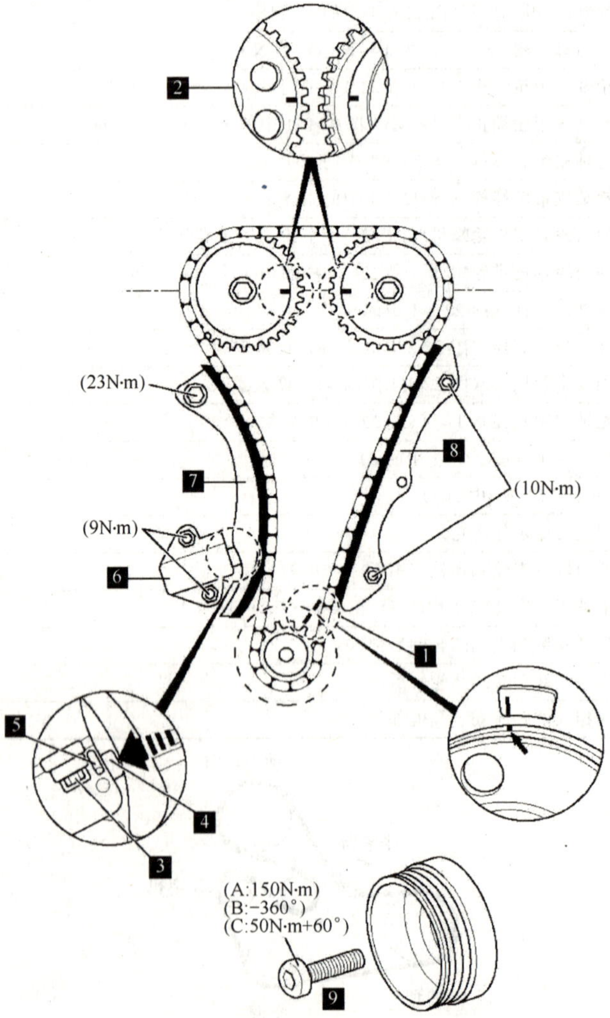

图 23-1-1 SMART FORTWO 轿车 1. 0L 发动机正时链条部件

2. SMART FORTWO 轿车 1.0L 发动机正时校对操作步骤（表 23-1-1）

表 23-1-1　SMART FORTWO 轿车 1.0L 发动机正时校对操作步骤

步　骤	操作方法
1	将发动机设置在 1 缸上止点位置（图 23-1-1 中的 1）
2	确保凸轮轴链轮上的正时标记与气缸盖边沿对准（图 23-1-1 中的 2）
3	按照下列操作步骤把正时链条张紧器锁止到压缩位置： （1）释放正时链条张紧器的棘轮（图 23-1-1 中的 3） （2）沿图 23-1-1 中的箭头所示方向将正时链条张紧器的柱塞压入张紧器壳体中（图 23-1-1 中的 4） （3）插入一根直径为 1.5mm 的销子将柱塞锁止到位（图 23-1-1 中的 5）
4	拆下正时链条张紧器（图 23-1-1 中的 6）、正时链条张紧器的张紧滑轨（图 23-1-1 中的 7）和正时链条导向装置（图 23-1-1 中的 8）
5	更换正时链条
6	确保凸轮轴链轮上的正时标记与气缸盖边沿对准（图 23-1-1 中的 2）
7	安装正时链条张紧器（图 23-1-1 中的 6）、正时链条张紧器的张紧滑轨（图 23-1-1 中的 7）和正时链条导向装置（图 23-1-1 中的 8）
8	拆下插入的锁止销，释放正时链条张紧器柱塞（图 23-1-1 中的 5）
9	将曲轴带轮螺栓（图 23-1-1 中的 9）分三步拧紧： （1）将螺栓紧固至 150N·m。 （2）将螺栓松开 360°。 （3）再将螺栓紧固至 50N·m＋60°

第二十四章 SKODA（斯柯达）车系

第一节 YETI（野帝）轿车

一、YETI 轿车 1.8T（CDAB）发动机正时链条部件识别（图 24-1-1）

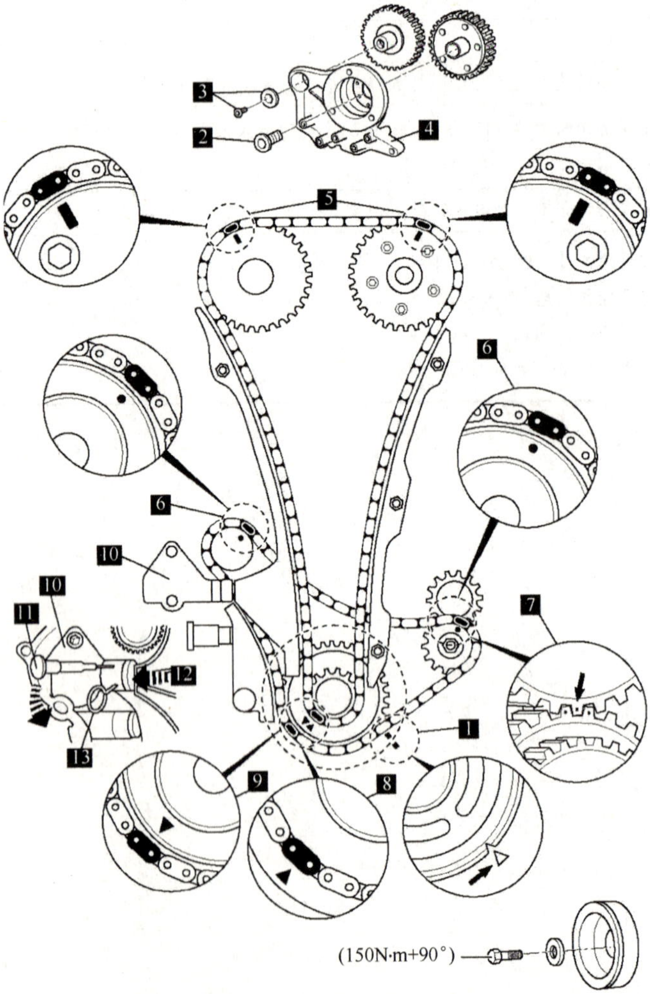

图 24-1-1 YETI 轿车 1.8T（CDAB）发动机正时链条部件识别

二、YETI 轿车 1.8T（CDAB）发动机正时校对操作步骤（表 24-1-1）

表 24-1-1　YETI 轿车 1.8T（CDAB）发动机正时校对操作步骤

步　骤	操作方法
1	先拆卸发动机机油泵链条，然后把发动机设置在 1 缸上止点位置（图 24-1-1 中的 1）
2	把带有垫圈的曲轴带轮螺栓重新装好
3	拆下进气凸轮轴调节器控制阀（左旋螺纹），参见图 24-1-1 中的 2
4	拆下排气凸轮轴链轮螺栓和垫圈（图 24-1-1 中的 3）
5	拆卸凸轮轴支架（图 24-1-1 中的 4）
6	确保正时链条上带有颜色标记的链节与各个凸轮轴链轮上的正时部件对齐（图 24-1-1 中的 5）
7	确保平衡轴正时标记对齐（图 24-1-1 中的 6）
8	确保平衡轴齿轮正时标记对齐（图 24-1-1 中的 7）
9	确保凸轮轴链轮正时标记对齐（图 24-1-1 中的 8 和 9）
10	重新设置正时链条张紧器（图 24-1-1 中的 10）。 用合适的工具松开正时链条张紧器的锁止机构（图 24-1-1 中的 11）；把正时链条张紧器的柱塞推入张紧器壳体中（图 24-1-1 中的 12）；插入张紧器锁止销（图 24-1-1 中的 13）
11	拆下张紧器锁止销（图 24-1-1 中的 13），使压入的张紧器柱塞释放
12	紧固排气凸轮轴链轮螺栓（图 24-1-1 中的 3），紧固力矩为 8N·m+90°

第二节 FABIA（晶锐）轿车

一、FABIA 轿车 1.6L 轿车（BTS）发动机正时链条部件识别（图 24-2-1）

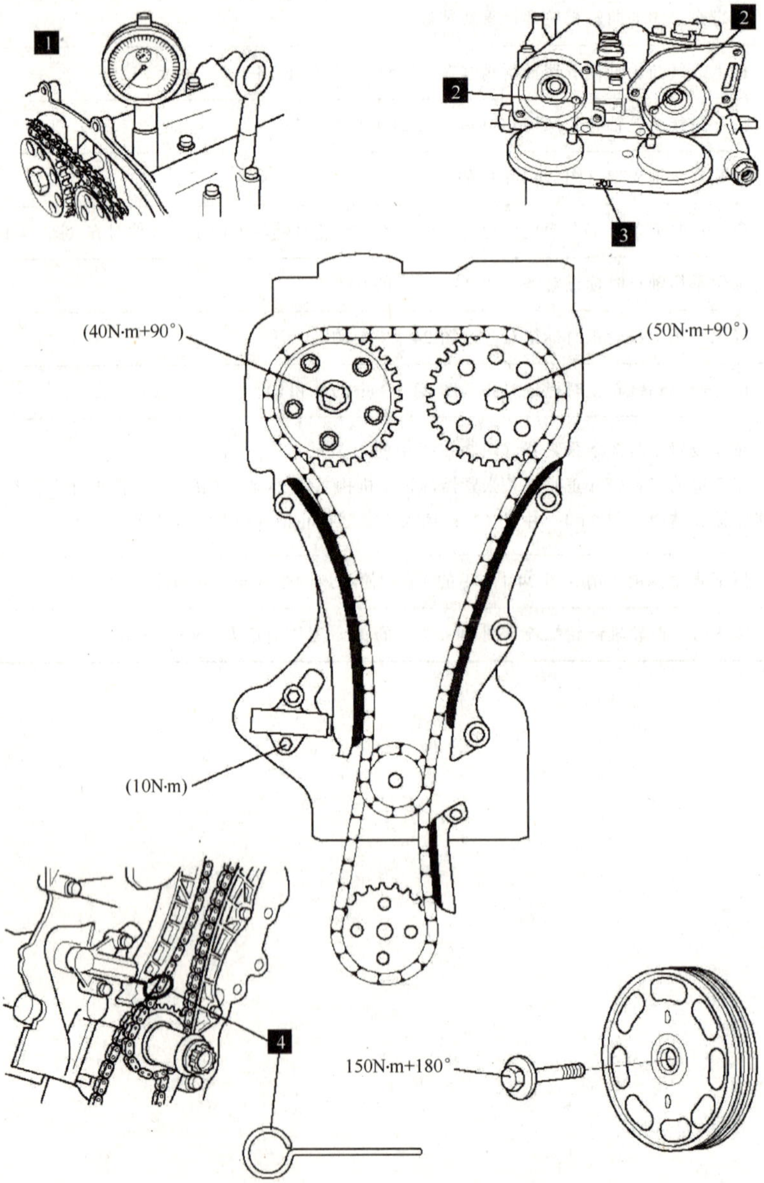

图 24-2-1 FABIA 轿车 1.6L 轿车（BTS）发动机正时链条部件识别

二、FABIA 轿车 1.6L 轿车（BTS）发动机正时校对（表 24-2-1）

表 24-2-1 FABIA 轿车 1.6L 轿车（BTS）发动机正时校对操作步骤

步 骤	操作方法
1	拆下正时链条盖
2	拆下油底壳
3	在 1 缸火花塞孔处安装千分表和支架（图 24-2-1 中的 1），确保发动机设置在 1 缸上止点位置
4	确保各个凸轮轴正时标记对齐（图 24-2-1 中的 2），如果没有对齐，将曲轴转动 360°
5	安装凸轮轴定位工具（图 24-2-1 中的 3）。 注意：如果凸轮轴定位工具不能安装上，则说明气门正时不正确
6	安装正时链条张紧器锁止工具（图 24-2-1 中的 4）
7	拆卸凸轮轴链轮和正时链条
8	使用凸轮轴定位工具校对好各个凸轮轴（图 24-2-1 中的 3）
9	安装凸轮轴链轮和正时链条
10	换装新的凸轮轴链轮螺栓并紧固：进气凸轮轴链轮螺栓紧固力矩为 40N·m；排气凸轮轴链轮螺栓紧固力矩为 50N·m
11	换装新的曲轴轮螺栓并紧固到 150N·m + 180°
12	拆下凸轮轴定位工具（图 24-2-1 中的 3）
13	沿顺时针方法转动曲轴 2 周
14	检查凸轮轴正时

第三节 OCTAVIA（明锐）轿车

OCTAVIA 轿车 1.6L（BFQ）发动机正时校对

1. OCTAVIA 轿车 1.6L（BFQ）发动机皮带正时部件识别（图 24-3-1）

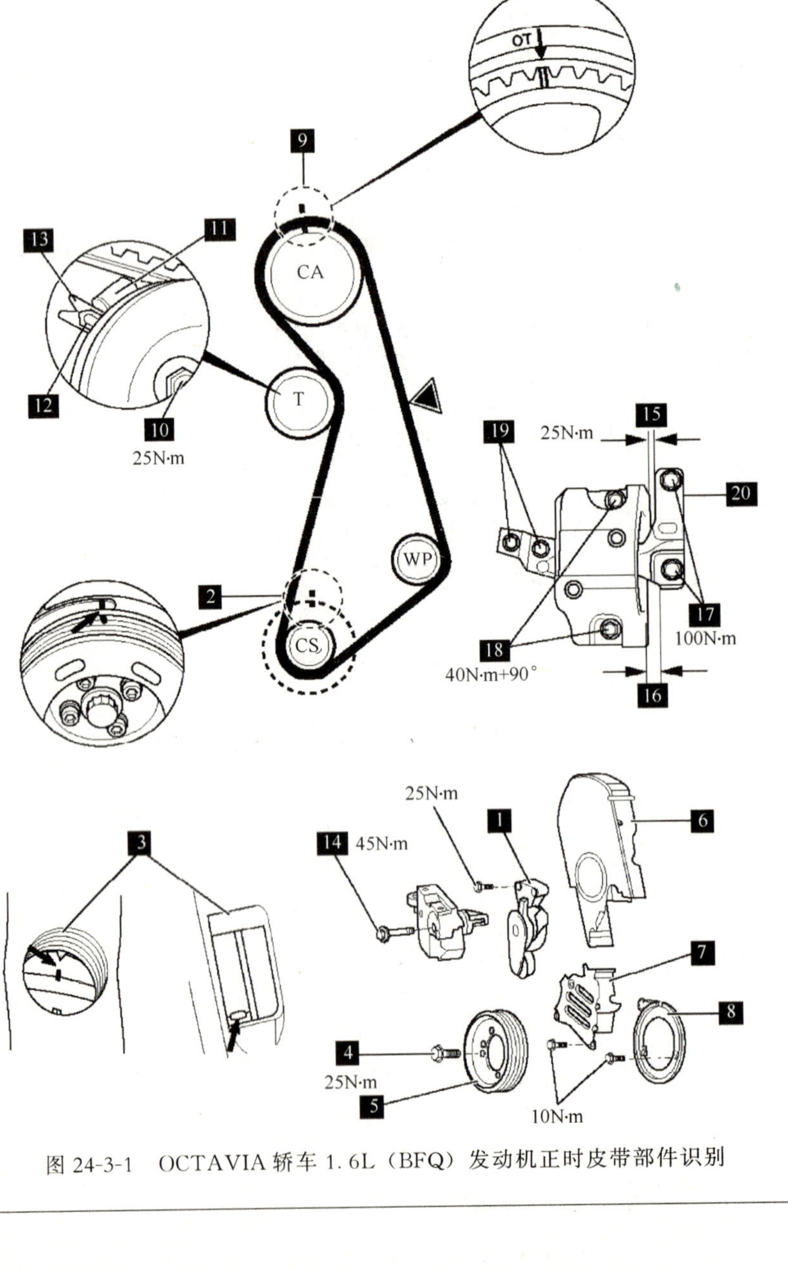

图 24-3-1 OCTAVIA 轿车 1.6L（BFQ）发动机正时皮带部件识别

2. OCTAVIA 轿车 1.6L（BFQ）发动机正时皮带拆卸（表 24-3-1）

表 24-3-1 OCTAVIA 轿车 1.6L（BFQ）发动机正时皮带拆卸

步 骤	操 作 方 法
1	举升并支撑住车辆前端
2	拆卸发动机盖和发动机底部挡板
3	拆卸发动机右侧下部挡板
4	拆卸发动机附件传动皮带，拆卸时要记忆清楚发动机附件传动皮带的盘绕方法，如图 24-3-2 所示，以免在重新安装时发生错误
5	拆卸发动机附件传动皮带张紧器（图 24-3-1 中的 1）
6	转动曲轴，将发动机设置在 1 缸上止点位置
7	确保正时标记对齐（图 24-3-1 中的 2 或 3）
8	拆卸曲轴带轮螺栓（图 24-3-1 中的 4）
9	拆卸曲轴带轮（图 24-3-1 中的 5）
10	拆卸正时皮带上部盖罩（参见图 24-3-1 中的 6）
11	拆卸发动机冷却液膨胀箱，但不要断开软管
12	拆卸动力转向系统储液罐，但不要断开软管
13	支起发动机
14	拆卸发动机右侧支撑
15	拆卸发动机右侧悬置支架
16	拆卸正时皮带中部盖罩（图 24-3-1 中的 7）
17	拆卸正时皮带下部盖罩（图 24-3-1 中的 8）
18	确保凸轮轴带轮正时标记对齐（参见图 24-3-1 中的 9）
19	松开张紧器螺母（图 24-3-1 中的 10），顺时针转动张紧器使其从正时皮带处移开，将螺母轻轻上紧
20	拆卸正时皮带。 注意：如果正时皮带需要继续使用，要在拆卸前用粉笔标记出正时皮带的转动方向，以便在重新安装时不发生错装

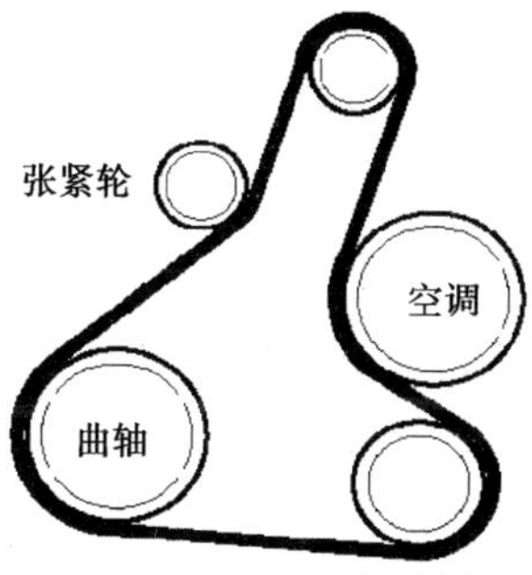

图 24-3-2 OCTAVIA 轿车 1.6L（BFQ）发动机附件传动皮带盘绕方法

3. OCTAVIA 轿车 1.6L（BFQ）发动机正时皮带安装（表 24-3-2）

表 24-3-2　表 24-3-1OCTAVIA 轿车 1.6L（BFQ）发动机正时皮带安装操作步骤

步　骤	操 作 方 法
1	确保正时标记对齐（图 24-3-1 中的 3 和 9）
2	把正时皮带安装到曲轴带轮和水泵带轮上
3	把正时皮带安装到正时皮带张紧器轮和凸轮轴带轮上 注意：链带之间（非张紧侧）的正时皮带要绷紧
4	确保正时皮带张紧器的限位凸块起作用（图 24-3-1 中的 11）
5	沿逆时针方向将正时皮带张紧器转动 5 次，直至达到限位位置；沿顺时针方向将正时皮带张紧器转动 5 次，直至达到限位位置
6	沿逆时针方向将正时皮带张紧器转动到限位位置，然后慢慢沿顺时针方向转动张紧器，直至指针（图 24-3-1 中的 12）与底板上的缺口对齐（图 24-3-1 中的 13）。 注意：发动机必须保持在冷机状态
7	紧固正时皮带张紧器螺母（图 24-3-1 中的 10），紧固力矩为 25N·m
8	顺时针转动曲轴 2 周，将发动机设置到 1 缸上止点位置。 注意：在转动曲轴最后 45°时不可中途停顿
9	确保正时标记对齐（图 24-3-1 中的 3 和 9）
10	确保指针（图 24-3-1 中的 12）与底板上的缺口对齐（图 24-3-1 中的 13）
11	顺时针转动曲轴 2 周，将发动机设置到 1 缸上止点位置。 注意：在转动曲轴最后 45°时不可中途停顿
12	确保指针（图 24-3-1 中的 12）与底板上的缺口对齐（图 24-3-1 中的 13）
13	用拇指在图 24-3-1 中的黑色三角标记处用力按压，指针（图 24-3-1 中的 12）和底板缺口（图 24-3-1 中的 13）应错开
14	松开手指，停止按压
15	按照与拆卸相反的步骤安装其他部件
16	安装曲轴带轮螺栓（图 24-3-1 中的 4）并紧固至 25N·m
17	安装发动机右侧悬置支架螺栓（图 24-3-1 中的 14）
18	将发动机右侧悬置支架螺栓（图 24-3-1 中的 14）紧固至 45N·m
19	安装发动机右侧支撑并检查发动机支撑间隙：发动机支撑间隙规范为 14mm（图 24-3-1 中的 15）；最小极限值为 10mm（图 24-3-1 中的 16）；确保发动机支撑螺栓（图 24-3-1 中的 17）与发动机支撑边缘对齐（图 24-3-1 中的 20）
20	换装新的发动机支撑螺栓（图 24-3-1 中的 18）并紧固至 40N·m+90°
21	换装新的发动机支撑螺栓（图 24-3-1 中的 19）并紧固至 25N·m
22	换装新的发动机支撑螺栓（图 24-3-1 中的 17）并紧固至 100N·m

第四节 ROOMSTER（昕动）轿车

ROOMSTER 轿车 1.6L 发动机正时校对方法与 FABIA 轿车 1.6L 轿车（BTS）发动机正时方法相同。

第二十五章 VOLKSWAGEN（大众）车系

第一节 PHAETON（辉腾）轿车

一、PHAETON 轿车 3. 2L 发动机正时校对

1. PHAETON 轿车 3. 2L 发动机正时链条部件识别（图 25-1-1）

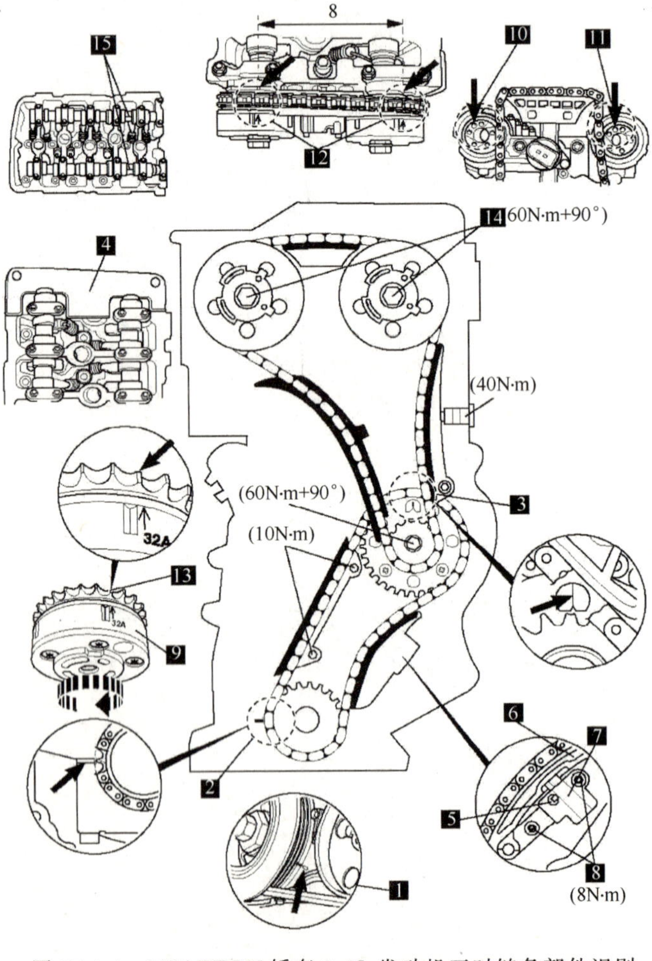

图 25-1-1 PHAETON 轿车 3. 2L 发动机正时链条部件识别

2. PHAETON 轿车 3.2L 发动机正时校对步骤（表 25-1-1）

表 25-1-1 PHAETON 轿车 3.2L 发动机正时校对步骤

步骤	操作方法
1	拆下发动机
2	拆下变速器
3	将发动机设置在 1 缸上止点位置（图 25-1-1 中的 1） 注意：曲轴链轮的齿槽要与后主轴承接合处对齐（图 25-1-1 中的 2）
4	确保中间轴链轮正时标记对齐（图 25-1-1 中的 3）
5	将锁止工具安装到凸轮轴上（图 25-1-1 中的 4）
6	如果凸轮轴锁止工具安装不上，则转动曲轴 360°
7	拆下正时链条张紧器，使正时链条松弛，以便于拆装
8	对下部的正时链条张紧器执行重新设置： 用螺丝刀释放正时链条张紧器机械锁止结构（图 25-1-1 中的 5）； 推动正时链条张紧器滑轨（图 25-1-1 中的 6）使其抵住正时链条张紧器（图 25-1-1 中的 7）
9	紧固正时链条张紧器螺栓（图 25-1-1 中的 8），紧固力矩为 8N·m。 注意：张紧器螺栓为一次性使用，拆卸后要换装新螺栓
10	设置进气凸轮轴调节器： 顺时针方向转动进气凸轮轴位置传感器磁阻使其达到限位位置（图 25-1-1 中的 9）； 把进气凸轮轴链轮安装到链条上，使进气凸轮轴链轮对齐凸轮轴上的孔（图 25-1-1 中的 10）； 用手拧紧进气凸轮轴调节器的螺栓。 注意：进气凸轮轴调节器上标有“24E”字样
11	设置排气凸轮轴调节器： 顺时针方向转动排气凸轮轴位置传感器磁阻使其达到限位位置（图 25-1-1 中的 9）； 把排气凸轮轴链轮安装到链条上，使进气凸轮轴链轮对齐凸轮轴上的孔（图 25-1-1 中的 11）； 用手拧紧排气凸轮轴调节器的螺栓。 注意：排气凸轮轴调节器上标有“32A”字样
12	确保凸轮轴正时标记对齐（图 25-1-1 中的 12）
13	确保凸轮轴链轮齿槽之间的链节数量为 8 个链节。 注意：凸轮轴链轮上的齿槽（图 25-1-1 中的 13）要与凸轮轴支架上的正时标记对齐（图 25-1-1 中的 12）
14	安装正时链条
15	安装正时链条张紧器
16	把曲轴顺时针转动 2 周，使气缸设置在 1 缸上止点位置（图 25-1-1 中的 1）
17	将锁止工具安装到凸轮轴上（图 25-1-1 中的 4）
18	确保正时标记对齐（图 25-1-1 中的 12）
19	用 32mm 的扳手在图 25-1-1 中 15 所示位置固定住凸轮轴
20	废弃拆下的凸轮轴链轮螺栓，换用新的螺栓并紧固至 60N·m＋90°（图 25-1-1 中的 14）

二、PHAETON 轿车 6.0LBRP/PRN/BTT 发动机正时链条校对

1. PHAETON 轿车 6.0L BRP/PRN/BTT 发动机正时链条部件识别（图 25-1-2）

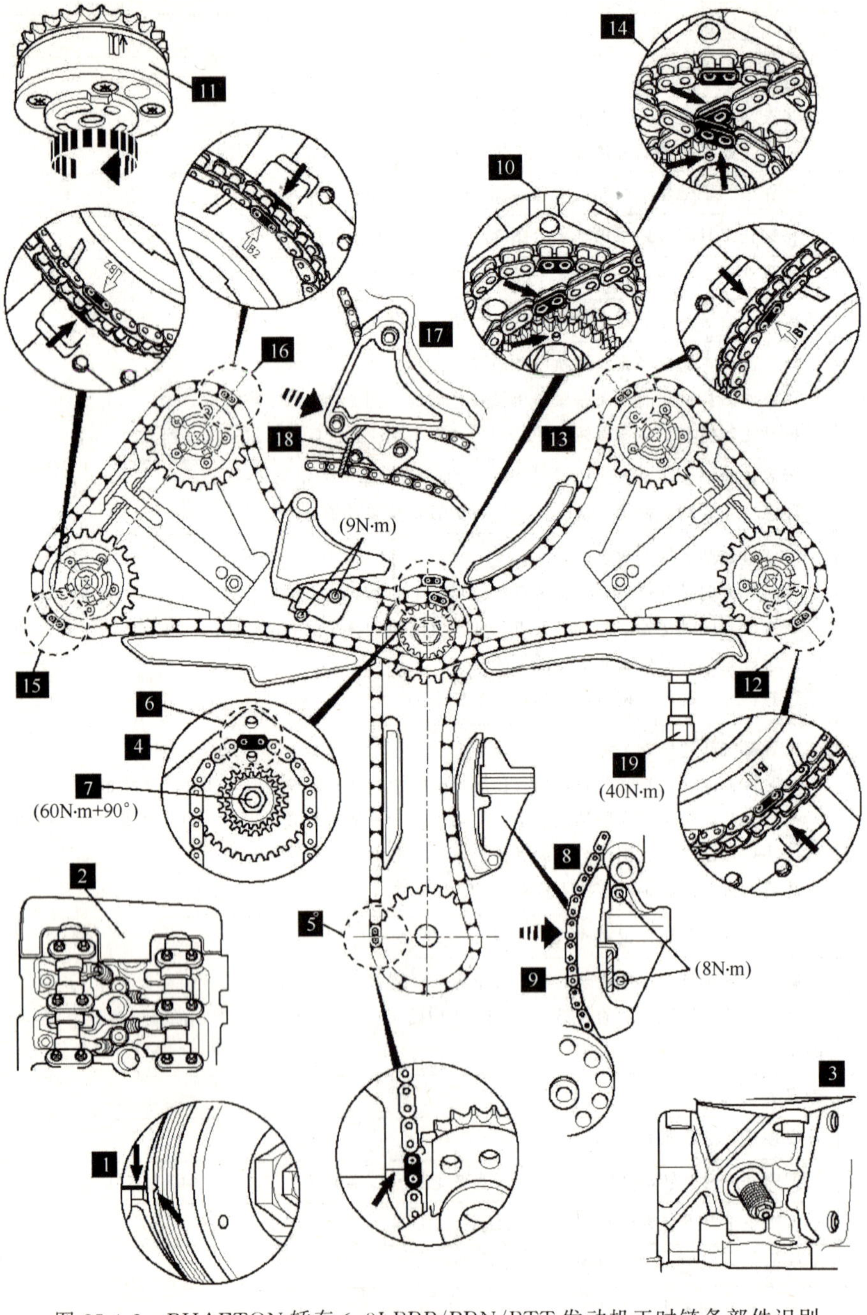

图 25-1-2 PHAETON 轿车 6.0LBRP/PRN/BTT 发动机正时链条部件识别

2. PHAETON 轿车 6.0L BRP/PRN/BTT 发动机正时链条校对操作步骤（表 25-1-2）

表 25-1-2 PHAETON 轿车 6.0L BRP/PRN/BTT 发动机正时链条校对操作步骤

步骤	操作方法
1	拆卸发动机
2	拆卸变速器
3	把发动机设置到 1 缸上止点位置（图 25-1-2 中的 1）
4	在左侧和右侧气缸组的凸轮轴上安装凸轮轴定位工具（图 25-1-2 中的 2），必要时可用 32mm 的扳手固定住凸轮轴六角部位，将凸轮轴向两个方向轻轻转动。如果凸轮轴定位工具安装不上，则将曲轴转动 360°
5	从左侧气缸体上拆下堵头
6	安装曲轴正时销（图 25-1-2 中的 3）。 注意：如果拆下的正时链条还要重新安装使用，应在拆卸前先在正时链条上做好标记，以便在安装时能将正时链条准确安装到位
7	确保惰轮链轮正时标记在 12 点钟位置（图 25-1-2 中的 4）
8	安装主正时链条和惰轮链轮
9	确保正时链条上的黄铜色链节与壳体接合处对齐（图 25-1-2 中的 5）
10	确保正时链条上的黄铜色链节与惰轮链轮上的正时标记对齐（图 25-1-2 中的 6）
11	废弃拆下的惰轮链轮螺栓，换装新螺栓（图 25-1-2 中的 7）。 注意：惰轮链轮螺栓为左旋螺纹
12	用手拧紧惰轮链轮螺栓
13	将主正时链条张紧器锁止在压缩位置： （1）沿箭头所示方向（图 25-1-2 中的 8）把张紧器柱塞推入张紧器壳体中。 （2）插入 3.5mm 的销子（图 25-1-2 中的 9），使张紧器锁止在压缩位置
14	安装主正时链条张紧器和张紧器导向装置
15	拆下主正时链条张紧器锁止销（图 25-1-2 中的 9）
16	拧紧惰轮链轮螺栓（图 25-1-2 中的 7），紧固力矩为 60N·m+90°
17	把右侧气缸组的次级正时链条安装到惰轮上
18	确保正时链条上的黄铜色链节与惰轮链轮上的正时标记对齐（图 25-1-2 中的 10）
19	设置右侧气缸组进气凸轮轴调节器： 将进气凸轮轴位置传感器磁阻沿顺时针转动到限位位置（图 25-1-2 中的 11）
20	安装右侧气缸组进气凸轮轴调节器，用手把调节器螺栓拧紧

续表

步　骤	操作方法
21	设置右侧气缸组排气凸轮轴调节器： 将排气凸轮轴位置传感器磁阻沿逆时针转动到限位位置（图 25-1-2 中的 11）
22	安装右侧气缸组排气凸轮轴调节器，用手把调节器螺栓拧紧
23	确保正时链条上的黄铜色链节与各个链轮上的正时标记对齐（图 25-1-2 中的 10、12、13）
24	安装右侧气缸组次级正时链条张紧器导轨和正时链条导向装置
25	把左侧气缸组的次级正时链条安装到惰轮上
26	确保正时链条上的黄铜色链节与惰轮链轮上的正时标记对齐（图 25-1-2 中的 14）
27	设置左侧气缸组进气凸轮轴调节器： 将进气凸轮轴位置传感器磁阻沿顺时针转动到限位位置（图 25-1-2 中的 11）
28	设置左侧气缸组排气凸轮轴调节器： 将排气凸轮轴位置传感器磁阻沿逆时针转动到限位位置（图 25-1-2 中的 11）
29	安装右侧气缸组排气凸轮轴调节器，用手把调节器螺栓拧紧
30	确保正时链条上的黄铜色链节与各个链轮上的正时标记对齐（图 25-1-2 中的 14、15、16）
31	安装左侧气缸组次级正时链条张紧器导轨和正时链条导向装置
32	将左侧气缸组次级正时链条张紧器锁止在压缩位置： （1）沿箭头所示方向（图 25-1-2 中的 17）把张紧器柱塞推入张紧器壳体中。 （2）插入 3.5mm 的销子（图 25-1-2 中的 18），使张紧器锁止在压缩位置
33	拆下左侧气缸组次级正时链条张紧器锁止销（图 25-1-2 中的 18）
34	确保正时链条上的黄铜色链节与各个链轮上的正时标记对齐（图 25-1-2 中的 6、10、12、14、15、16）
35	拆卸曲轴正时销（图 25-1-2 中的 3）
36	拆卸安装在左侧和右侧气缸组凸轮轴上的凸轮轴定位工具（图 25-1-2 中的 2）
37	紧固各个凸轮轴链轮螺栓，紧固力矩为 60N·m+90°。 注意：凸轮轴链轮螺栓为一次性使用，重新安装时要换装新的螺栓
38	用扳手在六角部位固定住凸轮轴
39	安装正时链条盖罩
40	安装右侧气缸组次级正时链条张紧器（图 25-1-2 中的 19）

三、PHAETON 轿车 6.0L BAN/BAP 发动机正时链条校对

1. PHAETON 轿车 6.0L BAN/BAP 发动机正时链条部件识别（图 25-1-3）

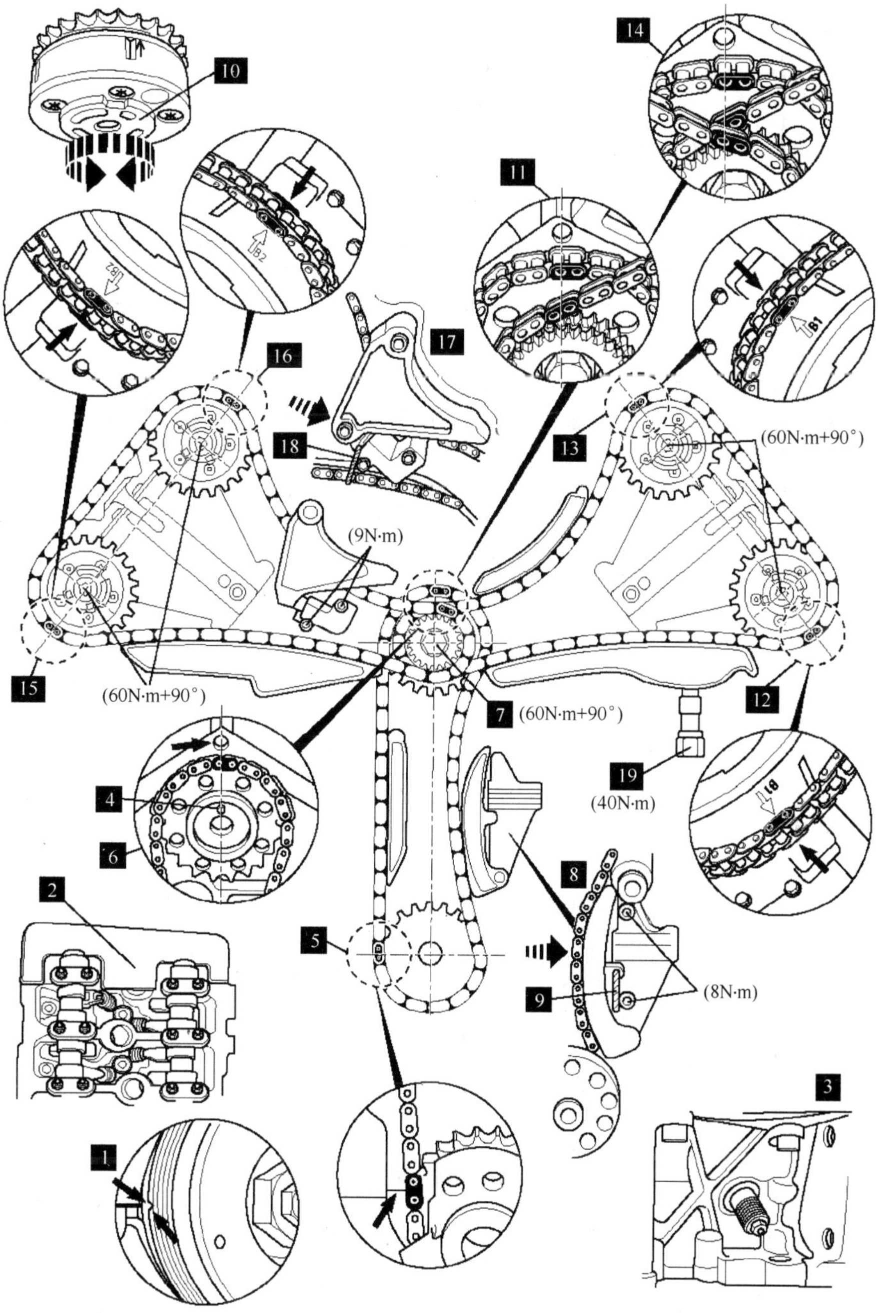

图 25-1-3　PHAETON 轿车 6.0L BAN/BAP 发动机正时链条部件识别

2. PHAETON 轿车 6.0L BAN/BAP 发动机正时链条校对操作步骤（表 25-1-3）

表 25-1-3 PHAETON 轿车 6.0L BAN/BAP 发动机正时链条校对操作步骤

步　骤	操作方法
1	拆卸发动机
2	拆卸变速器
3	把发动机设置到 1 缸上止点位置（图 25-1-3 中的 1）
4	在左侧和右侧气缸组的凸轮轴上安装凸轮轴定位工具（图 25-1-3 中的 2），必要时可用 32mm 的扳手固定住凸轮轴六角部位，将凸轮轴向两个方向轻轻转动。如果凸轮轴定位工具安装不上，则将曲轴转动 360°
5	从左侧气缸体上拆下堵头
6	安装曲轴正时销（图 25-1-3 中的 3）。 注意：如果拆下的正时链条还要重新安装使用，应在拆卸前先在正时链条上做好标记，以便在安装时能将正时链条准确安装到位
7	确保中间轴定位销在 12 点钟位置（图 25-1-3 中的 4）
8	将主正时链条和惰轮链轮作为一个整体安装
9	确保正时链条上的黄铜色链节与壳体接合处对齐（图 25-1-3 中的 5）
10	确保正时链条上的黄铜色链节定位在 12 点钟位置（图 25-1-3 中的 6）
11	废弃拆下的惰轮链轮螺栓，换装新螺栓（图 25-1-3 中的 7）
12	用手拧紧惰轮链轮螺栓
13	将主正时链条张紧器锁止在压缩位置： （1）沿箭头所示方向（图 25-1-3 中的 8）把张紧器柱塞推入张紧器壳体中。 （2）插入 3.5mm 的销子（图 25-1-3 中的 9），使张紧器锁止在压缩位置
14	安装主正时链条张紧器和张紧器导向装置
15	拆下主正时链条张紧器锁止销（图 25-1-3 中的 9）
16	设置右侧气缸组进气凸轮轴调节器： 将进气凸轮轴位置传感器磁阻沿顺时针转动到限位位置（图 25-1-3 中的 10）
17	设置右侧气缸排气凸轮轴调节器： 将排气凸轮轴位置传感器磁阻沿逆时针转动到限位位置（图 25-1-3 中的 10）
18	安装右侧气缸组进气凸轮轴调节器，用手把调节器螺栓拧紧
19	安装右侧气缸组排气凸轮轴调节器，用手把调节器螺栓拧紧
20	安装右侧气缸组的次级正时链条

续表

步　骤	操作方法
21	确保正时链条上的黄铜色链节与各个链轮上的正时标记对齐（图 25-1-3 中的 11、12、13）
22	安装右侧气缸组次级正时链条张紧器导轨和正时链条导向装置
23	设置左侧气缸组进气凸轮轴调节器： 将进气凸轮轴位置传感器磁阻沿顺时针转动到限位位置（图 25-1-3 中的 10）
24	设置左侧气缸组排气凸轮轴调节器： 将排气凸轮轴位置传感器磁阻沿逆时针转动到限位位置（图 25-1-3 中的 10）
25	安装右侧气缸组排气凸轮轴调节器，用手把调节器螺栓拧紧
26	安装左侧气缸组的次级正时链条
27	确保正时链条上的黄铜色链节与各个链轮上的正时标记对齐（图 25-1-3 中的 14、15、16）
28	安装左侧气缸组次级正时链条张紧器导轨和正时链条导向装置
29	将左侧气缸组次级正时链条张紧器锁止在压缩位置： （1）沿箭头所示方向（图 25-1-3 中的 17）把张紧器柱塞推入张紧器壳体中。 （2）插入 3.5mm 的销子（图 25-1-3 中的 18），使张紧器锁止在压缩位置
30	拆下左侧气缸组次级正时链条张紧器锁止销（图 25-1-3 中的 18）
31	拆卸曲轴正时销（图 25-1-3 中的 3）
32	拆卸安装在左侧和右侧气缸组凸轮轴上的凸轮轴定位工具（图 25-1-3 中的 2）
33	拧紧惰轮链轮螺栓（图 25-1-3 中的 7），紧固力矩为 60N·m+90°
34	紧固各个凸轮轴链轮螺栓，紧固力矩为 60N·m+90°。 注意：凸轮轴链轮螺栓为一次性使用，重新安装时要换装新的螺栓
35	用扳手在六角部位固定住凸轮轴
36	安装正时链条盖罩
37	安装右侧气缸组次级正时链条张紧器（图 25-1-3 中的 19）
38	将曲轴顺时针转动 2 周
39	将气缸设置在 1 缸上止点位置（图 25-1-3 中的 1）
40	安装曲轴正时销（图 25-1-3 中的 3）
41	确保凸轮轴定位工具可以安装（图 25-1-3 中的 2）。 如果凸轮轴定位工具不能正确安装，可用扳手固定住凸轮轴的六角部位，对凸轮轴进行微调

第二节 SHARAN（夏朗）轿车

一、SHARAN 轿车 2. 8L AYL 发动机正时校对

1. SHARAN 轿车 2. 8L AYL 发动机正时链条部件识别（图 25-2-1）

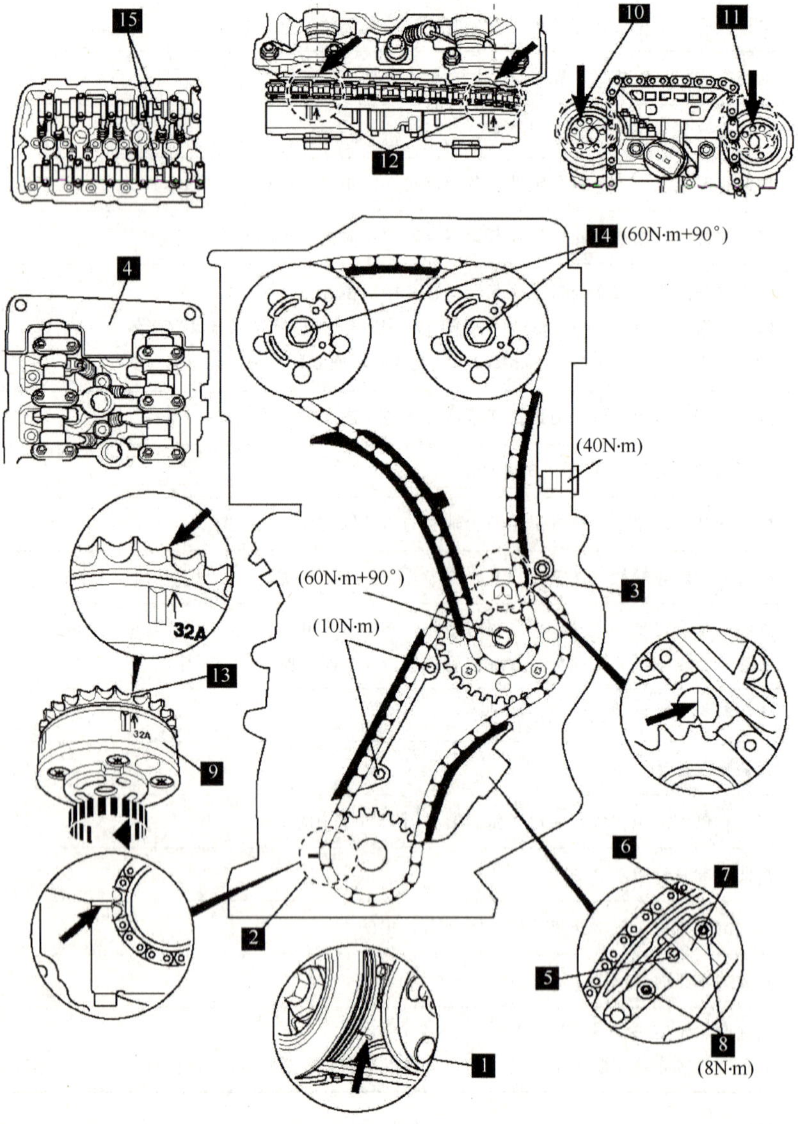

图 25-2-1 SHARAN 轿车 2. 8L AYL 发动机正时链条部件识别

2. SHARAN轿车2.8L AYL发动机正时校对步骤（表25-2-1）

表25-2-1 SHARAN轿车2.8L AYL发动机正时校对步骤

步骤	操作方法
1	拆下发动机和变速器
2	将发动机设置在1缸上止点位置（图25-2-1中的1）。 注意：曲轴链轮的齿槽要与后主轴承接合处对齐（图25-2-1中的2）
3	确保中间轴链轮正时标记对齐（图25-2-1中的3）
4	将锁止工具安装到凸轮轴上（图25-2-1中的4）
5	如果凸轮轴锁止工具安装不上，则转动曲轴360°
6	拆下正时链条张紧器，使正时链条松弛，以便于拆装
7	对下部的正时链条张紧器执行重新设置：用螺丝刀释放正时链条张紧器机械锁止结构（图25-2-1中的5）；推动正时链条张紧器滑轨（图25-2-1中的6）使其抵住正时链条张紧器（图25-2-1中的7）
8	紧固正时链条张紧器螺栓（图25-2-1中的8），紧固力矩为8N·m
9	设置进气凸轮轴调节器：顺时针方向转动进气凸轮轴位置传感器磁阻使其达到限位位置（图25-2-1中的9）；把进气凸轮轴链轮安装到链条上，使进气凸轮轴链轮对齐凸轮轴上的孔（图25-2-1中的10）；用手拧紧进气凸轮轴调节器的螺栓 注意：进气凸轮轴调节器上标有“24E”字样
10	设置排气凸轮轴调节器：顺时针方向转动排气凸轮轴位置传感器磁阻使其达到限位位置（图25-2-1中的9）；把排气凸轮轴链轮安装到链条上，使排气凸轮轴链轮对齐凸轮轴上的孔（图25-2-1中的11）；用手拧紧排气凸轮轴调节器的螺栓。 注意：排气凸轮轴调节器上标有“32A”字样
11	确保凸轮轴正时标记对齐（图25-2-1中的12）
12	确保凸轮轴链轮之间的齿节数量为8个链节。 注意：凸轮轴链轮上的齿槽（图25-2-1中的13）要与凸轮轴支架上的正时标记对齐（图25-2-1中的12）
13	安装正时链条
14	安装正时链条张紧器
15	把曲轴顺时针转动2周，使气缸设置在1缸上止点位置（图25-2-1中的1）
16	将锁止工具安装到凸轮轴上（图25-2-1中的4）
17	确保正时标记对齐（图25-2-1中的12）
18	用32mm的扳手在图25-2-1中15所示位置固定住凸轮轴
19	废弃拆下的凸轮轴链轮螺栓，换用新的螺栓并紧固至60N·m+90°

二、SHARAN 轿车 ATM（2. 0L）发动机正时校对

1. SHARAN 轿车 ATM（2. 0L）发动机正时皮带部件识别（图 25-2-2）

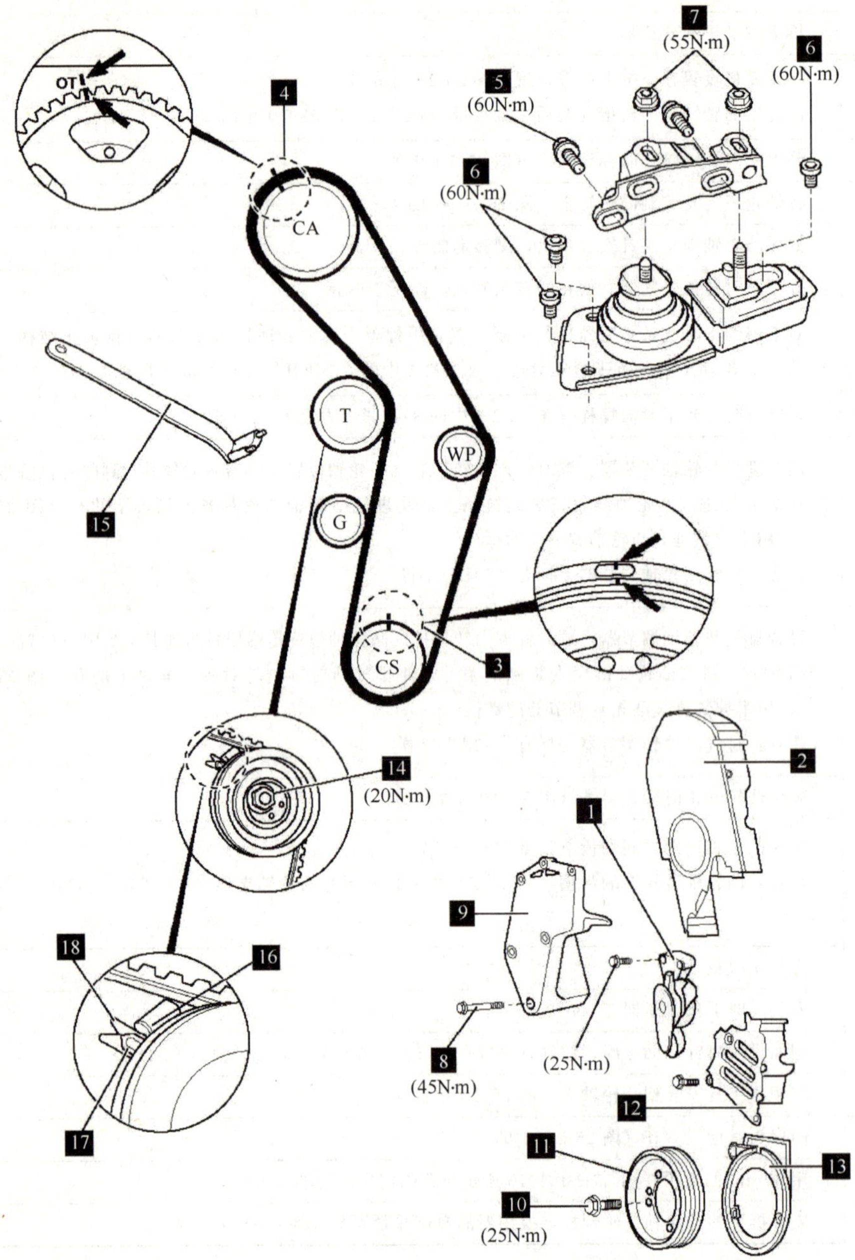

图 25-2-2 SHARAN 轿车 ATM（2. 0L）发动机正时皮带部件识别

2. SHARAN 轿车 ATM（2.0L）发动机正时皮带拆卸步骤（表 25-2-2）

表 25-2-2　SHARAN 轿车 ATM（2.0L）发动机正时皮带拆卸步骤

步　骤	操作方法
1	举升并支撑车辆前部
2	拆卸右侧挡泥板
3	拆卸发动机罩
4	拆卸空气滤清器总成
5	拆卸发动机附件传动皮带
6	拆卸发动机附件传动皮带张紧器（图 25-2-2 中的 1）
7	拆卸正时皮带上部盖罩（图 25-2-2 中的 2）
8	把曲轴转动到 1 缸上止点位置
9	确认正时标记（图 25-2-2 中的 3 和 4）对齐
10	支撑发动机
11	拆卸右侧发动机固定螺栓（图 25-2-2 中的 5 和 6），拆卸固定螺母（图 25-2-2 中的 7）
12	拆卸发动机固定支架螺栓（图 25-2-2 中的 8）和发动机固定支架（图 25-2-2 中的 9）
13	拆卸曲轴皮带轮螺栓（图 25-2-2 中的 10）和曲轴皮带轮（图 25-2-2 中的 11）
14	拆卸正时皮带中部盖罩（图 25-2-2 中的 12）和正时皮带下部盖罩（图 25-2-2 中的 13）
15	松开正时皮带张紧器螺母（图 25-2-2 中的 14）
16	用专用工具 T10020（图 25-2-2 中的 15）顺时针转动张紧器，使其从正时皮带上移开
17	把正时皮带张紧器螺母（图 25-2-2 中的 14）轻轻拧紧
18	拆卸正时皮带。 注意：如果要继续使用正时皮带，要用粉笔在皮带上标出转动方向，以免安装时发生错装

3. SHARAN 轿车 ATM（2.0L）发动机正时皮带安装步骤（表 25-2-3）

表 25-2-3　SHARAN 轿车 ATM（2.0L）发动机正时皮带安装步骤

步　骤	操作方法
1	确认正时标记对齐（图 25-2-2 中的 4）
2	把正时皮带安装到曲轴皮带轮和水泵皮带轮上
3	安装正时皮带下部盖罩（图 25-2-2 中的 13）和正时皮带中部盖罩（图 25-2-2 中的 12）
4	安装曲轴皮带轮（图 25-2-2 中的 11）和曲轴皮带轮螺栓（图 25-2-2 中的 10）
5	确认正时标记对齐（图 25-2-2 中的 3）
6	把正时皮带安装到正时皮带张紧器轮上，然后再安装到凸轮轴皮带轮上
7	确认正时皮带张紧器凸出部分（图 25-2-2 中的 13）已经正确展开
8	松开正时皮带张紧器螺母（图 25-2-2 中的 14）
9	使用专用工具 T10020（图 25-2-2 中的 15）把正时皮带张紧器沿逆时针方向从一个止点转到另一个止点，然后再沿顺时针方向转回，反复转动 5 次
10	使用专用工具 T10020（图 25-2-2 中的 15）把正时皮带张紧器沿逆时针方向从一个止点转到另一个止点，然后再沿顺时针方向转动，直至指针（图 25-2-2 中的 17）对齐槽口（图 25-2-2 中的 18）
11	将张紧器螺母（图 25-2-2 中的 14）紧固至 20N·m
12	将曲轴转动 2 周，直至正时标记对齐（图 25-2-2 中的 3 和 4）
13	确认指针（图 25-2-2 中的 17）对齐槽口（图 25-2-2 中的 18）

续表

步　　骤	操作方法
14	安装右侧发动机固定支架（图 25-2-2 中的 9）
15	将固定支架螺栓（图 25-2-2 中的 8）紧固至 45N・m
16	安装发动机固定螺栓（图 25-2-2 中的 6）并紧固至 60N・m
17	安装发动机固定螺栓（图 25-2-2 中的 7）并紧固至 55N・m
18	安装发动机固定螺栓（图 25-2-2 中的 5）并紧固至 60N・m
19	按照与拆卸相反的步骤安装其余部件

三、SHARAN 轿车 AWC（1.8T）发动机正时校对

1. SHARAN 轿车 AWC（1.8T）发动机正时皮带部件识别（图 25-2-3）

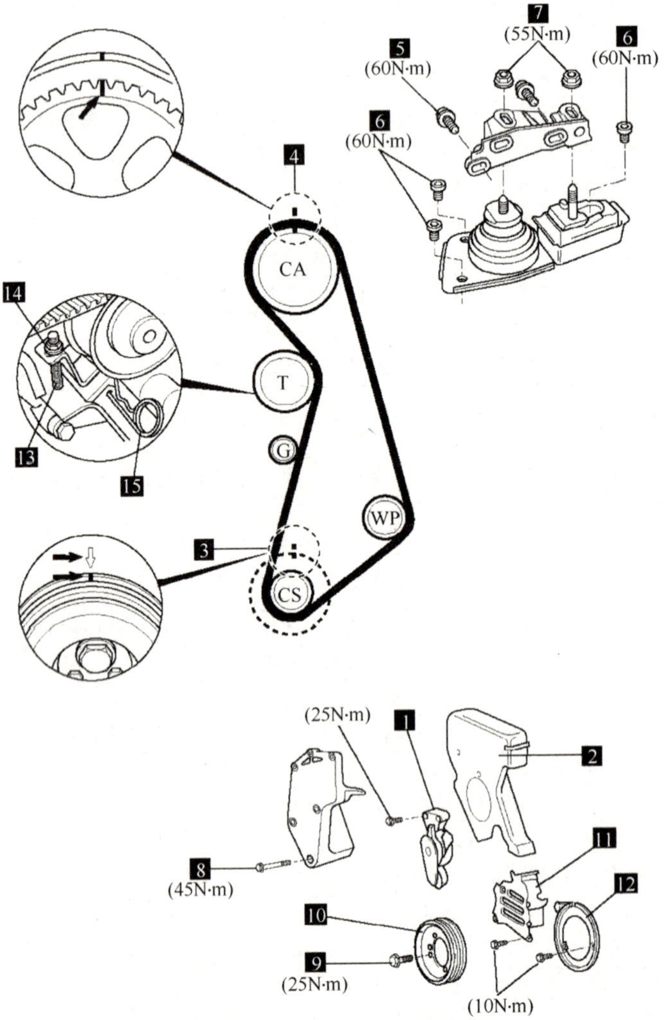

图 25-2-3　SHARAN 轿车 AWC（1.8T）发动机正时皮带部件识别

2. SHARAN 轿车 AWC（1.8T）发动机正时皮带拆卸步骤（表 25-2-4）

表 25-2-4 SHARAN 轿车 AWC（1.8T）发动机正时皮带拆卸步骤

步 骤	操作方法
1	举升并支撑车辆前部
2	拆卸空气滤清器总成
3	拆卸发动机下部挡板
4	拆卸中冷器至涡轮增压器管路
5	拆卸中冷器至涡轮增压器管路支架
6	拆卸发动机附件传动皮带
7	拆卸发动机附件传动皮带张紧器（图 25-2-3 中的 1）
8	拆卸正时皮带上部盖罩（图 25-2-3 中的 2）
9	把曲轴转动到 1 缸上止点位置
10	确认曲轴皮带轮正时标记对齐（图 25-2-3 中的 3）
11	确认凸轮轴皮带轮正时标记对齐（图 25-2-3 中的 4）
12	支撑发动机
13	拆卸右侧发动机固定螺栓（图 25-2-3 中的 5 和 6），拆卸固定螺母（图 25-2-3 中的 7）
14	拆卸右侧发动机支座
15	拆卸发动机固定支架螺栓（图 25-2-3 中的 8）和发动机固定支架
16	拆卸曲轴皮带轮螺栓（图 25-2-3 中的 9）和曲轴皮带轮（图 25-2-3 中的 10）
17	拆卸正时皮带中部盖罩（图 25-2-3 中的 11）和正时皮带下部盖罩（图 25-2-3 中的 12）
18	把 M5 螺柱（图 25-2-3 中的 13）插入正时皮带张紧器内
19	把螺母（图 25-2-3 中的 14）和垫圈安装到 M5 螺柱上，拧紧螺母，直至能够插入锁止销（图 25-2-3 中的 15）。 注意：拧紧螺母时不要拧紧过度
20	拆卸正时皮带。 注意：如果要继续使用正时皮带，要用粉笔在皮带上标出转动方向，以免安装时发生错装

3. SHARAN 轿车 AWC（1.8T）发动机正时皮带安装（表 25-2-5）

表 25-2-5 SHARAN 轿车 AWC（1.8T）发动机正时皮带安装步骤

步骤	操作方法
1	确认凸轮轴皮带轮正时标记对齐（图 25-2-3 中的 4）
2	把正时皮带安装到曲轴皮带轮上
3	安装正时皮带下部盖罩（图 25-2-3 中的 12）
4	安装曲轴皮带轮（图 25-2-3 中的 10）和曲轴皮带轮螺栓（图 25-2-3 中的 9），用手略微紧固曲轴皮带轮螺栓（图 25-2-3 中的 9）
5	把正时皮带依照顺序安装到水泵皮带轮、正时皮带张紧器轮，然后再安装到凸轮轴皮带轮上
6	把正时皮带张紧器上插入的锁止销（图 25-2-3 中的 15）拆下
7	拆卸 M5 螺柱（图 25-2-3 中的 13）和螺母（图 25-2-3 中的 14）
8	将曲轴沿顺时针方向转动 2 周
9	确认各个正时标记对齐（图 25-2-3 中的 3 和 4）
10	安装发动机固定支架
11	把发动机固定支架螺栓（图 25-2-3 中的 8）紧固至 45N·m
12	把曲轴皮带轮螺栓（图 25-2-3 中的 9）紧固至 25N·m
13	安装正时皮带中部盖罩（图 25-2-3 中的 11）
14	安装发动机支座
15	紧固发动机固定螺栓（图 25-2-3 中的 6）至 60N·m
16	紧固发动机固定螺栓（图 25-2-3 中的 7）至 55N·m
17	紧固发动机固定螺栓（图 25-2-3 中的 5）至 60N·m
18	按照与拆卸相反的顺序安装其他部件

第三节 TOUAREG（途锐）轿车

一、途锐轿车 3.2L AZZ 发动机正时链条校对

1. 途锐轿车 3.2L AZZ 发动机正时链条部件识别（图 25-3-1）

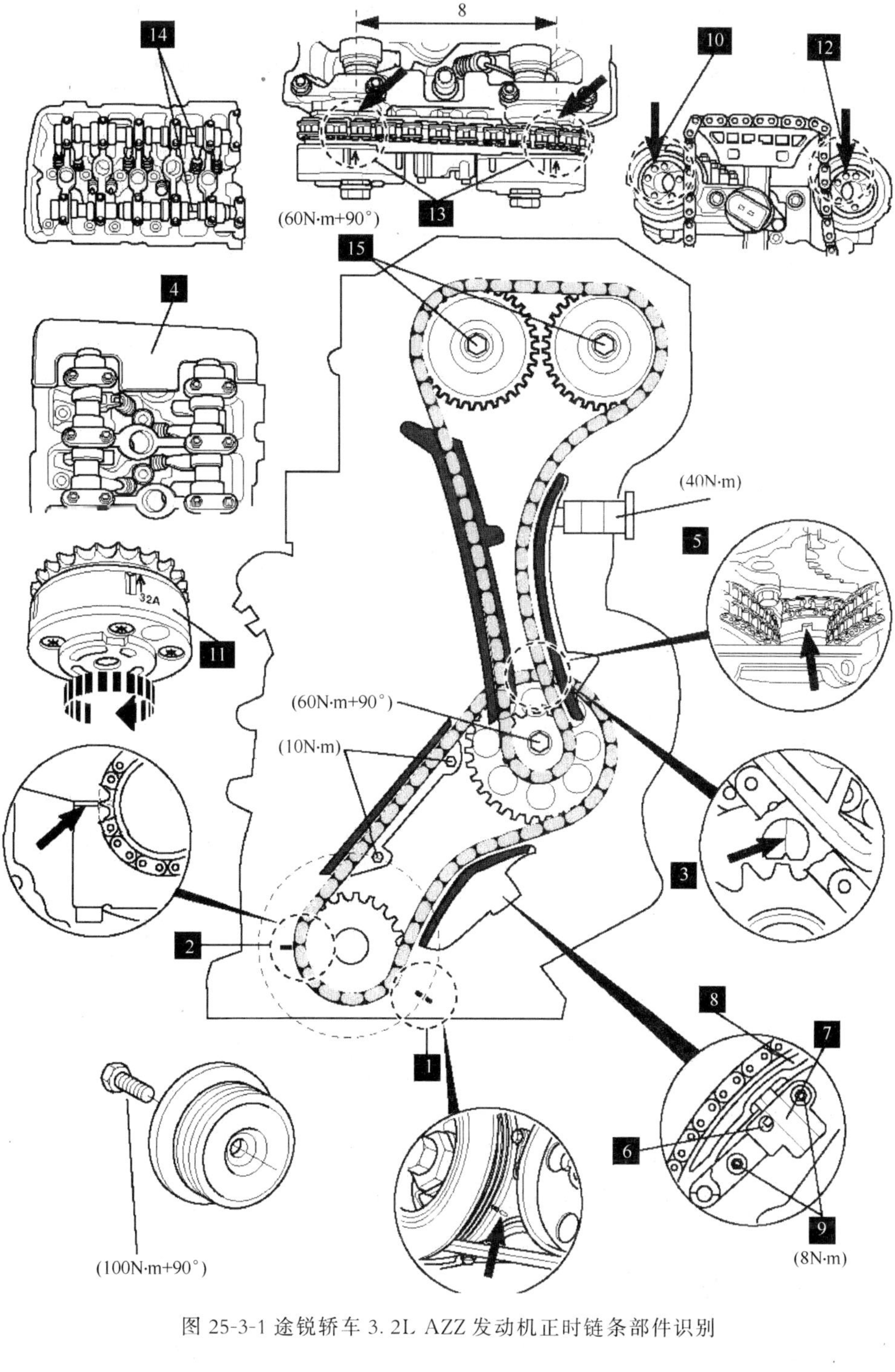

图 25-3-1 途锐轿车 3.2L AZZ 发动机正时链条部件识别

2. 途锐轿车 3. 2L AZZ 发动机正时链条校准操作步骤（表 25-3-1）

表 25-3-1 途锐轿车 3. 2L AZZ 发动机正时链条校准操作步骤

步 骤	操 作 方 法
1	发动机设置到 1 缸上止点位置（图 25-3-1 中的 1）
2	曲轴链轮上的齿槽应与后主轴承结合处（图 25-3-1 中的 2）对齐
3	确认中间轴正时标记对齐部件（图 25-3-1 中的 3）
4	用专用工具 T10068 固定住凸轮轴（图 25-3-1 中的 4）
5	重新设置正时链条张紧器： （1）发动机设置到 1 缸上止点位置，使维修人员能看到中间轴上的窄槽（图 25-3-1 中的 5）。 （2）用螺丝刀释放张紧器上的机械锁止机构（图 25-3-1 中的 6）。 （3）把正时链条张紧器（图 25-3-1 中的 7）抵住张紧器导轨（图 25-3-1 中的 8）。 （4）把正时链条张紧器的固定螺栓（图 25-3-1 中的 9）紧固到 8N · m
6	把正时链条安装到进气凸轮轴链轮（进气凸轮轴标记有 24E 字样）上，把链轮与凸轮轴的轴孔对齐（图 25-3-1 中的 10）。用手把进气凸轮轴链轮螺栓拧紧
7	设置排气凸轮轴位置执行器： （1）顺时针转动排气凸轮轴位置执行器，直至转动到极限位置（图 25-3-1 中的 11）。 （2）把正时链条安装到排气凸轮轴链轮（排气凸轮轴标记有“32A”字样）上，把链轮与凸轮轴的轴孔对齐（图 25-3-1 中的 12）。 （3）用手把排气凸轮轴链轮螺栓拧紧。 注意：进气和排气凸轮轴链轮螺栓拆卸后必须换用新螺栓
8	确认凸轮轴正时标记对齐（图 25-3-1 中的 13）。 注意：用 32mm 的六角扳手固定住图 25-3-1 中的 14 所示位置，即可固定住凸轮轴使其不能转动，不要使用凸轮轴锁止工具（图 25-3-1 中的 4）来固定凸轮轴使其不能转动
9	确认在凸轮轴链轮的正时标记（图 25-3-1 中的 13）之间有 8 个链节
10	安装正时链条张紧器
11	顺时针转动曲轴 2 周，直至到达 1 缸上止点位置
12	把锁止工具 T10068 安装到凸轮轴上（图 25-3-1 中的 4）
13	确认正时标记（图 25-3-1 中的 13）均对齐
14	将凸轮轴链轮上的螺栓紧固到 60N · m + 90°

二、途锐轿车 6. 0L BJN 发动机正时链条校对

途锐轿车 6. 0L BJN 发动机正时链条校对步骤与第一节 PHAETON 轿车 6. 0L BRP/PRN/BTT 发动机正时链条校对步骤相同。

三、途锐轿车 4. 2L FSI（BAR）发动机正时链条校对步骤

正时链条部件识别如图 25-3-2 所示。校准操作步骤如表 25-3-2 所示。

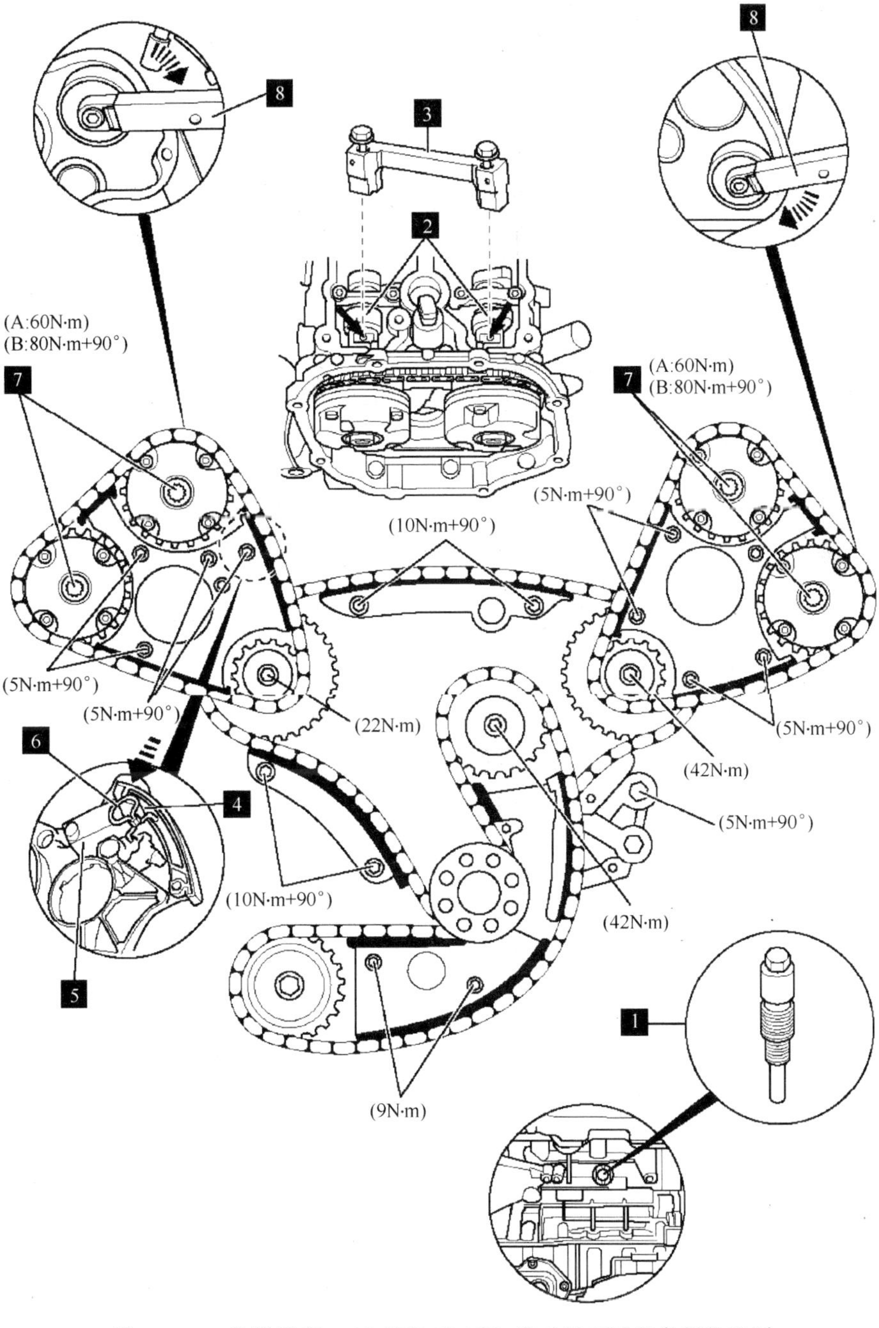

图 25-3-2 途锐轿车 4.2L FSI（BAR）发动机正时链条部件识别

注意： 在图 25-3-2 中凡是标有角度紧固力矩的螺栓，拆卸后必须废弃，然后换装新的螺栓。

表 25-3-2　途锐轿车 4.2L FSI（BAR）发动机正时链条校对步骤

步　骤	操作方法
1	拆下变速器
2	拆下飞轮
3	顺时针转动曲轴带轮，直至 1 缸刚好抵达上止点前位置
4	从气缸体上拆下堵头
5	沿顺时针方向慢慢转动曲轴带轮，直至能把曲轴锁止销（图 25-3-2 中的 1）插入曲轴
6	紧固曲轴锁止销，紧固力矩为 20N·m
7	确保凸轮轴正确对齐（图 25-3-2 中的 2）；凸轮轴上的螺纹孔均朝上
8	安装凸轮轴锁止工具（图 25-3-2 中的 3），将其紧固到 25N·m。 如果凸轮轴锁止工具安装不上，则说明气门正时不正确
9	拆下正时链条张紧器，使正时链条放松以便于拆装
10	把正时链条张紧器的柱塞（图 25-3-2 中的 4）推入张紧器壳体（图 25-3-2 中的 5），然后插入锁止销（图 25-3-2 中的 6）
11	把左侧气缸盖凸轮轴调节器的中心螺栓（图 25-3-2 中的 7）均拧松一周。 注意：拆卸正时链条前要先用油漆在正时链条链节和凸轮轴调节器上做好标记，以便正确安装
12	对齐凸轮轴
13	把凸轮轴锁止工具（图 25-3-2 中的 3）安装到左排气缸的凸轮轴上
14	安装凸轮轴锁止工具的螺栓并紧固至 25N·m
15	使用凸轮轴调节器预紧工具（图 25-3-2 中的 8）对正时链条进行预紧
16	将左侧凸轮轴调节器螺栓分 A 和 B 两个步骤拧紧： 将左侧进气凸轮轴调节器的中心螺栓紧固到 60N·m（图 25-3-2 中的 A）。 左侧进气凸轮轴调节器（图 25-3-2 中的 8）保持预紧状态。 将左侧排气凸轮轴调节器的中心螺栓紧固到 60N·m（图 25-3-2 中的 A）。 把凸轮轴调节器预紧工具（图 25-3-2 中的 8）从凸轮轴调节器上拆下，然后将左侧进气凸轮轴调节器的中心螺栓和左侧排气凸轮轴调节器的中心螺栓紧固到 80N·m + 90°（图 25-3-2 中的 B）
17	对右排气缸的凸轮轴执行同样的操作步骤
18	正时链条校准执行完毕后把正时链条张紧器的锁止销（图 25-3-2 中的 6）拆下。 注意：凸轮轴调节器的中心螺栓是一次性使用的，拆卸后必须更换新的中心螺栓
19	拆下曲轴锁止销（图 25-3-2 中的 1）和凸轮轴锁止工具（图 25-3-2 中的 3）
20	将曲轴沿顺时针方向转动 2 周
21	安装曲轴锁止销（图 25-3-2 中的 1）
22	检查气门正时
23	拆下曲轴锁止销（图 25-3-2 中的 1）
24	重新安装气缸体堵头。 注意：如果正时链条需要重新使用，则拆卸前要标记好左侧和右侧正时链条，以便在重新安装时能准确安装

四、途锐轿车 3.6L FSI（BHK）发动机正时链条校对步骤

正时链条部件识别如图 25-3-3 所示。校准操作步骤如表 25-3-3 所示。

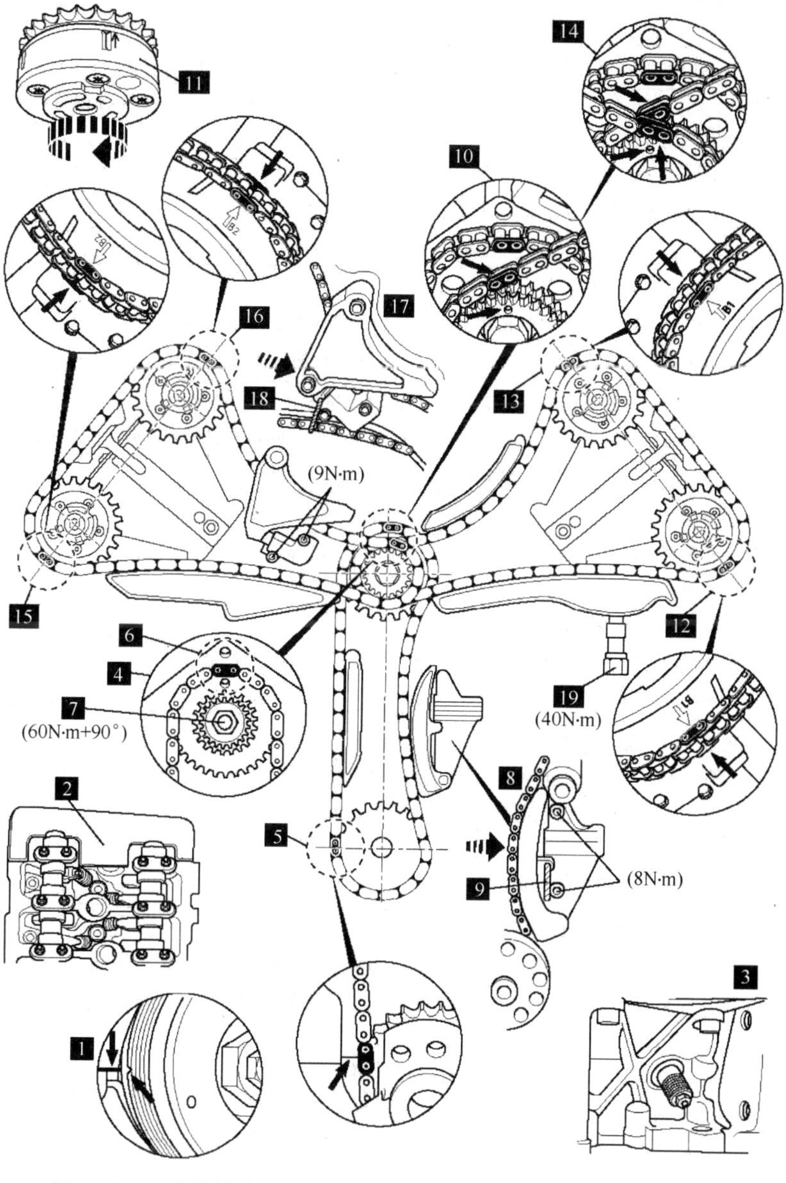

图 25-3-3　途锐轿车 3.6L FSI（BHK）发动机正时链条部件识别

注意：在图 25-3-3 中凡是标有角度紧固力矩的螺栓，拆卸后必须废弃，然后换装新的螺栓。

表 25-3-3 途锐轿车 3.6L FSI 发动机正时链条校对步骤

步 骤	操作方法
1	拆下发动机
2	拆下变速器
3	将发动机设置在 1 缸上止点位置（图 25-3-3 中的 1）。 注意：曲轴链轮的齿槽要与后主轴承接合处对齐（图 25-3-3 中的 2）
4	确保 1 缸凸轮轴的凸轮设置在如图 25-3-3 中的 3 所示的位置，如果没有设置到位，可将曲轴转动 360°
5	将锁止工具安装到凸轮轴上（图 25-3-3 中的 4）
6	确保中间轴链轮正时标记对齐（图 25-3-3 中的 5）
7	拆下正时链条张紧器，使正时链条松弛，以便于拆装
8	对下部的正时链条张紧器执行重新设置： （1）用螺丝刀释放正时链条张紧器机械锁止结构（图 25-3-3 中的 6）。 （2）推动正时链条张紧器滑轨（图 25-3-3 中的 7）使其抵住正时链条张紧器（图 25-3-3 中的 8）
9	紧固正时链条张紧器螺栓（图 25-3-3 中的 9），紧固力矩为 8N·m。 注意：下部的正时链条张紧器的螺栓为一次性使用，拆卸后重新安装时必须使用新螺栓
10	换装新的中间轴链轮螺栓，将螺栓紧固至 60N·m + 90°
11	对于带有机械式真空泵的车型： （1）确保高压油泵链轮正时标记位于 12 点钟位置（图 25-3-3 中的 10）。 （2）安装高压油泵链轮锁止工具（图 25-3-3 中的 11）。 对于不带机械式真空泵的车型： （1）确保高压油泵上的标记位于 12 点钟位置（图 25-3-3 中的 12）。 （2）安装高压油泵链轮锁止工具（图 25-3-3 中的 13）
12	设置进气凸轮轴调节器： 顺时针方向转动进气凸轮轴位置传感器磁阻使其达到限位位置（图 25-3-3 中的 14）；把进气凸轮轴链轮安装到链条上，使进气凸轮轴链轮对齐凸轮轴上的孔（图 25-3-3 中的 15）；用手拧紧进气凸轮轴调节器的螺栓。 注意：进气凸轮轴调节器上标有“24E”字样
13	设置排气凸轮轴调节器： 顺时针方向转动排气凸轮轴位置传感器磁阻使其达到限位位置（参见图 25-3-3 中的 14）；把排气凸轮轴链轮安装到链条上，使进气凸轮轴链轮对齐凸轮轴上的孔（图 25-3-3 中的 16）；用手拧紧排气凸轮轴调节器的螺栓。 注意：进气凸轮轴调节器上标有“32A”字样
14	确保凸轮轴正时标记对齐（图 25-3-3 中的 17 和 18）
15	确保凸轮轴链轮之间的齿节数量为 8 个链节（图 25-3-3 中的 19）
16	安装正时链条
17	安装正时链条张紧器
18	拆下高压油泵链轮锁止工具（图 25-3-3 中的 11 或 13）
19	将锁止工具从凸轮轴上拆下（图 25-3-3 中的 4）

续表

步　骤	操 作 方 法
20	把曲轴顺时针转动 2 周，使气缸设置在 1 缸上止点位置（图 25-3-3 中的 1）
21	将锁止工具安装到凸轮轴上（图 25-3-3 中的 4）
22	确保正时标记对齐（图 25-3-3 中的 17 和 18）
23	用 27mm 的扳手固定住凸轮轴的六角部位
24	废弃拆下的各个凸轮轴链轮螺栓，换用新的螺栓并紧固至 60N・m + 90°（图 25-3-3 中的 20）

第四节　BEETLE（甲壳虫）轿车

一、甲壳虫轿车 1.6L BFS 发动机正时校对

1. 甲壳虫轿车 1.6L BFS 发动机正时皮带部件识别（图 25-4-1）

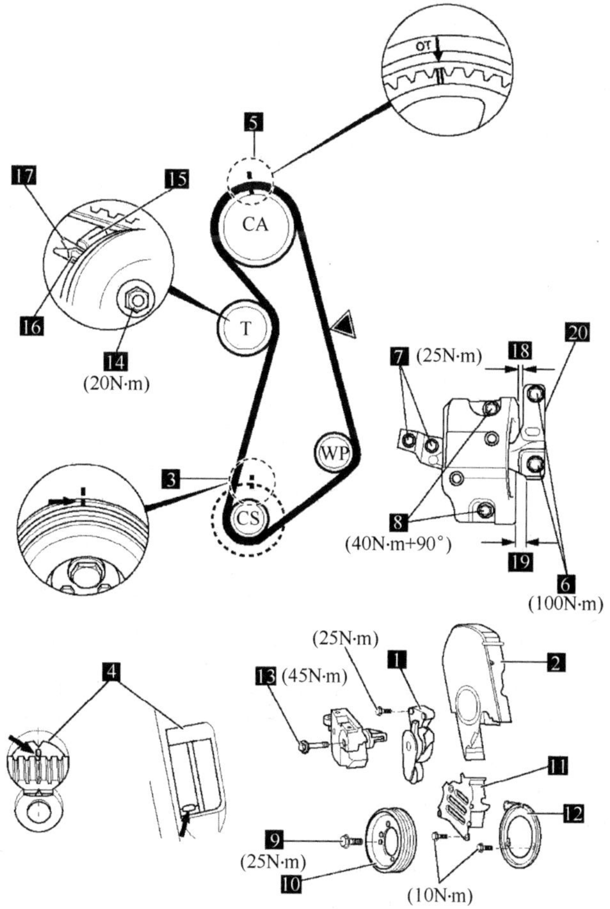

图 25-4-1　甲壳虫轿车 1.6L BFS 发动机正时皮带部件识别

2. 甲壳虫轿车 1.6L BFS 发动机正时皮带拆卸步骤（表 25-4-1）

表 25-4-1　甲壳虫轿车 1.6L BFS 发动机正时皮带拆卸步骤

步　骤	操作方法
1	举升并支撑住车辆前端
2	拆卸发动机盖
3	拆卸发动机右侧下部挡板
4	拆卸发动机附件驱动皮带
5	拆卸发动机附件驱动皮带张紧器（图 25-4-1 中的 1）
6	拆卸发动机冷却液膨胀箱，但不要断开软管
7	拆卸动力转向系统储液罐，但不要断开软管
8	拆卸正时皮带上部盖罩（图 25-4-1 中的 2）
9	转动曲轴，将发动机设置在 1 缸上止点位置
10	确保正时标记对齐（图 25-4-1 中的 3 或 4）
11	确保凸轮轴带轮正时标记对齐（图 25-4-1 中的 5）
12	支起发动机
13	拆卸发动机右侧固定螺栓（图 25-4-1 中的 6、7 和 8）
14	拆卸发动机右侧支撑
15	拆卸曲轴带轮螺栓（图 25-4-1 中的 9）
16	拆卸曲轴带轮（图 25-4-1 中的 10）
17	拆卸正时皮带中部盖罩（图 25-4-1 中的 11）
18	拆卸正时皮带下部盖罩（图 25-4-1 中的 12）
19	拆卸发动机右侧悬置支架螺栓（图 25-4-1 中的 13）
20	拆卸发动机右侧悬置支架
21	松开张紧器螺母（图 25-4-1 中的 14），顺时针转动张紧器使其从正时皮带处移开，将螺母轻轻上紧
22	拆卸正时皮带。 注意：如果正时皮带需要继续使用，要在拆卸前用粉笔标记出正时皮带的转动方向，以便在重新安装时不发生错装

3. 甲壳虫轿车 1.6L BFS 发动机正时皮带安装步骤（表 25-4-2）

表 25-4-2　甲壳虫轿车 1.6L BFS 发动机正时皮带安装步骤

步　骤	操作方法
1	确保凸轮轴带轮正时标记对齐（图 25-4-1 中的 5）
2	确保正时标记对齐（图 25-4-1 中的 4）
3	把正时皮带安装到曲轴带轮和水泵链轮上
4	把正时皮带安装到正时皮带张紧器轮和凸轮轴带轮上。 注意：带轮之间（非张紧侧）的正时皮带要绷紧

步　骤	操作方法
5	松开正时皮带张紧器螺母（图 25-4-1 中的 14）
6	确保正时皮带张紧器的限位凸块起作用（图 25-4-1 中的 15）
7	沿逆时针方向将正时皮带张紧器转动 5 次，直至达到限位位置；沿顺时针方向将正时皮带张紧器转动 5 次，直至达到限位位置
8	沿逆时针方向将正时皮带张紧器转动到限位位置，然后慢慢沿顺时针方向转动张紧器，直至指针（图 25-4-1 中的 16）与底板上的缺口对齐（图 25-4-1 中的 17）。 注意：发动机必须保持在冷机状态
9	紧固正时皮带张紧器螺母（图 25-4-1 中的 14），紧固力矩为 20N・m
10	顺时针转动曲轴 2 周，将发动机设置到 1 缸上止点位置。 注意：在转动曲轴最后 45°时要平顺，不可停顿
11	确保正时标记对齐（图 25-4-1 中的 3 或 4）
12	确保凸轮轴带轮正时标记对齐（图 25-4-1 中的 5）
13	确保指针（图 25-4-1 中的 16）与底板上的缺口对齐（参见图 25-4-1 中的 17）
14	安装正时皮带下部盖罩（图 25-4-1 中的 12）
15	安装正时皮带中部盖罩（图 25-4-1 中的 11）
16	安装曲轴带轮（图 25-4-1 中的 10）
17	安装曲轴带轮螺栓（图 25-4-1 中的 9）
18	安装发动机右侧悬置支架
19	安装发动机右侧悬置支架螺栓（图 25-4-1 中的 13）
20	将发动机右侧悬置支架螺栓（图 25-4-1 中的 13）紧固至 45N・m
21	安装发动机支撑
22	换装新的发动机支撑螺栓（图 25-4-1 中的 8），并紧固至 40N・m + 90°
23	把发动机支撑螺栓（图 25-4-1 中的 7）紧固至 25N・m
24	把发动机支撑螺栓（图 25-4-1 中的 6）紧固至 100N・m
25	检查发动机支撑对齐情况，发动机支撑间隙规范为 14mm（图 25-4-1 中的 18）和 10mm（图 25-4-1 中的 19）
26	确保发动机支撑螺栓（图 25-4-1 中的 6）与发动机支撑边缘对齐（图 25-4-1 中的 20）
27	紧固曲轴带轮螺栓（图 25-4-1 中的 9），紧固力矩为 25N・m
28	用拇指在图 25-4-1 中的黑色三角标记处用力按压，指针（图 25-4-1 中的 16）和底板缺口（图 25-4-1 中的 17）应错开
29	松开手指，停止按压
30	顺时针将曲轴转动 2 周，将发动机设置在 1 缸上止点位置。 注意：在转动曲轴最后 45°时要平顺，不可停顿
31	确保指针（图 25-4-1 中的 16）与底板上的缺口对齐（图 25-4-1 中的 17）
32	按照与拆卸相反的步骤安装其他部件

二、甲壳虫轿车 2.0L（AZJ）发动机正时校对

（一）正时皮带拆卸

1. 从发动机舱拆卸右侧隔音板。拆卸发动机护罩。顺时针转动传动皮带张紧器，释放传动皮带张力，如图 25-4-2 所示，拆卸传动皮带。

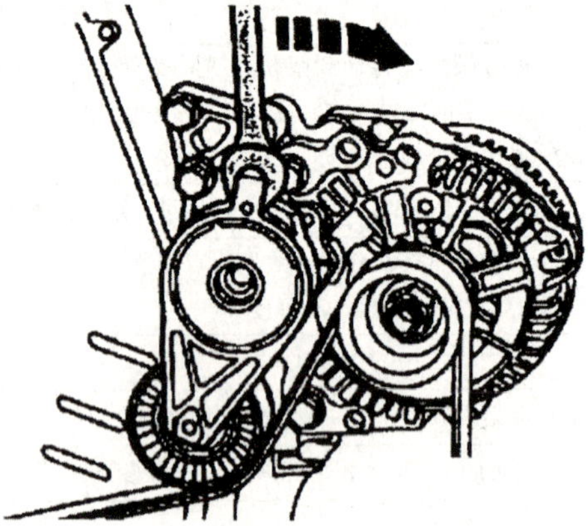

图 25-4-2　松开传动皮带张紧器

2. 按照图 25-4-3 所示，拆卸传动皮带张紧器总成。

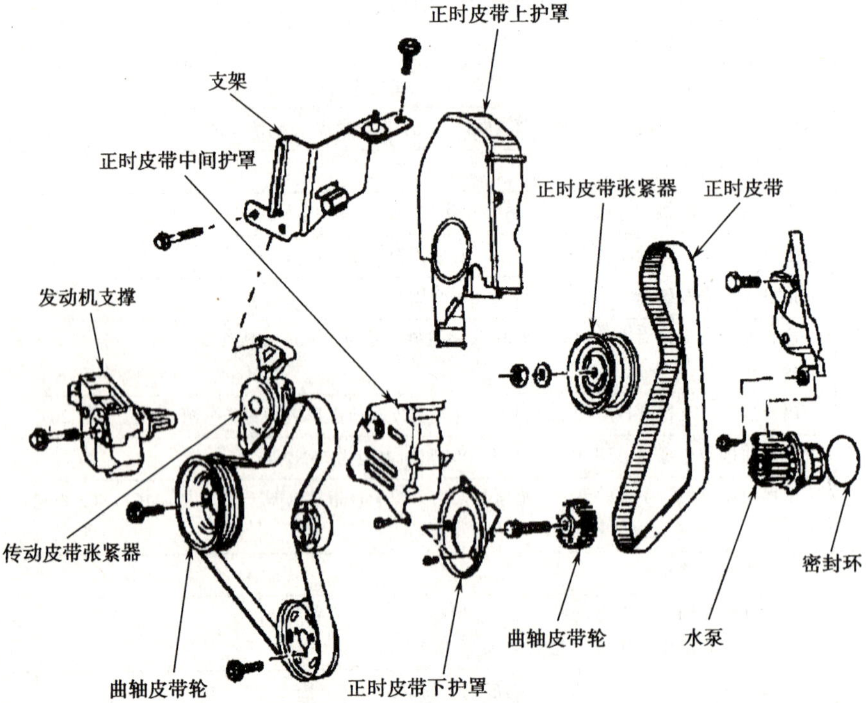

图 25-4-3　正时皮带部件

3. 按照图 25-4-4 所示，将曲轴转到上止点位置。

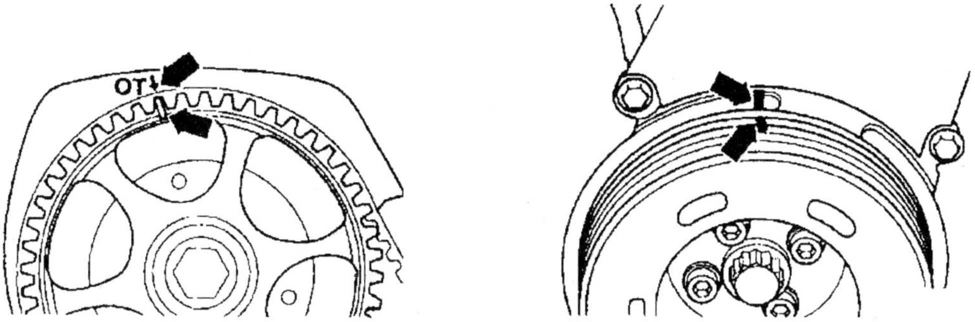

图 25-4-4　对齐凸轮轴和曲轴正时标记

4. 按照图 25-4-5 所示，对齐上止点标记。

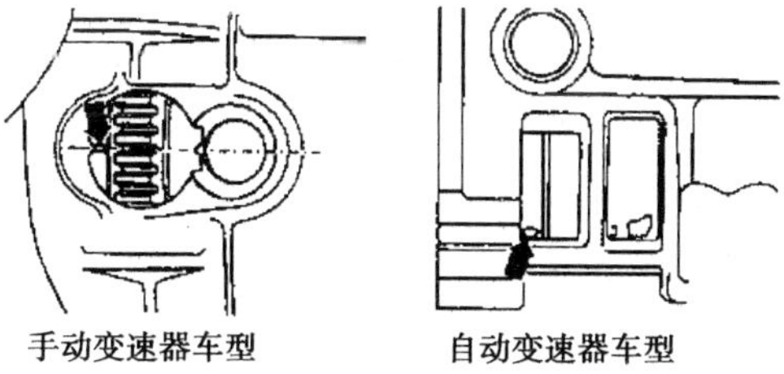

图 25-4-5　变速驱动桥上的上止点标记

5. 拆卸正时皮带上护罩。确认凸轮轴皮带轮正时标记与后罩上的标记对齐（图 25-4-4）。

6. 举升发动机。拆卸发动机冷却液储液罐并放在一旁。断开燃油蒸发排放炭罐和节气门体上的真空管。

7. 从正时皮带底部拆卸发动机支架，如图 25-4-6 所示。

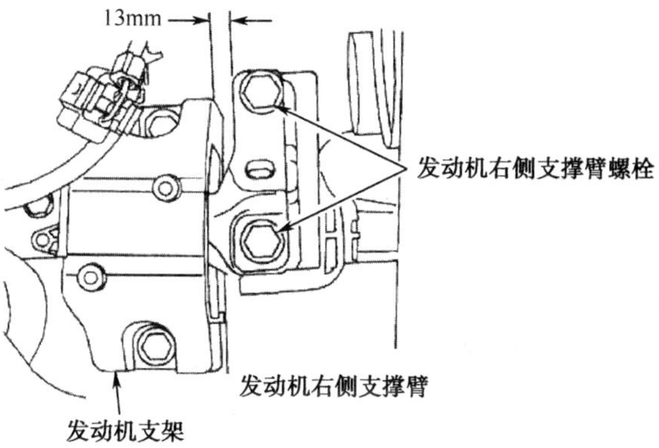

图 25-4-6　发动机支架

8. 拆卸正时皮带各个护罩。从发动机前部拆卸发动机支架。

9. 按照图 25-4-7 所示，松开正时皮带张紧器螺母，将张紧器从正时皮带上旋下，拆卸正时皮带。

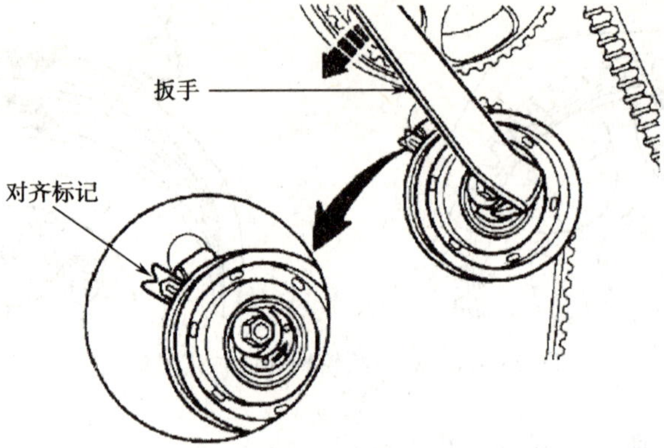

图 25-4-7 释放/调节正时皮带张紧力

（二）正时皮带安装

1. 确保正时标记均对齐，参见图 25-4-4 和图 25-4-5。

2. 将正时皮带套在曲轴皮带轮和水泵皮带轮上。在发动机缸体前部安装发动机支架，将固定螺栓紧固至 45N·m。

3. 安装正时皮带下护罩和中间护罩。安装曲轴皮带轮，并紧固曲轴皮带轮固定螺栓。安装发动机支座。

4. 将正时皮带安装到凸轮轴链轮和正时皮带张紧器上。

5. 逆时针转动张紧器轮，使张紧器箭头对齐气缸盖缺口，参见图 25-4-7。

6. 紧固张紧器轮中心螺栓至 20N·m。转动曲轴 2 周，检查正时皮带张紧度。重新检查所有正时标记是否全部对齐。

7. 安装正时皮带上护罩。将护罩螺栓拧紧至 10N·m。安装传动皮带张紧器和传动皮带。

第五节 EOS 轿车

EOS 轿车 3.2L BUB 发动机正时校对

发动机正时链条部件识别如图 25-5-1 所示。EOS 轿车 3.2L BUB 发动机正时校对步骤如表 25-5-1 所示。

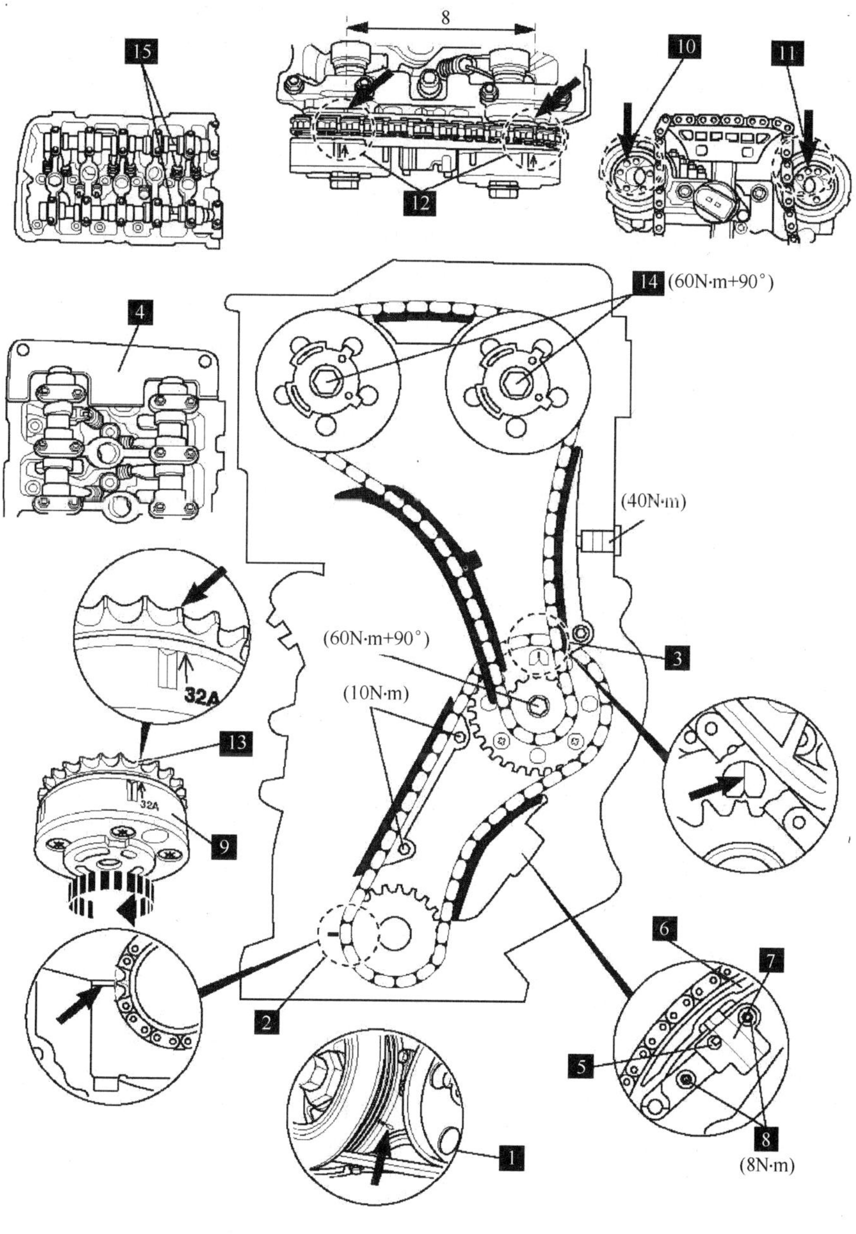

图 25-5-1 EOS 轿车 3.2L BUB 发动机正时链条部件识别

表 25-5-1 EOS 轿车 3.2L BUB 发动机正时校对步骤

步 骤	操作方法
1	拆下发动机
2	拆下变速器

续表

步　骤	操作方法
3	将发动机设置在 1 缸上止点位置（图 25-5-1 中的 1）。 注意：曲轴链轮的齿槽要与后主轴承接合处对齐（图 25-5-1 中的 2）
4	确保中间轴链轮正时标记对齐（图 25-5-1 中的 3）
5	将锁止工具安装到凸轮轴上（图 25-5-1 中的 4）
6	如果凸轮轴锁止工具安装不上，则转动曲轴 360°
7	拆下正时链条张紧器，使正时链条松弛，以便于拆装
8	对下部的正时链条张紧器执行重新设置： 用螺丝刀释放正时链条张紧器机械锁止结构（图 25-5-1 中的 5）； 推动正时链条张紧器滑轨（图 25-5-1 中的 6）使其抵住正时链条张紧器（图 25-5-1 中的 7）
9	紧固正时链条张紧器螺栓（图 25-5-1 中的 8），紧固力矩为 8N・m
10	设置进气凸轮轴调节器： 顺时针方向转动进气凸轮轴位置传感器磁阻使其达到限位位置（图 25-5-1 中的 9）； 把进气凸轮轴链轮安装到链条上，使进气凸轮轴链轮对齐凸轮轴上的孔（图 25-5-1 中的 10）；用手拧紧进气凸轮轴调节器的螺栓。 注意：进气凸轮轴调节器上标有“24E”字样
11	设置排气凸轮轴调节器： 顺时针方向转动排气凸轮轴位置传感器磁阻使其达到限位位置（图 25-5-1 中的 9）； 把排气凸轮轴链轮安装到链条上，使排气凸轮轴链轮对齐凸轮轴上的孔（图 25-5-1 中的 11）；用手拧紧排气凸轮轴调节器的螺栓。 注意：排气凸轮轴调节器上标有“32A”字样
12	确保凸轮轴正时标记对齐（图 25-5-1 中的 12）
13	确保凸轮轴链轮之间的齿节数量为 8 个链节。 注意：凸轮轴链轮上的齿槽（图 25-5-1 中的 13）要与凸轮轴支架上的正时标记对齐（图 25-5-1 中的 12）
14	安装正时链条
15	安装正时链条张紧器
16	把曲轴顺时针转动 2 周，使气缸设置在 1 缸上止点位置（图 25-5-1 中的 1）
17	将锁止工具安装到凸轮轴上（图 25-5-1 中的 4）
18	确保正时标记对齐（图 25-5-1 中的 12）
19	用 32mm 的扳手在图 25-5-1 中 15 所示位置固定住凸轮轴
20	废弃拆下的凸轮轴链轮螺栓，换用新的螺栓并紧固至 60N・m＋90°

第六节　SCIROCCO（尚酷）轿车

一、尚酷轿车 1.4TSI（CAXA）发动机正时链条校对

1. 尚酷轿车 1.4TSI（CAXA）发动机正时链条部件识别（图 25-6-1）

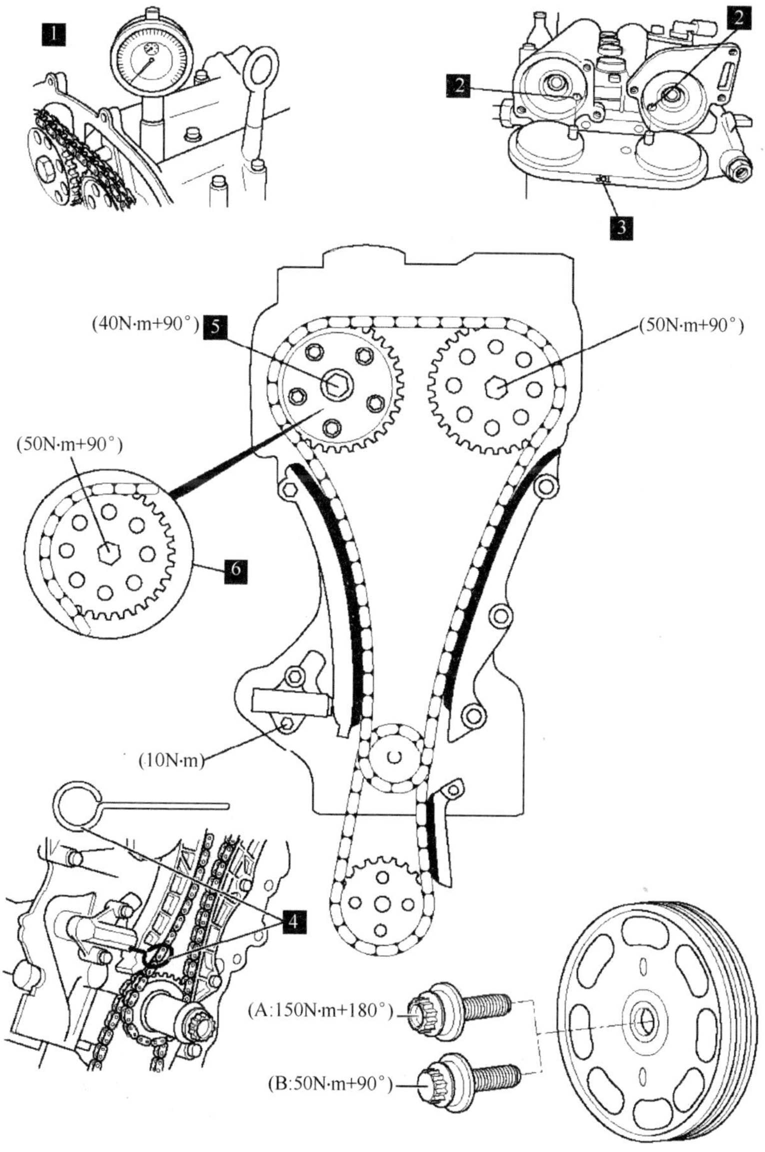

图 25-6-1　尚酷轿车 1.4TSI（CAXA）发动机正时链条部件识别

2. 尚酷轿车 1.4TSI（CAXA）发动机正时链条校对操作步骤（表 25-6-1）

表 25-6-1 尚酷轿车 1.4TSI（CAXA）发动机正时链条正时校对操作步骤

步骤	操作方法
1	注意：拆卸和安装正时链条时，均需拆下正时链条盖和发动机油底壳，并标记好正时链条的转动方向。 把百分表和百分表座（图 25-6-1 中的 1）安装到发动机 1 缸火花塞孔中，确保发动机处于 1 缸上止点位置
2	确保各个凸轮轴上的正时标记（图 25-6-1 中的 2）对齐，如果正时标记没有对齐，应转动曲轴 360°
3	安装凸轮轴定位工具（图 25-6-1 中的 3），如果安装不上，说明正时不正确
4	压下正时链条张紧器并用锁止销（图 25-6-1 中的 4）将张紧器锁止在压缩状态
5	拆卸凸轮轴链轮和正时链条
6	使用凸轮轴定位工具（图 25-6-1 中的 3）使各个凸轮轴对齐
7	安装凸轮轴链轮和正时链条
8	如果发动机为可变正时气门发动机，则换装新的进气凸轮轴调节器螺栓（图 25-6-1 中的 5），并将螺栓紧固至 40N·m+90°。 注意：进气凸轮轴链轮螺栓是左旋螺纹的螺栓
9	如果发动机为非可变正时气门发动机，则换装新的进气凸轮轴调节器螺栓（图 25-6-1 中的 6），并将螺栓紧固至 50N·m+90°
10	紧固曲轴带轮螺栓，对于 A 型螺栓，紧固力矩为 150N·m+180°；对于 B 型螺栓，紧固力矩为 50N·m+90°
11	拆下凸轮轴定位工具（图 25-6-1 中的 3）
12	沿顺时针方向将曲轴转动 2 周
13	使用凸轮轴定位工具（图 25-6-1 中的 3）检查正时，如果安装上工具，说明正时正确

二、尚酷轿车 2.0TSI（CAWB）发动机正时链条校对

1. 尚酷轿车 2.0TSI（CAWB）发动机正时链条部件识别（图 25-6-2）

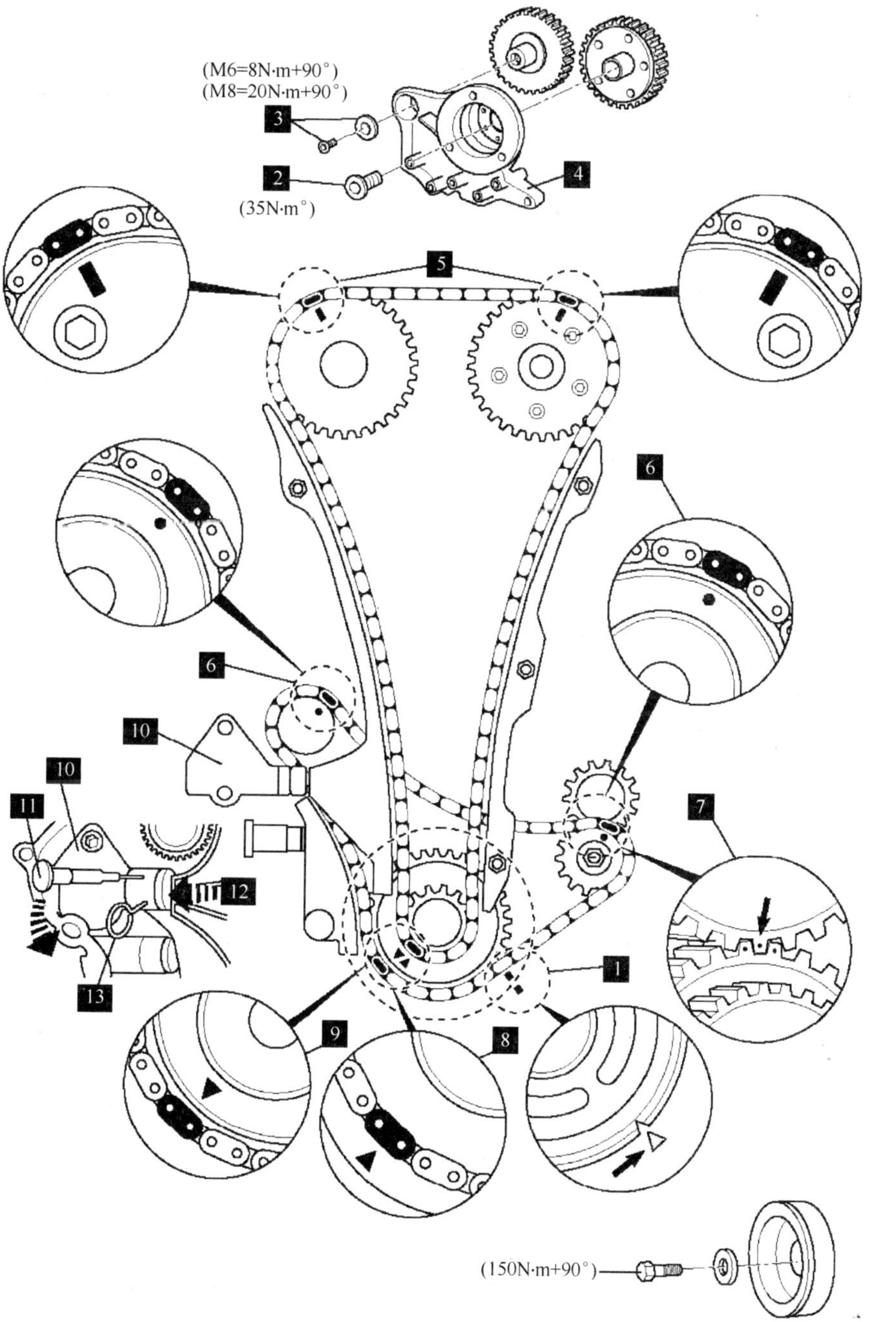

图 25-6-2　尚酷轿车 2.0TSI（CAWB）发动机正时链条部件识别

2. 尚酷轿车 2.0TSI（CAWB）发动机正时校对操作（表 25-6-2）

表 25-6-2　尚酷轿车 2.0TSI（CAWB）发动机正时校对操作步骤

步　　骤	操作方法
1	注意：拆卸和安装正时链条时，均需拆下正时链条盖和发动机油底壳。 确保发动机处于 1 缸上止点位置（图 25-6-2 中的 1）
2	重新安装带有垫圈的曲轴带轮螺栓
3	拆下进气凸轮轴调节器控制阀（左旋螺纹）（图 25-6-2 中的 2）
4	拆下排气凸轮轴链轮螺栓和垫圈（图 25-6-2 中的 3）
5	拆下凸轮轴支架（图 25-6-2 中的 4）
6	确保用颜色标记的正时链条链节与各个凸轮轴上的正时标记对齐（图 25-6-2 中的 5）
7	确保平衡轴正时标记对齐（图 25-6-2 中的 6）
8	确保平衡轴齿轮正时标记对齐（图 25-6-2 中的 7）
9	确保曲轴链轮正时标记对齐（图 25-6-2 中的 8 和 9）
10	重新设置正时链条张紧器（图 25-6-2 中的 10）： （1）用合适的工具（图 25-6-2 中的 11）释放锁止的机械机构。 （2）把正时链条张紧器推杆压入张紧器壳体内（图 25-6-2 中的 12）。 （3）插入正时链条张紧器锁止销（图 25-6-2 中的 13）
11	拔出锁止销（图 25-6-2 中的 13），释放正时链条张紧器推杆

第二十六章　VOLVO（沃尔沃）车系

第一节　S40轿车

一、S40轿车2.4L发动机正时皮带拆装步骤

（一）正时皮带拆卸程序

1. 把冷却液膨胀箱从支架上抬起，放到发动机顶上，然后安装专用工具——举升架（999 7103），如图26-1-1所示。

2. 拆下发动机支座限位器上的螺栓，拆下限位器。拆下把发动机支座与气缸盖固定在一起的螺栓，如图26-1-2所示。

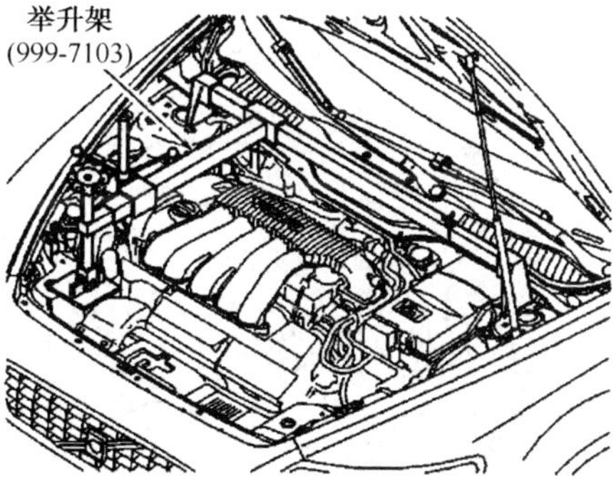

图26-1-1　安装专用工具

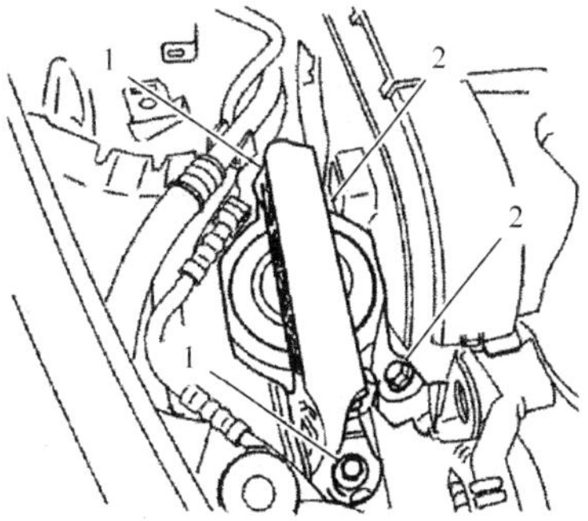

图26-1-2　拆卸螺栓

1-限位螺栓；2-支架-发动机螺栓

3. 拆卸变速器前盖螺栓和前盖。

4. 举升并支撑车辆。拆卸右前车轮。拆下翼子板内衬护板。调整车身支撑高度，使维修人员能看到正时皮带轮并能很方便地接触到举升架。

5. 如图26-1-3所示，从动力转向泵上断开动力转向液压管路。如果操作过程中有油液泄漏，要立即清洁，并密封住动力转向泵上的油路接口和液压管路。

6. 松开传动皮带张紧器，拆卸发动机附件传动皮带，如图26-1-4所示。

7. 拆卸减振器。

8. 按照图26-1-5所示，顺时针转动曲轴直至曲轴和凸轮轴皮带轮上的正时标记对齐。降下发动机，以便能从底部拆卸皮带张紧器螺栓。

9. 固定住正时皮带张紧器中央螺栓，如图 26-1-6 所示，用 6mm 内六角扳手的孔把张紧器的偏心装置顺时针转动至 10 点钟位置。从皮带轮上拆下正时皮带。

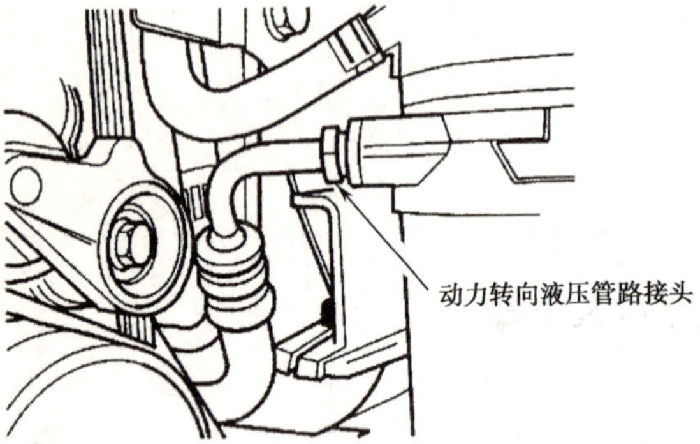

图 26-1-3 从动力转向泵上断开液压管路

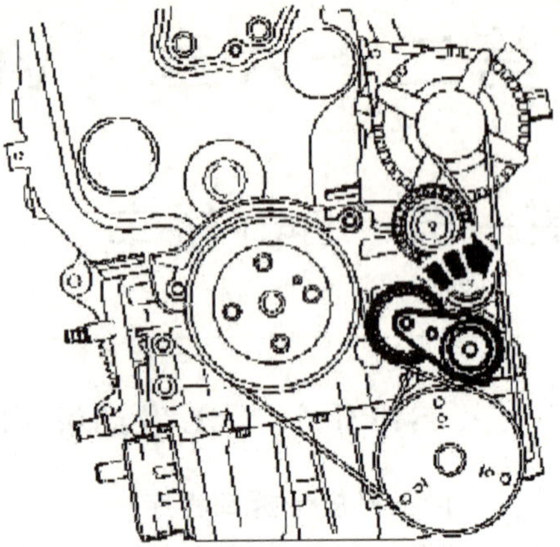

图 26-1-4 松开传动皮带张紧器，拆卸发动机附件传动皮带

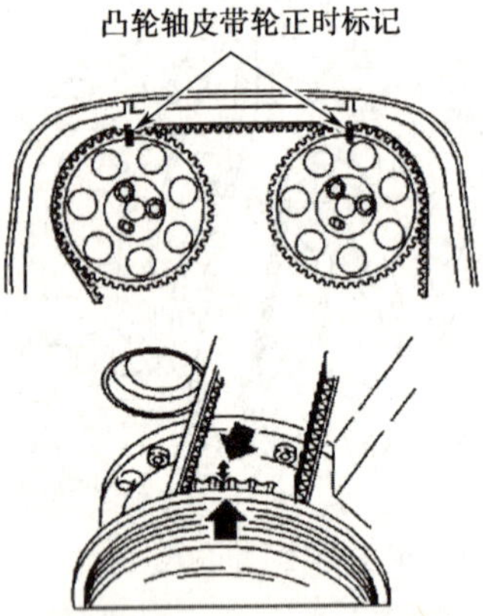

图 26-1-5 正时标记识别

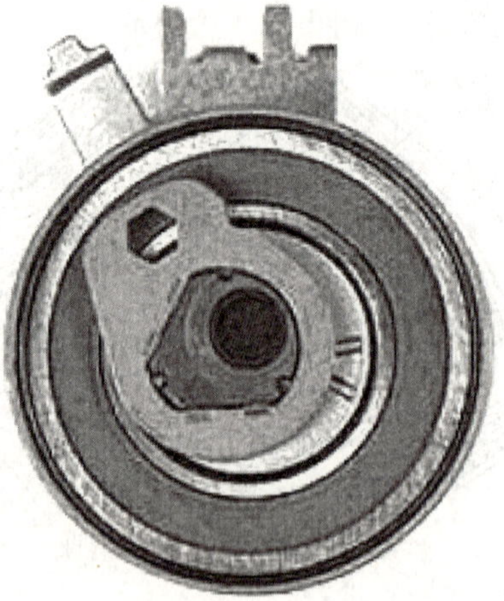

图 26-1-6 用 6mm 内六角扳手的孔顺时针转动张紧器的偏心装置

10. 拆下正时皮带张紧器和惰轮皮带轮。这两个部件都是一次性的，不能重复使用。

（二）正时皮带安装程序

1. 用中央螺栓安装新的正时皮带张紧器，将螺栓紧固至 20N · m。安装新的惰轮皮带轮并将螺栓紧固至 24N · m。

2. 如图 26-1-5 所示，对齐正时标记。

按照曲轴 - 惰轮 - 进气凸轮轴 - 排气凸轮轴 - 水泵 - 张紧器的顺序把正时皮带盘绕到上述部件上，如图 26-1-7 所示。

3. 安装曲轴中央螺母。沿顺时针方向慢慢转动曲轴直至正时皮带达到正确的张紧程度（根据不同的发动机温度，调节皮带张紧度），如图 26-1-8 所示。

4. 固定住皮带张紧器的中央螺栓，顺时针转动张紧器偏心装置直至张紧器的指针达到标记位置。然后向反方向转动偏心装置使指针达到缺口的中央位置。将皮带张紧器的中央螺栓紧固至 20N·m，如图 26-1-9 所示。

5. 在图 26-1-10 中所示位置按压正时皮带，查看皮带张紧器是否能灵活运动。如果没有问题，则安装正时皮带上盖。将曲轴沿顺时针方向转动 2 周并确保曲轴和凸轮轴皮带轮上的各个正时标记均对齐。

6. 确保正时皮带张紧器的指针位于标记区域内。否则应调整皮带张紧度。

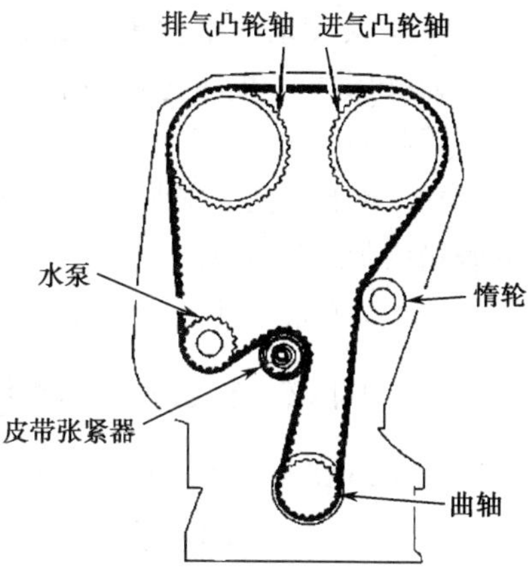

图 26-1-7 正时皮带安装顺序

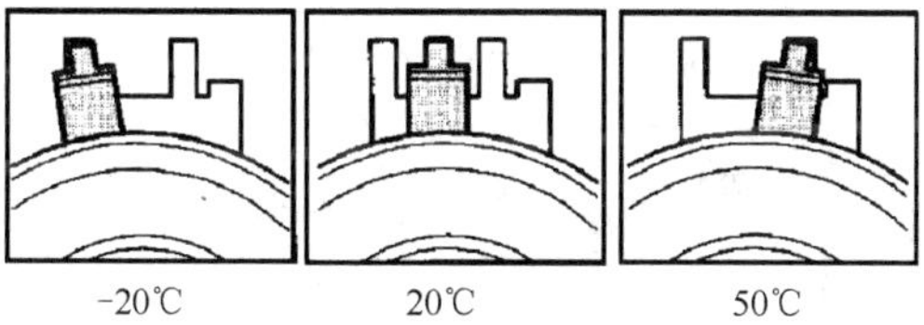

图 26-1-8 调节皮带张紧度

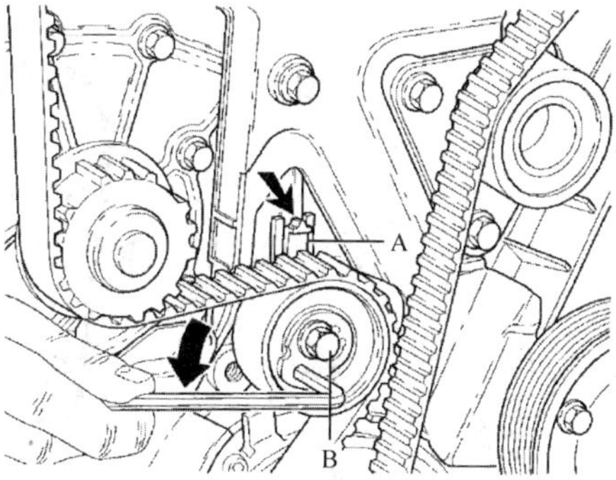

图 26-1-9 转动偏心装置

A-指示器；B-偏心装置

7. 按照图 26-1-11 所示，安装减振器。

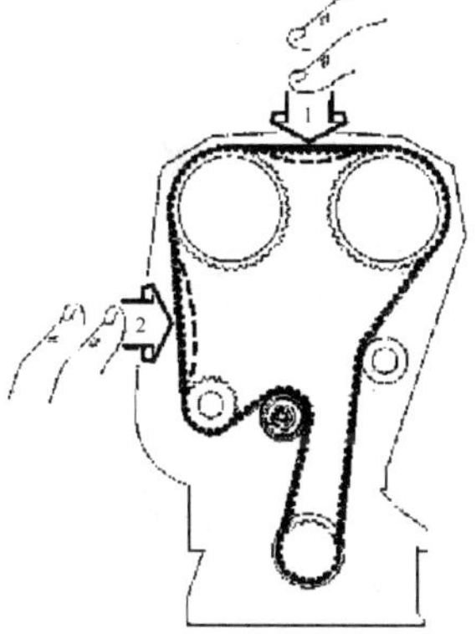

图 26-1-10 按压正时皮带

图 26-1-11 安装减振器

8. 安装发动机附件传动皮带。重新连接好动力转向液压管路。

9. 安装翼子板内衬护板和右前车轮。车轮螺母的紧固：首先紧固到 20N・m，然后再紧固到 90N・m。

10. 降下车辆，安装变速器前盖。安装发动机支座和限位器。拆下举升架。向冷却液膨胀箱内加注发动机冷却液。

11. 安装其余部件。

二、S40 轿车 2.5T 发动机正时皮带拆装步骤

1. S40 轿车 2.5T 发动机正时皮带部件识别（图 26-1-12）

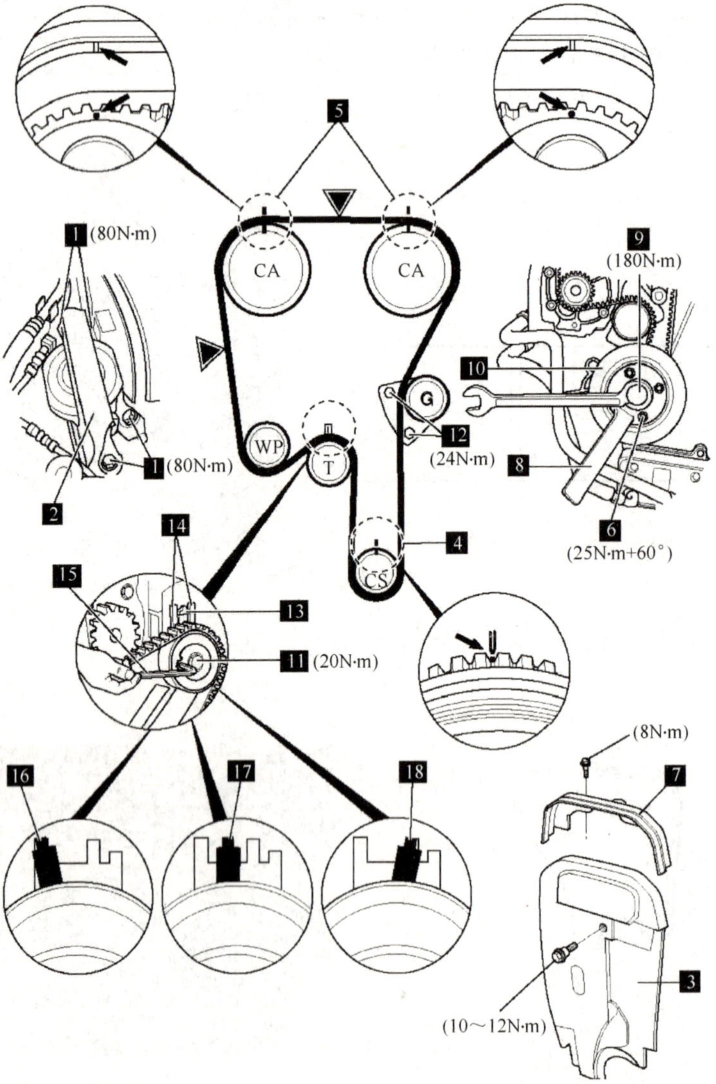

图 26-1-12　2.5T 发动机正时皮带部件识别

2. 正时皮带拆装步骤（表 26-1-1）

表 26-1-1　正时皮带拆装步骤

拆　卸	
步　骤	操作方法
1	举升并支撑车辆前部
2	拆卸右前轮、右前轮罩衬板和发动机盖
3	支撑发动机
4	拆卸发动机支座螺栓（图 26-1-12 中的 1）和发动机支座（图 26-1-12 中的 2）
5	断开动力转向系统进油管路
6	拆卸发动机传动皮带和正时皮带前盖（图 26-1-12 中的 3）
7	顺时针转动曲轴，直至正时标记（图 26-1-12 中的 4 和 5）对齐
8	拆卸曲轴皮带轮螺栓（图 26-1-12 中的 6）和正时皮带上盖（图 26-1-12 中的 7）
9	安装曲轴皮带轮固定工具（图 26-1-12 中的 8）
10	拆卸曲轴皮带轮中央螺栓（图 26-1-12 中的 9），拆下曲轴皮带轮固定工具和曲轴皮带轮（图 26-1-12 中的 10）
11	略微降下发动机
12	拆卸正时皮带张紧器螺栓（图 26-1-12 中的 11）
13	拆卸正时皮带张紧器轮
14	拆卸导轮螺栓（图 26-1-12 中的 12）
15	拆卸导轮
16	拆卸正时皮带
安　装	
步　骤	操作方法
1	拆卸下来的旧导轮废弃不用，换用新导轮，将新导轮的螺栓紧固至 24N·m
2	用六角扳手上的孔把新的正时皮带张紧器轮安装到 10 点钟位置
3	把新的正时皮带张紧器轮的螺栓（图 26-1-12 中的 11）紧固到 5N·m
4	安装正时皮带上盖（图 26-1-12 中的 7）
5	确保正时标记（图 26-1-12 中的 4 和 5）对齐
6	拆下正时皮带上盖（图 26-1-12 中的 7）
7	从曲轴皮带轮开始，沿逆时针方向，将正时皮带逐一盘绕到导轮、凸轮轴皮带轮、张紧器轮上
8	安装曲轴皮带轮（图 26-1-12 中的 9）和曲轴皮带轮中央螺栓（图 26-1-12 中的 10）
9	用专用工具（图 26-1-12 中的 8）将曲轴皮带轮中央螺栓紧固至 180N·m
10	沿顺时针方向转动曲轴使进气凸轮轴皮带轮和曲轴皮带轮之间的正时皮带张紧
11	用 6mm 的内六角扳手（图 26-1-12 中的 15）沿逆时针方向转动张紧器轮，使张紧器的指针（图 26-1-12中的 13）经过标记（图 26-1-12 中的 14）
12	根据发动机温度，沿顺时针方向慢慢转动张紧器轮，使指针达到准确位置，参见图 26-1-12 中的 16、17 和 18
13	把张紧器轮的螺栓（图 26-1-12 中的 11）紧固至 20N·m
14	参照图 26-1-12，在标记有黑色三角形的位置按压正时皮带，确保张紧器指针（图 26-1-12 中的 13）能自由移动
15	安装正时皮带上盖（图 26-1-12 中的 7）
16	把曲轴沿顺时针方向转动 2 周
17	确保正时标记（图 26-1-12 中的 4 和 5）对齐
18	确保张紧器指针正确对准（参照不同的发动机温度）

续表

安　　装	
步　　骤	操 作 方 法
19	废弃旧的曲轴皮带轮螺栓（图 26-1-12 中的 6），安装新的螺栓并紧固到 25N・m + 60°
20	安装其余部件
21	紧固发动机右侧安装支座上的螺栓至 80N・m

三、S40 轿车 2.0L 发动机正时链条拆装步骤

1. S40 轿车 2.0L 发动机正时链条部件识别（图 26-1-13）

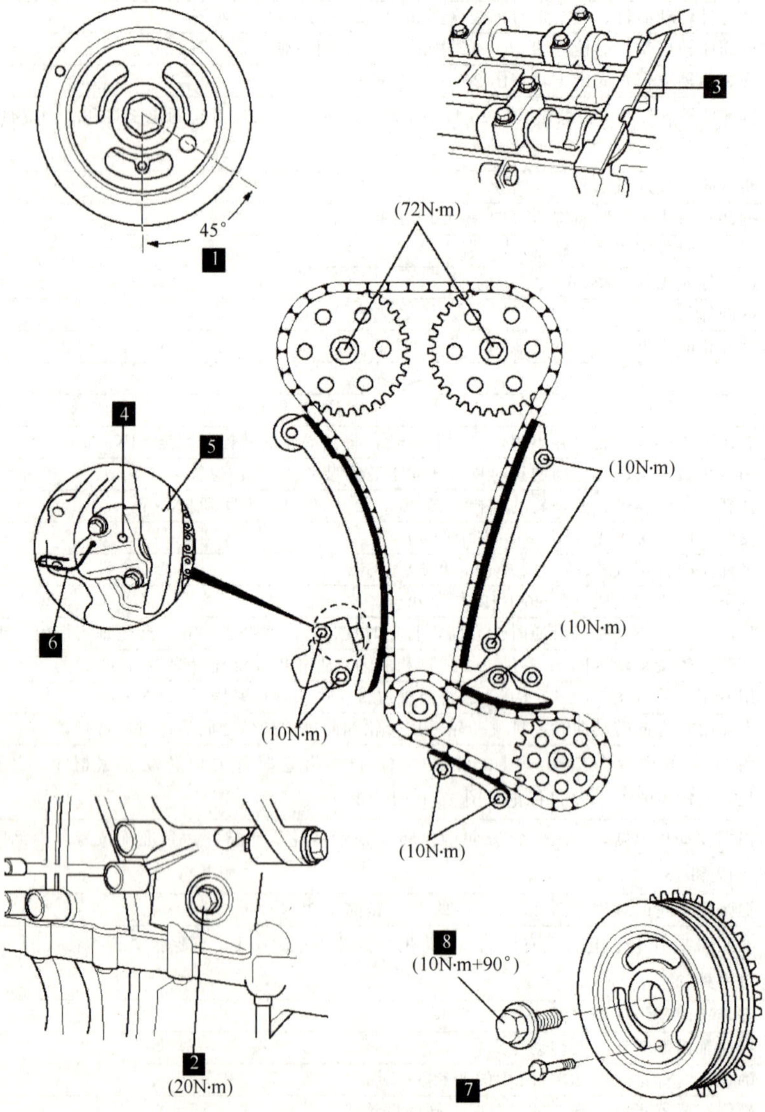

图 26-1-13　2.0L 发动机正时链条部件识别

2. S40 轿车 2.0L 发动机正时链条拆装步骤（表 26-1-2）

表 26-1-2 S40 轿车 2.0L 发动机正时链条拆装步骤

拆卸	
步骤	操作方法
1	将发动机设置到 1 缸上止点前 45°（图 26-1-13 中的 1）
2	从气缸体上拆下堵头（图 26-1-13 中的 2）
3	安装曲轴正时销
4	沿顺时针方向慢慢转动曲轴，直至曲轴与正时销接触不能转动为止
5	用凸轮轴锁止工具（图 26-1-13 中的 3）固定住凸轮轴
6	松开正时链条张紧器的棘轮（图 26-1-13 中的 4），压下正时链条张紧器滑轨（图 26-1-13 中的 5），插入正时链条张紧器锁止销（图 26-1-13 中的 6），将正时链条张紧器锁止在压缩位置
7	用六角扳手固定住凸轮轴的六角部位，松开凸轮轴链轮上的螺栓
8	拆下凸轮轴链轮和正时链条
安装	
步骤	操作方法
1	确保曲轴正时销正确安装到位
2	确保凸轮轴锁止工具（图 26-1-13 中的 3）正确安装到位
3	安装凸轮轴链轮和正时链条
4	用手将凸轮轴链轮上的螺栓拧紧
5	压下正时链条张紧器滑轨（图 26-1-13 中的 5）
6	拆下正时链条张紧器锁止销（图 26-1-13 中的 6）
7	用六角扳手固定住凸轮轴的六角部位，将凸轮轴链轮上的螺栓紧固至 72N·m
8	拆下曲轴带轮中心螺栓（图 26-1-13 中的 8）
9	安装曲轴带轮
10	在曲轴带轮上安装 M6 螺栓（图 26-1-13 中的 7）
11	换装新的曲轴带轮中心螺栓（图 26-1-13 中的 8）并将螺栓紧固至 100N·m + 90°
12	拆下安装到曲轴带轮上的 M6 螺栓（图 26-1-13 中的 7）
13	拆下凸轮轴锁止工具（图 26-1-13 中的 3）
14	拆下曲轴正时销
15	沿顺时针方向转动曲轴 2 周，直至发动机设置在 1 缸上止点前 45°位置（图 26-1-13 中的 1）
16	安装曲轴正时销
17	沿顺时针方向慢慢转动曲轴，直至曲轴与正时销接触不能转动为止
18	确保 M6 螺栓（图 26-1-13 中的 7）能正确安装，如果发现不能正确安装，则重复正时链条安装程序
19	确保凸轮轴锁止工具（图 26-1-13 中的 3）能正确安装

第二节 S60 轿车

S60 轿车 2.0T（B5204T5）发动机正时校对

1. S60 轿车 2.0T（B5204T5）发动机正时皮带部件识别（图 26-2-1）

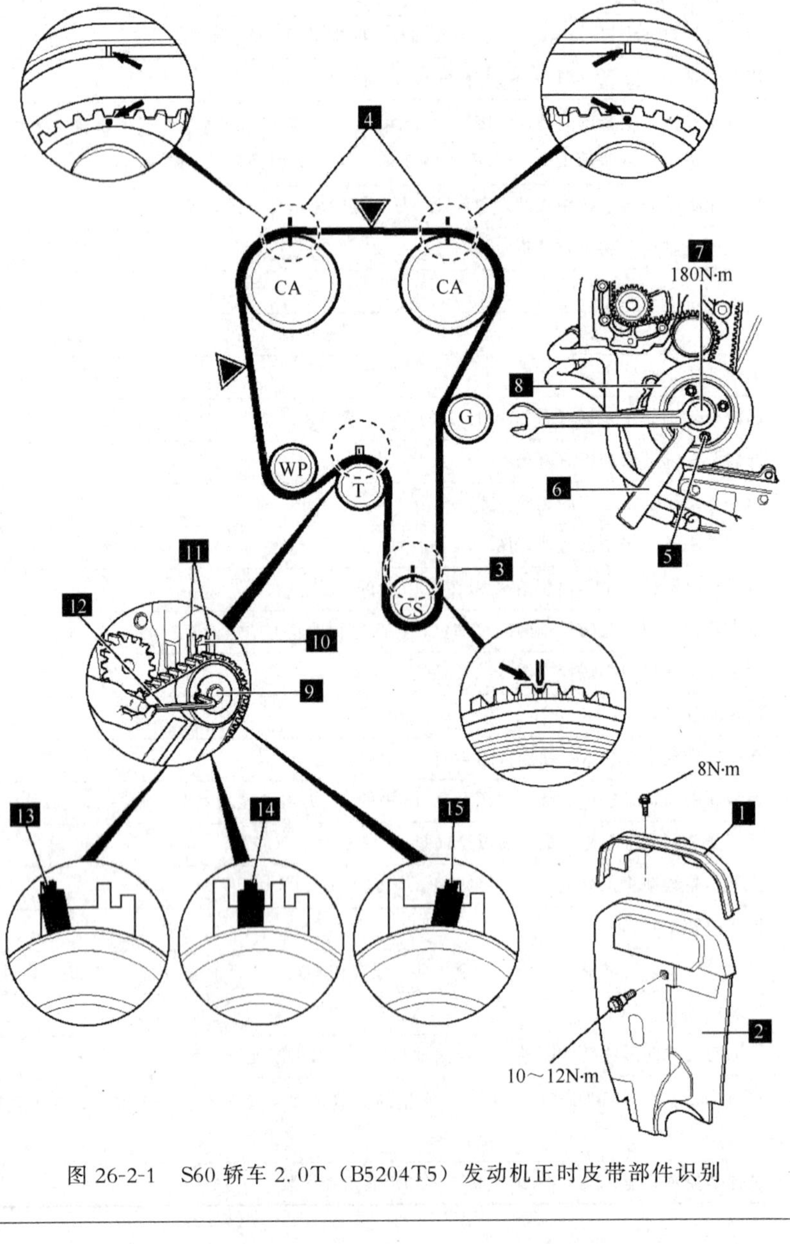

图 26-2-1 S60 轿车 2.0T（B5204T5）发动机正时皮带部件识别

2. S60 轿车 2.0T（B5204T5）发动机正时皮带拆卸步骤（表 26-2-1）

表 26-2-1 S60 轿车 2.0T（B5204T5）发动机正时皮带拆卸步骤

步 骤	操 作 方 法
1	举升并支撑车辆前部
2	拆卸动力转向系统储液罐，但不要断开动力转向油液软管
3	拆卸发动机冷却液膨胀箱，但不要断开冷却液软管
4	拆下发动机附件传动皮带。 注意：拆卸时要把发动机附件传动皮带的盘绕方法记清楚，以免重新安装时发生错误，参见图 26-2-2
5	拆卸正时皮带上盖（图 26-2-1 中的 1）
6	拆卸正时皮带前盖（图 26-2-1 中的 2）
7	拆卸右前轮、右前轮罩衬板
8	安装正时皮带上盖（图 26-2-1 中的 1）
9	顺时针转动曲轴，直至正时标记（图 26-2-1 中的 3 和 4）对齐
10	继续沿顺时针方向转动曲轴 1/4 周，然后沿逆时针方向转动曲轴，直至正时标记（图 26-2-1 中的 3 和 4）对齐
11	拆卸正时皮带上盖（图 26-2-1 中的 1）
12	拆卸曲轴皮带轮螺栓（图 26-2-1 中的 5）
13	安装曲轴皮带轮固定工具（图 26-2-1 中的 6）
14	拆卸曲轴皮带轮中央螺栓（图 26-2-1 中的 7）
15	拆卸曲轴皮带轮（图 26-2-1 中的 8）
16	拆卸正时皮带张紧器螺栓（图 26-2-1 中的 9）
17	拆卸正时皮带张紧器轮
18	拆卸正时皮带

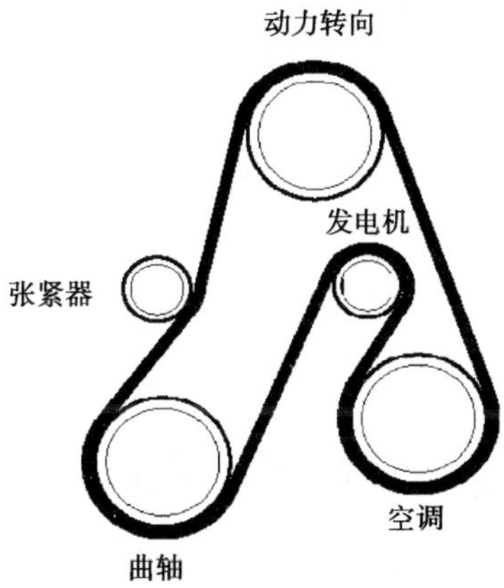

图 26-2-2 发动机附件传动皮带盘绕方法

3. S60 轿车 2.0T（B5204T5）发动机正时皮带安装步骤（表 26-2-2）

表 26-2-2　S60 轿车 2.0T（B5204T5）发动机正时皮带安装步骤

步　骤	操作方法
1	检查导轮，必要时予以更换
2	用六角扳手上的孔把新的正时皮带张紧器轮安装到 10 点钟位置
3	把新的正时皮带张紧器轮的螺栓（图 26-2-1 中的 9）紧固到 5N·m
4	安装正时皮带上盖（图 26-2-1 中的 1）
5	确保正时标记（图 26-2-1 中的 3 和 4）对齐
6	拆下正时皮带上盖（图 26-2-1 中的 1）
7	从曲轴皮带轮开始，沿逆时针方向，安装正时皮带
8	安装曲轴皮带轮（图 26-2-1 中的 7）和曲轴皮带轮中央螺栓（图 26-2-1 中的 8）
9	用专用工具（图 26-2-1 中的 6），将曲轴皮带轮中央螺栓紧固至 180N·m
10	沿顺时针方向转动曲轴皮带轮，使进气凸轮轴皮带轮和曲轴皮带轮之间的正时皮带张紧
11	用 6mm 的内六角扳手（图 26-2-1 中的 12），沿逆时针方向转动张紧器轮，使张紧器的指针（图 26-2-1中的 10）经过标记（图 26-2-1 中的 11）
12	根据不同的发动机温度，沿顺时针方向慢慢转到张紧器轮，使指针达到准确位置，参见图 26-2-1 中的 13（-20℃）、14（20℃）和 15（50℃）
13	把张紧器轮的螺栓（图 26-2-1 中的 11）紧固至 20N·m
14	参照图 26-2-1，在标记有黑色三角形的位置按压正时皮带，确保张紧器指针（图 26-2-1 中的 10）能自由移动
15	安装正时皮带上盖（图 26-2-1 中的 1）
16	把曲轴沿顺时针方向转动 2 周
17	确保正时标记（图 26-2-1 中的 3 和 4）对齐
18	确保张紧器指针正确对准（参照不同的发动机温度，参见图 26-2-1 中的 13、14 和 15）
19	废弃旧的曲轴皮带轮螺栓（图 26-2-1 中的 5），安装新的螺栓并紧固到 25N·m + 30°
20	安装其余部件

第三节　S80 轿车

一、S80 轿车 2.5T 发动机正时皮带拆装步骤

请参见 S40 轿车 2.5T 发动机正时皮带拆装步骤。

二、S80 轿车 3.0 T6 发动机正时链条拆装

1. S80 轿车 3.0 T6 发动机正时链条部件识别（图 26-3-1）

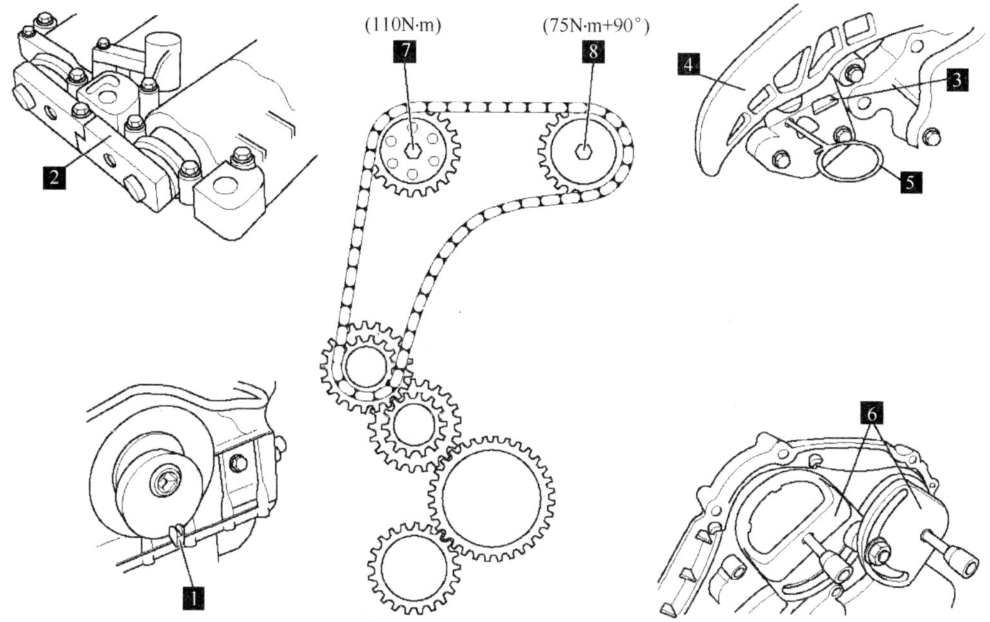

图 26-3-1　S80 轿车 3.0T 发动机正时链条部件识别

2. S80 轿车 3.0T 发动机正时链条拆装步骤（表 26-3-1）

表 26-3-1　S80 轿车 3.0T 发动机正时链条拆装步骤

拆　卸	
步　骤	操作方法
1	安装曲轴定位工具
2	顺时针转动曲轴，直至曲轴定位工具上的销子起作用为止（图 26-3-1 中的 1）
3	安装凸轮轴锁止工具（图 26-3-1 中的 2）
4	松开正时链条张紧器的棘轮（图 26-3-1 中的 3），压下正时链条张紧器滑轨（图 26-3-1 中的 4），插入正时链条张紧器锁止销（图 26-3-1 中的 5），将正时链条张紧器锁止在压缩位置
5	安装凸轮轴链轮拆卸工具（图 26-3-1 中的 6）
6	把凸轮轴链轮的螺栓松开（图 26-3-1 中的 7 和 8）
7	拆下凸轮轴链轮和正时链条
安　装	
步　骤	操作方法
1	确保曲轴定位工具正确安装（图 26-3-1 中的 1）

续表

安　　装	
步　骤	操作方法
2	确保凸轮轴锁止工具（图 26-3-1 中的 2）正确安装
3	安装凸轮轴链轮和正时链条
4	用手拧紧凸轮轴链轮的螺栓
5	拆下正时链条张紧器锁止销（图 26-3-1 中的 5）
6	安装凸轮轴链轮拆卸工具（图 26-3-1 中的 6）
7	紧固排气凸轮轴链轮螺栓，紧固力矩为 75N·m＋90°
8	紧固进气凸轮轴链轮螺栓，紧固力矩为 110N·m
9	拆下凸轮轴锁止工具（图 26-3-1 中的 2）
10	解除曲轴定位工具上的销子（图 26-3-1 中的 1）
11	顺时针转动曲轴 2 周，直至曲轴定位工具上的销子起作用为止（图 26-3-1 中的 1）
12	确保凸轮轴锁止工具（图 26-3-1 中的 2）正确安装

三、S80 轿车 3.2L 发动机正时链条拆装步骤

S80 轿车 3.2L 发动机正时链条拆装步骤与 S80 轿车 3.0T 发动机正时链条拆装步骤相同。

四、S80L 轿车 2.8L/2.9L 发动机正时皮带拆装

（一）正时皮带拆卸程序

1. 拆下发动机稳定杆。对于涡轮增压车型，拆下涡轮增压器与进气中冷器之间的管路。

2. 拆下动力转向储液罐，但不要断开软管。

3. 用 15mm 的扳手，顺时针转动发动机附件传动皮带张紧器，释放皮带张力（图 26-3-2）。拆下附件传动皮带，拆下正时皮带上盖。

4. 拆下冷却液膨胀箱并断开软管。拆下正时皮带前盖。

5. 举升并支撑车辆。拆下右前车轮。拆下右侧上部挡泥板。

6. 安装正时皮带上盖。

7. 顺时针转动曲轴，直至正时标记对齐。再次顺时针转动曲轴 1/4 圈，然后逆时针转动曲轴，直至正时标记对齐（图 26-3-3）。

8. 拆下正时皮带上盖。拆下曲轴皮带轮螺栓。如果车辆配备的是液压型张紧器，则拆卸曲轴中心螺母，拆下附件传动皮带轮（图 26-3-4）。

9. 松开正时皮带张紧器螺钉，固定螺钉使其不能转动。在图 26-3-5 中的偏心位置用 6mm 的六角扳手沿逆时针方向转到张紧器，使偏心装置达到 10 点钟位置。

图 26-3-2 释放皮带张力

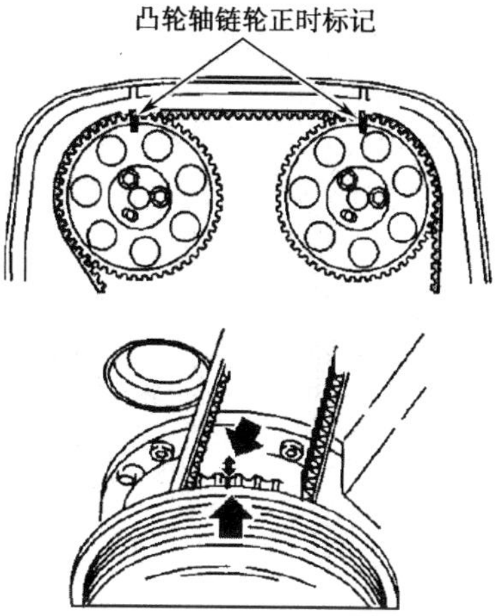

图 26-3-3 对齐正时标记

图 26-3-4 拆卸曲轴中心螺母

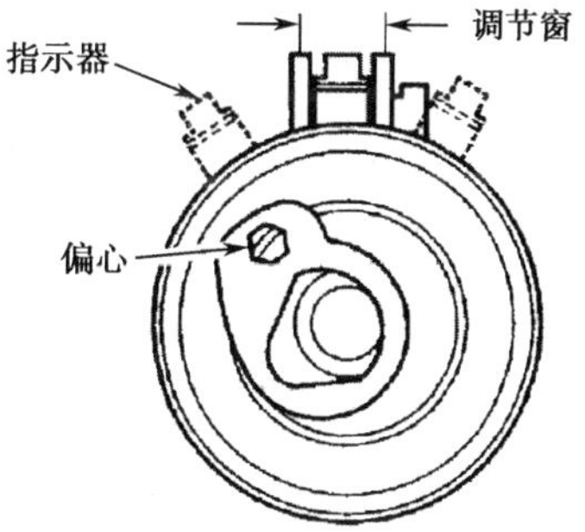

图 26-3-5 使偏心装置达到 10 点钟位置

（二）正时皮带安装程序

1. 对于配备液压型正时皮带张紧器的车辆，把张紧器放在专用工具 9995456 上（图 26-3-6）。

2. 把专用工具 9995456 上的中心螺母转动到底，压下张紧器的活塞，然后在活塞上插入限位销。安装液压型正时皮带张紧器。

3. 对于没有配备液压型正时皮带张紧器的车辆，首先确保各个正时标记均对齐（参见图 26-3-2）。按照图 26-3-7 所示顺序安装正时皮带。

4. 对于配备液压型正时皮带张紧器的车辆，拔出插入张紧器活塞的限位销。安装发动机附件传动皮带轮。安装曲轴中央螺母。顺时针转动曲轴 2 周，确保正时标记对齐。

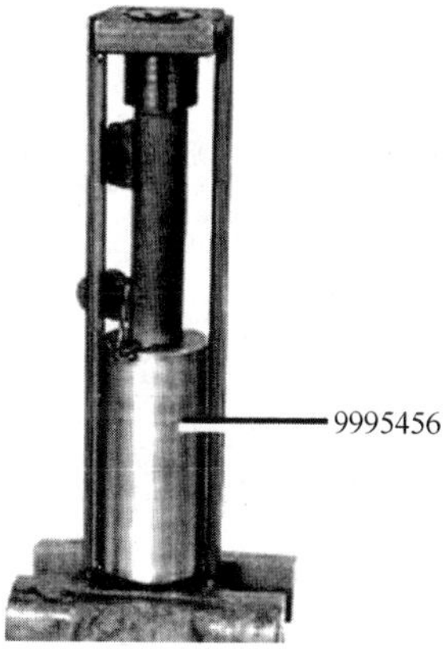

图 26-3-6 把张紧器的液压单元放在专用工具 9995456 上

5. 顺时针转动曲轴，直至正时皮带绷紧。

6. 固定正时皮带张紧器的中心螺钉，使其不能转动。用 6mm 的六角扳手，沿顺时针方向转动偏心装置，直至正时皮带张紧器指示器通过标记位置。

7. 将偏心装置转回，使指示器位置到达图 26-3-8 所示的位置（根据发动机温度不同而有所差异）。将偏心装置固定到这个位置，拧紧中心螺钉。

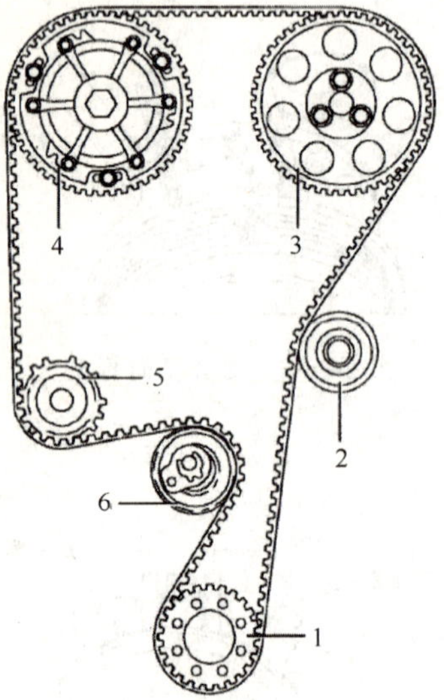

图 26-3-7 正时皮带安装顺序

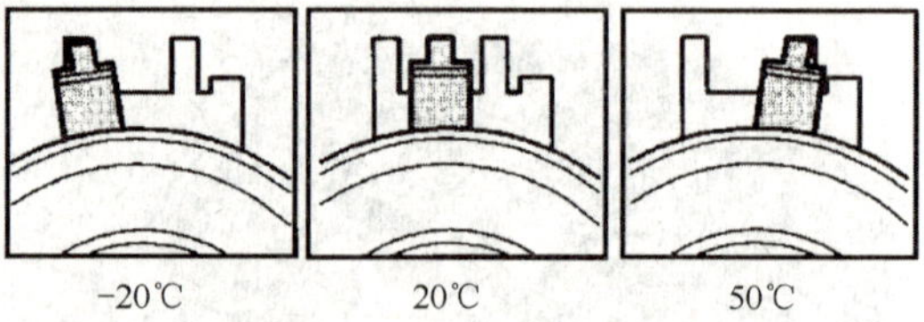

图 26-3-8 调节装置

8. 安装正时皮带上盖。转动曲轴 2 周，确保正时标记对齐，正时皮带张紧器指示器位置正确。

9. 安装发动机附件传动皮带。安装曲轴皮带轮，皮带轮螺栓要换用新的，将螺栓紧固到 35N·m+50°。

10. 按照与拆卸相反的顺序安装其他部件。

第四节 C30 轿车

一、C30 轿车 2.0L 发动机正时链条拆装步骤

C30 轿车 2.0L 发动机正时链条拆装步骤与 S40 轿车 2.0L 发动机正时链条拆装步骤相同。

二、C30 轿车 2.4L 发动机正时皮带拆装步骤

1. C30 轿车 2.4L 发动机正时皮带部件识别（图 26-4-1）

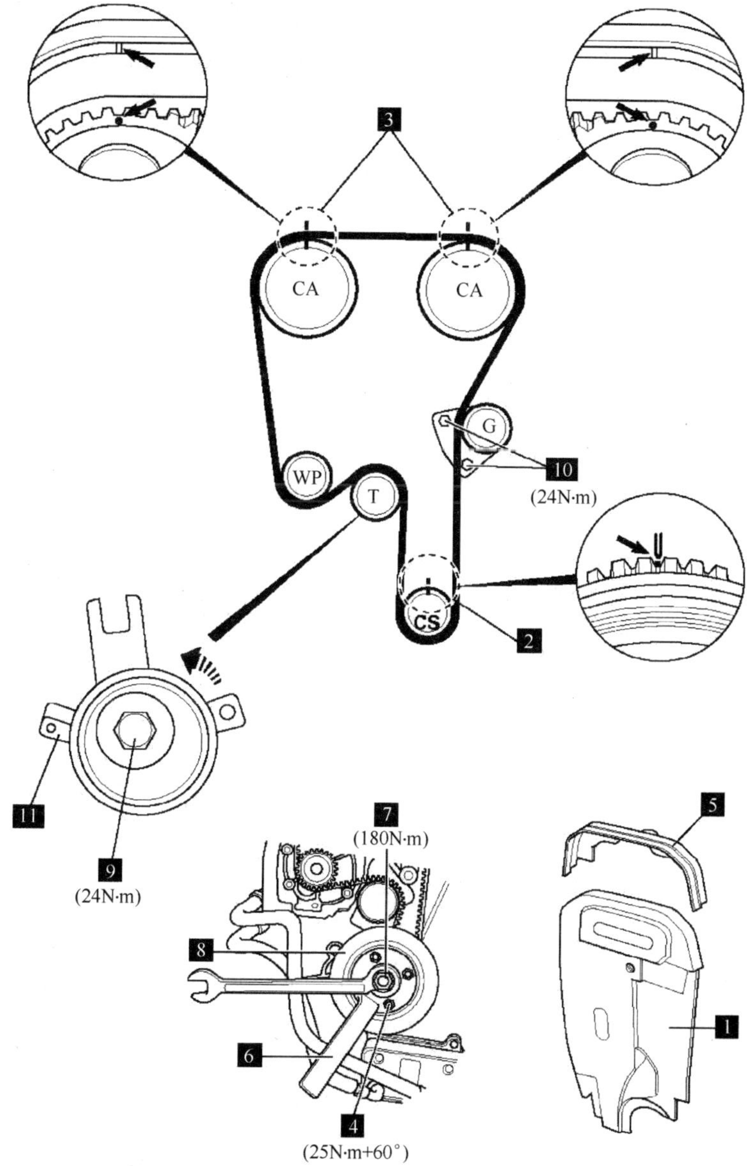

图 26-4-1　C30 轿车 2. 4L 发动机正时皮带部件识别

2. C30轿车2.4L发动机正时皮带拆装步骤（表26-4-1）

表26-4-1 C30轿车2.4L发动机正时皮带拆装步骤

拆　卸	
步　骤	操作方法
1	举升并支撑车辆前部
2	拆下右前车轮、右前车轮轮拱衬板和发动机罩
3	支撑发动机
4	先标记好发动机右支座的安装位置，然后拆卸发动机右支座
5	断开动力转向系统进油软管
6	拆下发动机附件传动皮带（发动机附件传动皮带盘绕方法参见图26-4-2）和正时皮带前罩（图26-4-1中的1）
7	沿顺时针方向转动曲轴，直至正时标记对准（图26-4-1中的2和3）
8	拆卸曲轴皮带轮螺栓（图26-4-1中的4）和正时皮带上盖（图26-4-1中的5）
9	安装曲轴皮带轮固定工具（图26-4-1中的6）
10	拆下曲轴皮带轮中心螺母（图26-4-1中的7）、曲轴皮带轮固定工具（图26-4-1中的6）和曲轴皮带轮（图26-4-1中的8）
11	把发动机轻轻降下
12	拆下正时皮带张紧器螺母（图26-4-1中的9）、正时皮带张紧器轮和导轮螺栓（图26-4-1中的10）
13	拆下导轮
14	拆下正时皮带
安　装	
步　骤	操作方法
1	换装新的正时皮带张紧器轮并将螺栓紧固至24N·m
2	逆时针转动正时皮带张紧器轮，插入锁止销（图26-4-1中的11）
3	安装正时皮带上盖（图26-4-1中的5）
4	确保正时标记对准（图26-4-1中的2和3）
5	从曲轴皮带轮开始，沿逆时针方向安装正时皮带，确保正时皮带在两个皮带轮之间是绷紧的
6	拆下正时皮带上盖（图26-4-1中的5）

续表

安　　装	
步　　骤	操 作 方 法
7	换装新的导轮并将导轮螺栓（图 26-4-1 中的 10）紧固至 24N·m
8	安装曲轴皮带轮（图 26-4-1 中的 7）和中心螺母（图 26-4-1 中的 8）
9	将曲轴皮带轮中心螺母（图 26-4-1 中的 8）紧固至 180N·m
10	从正时皮带张紧器上拆下锁止销
11	确保正时皮带张紧
12	安装正时皮带上盖（图 26-4-1 中的 5）
13	顺时针转动曲轴 2 周
14	确保正时标记对准（图 26-4-1 中的 2 和 3）
15	安装曲轴皮带轮螺栓（图 26-4-1 中的 4）
16	紧固曲轴皮带轮螺栓（图 26-4-1 中的 4），紧固力矩为 25N·m+60°
17	按照与拆卸相反的顺序安装其他部件

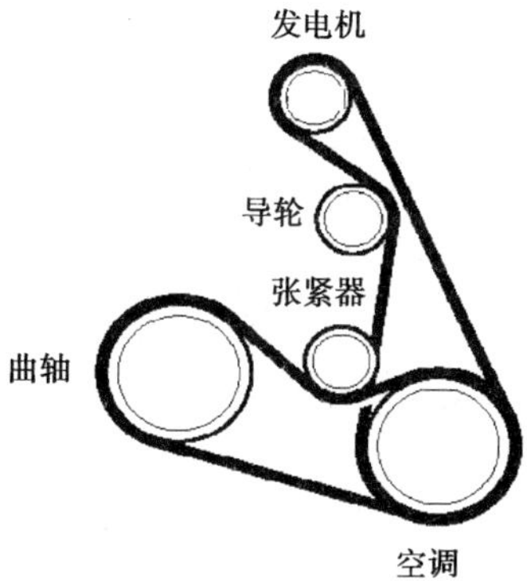

图 26-4-2　C30 轿车 2.4L 发动机附件传动皮带盘绕方法

第五节　C70 轿车

C70 轿车 2.5L（B5254T3）发动机正时皮带拆装步骤

1. C70 轿车 2.5L（B5254T3）发动机正时皮带部件识别（图 26-5-1）

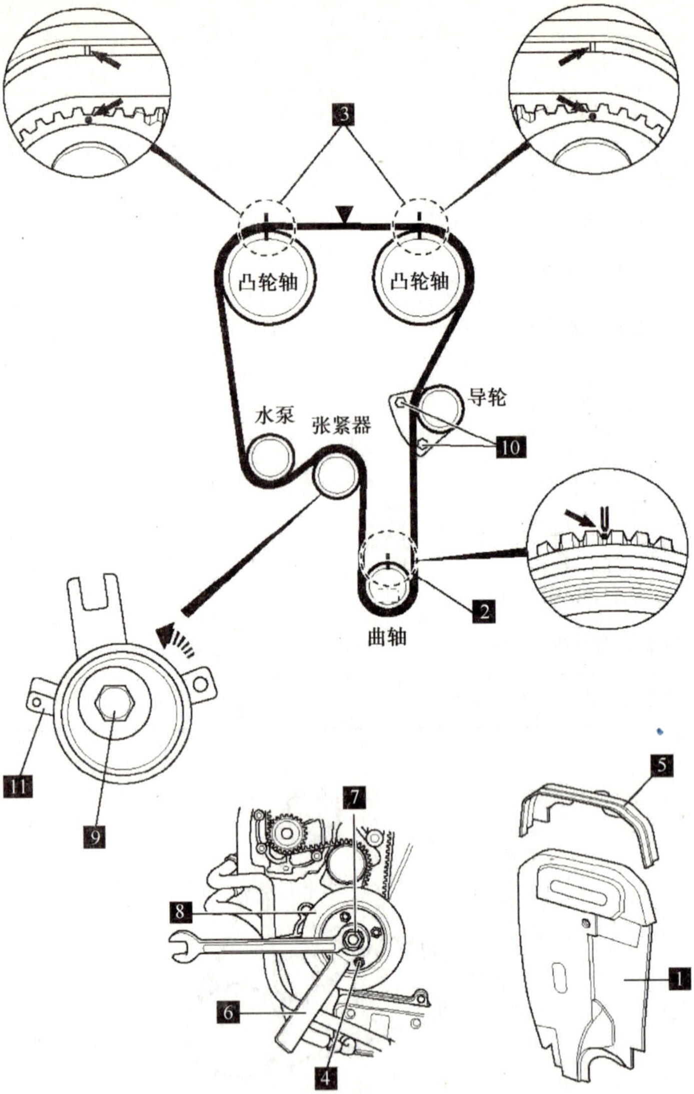

图 26-5-1 C70 轿车 2.5L（B5254T3）发动机正时皮带部件识别

2. C70 轿车 2.5L 发动机正时皮带拆装步骤（表 26-5-1）

表 26-5-1 C70 轿车 2.5L（B5254T3）发动机正时皮带拆装步骤

拆 卸	
步 骤	操 作 方 法
1	举升并支撑车辆前部
2	拆下右前车轮、右前车轮轮拱衬板和发动机罩
3	支撑发动机

续表

拆卸	
步骤	操作方法
4	先标记好发动机右支座的安装位置，然后拆卸发动机右支座
5	断开动力转向系统进油软管
6	拆下发动机附件传动皮带（发动机传动皮带盘绕方法参见图 26-5-2）和正时皮带前罩（图 26-5-1 中的 1）
7	沿顺时针方向转动曲轴，直至正时标记对准（图 26-5-1 中的 2 和 3）
8	拆卸曲轴皮带轮螺栓（图 26-5-1 中的 4）和正时皮带上盖（图 26-5-1 中的 5）
9	安装曲轴皮带轮固定工具（图 26-5-1 中的 6）
10	拆下曲轴皮带轮中心螺母（图 26-5-1 中的 7）、曲轴皮带轮固定工具（图 26-5-1 中的 6）和曲轴皮带轮（图 26-5-1 中的 8）
11	把发动机轻轻降下
12	拆下正时皮带张紧器螺母（图 26-5-1 中的 9）、正时皮带张紧器轮和导轮螺栓（图 26-5-1 中的 10）
13	拆下导轮
14	拆下正时皮带
安装	
步骤	操作方法
1	换装新的正时皮带张紧器轮并将螺栓紧固至 24N·m
2	逆时针转动正时皮带张紧器轮，插入锁止销（图 26-5-1 中的 11）
3	安装正时皮带上盖（图 26-5-1 中的 5）
4	确保正时标记对准（图 26-5-1 中的 2 和 3）
5	从曲轴皮带轮开始，沿逆时针方向安装正时皮带，确保正时皮带在两个皮带轮之间是绷紧的
6	拆下正时皮带上盖（图 26-5-1 中的 5）
7	换装新的导轮并将导轮螺栓（图 26-5-1 中的 10）紧固至 24N·m
8	安装曲轴皮带轮（图 26-5-1 中的 7）和中心螺母（图 26-5-1 中的 8）
9	将曲轴皮带轮中心螺母（图 26-5-1 中的 8）紧固至 180N·m
10	从正时皮带张紧器上拆下锁止销
11	确保正时皮带张紧
12	安装正时皮带上盖（图 26-5-1 中的 5）
13	顺时针转动曲轴 2 周
14	确保正时标记对准（图 26-5-1 中的 2 和 3）
15	安装曲轴皮带轮螺栓（图 26-5-1 中的 4）
16	紧固曲轴皮带轮螺栓（图 26-5-1 中的 4），紧固力矩为 25N·m+60°
17	按照与拆卸相反的顺序安装其他部件

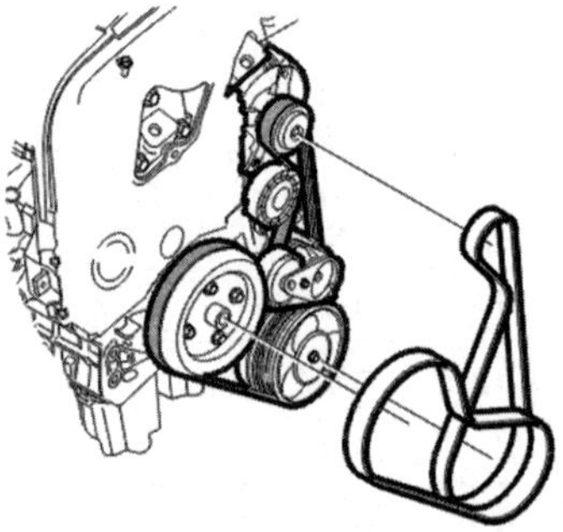

图 26-5-2　C70 轿车 2.5L（B5254T3）发动机附件传动皮带盘绕方法

第六节　V40 轿车

V40 轿车 2.0T（B4204T5）发动机正时校对

1. V40 轿车 2.0T（B4204T5）发动机正时皮带部件识别（图 26-6-1）

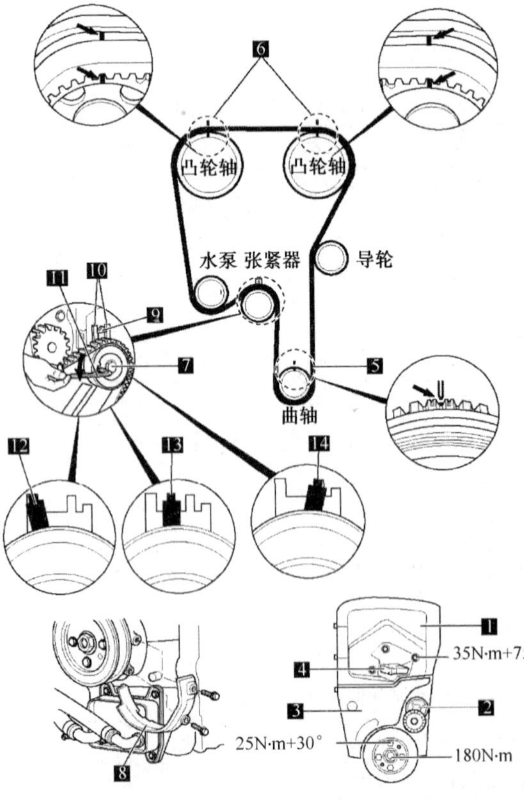

图 26-6-1　V40 轿车 2.0T（B4204T5）发动机正时皮带部件

2. V40 轿车 2.0T（B4204T5）发动机正时皮带拆装操作步骤（表 26-6-1）

表 26-6-1 V40 轿车 2.0T（B4204T5）发动机正时皮带拆装操作步骤

拆　　卸	
步　　骤	操 作 方 法
1	拆卸发动机顶部盖罩
2	拆卸发动机舱右侧盖罩
3	拆卸右侧前照灯盖罩
4	拆卸发动机附件传动皮带（发动机附件传动皮带盘绕方法参见图 26-6-2）
5	拆卸发动机止时皮带上盖（图 26 6 1 中的 1）
6	拆卸动力转向系统管路支架
7	略微升起发动机
8	支撑发动机
9	拆卸发动机右侧支座
10	举升并支撑起车辆前部
11	拆卸车辆右前车轮
12	拆卸右侧底部挡泥板
13	拆卸发动机下部挡板
14	拆卸发动机附件传动皮带张紧器（图 26-6-1 中的 2）
15	拆卸发动机正时皮带前盖（图 26-6-1 中的 3）
16	拆卸发动机支座（图 26-6-1 中的 4）
17	顺时针转动曲轴，直至正时标记（图 26-6-1 中的 5 和 6）对齐
18	继续沿顺时针方向转动曲轴 1/4 周，然后沿逆时针方向转动曲轴，直至正时标记（图 26-6-1 中的 5 和 6）对齐
19	拆卸正时皮带后部上盖
20	拆卸正时皮带张紧器螺栓（图 26-6-1 中的 7）
21	拆卸正时皮带张紧器
22	拆卸正时皮带后部下盖（图 26-6-1 中的 8）
23	拆卸正时皮带

续表

安 装	
步 骤	操作方法
1	检查导轮，必要时予以更换
2	用六角扳手上的孔把新的正时皮带张紧器轮安装到10点钟位置
3	把新的正时皮带张紧器轮的螺栓（图26-6-1中的7）紧固到3N·m
4	确保正时标记（图26-6-1中的5和6）对齐
5	从曲轴皮带轮开始，沿逆时针方向将正时皮带逐一盘绕到导轮、凸轮轴皮带轮、张紧器轮上
6	安装正时皮带后部上盖
7	用6mm的内六角扳手（图26-6-1中的11），沿逆时针方向转动张紧器轮，使张紧器的指针（图26-6-1中的9）经过标记（图26-6-1中的10）
8	根据发动机温度，沿顺时针方向慢慢转到张紧器轮，使指针达到准确位置，参见图26-6-1中的12（发动机温度为－20℃）、13（发动机温度为20℃）和14（发动机温度为50℃）
9	把张紧器轮的螺栓（图26-6-1中的7）紧固至20N·m
10	参照图26-6-1，在标记有黑色三角形的位置按压正时皮带，确保张紧器指针（图26-6-1中的9）能自由移动
11	把曲轴沿顺时针方向转动2周
12	确保正时标记（图26-6-1中的5和6）对齐
13	确保张紧器指针正确对准（参照不同的发动机温度，参见图26-6-1中的12、13、14）
14	安装其余部件

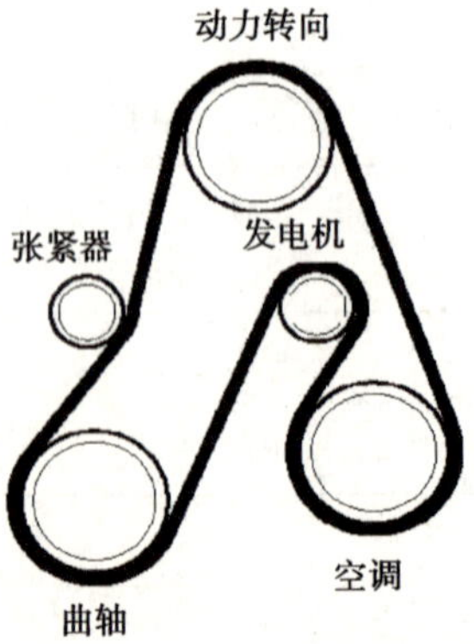

图26-6-2 V40轿车2.0T（B4204T5）发动机附件传动皮带盘绕方法

第七节　XC60 轿车

XC60 轿车 3.0（B6304T2）发动机正时校对

1. XC60 轿车 3.0（B6304T2）发动机正时链条部件识别（图 26-7-1）

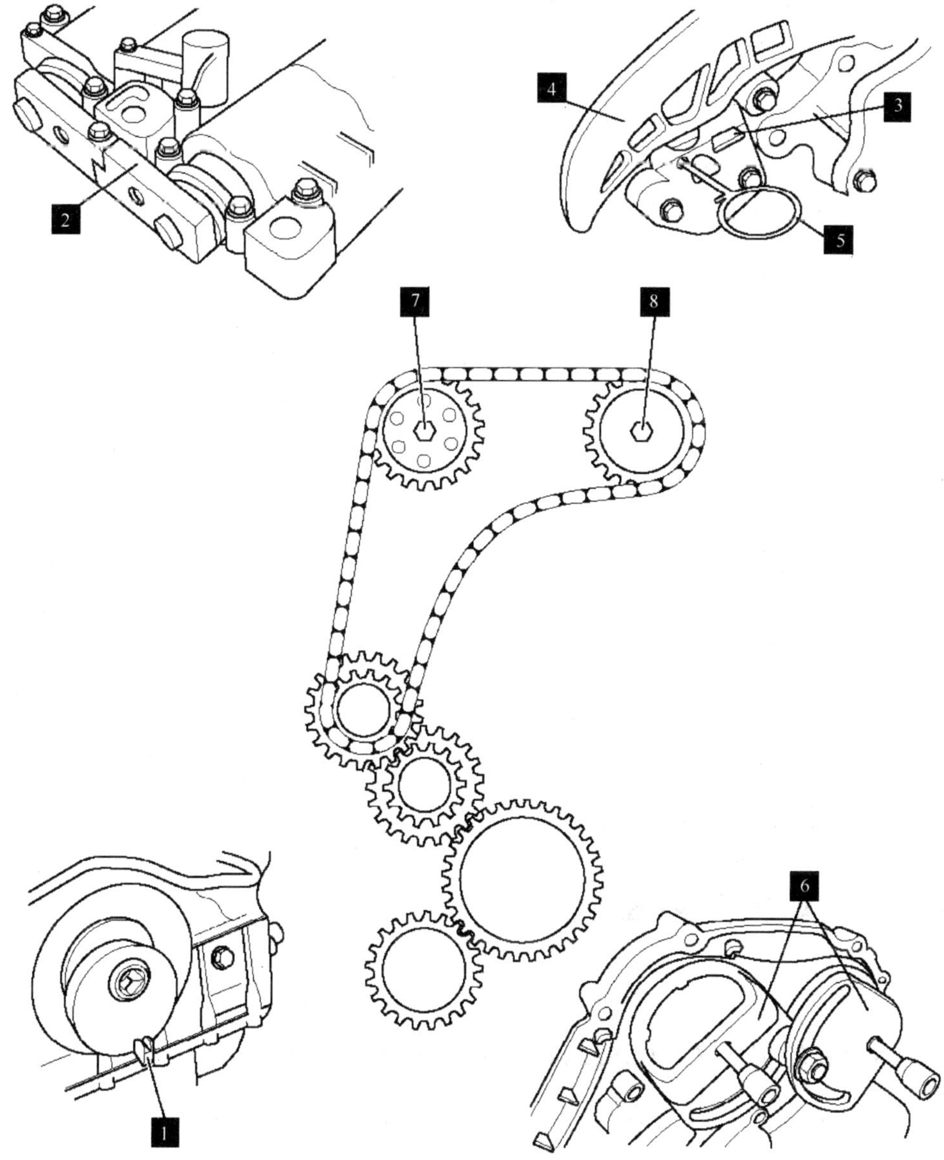

图 26-7-1　XC60 轿车 3.0T（B6304T2）发动机正时链条部件识别

2. XC60 轿车 3.0T（B6304T2）发动机正时链条拆装步骤（表 26-7-1）

表 26-7-1　XC60 轿车 3.0T（B6304T2）发动机正时链条拆装步骤

拆　　卸	
步　　骤	操 作 方 法
1	安装曲轴定位工具
2	顺时针转动曲轴，直至曲轴定位工具上的销子起作用为止（图 26-7-1 中的 1）
3	安装凸轮轴锁止工具（图 26-7-1 中的 2）
4	松开正时链条张紧器的棘轮（图 26-7-1 中的 3），压下正时链条张紧器滑轨（图 26-7-1 中的 4），插入正时链条张紧器锁止销（图 26-7-1 中的 5），将正时链条张紧器锁止在压缩位置
5	安装凸轮轴链轮拆卸工具（图 26-7-1 中的 6）
6	把凸轮轴链轮的螺栓松开（图 26-7-1 中的 7 和 8）
7	拆下凸轮轴链轮和正时链条
安　　装	
步　　骤	操 作 方 法
1	确保曲轴定位工具正确安装（图 26-7-1 中的 1）
2	确保凸轮轴锁止工具（图 26-7-1 中的 2）正确安装
3	安装凸轮轴链轮和正时链条
4	用手拧紧凸轮轴链轮的螺栓
5	拆下正时链条张紧器锁止销（图 26-7-1 中的 5）
6	安装凸轮轴链轮拆卸工具（图 26-7-1 中的 6）
7	紧固排气凸轮轴链轮螺栓，紧固力矩为 75N·m + 90°
8	紧固进气凸轮轴链轮螺栓，紧固力矩为 110N·m
9	拆下凸轮轴锁止工具（图 26-7-1 中的 2）
10	解除曲轴定位工具上的销子（图 26-7-1 中的 1）
11	顺时针转动曲轴 2 周，直至曲轴定位工具上的销子起作用为止（图 26-7-1 中的 1）
12	确保凸轮轴锁止工具（图 26-7-1 中的 2）正确安装

第八节　XC90 轿车

一、XC90 轿车 2.5T（B5254T2）发动机正时校对

1. XC90 轿车 2.5T（B5254T2）发动机正时皮带部件识别（图 26-8-1）

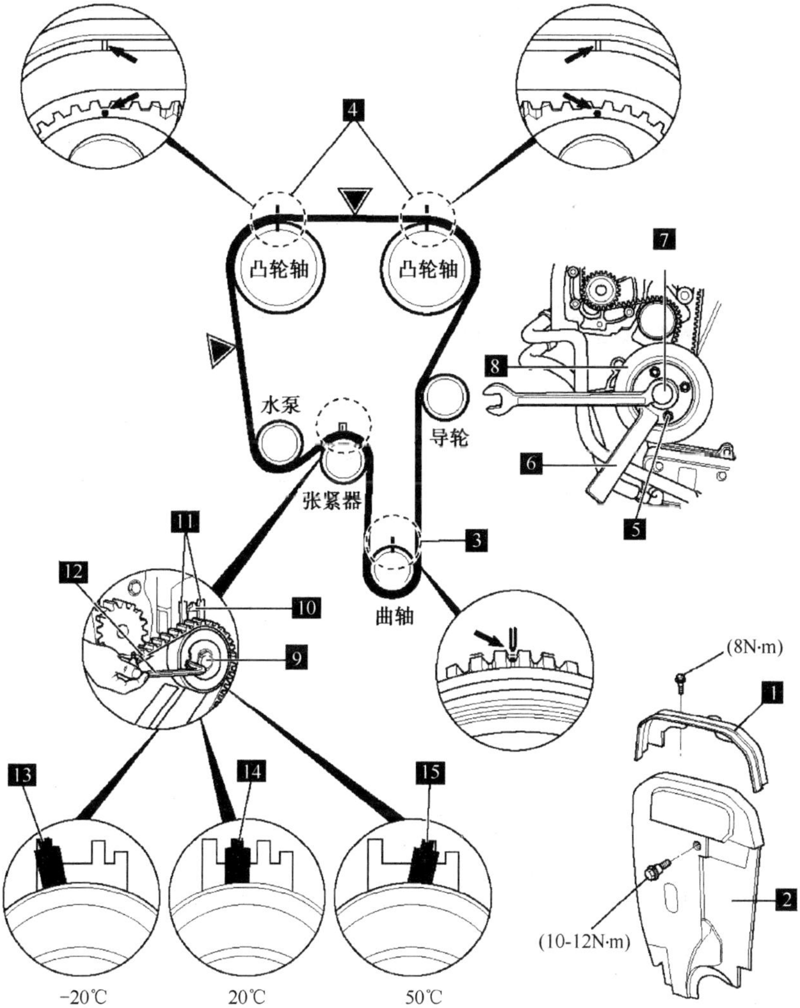

图 26-8-1　XC90 轿车 2.5T（B5254T2）发动机正时皮带部件识别

2. XC90 轿车 2.5T（B5254T2）发动机正时皮带拆装步骤（表 26-8-1）

表 26-8-1　XC90 轿车 2.5T（B5254T2）发动机正时皮带拆装步骤

拆　卸	
步　　骤	操 作 方 法
1	举升并支撑车辆前部
2	支撑发动机
3	拆卸动力转向储液罐，但不要断开动力转向系统油液管路
4	拆卸发动机传动皮带（拆卸时要按照图 26-8-2 所示，将传动皮带的盘绕方法记清，以免重新安装时发生错误）
5	拆卸正时皮带上盖（图 26-8-1 中的 1）和正时皮带前盖（图 26-8-1 中的 2）
6	拆卸右前车轮

续表

拆卸	
步骤	操作方法
7	拆卸右前轮挡泥板
8	安装正时皮带上盖（图 26-8-1 中的 1）
9	顺时针转动曲轴，直至正时标记（图 26-8-1 中的 3 和 4）对齐
10	继续沿顺时针方向转动曲轴 1/4 周，然后沿逆时针方向转动曲轴，直至正时标记（图 26-8-1 中的 3 和 4）对齐
11	拆卸正时皮带上盖（图 26-8-1 中的 1）
12	拆卸曲轴皮带轮螺栓（图 26-8-1 中的 5）
13	安装曲轴皮带轮固定工具（图 26-8-1 中的 6）
14	拆卸曲轴皮带轮中央螺栓（图 26-8-1 中的 7）
15	拆卸曲轴皮带轮（图 26-8-1 中的 8）
16	拆卸正时皮带张紧器螺栓（图 26-8-1 中的 9）
17	拆卸正时皮带张紧器轮
18	拆卸正时皮带
安装	
步骤	操作方法
1	检查导轮，必要时予以更换
2	用六角扳手上的孔把新的正时皮带张紧器轮安装到 10 点钟位置
3	把新的正时皮带张紧器轮的螺栓（图 26-8-1 中的 9）紧固到 5N·m
4	安装正时皮带上盖（图 26-8-1 中的 1）
5	确保正时标记（图 26-8-1 中的 3 和 4）对齐
6	拆下正时皮带上盖（图 26-8-1 中的 1）
7	从曲轴皮带轮开始，沿逆时针方向，将正时皮带逐一盘绕到导轮、凸轮轴皮带轮、张紧器轮上
8	安装曲轴皮带轮（图 26-8-1 中的 7）和曲轴皮带轮中央螺栓（图 26-8-1 中的 8）
9	用专用工具（图 26-8-1 中的 6），将曲轴皮带轮中央螺栓紧固至 180N·m
10	沿顺时针方向转到曲轴使进气凸轮轴皮带轮和曲轴皮带轮之间的正时皮带张紧
11	用 6mm 的内六角扳手（图 26-8-1 中的 12），沿逆时针方向转动张紧器轮，使张紧器的指针（图 26-8-1中的 10）经过标记（图 26-8-1 中的 11）
12	根据发动机温度，沿顺时针方向慢慢转到张紧器轮，使指针达到准确位置，参见图 26-8-1 中的 13、14 和 15
13	把张紧器轮的螺栓（图 26-8-1 中的 9）紧固至 20N·m
14	参照图 26-8-1，在标记有黑色三角形的位置按压正时皮带，确保张紧器指针（图 26-8-1 中的 10）能自由移动
15	安装正时皮带上盖（图 26-8-1 中的 1）
16	把曲轴沿顺时针方向转动 2 周
17	确保正时标记（图 26-8-1 中的 3 和 4）对齐
18	确保张紧器指针正确对准（参照不同的发动机温度，参见图 26-8-1 中的 13、14 和 15）
19	废弃旧的曲轴皮带轮螺栓（图 26-8-1 中的 5），安装新的螺栓并紧固到 25N·m + 30°
20	安装其余部件

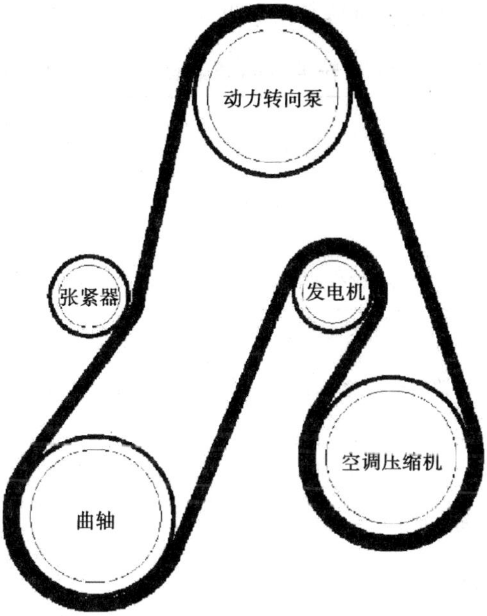

图 26-8-2 XC90 轿车 2.5T（B5254T2）发动机附件传动皮带盘绕方法

二、XC90 轿车 3.1L（B6324S）发动机正时校对

1. XC90 轿车 3.1L（B6324S）发动机正时链条部件识别（图 26-8-3）

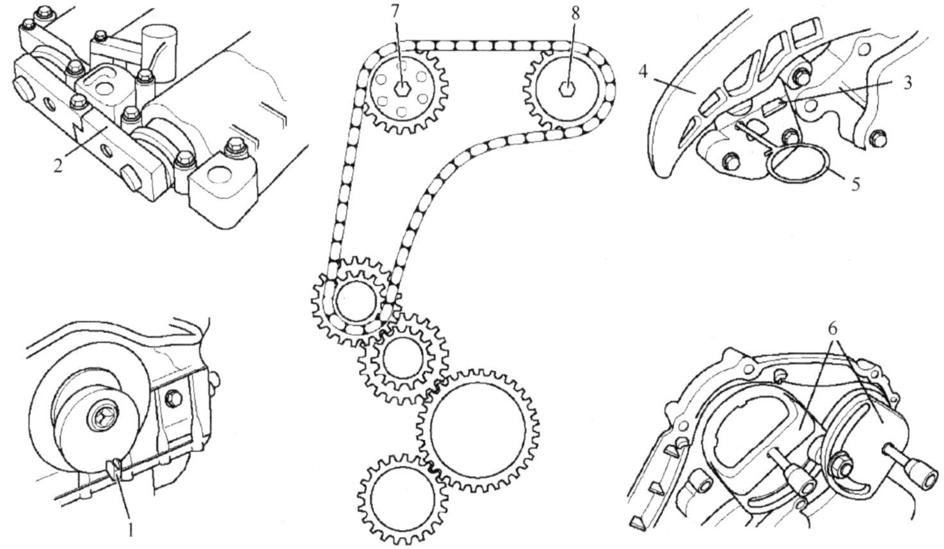

图 26-8-3 XC90 轿车 3.0T 发动机正时链条部件识别

2. XC90 轿车 3.0T 发动机正时链条拆装步骤（表 26-8-2）

表 26-8-2 XC90 轿车 3.0T 发动机正时链条拆装步骤

拆卸	
步骤	操作方法
1	安装曲轴定位工具
2	顺时针转动曲轴，直至曲轴定位工具上的销子起作用为止（图 26-8-3 中的 1）
3	安装凸轮轴锁止工具（图 26-8-3 中的 2）
4	松开正时链条张紧器的棘轮（图 26-8-3 中的 3），压下正时链条张紧器滑轨（图 26-8-3 中的 4），插入正时链条张紧器锁止销（图 26-8-3 中的 5），将正时链条张紧器锁止在压缩位置
5	安装凸轮轴链轮拆卸工具（图 26-8-3 中的 6）
6	把凸轮轴链轮的螺栓松开（图 26-8-3 中的 7 和 8）
7	拆下凸轮轴链轮和正时链条
安装	
步骤	操作方法
1	确保曲轴定位工具正确安装（图 26-8-3 中的 1）
2	确保凸轮轴锁止工具（图 26-8-3 中的 2）正确安装
3	安装凸轮轴链轮和正时链条
4	用手拧紧凸轮轴链轮的螺栓
5	拆下正时链条张紧器锁止销（图 26-8-3 中的 5）
6	安装凸轮轴链轮拆卸工具（图 26-8-3 中的 6）
7	紧固排气凸轮轴链轮螺栓，紧固力矩为 75N·m+90°
8	紧固进气凸轮轴链轮螺栓，紧固力矩为 110N·m
9	拆下凸轮轴锁止工具（图 26-8-3 中的 2）
10	解除曲轴定位工具上的销子（图 26-8-3 中的 1）
11	顺时针转动曲轴 2 周，直至曲轴定位工具上的销子起作用为止（图 26-8-3 中的 1）
12	确保凸轮轴锁止工具（图 26-8-3 中的 2）正确安装

三、XC90 轿车 2.9T（B6294T）发动机正时校对

1. XC90 轿车 2.9T（B6294T）发动机正时皮带部件识别（图 26-8-4）

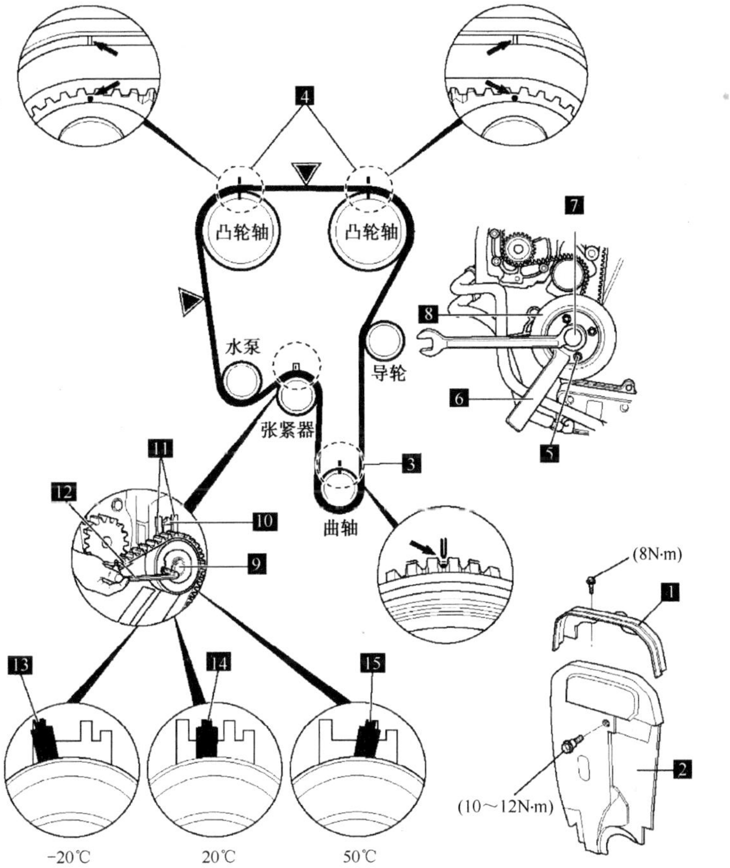

图 26-8-4 XC90 轿车 2.9T（B6294T）发动机正时图

2. XC90 轿车 2.9T（B6294T）发动机正时皮带拆装步骤（表 26-8-3）

表 26-8-3 XC90 轿车 2.9T（B6294T）发动机正时皮带拆装步骤

拆卸	
步骤	操作方法
1	举升并支撑车辆前部
2	拆卸发动机进气管路
3	拆卸动力转向储液罐，但不要断开动力转向系统油液管路
4	拆卸发动机冷却液膨胀箱，但不要断开冷却液管路
5	拆卸发动机传动皮带（拆卸时要按照图 26-8-5 所示，将传动皮带的盘绕方法记清，以免重新安装时发生错误）
6	拆卸正时皮带上盖（图 26-8-4 中的 1）和正时皮带前盖（图 26-8-4 中的 2）
7	拆卸右前轮、右前轮罩衬板
8	安装正时皮带上盖（图 26-8-4 中的 1）
9	顺时针转动曲轴，直至正时标记（图 26-8-4 中的 3 和 4）对齐
10	继续沿顺时针方向转动曲轴 1/4 周，然后沿逆时针方向转动曲轴，直至正时标记（图 26-8-4 中的 3 和 4）对齐

续表

拆　卸	
步　骤	操作方法
11	拆卸正时皮带上盖（图 26-8-4 中的 1）
12	拆卸曲轴皮带轮螺栓（图 26-8-4 中的 5）
13	拆卸曲轴皮带轮（图 26-8-4 中的 8）
14	拆卸发动机附件传动皮带罩
15	拆卸正时皮带张紧器螺栓（图 26-8-4 中的 9）
16	拆卸正时皮带张紧器轮
17	拆卸正时皮带
安　装	
步　骤	操作方法
1	检查导轮，必要时予以更换
2	用六角扳手上的孔把新的正时皮带张紧器轮安装到 10 点钟位置
3	把新的正时皮带张紧器轮的螺栓（图 26-8-4 中的 9）紧固到 5N·m
4	安装正时皮带上盖（图 26-8-4 中的 1）
5	确保正时标记（图 26-8-4 中的 3 和 4）对齐
6	拆下正时皮带上盖（图 26-8-4 中的 1）
7	从曲轴皮带轮开始，沿逆时针方向，将正时皮带逐一盘绕到导轮、凸轮轴皮带轮、张紧器轮上
8	沿顺时针方向转动曲轴使进气凸轮轴皮带轮和曲轴皮带轮之间的正时皮带张紧
9	用 6mm 的内六角扳手（图 26-8-4 中的 12）沿逆时针方向转动张紧器轮，使张紧器的指针（图 26-8-4中的 10）经过标记（图 26-8-4 中的 11）
10	根据发动机温度，沿顺时针方向慢慢转动张紧器轮，使指针达到准确位置，参见图 26-8-4 中的 13、14 和 15
11	把张紧器轮的螺栓（图 26-8-4 中的 9）紧固至 25N·m
12	参照图 26-8-4，在标记有黑色三角形的位置按压正时皮带，确保张紧器指针（图 26-8-4 中的 10）能自由移动
13	安装正时皮带上盖（图 26-8-4 中的 1）
14	把曲轴沿顺时针方向转动 2 周
15	确保正时标记（图 26-8-4 中的 3 和 4）对齐
16	确保张紧器指针正确对准（参照不同的发动机温度，参见图 26-8-4 中的 13、14 和 15）
17	安装曲轴皮带轮（图 26-8-4 中的 8）
18	废弃旧的曲轴皮带轮螺栓（图 26-8-4 中的 5），安装新的螺栓并紧固到 35N·m＋50°
19	安装其余部件

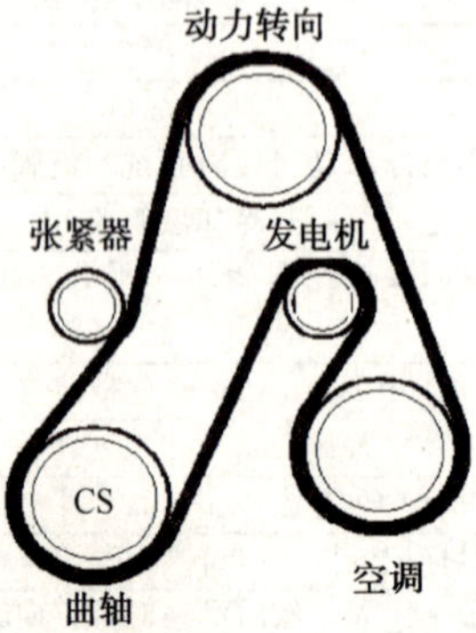

图 26-8-5　XC90 轿车 2.9T（B6294T）发动机附件传动皮带盘绕方法